职业技能等级水平评价培训教材
港口行业职业技能培训教材

港口装卸机械电器修理工 高级

GANGKOU
ZHUANGXIEJIXIE DIANQI XIULIGONG
GAOJI

人力资源社会保障部教材办公室
中国交通教育研究会港口教育分会
组织编写

中国劳动社会保障出版社

图书在版编目（CIP）数据

港口装卸机械电器修理工：高级 / 杨燕芳主编．-- 北京：中国劳动社会保障出版社，2018

职业技能等级水平评价培训教材　港口行业职业技能培训教材

ISBN 978-7-5167-3462-9

Ⅰ．①港…　Ⅱ．①杨…　Ⅲ．①港口装卸设备－电气设备－维修－技术培训－教材　Ⅳ．① U653.92

中国版本图书馆 CIP 数据核字（2018）第 104487 号

中国劳动社会保障出版社出版发行

（北京市惠新东街 1 号　邮政编码：100029）

*

三河市华骏印务包装有限公司印刷装订　　新华书店经销

787 毫米 ×1092 毫米　16 开本　24.75 印张　518 千字

2018 年 8 月第 1 版　　2018 年 8 月第 1 次印刷

定价：58.00 元

读者服务部电话：（010）64929211/84209101/64921644

营销中心电话：（010）64962347

出版社网址：http：//www.class.com.cn

港口行业职业技能培训教材编审指导委员会

港口装卸机械电器修理工技能培训教材编审委员会

主　任：段华丽　顾　挺　岑沛容

副主任：廖志洪　丁中建

委　员：杨海萍　杨日超　曾丽冬　李志粉　杨燕芳　梁泽庆　陈新乔

邬稷耀　朱晓刚　夏　宁

港口装卸机械电器修理工（高级）教材编审组

主　编：杨燕芳

参　编：杨海萍　李志粉　龙世强　陆　平

主　审：朱晓刚

参　审：周坚奋　邬稷耀

前　言

技术工人是推动经济社会发展的重要力量。习近平总书记在党的十九大报告中提出“建设知识型、技能型、创新型劳动者大军，弘扬劳模精神和工匠精神”，指明了技术工人队伍建设的方向和要求。建设高素质的技术工人队伍已成为实现中国制造向中国创造转变、实现产业结构转型升级的技能人才保障和重要支撑。随着“一带一路”建设推进，港口行业迎来了新的历史发展机遇，我国港口将从传统的货运业向现代航运服务业延伸，呈现由装卸业向上下游的延伸，打造现代港口服务产业链，这些都离不开高素质的港口专业人才。为此，人力资源社会保障部教材办公室会同中国交通教育研究会港口教育分会组织港口行业相关专家，首先针对港口电动装卸机械司机等 5 个港口主体工种编写了港口行业职业技能培训教材。

该套教材具有以下主要特点：

在编写原则上，突出以职业能力为核心。教材编写贯穿“以职业标准为依据，以岗位需求为导向，以职业能力为核心”的理念，依据国家职业标准和行业标准，结合企业实际，反映岗位需求，既兼顾技术的普遍性和通用性，又突出新设备、新技术、新工艺、新方法，注重职业能力培养。同时，有效融入与岗位有关专业理论基础知识，为技术工人职业能力发展打下理论基础。

在教材体系上，采用分技能等级模块化编写。不同于港口传统培训学科化的培训教材模式，该套教材按照职业技能等级分级别编写，打破知识的学科分割，面向职业技能等级的不同梯度要求整合为基础知识模块、专业知识与技能模块，形成初中高 3 个技能等级教材合理衔接、步步提升，为技能人才培养搭建科学的阶梯型培训架构。

在使用功能上，注重服务于培训和技能等级水平评价。该套教材讲练结合，每个岗位等级均配套编写了 4 套、共 800 道试题的理论知识考试模拟试卷，供培训后练习和测试使用。随着我国人才评价机制的不断完善，我们还将配套开发相应岗位各等级试题库系统，以满足各部门、行业和企业开展职业技能等级水平评价的需要。

教材编写是一项艰苦的工作。本套教材历时 2 年多终于完成，编审专家反复修改、反复校核，付出了极大的心血。在此我们向所有参加教材编审的单位和专家，以及对教材编写工作给予大力支持的单位和专家致以最诚挚的谢意。同时也希望大家在教材使用过程中将使用意见和建议及时反馈给我们，帮助教材修订，使其日臻完善。

人力资源社会保障部教材办公室

中国交通教育研究会港口教育分会

目　录

第1部分　基础知识

第 3 部分　理论知识考试模拟试卷

第1部分

基础知识

第一章　电气仪表的使用和传感器、控制电器的应用

第一节　电气仪表的使用

电气测量的对象主要是指电流、电压、电阻、电功率、电能、频率、相位、功率因数、转速等电量、磁量及电路参数。目前，由于电子技术、计算机和信息处理技术的综合应用，电工测量技术正向自动化、智能化的方向发展，特别是传感器技术的快速发展，使得人们可以比较方便地将各种非电量转换成电信号，再利用电气仪表进行测量，从而进一步拓宽了电气测量的范围。

一、电气仪表的分类

测量各种电量、磁量及电路参数的仪器仪表统称为电气仪表。电气仪表的种类很多，分类方法也各异。电气仪表按结构和用途的不同，主要分为指示仪表、比较仪表、数字仪表、智能仪表四大类。

1. 指示仪表

指示仪表能将被测量转换为仪表可动部分的机械偏转角，并通过指示器直接指示出被测量的大小，因此又称为直读式仪表。

指示仪表按其工作原理又可分为磁电式仪表、电磁式仪表、电动式仪表和感应式仪表。此外，还有整流式仪表、铁磁电动式仪表等。

2. 比较仪表

在测量过程中，比较仪表通过被测量与同类标准量进行比较，然后根据比较结果确定被测量的大小。

比较仪表又分为直流比较仪表和交流比较仪表两类。直流电桥和电位差计属于直流比较仪表，交流电桥属于交流比较仪表。

3. 数字仪表

数字仪表采用数字测量技术，并以数码形式直接显示出被测量的大小。

常用的数字仪表有数字式电压表、数字式万用表和数字式频率表等。

4. 智能仪表

智能仪表是利用微处理器的控制和计算功能的仪表，它具有程控、记忆、自动校正、自诊断故障、数据处理和分析运算等功能。

智能仪表分为带微处理器的智能仪器和自动测试系统两大类。

二、电气仪表的结构和工作原理

电气仪表中指示仪表的使用最为广泛，下面介绍指示仪表的结构和工作原理。

1. 指示仪表的组成和主要装置

指示仪表的种类繁多，按照其工作原理可分为磁电式仪表、电磁式仪表、电动式仪表和感应式仪表四大类。虽然它们的工作原理各不相同，但是作用却是相同的，都是要把被测的电量或电参数转换为仪表可动部分的机械偏转角，然后用指针偏转角的大小来反映被测量的数值。因此，它们在结构上存在着相同的组成部分。下面先介绍指示仪表共有的组成部分。

（1）指示仪表的组成。为了实现被测电量到仪表可动部分机械偏转角的转换，指示仪表都是由测量线路和测量机构两大部分组成的，如图 1—1 所示。

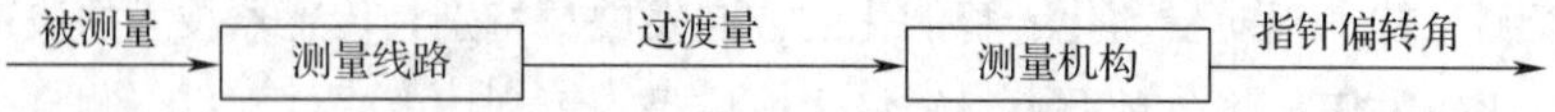

图 1—1　指示仪表的基本组成框架

测量线路通常由电阻、电容、电感、二极管等电子元件组成。其作用是把各种不同的被测电量按一定比例转换为能被测量机构所接受的过渡电量。应注意，不同的仪表其测量线路是不相同的，如电流表中采用分流电阻，电压表中采用分压电阻等。

测量机构是整个仪表的核心，它把过渡电量转换成仪表可动部分的机械偏转角。为使仪表指针的偏转角能够正确反映被测量的数值，要求偏转角与被测电量（过渡电量）保持一定的函数关系。

（2）测量机构的主要装置。各类指示仪表的测量机构，尽管在结构及工作原理上各不相同，但是它们都是由固定部分和可动部分组成的，而且都能在被测量的作用下产生转动力矩，驱动可动部分偏转，从而带动指针指示出被测量的大小。

指示仪表的测量机构必须包括以下五个主要装置。

1）转动力矩装置。要使电工指示仪表的指针偏转，测量机构必须有产生转动力矩 M 的装置。产生转动力矩的装置由固定部分和可动部分组成。由于产生转动力矩的结构原理不同，就构成不同系列的指示仪表。例如，磁电式仪表的转动力矩是利用通电线圈在磁场中受到电磁力的作用而产生的。转动力矩 M 的大小与被测量 x 及指针偏转角 α 成某种函数关系。

2）反作用力矩装置。如果测量机构中只有转动力矩 M，则不论被测量有多大，可动部分都将在其作用下偏转到尽头。为此，要求在可动部分偏转时，测量机构中能够产生随偏转角增大而增大的反作用力矩 M_f，使得当 $M=M_f$ 时可动部分平衡，从而稳定在一定的偏转角 α 上。

反作用力矩 M_f 一般由游丝产生，其方向总是与转动力矩的方向相反，大小在游丝的弹性范围内与指针偏转角 α 成正比。图 1—2 所示为用游丝产生反作用力矩的装置。当可动部分带动指针偏转时，游丝被扭紧，产生的反作用力矩 M_f 随之增大，方向与转动力矩 M 的方向相反。在游丝的弹性范围内，反作用力矩 M_f 与偏转角 α 成线性关系。

在指示仪表中，除利用游丝产生反作用力矩外，还可以利用电磁力来产生反作用力矩。

3）阻尼力矩装置。由于指示仪表的可动部分都具有一定的惯性，因此，当 $M=M_f$ 时，可动部分（指针）不可能马上停止下来，而要在平衡位置附近来回摆动，因而不能快速读取测量结果。为了缩短可动部分摆动的时间以利于尽快读数，仪表中还必须有产生阻尼力矩的装置。指示仪表中常用的阻尼力矩装置有空气阻尼器和磁感应阻尼器两种，如图 1—3、图 1—4 所示。

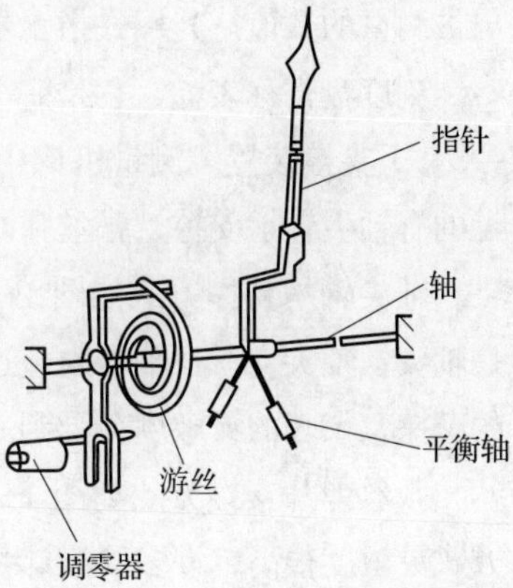

图 1—2　用游丝产生反作用力矩的装置

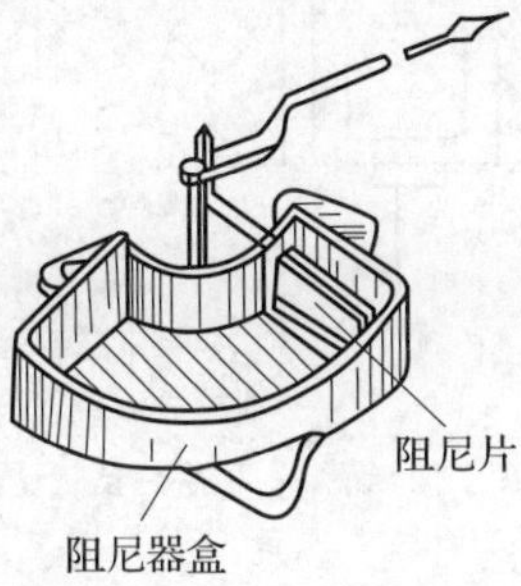

图 1—3　空气阻尼器

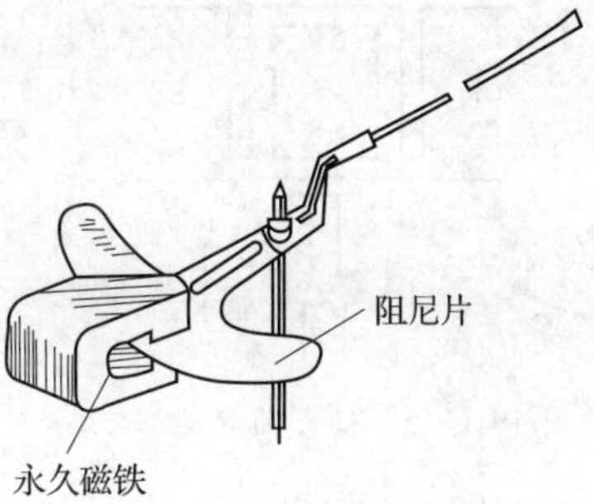

图 1—4　磁感应阻尼器

图 1—3 所示为空气阻尼器，它是利用可动部分运动时带动阻尼片运动，而阻尼片在密封的阻尼器盒中运动时必然要受到空气的阻力，从而产生阻尼力矩 M_z。显然，仪表可动部分运动的速度越快，阻尼力矩 M_z 越大。

图 1—4 所示为磁感应阻尼器，当可动部分运动时，带动金属阻尼片在永久磁铁的磁场内运动，从而切割磁感应线产生涡流。涡流与永久磁铁的磁场相互作用，产生阻尼力矩 M_z。

由上述分析看出，阻尼力矩 M_z 只在仪表可动部分运动时才产生。阻尼力矩 M_z 的大小与运动速度成正比，方向与可动部分的运动方向相反。当可动部分在平衡位置静止时，$M_z=0$。因此，可动部分的稳定偏转角 α 只由转动力矩和反作用力矩的平衡关系 $M=M_f$ 所决定，与阻尼力矩无关。

4）读数装置。读数装置由指示器和刻度盘组成。

指示器分指针式和光标式两种。指针又分矛形和刀形。大中型安装式仪表多采用矛形指针，以便远距离读数；小型安装式仪表和便携式仪表多采用刀形指针，以利于精确读数。指针通常采用铝合金等材料制成。光标式指示器的原理为：由灯泡射出的光线经过聚光装置照射到固定在可动部分转轴上的反射镜上，经反射投影在标度尺上，通过光标指示出被测量的数值。光标式指示器一般用于高灵敏度和高准确度的仪表。

刻度盘俗称表盘，它是一个画有标度尺和仪表标志符号的平面。

5）支撑装置。测量机构中的可动部分要随被测量变化而偏转就必须有支撑装置，常见的有轴尖轴承支撑、张丝弹片支撑两种方式。

轴尖轴承支撑方式如图 1—5 所示，仪表可动部分（如线圈）装在转轴上，转轴两端是轴尖，轴尖支撑在轴承内。这种支撑方式的优点是坚固耐用，缺点是由于轴承轴尖之间的摩擦，仪表的灵敏度会受到一定的影响。

张丝弹片支撑方式如图 1—6 所示，其中的弹片对张丝起减振及保护作用。这种支撑方式灵敏度很高，许多检流计都采用这种支撑方式。

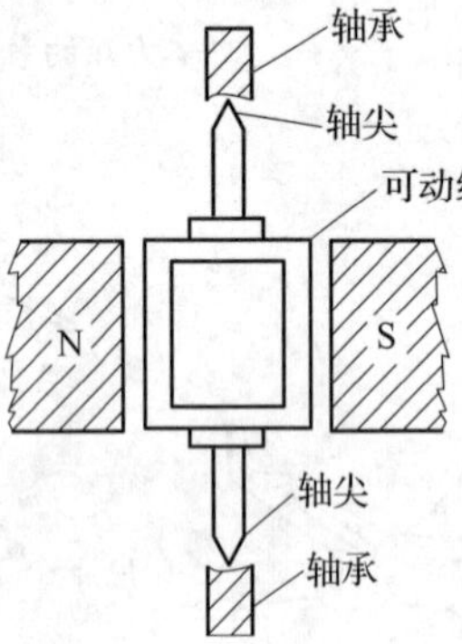

图 1—5　轴尖轴承支撑方式

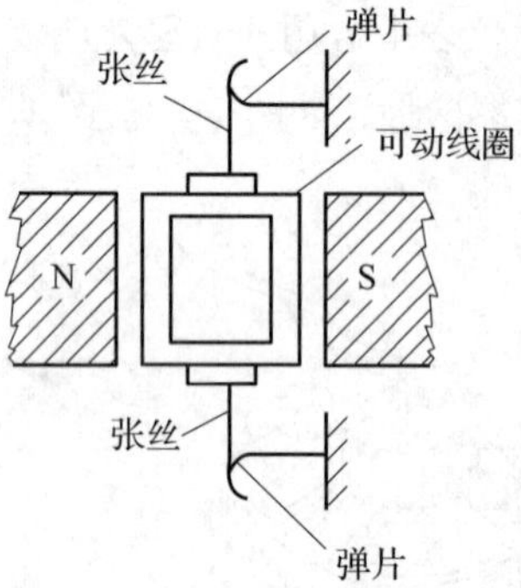

图 1—6　张丝弹片支撑方式

2．各类指示仪表的结构和工作原理

下面分别介绍磁电式仪表、电磁式仪表、电动式仪表、感应式仪表的结构和工作原理。

（1）磁电式仪表。磁电式测量机构主要由固定的磁路系统和可动的线圈两部分组成，其结构如图 1—7 所示。仪表的固定部分由永久磁铁、极靴以及圆柱形铁芯组成，其作用是在极靴和铁芯之间的空气隙中产生较强的均匀辐射磁场。仪表的可动部分由绕在铝框上的线圈、线圈两端装的转轴、与转轴相连的指针、平衡重物以及游丝组成。整个可动部分支撑在轴承上，线圈位于环形气隙中。

磁电式测量机构中，游丝起产生反作用力矩、把被测电流导入和导出可动线圈两个作用。

磁电式测量机构中，利用铝制的线圈框架制成磁感应阻尼器。当铝框架在磁场中运动时，因切割磁感应线而产生感应电流，磁场与感应电流相互作用产生与铝框架运动方向相反的电磁阻尼力矩 M_z。

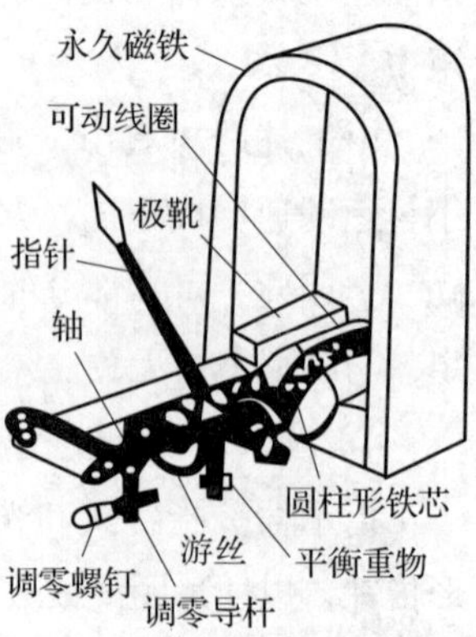

图 1—7　磁电式测量机构的结构

磁电式测量机构是根据通电线圈在磁场中受到电磁力矩发生偏转的原理而制成的。其工作原理如图 1—8 所示。当可动线圈中通入电流时，载流线圈在永久磁铁的磁场中受到电磁力矩的作用而发生偏转。由于转矩与电流成正比，即通过线圈的电流越大，线圈受到的转矩越大，仪表指针偏转的角度 α 也越大；同时，游丝扭得越紧，反作用力矩越大。当线圈受到的转动力矩与反作用力矩大小相等时，线圈就停留在某一平衡位置，此时，指针指示的值即为被测量的大小。

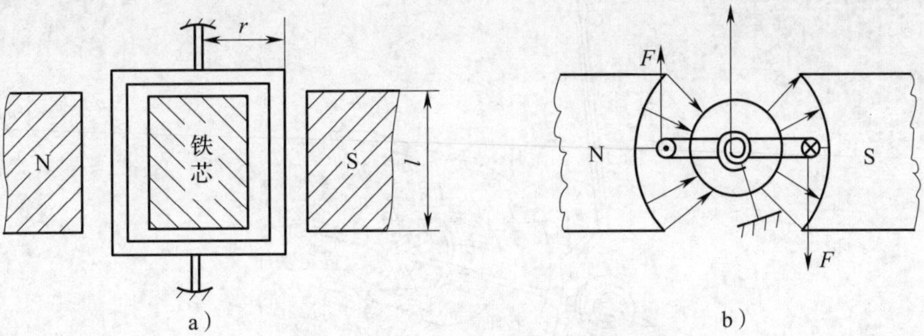

图 1—8　磁电式测量机构的工作原理

磁电式仪表的优点：标度尺刻度均匀，灵敏度和准确度较高，功率消耗小，读数受外磁场的影响小。缺点：表头本身只能用来测量直流量，过载能力差。

（2）电磁式仪表。在实际应用中，由于交流电的产生较直流电容易，电压改变也很方便，因此交流电的使用范围更广泛。这使得在电能的产生、传输和使用过程中，使用的几乎都是交流仪表。目前交流电流表和交流电压表大部分采用电磁式测量机构，只有在极少数的场合，如要求测量精度很高的实验室，才会采用电动式测量机构。

1）电磁式测量机构的类型。电磁式测量机构主要由固定线圈和可动软磁铁片组成。根据其结构形式的不同，可分为吸引型和排斥型。

①吸引型测量机构。吸引型测量机构如图 1—9 所示。固定线圈和偏心地装在转轴上的可动软磁铁片组成产生转动力矩的装置。转轴上还装有指针、阻尼片和游丝等。另外，为防止磁感应阻尼器中永久磁铁的磁场对线圈磁场产生影响，在永久磁铁前加装了用导磁性能良好的材料制成的磁屏蔽。

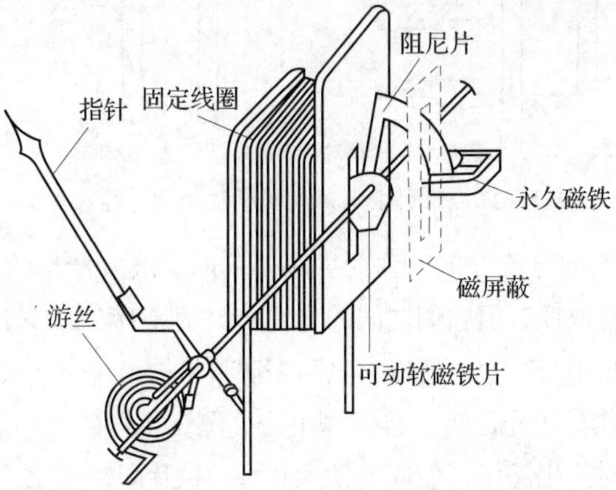

图 1—9　吸引型测量机构

②排斥型测量机构。排斥型测量机构如图 1—10 所示。其固定部分包括固定线圈以及固定在线圈内侧壁上的固定铁片，可动部分包括固定在转轴上的可动铁片、游丝、指针及阻尼片等，阻尼装置采用磁感应阻尼器。

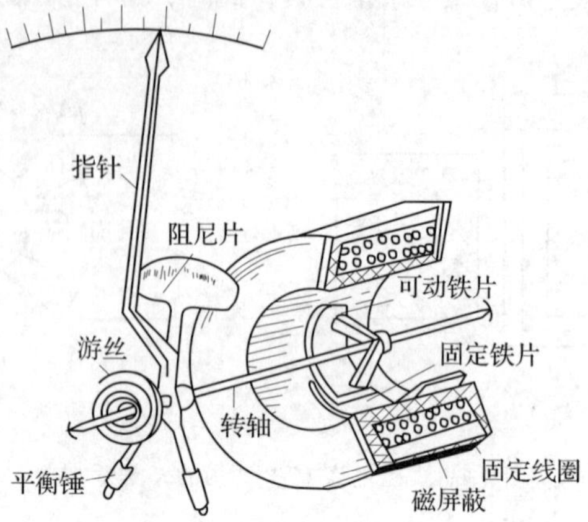

图 1—10　排斥型测量机构

2）电磁式测量机构的工作原理

①吸引型测量机构的工作原理。吸引型电磁式测量机构的工作原理如图 1—11 所示。当固定线圈通电后，线圈产生的磁场将可动铁片磁化，对铁片产生吸引力，使固定在同一转轴上的指针随之发生偏转，同时游丝产生反作用力矩。线圈中电流越大，磁化作用越强，指针偏转角就越大。当游丝产生的反作用力矩与转动力矩相平衡时，指针就稳定地停留在某一位置，指示出被测量的大小。

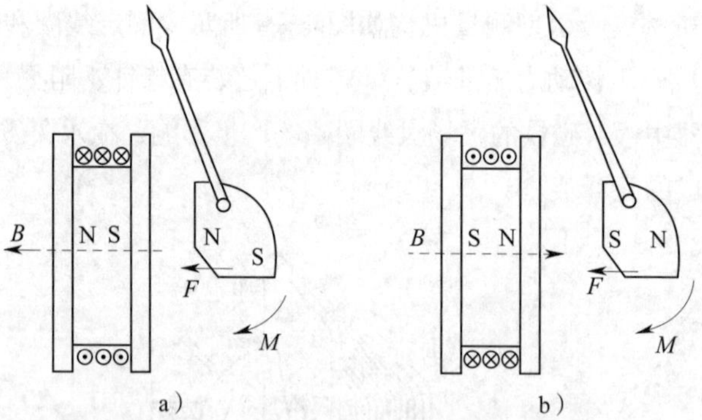

图 1—11　吸引型电磁式测量机构的工作原理

显然，当通过线圈的电流方向改变而大小不变时，线圈产生的磁场极性以及可动铁片被磁化的极性也同时改变，但它们之间的作用力仍是吸引力，转动力矩的大小和方向不变，保证了指针偏转角不会改变。所以，吸引型测量机构可用于组成交、直流两用仪表。

②排斥型测量机构的工作原理。排斥型电磁式测量机构的工作原理如图 1—12 所示。当电流通过固定线圈时产生磁场，使固定铁片和可动铁片同时磁化，且两铁片的同一侧为相同的极性。由于同性磁极相互排斥，产生的转动力矩使可动铁片转动，带动指针偏转。

当游丝产生的反作用力矩与转动力矩相平衡时，指针就停留在某一位置，指示出被测量的大小。如果线圈中电流方向改变，线圈产生磁场的方向随之改变，两铁片的磁化极性也同时改变，但其相互间排斥力的方向不变。所以，排斥型结构的电磁式仪表同样适用于交、直流测量。

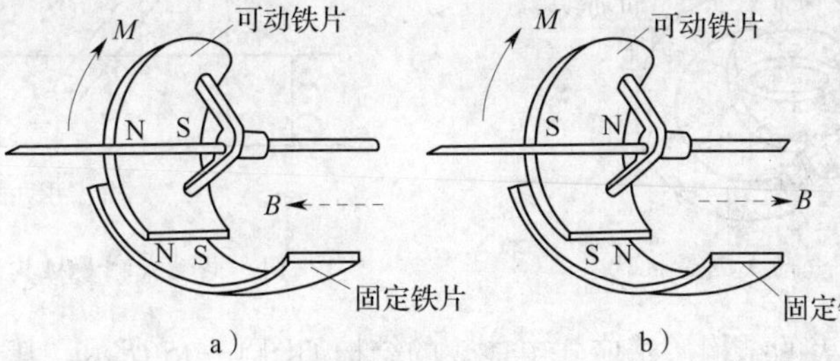

图 1—12　排斥型电磁式测量机构的工作原理

综上所述，电磁式测量机构是利用通电流的固定线圈产生磁场，使铁芯磁化，然后利用线圈与铁芯（吸引型）或铁芯与铁芯（排斥型）的相互作用产生转动力矩，带动指针偏转。

对吸引型测量机构来讲，电磁式测量机构的转动力矩取决于固定线圈的磁场和可动铁片被磁化后的磁场强弱，而它们磁场的强弱又都与被测电流有关。对排斥型测量机构来说，其转动力矩取决于固定铁片和可动铁片被磁化后磁场的强弱，而它们磁场的强弱也都与被测电流有关。

电磁式仪表适用于交、直流测量，具有过载能力强，可无须辅助设备而直接测量大电流，可用来测量非正弦量的有效值，结构简单、制造成本低等优点。电磁式仪表的缺点是标度尺刻度不均匀，准确度不高，易受外磁场影响。

（3）电动式仪表。电动式仪表是利用通过电流的固定线圈代替磁电式仪表的永久磁铁。电动式测量机构主要由固定线圈和可动线圈组成。固定线圈一般都分成两段，其目的一是获得较均匀的磁场，二是便于改换电流量程。在可动线圈的转轴上装有指针和空气阻尼器的阻尼片。游丝除了产生反作用力矩外，还起引导电流进入可动线圈的作用。电动式测量机构如图 1—13 所示。

电动式测量机构是利用两个通电线圈之间产生电动力作用的原理制成的，如图 1—14 所示。当在固定线圈中通入电流 I_1 时，将产生磁场 B_1。同时在可动线圈中通入电流 I_2，可动线圈就受到固定线圈磁场的作用产生转动力矩，从而推动可动部分发生偏转，直到与游丝产生的反作用力矩相平衡为止，指针停在某一位置，指示出被测量的大小。

电动式仪表的优点：适用于交、直流测量，并且能测量非正弦电流的有效值；能构成多种仪表，测量多种参数，准确度和灵敏度高；功率表的标度尺刻度均匀。

电动式仪表的缺点：读数易受外磁场的影响；消耗功率大；过载能力小；电流表和电压表的标度尺刻度不均匀。

（4）感应式仪表。感应式仪表常用于电能的测量，下面主要介绍感应式电能表的结构和工作原理。

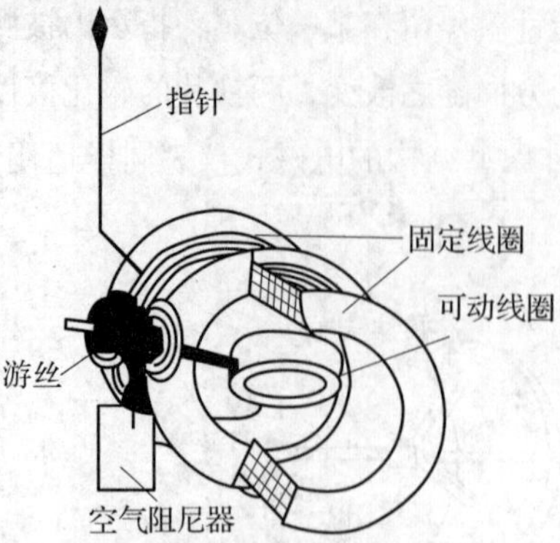

图 1—13　电动式测量机构

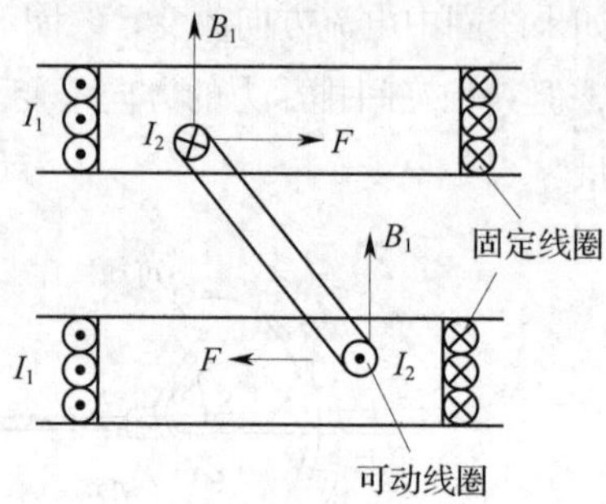

图 1—14　电动式测量机构的工作原理

1）感应式电能表的结构。感应式电能表的结构如图 1—15 所示。其主要组成部分有驱动元件、转动元件、制动元件和计度器。

①驱动元件。驱动元件用来产生转动力矩。它由电压元件（电压线圈、铁芯）和电流元件（电流线圈、铁芯）两部分组成。电压元件是在 E 形铁芯上绕有匝数多且导线截面较小的线圈，该线圈在使用时与负载并联，称为电压线圈。电流元件是在 U 形铁芯上绕有匝数少且导线截面较大的线圈，该线圈使用时与负载串联，称为电流线圈。

②转动元件。转动元件由圆形铝盘和转轴组成，转轴上装有传递铝盘转数的蜗杆。仪表工作时，驱动元件产生的转动力矩驱使铝盘转动。

③制动元件。制动元件由永久磁铁组成，用来在铝盘转动时产生制动力矩，使铝盘的转速与被测功率成正比。

④计度器。计度器用来计算铝盘的转数，达到累计电能的目的。它由安装在转轴上的齿轮、滚轮及计数器等组成，如图 1—16 所示。电能表最终通过计数器直接显示出被测电能的数值。

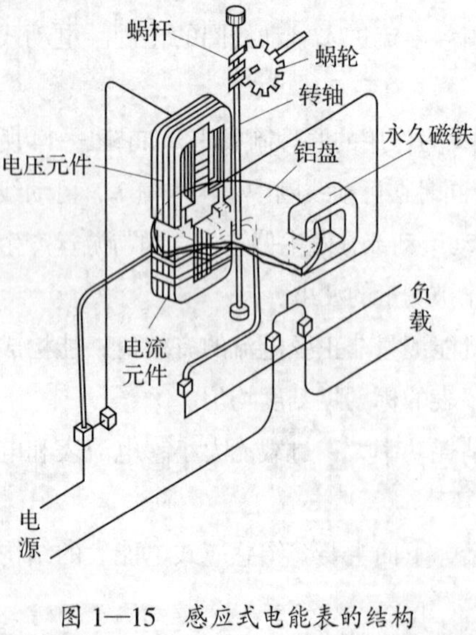

图 1—15　感应式电能表的结构

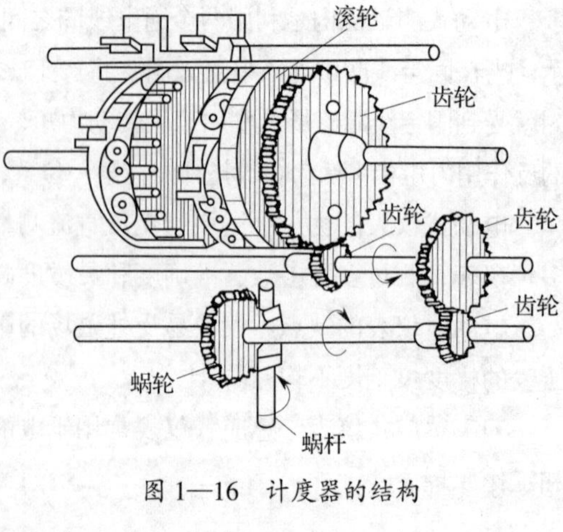

图 1—16　计度器的结构

2）感应式电能表的工作原理。感应式电能表是利用电磁感应原理制作的。当外输交流电流通过缠绕在铁芯上的线圈时，在铁芯的间隙中产生一个交变磁通，铝盘在这个交变磁通的作用下感应产生涡流，此涡流在切割交变磁通的磁场时受力使铝盘转动。由于可动部分的铝盘切割制动磁铁的磁力线，其二者相互作用又产生了制动力矩，该力矩和转速存在比例关系，当转动力矩和制动力矩大小相等、方向相反时，铝盘转速达到平衡。计数器累计铝盘转数，通过换算即为被测电量。

第二节　示波器的使用

示波器是利用示波管内电子束在电场或磁场中的偏转，显示随时间变化的电压信号（波形）的一种电子测量仪器。示波管将人眼无法直接观测的交变电信号转换成图像，显示在荧光屏上以便于测量。用示波器不仅可以定性观察电路（或元件）的动态过程，而且还可以定量测量各种电量，如电压、周期、波形的宽度及上升、下降时间等。用双踪示波器还可以测量两个信号之间的时间差或相位差，显示两个相关函数的图像。示波器如图 1—17 所示。

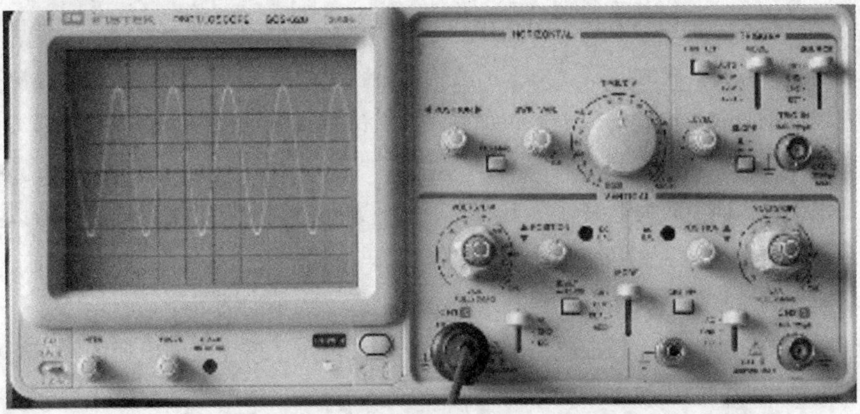

图 1—17　示波器

一、示波器的结构与工作原理

1. 示波器的结构

示波器由显示电路、垂直（*Y* 轴）放大电路、水平（*X* 轴）放大电路、扫描与同步电路、电源供给电路五部分组成。

（1）显示电路。显示电路包括示波管及其控制电路两部分。示波管是一种特殊的电子管，它把被测的电信号转换为光信号，是示波器的核心。电子枪、偏转系统和荧光屏三部分密封在一个真空玻璃壳内，构成了一个完整的示波管，如图 1—18 所示。

1）电子枪。电子枪的作用是发射电子并形成很细的高速电子束，并对电子束进行聚焦和加速，去轰击荧光屏使之发光。

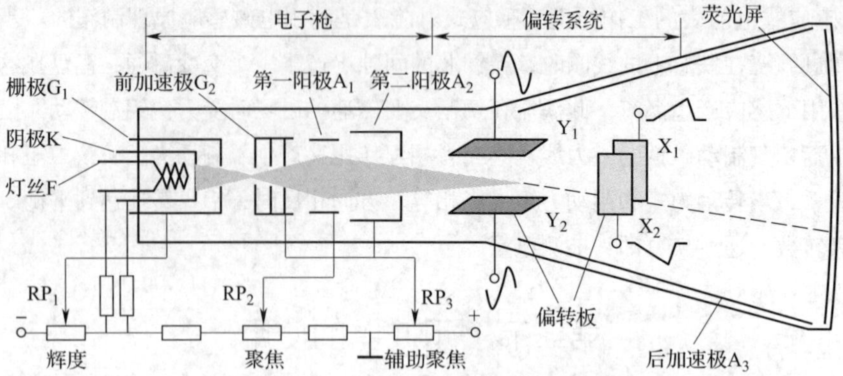

图 1—18　示波管的内部结构

2）偏转系统。示波管的偏转系统大都是静电偏转式，它由两对相互垂直的平行金属板组成，分别称为水平偏转板和垂直偏转板。偏转系统的作用是使电子束产生偏转，在水平和垂直偏转板电场力作用下，电子束上下左右移动，在荧光屏上亮点运动描绘各种波形。

3）荧光屏。荧光屏位于示波器端部。示波管屏面通常是矩形平面，内表面沉积一层磷光材料构成荧光膜。在荧光膜上常又增加一层蒸发铝膜。高速电子穿过铝膜，撞击荧光粉而发光形成亮点。铝膜具有内反射作用，有利于提高亮点的辉度。

（2）垂直（Y轴）放大电路。由于示波管的偏转灵敏度很低，所以一般的被测信号电压都要先经过垂直放大电路的放大，再加到示波管的垂直偏转板上，以得到垂直方向上适当大小的图形。

（3）水平（X轴）放大电路。由于示波管水平方向的偏转灵敏度也很低，所以接入示波管水平偏转板的电压（锯齿波电压或其他电压）也要先经过水平放大电路的放大以后，再加到示波管的水平偏转板上，以得到水平方向上适当大小的图形。

（4）扫描与同步电路。扫描电路产生一个锯齿波电压。该锯齿波电压的频率能在一定的范围内连续可调。锯齿波电压的作用是使示波管阴极发出的电子束在荧光屏上形成周期性的、与时间成正比的水平位移，即形成时间基线。这样就能把加在垂直方向的被测信号按时间变化的波形展现在荧光屏上。

（5）电源供给电路。垂直与水平放大电路、扫描与同步电路以及示波管与控制电路所需的负高压、灯丝电压等由电源供给电路供给。电源供给电路由电源变压器、整流器及滤波电路组成。

2. 示波器的工作原理

显示在示波器上的波形幅度反映加在示波器Y偏转极板上的电压最大值，从而反映出电磁感应中所产生的交变电动势的最大值的大小。它利用电子射线的偏转，将随时间变化的电信号瞬时值用图像显示出来，直接显示电压（或电流）变化曲线。

图 1—19 所示为示波器基本组成框架。被测信号接到Y输入端，经Y轴衰减器适当衰减后送至Y轴前置放大器，推挽输出信号；经延迟线延迟T_1时间，到Y轴输出放大器；

放大后产生足够大的信号，加到示波管的 Y 轴偏转板上。为了在屏幕上显示出完整的稳定波形，将 Y 轴的被测信号经 s_1 引入 X 轴系统的触发电路，在引入信号的正（或负）极性的某一电平值产生触发脉冲，启动锯齿波扫描电路，产生扫描电压。由于从触发到启动扫描有一时间延迟 T_2，为保证 Y 轴信号到达荧光屏之前 X 轴开始扫描，Y 轴的延迟时间 T_1 应稍大于 X 轴的延迟时间 T_2。扫描电压经 X 轴放大器放大，产生推挽输出，加到示波管的 X 轴偏转板上。

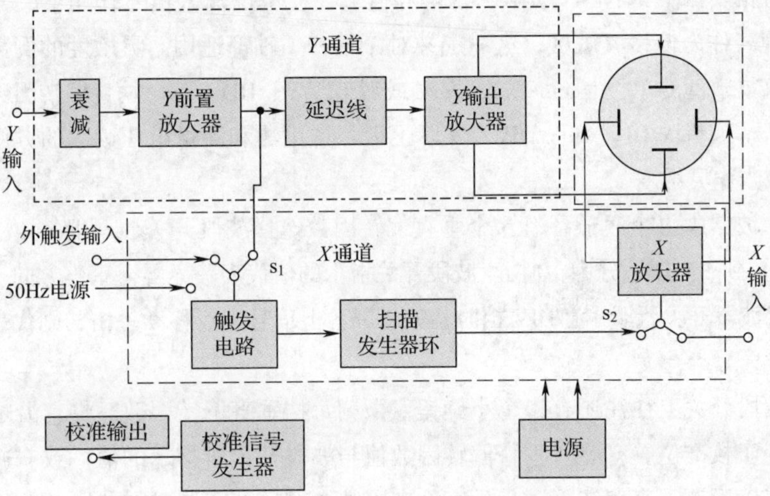

图 1—19　示波器基本组成框架

双踪示波器的组成与普通示波器类似，只不过具有两个垂直通道和一个电子开关。双踪显示是利用电子开关将 Y 轴输入的两个不同的被测信号分别显示在荧光屏上。由于人眼的视觉暂留作用，当转换频率高到一定程度后，看到的是两个稳定、清晰的信号波形。

二、双踪示波器的使用与维护

1．双踪示波器的使用

双踪示波器种类、型号很多，功能也不同，但用法大同小异。使用较多的是 20 MHz 或者 40 MHz 的双踪示波器。

（1）双踪示波器常用功能

1）荧光屏。荧光屏是示波管的显示部分。屏上水平方向和垂直方向各有多条刻度线，指示出信号波形的电压与时间之间的关系。水平方向指示时间，垂直方向指示电压。水平方向分为 10 格，垂直方向分为 8 格，每格又分为 5 份。垂直方向标有 0%、10%、90%、100%等标志，水平方向标有 10%、90%等标志，供测直流电平、交流信号幅度、延迟时间等参数使用。根据被测信号在屏幕上占的格数乘以适当的比例常数（V/DIV、TIME/DIV）能得出电压值和时间值。

2）示波管和电源系统

①电源：示波器主电源开关。当此开关按下时，电源指示灯亮，表示电源接通。

②辉度：旋转此旋钮能改变光点和扫描线的亮度。观察低频信号时可小些，观察高频信号时应大些。一般不应太亮，以保护荧光屏。

③聚焦：聚焦旋钮调节电子束截面大小，将扫描线聚焦成最清晰状态。

④标尺亮度：此旋钮调节荧光屏后面的照明灯亮度。正常室内光线下，照明灯暗一些好。在室内光线不足的环境中，可适当调亮照明灯。

3）垂直偏转因数和水平偏转因数

①垂直偏转因数选择（VOLTS/DIV）和微调。在单位输入信号作用下，光点在屏幕上偏移的距离称为偏移灵敏度，这一定义对 X 轴和 Y 轴都适用。灵敏度的倒数称为偏转因数。垂直灵敏度的单位是 cm/V、cm/mV 或者 DIV/V、DIV/mV，垂直偏转因数的单位是 V/cm、mV/cm 或者 V/DIV、mV/DIV。实际上因习惯用法和测量电压读数的方便，有时也把偏转因数当作灵敏度。

双踪示波器中每个通道各有一个垂直偏转因数选择波段开关。一般按 1、2、5 方式从 5 mV/DIV 到 5 V/DIV 分为 10 挡。波段开关指示的值代表荧光屏上垂直方向一格的电压值。例如，波段开关置于 1 V/DIV 挡时，如果屏幕上信号光点移动一格，则代表输入信号电压变化 1 V。

每个波段开关上往往还有一个小旋钮，微调每挡垂直偏转因数。将它沿顺时针方向旋到底，处于校准位置，此时垂直偏转因数值与波段开关所指示的值一致。逆时针旋转此旋钮，能够微调垂直偏转因数。垂直偏转因数微调后，会造成与波段开关的指示值不一致，这点应引起注意。许多示波器具有垂直扩展功能，当微调旋钮被拉出时，垂直灵敏度扩大若干倍（偏转因数缩小）。例如，如果波段开关指示的偏转因数是 1 V/DIV，采用 ×5 扩展状态时，垂直偏转因数是 0.2 V/DIV。在做数字电路实验时，在屏幕上被测信号的垂直移动距离与 +5 V 信号的垂直移动距离之比常被用于判断被测信号的电压值。

②时基选择（TIME/DIV）和微调。时基选择和微调的使用方法与垂直偏转因数选择和微调类似。时基选择也通过一个波段开关实现，按 1、2、5 方式把时基分为若干挡。波段开关的指示值代表光点在水平方向移动一格的时间值。例如在 1 μs/DIV 挡，光点在屏上移动一格代表时间值 1 μs。

微调旋钮用于时基校准和微调。沿顺时针方向旋到底处于校准位置时，屏幕上显示的时基值与波段开关所示的标称值一致。逆时针旋转此旋钮，则对时基进行微调。旋钮拔出后处于扫描扩展状态。通常为 ×10 扩展，即水平灵敏度扩大 10 倍，时基缩小到 1/10。例如，在 2 μs/DIV 挡，扫描扩展状态下荧光屏上水平一格代表的时间值为

$$2\times(1/10)=0.2\ \mu s$$

TDS 实验台上有 10 MHz、1 MHz、500 kHz、100 kHz 时钟信号，由石英晶体振荡器和分频器产生，准确度很高，可用来校准示波器的时基。

示波器的标准信号源 CAL，专门用于校准示波器的时基和垂直偏转因数。例如 COS5041 型示波器标准信号源提供一个 2 V、1 kHz 的方波信号。

示波器前面板上的位移旋钮调节信号波形在荧光屏上的位置。旋转水平位移旋钮

（标有水平双向箭头）左右移动信号波形，旋转垂直位移旋钮（标有垂直双向箭头）上下移动信号波形。

4）输入通道和输入耦合选择

①输入通道选择。输入通道至少有三种选择方式：通道 1（CH1）、通道 2（CH2）、双通道（DUAL）。选择通道 1 时，示波器仅显示通道 1 的信号。选择通道 2 时，示波器仅显示通道 2 的信号。选择双通道时，示波器同时显示通道 1 信号和通道 2 信号。测试信号时，首先要将示波器的地与被测电路的地连接在一起。根据输入通道的选择，将示波器探头插到相应通道插座上，示波器探头上的地与被测电路的地连接在一起，示波器探头接触被测点。示波器探头的作用是提高垂直通道的输入电阻，减小输入电容，还可以扩大量程。示波器探头上有一双位开关，此开关拨到“×1”位置时，被测信号无衰减送到示波器，从荧光屏上读出的电压值是信号的实际电压值；此开关拨到“×10”位置时，被测信号衰减为 1/10，然后送往示波器，从荧光屏上读出的电压值乘以 10 才是信号的实际电压值。

②输入耦合方式选择。输入耦合方式有三种选择：交流（AC）、地（GND）、直流（DC）。当选择“地”时，扫描线显示出“示波器地”在荧光屏上的位置。直流耦合用于测定信号直流绝对值和观测极低频信号。交流耦合用于观测交流和含有直流成分的交流信号。在数字电路实验中，一般选择“直流”方式，以便观测信号的绝对电压值。

5）触发。根据示波器的工作原理，被测信号从 *Y* 轴输入后，一部分送到示波管的 *Y* 轴偏转板上，驱动光点在荧光屏上按比例沿垂直方向移动；另一部分分流到 *X* 轴偏转系统产生触发脉冲，触发扫描发生器，产生重复的锯齿波电压加到示波管的 *X* 轴偏转板上，使光点沿水平方向移动。两者合一，光点在荧光屏上描绘出的图形就是被测信号图形。由此可知，正确的触发方式直接影响示波器的有效操作。为了在荧光屏上得到稳定、清晰的信号波形，掌握基本的触发功能及其操作方法是十分重要的。

①触发源选择。要使屏幕上显示稳定的波形，则需将被测信号本身或者与被测信号有一定时间关系的触发信号加到触发电路。触发源选择确定触发信号由何处供给。通常有三种触发源：内触发（INT）、电源触发（LINE）、外触发（EXT）。

内触发使用被测信号作为触发信号，是经常使用的一种触发方式。由于触发信号本身是被测信号的一部分，在屏幕上可以显示出非常稳定的波形。双踪示波器中通道 1 或者通道 2 都可以选作触发信号。

电源触发使用交流电源频率信号作为触发信号。这种方法在测量与交流电源频率有关的信号时是有效的。特别在测量音频电路、闸流管的低电平交流噪声时更为有效。

外触发使用外加信号作为触发信号，外加信号从外触发输入端输入。外触发信号与被测信号间应具有周期性的关系。由于被测信号没有用作触发信号，所以何时开始扫描与被测信号无关。

正确选择触发信号与波形显示的稳定、清晰有很大关系。例如，在数字电路测量中，对于一个简单的周期信号而言，选择内触发可能好一些；而对于一个具有复杂周期的信号，且存在一个与它有周期关系的信号时，选用外触发可能更好。

②触发耦合方式选择。触发信号到触发电路的耦合方式有多种，目的是使触发信号稳定、可靠。这里介绍常用的几种。

交流（AC）耦合又称电容耦合。它只允许用触发信号的交流分量触发，触发信号的直流分量被隔断。通常在不考虑 DC 分量时使用这种耦合方式，以形成稳定触发。但是如果触发信号的频率小于 10 Hz，会造成触发困难。

直流（DC）耦合不隔断触发信号的直流分量。当触发信号的频率较低或者触发信号的占空比很大时，使用直流耦合较好。

低频抑制（LFR）触发时，触发信号通过高通滤波器加到触发电路，触发信号的低频成分被抑制；高频抑制（HFR）触发时，触发信号通过低通滤波器加到触发电路，触发信号的高频成分被抑制。此外还有用于电视维修的电视同步（TV）触发。这些触发耦合方式各有自己的适用范围，需在使用中去体会。

③触发电平和触发极性。触发电平调节又叫同步调节，它使得扫描与被测信号同步。电平调节旋钮调节触发信号的触发电平。一旦触发信号超过由旋钮设定的触发电平时，扫描即被触发。顺时针旋转旋钮，触发电平上升；逆时针旋转旋钮，触发电平下降。当电平旋钮调到电平锁定位置时，触发电平自动保持在触发信号的幅度之内，不需要电平调节就能产生一个稳定的触发。当信号波形复杂，用电平旋钮不能稳定触发时，用释抑旋钮调节波形的释抑时间（扫描暂停时间），能使扫描与波形稳定同步。

极性开关用来选择触发信号的极性。拨在“+”位置上时，在信号增大的方向上，当触发信号超过触发电平时就产生触发；拨在“-”位置上时，在信号减小的方向上，当触发信号超过触发电平时就产生触发。触发极性和触发电平共同决定触发信号的触发点。

6）扫描方式。扫描有自动（Auto）、常态（Norm）和单次（Single）三种方式。

①自动：当无触发信号输入，或者触发信号频率低于 50 Hz 时，扫描为自激方式。

②常态：当无触发信号输入时，扫描处于准备状态，没有扫描线；触发信号到来后，触发扫描。

③单次：单次按钮类似复位开关。单次扫描方式下，按单次按钮时扫描电路复位，此时“准备好（Ready）”灯亮。触发信号到来后产生一次扫描。单次扫描结束后，“准备好”灯灭。单次扫描用于观测非周期信号或者单次瞬变信号，往往需要对波形进行拍照。

（2）示波器的基本测量方法。利用示波器可以进行电压、频率（周期）、相位差以及其他物理量测量。在进行测试之前，首先要认真阅读示波器的使用说明书，根据示波器的基本原理，正确选择和调整好示波器，按其使用方法对被测信号进行测量。下面以双踪示波器为例介绍基本测量方法。

示波器初次使用前或久藏复用时，有必要进行一次能否工作的简单检查和进行扫描电路稳定度、垂直放大电路直流平衡的调整。示波器在进行电压和时间的定量测试时，还必须进行垂直放大电路增益和水平扫描速度的校准。示波器能否正常工作的检查方法、垂直放大电路增益和水平扫描速度的校准方法，由于各型号示波器校准信号的幅度、频率等参数不一样，因而检查、校准方法略有差异。

打开电源之前应检查输入电压。若电压转换开关已在 AC100V 挡，确认输入电压应在 90 ~ 110 V 范围内，参照后面板输入电压选择指示，把电源线插入后面板的 AC 插座中，各旋钮置于以下位置：

Power Off（ON）→ Intensity 逆时针转到底→ Focus 居中→ AC–GND–DC GND

position →中心〔×5MAG 旋钮关上（水平）位置〕→ Mode CH1

Trig mode Auto → Trig source INT → Trig level 居中→ Time/Div0.5ms/div

position →中心（×10MAG）（×5MAG）旋钮关

旋钮均处于上述规定的位置后，打开电源，或把 Inten 旋钮顺时针旋转，约 15 s 后将出现亮线。若系统不用，电源仍连接着，应把 Inten 旋钮逆时针旋转，以降低亮度。

测量前示波器面板控件的位置见表 1—1（▲表示在测量时对控件进行适当调节）。

表 1—1　　测量前示波器面板控件的位置

控制件名称	作用位置	控制件名称	作用位置
亮度（INTENSITY）	▲居中	输入耦合	▲ DC
聚焦（FOCUS）	▲居中	扫描方式（SWEEP MODE）	▲自动
位移（三只）（POSITION）	▲居中	触发极性（SLOPE）	▲_/‾
垂直方式（MODE）	▲ CH1	扫描速率（SEC/DIV）	▲ 0.5 ms
电压衰减（VOLTS/DIV）	▲ 0.1 V（X）	触发源（TRIGGER SOURCE）	▲ CH1
微调（VIRIABLE）	▲顺时针旋到底	触发耦合方式（COUPLING）	▲ AC 常态

1）电压测量。通常被测信号含交流和直流分量，测量时经常需要测量两种分量的复合值或单独值。在测量复合值时 Y 输入选择置于“DC”位置，而测量交流分量时 Y 输入选择置于“AC”位置。通常采用直接测量法进行电压测量。测量时根据被测信号的幅度和频率，适当选择“V/DIV”“T/DIV”开关挡级，将被测信号直接或通过 10∶1 探极输入示波器 Y 输入端，调节触发电平使波形稳定。置 Y 轴微调于“校正”位置，则可通过屏幕测得被测电压值：

$$V_{PP}=D_y h$$

式中　V_{PP}——被测电压峰峰值或任意两点间电压值；

D_y——偏转灵敏度，V/cm、mV/cm 或 V/div、mV/div；

h——被测电压波形峰峰高度或任意两点间高度，cm 或 div。

如果通过 10∶1 探极，则测量电压还要乘 10。

2）时间测量。示波器测量时间通常采用直接测量法，测量时应注意将扫描速度微调放在“校准”位置，被测时间 t_x 可由下式求得：

$$t_x=S_B X$$

式中　S_B——示波器扫描速度，s/cm、ms/cm、μs/cm 或 s/div、μs/div；

X——被测时间所对应的光迹在水平方向上的距离。

3）相位测量。在双踪示波器中用两波形直接比较测量相位差是最直观、最简单的方法。对于图 1—20 所示波形，可测得相位差：

$$\varphi=\frac{X_1}{X}\times 360°$$

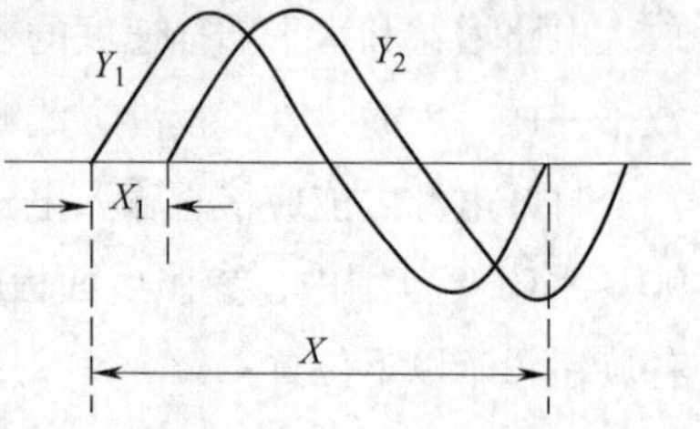

图 1—20　相位测量

2．双踪示波器的维护与使用注意事项

（1）双踪示波器的日常维护和保养

1）为了保证设备正常使用，必须在规定环境范围内使用。

2）当探头或测试导线与电源线相连接时，不要随意插拔。

3）尽量减少搬动，且要小心轻放。荧光屏是示波器最容易损坏的部件，由于其结构特殊，在使用中要避免受硬物敲击和剧烈的振动，不宜带电移动，也不能刚断电就立即搬动。

4）避免阳光直射荧光屏。阳光曝晒，不仅影响观察，而且还会使荧光屏老化，发光率下降，使用寿命缩短。

5）尽量减少开关机次数。示波器每一次开机，会受到一次瞬间大电流冲击；另外，由于电路上使用了一些感性与容性元器件，开机瞬间产生过压、过流现象，容易损坏元器件，有些故障往往就是开关机瞬间出现的。

6）发现故障时应立即关机。如在使用过程中出现冒烟、有焦味或光栅异常都应该立即关机，以免造成更大损失。

7）定期擦拭仪器外壁。要注意防止潮湿侵蚀。潮湿不仅会降低高压部件绝缘性能，引起散热不良现象，而且印制板铜箔和元器件引脚容易受到腐蚀和损坏。在潮湿环境或雨天，即使不使用仪器，也要定期通电开机 1 ~ 2 h，利用本机热量驱散潮气。

8）使用过程中要注意散热。在使用时，不能让散热孔受阻，也不能用塑料罩等罩着，以及离墙壁太近。

9）定期进行自校准。通过校准可以及时发现存在的问题，并且可以有效降低因环境产生的测量误差。

（2）双踪示波器使用注意事项

1）要避免频繁开机、关机。

2）如果发现波形受外界干扰，可将示波器外壳接地。

3）“Y 输入”的电压不可太高，在最大衰减时也不能超过 400 V，以免损坏仪器；“Y 输入”导线悬空时，受外界电磁干扰出现干扰波形，应避免出现这种现象。

4）关机前应先将辉度调节旋钮逆时针方向转到底，使亮度减到最小，然后再断开电源开关。

5）在观察荧屏上的亮斑并进行调节时，亮斑的亮度要适中，不能过亮。

第三节　传感器的应用

由于装卸机械运行中有各种不同的物理量（如位移、压力、速度等）需要控制和监测，而控制与信号处理装置又只能识别电量，因此能把各种不同的非电量转换成电量的传感器便成为不可缺少的组成部分。

传感器是测量装置和控制系统的重要环节，如果没有传感器对原始参数进行准确可靠的测量，就无法实现信号的转换和信息处理，无法完成最佳数据的显示和控制。传感器是将光、声、温度等物理量转换成为能够用电子电路处理的电信号（电压与电流）的器件。因此，传感器是信息采集系统的首要部件，是信息的源头，是实现现代化测量和自动控制（包括遥感、遥测、遥控）的主要环节。

根据国标 GB/T 7665—2005《传感器通用术语》，传感器的定义为："能感受被测量并按照一定的规律转换成可用输出信号的器件或装置，通常由敏感元件和转换元件组成。"这一定义所表述的传感器的主要内涵包括：

（1）传感器是测量装置，能完成检测任务。

（2）从传感器的输入端来看，一个指定的传感器只能感受规定的被测量，即传感器对规定的物理量具有最大的灵敏度和最好的选择性。例如温度传感器只能用于测温度，而不希望它同时还受其他物理量的影响。

（3）从传感器的输出端来看，传感器的输出信号为"可用信号"，"可用信号"是指便于处理、转换、传输、显示的信号，最常见的是电信号、光信号。

（4）从输入与输出的关系来看，它们之间的关系具有"一定规律"，即传感器的输入与输出之间有对应关系，且能达到一定的精度。

一、传感器的功能、分类和技术指标

1. 传感器的功能

传感器的基本功能是检测信号和进行信号转换。传感器总是处于测试系统的最前端，用来获取检测信息，其性能将直接影响整个测试系统，对测量精确度起着决定性作用。传感器的组成按其定义一般由敏感元件、变换元件、信号调理电路三部分组成，有时还需外加辅助电源提供转换能量，如图 1—21 所示。

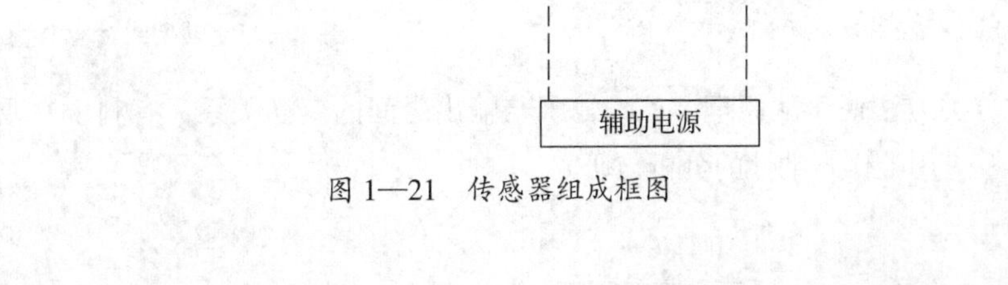

图 1—21　传感器组成框图

敏感元件直接感受被测量（一般为非电量），并将其转换为易于转换成电量的其他物理量；该物理量经变换元件转换成一定的电路参数（简称电参量，如电压、电流、电阻、电感、电容等）；最后，信号调理电路将这一电路参数转换成易于进一步传输和处理的形式。

当然，不是所有的传感器都有敏感元件、变换元件之分，有些传感器是将两者合二为一，还有些新型的传感器将敏感元件、变换元件及信号调理电路集成为一个器件。在机械量（如力、位移、速度等）测量中，常采用弹性元件作为敏感元件。这种弹性元件也叫弹性敏感元件或测量敏感元件，它可以把被测量由一种物理状态变换为所需要的另一种物理状态。

2．传感器的分类

传感器的种类很多，往往同一种被测量可以用不同类型的传感器来测量，而同一原理的传感器又可测量多种物理量，而且随着新的物理效应的发现和新的传感材料的应用，具有不同特性、不同功能、不同结构和用途的传感器不断出现。因此传感器有许多种分类方法，常用的分类方法有以下几种：

（1）按被测量分类

1）机械量：长度、厚度、位移、力、速度、加速度、旋转角、转数、质量、重力。

2）热工量：温度、热量、流量（速）、压力（差）、液位。

3）物性参量：浓度、黏度、比重、酸碱度。

4）状态参量：裂纹、缺陷、泄漏、磨损。

这种分类方法也就是按用途进行分类，使用者可以很容易地根据测量对象来选择传感器。

（2）按测量原理分类。按传感器的工作原理可分为电阻式、电感式、电容式、压电式、光电式、光纤磁敏式、激光、超声波等传感器。现有传感器的测量原理都是基于物理、化学和生物等各种效应和定律。切削力测量感应片、动圈式磁电传感器分别如图 1—22、图 1—23 所示。

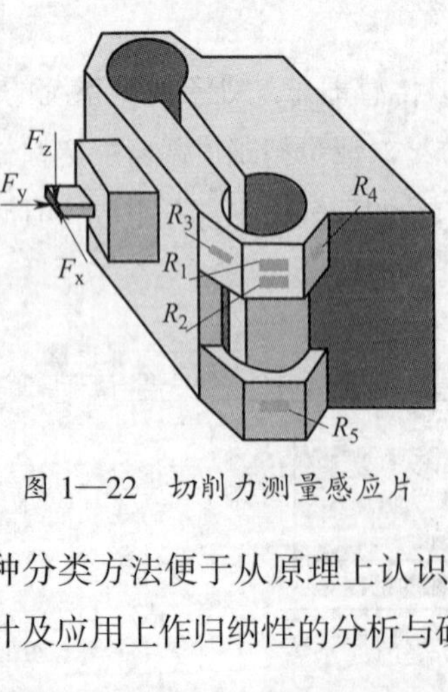

图 1—22　切削力测量感应片

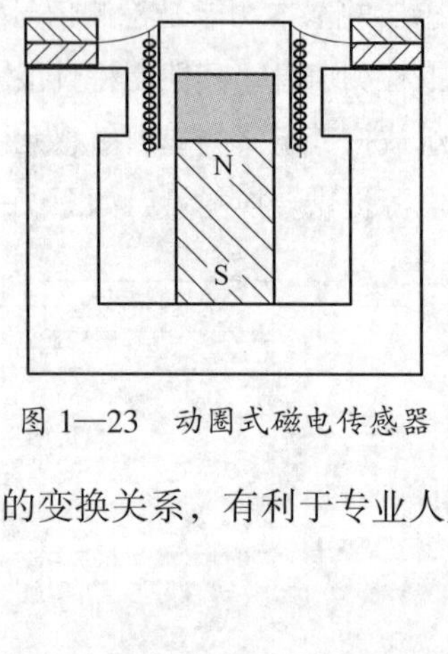

图 1—23　动圈式磁电传感器

这种分类方法便于从原理上认识输入与输出之间的变换关系，有利于专业人员从原理、设计及应用上作归纳性的分析与研究。

（3）按信号变换特征分类

1）结构型。主要通过传感器结构参量的变化实现信号变换。例如，电容式传感器依靠极板间距离的变化引起电容量的改变。

2）物性型。利用敏感元件材料本身物理属性的变化来实现信号变换。例如，水银温度计是利用水银的热胀冷缩现象测量温度，压电式传感器是利用石英晶体的压电效应实现测量等。

（4）按能量关系分类

1）能量转换型。传感器直接由被测对象输入能量而工作。例如热电偶温度计、光电池、压电式加速度计等，这类传感器也称为有源传感器。

2）能量控制型。传感器从外部获得能量而工作，由被测量的变化控制外部供给能量的变化。例如，电阻式、电感式等传感器必须由外部提供激励源（电源等），因此也称为无源传感器。

（5）按输出电信号类型分类。根据传感器输出电信号类型不同，分为模拟式传感器和数字式传感器。模拟式传感器输出随时间连续变化的模拟信号，数字式传感器输出没有幅值意义的脉冲信号。

3. 传感器的技术指标

各种传感器由于原理、结构不同，使用环境、条件、目的不同，其技术指标也不可能相同。但是有些一般要求是共同的，包括可靠性、静态精度、动态性能、灵敏度、分辨力、量程、抗干扰能力、能耗、成本、对被测对象的影响等。下面列出传感器常用的技术性能指标。

（1）输入量性能指标：量程或测量范围、过载能力等。

（2）静态特性指标：线性度、迟滞、重复性、精度、灵敏度、分辨率、稳定性和漂移等。

（3）动态特性指标：固有频率、阻尼比、频率特性、时间常数、上升时间、响应时间、超调量、稳态误差等。

（4）可靠性指标：工作寿命、平均无故障时间、故障率、疲劳性能、绝缘、耐压、耐温等。

（5）对环境要求指标：工作温度范围、温度漂移、灵敏度漂移系数、抗潮湿、抗介质腐蚀、抗电磁场干扰能力、抗冲击振动要求等。

（6）使用及配接要求：供电方式（直流、交流、频率、波形等）、电压幅度与稳定度、功耗、安装方式（外形尺寸、质量、结构特点等）、输入阻抗（对被测对象影响）、输出阻抗（对配接电路要求）等。

二、传感器的工作原理和应用

传感器种类很多，而位置和位移传感器在装卸机械中应用广泛。当前实现位置检测主要是使用各种接近开关，如图 1—24 所示。

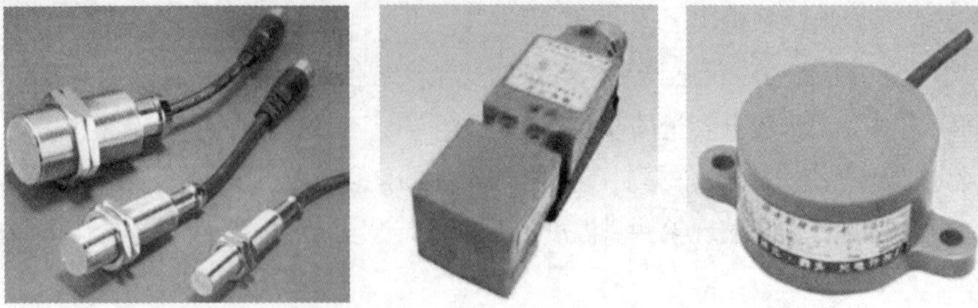

图 1—24　接近开关

接近开关是利用位移传感器对接近物体的敏感特性，控制开关通或断的一种装置。接近开关与被测物不接触，不会产生机械磨损和疲劳损伤，工作寿命长，响应快，无触点、无火花、无噪声，防尘、防潮、防爆性能较好，输出信号负载能力强，体积小，安装和调整方便；缺点是触点容量较小，输出短路时易烧毁。

位移传感器是一种对接近它的物体有感知能力的元件。当有物体移向接近开关，并接近到一定距离时，位移传感器才有"感知"，开关才会动作，这个距离通常称为"检出距离"。不同的接近开关检出距离也不同。有时被检测物体是按一定的时间间隔，一个接一个地移向接近开关，又一个一个地离开，不断重复。常见的接近开关有电感式、电容式、霍尔式、光电式、热释电式、超声波式、微波式等。表 1—2 是常见的接近开关及其使用特点。

表 1—2　　常见的接近开关及其使用特点

接近开关类型	特点
电感式接近开关	被测物体必须是导电体
电容式接近开关	被测物不限于导电体，可以是绝缘的液体或粉状物
霍尔接近开关	被测物体必须是磁性物体
光电式接近开关	对环境要求严格，要求无粉尘，被测物对光的反射能力要好
热释电式接近开关	被测物体的温度必须和环境温度有差异

因为电感式接近开关和电容式接近开关对环境要求较低，所以这两种接近开关使用较多。当测量对象是导电物体或者是可以固定在一块金属物上的物体时，一般选用电感式接近开关，因为它的响应频率高、抗环境干扰性能好、应用范围广、价格较低。如测量对象是非金属，则应选用电容式接近开关，这种开关的响应频率低，但稳定性好。另外，在安装时应考虑环境因素的影响。若被测物为导磁材料，或者为了区别和它一同运动的物体而把磁钢埋在被测物体内时，应选用霍尔接近开关。在环境条件比较好、无粉尘污染的场所，可采用光电式接近开关。光电式接近开关工作时对被测对象几乎没有任何影响，因此在要求较高的场所被广泛使用。在防盗系统中，自动门通常使用热释电式接近开关。在选用接近开关时都应考虑工作电压、负载电流、响应频率、检测距离等各项具体技术性能指标。

1. 电感式接近开关

（1）电感式接近开关的工作原理。电感式接近开关属于一种有开关量输出的位置传感器，它由 LC 高频振荡器和放大处理电路组成，利用金属物体在接近能产生电磁场的振荡感应头时，使物体内部产生涡流，这个涡流反作用于接近开关，使接近开关振荡能力衰减，内部电路的参数发生变化，由此识别出有无金属物体接近，进而控制开关的通或断。这种接近开关所能检测的物体必须是导电性能良好的金属物体。电感式接近开关也称为涡流式接近开关。

电感式接近开关工作原理框图如图 1—25 所示。

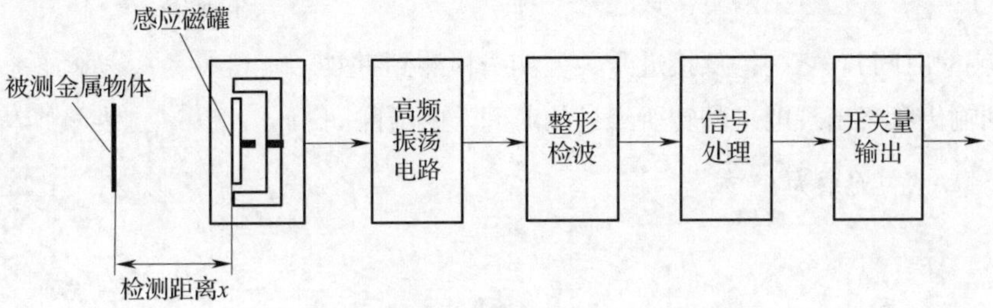

图 1—25　电感式接近开关工作原理框图

（2）电感式接近开关的型号。电感式接近开关的型号含义如图 1—26 所示。型号说明：短线前面的第一部分字母或数字分别表示接近开关类型、外型和尺寸，短线后面的第二部分字母或数字表示接线图号和输出状态。

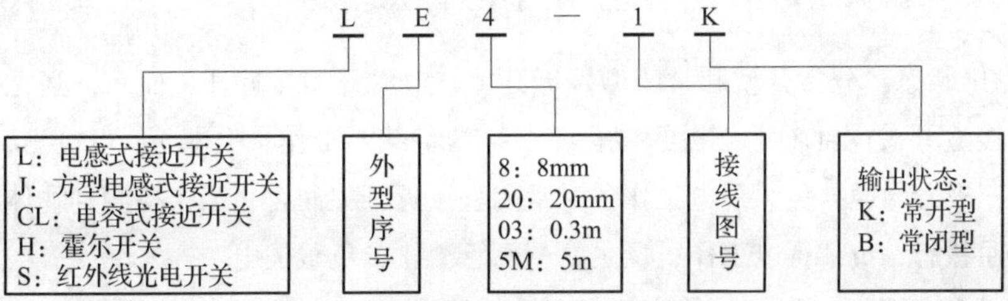

图 1—26　电感式接近开关的型号含义

（3）电感式接近开关的有关术语

1）动作（检测）距离。它是指检测物体按照一定的方式移动时，从接近开关的检测表面到开关动作时的基准位置的空间距离。额定动作距离是指接近开关动作距离的标称值。

2）设定距离。它是指接近开关在实际工作中的整定距离，一般为额定动作距离的 0.8 倍。被测物与接近开关之间的安装距离一般等于额定动作距离，以保证工作可靠。安装后还须通过调试，然后紧固。

3）复位距离。它是指检测物体离开检测表面到开关动作复位时的位置之间的空间距离，复位距离略大于动作距离。

4）回差值。它是指动作距离与复位距离之差的绝对值。回差值越大，对外界的干扰以及被测物体的抖动等的抗干扰能力就越强。

动作距离和复位距离的关系如图 1—27 所示。

5）安装方式。分为埋入式和非埋入式。埋入式接近开关的表面可与被安装的金属物件形成同一表面，不易被碰坏，但灵敏度较低；非埋入式接近开关则需要把感应头露出一定高度，否则将降低灵敏度。具体的安装方式需要根据实际安装条件来选择。图 1—28 所示为电感式接近开关的两种安装方式。

6）响应频率 f。它是指在 1 s 内，接近开关频繁动作的次数。

7）响应时间 t。它是指从接近开关检测头检测到有效物体，到输出状态出现电平翻转所经过的时间。响应时间 t 与响应频率 f 的关系为 $t=\frac{1}{f}$。

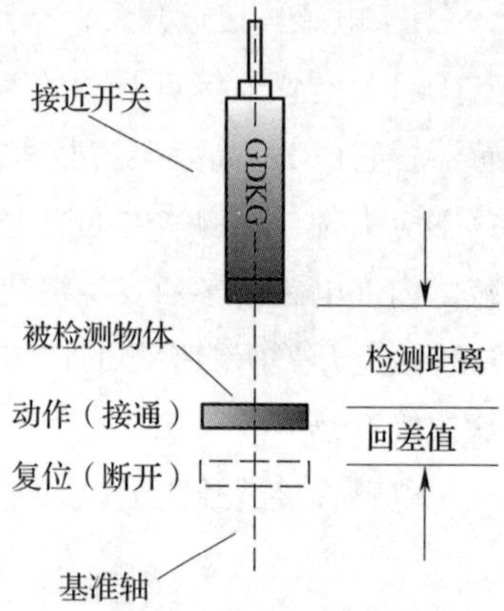

图 1—27　动作距离和复位距离的关系

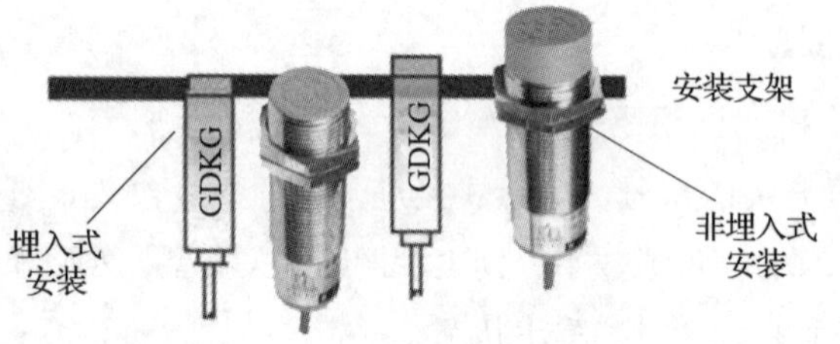

图 1—28　接近开关的安装方式

8）输出状态。分常开型和常闭型接近开关。对常开型接近开关而言，当无检测物体时，由于接近开关内部输出三极管截止，所接的负载不工作（失电）；当检测到物体时，内部输出三极管导通，负载得电工作。对常闭型接近开关而言，当未检测到物体时，三极管处于导通状态，负载得电工作；反之，三极管截止，负载失电。

电感式接近开关常见的输出形式有 NPN 二线、NPN 三线、NPN 四线、PNP 二线、PNP 三线、PNP 四线、DC 二线、AC 二线、AC 五线（带继电器）等几种。几种常用的输出形式如图 1—29 所示。

9）导通压降。它是指接近开关在导通状态时，开关内输出三极管集电极与发射极之间的电压降。一般情况下，导通压降约为 0.3 V。

（4）电感式接近开关的接线方式。PNP 与 NPN 型传感器一般有三条引出线，即电源线、地线、信号输出线。

1）PNP 类。PNP 是指当有信号触发时，信号输出线和电源线连接，相当于输出高电平。

对于 PNP–NO 型，在没有信号触发时，输出线是悬空的，也就是电源线和信号输出线断开；有信号触发时，发出与电源相同的电压，也就是信号输出线和电源线连接，输出高电平。

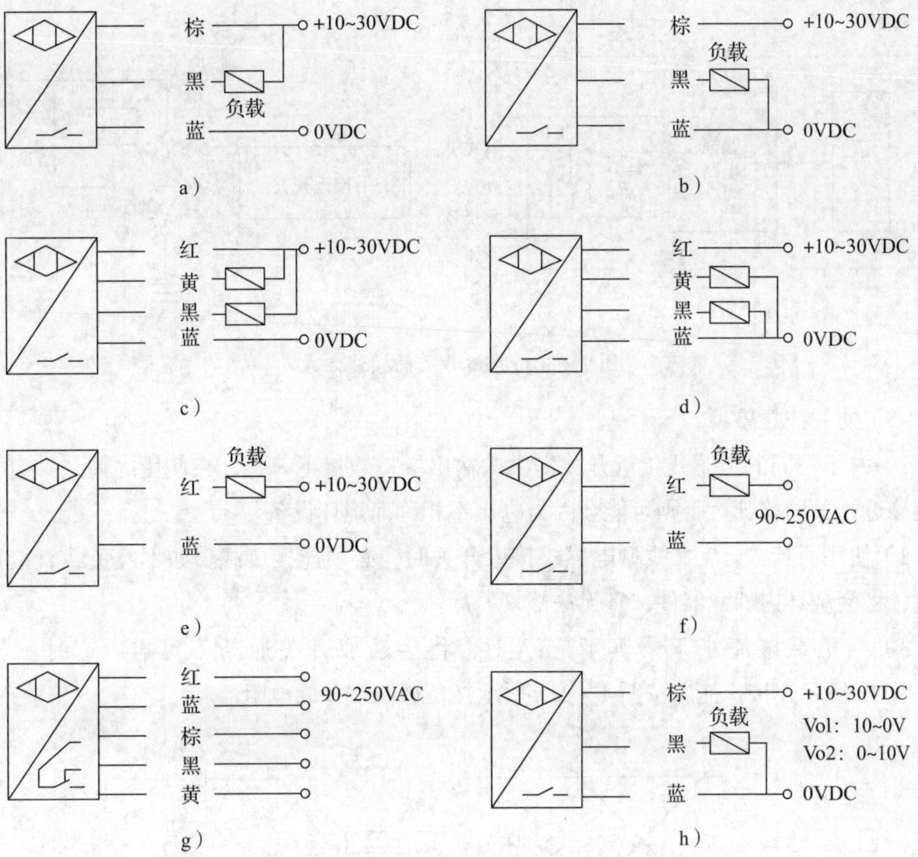

图 1—29　电感式接近开关常用输出形式

a）NPN 型　b）PNP 型　c）NPN－开－闭型　d）PNP－开－闭型

e）直流二线型　f）交流二线型　g）交流五线型　h）模拟量输出型

对于 PNP–NC 型，在没有信号触发时，发出与电源相同的电压，也就是信号输出线和电源线连接，输出高电平；当有信号触发时，输出线是悬空的，也就是电源线和信号输出线断开。

对于 PNP－NC+NO 型，其实就是多出一条输出线，根据需要取舍。

2）NPN 类。NPN 是指当有信号触发时，信号输出线和地线连接，相当于输出低电平。

对于 NPN–NO 型，在没有信号触发时，输出线是悬空的，也就是地线和信号输出线断开；有信号触发时，发出与地线相同的电压，也就是信号输出线和地线连接，输出低电平。

对于 NPN–NC 型，在没有信号触发时，发出与地线相同的电压，也就是信号输出线和地线连接，输出低电平；当有信号触发时，输出线是悬空的，也就是地线和信号输出线断开。

NPN－NC+NO 型和 PNP－NC+NO 型类似，多出一条输出线，根据需要取舍。

下面以 NPN 常开型为例说明接线方式，如图 1—30 所示。

OUT 端与 GND 端的压降 U_{ces} 约为 0.3 V，流过 KA 的电流 I_{KA}=（V_{CC}–0.3）/R_{KA}。若 I_{KA} 大于 KA 的额定吸合电流，则 KA 能够可靠吸合。

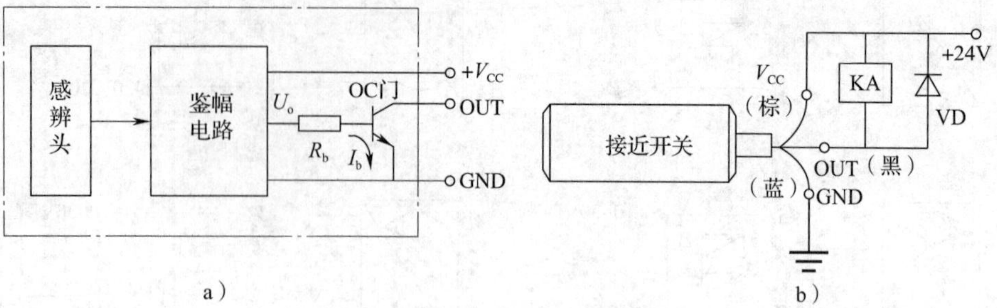

图 1—30　接近开关的接线方式

（5）使用注意事项

1）由于不同的电感式接近开关提供的输出端口数量不一样，在使用之前，一定要看清楚接近开关的铭牌，否则可能会因为电压不相称而烧坏设备。

2）使用直流 / 交流二线型电感式接近开关时，必须连接负载。如不经负载直接连接电源，将会烧坏内部元器件，且无法修复。

3）当负载电流小于或等于 5 mA 时，将会造成开关通断不可靠，这时不能按图 1—31a 所示连接，而应按图 1—31b 所示在负载两端并联电阻器。

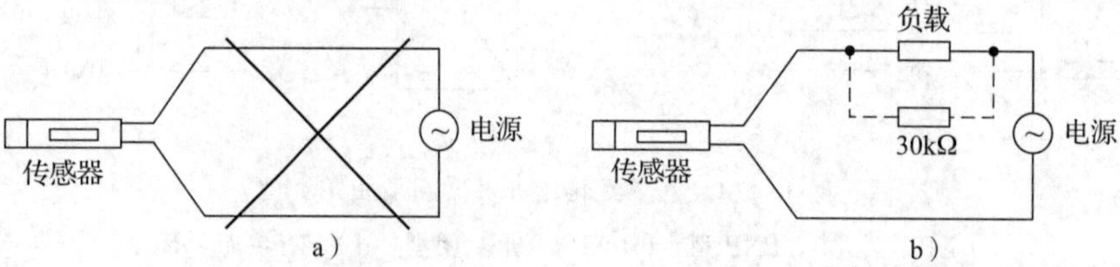

图 1—31　负载电流过小时的连接

a）电源连接错误　b）在负载两端并联电阻

2. 霍尔接近开关

霍尔接近开关是利用半导体的磁电转换原理，将磁场信息变换成相应的电信息的元器件。它可以直接测量磁场及微小位移量，也可以间接测量液位、压力等过程参数。

（1）霍尔开关的工作原理与特点。当一块通有电流的金属或半导体薄片垂直地放在磁场中时，薄片的两端就会产生电位差，这种现象称为霍尔效应。两端具有的电位差值称为霍尔电势 U，其表达式为：

$$U=KIB/d$$

式中，K 为霍尔系数，I 为薄片中通过的电流，B 为外加磁场的磁感应强度，d 为薄片的厚度。

由此可见，霍尔效应的灵敏度与外加磁场的磁感应强度成正比。

霍尔开关属于有源磁电转换器件。它是在霍尔效应原理的基础上，利用集成封装和组装工艺制作而成的；它可以方便地把磁输入信号转换成实际应用中的电信号，同时又满足实际应用易操作和高可靠性的要求。

霍尔开关由霍尔元件、磁场和电源构成。霍尔元件是一种磁敏元件，其图形符号及外形如图 1—32 所示。

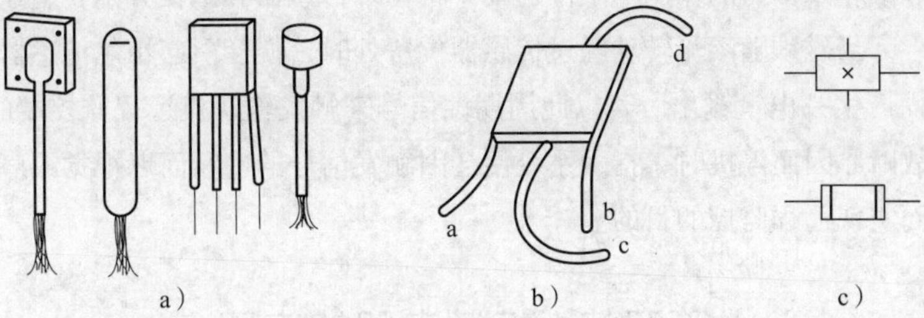

图 1—32　霍尔元件

a）外形　b）结构　c）图形符号

当磁性物体移近霍尔开关时，开关检测面上的霍尔元件因产生霍尔效应而使开关内部电路状态发生变化，由此识别附近有磁性物体存在，进而控制开关的通或断。霍尔开关的检测对象必须是磁性物体。

霍尔开关的输入端是以磁感应强度 B 来表征的，当 B 值达到一定程度（如 B_1）时，霍尔开关内部的触发器翻转，霍尔开关的输出电平状态也随之翻转。输出端一般采用晶体管输出，和其他传感器类似，有 NPN、PNP、常开型、常闭型、锁存型（双极性）、双信号输出之分。

霍尔开关具有无触点、低功耗、长使用寿命、响应频率高等特点，内部采用环氧树脂封灌成一体，所以能在各种恶劣环境下可靠地工作。霍尔开关作为一种新型的电器配件，可应用于接近传感器、压力传感器、里程表等。

（2）霍尔元件的主要技术参数

1）额定激励电流。对一定的元件，为使其温升不超过一定值，就需要对激励电流加以限制。使霍尔元件温升 10℃所施加的控制电流值，称为额定激励电流。

2）霍尔输入电阻和输出电阻。输入电阻指控制电极间的电阻值，输出电阻指霍尔电极间电阻值。它们可以在无磁场时用欧姆表测量。

3）电阻温度系数。它是在不施加磁场的条件下，环境温度每变化 1℃时电阻的相对变化率。

4）不等位电势。它是指在没有加外磁场和霍尔激励电流的情况下，在输出端空载测得的电势差（也称为零位电势）。

5）输出电压。它是指在外加磁场和霍尔激励电流的情况下，在输出端空载测得的电势差。

（3）霍尔接近开关在带式输送机远程故障监测中的应用。带式输送机是一种以摩擦驱动的连续物料输送机械，广泛用于电子、电器、食品、医药、烟草、物流等行业的包装、检测和运输中。带式输送机的使用大大节省了自动生产、组装、输送过程中的人力成本，并提高了相应活动的效率。在带式输送机中常用霍尔传感器来检测输送带的运动状态，以便进行远程监控和故障报警。

带式输送机主要由机架、输送带、托辊和滚轮组成，其中滚轮负责驱动，输送带则在与下方托辊和滚轮摩擦力的作用下不停运动。将霍尔传感器和磁铁分别安装在机架与滚轮相对的位置上，当磁铁随滚轮转动经过传感器位置处时，便会引起霍尔传感器所处环境磁场变化，从而产生一电量输出。若以此周期性信号来触发输送机远程监控端的指示系统，当输送机因故障原因而停机时，指示系统便会因触发信号的中断而以视觉或声音的方式进行报警，从而实现远程监控的目的。

第四节　控制电器的应用

装卸机械电器中运用的控制电器种类繁多，包括接触器、继电器、启动器、控制器、主令电器、变阻器和电磁铁等。下面介绍凸轮控制器、主令控制器的结构、原理和应用。

一、凸轮控制器

凸轮控制器是一种大型手动控制电器，主要用于起重设备中控制中小型绕线式转子异步电动机的启动、制动、调速、换向和停止。

由于凸轮控制器直接控制电动机工作，所以触头容量大并有灭弧装置。凸轮控制器结构及工作原理如图 1—33 所示，它主要由动触头、静触头、方形转轴、凸轮、杠杆、手柄、灭弧装置及定位机构等组成。当方轴在手柄扳动下转动时，固定在轴上的凸轮和轴一起转动，当凸轮的凸起部位支住杠杆上的滚子时，便将动、静触头分开；当凹下部位与滚子相对时，触头复位，从而实现触点接通与断开。

a）

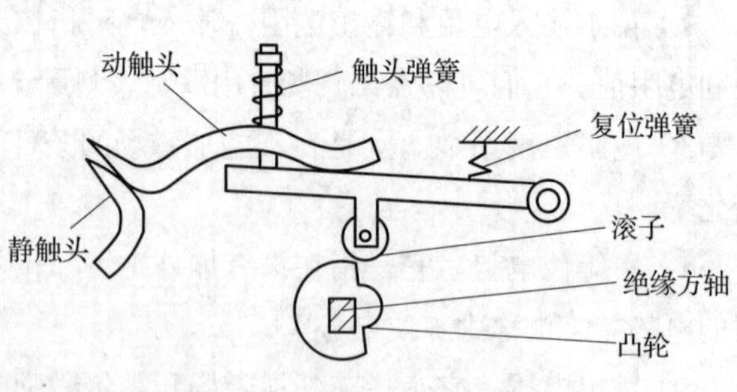

b）

图 1—33　凸轮控制器结构及工作原理
a）凸轮控制器结构　b）凸轮控制器工作原理

在方轴上可以叠装不同形状的凸轮块，以使一系列动、静触头按预先设计的顺序接通与断开，将这些触头接到电动机电路中，便可实现控制电动机的目的。

常用的凸轮控制器有 KT10、KT12、KT14、KT16 系列。KT14 系列额定电流为 25 A 和 60 A，额定操作频率为 600 次 /h。凸轮控制器型号含义如图 1—34 所示。

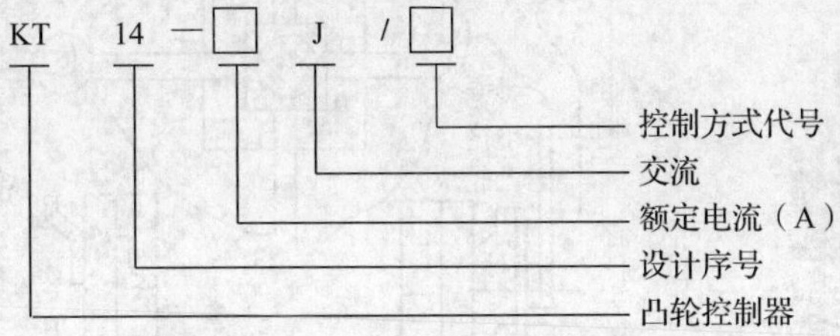

图 1—34 凸轮控制器型号含义

凸轮控制器常用技术数据包括额定电压、额定电流、工作位置数、触点数等。按重复短时工作制设计，通电持续率为 25%；如用于间断长期工作时，其发热电流不应大于额定电流。

凸轮控制器的文字符号为 SA；图形符号以触头闭合表的形式表示，反映各触头的闭合规律，如图 1—35 所示。图中，竖虚线为工作位置，横线为触头位置。在横竖两条线交点处有“●”，表示该位置这一对触头是闭合接通的；若无“●”，表示该触头在这一位置是断开的。图 1—35 所示凸轮控制器有 4 对触点，前后共 4 个操作位置，“0”表示手柄处在中间位置。

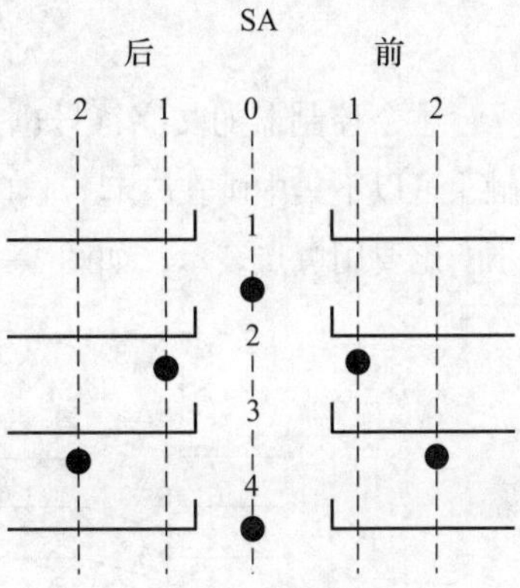

图 1—35 凸轮控制器的文字符号和图形符号

二、主令控制器

有些电器并不直接控制电动机或其他用电设备，只是发出控制信号，让继电器、接触器等去执行控制任务，这类电器称为主令电器。常见的主令电器有按钮、位置开关、接近开关和主令控制器等。

主令控制器是一种多触点控制电器，操作一台主令控制器，可以按预定的控制顺序对多条回路进行控制。主令控制器被广泛用于起重机电路中，实现对电动机的启动、反转、调速和制动的全面控制。通常主令控制器是与磁力控制盘相配合来实现对起重机的控制。

主令控制器不像凸轮控制器那样直接通过触头去控制电动机等动力电路，因此主令控制器触头很小、体积不大、操作灵活方便，由于其作用主要是发出指令信号，所以它属于主令电器。

主令控制器的结构与工作原理基本上与凸轮控制器相同，图 1—36 所示为主令控制器某一层结构示意图。它也是利用凸轮来控制触头的断合。在方形转轴上安装一串不同形状的凸轮块，当手柄在不同位置时，就可获得同一触头接通或断开的效果，再由这些触头去控制接触器，就可以实现对电路的控制。

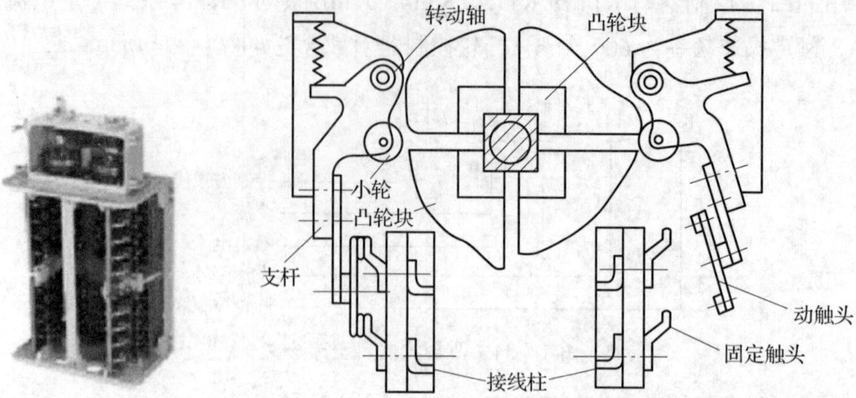

图 1—36　主令控制器结构

主令控制器的文字符号也是 SA，图形符号与凸轮控制器相似。根据需要，控制器的触头可以不集中画在一起，这时要在电路图以外专门绘出触头闭合表，并且触头的开闭也不一定要用黑点表示，如图 1—37 所示。

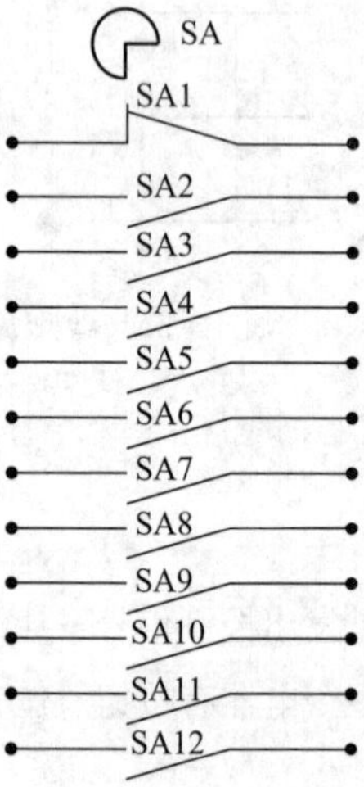

SA

	下降							上升					
	强力			制动									
	5	4	3	2	1	C	0	1	2	3	4	5	6
SA1							×						
SA2	×	×	×										
SA3				×	×	×		×	×	×	×	×	×
SA4	×	×	×	×	×			×	×	×	×	×	×
SA5	×	×	×										
SA6				×	×	×		×	×	×	×	×	×
SA7	×	×	×		×	×		×	×	×	×	×	×
SA8	×	×	×			×			×	×	×	×	×
SA9	×	×								×	×	×	×
SA10	×										×	×	×
SA11	×											×	×
SA12	×	○	○										×

×—表示触头闭合

○—表示触头转向零位时闭合

图 1—37　主令控制器的图形符号

常用的主令控制器主要有 LK14、LK15、LK16 系列。LK14 系列主令控制器的额定电压为 380 V，额定电流为 15 A，控制电路数为 12 个。

主令控制器应根据所需操作位置、控制电路数、触头闭合顺序、长期允许电流大小来选择。

在装卸设备上，随着变频器与 PLC 的应用，主令控制器也发生了一些变化，引入编码器（绝对值编码器，在每个固定位置有一个固定的二进制值输入 PLC）安装在主令控制器上，同轴转动，信号接入 PLC，控制变频器的输出，驱动电动机。主令控制器的触头控制电动机的启停、转动方向，编码器控制电动机的速度。

第二章　液压传动的应用

第一节　液压传动基本知识

传统的装卸机械是由动力装置（电动机、内燃机）、传动装置、工作装置、制动装置和操作装置组成。传动装置的功能是把动力机的机械能传递给工作装置，并在传递能量过程中根据工作装置需要而改变运动的速度和形式。传统的装卸机械传动是以齿轮传动为主要形式的啮合传动，它虽然具有传递效率高、制造方便等优点，但存在传动复杂、笨重不易调节、操作费力等缺点。随着社会科技进步，要求装卸机械向高效、能遥控、自动控制、宽调节范围和操作灵活方便方向发展。以液压传动为主的传动装置具备上述几方面的优点，适应了集约化大生产的需要。目前，液压传动已成为装卸机械传动装置的重要形式。

液压传动是通过动力元件（液压泵）将原动机（如电动机）输入的机械能转换为液体压力能，再经密封管道和控制元件等输送至执行元件（如液压缸），将液体压力能转换为机械能以驱动工作部件。

一、液压传动的工作原理

密封容器中的液体，若在其任一点施加压力，这个压力将通过液体传到各个连通器，并且压力值处处相等，这就是帕斯卡定律，也是液压传动的基本原理，如图 2—1 所示。液压传动的工作原理，可以用液压千斤顶的工作原理来说明。

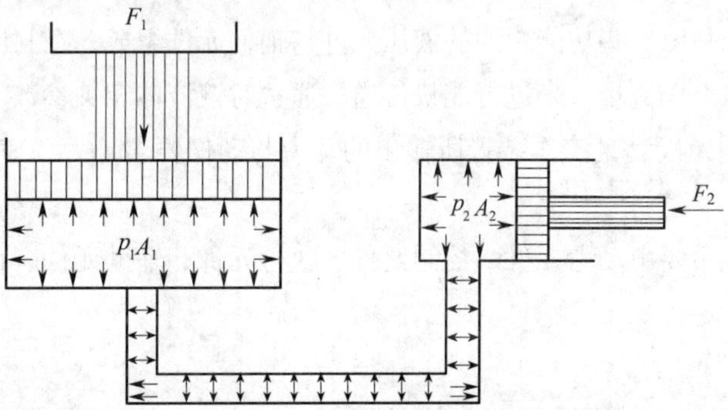

图 2—1　帕斯卡原理示意图

图2—2所示为液压千斤顶的工作原理。大油缸9和大活塞8组成举升液压缸。杠杆手柄1、小油缸2、小活塞3、单向阀4和7组成手动液压泵。如提起手柄使小活塞向上移动，小活塞下端油腔容积增大，形成局部真空，这时单向阀4打开，通过吸油管5从油箱12中吸油；用力压下手柄，小活塞下移，小活塞下腔压力升高，单向阀4关闭，单向阀7打开，下腔的油液经管道6输入举升油缸9的下腔，迫使大活塞8向上移动，顶起重物。再次提起手柄吸油时，单向阀7自动关闭，使油液不能倒流，从而保证了重物不会自行下落。不断地往复扳动手柄，就能不断地把油液压入举升缸下腔，使重物逐渐地升起。如果打开截止阀11，举升缸下腔的油液通过管道10、截止阀11流回油箱，重物就向下移动。这就是液压千斤顶的工作原理。

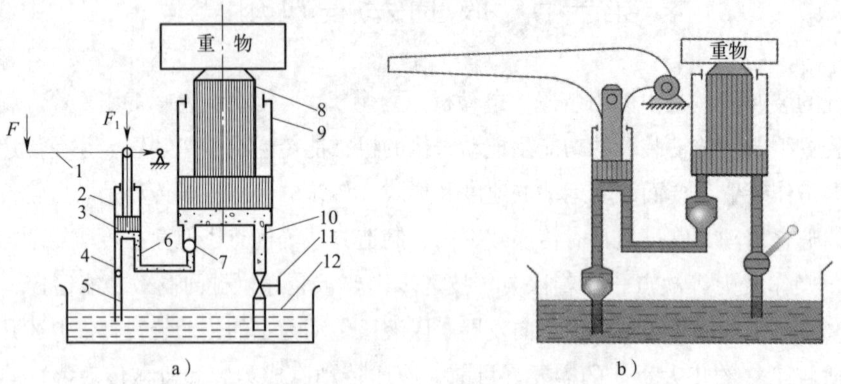

图2—2　液压千斤顶工作原理图

1—杠杆手柄　2—小油缸　3—小活塞　4、7—单向阀　5—吸油管　6、10—管道　8—大活塞　9—大油缸　11—截止阀　12—油箱

通过对液压千斤顶工作过程的分析，可以初步了解液压传动的基本工作原理。液压传动是利用有压力的油液作为传递动力的工作介质。压下杠杆时，小油缸2输出压力油，是将机械能转换成油液的压力能；压力油经过管道6及单向阀7，推动大活塞8举起重物，是将油液的压力能转换成机械能。大活塞8举升的速度取决于单位时间内流入大油缸9中油液的多少。由此可见，液压传动是一个不同能量的转换过程。

二、液压传动系统的组成

液压传动系统是由一些功能不同的液压元件与辅助元件组成，在封闭系统中依靠运动液体的液压能（压力、流量）来进行能量传递，通过对该液体相关参数（压力、流量、方向）的调节与控制，以满足工作装置所输出的动力与动作要求（力、速度或转速、扭矩）的一种传动装置。

液压传动系统主要由动力元件、控制元件、执行元件、辅助元件、传动介质五部分组成，如图2—3所示。

1．动力元件

它是将原动机输入的机械能转换为液体压力能的元件，其作用是为液压系统提供压力油，是系统的动力源，如各类液压泵。

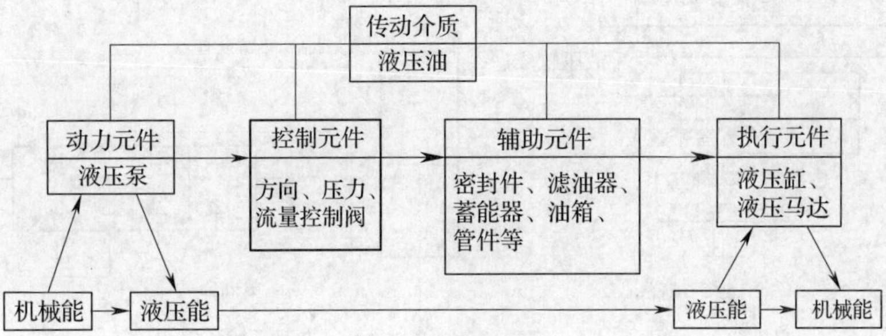

图 2—3　液压系统的组成及各部分的功用

2．控制元件

它是用以控制液压传动系统中油液的压力、流量和流动方向的元件，如溢流阀、节流阀和换向阀等各种液压阀。

3．执行元件

它是将液体压力能转换为机械能的元件，其作用是在压力油的推动下输出力和速度（或转矩和转速），以驱动工作部件。它可以是作直线运动的液压缸，也可以是作回转运动的液压马达。

4．辅助元件

保证系统正常工作所需的、上述三部分以外的其他元件，称为辅助元件，如各种接头、油管、过滤器、蓄能器和压力计等。它们分别起着连接、输油、过滤、储存压力能和测量液体压力等辅助作用。

5．传动介质

传动介质是指各类液压传动中的液压油或乳化液。它经过油泵和液动机实现能量转换，是传递能量的媒介。液体的性质（黏度、防锈性、润滑性、消泡性、化学稳定性等）对液压系统的正常工作具有直接的重要影响。

三、液压系统的图形符号

图 2—2 所示为结构式的工作原理图。它直观性强，容易理解，但难于绘制，特别是在液压元件数量较多时更加费事。为了适应液压技术发展的需要，我国制定了液压图形符号标准，一般液压传动系统图都应按照 GB/T 786.1—2009 所规定的液压图形符号来绘制。

图 2—4 所示的液压系统图是一种半结构式的工作原理图。

液压系统的图形符号表示元件的功能，而不是表示元件的具体结构和参数；反映各元件在油路连接上的相互关系，而不反映其空间安装位置；只反映静止位置或初始位置的工作状态，不反映其过渡过程。

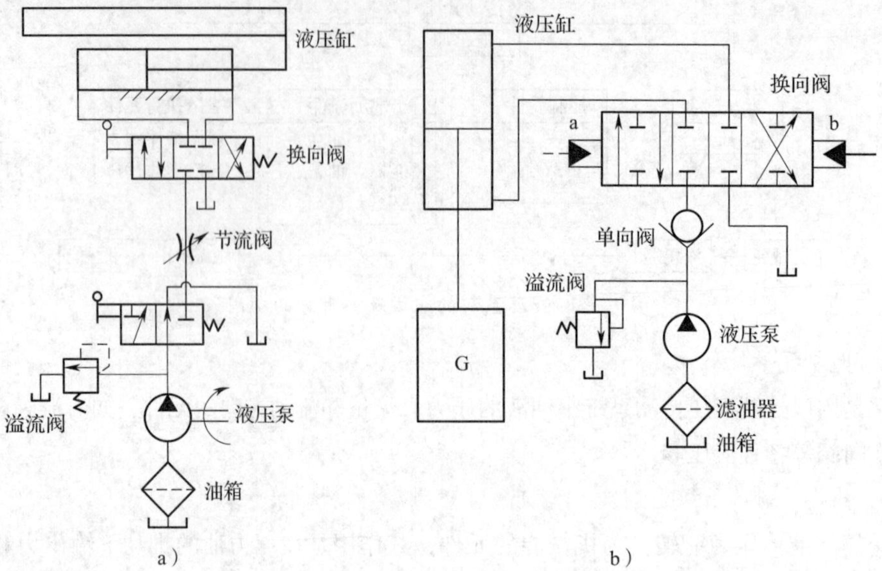

图 2—4　液压系统图

四、液压传动的特点

1. 液压传动的优点

（1）液压传动可在运行过程中进行无级调速，调速方便且调速范围大。

（2）在相同功率的情况下，液压传动装置的体积小、质量轻、结构紧凑。

（3）液压传动工作比较平稳、反应快、换向冲击小，能快速启动、制动和频繁换向。

（4）液压传动的控制调节简单，操作方便、省力，易实现自动化。当其与电气控制结合，更易实现各种复杂的自动工作循环。

（5）液压传动易实现过载保护，液压元件能够自行润滑，故使用寿命较长。

（6）液压元件已实现了系列化、标准化和通用化，便于设计、制造、使用和维修。

2. 液压传动的缺点

（1）液体的泄漏和可压缩性使液压传动难以保证严格的传动比。

（2）液压传动在工作过程中能量损失较大，不宜作远距离传动。

（3）液压传动对油温变化比较敏感，不宜在很高和很低的温度下工作。

（4）液压传动出现故障时，不易查找出原因。

第二节　液压元件

液压系统是为了完成某种工作任务而由各种具有特定功能的液压元件组成的整体。一个完整的液压传动系统由动力元件、执行元件、控制元件、辅助元件和传动介质构成，各部分元件种类和工作原理如下。

一、液压泵

液压泵是液压系统的动力元件，它将原动机（电动机、内燃机等）的机械能转变为液体压力能。

1. 液压泵的工作原理

按作用原理，液压泵可分为叶轮式、容积式两类。液压传动系统中常见的液压泵都是容积式的，其工作原理都是利用封闭容积的变化进行吸油和压油。现以图2—5所示的单柱塞泵为例，说明液压泵的工作原理。

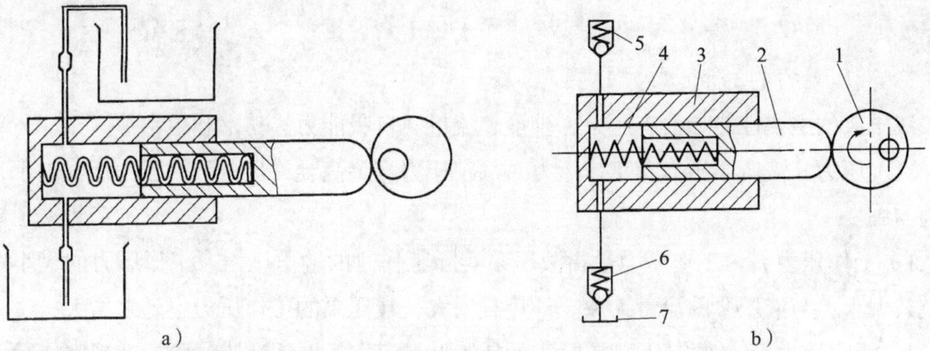

图2—5 单柱塞泵工作原理

1—偏心轮 2—柱塞 3—缸体 4—弹簧 5、6—单向阀 7—油箱

单柱塞泵由偏心轮1、柱塞2、缸体3、弹簧4、单向阀5和6以及油箱7组成，柱塞与缸体之间形成封闭容积。单柱塞泵依靠在缸内作往复运动的柱塞来改变工作室的容积，从而达到吸入和排出液体的目的。当电动机带动偏心轮顺时针方向旋转时，柱塞在偏心轮和弹簧的共同作用下在泵体中作往复移动。柱塞右移时，密封容积逐渐增大，产生真空，油箱中的油液经单向阀6进入封闭容积，这就是吸油过程；柱塞左移时，密封容积逐渐变小，已吸入其内的油液受挤压而产生一定压力，顶开单向阀5进入系统，这就是压油过程。若偏心轮不停旋转，泵就不停吸油和压油。

通过对单柱塞泵工作原理的分析，可以把容积式液压泵工作的必要条件归纳如下：

（1）吸油腔和压油腔必须隔开，确保高压油不与低压油相通。单向阀5、6即为将吸油腔和压油腔分开的配油装置。

（2）容积式泵必须有呈周期变化的密封容积。密封容积变小时油液被压出；密封容积变大时形成一定的真空度，油液通过吸油管道被吸入泵内。密封容积的变化量和变化频率决定泵的流量。

（3）吸油过程中，油箱必须与大气相通。

2. 液压泵的分类

装卸机械使用的容积式液压泵种类比较多，按其结构不同分为柱塞泵、叶片泵和齿轮泵三大类，而对每一类还可以细分。若泵的排量是固定不可改变的，则称为定量液压泵；若泵的排量是可以调节的，则称为变量液压泵。按调节排量的方式分为手动和自动两种，而自动调节又可分为限压式、恒功率式和恒流量式等。按进出油口不可交换、可交换，分为单向泵和双向泵。根据液压泵是否有自吸能力，又分为自吸式液压泵和非自吸式液压泵。

图 2—6 所示为几种液压泵的图形符号。

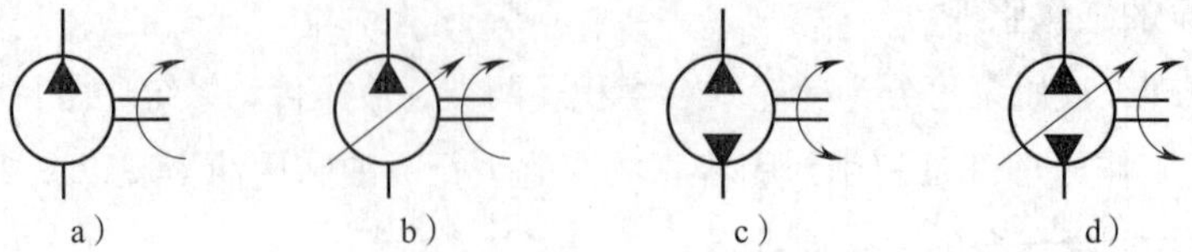

图 2—6　液压泵的图形符号

a）单向定量泵　b）单向变量泵　c）双向定量泵　d）双向变量泵

3．液压泵的主要性能参数

液压泵的主要性能参数有压力、排量、流量、自吸能力、功率和效率等。

（1）压力。液压泵压力有工作压力、额定压力、最高允许压力等。压力用 p 表示，单位为 MPa。

1）工作压力 p_P。工作压力是指液压泵实际工作时的输出压力。工作压力的大小取决于负载大小，与液压泵的流量无关。外负载增大，液压泵的工作压力也随之增大。

2）额定压力 p_{Pe}。额定压力是指液压泵在正常工作条件下，按试验标准规定连续运转的最高工作压力。液压泵的实际工作压力要小于额定压力，如果工作压力大于额定压力时，液压泵就过载。

3）最高允许压力 p_{max}。最高允许压力是指液压泵允许短时间超过额定压力运行的最大压力值。

（2）排量和流量

1）排量 V_P。排量是指液压泵每转一周，由其密封容积几何尺寸变化计算而得出的液体体积。排量的大小取决于泵的密封腔容积的变化值，与泵的转速无关。排量用 V_P 表示，其单位为 mL/r 或 L/r。排量可调节的液压泵为变量泵，排量不可调节的液压泵为定量泵。

2）流量 Q。液压泵的流量是指在单位时间内排出的液体体积，有理论流量、实际流量和额定流量之分。流量用 Q 表示，单位为 m^3/s 或 L/min。

①理论流量 Q_{PO}。是指在不考虑液压泵的泄漏流量的情况下，在单位时间内排出的液体的体积。如果液压泵的排量为 V_P，其主轴转速为 n，则该液压泵的理论流量为 $Q_{PO}=V_P n$。

②实际流量 Q_P。是指液压泵在工作时，考虑液压泵泄漏而输出的流量。它等于理论流量减去泄漏流量。

③额定流量 Q_{Pe}。是指液压泵在正常工作条件下，按试验标准规定（如在额定压力和额定转速下）必须保证的流量。实际流量和额定流量都小于理论流量。

（3）自吸能力。自吸能力是指液压泵在额定转速下运转时可以从安装位置比它低的开式油箱中自行吸油的能力。液压泵的自吸能力与泵的真空度有关。为减少泵的吸油腔因真空而出现吸空和气蚀的情况，很多装卸机械液压系统采用加压油箱来改善泵吸油的效果，增强防止油液受污染能力。

（4）功率。液压泵的功率有输入功率、输出功率。功率用 P 表示，单位是 W 或 kW。

1）输入功率 P_{in}。指作用在液压泵主轴上的机械功率。液压泵是通过电动机带动，液压泵输入的机械能等于转矩和转速的乘积。

2）输出功率 P_{out}。液压泵的输出功率等于油液的压力和流量的乘积。

（5）效率。液压泵的效率有容积效率、机械效率和总效率。效率用 η 表示。液压泵存在的能量损失有三种，即容积损失、摩擦损失和压力损失，分别用容积效率、机械效率和液压效率表示。压力损失很小，可以忽略不计。

容积效率 η_{PV} 为液压泵实际输出功率与理论输出功率的比值，也等于液压泵的实际流量与理论流量的比值。液压泵的输出压力越高，泄漏越大，因此容积效率随着液压泵工作压力的增大而减小。液压泵的排量和转速越小，容积效率也越小，因此大排量泵的容积效率比小排量泵的容积效率高。

由液压泵零件之间的摩擦和液体流动时的内部摩擦产生的损失为摩擦损失。机械效率 η_{Pm} 是表征摩擦损失的性能参数。机械效率等于驱动液压泵的理论转矩与实际转矩的比值。

总效率 η_{P} 是指液压泵的输出功率与其输入功率的比值，也等于容积效率与机械效率的乘积。

二、液压马达和液压缸

把液体的压力能转换成机械能输出的装置，称为执行元件。常见的执行元件有作回转运动的液压马达和作直线运动的液压缸。

1. 液压马达

（1）液压马达的结构与原理。液压马达是把液体的压力能转换为机械能的装置。从原理上看，液压泵可以作液压马达用，液压马达也可作液压泵用。事实上同类型的液压泵和液压马达虽然在结构上相似，但由于两者的功能不同，使得两者在结构上有下述几方面差异。

1）液压马达一般需要正反转，所以在内部结构上应具有对称性；而液压泵一般是单方向旋转的，没有这一要求。

2）为了减小吸油阻力，减小径向力，一般液压泵的吸油口比出油口的尺寸大；而液压马达低压腔的压力稍高于大气压力，所以没有上述要求。

3）液压马达要求能在很宽的转速范围内正常工作，因此，应采用液动轴承或静压轴承。因为当马达速度很低时，若采用动压轴承，就不易形成润滑膜。

4）叶片泵依靠叶片与转子一起高速旋转而产生的离心力使叶片始终贴紧定子的内表面，起封油作用，形成工作容积。若将其当液压马达用，必须在液压马达的叶片根部装上弹簧，以保证叶片始终贴紧定子内表面，从而使马达能正常启动。

5）液压泵在结构上需保证具有自吸能力，而液压马达就没有这一要求。

6）液压马达必须具有较大的启动扭矩（即马达由静止状态启动时，马达轴上能输出的扭矩）。启动扭矩通常大于在同一工作压差时处于运行状态下的扭矩。所以，为了使启动扭矩尽可能接近工作状态下的扭矩，要求马达扭矩的脉动小，内部摩擦小。

由于液压马达与液压泵具有上述不同的特点，使得很多类型的液压马达和液压泵不能互逆使用。

下面以斜盘式柱塞马达为例说明液压马达的工作原理。

斜盘式柱塞马达的结构、工作原理如图 2—7、图 2—8 所示。如图 2—8 所示，当压力油经过配油盘 4 进入柱塞 2 与缸体 3 之间的容积空间后，使处于进油区的柱塞 2 压紧在斜盘 1 上。此时，斜盘 1 对柱塞 2 产生一个法向反作用力 N。反作用力 N 可分解为平行于轴线的分力 F 和垂直于轴线的分力 T。力 F 与液压油作用在柱塞 2 上的力相平衡，力 T 则由柱塞 2 传递到缸体 3 上，使它相对于缸体 3 轴线形成扭矩，由输出轴带动负载运行。

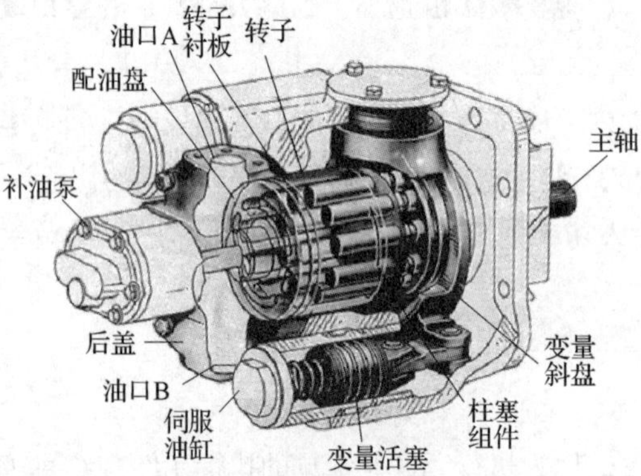

图 2—7 斜盘式柱塞马达的结构

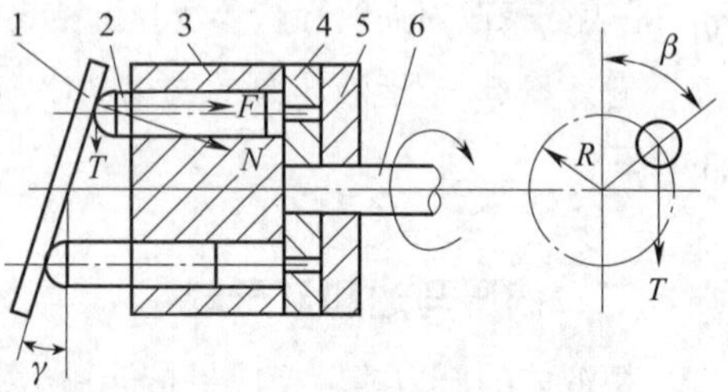

图 2—8 斜盘式柱塞马达的工作原理

1—斜盘 2—柱塞 3—缸体 4—配油盘 5—泵前端盖 6—主轴

（2）液压马达的分类。液压马达按其工作速度范围分为高速和低速两大类，额定转速高于 500 r/min 的属于高速液压马达，额定转速低于 500 r/min 的属于低速液压马达。

高速液压马达的基本形式有齿轮式、螺杆式、叶片式和轴向柱塞式等。其主要特点是转速高、转动惯量小，便于启动、制动、调速和换向。通常高速液压马达的输出转矩不大（仅数十到数百牛·米），所以又称为高速小转矩液压马达。

低速液压马达的基本形式是径向柱塞式，有单作用曲轴连杆式、液压平衡式和多作用内曲线式等。此外，在轴向柱塞式、叶片式和齿轮式中也有低速的结构形式。低速液压马达的主要特点是排量大、体积大、稳定性好（一般可以达到每分钟几转甚至零点几转），因此可直接与工作机构连接，不需要减速装置，使传动机构大为简化。通常低速液压马达输出转矩较大（可达数千到数万牛·米），所以又称为低速大转矩液压马达。

液压马达按其结构类型来分，可分为齿轮式、叶片式和柱塞式。

液压马达按作用次数不同来分，可分为单作用和多作用液压马达两种。

图 2—9 所示为几种液压马达的图形符号。

a） b） c） d）

图 2—9 液压马达的图形符号

a）单向定量马达 b）单向变量马达 c）双向定量马达 d）双向变量马达

（3）液压马达的性能参数。液压马达的性能参数较多，且与液压泵相似。下面是液压马达的主要性能参数：

1）排量、流量、容积效率。液压马达的轴每转一周，由其密封腔内几何尺寸变化计算得到的排出液体的体积，称为马达的排量。有时称为几何排量、理论排量，即不考虑泄漏损失时的排量。

液压马达的排量表示其工作容腔的大小，是一个重要的参数。液压马达在工作中输出的转矩大小是由负载转矩决定的。但是，推动同样大小的负载，工作容腔大的马达的压力要低于工作容腔小的马达的压力，所以说工作容腔的大小是液压马达工作能力的主要标志。也就是说，排量的大小是液压马达工作能力的重要标志。

液压马达的流量是指推动马达输出轴旋转做功，在单位时间内所需的供油体积。液压马达的流量包括理论流量、泄漏流量和实际流量三种。

液压马达的容积效率指实际输入流量与理论输入流量的比值。

2）输出的理论转矩。液压马达输出的理论转矩是指不考虑马达摩擦损失情况下的平均输出转矩。

3）效率。效率是表征液压马达在能量转换过程中功率损耗的物理量。液压马达的效率也包括容积效率、机械效率。

2．液压缸

液压缸又称为油缸，是液压系统中的一种执行元件。液压缸可以利用液压能实现直线往复式的机械运动。液压缸结构简单，工作可靠，便于制造生产。用液压缸实现往复直线运动时，可免去体积大、占地面积大的减速装置和制动装置，并且没有传动间隙，运动平稳，体积小，便于安装，因此在各种装卸机械的液压系统中得到广泛应用。

（1）液压缸的分类和特点。液压缸的种类很多，按其作用方式可分为单作用和双作用两类，按其结构形式可分为柱塞式、活塞式、伸缩式和摆动式四种。常见液压缸的种类和特点见表 2—1。

表 2—1　　常见液压缸的种类和特点

分类	名称	符号	特点
单作用液压缸	柱塞式液压缸	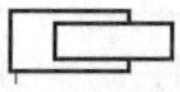	柱塞仅单向运动，返回行程是利用自重或负荷将柱塞推回
	单活塞杆液压缸	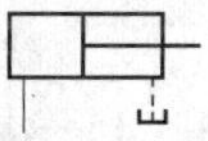	活塞仅单向运动，返回行程是利用自重或负荷将活塞推回

续表

分类	名称	符号	特点
单作用液压缸	双活塞杆液压缸	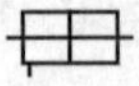	活塞的两侧都装有活塞杆，只能向活塞一侧供给压力油，返回行程通常利用弹簧力、重力或外力
	伸缩液压缸	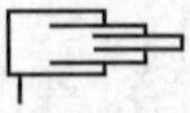	以短缸获得长行程；用液压油由大到小逐节推出，靠外力由小到大逐节缩回
双作用液压缸	单活塞杆液压缸	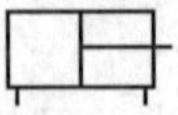	单边有杆，两向液压驱动，两向推力和速度不等
	双活塞杆液压缸	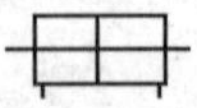	双向有杆，双向液压驱动，可实现等速往复运动
	伸缩液压缸	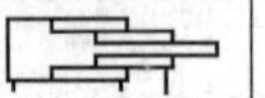	双向液压驱动，由大到小逐节推出，由小到大逐节缩回
组合液压缸	弹簧复位液压缸	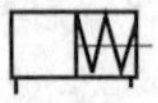	单向液压驱动，由弹簧力复位
	串联液压缸	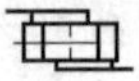	用于缸的直径受限制，而长度不受限制处获得大的推力
	增压缸	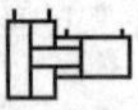	由低压力 A 缸驱动，使 B 缸获得高压油源
	齿条传动液压缸		活塞往复运动，经装在一起的齿条驱动齿轮获得往复回转运动
摆动液压缸			输出轴直接输出转矩，其往复回转的角度小于 360°，也称摆动马达

（2）液压缸的结构和工作原理。单作用液压缸常应用于各类机械设备、液压升降机、自卸货车和叉车中，双作用液压缸中的单活塞杆液压缸广泛应用于工程机械中，伸缩式液压缸多应用于汽车起重机、自卸汽车和升降机等机械中。

下面以单活塞杆双作用液压缸为例分析液压缸的结构和工作原理。

如图 2—10 所示，液压缸中主要零件有缸筒 10、活塞 5、活塞杆 15、缸底 1 和缸盖 13 等。缸筒一端与缸底焊接成一整体，缸盖与缸筒用螺栓连接。两端进出油口 A 和 B 都可通过压力油或回油，以实现双向运动，故称双作用缸。当压力油从缸底部油接口 A 进入液压缸，另一油接口 B 有油流出时，油缸活塞的无杆腔部分受到的压力大于有杆腔部分的压力，活塞杆在压力差的作用下伸出；反之，压力油从油接口 B 进入液压缸，油接口 A 有油流出，活塞杆就会缩回液压缸。

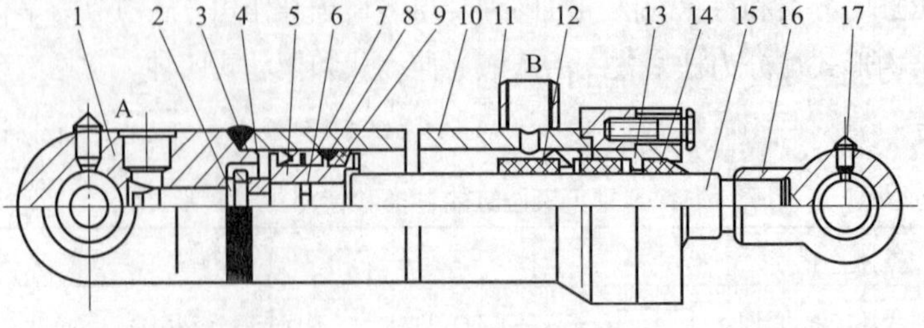

图 2—10　单活塞杆双作用液压缸

1—缸底　2—弹簧挡圈　3—套环　4—卡环　5—活塞　6、9—密封圈　7—支承环　8—挡套　10—缸筒　11—管接头　12—导向套　13—缸盖　14—防尘圈　15—活塞杆　16—耳环　17—油嘴液压缸在工作中，压力油可能从固定部件连接处和相对运动部件的配合处泄漏。在缸体内部由高压腔向低压腔泄漏是内泄漏，从缸体内向缸体外泄漏是外泄漏。外泄漏会造成环境污染，影响液压缸的工作性能，因此采用密封装置防止和减少泄漏。密封装置除了要防止油液泄漏外，还要能防止空气、水分和其他污染物侵入液压缸。另外，为了避免活塞在行程两端撞击缸盖，产生噪声，影响工作精度，常在液压缸两端设置缓冲装置。常见的缓冲装置有缝隙式、节流阀式、三角槽式等形式。

三、液压阀

装卸机械各机构在工作时需要经常启动、制动和换向，运动速度大小也需要调节，而且作用在工作机构上的载荷也经常变化。为了适应这些情况，必须对液压系统中的油液流动方向、压力和流量进行控制，这些实施控制的液压元件称为控制阀。根据各类阀在液压系统中的用途，通常分为三大类：

（1）方向控制阀。控制油液流动方向的阀，如普通单向阀、液控单向阀、换向阀、行程减速阀和充液阀等。

（2）压力控制阀。控制油液压力的阀，如溢流阀、顺序阀、减压阀、平衡阀和压力继电器等。

（3）流量控制阀。控制油液流量的阀，如节流阀、单向节流阀、分流阀、调速阀和集流阀等。

这些控制阀通称为液压阀。尽管液压阀存在各种各样的类型，它们之间还是有一些共同点。在结构上，液压阀都是由阀体、阀芯（转阀或滑阀）和驱使阀芯动作的元件（如弹簧、电磁铁等）组成的；液压阀的工作原理都是通过改变通流面积（或通道长短）或通流方向来实现控制作用的。

为了减少管道长度和元件数目，装卸机械液压系统通常把两个或两个以上控制阀装在同一阀体内组成复合阀。

对液压阀的基本要求：动作灵敏，使用可靠，工作时冲击和振动小；油液流过的压力损失小；密封性能好；结构紧凑，安装、调整、使用、维护方便，通用性好。

1．方向控制阀

方向控制阀是用来控制液压系统中油液流动方向的阀的总称。根据用途不同分为单向阀、换向阀和以换向阀为主体的组合阀等。换向阀按其阀芯运动方式又可分为滑阀和转阀两种。

（1）单向阀。单向阀是用来控制油液只能向单方向流动而不能反向流动的液压元件。根据控制动力源的不同，单向阀可分为直动式和液控式两种。

1）直动式单向阀。在装卸机械的液压系统中，直动式单向阀多与其他阀组合在一起，较少单独安装在系统油路上。如图 2—11 所示，直动式单向阀的结构比较简单，主要由阀体 1、阀芯 2 和弹簧 3 组成，图 2—11a、b 所示是换向阀阀芯内的单向阀。换向阀的阀芯中间是空心的，兼作单向阀的阀体。当油液从进油口 A 进入阀时，液压作用力克服复位弹簧 3 的弹力，将阀芯 2 顶开，并经出油口流出；当油液反向流动时，阀芯 2 在弹簧力和液压力作用下压紧在阀座上，切断通道，油液不能反向通过。

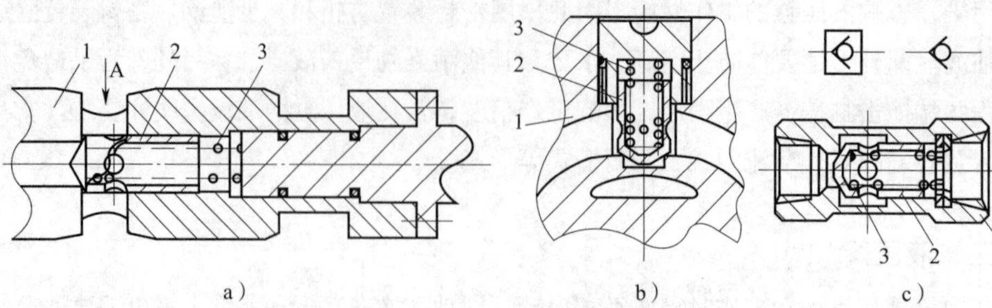

图 2—11　直动式单向阀的结构原理

a）换向阀阀芯内的单向阀　b）换向阀组内的单向阀　c）独立的单向阀

1—阀体　2—阀芯　3—弹簧

图 2—11c 所示为独立的单向阀，在它外表印有“→”箭头，或印有“IN”英文字母表示进出油口方向。其工作原理与上述相同。

如果把单向阀的弹簧换成较硬的弹簧，单向阀可以作背压阀使用。背压阀装在液压系统回油路上，使回油保持一定的压力。

2）液控单向阀。图 2—12 所示是液控单向阀的结构原理和职能符号。k 是遥控口，当 k 不通压力油时，液控单向阀的作用与普通单向阀相同。压力油只能从 P_1 流向 P_2，不能反向倒流。当 k 通入压力油时，控制活塞 1 被推向上，推动推杆 2 顶开锥阀芯 3，使 P_1 和 P_2 接通，油液可由 P_2 经过 P_1 反向流出。图 2—12b 所示液控单向阀的阀芯为先导式，适用于大流量系统。图 2—12c 所示为职能符号。

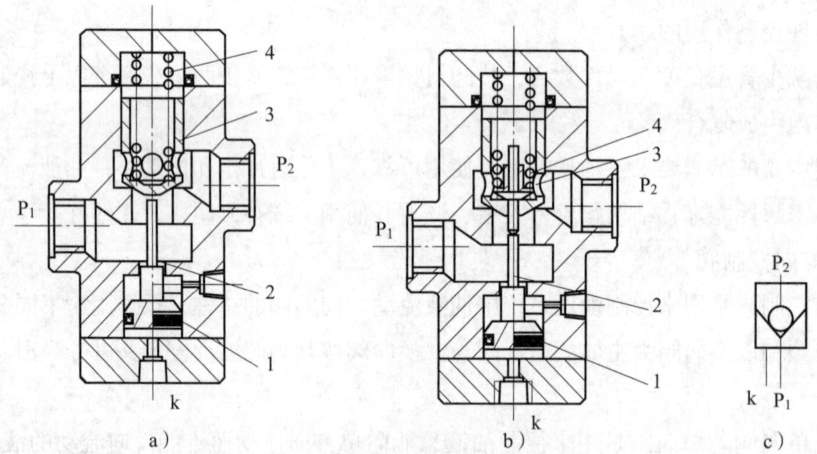

图 2—12　液控单向阀的结构原理

1—控制活塞　2—推杆　3—锥阀芯　4—弹簧

液控单向阀具有良好的单向密封性能，常用于机械中执行元件需长时间保压、锁紧的地方，也用于防止立式液压缸由于自重作用而下滑等。液控单向阀又叫液压锁。例如，轮胎式起重机支腿锁紧机构就是采用双向液控单向阀来实现支撑整个起重机的，在系统停止供油时，支腿仍能保持锁紧。装卸机械液压系统中经常把两个液控单向阀组合在一起，组成双向液压锁，用于轮胎起重机的液压支腿锁紧回路中和叉车倾斜机构的锁紧回路中。由于液控单向阀的作用，在系统停止供油或油管破裂时，液压缸仍能保持锁紧。

（2）换向阀。换向滑阀简称换向阀，它是利用阀芯相对于阀体运动，使油路接通、关断，或变换油的流向，从而使液压执行元件启动、停止或变换运动方向。换向阀的种类很多，按操纵方式分为机动式、手动式、电磁式、液动式等；按阀的可变工作位置和阀与系统油路连通的油口数目，分为二位二通、二位三通、二位四通、三位三通、三位四通、三位五通、三位六通和多位多通等；按安装连接方式分为管式、板式、法兰式等；按结构形式分为滑阀式、转阀式和锥阀式等。

1）转动式换向阀。图 2—13a 所示为转动式换向阀。该阀由阀体 1、阀芯 2 和使阀芯转动的操作手柄 3 组成。在图示位置，通口 P 与 A 相通、B 与 T 相通；当操作手柄转换到“止”位置时，通口 P、A、B 与 T 都不相通；当操作手柄转换到另一位置时，则通口 P 与 B 相通、A 与 T 相通。图 2—13b 所示是它的职能符号。

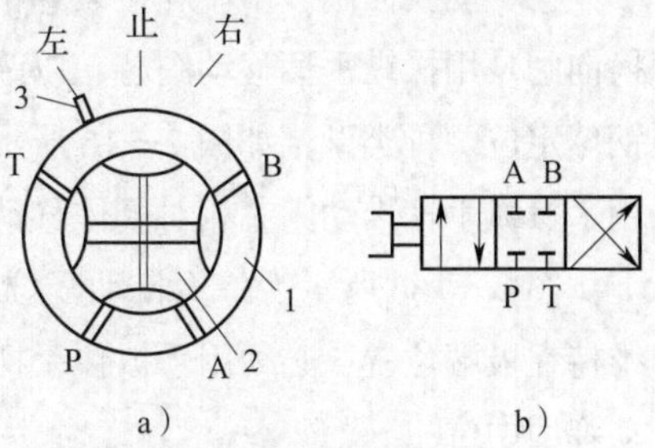

图 2—13　转阀

a）工作原理　b）职能符号

1—阀体　2—阀芯　3—操作手柄

2）滑阀式换向阀。在液压系统中，滑阀比转阀应用更广泛。滑阀式换向阀如图 2—14 所示，它的阀芯是一个具有多段环形槽的圆柱体，阀体孔内有若干条沉割槽，每条沉割槽都通过相应的孔道与外部相连。图 2—14 中，P 与进油路通，T 与回油箱油路通，A 和 B 是通液压缸的两个工作腔的油管接口。当阀芯 2 向左移动，处于图 2—14a 所示位置时，阀芯上环形槽将 P 与 B、A 与 T 接通；当阀芯 2 向右移动，处于图 2—14c 所示位置时，P 与 A、B 与 T 接通。

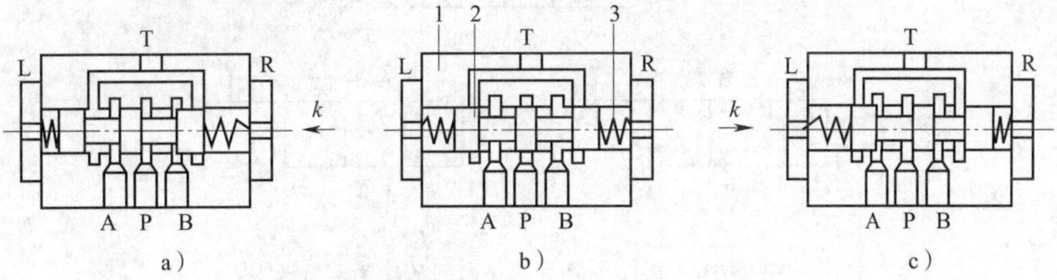

图 2—14　滑阀式换向阀的工作原理

a）阀芯左移　b）中位　c）阀芯右移

1—阀体　2—阀芯　3—复位弹簧

换向阀的机能主要由它控制的通路数和阀的工作位置数来决定。图 2—14 所示是一个三位四通阀。“三位”表示阀芯有左、中、右三个工作位置，“四通”表示有四个油管接头（P、T、A、B）。

多位阀处于不同位置时，其各油口的连通情况也不同，这种不同的连接方式体现了换向阀的各种控制机能，简称滑阀机能。通常以滑阀中位时各油口的连接情况来定它的机能。有时候换向阀在某一端的工作位置设计成特殊机能，该阀的型号相当于中位机能 + 特殊机能。图 2—15 所示为常见的特殊机能的换向阀，分别为 OP 型、MP 型。

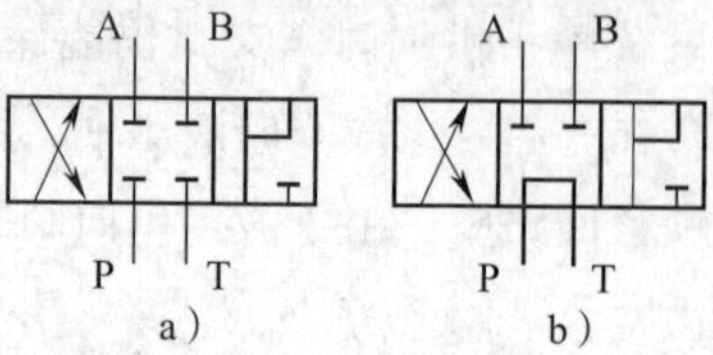

图 2—15　常见的特殊机能的换向阀

a）OP 型　b）MP 型

3）换向阀的结构

①手动换向阀。中小吨位装卸机械液压系统中的方向阀大多数采用手动换向阀。手动换向阀是用操纵手柄移动阀芯，以改变液流方向的方向阀。手动换向阀主要有弹簧复位和钢球定位两种类型，如图 2—16 所示。图 2—16a 所示为钢球定位式三位四通手动换向阀，用手操纵手柄推动阀芯相对阀体移动后，可以通过钢球使阀芯稳定在三个不同的工作位置上。图 2—16b 所示为弹簧自动复位式三位四通手动换向阀，通过手柄推动阀芯后，要想维持在极端位置，必须用手扳住手柄不放，一旦松开了手柄，阀芯会在弹簧力的作用下自动弹回中位。

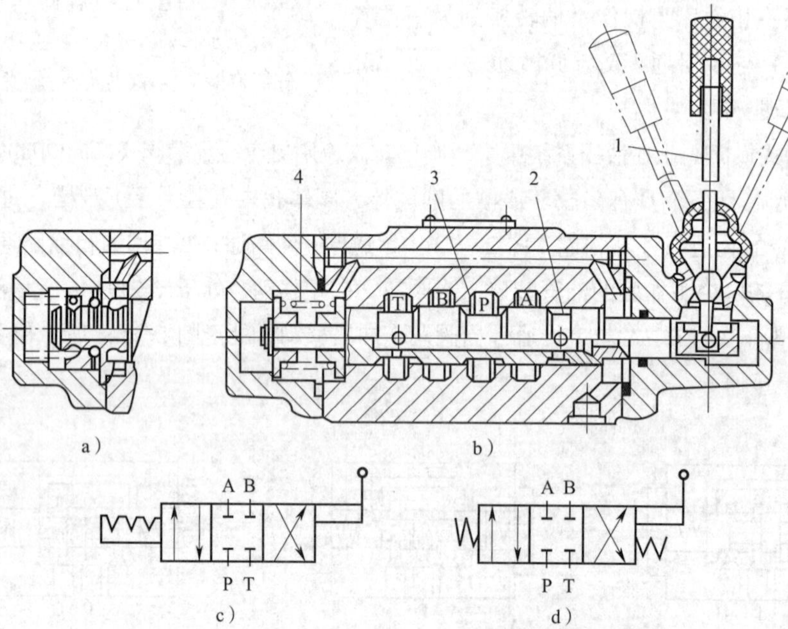

图 2—16　三位四通手动换向阀的结构和符号

a）钢球定位　b）弹簧自动复位手动换向阀　c）钢球定位符号　d）弹簧复位符号

1—手柄　2—阀体　3—阀芯　4—复位弹簧

当推动手柄向右移动，由于杠杆作用，阀芯向左移动或者说阀芯处于左位，此时 P 与 A 相通，B 与回油口 T 相通；推动手柄向左移动，阀芯向右移动或者说阀芯处于右位，液流换向。当松开手柄时，阀芯在复位弹簧 4 的作用下复位，这时油口 P、T、A、B 均封闭，因此该阀称为 O 型机能。

②电磁换向阀。电磁换向阀简称电磁阀，它是利用电磁铁产生的吸力推动或拉动换向阀的阀芯移动，变换液流方向的方向控制阀。电磁阀的电源有交流（D 型）和直流（E 型）两种。我国的交流电磁铁电源电压为 220 V，直流电磁铁电源电压一般为 24 V。

电磁阀的结构比较简单，图 2—17 所示为三位四通电磁阀的结构原理。阀的两端有两根复位对中弹簧 4 和两个定位套 3 使阀芯 2 在常态时处于中位。当右端电磁铁通电吸合时，衔铁 9 通过推杆 6 将阀芯推至左端；反之，左端电磁铁通电吸合时，阀芯被推至右端。

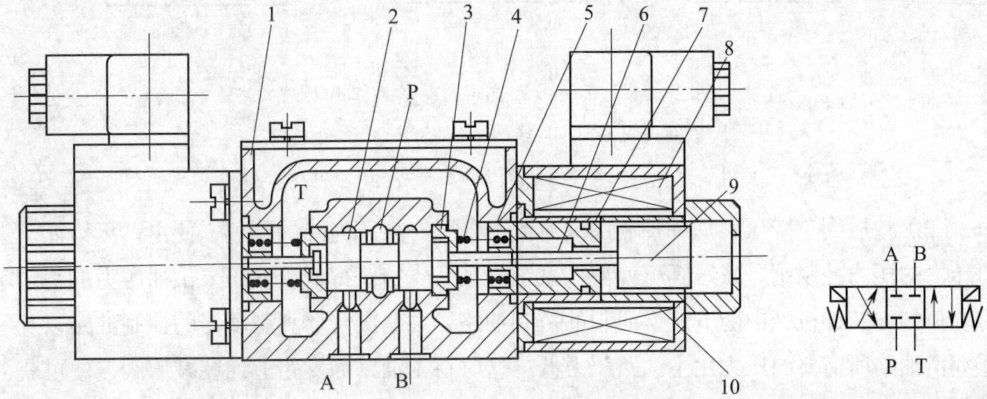

图 2—17　三位四通电磁阀的结构原理

1—阀体　2—阀芯　3—定位套　4—复位对中弹簧　5—挡圈

6—推杆　7—环　8—线圈　9—衔铁　10—导套

2. 压力控制阀

压力控制阀简称压力阀，它是用来控制液压系统压力或利用压力作为信号来控制其他元件动作的阀类。这类阀共同的特点是利用作用于阀芯上的液压力和弹簧力相平衡的原理来获得所要求的油液压力。

在液压系统应用中，根据工作需要的不同，对压力控制的要求各不相同。有的需要限制液压系统的最高压力，如安全阀；有的需要稳定液压系统中某处的压力值，如溢流阀、减压阀等；还有的是利用液压力作为信号控制其动作，如顺序阀、压力继电器等。

（1）溢流阀。溢流阀分为直动式、差动式、先导式、比例溢流阀等。下面以直动式溢流阀为例简单介绍其工作原理。图 2—18 所示为几种直动式溢流阀的结构及工作原理。

压力油从进油口 P 进入阀内阀芯上的径向通孔 a 和轴向阻尼小孔 b 流至阀芯 2 的底部。当进油压力较小时，阀芯 2 在弹簧 3 的作用下将进油口 P 与回油口 T 隔开，溢流阀处于关闭状态；当进油压力升高，作用于阀芯 2 下端的液压力超过弹簧 3 的弹力时，阀芯向上运动，阀口通道打开，进油口与回油口相通，压力油溢流回油箱。阻尼小孔 b 对阀芯起消振作用，使之动作平稳。泄油孔用来将弹簧腔与回油口接通，以保证阀的正常动作。调节螺杆 5 用于调节弹簧的预紧力，从而控制系统的工作压力大小。

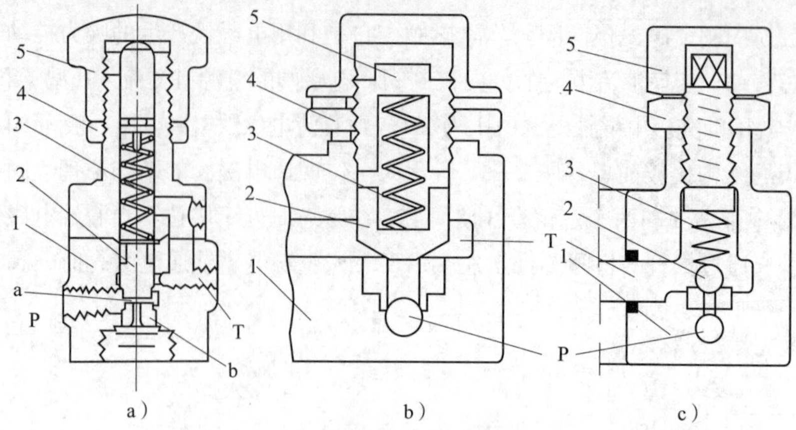

图 2—18　直动式溢流阀的结构及工作原理

a）滑阀式阀芯　b）锥阀式阀芯　c）球阀式阀芯

1—阀体　2—阀芯　3—调压弹簧　4—锁紧螺母　5—调压螺杆（调压螺母）

（2）减压阀。减压阀是一种利用液流流过缝隙产生压力降的原理，使出口压力低于进口压力的压力控制阀。减压阀可使液压系统中某个支路获得低于液压泵供油压力的稳定压力。例如，装卸机械中的电液换向阀的控制油路、某些离合器和制动器的控制油路以及一些润滑油路所需要的压力比主油路压力低，这时在主油路的支路上加装减压阀，便可获得所需的稳定低压。

减压阀有以下三种：保持减压阀出口压力恒定的定值式减压阀、保持减压阀进出口压力差恒定的定差式减压阀和保持进出口压力比为一恒定值的定比式减压阀。装卸机械中使用最多的是定值式减压阀。

图 2—19 所示为装卸机械中常见的减压阀应用回路。图 2—19a 所示为减压阀应用在卷扬机构制动回路的实例。减压阀并联在主油路上，经过它减压进入制动缸的压力油的压力低于主系统工作压力。当机构不工作时，电磁铁 1DT 无电，制动缸油腔与油箱相通无压力，制动弹簧的弹力使制动闸上闸；当机构要转动、制动缸需要松闸时，电磁铁 1DT 通电，减压阀的压力油经电磁阀进入制动缸，克服弹簧力推动制动杆开闸。

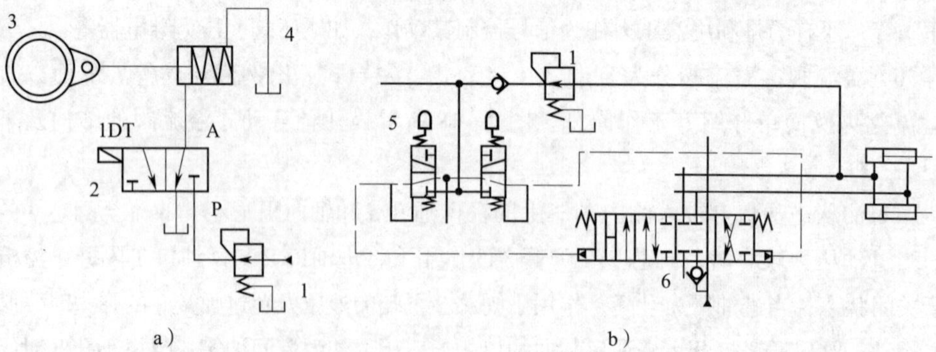

图 2—19　减压阀的应用

a）减压阀用于制动系统　b）减压阀用于控制系统

1—减压阀　2—电磁阀　3—卷筒制动轮　4—制动缸　5—控制系统　6—液控换向阀

图 2—19b 所示为减压阀用于装载机控制系统油路，为液控阀提供应急控制压力油。当装载机因发生故障失去动力无法工作时，控制系统也将失去压力油，工作装置无法恢复到停车状态。此时，控制系统可以通过减压阀从执行元件中有高压油处引入可操纵的控制油，恢复控制系统操作功能，使执行元件回到停车状态。

（3）压力继电器。压力继电器是将液压系统中的压力信号转换为电信号的转换装置。它是根据液压系统压力的变化，通过压力继电器内的微动开关，自动切断或接通有关电路，以实现顺序动作、安全保护和发出信号。

图 2—20 所示为一种薄膜式压力继电器的结构原理。其控制油口 k 接到需要取得液压信号的油路上，当油压达到其预调压力值时，压力油推动薄膜 2 使柱塞 3 上升，柱塞 3 的锥面推动钢球 4 水平移动，推动杠杆 1 绕轴 12 转动，杠杆压下微动开关 15 的触头，发出电信号。

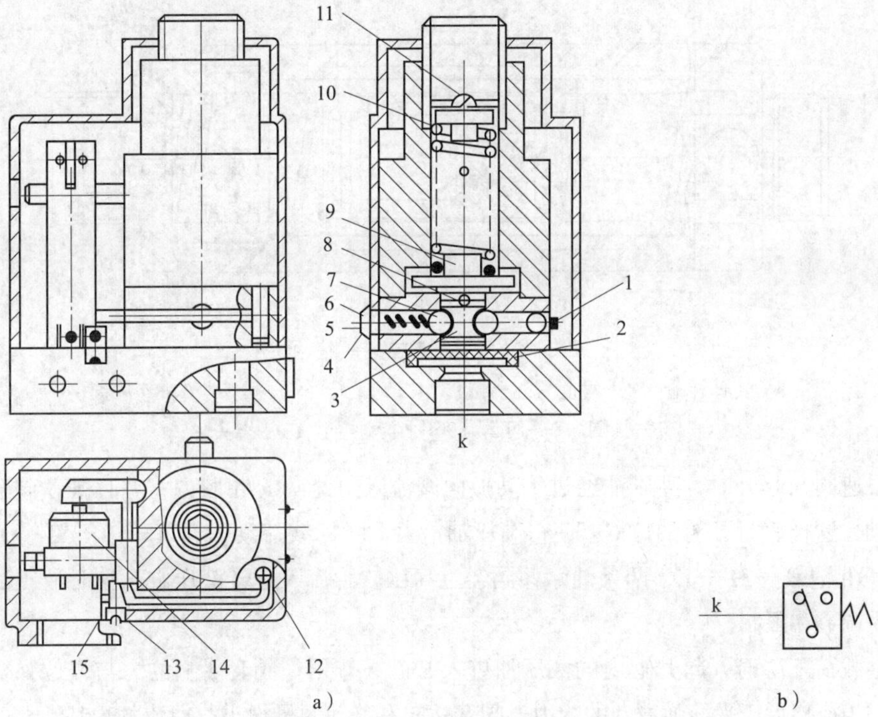

图 2—20　压力继电器的结构原理

a）结构　b）职能符号

1—杠杆　2—薄膜　3—柱塞　4、7、8—钢球　5、10—弹簧　9—弹簧座

12—轴　6、11、13—调节螺钉　14—垫圈　15—微动开关

调节螺钉 11 改变弹簧 10 的预紧力，即可调节发出电信号时的油压值。当油口 k 的油压降低到一定值时，柱塞 3、杠杆 1 的动作与前相反，微动开关触头的弹力使杠杆 1 和钢球 8 复位，电路断开。

3．流量控制阀

在液压传动系统中，用于控制执行元件的流量以实现工作机构速度调节的液压元件称为流量控制阀，简称流量阀。常见的流量阀有节流阀、调速阀和分流集流阀。下面以节流阀为例介绍流量控制阀的工作原理。

节流阀的结构形式很多，工作原理都是利用通流小孔、缝隙或狭槽的阻力来达到改变节流阀流量的目的。

将节流阀与单向阀并联，制成单向节流阀，可用于叉车升降系统的限速阀。单向阀节流口的大小是不可改变的，称为不可调单向节阀流。它虽然结构简单，工作可靠，但限制重物下降的速度因货物轻重而有异，特别是轻载和空载时下降速度过低，影响生产效率。中型以上叉车都采用下降限速阀来控制叉车框架的起升、下降速度。下降限速阀是一个能随外负载自动调节节流阀口大小的单向节流阀，其结构如图 2—21 所示。

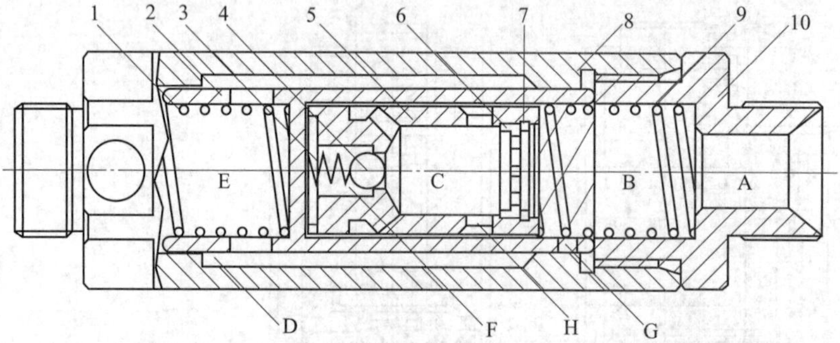

图 2—21　下降限速阀的结构

1—复位弹簧　2—阀套　3—弹簧　4—尼龙球　5—阀芯　6—节流板
7—挡圈　8—阀体　9—平衡弹簧　10—接头

限速阀在起升时，高压油经过手动换向阀流入限速阀的 A 腔内，并且推动阀套 2 向左移动，这样就打开节油口 G，使得高压油沿着两条路线流动，即 A → B → G → D → E 和 A → B → C → D → E，两条油路共同经过高压软管流入起升液压缸。这时液压油的油量不受调节和限制。

空载荷下降时，起升缸内的液压油进入 E 腔，作用在阀套 2 上的力与复位弹簧 1 的合力小于或略大于平衡弹簧 9 的弹力，阀套 2 向右移动的量很小，回流的油基本上还是沿来路回流。

满载荷下降时，起升缸内的液压油进入 E 腔，作用在阀套 2 上的力与复位弹簧 1 的合力大于平衡弹簧 9 的弹力，阀套 2 向右移动，直到阀套 2 与接头接触为止，关闭油口 G，回油只能经过 E → D → H → C →节流板 6 → B → A 返回油箱。由于油口 H 的开口量变小，回流的油流量受到限制，因而货叉下降的速度受到限制，避免了满载荷时下降速度过快。

不满载下降时，油压力和 E 腔弹簧 1 的作用力与平衡弹簧 9 的弹力达到平衡，油口 H 的开口量有相应的变化，即大于满载荷时的开口量，下降的速度基本上与满载荷时保持一致。

四、比例阀和插装阀

1．比例阀

电液比例阀简称比例阀。将手动调节压力、流量等参数的压力控制阀、流量控制阀改为电动调节，并使被调整的参数和给定的电量（通常是电流）成一定比例，则成为比例压力阀或比例流量阀。比例阀可用于自动控制系统中，使系统压力或流量按预定要求自动改变。

比例阀由比例调节机构和液压阀两部分组成。常用的比例阀调节机构是比例电磁铁，液压阀和一般液压阀相似。

（1）比例电磁铁。比例电磁铁是一个直流电磁铁。与普通的电磁铁不同，它的吸力或位移与给定电流成比例，并在衔铁的全部工作位置上，总是在磁路中保持一定的气隙。图 2—22 所示为比例电磁铁的结构与工作原理。比例电磁铁主要由极靴 1、线圈 2、壳体 4 和衔铁 9 等组成。线圈 2 中通电后产生磁场，隔磁环 3 将磁路切断，使磁力线主要部分在衔铁 9、气隙和极靴 1 中通过，极靴对衔铁产生吸力。在线圈中电流一定时，吸力的大小随极靴与衔铁相对位置的变化而变化。比例电磁铁的吸力特性如图 2—22b 所示，分成三段。在气隙很小的区段Ⅰ，吸力虽然很大，但随着位置而改变，且急剧变化。在气隙较大的区段Ⅲ，吸力明显下降。因此，把吸力随行程变化较小的区段Ⅱ作为比例电磁铁的工作区段。

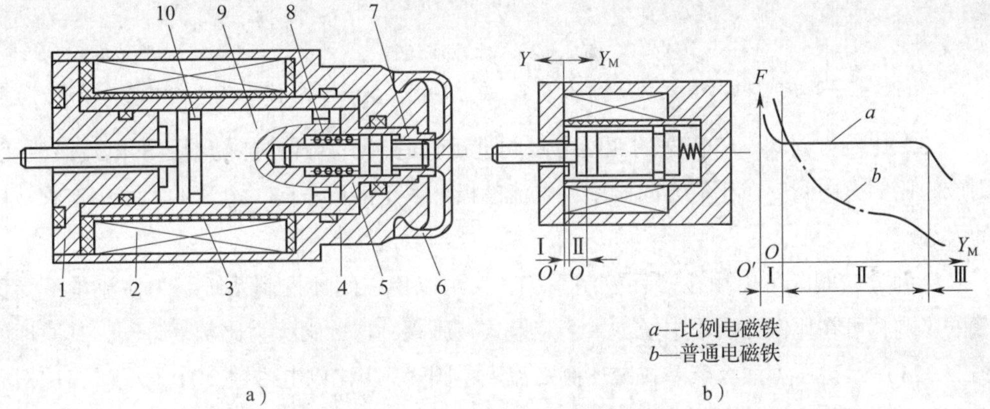

图 2—22　比例电磁铁的结构与工作原理

a）比例电磁铁结构　b）吸力特性

1—极靴　2—线圈　3—隔磁环　4—壳体　5—内盖　6—盖

7—调节螺钉　8—弹簧　9—衔铁　10—导向管

（2）比例溢流阀。比例溢流阀的结构如图 2—23 所示。它主要由比例电磁铁和溢流阀组成。其工作原理是：衔铁 1 的吸力与线圈 2 中的电流成比例，吸力通过推杆 3 和弹簧作用于先导阀芯 4，从而使先导阀的开启压力与电流成比例，形成一个比例先导压力阀。该先导阀与溢流阀组合在一起，成为一个比例溢流阀。

一个比例溢流阀可以代替多个溢流阀来实现系统中的多级压力控制，这样不仅可以简化系统的组成，还可以实现远距离控制。比例溢流阀中的电磁阀与电子元件结合，可以实现自动按载荷“施力”，进一步节约能源。例如，装载机中安装比例溢流阀和电子元件后，可使装载机自动按载荷调节液压系统工作压力，自动调节动力机的输出功率大小，从而将能耗、环境污染降低。

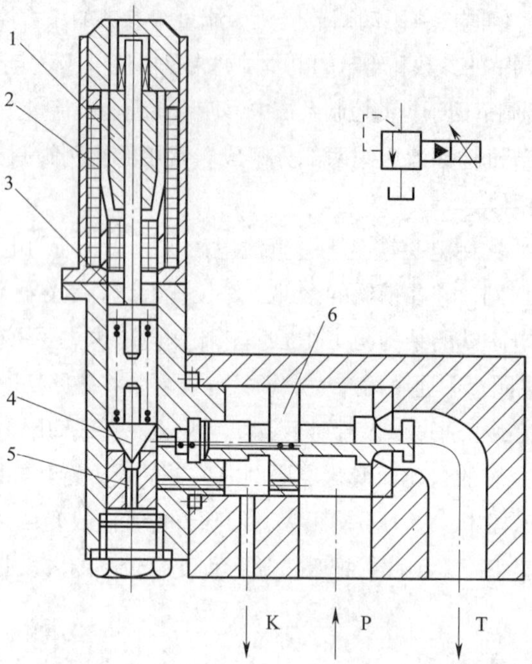

图 2—23　比例溢流阀

1—衔铁　2—比例电磁阀线圈　3—推杆　4—先导阀芯　5—先导阀座　6—主阀芯（溢流阀）

（3）比例方向阀。将普通的四通电磁阀进行改造，使其开口能随给定的电流而改变，则成为比例方向阀。在比例方向阀中，电流的极性决定液流方向，电流的大小决定阀开口的大小。

比例方向阀既可以用在开环控制系统，又可以用在闭环控制系统。为使流量不受负载的影响，可在比例方向阀中增加一个定差式减压阀，这种阀称为比例复合阀，其原理如图 2—24 所示。压力油经定差式减压阀 2 流入主阀 3。当比例电磁铁 2DT 通电时，比例方向阀 7 电磁阀的内锥阀开口关小，使经过减压阀 2 和比例方向阀 7 进入主阀 3 左端的控制油压力升高，主阀 3 的阀芯向右端产生位移，其位移大小即阀的开口与电磁铁 2DT 中的电流大小成比例，经过定差式减压阀 2 进入主阀 3 的流量也随之变化，转向液压缸 5 的活塞杆移动的位移量与比例电磁阀的电流大小成正比。当电磁铁 3DT 通电时，主阀 3 右端压力增加，主阀向左产生位移，其位移量与电磁铁 3DT 中的电流成比例。比例电磁铁 2DT、3DT 和阀 7 等构成一个比例方向阀。阀 2 是定差式减压阀，即主阀 3 阀芯节流口两端压力差控制阀 2 的开口量，从而改变通过阀 2 的压力降，或改变进入主阀 3 的压力，以保持主阀 3 阀芯节流口两端压差基本不变（不受负载变化的影响）。梭阀 4 具有根据负载压力的方向自行切换的功能，以保证定差式减压阀 2 的弹簧腔与主阀 3 的工作节流口的下游接通。比例方向阀 7 和主阀 3、梭阀 4 构成比例复合阀。比例复合阀除了具有比例方向阀的功能外，还能保证通过的流量不受负载影响。比例复合阀适用于开环自动控制系统。

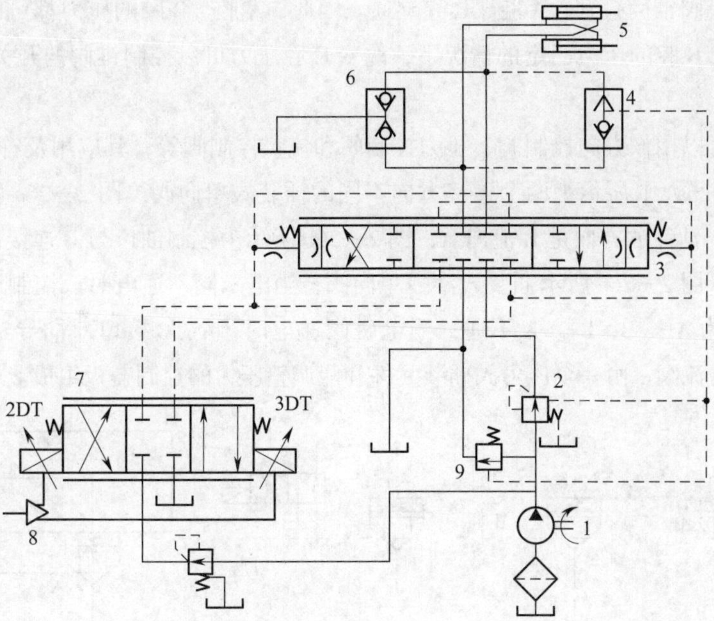

图 2—24　比例复合阀

1—泵　2—定差式减压阀　3—主阀　4—梭阀　5—转向液压缸

6—单向补油阀　7—比例方向阀　8—电信号输入　9—溢流阀

2．插装阀

插装阀是一种特殊的，不包括阀体的，适宜于直接装入一个共同阀体内的二位二通阀（逻辑阀）。它的结构通常是锥形座阀，所以又称为二通插装阀、逻辑阀、锥阀。插装阀具有多机能，标准化、通用化程度高，流通能力大，密封性能和动态性能好的特点，适宜在低黏度介质中使用。

插装阀的结构如图 2—25 所示，由控制盖板 2 和锥阀组件两大部分组成。锥阀组件包括阀芯、阀套、弹簧以及若干密封圈。插装阀只有两个主通道 A 和 B，锥面的开闭决定 A、B 的通断。阀芯上有两个承压面，分别与 A 腔和 B 腔相连，压力面积分别是 A_a 和 A_b。弹簧腔 C 的压力受控制盖板 2 及先导阀的控制，其承压面积为 A_c，且 A_c=A_a+A_b。当弹簧腔压力与弹簧力之和大于 A 腔和 B 腔所受力之和时，插装阀锥面关闭，A 腔、B 腔通道被切断；反之，当弹簧腔压力与弹簧力之和小于 A 腔和 B 腔所受力

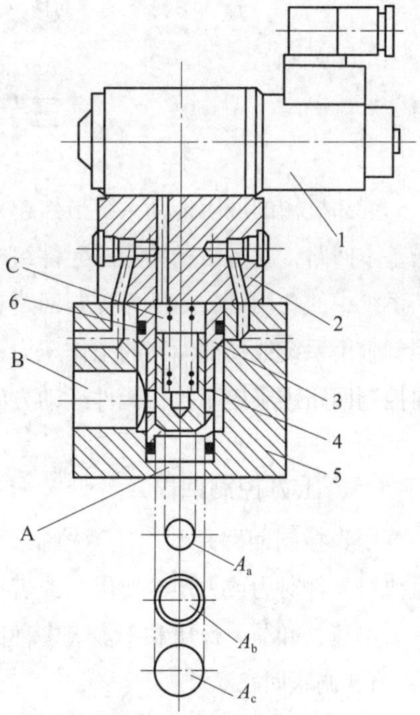

图 2—25　插装阀的结构

1—先导控制阀　2—控制盖板　3—插装件

4—弹簧　5—集成块　6—密封圈

之和时，插装阀锥面打开，A 腔、B 腔导通。因此，A 腔、B 腔的压力都可以单独打开阀门。在 A 腔、B 腔的压力已定的情况下，改变 C 腔压力可以控制锥阀的开关，即控制 A、B 腔通断。

插装阀可以用作方向控制阀、压力控制阀和流量控制阀等，其应用及符号如图 2—26 所示。图 2—26a、b 所示为两个连接方向不同的插装式单向阀。图 2—26a 所示为控制油口与 A 连接，油流的方向是 B 流向 A；图 2—26b 所示为控制油口与 B 连接，油流的方向是 B 流向 A。图 2—26c 所示插装式液控单向阀，当电磁阀不通电时，控制油口卸压，此时油流方向为 A→B，B→A 不通；当电磁阀通电时，A、B 接口双向导通。图 2—26d 所示插装式溢流阀，由一个压力阀插装元件和能调整压力的控制盖板组成。

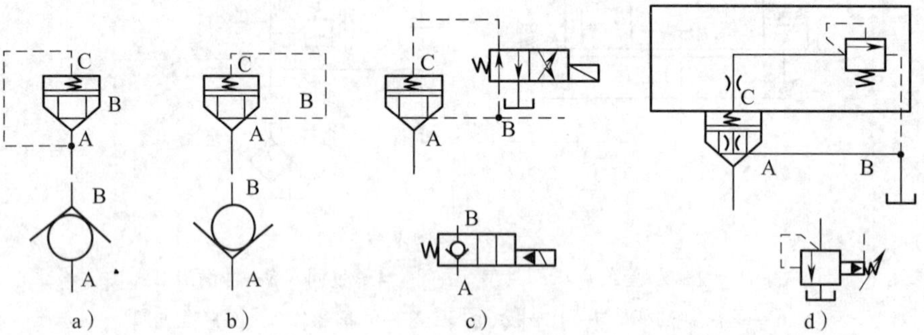

图 2—26　插装阀的应用及符号

a）、b）插装式单向阀　c）插装式液控单向阀　d）插装式溢流阀

第三节　液压基本回路

装卸机械的液压传动系统虽然越来越复杂，但总不外乎由一些基本回路组成。所谓液压基本回路，就是由相关液压元件组成，能实现某一特定功能的基本油路。基本回路按其在系统中的功用可分为压力控制回路、速度控制回路和方向控制回路。压力控制回路用于控制整个系统或局部油路的工作压力，速度控制回路用于控制和调节执行元件的速度，方向控制回路用于控制执行元件运动方向的变换和锁停。

一、压力控制回路

压力控制回路是利用压力控制阀来控制整个液压系统或局部油路的工作压力，以满足执行元件对力或力矩的要求，或者使工作机构平衡或顺序动作的回路。它包括调压、减压、增压、卸荷、保压和平衡等多种回路。

1. 调压回路

调压回路是用来控制系统的工作压力，使其不超过某一预先调定的数值（压力阀的调定压力），或者使工作机构在运动过程各个阶段中具有不同的压力。有些调压回路还利用先导式溢流阀控制油口实现远程调压和多级调压，利用改变比例溢流阀的输入电流来实现无级调压。

图 2—27a 所示为基本调压回路。在液压系统中一般用溢流阀调定工作压力。由定量泵、溢流阀和节流阀组成节流调速回路时，溢流阀经常开启溢流。若系统中无节流阀时，溢流阀作安全阀用，只有当执行元件处于行程终点、泵输出油路闭锁或系统超载时，溢流阀才开启，起安全保护作用，溢流阀调定压力必须大于执行元件的最大工作压力和管路上各种压力损失的总和，作溢流阀时可大 5% ~ 10%，作安全阀时则可大 10% ~ 20%。图 2—27b 所示为远程调压回路，图 2—27c 所示为多级调压回路，图 2—27d 所示为无级调压回路。

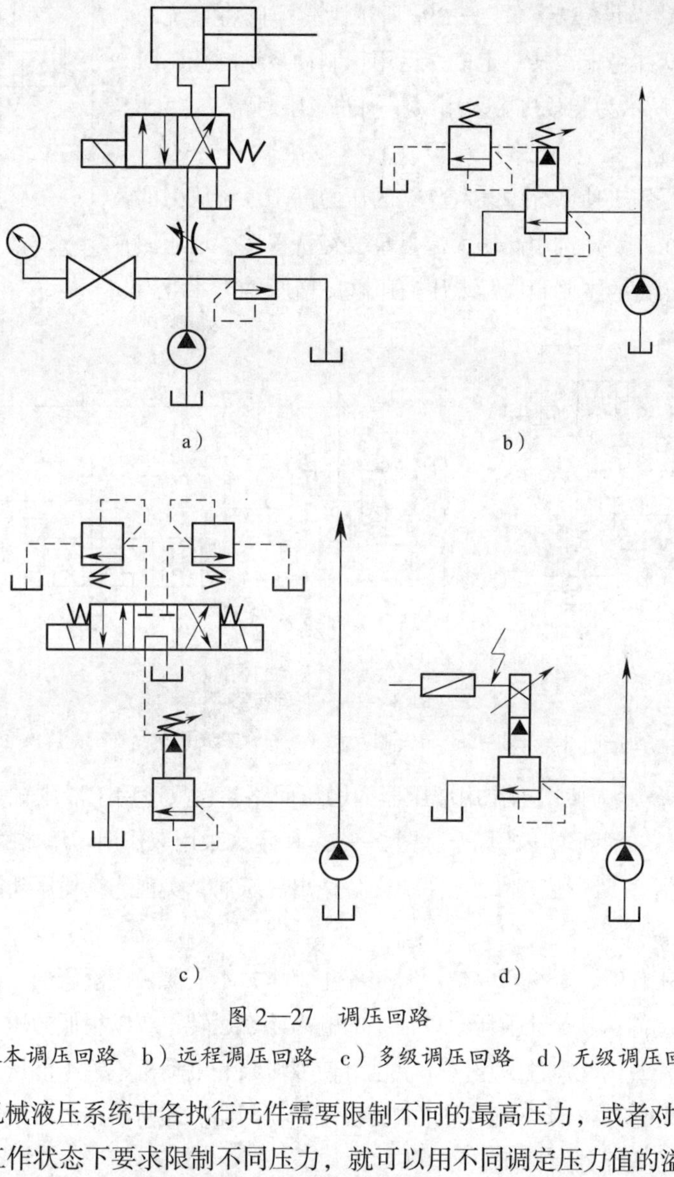

图 2—27　调压回路

a）基本调压回路　b）远程调压回路　c）多级调压回路　d）无级调压回路

有的装卸机械液压系统中各执行元件需要限制不同的最高压力，或者对于同一个执行元件在不同的工作状态下要求限制不同压力，就可以用不同调定压力值的溢流阀来实现。图 2—28 所示为某集装箱正面吊的臂架变幅回路，它采用了两个调定压力不一样的溢流阀调定回路。

2．减压回路

当系统某个执行元件或某个支路要求有可调的稳定的低压输出时，可采用减压阀组成的减压回路。例如，装卸机械的变矩器工作油路与变速换挡油路共用一个液压泵，为满足各自工作的不同压力，在各自的油路中分别设置减压阀，调定各自所需要的压力值。

装卸机械液压系统多属于高压系统，但在系统中某些回路要使用比主系统压力低得多的压力值。为此，可采用减压阀组成的减压回路满足需要。图 2—29a 所示为减压阀将系统的高压油压力降低并稳定在某一定值，运用于制动系统的减压回路。图 2—29b 所示为装载机中采用减压阀的减压回路。

3．增压回路

增压回路是用来使系统中某一支路的压力高于系统压力的回路。采用增压回路比选用高压大流量泵要经济得多。增压回路中提高油液压力的主要元件是增压液压缸（增压器）。

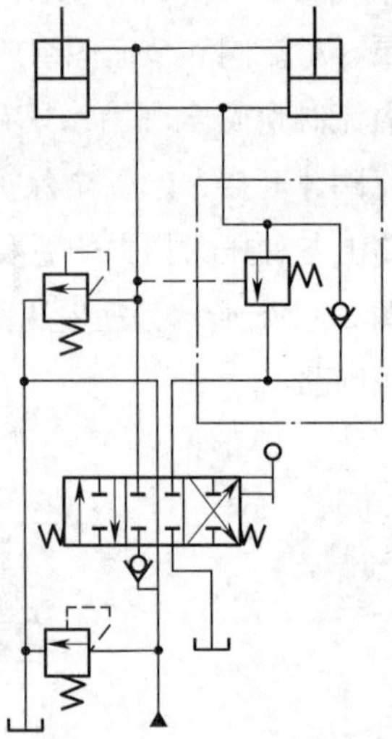

图 2—28　集装箱正面吊臂架变幅回路

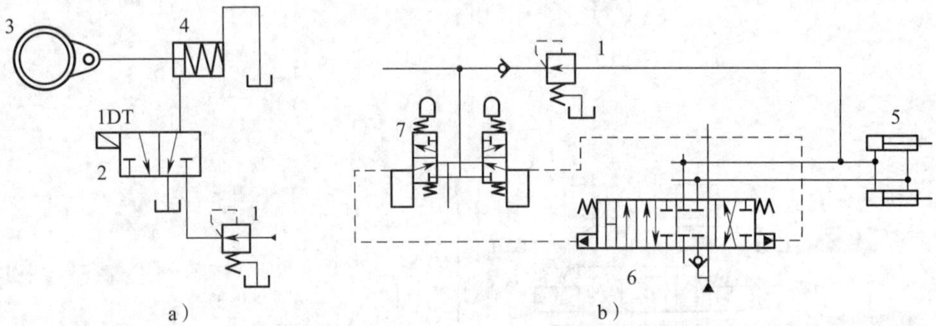

图 2—29　减压回路

1—减压阀　2—电磁阀　3—制动轮　4—制动缸　5—臂架液压缸　6—液控换向阀　7—先导阀

图 2—30a 所示为使用单作用增压器的增压回路，它只适用于液压缸需要很大的单向作用力和小行程、间断增压的场合。图 2—30b 所示为采用双作用增压器的连续增压回路，这种增压缸的活塞不断往复运动，两端交替输出高压油，实现连续增压功能。

4．卸荷回路

液压系统工作时，若执行元件短时间停止工作，不需要输入液压油，此时可让液压泵卸荷。液压泵的卸荷就是让液压泵以很小的输出功率运转，或以很低的压力运转，或让液压泵输出很小流量的液压油。停液压泵也可使液压泵和电动机不输出能量，但频繁启、停会影响液压泵和电动机的寿命，为此需要设置卸荷回路。卸荷回路的形式很多，一般是根据采用卸荷的液压元件名称而定的。

图 2—28 所示集装箱正面吊臂架变幅回路是换向阀卸荷回路。它利用换向阀的中位机能使压力油路与回油箱的油路相通，使液压泵卸荷。换向阀卸荷回路所用的换向阀必须属

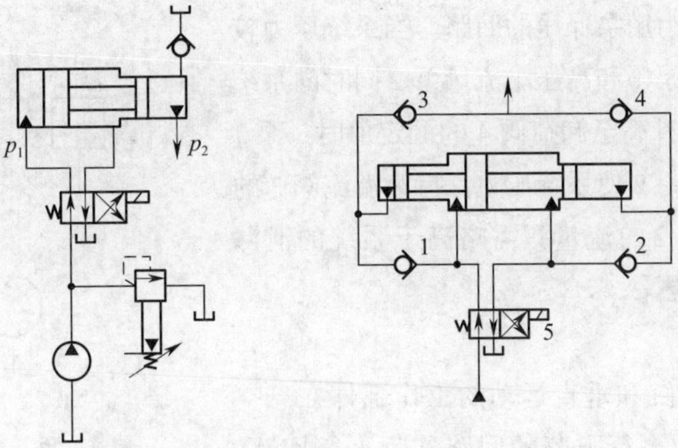

a)　　　　　　　　　　b)

图 2—30　增压回路

a）单作用增压回路　b）双作用增压回路

1、2、3、4—单向阀　5—换向阀

于 M、H 和 K 型机能；而换向阀的控制形式不限，可以是手动、电动或者其他控制方式。对于执行元件在泵卸荷时无须锁紧的卸荷回路采用 H 型换向阀卸荷；如果执行机构需要锁紧，那么在液压回路中可以采用 M 型换向阀。

图 2—31 所示为先导式溢流阀卸荷回路。它利用先导式溢流阀来使油泵卸荷。在换向阀与泵之间的距离较远时，如仍然用换向阀卸荷，则会因为液压油的来回流动而存在较大的压力损失。此时采用先导式溢流阀卸荷回路可减少液压油能量损失。

5．保压回路

保压回路能使执行元件在工作循环的某一阶段内保持规定的压力。最简单的保压回路是使用密封性能较好的液控单向阀的回路，但阀类元件的泄漏使这种回路的保压时间不能维持很久，为此可用蓄能器和泵保压的回路。

图 2—32 所示为利用蓄能器保压的回路。当主换向阀在左位工作时，液压缸活塞推进压紧工作，进油路压力升高至调定值，压力继电器发出信号使二通阀通电，泵即卸荷，单向阀自动关闭，液压缸则由蓄能器保压。当蓄能器的压力不足时，压力继电器复位时泵重新工作。

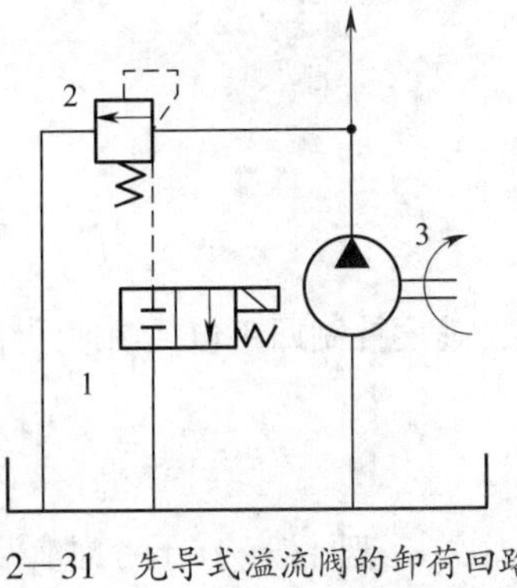

图 2—31　先导式溢流阀的卸荷回路

1—电磁阀　2—先导式溢流阀　3—液压泵

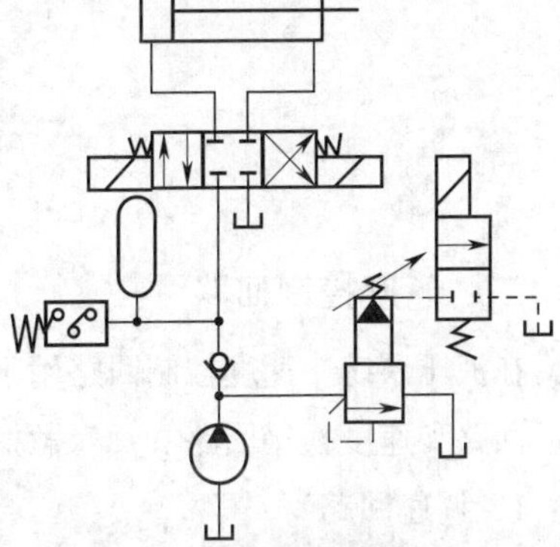

图 2—32　用蓄能器保压的回路

图 2—33 所示为用泵保压的回路。当系统压力较低时，低压大流量泵 1 和高压小流量泵 2 同时向系统供油。当系统压力升高至卸荷阀 4 的调定值时，泵 1 卸荷，高压小流量泵 2 使系统压力保持为溢流阀 3 的调定值。此时，泵 2 的流量只需略高于系统的泄漏量，以减少系统发热。

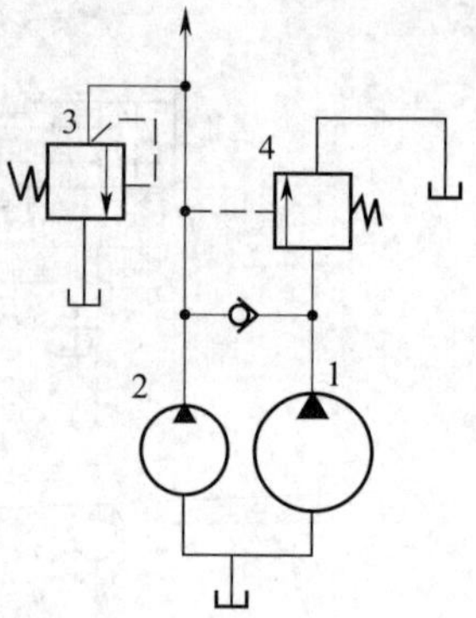

图 2—33 用泵保压的回路

1—低压大流量泵 2—高压小流量泵

3—溢流阀 4—卸荷阀

6. 平衡回路

防止立式液压缸和垂直运动的工作部件在悬空停止期间因自重而自行下落的回路称为平衡回路。图 2—34a 所示为采用单向顺序阀的平衡回路。顺序阀的开启压力要足以承载运动部件的自重。这种平衡回路，当换向阀处于中位时，液压缸可悬停，但活塞下行时有较大的功率损耗。为此可采用如图 2—34b 所示外控单向顺序阀回路，下行时控制压力油打开顺序阀，背压较小，提高了回路效率。以上回路由于顺序阀的泄漏，悬停时运动部件总要缓慢下降。对要求停止位置准确或停留时间较长的液压系统，则采用如图 2—34c 所示液控单向阀回路。在图 2—34c 所示回路中串入调速阀，以防止运动部件下行时因自重而超速运动。当超速运动时，缸上腔出现真空，使液控单向阀关闭，待压力重建时才能再次打开。由于液控单向阀时闭时开，致使活塞向下运动过程中产生振动和冲击，运动不平稳。

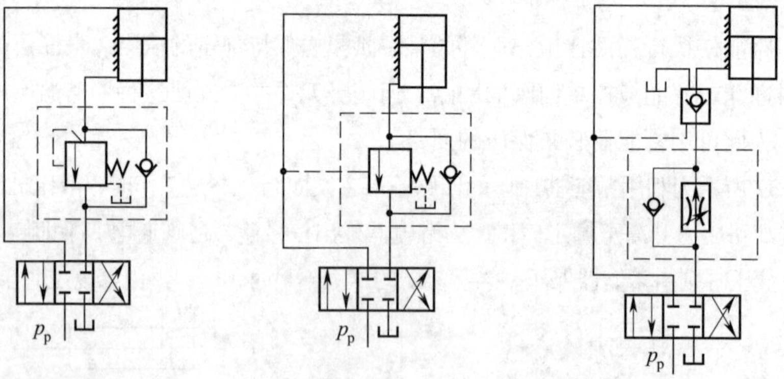

图 2—34 平衡回路

二、速度控制回路

在液压系统中速度控制回路用于速度调节和变换。速度控制回路包括调速回路、快速运动回路和速度换接回路。

1. 调速回路

能对液压执行元件运动速度进行调节的液压回路称为调速回路。在不考虑泄漏的情况下，液压缸的运动速度由进入（或流出）液压缸的流量及其有效作用面积决定。同样，液压马达的转速由进入（或流出）马达的流量和排量决定。由此可知，改变进入（或流出）液压执行元件的流量，或改变液压马达的排量，均可调节执行元件的运动速度。由此，按改变流量或排量的方法不同，可将调速回路分为节流调速回路、容积调速回路和容积节流调速回路。

（1）节流调速回路。节流调速回路是用定量泵供油，用节流阀或调速阀改变进入执行元件或自执行元件流出的流量使之变速。根据流量阀在回路中的位置不同，分为进油节流调速回路、回油节流调速回路和旁路节流调速回路。

1）进油节流调速回路。将节流阀串联在泵与缸之间，即构成进油节流调速回路，如图 2—35 所示。泵输出的油液一部分经节流阀进入缸的工作腔，多余的油液经溢流阀回油箱。由于溢流阀有溢流，泵的出口压力保持恒定。调节节流阀通流面积，即可改变通过节流阀的流量，从而调节缸的速度。进油节流调速回路适用于轻载、低速、负载变化不大和对速度稳定性要求不高的小功率场合。

2）回油节流调速回路。将节流阀串联在缸的回油路上，即构成回油节流调速回路，如图 2—36 所示。它是利用节流阀调节缸的回油流量来实现调速的。

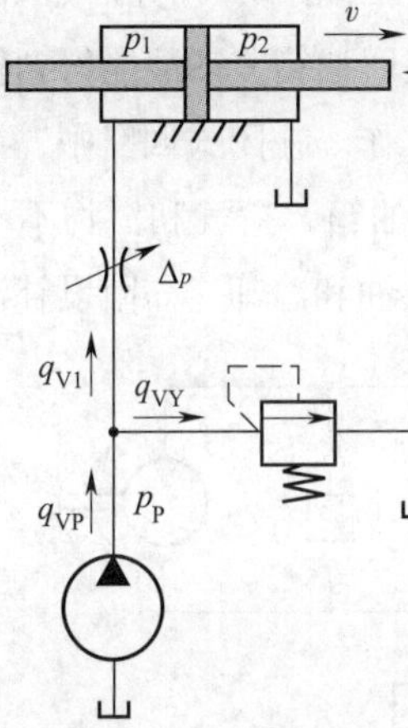

图 2—35　进油节流调速回路

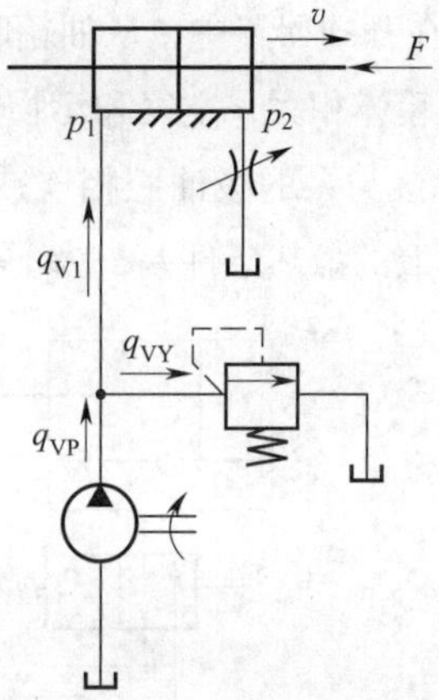

图 2—36　回油节流调速回路

进油与回油节流调速回路的性能差异如下：

①回油节流调速回路能承受负值负载（与液压缸运动方向相同的负载），并提高了缸的速度平稳性。

②进油节流调速回路容易实现压力控制。

③进油节流调速回路能获得更低的稳定速度。

④启动性能方面，回油节流调速回路有前冲现象，而进油节流调速回路没有前冲现象。

⑤发热和泄漏对进油节流调速的影响均大于对回油节流调速的影响。

为了提高回路的综合性能，一般采用进油节流阀调速，并在回油路上加背压阀，使其兼具二者的优点。

3）旁路节流调速回路。将节流阀接在与执行元件并联的旁油路上，即构成旁路节流调速回路，如图 2—37 所示。它是通过调节节流阀的通流面积，来控制泵溢回油箱的流量，实现调速。由于溢流已由节流阀来承担，故溢流阀实为安全阀，常态时关闭，过载时打开，其调定压力为最大工作压力的 1.1 ~ 1.2 倍，故泵工作过程中的压力随负载变化而变化。

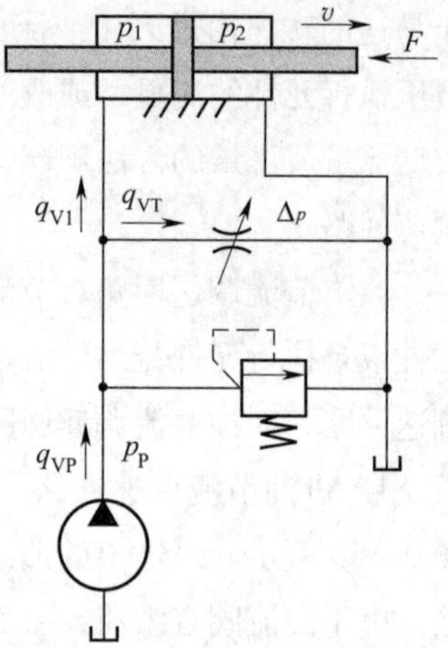

图 2—37　旁路节流调速回路

由于旁路节流调速回路低速承载能力差，故其应用比前两种回路少，只用于高速、重载、对速度平稳性要求不高的较大功率的系统，如输送机械液压系统等。

上述节流阀的三种基本回路，节流阀前后的压差均随负载的变化而变化，故速度平稳性差。对于一些负载变化较大、对速度稳定性要求较高的液压系统，可采用调速阀来改善。

（2）容积调速回路。节流调速回路由于存在节流损失和溢流损失，回路效率低、发热量大，因此多用于小功率调速系统。在大功率调速系统中，多采用回路效率高的容积调速回路。

容积调速回路根据油液循环方式可分为开式回路和闭式回路两种，分别如图 2—38a、b 所示。在开式回路中，从油箱吸油，执行元件的回油直接回油箱，油液能得到较好的冷却，但油箱体积大，空气和污物容易侵入回路，影响正常工作。在闭式回路中，执行元件的回油直接与泵的吸油腔相连，结构紧凑，只需很小的补油箱，空气和污物不易混入回路，但油液的散热条件差，为了补充回路中的泄漏并进行换油和冷却，需附设补油泵。

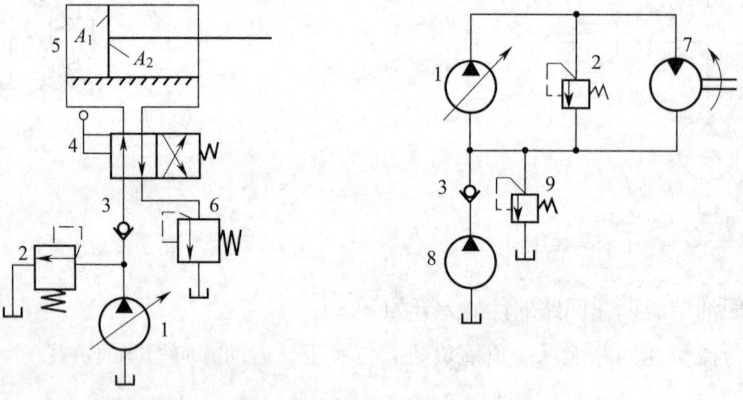

图 2—38　变量泵—定量马达（缸）回路

a）变量泵—缸回路　b）变量泵—定量马达回路

1—变量泵　2—安全阀　3—单向阀　4—换向阀　5—缸

6—背压阀　7—定量马达　8—补油泵　9—溢流阀

容积调速回路是通过改变回路中液压泵或液压马达的排量来实现调速的。根据泵和马达的不同组合方式，分为变量泵—定量马达（缸）、定量泵—变量马达和变量泵—变量马达三种回路，分别如图 2—38、图 2—39 和图 2—40 所示。

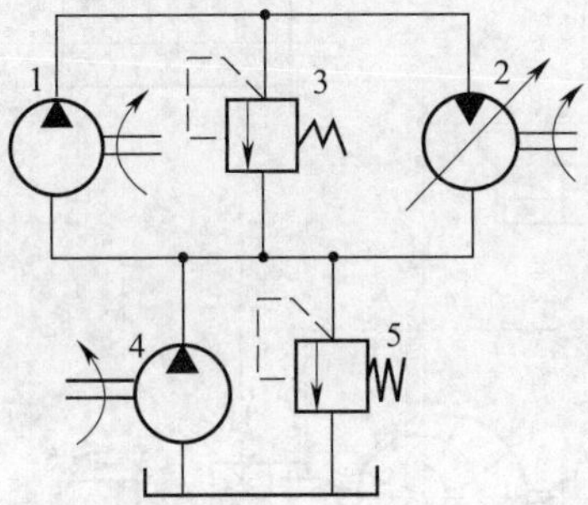

图 2—39　定量泵—变量马达回路

1—定量泵　2—变量马达　3—高压安全阀　4—补油泵　5—低压溢流阀

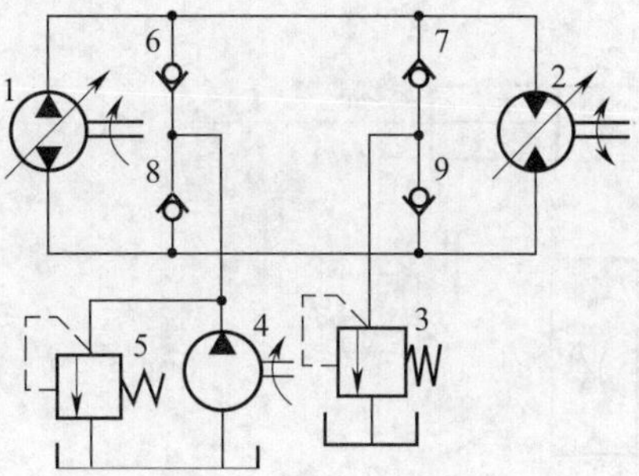

图 2—40　变量泵—变量马达回路

1—双向变量泵　2—双向变量马达　3—高压安全阀　4—补油泵　5—低压溢流阀　6、7、8、9—单向阀

变量泵—定量马达（缸）回路由变量泵和定量马达组成。此回路是恒转矩调速，主要用于负载转矩不大、调速范围大的场合，是实际应用最广泛的调节方式，如小型内燃机车、液压起重机等。

定量泵—变量马达回路由定量泵和变量马达组成。此回路是恒功率调速回路，它的调速范围很小。

变量泵—变量马达回路由变量泵和变量马达组成。此回路在低速段相当于变量泵—定量马达的恒转矩调速，在高速段相当于定量泵—变量马达的恒功率调速。此回路调速范围大，传动特性多变，因此适用于大功率液压系统，如港口起重运输机械。

（3）容积节流调速回路。容积节流调速回路是采用压力补偿式变量泵供油，通过对节流元件的调整来改变流入或流出液压缸的流量来调节液压缸的速度，而液压泵输出的流量自动地与液压缸所需流量相适应。这种回路虽然有节流损失，但没有溢流损失，效率高。

常用的容积节流调速回路有限压式变量泵与调速阀组成的容积节流调速回路、差压式变量泵与节流阀组成的容积节流调速回路两种。

图 2—41 所示为用限压式变量泵与调速阀组成的容积节流调速回路。图中限压式变量泵的流量全部进入调速阀，没有旁路分流。当调速阀两端压差超过正常工作需要的最小压差后，通过调速阀的流量取决于调速阀中节流阀的开口量，而与调速阀前后的压差无关。因此，如果限压式变量泵的流量大于调速阀调定的流量，泵的压力将提高，使泵的流量自动减小到与调速阀调定的流量相适应；如果限压式变量泵的流量小于调速阀调定的流量，泵的压力将降低，使泵的流量自动增大到与调速阀调定的流量相适应。这种调速回路的速度刚性、运动平稳性、承载能力和调速范围都和与它对应的调速阀式节流调速回路类同。

图 2—42 所示为用差压式变量泵与节流阀组成的容积节流调速回路。图中液压缸的进油路上有一个节流阀 2，节流阀两端的压差引至差压式变量泵的两个控制活塞（柱塞）上。其中柱塞 1 的面积和活塞 5 的活塞杆面积相同。因此，变量泵定子的偏心量，也就是泵的流量受到节流阀两端压差的控制。该回路中液压缸的速度通过改变节流阀通流面积，控制进入液压缸的流量来调节。

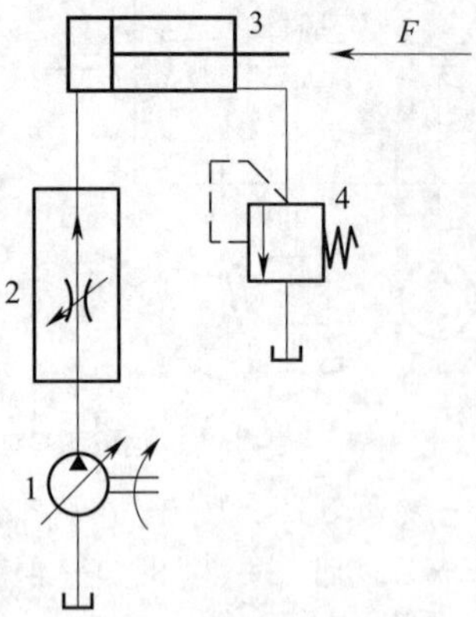

图 2—41　限压式变量泵与调速阀组成的调速回路

1—变量泵　2—调速阀　3—液压缸　4—溢流阀

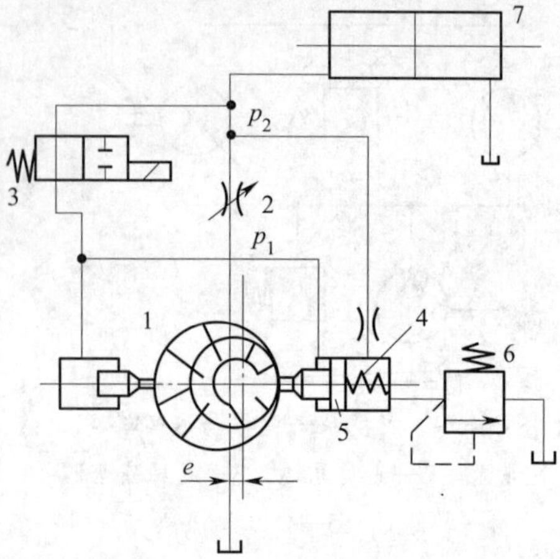

图 2—42　差压式变量泵与节流阀组成的调速回路

1—柱塞　2—节流阀　3—换向阀　4—弹簧　5—活塞　6—安全阀　7—液压缸

2. 快速运动回路

快速运动回路又称为增速回路，其作用是加快执行元件的空载速度，以提高系统的工作效率和充分利用功率。常用的方法有液压缸差动连接快速运动回路、采用蓄能器的快速运动回路、双泵供油快速运动回路等几种。

图 2—43a 所示为液压缸差动连接快速运动回路。当换向阀处于右位时，缸为差动连接，泵输出的油和缸返回的油合流，进入缸的无杆腔，实现活塞快速运动。

图 2—43b 所示为采用蓄能器的快速运动回路。当换向阀 5 处于左位或右位时，泵 1 和蓄能器 4 同时向液压缸 6 供油，实现快速运动。当换向阀处于中位时，缸停止工作，泵经单向阀 3 向蓄能器充液，蓄能器压力升高到液控顺序阀 2 的调定压力时，泵卸荷。

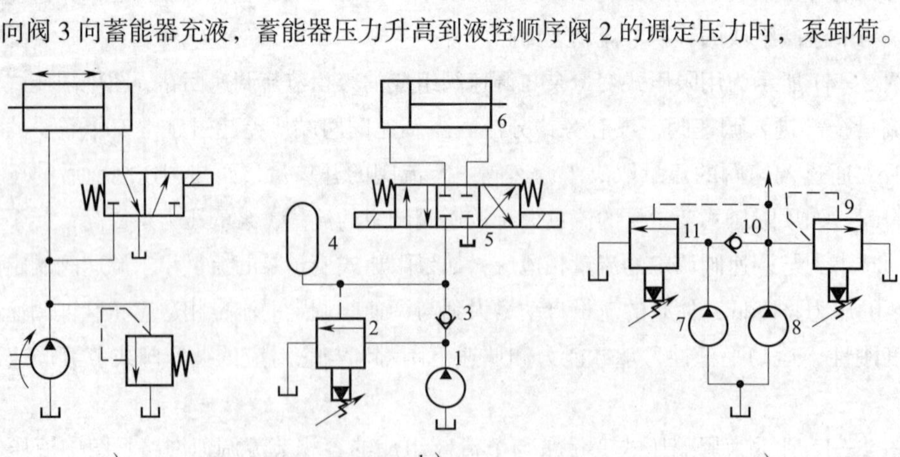

图 2—43　快速运动回路

a）液压缸差动连接快速运动回路　b）采用蓄能器的快速运动回路　c）双泵供油快速运动回路

1—泵　2、11—液控顺序阀　3、10—单向阀　4—蓄能器　5—换向阀　6—液压缸　7—大流量泵　8—小流量泵　9—溢流阀

图 2—43c 所示为双泵供油快速运动回路。泵 7、8 同时向系统供油时可实现执行元件的快速运动；转入工作行程，系统压力升高，打开液控顺序阀 11（卸荷阀）使大流量泵 7 卸荷，仅由小流量泵 8 向系统供油。

3．速度换接回路

速度换接回路的功能是使执行元件在一个工作循环中，从一种运动速度变换到另一种速度。换接过程要求平稳，换接精度要求高。按切换前后速度不同，有快速与慢速的换接、两个慢速之间的转换两种。

（1）快速与慢速的换接回路。图 2—44 所示为采用行程阀的快慢速换接回路。在图示状态下，活塞快进；当活塞杆上的挡块压下行程阀时，缸右腔油液经节流阀流回油箱，活塞转为慢速工进；当换向阀左位接入回路时，活塞快速返回。此回路具有速度换接过程比较平稳，换接点的位置精度高的优点；不足之处是行程阀不能任意安装布置。若将行程阀改为电磁阀，通过挡块压下电气行程开关来操纵，则其平稳性和换接精度均不如行程阀。

（2）两种不同慢速的换接回路。图 2—45a 中两调速阀并联，由换向阀 1 换接，两调速阀各自独立调节流量，互不影响。但一个调速阀工作时，另一个调速阀无油通过，其定差减压阀在最大开口位置，速度换接时大量油液通过该处使执行元件突然前冲。因此，这种回路不宜用在同一行程两次进给速度的转换上，只能用于速度预选的场合。

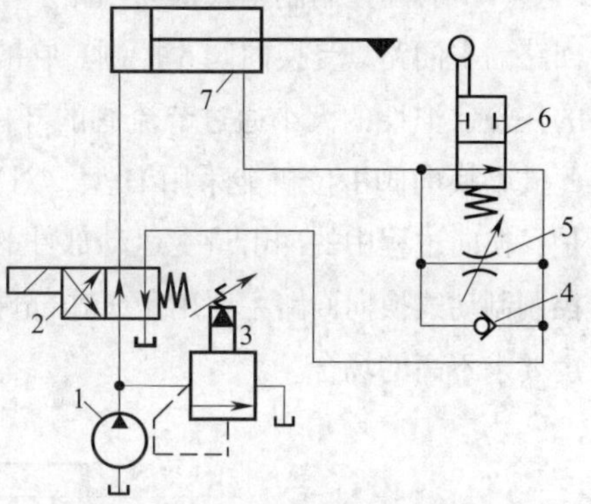

图 2—44　用行程阀的快慢速换接回路

1—液压泵　2—电磁换向阀　3—溢流阀

4—单向阀　5—调速阀

6—机动换向阀　7—液压缸

图 2—45b 所示为两调速阀串联的换接回路。两调速阀串联的换接回路只能用于第二进给速度小于第一进给速度的场合，故调速阀 2 的开口小于调速阀 3。这种回路的换接平稳性好。

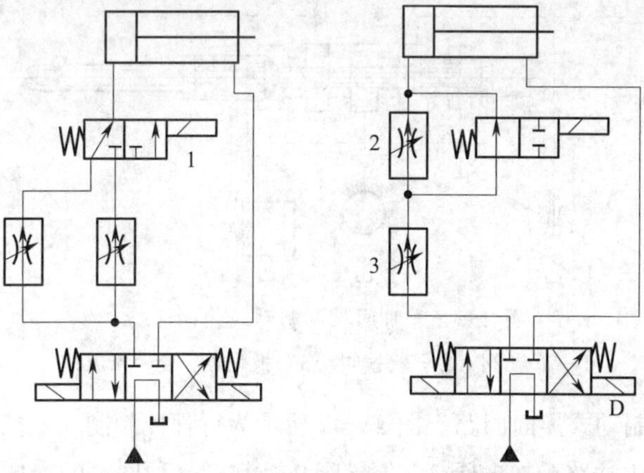

a）　　　　b）

图 2—45　用两种调速阀的速度换接回路

1—换向阀　2、3—调速阀

三、方向控制回路

方向控制回路可以控制执行元件的运动方向，它是利用控制进入执行元件的液流的通、断或改变方向来实现的。高品质的换向回路要求换向迅速，换向位置准确，换向运动平稳、无冲击。

1. 换向回路

换向回路是指用来实现变换液压系统执行元件运动方向的回路。换向回路是液压系统不可缺少的一种基本回路。在开式系统中，换向回路是采用各种换向阀来完成换向的。装卸机械换向阀多采用手动换向阀、液动换向阀、电液换向阀和电液比例换向阀等。

2. 连续换向回路

当需要频繁、连续自动地作往复运动且对换向过程有很多附加要求时，则需采用连续换向回路。按控制方式分为时间控制制动式换向回路和行程控制制动式换向回路两类。

（1）时间控制制动式换向回路。图 2—46 所示为时间控制制动式换向回路。这种换向回路的主油路只受换向阀 3 控制。它的主要优点是：其制动时间可根据主机部件运动速度的快慢、惯性的大小通过节流阀的开口量进行调节，以便控制换向冲击，提高工作效率；此外，换向阀中位机能采用 H 型，对减少冲击量和提高换向平稳性都有利。其主要缺点是：换向过程中的冲击量受运动部件的速度和其他一些因素的影响，换向精度不高。时间控制制动式换向回路主要用于工作部件运动速度较高，要求换向平稳、无冲击，但换向精度要求不高的场合。

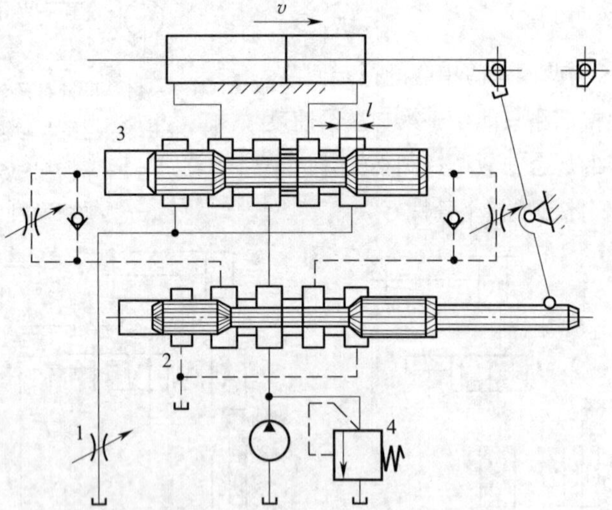

图 2—46　时间控制制动式换向回路

1—节流阀　2—先导阀　3—换向阀　4—溢流阀

（2）行程控制制动式换向回路。图 2—47 所示为行程控制制动式换向回路。行程控制制动式换向回路的主油路受换向阀 3、先导阀 2 控制。这种回路的换向精度高，冲击量较小；但制动时间长短和换向冲击的大小受到运动部件速度快慢的影响。所以，它适用于主机工作部件运动速度不高，但换向精度要求高的场合。

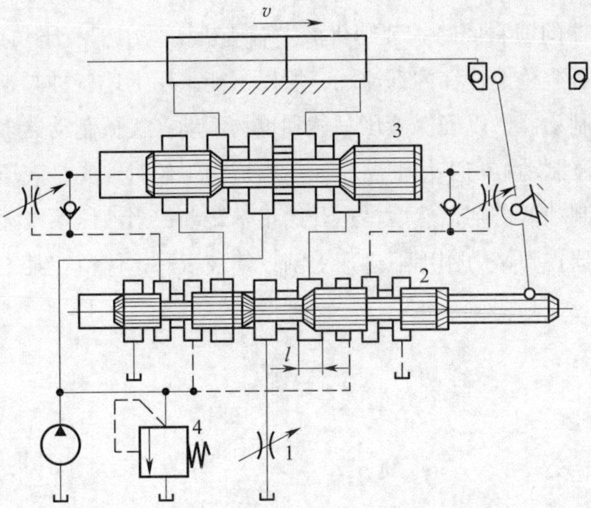

图 2—47　行程控制制动式换向回路

1—节流阀　2—先导阀　3—换向阀　4—溢流阀

3. 锁紧回路

能使装卸机械工作机构按要求在某一段时间内停止在某个工作位置上固定不动的液压回路称为锁紧回路。例如轮胎式起重机为了工作可靠，伸出的支腿必须能长时间停止在原来支撑位置上，必须将支腿液压缸的进、回油路关闭并锁紧，以防止其移动。常用的锁紧回路有采用换向阀的锁紧回路、采用液控单向阀（液压锁）的锁紧回路、采用制动器的锁紧回路等。

（1）采用换向阀的锁紧回路。采用换向阀的锁紧回路是利用换向阀的阀芯与阀体之间的间隙密封，切断工作油路与泵和油箱之间的联系，使工件固定在某个位置上不动的液压回路。通常用 M 或 O 型机能换向阀构成锁紧回路，它可以将执行元件锁紧在任意位置上。

图 2—48 所示为叉车的起升机构锁紧回路。换向阀处于中间位置时，起升缸的进油口与油泵、油箱之间的联系被切断，活塞被锁紧，液压缸不能随意移动。这种换向阀锁紧回路由于换向阀的环状缝隙较大，密封性能差，难以保证长时间锁紧，故只用于对锁紧要求不高或短时停留的场合。

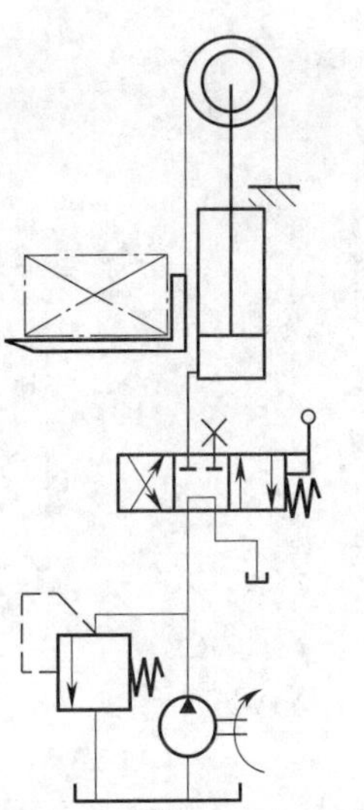

图 2—48　叉车起升机构锁紧回路

（2）采用液控单向阀（液压锁）的锁紧回路。采用液控单向阀实现锁紧的回路称为液控单向阀锁紧回路。锁紧回路在装卸机械的液压支腿回路、起重机臂架回路中使用广泛。在液压缸的两个接油口处各串接一个液控单向阀，当油缸在某个位置停留时，液压缸两接口均被液控单向阀锁死，缸内油液不能流出缸外，外界油也进不到缸内，从而使液压缸锁紧。采用液控单向阀的锁紧回路还可以在高压油管因意外而脱落、破裂时，使液压缸也能锁紧在某一位置，避免事故的发生。

（3）采用制动器的锁紧回路。装卸机械中有些机构采用了液压马达为驱动器的回路，但由于液压马达不可避免地存在内部泄漏，所以不能采用上述各种阀锁紧，一般是在液压马达轴上安装机械制动器，以确保液压马达和重物不动。机械制动器多采用弹簧上闸、液压松闸的结构，液压制动缸与工作油路相通。当机构工作时，先是液压油压力升高，克服制动器内弹簧力使制动器松闸，然后马达开始正常转动；当液压系统无动作或液压系统无压力时，机械制动器在弹簧力作用下迅速上闸，使液压马达停留在某工作位置上不动。

第三章　逻辑电路和集成电路

第一节　逻辑电路

一、数字逻辑电路基础知识

电子技术中的电信号有模拟信号和数字信号两大类。模拟信号是指在数值上和时间上均连续变化的信号。例如，收音机通过天线接收到的音频信号就是随时间连续变化的物理量，音频信号就是模拟信号。数字信号是指在数值上和时间上不连续变化的信号。例如，只有高、低电平跳变的矩形脉冲信号，就是数字信号。数字信号常用抽象出来的二值信息1和0表示，反映在电路上就是高电平和低电平两种状态。处理模拟信号的电路，称为模拟电路。例如，基本放大器、多级放大器、集成运算放大器及正弦波振荡电路是模拟信号的产生、放大、处理、运用电路。处理数字信号的电路称为数字电路。例如，数字信号的产生、整形、编码、运算、记忆、计数、存储、分配等电路。

1. 数字电路的特点

（1）数字电路中使用的是在数值上和时间上不连续变化的数字信号，因此数字电路中工作的晶体管多数工作在开、关状态。可以用电平的高低来表示，也可以用脉冲的有无来表示，只要能区分出两个相反的状态即可。

（2）构成数字电路的基本单元电路结构比较简单，对元件的精度要求不高，允许有一定的误差。

（3）数字电路的研究对象是电路的输入与输出之间的逻辑关系，分析工具是逻辑代数，表达电路的功能主要用真值表、逻辑函数表达式及波形图等，在功能上则着重强调电路输入与输出间的因果关系。

（4）数字电路的抗干扰能力很强，工作稳定可靠。

2. 数制、数制的转换

在生产实践中人们习惯用的计数体制是十进制，但十进制要用0 ~ 9数字表示，在计算机中处理不方便。计算机的电路基础是数字电路，而数字电路中用得最广泛的数制是二进制和十六进制。

（1）十进制。数制是计数进位的简称。日常生活中应用最广泛的数制是十进制。在十进制中，采用0、1、2…9十个不同数码。例如：

$$235=2\times10^2+3\times10^1+5\times10^0$$

其中，10^2、10^1、10^0 称为数位的权或位权，也就是各个数的位权是 10 的幂。

十进制的特点如下：

1）有十个数字（0、1、2…9），计数基数为 10，10^i 是位权。

2）其相邻的低位和高位间的关系是“逢十进一”，故称为十进制。

3）同一数字在不同的数位所表示的值是不同的。

4）十进制用符号“D”表示，如 $(12)_D$。

由此，得到十进制的表达式：

$$D=\sum_{i\to\infty}^{\infty}K_i10^i$$

K_i 表示十进制任意一个数码，10^i 是位权，i 取整数（包括 0）。

（2）二进制。在计算机运算中，常用的一种数制是二进制。在二进制中，采用 0、1 两个不同数码。

二进制的特点如下：

1）有 0 和 1 两个数码，计数基数为 2，2^i 是位权。

2）相邻低位和高位的进位关系是“逢二进一”，故称为二进制。

3）二进制用符号“B”表示，如 $(01110100)_B$。

由此，得到二进制的表达式：

$$D=\sum_{i\to\infty}^{\infty}K_i2^i$$

K_i 表示二进制任意一个数码，2^i 是位权，i 取整数（包括 0）。

例如：

$$(101.01)_2=1\times2^2+0\times2^1+1\times2^0+0\times2^{-1}+1\times2^{-2}=(5.25)_{10}$$

（3）十六进制。二进制由于数字太长，不便于书写记忆，为了减少位数，用十六进制来代替二进制。

十六进制的特点如下：

1）有十六个不同的数码，分别用 0 ~ 9、A（10）、B（11）、C（12）、D（13）、E（14）、F（15）表示，计数基数是 16。

2）相邻的低位和高位的进位关系是“逢十六进一”，故称十六进制。

3）十六进制用符号“H”表示，如 $(5B)_H$。

由此，得到十六进制的表达式：

$$D=\sum_{i\to\infty}^{\infty}K_i16^i$$

K_i 表示十六进制任意一个数码，16^i 是位权，i 取整数（包括 0）。

例如：

$$(3F.8C)_{16}=3\times16^1+15\times16^0+8\times16^{-1}+12\times16^{-2}=(63.546875)_{10}$$

（4）不同数制之间的转换。向计算机输入数据时，通常直接输入的是十进制数，计算机把十进制转换为二进制进行处理，最后再转换为十进制数，因此，在计算机中要进行数制的转化。

1）二、十六进制数转换为十进制数。把二、十六进制数转换成等值的十进制数，只要按加权系数式展开，再把各项的数值相加即可。

例：求二进制数 11010.101 相应的十进制数。

$$(11010.101)_2=1\times 2^4+1\times 2^3+0\times 2^2+1\times 2^1+0\times 2^0+1\times 2^{-1}+0\times 2^{-2}+1\times 2^{-3}=(26.625)_{10}$$

例：将（7A.58）$_{16}$ 转换为十进制数。

$$(7A.58)_{16}=7\times 16^1+10\times 16^0+5\times 16^{-1}+8\times 16^{-2}=(122.34375)_{10}$$

2）十—二进制数转换。指将十进制数转换成等值的二进制数，可分为整数部分转换和小数部分转换两种情形。对整数部分可采用连除法，即“除 2 取余倒记法”。小数部分的转换可采用连乘法，即“乘 2 取整法”。

例：将（78）$_{10}$ 化为二进制数。

```
2|78 ……… 余数0
 2|39 ……… 余数1
  2|19 ……… 余数1
   2|9 ……… 余数1
    2|4 ……… 余数0
     2|2 ……… 余数0
      2|1 ……… 余数1
         0
```

故（78）$_{10}$=（1001110）$_2$。

例：将（0.875）$_{10}$ 转换为二进制数的形式。

```
  0.875
×     2 ……… 整数 1
  1.750
  0.750
×     2 ……… 整数 1
  1.500
  0.500
×     2 ……… 整数 1
  1.000
```

所以有（0.875）$_{10}$=（0.111）$_2$。

3）二、十六进制数的相互转换

①二—十六进制数转换。若将二进制数转换成等值的十六进制数，只要从低位到高位将四位二进制数分为一组，代之以等值的十六进制数，得到的即为十六进制数。

例如：将（10101001.10101011）$_2$ 化为十六进制数的形式。

```
 (1010   1001.   1010   1011)2
   ↓      ↓       ↓      ↓
=(A       9.      A      B)16
```

②十六—二进制数转换。若将十六进制数转换成等值的二进制数，只需将十六进制数

每一位用等值的四位二进制数代替即可。

例如：将（8AC.C8）16 转换为二进制数的形式。

$$
\begin{array}{ccccc}
(8 & A & C. & C & 8)_{16} \\
\downarrow & \downarrow & \downarrow & \downarrow & \downarrow \\
=(1000 & 1010 & 1100. & 1100 & 1000)_2
\end{array}
$$

3．二进制代码

数字系统不仅要处理数值信息，还要处理文字符号。为了表示更多的符号和字母，通常用编码解决这个问题。用一定位数的二进制数来表示十进制数码、字母、符号等信息称为编码。用以表示十进制数码、字母、符号等信息的一定位数的二进制数称为代码。

二进制代码的位数（n）与需要编码的事件（或信息）的个数（N）之间应满足以下关系：

$$2^{n-1} \leqslant N \leqslant 2^n$$

码制：编制代码所遵循的一定的规则。

（1）二—十进制码（数值编码）[BCD（Binary Code Decimal）码]。用四位二进制数来表示一位十进制数中的 0 ~ 9 十个数码。从四位二进制数十六种代码中，选择十种来表示 0 ~ 9 十个数码的方案有很多种，每种方案产生一种 BCD 码。表 3—1 是几种常见的 BCD 码。

表 3—1　　几种常见的 BCD 码

BCD 码十进制数码	8 421 码	2 421 码	5 421 码	余 3 码	余 3 循环码
0	0000	0000	0000	0011	0010
1	0001	0001	0001	0100	0110
2	0010	0010	0010	0101	0111
3	0011	0011	0011	0110	0101
4	0100	0100	0100	0111	0100
5	0101	1011	1000	1000	1100
6	0110	1100	1001	1001	1101
7	0111	1101	1010	1010	1111
8	1000	1110	1011	1011	1110
9	1001	1111	1100	1100	1010

1）各种编码的特点

①有权码的特点。编码与所表示的十进制数之间的换算容易。例如：

$$(10010000)_{8421BCD}=(90)_D$$

②余 3 码的特点。当两个十进制的和是 10 时，相应的二进制正好是 16，于是可自动产生进位信号，而不需修正。0 和 9，1 和 8，…，5 和 4 的余 3 码互为反码，在求对于 10 的补码时很方便。

③余 3 循环码。相邻的两个代码之间仅一位的状态不同。按余 3 循环码组成计数器时，每次转换过程只有一个触发器翻转，译码时不会发生竞争—冒险现象。

2）求 BCD 代码表示的十进制数。对于有权 BCD 码，可以根据位权展开求得所代表的十进制数。例如：

$$(0111)_{8421BCD}=0\times 8+1\times 4+1\times 2+1\times 1=(7)_D$$
$$(1101)_{2421BCD}=1\times 2+1\times 4+0\times 2+1\times 1=(7)_D$$

3）用 BCD 代码表示十进制数。对于一个多位的十进制数，需要有与十进制位数相同的几组 BCD 代码来表示。例如：

$$(463.5)_{10}=\left(\frac{0100}{4}\frac{0110}{6}\frac{0011}{3}\cdot\frac{0101}{5}\right)_{8421BCD}$$
$$(863.2)_{10}=\left(\frac{1110}{8}\frac{1100}{6}\frac{0011}{3}\cdot\frac{0010}{2}\right)_{2421BCD}$$

（2）格雷码。格雷码是一种无权码（根据它的特点，设备上绝对值编码器使用格雷码）。编码特点是：任何两个相邻代码之间仅有一位不同。根据这种特点，格雷码常用于模拟量的转换。当模拟量发生微小变化时，格雷码仅仅改变一位，这与其他码同时改变两位或更多的情况相比更加可靠，且容易检错。表 3—2 是二进制码与对应的格雷码。

表 3—2　　二进制码与对应的格雷码

二进制码 $b_3b_2b_1b_0$	格雷码 $G_3G_2G_1G_0$	二进制码 $b_3b_2b_1b_0$	格雷码 $G_3G_2G_1G_0$
0000	0000	1000	1100
0001	0001	1001	1101
0010	0011	1010	1111
0011	0010	1011	1110
0100	0110	1100	1010
0101	0111	1101	1011
0110	0101	1110	1001
0111	0100	1111	1000

（3）ASCII 码（字符编码）。字符码是专门用来处理数字、字母及各种符号的二进制代码。ASCII 码也是美国标准信息交换码。它共有 128 个代码，可以表示大小写英文字母、十进制数、标点符号、运算符号、控制符号等，普遍用于计算机的键盘指令输入和数据等。

具体代码请查询 ASCII 代码表。

二、基本逻辑门电路

各种开关电路是数字电路的基本部分，这些开关电路像门一样按照一定的条件“开”或“关”，所以又称“门”电路。逻辑门电路具有多个输入端和一个输出端，输出端的状态是由输入端的状态决定的。逻辑门电路中，逻辑的内涵是指输入、输出状态之间的因果关系。如果把门电路的输入端状态看作“因”，那么输出端状态就可看作“果”，输入、输出端状态存在着一定的逻辑关系。

通常用数字符号 0 和 1 来表示某一事物的对立逻辑状态，比如，事物的“真”与“假”，电位的“高”与“低”，开关的“通”与“断”，脉冲的“有”与“无”等。这里的 0 和 1 概念，并不是表示数量的大小，而是表示不同逻辑状态的符号，称为逻辑 0 和逻辑 1。在逻辑电路中，用 0 表示无信号或不满足条件，用 1 表示有信号或满足条件。电位的高、低常用高、低电平来表示。用 1 表示高电平，用 0 表示低电平，称为正逻辑；反之，用 0 表示高电平，用 1 表示低电平，称为负逻辑。对于同一个电路，既可以采用正逻辑，又可以采用负逻辑。如无特殊说明，本书在讨论各种逻辑关系时均采用正逻辑。

基本的逻辑关系有与逻辑、或逻辑和非逻辑，对应这三种逻辑关系有三种基本门电路，即与门逻辑电路、或门逻辑电路和非门逻辑电路。

1. 与门电路

（1）与逻辑关系。当决定一件事情的几个条件全部满足时，这件事情才能够发生，否则不发生。这种条件和结果的关系称为与逻辑（或者称为逻辑“乘”）关系，在逻辑代数中称为与运算。

具有与逻辑关系的电路如图 3—1 所示。

当开关 A、B 都闭合，灯亮；当开关 A 或 B 断开，灯不亮。当决定一件事情（灯亮）的几个条件（开关 A、B 闭合）全部具备之后，这件事情（灯亮）才能发生，否则不发生，这种因果关系称与逻辑关系。

（2）与门逻辑电路。把能够实现与逻辑功能的电路称为与门逻辑电路。图 3—2a 所示为具有两个输入端的二极管与门逻辑电路，图 3—2b 所示为与门的逻辑符号。图中，A、B 为输入端，Y 为输出端。图中设高电平为 3 V，低电平为 0 V。

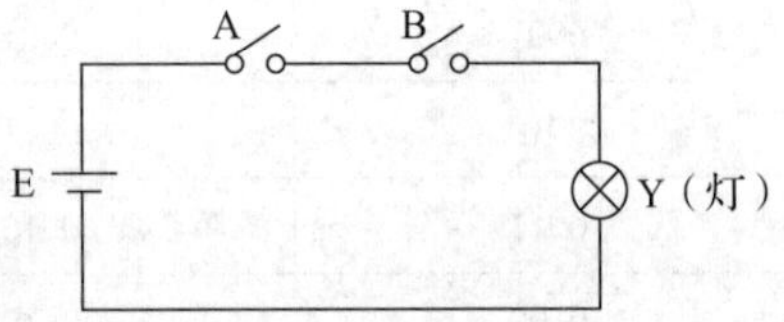

图 3—1　用串联开关表示与逻辑关系

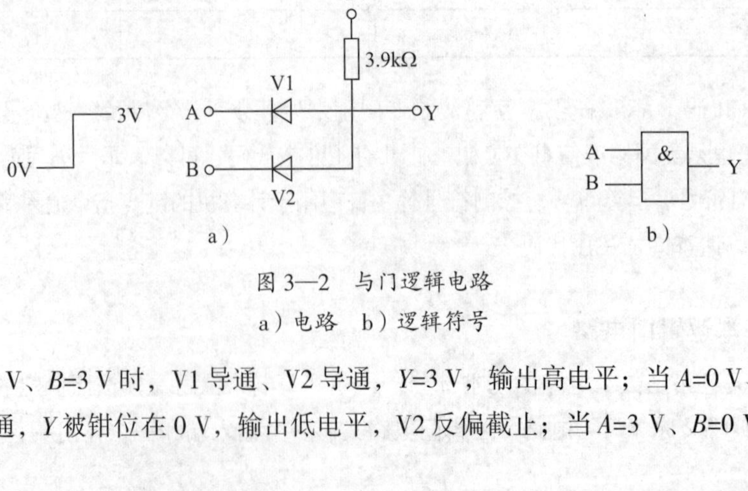

图 3—2　与门逻辑电路

a）电路　b）逻辑符号

当 A=3 V、B=3 V 时，V1 导通、V2 导通，Y=3 V，输出高电平；当 A=0 V、B=3 V 时，V1 优先导通，Y 被钳位在 0 V，输出低电平，V2 反偏截止；当 A=3 V、B=0 V 时，V2 优

先导通，Y 被钳位在 0 V，输出低电平，V1 反偏截止；当 A=0 V、B=0 V 时，V1 导通、V2 导通，Y=0 V，输出低电平。

由以上分析可知：输入端全为高电平时，输出端为高电平，是逻辑 1，即“全 1 出 1”；输入端有一个或一个以上的低电平时，输出端为低电平，是逻辑 0，即“有 0 出 0”。

在分析与逻辑电路时，常采用逻辑代数的数学工具。在逻辑代数里，与逻辑可用如下函数式表达：

$$Y=A\times B \text{ 或 } Y=A\cdot B \text{ 或 } Y=AB$$

读作 Y 等于 A 与 B 或称逻辑乘。逻辑函数式表示：只有 A、B 全为 1 时，Y 才为 1；其中任何一个为 0，则 Y 就为 0。

与门的输入端可以不止两个，但表示的逻辑关系是一样的。当输入端为多变量时，逻辑函数式可写成 $Y=A\cdot B\cdot C\cdot V\cdots$ 或 $Y=ABCV\cdots$。

与门逻辑关系除了用逻辑函数式表示外，还可以用真值表表示。真值表是一种表明逻辑门电路输入端状态和输出端状态逻辑对应关系的表，它包括了全部可能的输入值组合及其对应的输出值。

表 3—3 是与门逻辑电路的真值表。作如下定义：灯“亮”为逻辑“1”，灯“灭”为逻辑“0”，开关“通”为逻辑“1”，开关“断”为逻辑“0”，则可得与逻辑的真值表。

表 3—3　　与门逻辑电路的真值表

A	B	Y
0	0	0
0	1	0
0	0	0
1	1	1

从真值表可以看出，与门的逻辑功能是“有 0 出 0，全 1 出 1”。由此推得：

$$A\cdot 0=0$$

$$A\cdot 1=A$$

$$A\cdot A=A$$

2. 或门电路

（1）或逻辑关系。在决定一件事情的所有条件中，只要有一个条件满足时，这件事就能发生。这种因果关系称为或逻辑（或者称为逻辑“加”）关系，在逻辑代数中称为或运算。

具有或逻辑的电路如图 3—3 所示。

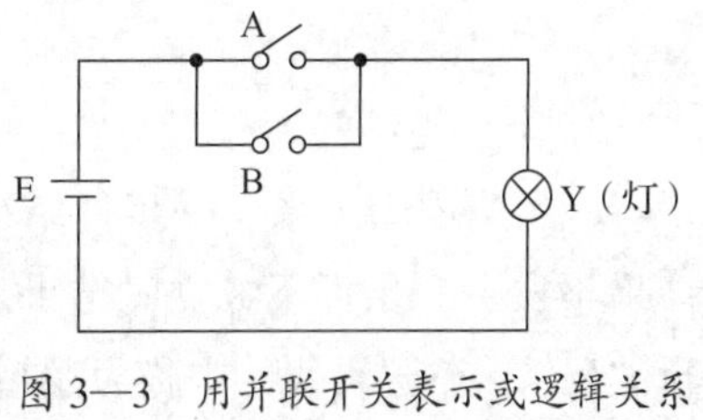

图 3—3　用并联开关表示或逻辑关系

当开关 A 或 B 闭合，灯亮；当开关 A 和 B 断开，灯灭。当决定一件事情（灯亮）的几个条件（开关 A、B 闭合）中，只要有一个条件得到满足，这件事情（灯亮）就会发生，这种因果关系称为或逻辑关系。

（2）或门逻辑电路。把能够实现或逻辑功能的电路称为或门逻辑电路。图 3—4a 所示为具有两个输入端的二极管或门逻辑电路，图 3—4b 所示为或门的逻辑符号。图中，A、B 为输入端，Y 为输出端。图中设高电平为 3 V，低电平为 0 V。

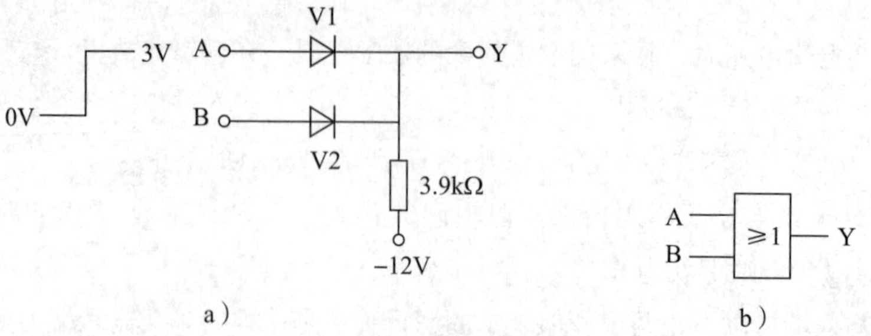

图 3—4　或门逻辑电路

a）电路　b）逻辑符号

当 A=0 V、B=0 V 时，V1 截止，V2 截止，Y=0 V，输出低电平；当 A=0 V、B=3 V 时，V1 截止，V2 导通，Y=3 V，输出高电平；当 A=3 V、B=0 V 时，V1 导通，V2 截止，Y=3 V，输出高电平；当 A=3 V、B=3 V 时，V1 导通，V2 导通，Y=3 V，输出高电平。

或运算逻辑函数表达式为 $Y=A+B$，读作 Y 等于 A 或 B，也称为逻辑加。

多变量时为 $Y=A+B+C+V+\cdots$。

表 3—4 是或门逻辑电路的真值表。作如下定义：灯“亮”为逻辑“1”，灯“灭”为逻辑“0”，开关“通”为逻辑“1”，开关“断”为逻辑“0”，则可得或逻辑的真值表。

表 3—4　　或门逻辑电路的真值表

A	B	Y
0	0	0
0	1	1
1	0	1
1	1	1

由或门逻辑函数式、真值表可以看出，或门的逻辑功能是“有 1 出 1，全 0 出 0”。由此推得：

$$A+0=A$$

$$A+1=1$$

$$A+A=A$$

3. 非门电路

（1）非逻辑关系。一事件结果的发生，取决于某个条件的否定，即当条件成立时结果不发生，条件不成立时结果发生。这种条件和结果的关系称为逻辑“非”或者逻辑“反”，在逻辑代数中称为逻辑非运算。具有逻辑非关系的电路如图 3—5 所示。

事情（输出信号）和条件（输入信号）总是相反状态，这种关系称非逻辑关系。作如下定义：灯“亮”为逻辑“1”，灯“灭”为逻辑“0”，开关“通”为逻辑“1”，开关“断”为逻辑“0”，则可得非逻辑的真值表，见表 3—5。

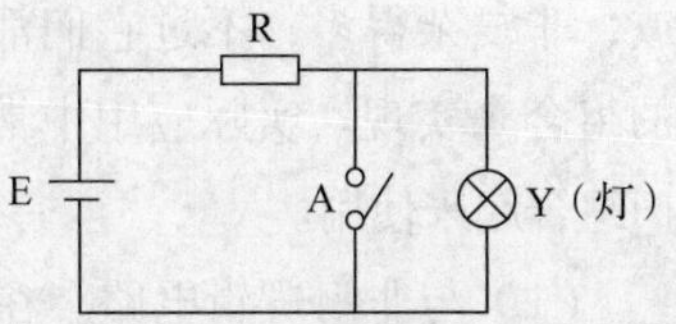

图 3—5　具有逻辑非关系的电路

表 3—5　　非逻辑电路的真值表

A	Y
0	1
1	0

非运算逻辑函数表达式：

$$Y=\overline{A}$$

$$\overline{0}=1$$

$$\overline{1}=0$$

读作 Y 等于 A 非，或 A 反。

（2）非门逻辑电路。图 3—6a 所示为由三极管组成的非门逻辑电路。图 3-6b 所示为非门逻辑符号。

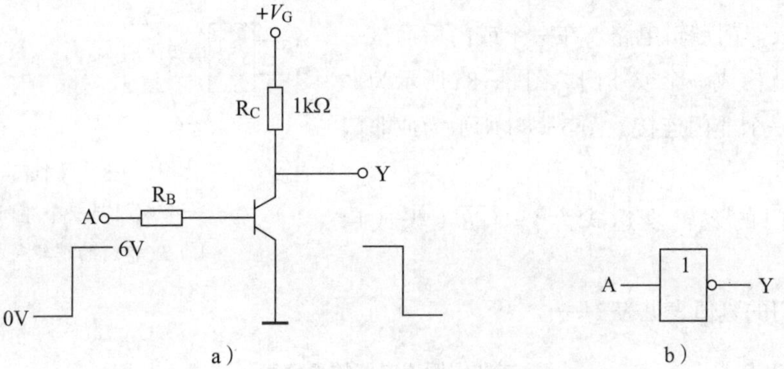

图 3—6　非门逻辑电路

a）电路　b）逻辑符号

当输入端 A=0 V 时，三极管 V 截止，输出端 Y 输出高电平。

当输入端 A=6 V 时，三极管 V 导通，输出端 Y 输出低电平。

非运算逻辑函数表达式为 $Y=\overline{A}$，读作 Y 等于 A 非，或 A 反。

由非门逻辑函数式或真值表可以看出，非门的逻辑功能是“有 0 出 1，有 1 出 0”。由此推出：

$$\overline{A}+A=1\quad \overline{A}\cdot A=0\quad \overline{\overline{A}}=A$$

4．复合逻辑门电路

人们在研究实际逻辑问题时发现，事物的各个因素之间的逻辑关系往往比单一的与、或、非复杂得多，不过它们都可以用与、或、非的组合来实现。实际应用中常把与门、或门、非门组合起来使用。

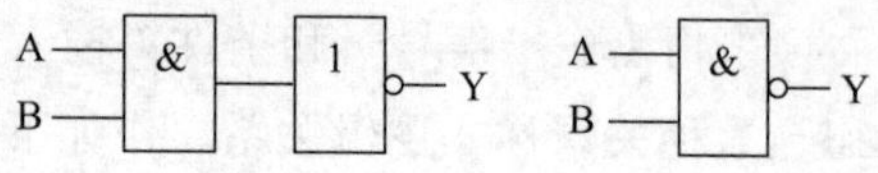

a）　　b）

图 3—7　与非门

a）一个与门与一个非门连接

b）与非门的逻辑符号

（1）与非门逻辑电路。在一个与门后面接一个非门，就构成一个与非门。图 3—7a 所示为一个与门与一个非门连接，图 3—7b 所示为与非门的逻辑符号。

根据与非门输入和输出的关系，可写出与非门的真值表，见表 3—6。

表 3—6　　与非门逻辑电路的真值表

A	B	Y
0	0	1
0	1	1
1	0	1
1	1	0

由与非门的真值表可得出它的逻辑功能是“有 0 出 1，全 1 出 0”，即输入端全为高电平时，输出为低电平；只要输入端中有一个为低电平，输出端就为高电平。与非门的逻辑表达式为 $Y=\overline{A\cdot B}$。

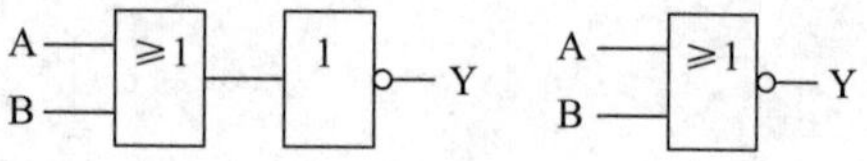

a）　　b）

图 3—8　或非门

a）一个或门与一个非门连接

b）或非门的逻辑符号

（2）或非门逻辑电路。在一个或门后面接一个非门，就构成一个或非门。图 3—8a 所示为一个或门与一个非门连接，图 3—8b 所示为或非门的逻辑符号。

或非门的逻辑表达式为 $Y=\overline{A+B}$（先或后非）。

或非门的真值表见表 3—7。

表 3—7　　或非门逻辑电路的真值表

A	B	Y
0	0	1
0	1	0
1	0	0
1	1	0

可以得出或非门的逻辑功能是“有 1 出 0，全 0 出 1”，即输入端全为低电平时，输出端是高电平；只要输入端中有一个为高电平，输出端就为低电平。

（3）与或非门逻辑电路。将两个或两个以上与门的输出端接到一个或门的输入端，就构成了与或门；其后再接一个非门，就构成了与或非门。图 3—9 所示为与或非门。

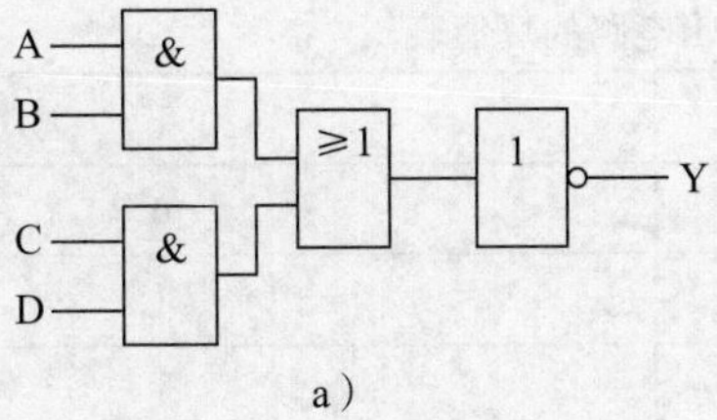

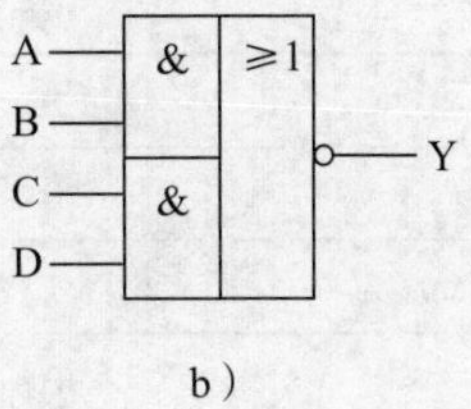

图 3—9　与或非门逻辑电路

a）逻辑图　b）逻辑符号

与或非门的逻辑关系是：输入端分别先“与”，然后再“或”，最后再“非”。它的逻辑函数式为 $Y=\overline{AB+CD}$。

与或非门逻辑真值表见表 3—8。

表 3—8　**与或非门逻辑电路的真值表**

A	B	C	D	Y	A	B	C	D	Y
0	0	0	0	1	1	0	0	0	1
0	0	0	1	1	1	0	0	1	1
0	0	1	0	1	1	0	1	0	1
0	0	1	1	0	1	0	1	1	0
0	1	0	0	1	1	1	0	0	0
0	1	0	1	1	1	1	0	1	0
0	1	1	0	1	1	1	1	0	0
0	1	1	1	0	1	1	1	1	0

由逻辑函数式和真值表可以得出，与或非门的逻辑功能是：当输入端中任何一组全为 1 时，输出为 0；只有当各组输入都至少有一个为 0 时，输出才是 1。

（4）异或门逻辑电路。异或逻辑由“与”逻辑、“或”逻辑和“非”逻辑复合而成，图 3—10 所示为异或门逻辑图及逻辑符号。其逻辑函数式是 $Y=A\overline{B}+\overline{A}B$。逻辑真值表见表 3—9。

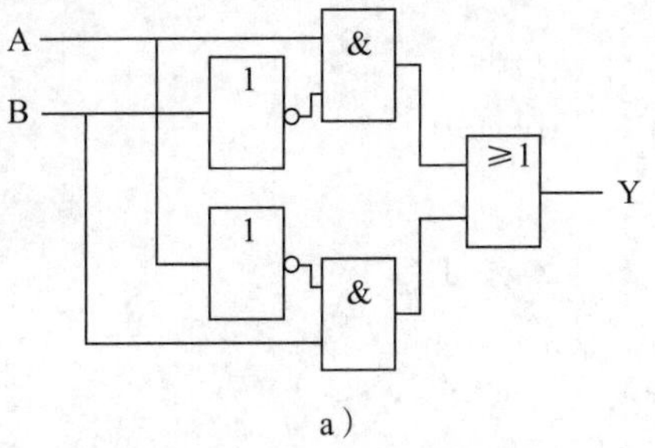

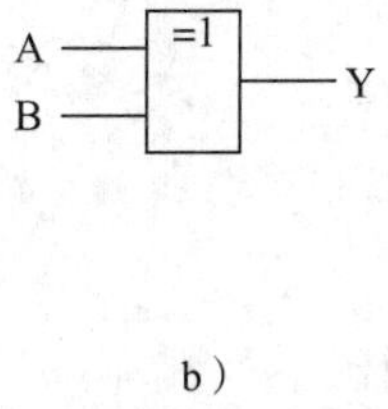

图 3—10　异或门逻辑电路

a）逻辑图　b）逻辑符号

表 3—9　　异或门逻辑电路的真值表

A	*B*	*Y*
0	0	0
0	1	1
1	0	1
1	1	0

由逻辑函数式及逻辑真值表可以得出异或门逻辑规律：当两个输入端一个为 0、另一个为 1 时，输出为 1；当两个输入端同时为 0，或同时为 1 时，输出为 0。

异或门是一种常用的门电路，用来判断两个输入信号是否相同。由于该电路输出为 1 时，必须是输入端异号相加的结果，因此取名异或门，通常把它的逻辑函数式写作 $Y=A\oplus B$。

三、逻辑函数

逻辑代数又称布尔代数，是研究数字电路的数学工具。逻辑代数研究数字电路的输出量和输入量之间的因果关系，因此数字电路又称为逻辑电路。利用逻辑代数能够判断一个已知逻辑电路的功能，或根据需要的逻辑功能去研究和简化一个相应的逻辑电路。

逻辑代数按照一定的运算规则进行运算：如果有括号先进行括号里的运算，没有括号的则先算非号下面的内容，取非后，再按照乘、加的次序依次运算。与、或、非是逻辑运算中最基本的运算，又称为逻辑乘、逻辑加和逻辑非运算。与门、或门、非门就是实现这些基本运算的逻辑门电路。

1. 基本逻辑运算

逻辑代数不仅有与普通代数相类似的定律，如交换律、结合律、分配律等，还有它本身的一些特殊规律。常用的逻辑代数基本定律如下：

（1）0—1 律

$$0+A=A$$

$$1\cdot A=A$$

$$1+A=1$$

$$0\cdot A=0$$

（2）重迭律

$$A+A=A$$

$$A\cdot A=A$$

（3）互补律

$$A+\overline{A}=1$$

$$A\cdot\overline{A}=0$$

（4）交换律

$$A+B=B+A$$

$$A\cdot B=B\cdot A$$

（5）结合律

$$(A+B)+C=A+(B+C)$$

$$(A\cdot B)\cdot C=A\cdot(B\cdot C)$$

（6）分配律

$$A\cdot(B+C)=A\cdot B+A\cdot C$$

$$A+B\cdot C=(A+B)\cdot(A+C)$$

（7）反演律（也称摩根定理）

$$\overline{A\cdot B}=\overline{A}+\overline{B}$$

$$\overline{A+B}=\overline{A}\cdot\overline{B}$$

多变量时：

$$\overline{A\cdot B\cdot C\cdots}=\overline{A}+\overline{B}+\overline{C}\cdots$$

$$\overline{A+B+C\cdots}=\overline{A}\cdot\overline{B}\cdot\overline{C}\cdots$$

上述定律可以直接利用真值表进行检验。比如互补律，如果等式两边式子的真值表相同，则等式成立，见表 3—10；再如反演律，见表 3—11。

表 3—10　　互补律 $A+\overline{A}=1$，$A\cdot\overline{A}=0$ 真值表

A	$A+\overline{A}$	$A\cdot\overline{A}$
0	1	0
1	1	0

表 3—11　　反演律 $\overline{A+B}=\overline{A}\cdot\overline{B}$ 真值表

A	B	$\overline{A+B}$	$\overline{A}\cdot\overline{B}$
0	0	1	1
0	1	0	0
1	0	0	0
1	1	0	0

需要注意的是，逻辑函数式在等号两边的各项不可以任意消去，原因是等号在这里不表示两边变量数值相等，只说明等号两边函数式所体现的逻辑电路所具有的逻辑功能是相同的，因此不可以随便消项或移项。例如，$\overline{B}C+B\overline{C}+BC=B+C+BC$，如果利用普通代数的方法，等号两边同时消去 BC 项就出错了。用真值表检验，显然$\overline{B}C+B\overline{C}\neq B+C$。

2．逻辑函数变换的基本规则

（1）对偶规则。在一个逻辑函数式中，进行加乘互换、“0”“1”互换，得到的新的表达式称为原式的对偶式（注意不实行原反互换）。

如果两个逻辑函数相等，则其对偶式也相等。有了对偶规则，当要证明一个逻辑等式成立时，可以通过其对偶式成立而得证（假定其对偶式成立已经证明或容易证明）。

（2）代入规则。在任一含有变量 A 的逻辑等式中，如果用另一个逻辑函数 F 去代替所有的变量 A，新等式仍然成立。代入规则扩大了逻辑函数基本公式的应用范围。

（3）反演规则。在一个逻辑函数 P 中，如果进行加乘互换、“0”“1”互换、原反互换，得到原逻辑函数 P 的反函数。利用反演规则，可以容易地求得一个函数的反函数。

应用反演规则时要注意，对于有多层反号的情况，只对最外层的反号进行变换，最外层反号以下的部分不变。

（4）展开规则。展开规则的作用是将一个逻辑函数式中的某一个变量，提到该逻辑式的前面，该逻辑式中不再含有该变量，以便于对该变量进行研究。

展开规则 1：

$$\begin{aligned} f(x_1, x_2, x_3\cdots x_n) &= (x_1+\overline{x_1})f(x_1, x_2, x_3\cdots x_n) \\ &= x_1 f(x_1, x_2, x_3\cdots x_n)+\overline{x_1}f(x_1, x_2, x_3\cdots x_n) \end{aligned}$$

上式 $x_1 f(x_1, x_2, x_3\cdots x_n)$ 项只有在 $x_1=1$ 时才有效，$\overline{x_1}f(x_1, x_2, x_3\cdots x_n)$ 项只有在 $x_1=0$ 时才有效。所以

$$\begin{aligned} f(x_1, x_2, x_3\cdots x_n) &= (x_1+\overline{x_1})f(x_1, x_2, x_3\cdots x_n) \\ &= x_1 f(1, x_2, x_3\cdots x_n)+\overline{x_1}f(0, x_2, x_3\cdots x_n) \end{aligned}$$

展开规则 2：

$$\begin{aligned} f(x_1, x_2, x_3\cdots x_n) &= (x_1+\overline{x_1})f(x_1, x_2, x_3\cdots x_n)+f(x_1, x_2, x_3\cdots x_n) \\ &= x_1 f(x_1, x_2, x_3\cdots x_n)+\overline{x_1}f(x_1, x_2, x_3\cdots x_n)+f(x_1, x_2, x_3\cdots x_n) \\ &\quad +x_1\cdot\overline{x_1} \\ &= [x_1+f(0, x_2, x_3\cdots x_n)][\overline{x_1}+f(1, x_2, x_3\cdots x_n)] \end{aligned}$$

当 $x_1=0$ 时，第二个中括号为“1”，该逻辑函数由第一个中括号决定；当 $x_1=1$ 时，由第二个中括号决定。

展开规则 1 和 2 是对偶的。

3．逻辑函数的化简

在逻辑运算中有些逻辑函数往往不是以最简的形式给出，这既不利于判断这些逻辑函数的因果关系，也不利于用最少的电子器件来实现这些逻辑函数，因而有必要对这些逻辑函数进行化简。化简方法有代数法和卡诺图法。

（1）代数化简法。运用代数法化简时，常采用的具体方法如下：

1）并项法。利用公式 $A+\overline{A}=1$ 将两项合并为一项，消去一个变量。

例如：

$$A\cdot B+A\cdot\overline{B}=A\cdot(B+\overline{B})=A\cdot 1=A$$

2）吸收法。利用公式 $A+A\cdot B=A$，吸收多余的项。

例如：

$$A+A\cdot B=A\cdot(1+B)=A\cdot 1=A$$

3）消去法。利用公式 $A+\overline{A}\cdot B=A+B$，消去多余因子。

例如：

$$A+\overline{A}\cdot B=A+A\cdot B+\overline{A}\cdot B=A+B\cdot 1=A+B$$

4）配项公式。利用 $A+\overline{A}=1$ 的关系给适当项中配项，再消去多余的项。

例如：

$$\begin{aligned}AB+\overline{A}C+BC&=AB+\overline{A}C+(A+\overline{A})BC\\&=AB+\overline{A}C+ABC+\overline{A}BC\\&=(AB+ABC)+(\overline{A}C+\overline{A}BC)\\&=AB+\overline{A}C\end{aligned}$$

（2）卡诺图化简法

1）最小项和最大项。若逻辑函数有 n 个输入变量，则全部 n 个变量的逻辑乘即是最小项。在最小项中，每个变量均以原变量或反变量的形式出现，且仅出现一次，所以可能有 2^n 个最小项，用符号 m_i 表示。将最小项中的原变量用“1”代替，反变量用“0”代替，这个二进制代码所对应的十进制码就是最小项的下标 i。

逻辑函数的最大项为 n 个输入变量的逻辑和，每个变量均以原变量或反变量的形式出现，在每个最大项中仅出现一次，所以可能有 2^n 个最大项，这个用符号 M_I 表示。

最小项和最大项的性质如下：

①当有输入时，最小项对每一种输入被选中的特点是：只有一个最小项是“1”，其余最小项都是“0”，即 $N(2^n)$ 中取一个“1”。以二变量为例：

A	B	m_3	m_2	m_1	m_0
0	0	0	0	0	1
0	1	0	0	1	0
1	0	0	1	0	0
1	1	1	0	0	0

②全部最小项之和恒等于“1”，即：

$$m_0+m_1+m_2+m_3=1$$

③两个最小项之积恒等于“0”，即：

$$m_im_j=0$$

④若干个最小项之和等于其他最小项和之反，即：

$$m_1+m_2=\overline{m_0+m_3}$$

⑤最小项的反是最大项，最大项的反是最小项，即：

$$\overline{m_2}=\overline{A\overline{B}}=\overline{A}+B=M_2$$

如果和最小项一样，将最大项中的变量用二进制码表示，最大项的下标 I 是最小项下标 i 的补码，即：

$$i+I=2^n-i$$

⑥当有输入时，最大项对每一种输入被选中的特点是：只有一个最大项是“0”，其余最大项都是“1”，即 $N(2^n)$ 中取一个“0”。以二变量为例：

A	B	M_3	M_2	M_1	M_0
0	0	0	1	1	1
0	1	1	0	1	1
1	0	1	1	0	1
1	1	1	1	1	0

例如，对于［AB］=01，$m_1=\overline{A}B=1$，$M_2=A+\overline{B}=0$。

⑦最小项的性质和最大项的性质之间具有对偶性。例如，全部最大项之积恒等于“0”，与全部最小项之和恒等于“1”是对偶的。其他性质可类推。

2）用卡诺图表示逻辑函数。卡诺图化简法能直接获得最简表达式，简单、直观，有一定的化简步骤；但变量数超过六个时，卡诺图化简也难于进行。卡诺图的特点是凡是几何位置相邻的最小项，在逻辑上也一定相邻。据此，在卡诺图上找到具有相邻性的最小项，并将其合并，消去不同的因子，使逻辑函数简化。这就是卡诺图法化简逻辑函数的依据。

由于卡诺图中的小格是一个个最小项，且按邻接关系排列，所以，两个最小项中只有一个变量是互补的，其余变量都是相同的，可以合并成一项，这样就可以消去一个变量。二变量、三变量和四变量卡诺图如图 3—11 所示。

A \ B	0	1
0	00	01
1	10	11

a）

A \ BC	00	01	11	10
0	000	001	011	010
1	100	101	111	110

b）

AB \ CD	00	01	11	10
00	0000	0001	0011	0010
01	0100	0101	0111	0110
11	1100	1101	1111	1110
10	1000	1001	1011	1010

c）

图 3—11　卡诺图的构成

a）二变量卡诺图　b）三变量卡诺图　c) 四变量卡诺图

①与或型逻辑函数填入卡诺图。与或型逻辑函数可以直接填入卡诺图；对于其他形式的逻辑函数，可以变换为与或型再填入卡诺图。填入方法有两种：一种方法是将逻辑函数变换为与或标准型，存在的最小项在对应的卡诺图小格中填“1”，不存在的最小项填“0”（当然“0”也可以不填）；另一种方法是直接将与项填入，例如将具有四个变量的逻辑函数中的与项$\overline{A}BD$、$B\overline{C}$、$\overline{A}B$、B、$\overline{BD}$和 BD 填入卡诺图。

对于与项$\overline{A}BD$，因行上的变量没有消去，应填入 01 行，即第二行；列上的变量消去一个，应填入 01 和 11 列，即第二列和第三列，如图 3—12a 所示。

对于与项 $B\overline{C}$，因行和列上的变量各消去一个，应填入 01 和 11 行；列上的变量消去一个，应填入 00 列和 01 列，即填入第二行、第三行的第一列、第二列，如图 3—12b 所示。

对于与项$\overline{A}B$，因行上的变量没有消去，应填入 01 行；列上的变量消去两个，应填入全部四列。所以填入 01 行，即第二行，如图 3—12c 所示。

对于与项 B，因行上的变量消去一个，应填入 01 和 11 行；列上的变量消去两个，应填入全部四列。所以填入第二行和第三行全部四列，如图 3—12d 所示。

对于与项$\overline{BD}$，因行上和列上的变量各消去一个，所以应占二行二列，应填入 00 和 10 行及 00 和 10 列，即第一行和第四行、第一列和第四列，如图 3—12e 所示。

对于与项 BD，因行上和列上的变量各消去一个，所以应占二行二列，应填入 01 和 11 行及 01 和 11 列，即第二行和第三行、第二列和第三列，如图 3—12f 所示。

AB \ CD	00	01	11	10
00				
01		1	1	
11				
10				

a）

AB \ CD	00	01	11	10
00				
01	1	1		
11	1	1		
10				

b）

AB \ CD	00	01	11	10
00				
01	1	1	1	1
11				
10				

c）

AB \ CD	00	01	11	10
00				
01	1	1	1	1
11	1	1	1	1
10				

d）

AB \ CD	00	01	11	10
00	1			1
01				
11				
10	1			1

e）

AB \ CD	00	01	11	10
00				
01		1	1	
11		1	1	
10				

f）

图 3—12　与项填入卡诺图

与项$\overline{BD}$和与项 BD 在卡诺图中的位置是互补对称的，即第一行翻转到第二行，第四行翻转到第三行，其余类推。

②卡诺图化简法。利用卡诺图化简逻辑函数遵循的基本原则是 $AB+A\overline{B}=A$，即相邻的小方块可以合并，消去一个变量，使函数更简化。其合并的规律为：两个相邻的小方块合并，消去一个变量；四个相邻的小方块合并，消去两个变量；八个相邻的小方块合并，消去三个变量……小格数必须满足 2^n，且小格必须排成矩形带。

在卡诺图中圈定的与项称为蕴涵项，也称乘积项。在重新划圈组合与项时，应遵循的原则如下：组成函数的全部最小项，即带“1”的小格都必须被圈到；应该尽可能多地按 2^n 的数量圈进带“1”的小格，并构成矩形带；蕴涵项和蕴涵项之间允许重叠覆盖；每个蕴涵项中至少有一个小格没有被其他蕴涵项所覆盖。

如果逻辑函数中含有约束项，应注意约束项是具有某种制约关系的最小项。利用约束项受制约的关系，可以假设这些最小项不会被输入，故在合并时根据化简的需要，可以任意设定这些约束项的值为“0”或“1”，从而使函数更简单。常在表达式中用 $\sum d$ 表示约束项之和，而在卡诺图中用“φ”或“×”表示约束项。

在用卡诺图化简具有约束项的逻辑函数时，应遵循的原则如下：画出函数 F 的卡诺图，将最小项和约束项填入图中相应的位置；合并相邻的最小项，根据约束项的值可以是“0”也可以是“1”，尽量将蕴涵项圈画得大、画得少，画入蕴涵项中的约束项当作“1”处理，没有画入蕴涵项的约束项当作“0”处理；卡诺图中的小格，可能是“1”“0”或“×”，只要给出其中的两种即可。

四、组合逻辑电路

数字逻辑电路从功能上可以分为两类：一类为组合逻辑电路，简称组合电路；另一类为时序逻辑电路，简称时序电路。

组合逻辑电路的特点是：从逻辑功能上看，输出只与当时输入的逻辑值有关，而与该时刻之前的输入及电路状态均无关，故称其没有记忆功能；从电路结构上看，构成组合逻辑电路的各门电路之间没有反馈环路。

分析和设计组合逻辑电路的数学工具是逻辑代数。

一个逻辑器件（如门电路）的功能可以由真值表、逻辑函数表达式、逻辑图及波形图四种方法中的任意一种方法加以描述。对组合逻辑电路功能的描述，仍然可以使用这些方法。

由组合逻辑电路的逻辑图得到逻辑函数表达式或真值表的过程，称为组合逻辑电路的分析。其含义是：在已经知道逻辑图的条件下，求解表达式或真值表，掌握该逻辑图所执行的逻辑功能，从而了解该电路的用途。

对应地，由真值表或逻辑函数表达式求得逻辑图的过程，称为组合逻辑电路的设计。其含义是：从真值表或逻辑函数表达式出发，设计一个能够完成指定功能的逻辑图，并最终设计出一个实际的数字电路。

组合逻辑电路的分析步骤如下：第一步，在逻辑图中，对每个门输出端加以标注；第二步，写出每个输出的逻辑函数表达式；第三步，将每个门输出的逻辑函数表达式用逻辑运算中的代入规则进行迭代，并进行必要的简化，最终得到输出的（最简）逻辑函数表达式。

电路是以中规模组合逻辑器件为主体而构成的，通常含有 100 ~ 1 000 个电路元件，并构成 20 ~ 100 个门电路。当门电路超过 100 或 1 000 个时，这类器件常称为大规模或超大规模逻辑器件。

中规模组合逻辑器件又称为中规模数字电路、中规模集成电路，或中规模电路、中规模器件等。从外形看，中规模组合逻辑器件通常具有 16 个管脚，在机电产品中有广泛的用途。

1．编码器

用二进制代码表示某种含义的信息称为编码，实现编码功能的电路称为编码器。常见的编码器有二进制编码器和二—十进制编码器等。

图 3—13 所示为 8 线—3 线优先编码器 74148（74 LS148）逻辑框图。通过查阅 74148

器件功能表可知，输入、输出为高电位（记为H）时，相当于逻辑0，是无效状态；而为低电位（记为L）时，相当于逻辑1，是有效状态；任意电位记为“×”，表明输入无论是高电位还是低电位，均对编码器的输出没有影响。

该编码器在正常工作时，其EI称为允许输入端，接低电位。在“0”～“7”八个输入端中，若第7端为低电位（L）有效输入，而其他输入端均为高电位（H）无效输入时，编码器的输出 $A_2A_1A_0$=LLL=111=（7）$_{10}$。其含义是：当第7端输入低电位有效信号时，输出端为二进制编码111，即十进制7。换言之，当第7端输入产生有效信号时，该信号在输出端被编码成7。

对于8线—3线优先编码器而言，“8线—3线”指输入端为八个，三个输出端对他们产生编码信号；“优先”指在八个输入管脚中，第7脚的优先级最高，而第0脚最低。故在上例中，只要第7脚为有效的低电位输入，就决定了编码输出，而与第0～6脚的输入状态无关，这些管脚的控制功能均以“×”表示。

编码器是一种重要的中规模集成电路，被广泛应用于实际作业中。对于中规模集成电路的应用，关键是学会阅读及理解器件功能表，但是这一内容较为繁杂。

2. 译码器

将二进制代码转换成对应信息称为译码，实现译码功能的电路称为译码器。译码是编码的逆过程。译码器的输入是一组代码，如二进制码、二—十进制码等，输出是能够被后继设备识别的数据、文字或图像信息。在译码器的实际应用中，应将其逻辑框图与功能表进行对照联系。

（1）二进制译码器。将二进制转换为对应输出信息的电路称为二进制译码器。图3—14所示为由SN784154“4线—16线”译码器构成的译码电路，由电路仿真软件TinaPro绘制并完成电路仿真。

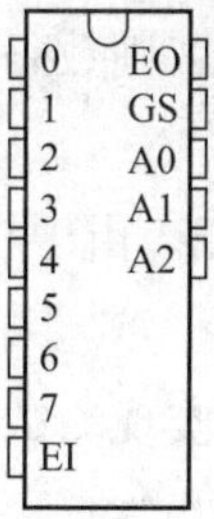

图3—13　优先编码器74148逻辑框图

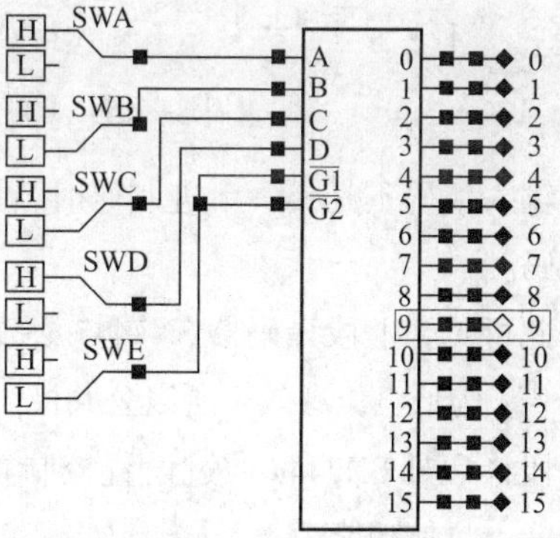

图3—14　SN784154译码器构成的译码电路

图3—14所示电路图的工作过程较为简单。$\overline{G1}$、$\overline{G2}$是两个“允许输入端”，应将它们接入低电位，即处于有效状态，使译码器处于正常工作状态。功能表（略）规定：该译码器正常工作时，输入端的有效状态是高电位（H），输出端的有效状态是低电位（L）。所以0～15表示的输出端中，只能有一个是低电位（L），表明其处于有效状态，例如

图 3—14 所示电路中译码器的第 9 脚输出端。

在图 3—14 所示的译码器电路中，有四个数字开关 SWD ~ SWA 产生一组输入二进制编码。当输入端 SWD ~ SWA 为 $DCBA$=1001=（9）$_{10}$ 时，对应于第 9 输出端为有效状态，输出低电位（L），而其余输出端均为高电位（H），是无效输出状态。

在电路仿真软件的计算结果中，低电位是以白色菱形块标识的，高电位是以黑色菱形块标识的。本书用一个矩形框，特别标出第 9 脚输出端为低电位（不是电路仿真软件自动生产的），以便学习阅读。

（2）七段显示译码器。将输入二—十进制数译码得到的十进制数通过一个七段发光二极管显示出来，这种译码器称为二—十进制显示译码器或数字译码器。

图 3—15 所示为一个七段显示译码器的电路连接图，由 SN7447，数字开关 SWD、SWC、SWB、SWA，以及一个包含七段发光二极管的数码管组成。由图 3—15 可以看出，在七段显示译码 SN7447 中，由 D、C、B、A 端输入一组二—十进制码，该二—十进制码经译码器变换为数码管能够识别的一组七个二进制信息，再由译码器的 a ~ g 端输出并驱动数码管显示对应的数字图形。例如，当译码器 SN7447 的输入为 $DCBA$=1001=（9）$_{10}$ 时，七段数码管将会显示数字“9”。

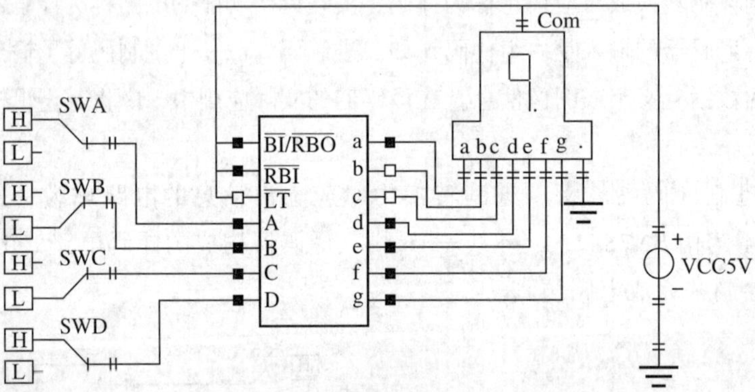

图 3—15　七段显示译码器的电路连接图

当输入代码不是二—十进制码时，如 $DCBA$=1010=（10）$_{10}$，则数码管将显示为无意义的乱码。

由此可见，七段译码器 SN7447 必须与七段数码管配合使用。由于 SN7447 的七个输入端 a ~ g 为低电位有效，所以公共极（Com 端）应接高电位。

七段译码器 SN7447 通过设置控制管脚 $\overline{LT}$、$\overline{RBI}$、$\overline{BI}$ / $\overline{RBO}$ 实现测试、灭灯和正常显示的功能。具体功能为：

1）测试端 $\overline{LT}$。低电位有效。当该脚为低电位时，若七段共阳极发光二极管没有缺陷，则 a ~ g 七段全部正常工作，该功能可显示数字“8”，或数字“8”及右下角的数字小数点。在以下讨论的正常工作状态中，应将其接高电位。

2）动态灭灯输入 $\overline{RBI}$。低电位有效。正常工作时，D、C、B、A 均为低电位，输出为“0”。这时可能是数码 0 或无有效信号输入。若为后者，则在此端处于低电位有效状态时，a ~ g 七段发光二极管全部截止，熄灭显示，处于节能状态；此时，双功能管脚（$\overline{BI}/\overline{RBO}$）执行输出功能（$\overline{RBO}$），输出低电位，用以指示器件的“灭灯”状况。

3）灭灯输入$\overline{BI}$。当其处于低电平时，七段发光二极管处于节能的“灭灯”状况。正常工作时，应将其接高电位。

五、触发器

触发器是具有记忆功能的基本逻辑单元。触发器是构成时序逻辑电路的基本逻辑部件。触发器有 0 状态和 1 状态两个稳定的状态。触发器在不同的输入情况下，可以被置成 0 状态或 1 状态。当输入信号消失后，触发器所置成的状态能够保持不变。一个触发器可以记忆一位二进制信号。根据逻辑功能的不同，触发器可以分为 RS 触发器、JK 触发器、T 和 D 触发器；按照结构形式的不同，可分为基本 RS 触发器、同步触发器、主从触发器和边沿触发器；根据触发方式的不同，可分为电平触发器、边沿触发器和主从触发器。触发器的逻辑功能可用激励表（又称驱动表）、特性方程、状态转换图和波形图（又称时序图）来描述。

1．RS 触发器

（1）电路组成和逻辑符号。由与非门组成的基本 RS 触发器如图 3—16 所示。

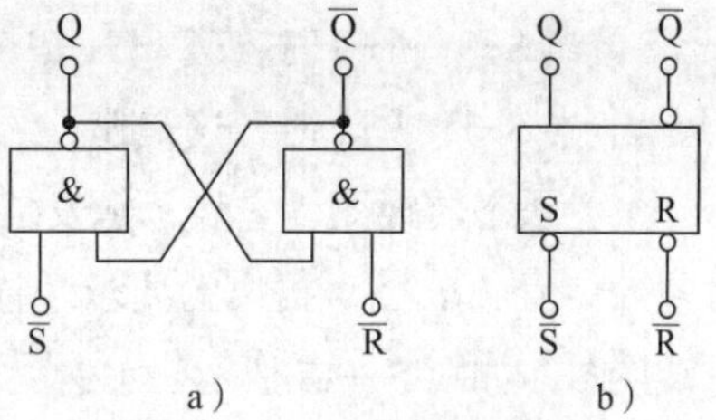

图 3—16　由与非门组成的基本 RS 触发器

a）逻辑图　b）逻辑符号

信号输出端，Q=0、$\overline{Q}$=1 的状态称 0 状态，Q=1、$\overline{Q}$=0 的状态称 1 状态；信号输入端，低电平有效。原理见表 3—10。

1）置位功能。当$\overline{S}$=0、$\overline{R}$=1 时，置位端$\overline{S}$输入了有效低电位，这使得与非门 U_1 输出高电位，实现了 RS 触发器的置位功能，即 Q=1。此时，与非门 U_2 的输入$\overline{R}$=1、Q=1，使输出$\overline{Q}$=0。Q 和$\overline{Q}$互为 1 和 0，满足互补输出条件。置位又称置 1。

2）复位功能。当$\overline{S}$=1、$\overline{R}$=0 时，置位端$\overline{R}$输入了有效低电位，这使得与非门 U_2 输出高电位，即$\overline{Q}$=1。此时，与非门 U_1 的输入$\overline{S}$=1、$\overline{Q}$=1，使输出 Q=0，即实现复位功能。两个输出为互补状态。复位又称置 0。

3）保持功能。当$\overline{S}$=1、$\overline{R}$=1 时，两个输入端均处于无效高电位状态，故电路的输出状态维持不变，次态与初态相同。

4）无意义状态。当$\overline{S}$=0、$\overline{R}$=0，两个输入端均处于有效低电位状态，故 Q=1、$\overline{Q}$=1。因为这种状态破坏了两个输入端须为互补状态的定义，故这不是基本触发器的逻辑功能。由此，定义$\overline{S}+\overline{R}$=1 为约束条件，即两个输入不能同时为有效低电平，否则，输出无意义。在正常工作时，触发器应满足其约束条件。

（2）功能表

Q^n（现态）：触发器接收输入信号之前的状态，也就是触发器原来的稳定状态。

Q^{n+1}（次态）：触发器接收输入信号之后所处的新的稳定状态。

信号输出端，Q=0、$\overline{Q}$=1 的状态称 0 状态，Q=1、$\overline{Q}$=0 的状态称 1 状态；信号输入端，低电平有效。与非门组成的基本 RS 触发器的特性见表 3—12。

表 3—12　　与非门组成的基本 RS 触发器的特性

$\overline{R}$	$\overline{S}$	Q^n	Q^{n+1}	功能
0	0	0	不用	不允许
0	0	1	不用	
0	1	0	0	Q^{n+1}=0（置 0）
0	1	1	0	
1	0	0	1	Q^{n+1}=1（置 1）
1	0	1	1	
1	1	0	0	$Q^{n+1}=Q^n$（保持）
1	1	1	1	

（3）特性方程：$Q^{n+1}=S+\overline{R}\cdot Q^n$，其约束条件为：$S\cdot R=0$ 或 $\overline{S}+\overline{R}=1$。

1）当 S=1、R=0 时，$Q^{n+1}=S+\overline{R}\cdot Q^n=1+1\cdot Q^n=1$，触发器实现置位功能。

2）当 S=0、R=1 时，$Q^{n+1}=S+\overline{R}\cdot Q^n=0+0\cdot Q^n=0$，触发器实现复位功能。

3）当 S=0、R=0 时，$Q^{n+1}=S+\overline{R}\cdot Q^n=0+1\cdot Q^n=Q^n$，触发器实现保持功能。

4）当 S=1、R=1 时，这是违反约束条件的输入，无意义。

（4）状态转换图。它表示触发器从一个状态变化到另一个状态或保持原状态不变时，对输入信号（R、S）提出的要求。描述触发器的状态转换关系及转换条件的图形称为状态转换图，如图 3—17 所示。

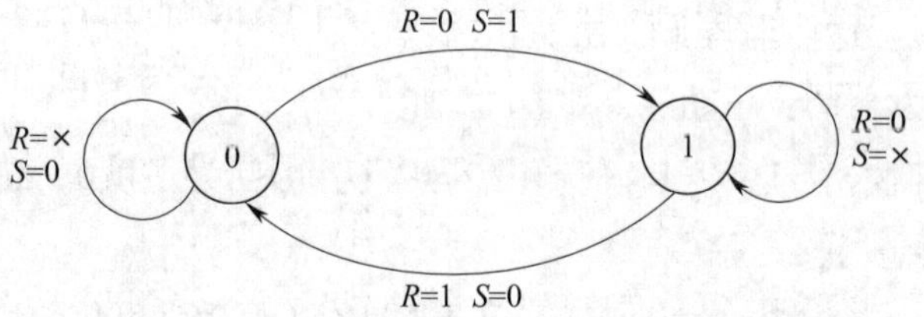

图 3—17　基本 RS 触发器状态转换图

状态转换图与真值表是统一的，它是真值表的直观形象表示。

如图 3—17 所示，0 和 1 两个圆圈均为初态，箭头表示初态转换为次态的方向。触发器的转换条件以输入 R、S 为标识。用状态转换图描述触发器功能的具体内容为：

1）置位功能。若初态为 0（左边的圆圈），当 S=1、R=0 时，次态为 1。

2）复位功能。若初态为 1（右边的圆圈），当 S=0、R=1 时，次态为 0。

3）保持功能

①当初态为 0 时：如果 S=0，R 无论是 1 或 0（用“×”表示），则次态仍然为 0（保持功能）。

②当初态为 1 时：如果 R=0，S 无论是 1 或 0（用“×”表示），则次态仍然为 1（保

持功能）。

（5）基本 RS 触发器的动作特点

1）初态为 0 时：若 S=1，次态由 0 置位成 1；若 S=0，次态保持为 0（记忆为“0 看 S”）。

2）初态为 1 时：若 R=1，次态由 1 复位成 0；若 R=0，次态保持为 1（记忆为“1 看 R”）。

2．JK 触发器

JK 触发器的内部逻辑结构较复杂，本书不作介绍，这里介绍 JK 触发器的逻辑功能。

（1）逻辑框图。JK 触发器如图 3—18 所示。

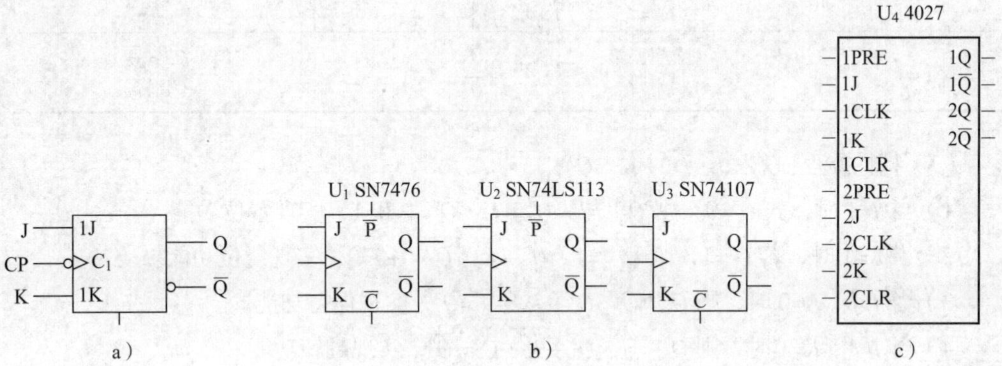

图 3—18　JK 触发器

a）符号　b）三种实际 JK 触发器　c）中规模集成式电路双 JK 触发器的逻辑框图

如图 3—18a 所示，脉冲输入端 CP 为低电位有效，由一个小圆圈表示。CP 由高电位变至低电位时，触发器才接受输入 J、K 信号。

当 CP 信号有效时，JK 触发器的逻辑功能如下：

1）置位功能。当 J=1、K=× 时，置位端 J 高电位有效，实现置位功能，即 Q=1、$\overline{Q}$ =1。置位功能又称为置 1。

2）复位功能。当 J=×、K=1 时，复位端 K 高电位有效，实现复位功能，即 Q=0、$\overline{Q}$ =1。复位功能又称为置 0。

3）保持功能。当 J=0、K=0 时，两个输入端均处于无效高电位状态，电路的输出状态维持不变，次态与初态相同，即 $Q^{n+1}=Q^n$。

4）翻转功能。当 J=1、K=1 时，两个输入端均处于有效高电位状态，实现翻转功能，即 $Q^{n+1}=\overline{Q^n}$。将 JK 触发器的输入端 J、K 连接在一起，称为 T 输入端，则构成 T 触发器。T 触发器只实现翻转功能。

由上可见，与 RS 触发器相比，JK 触发器增加了一个翻转功能，且没有约束条件，使用时更加灵活、方便。

（2）特性表

Q^n（现态）：触发器接收输入信号之前的状态，也就是触发器原来的稳定状态。

Q^{n+1}（次态）：触发器接收输入信号之后所处的新的稳定状态。

信号输出端，Q=0、$\overline{Q}$=1 的状态称 0 状态，Q=1、$\overline{Q}$=0 的状态称 1 状态；信号输入端，低电平有效。JK 触发器的特性见表 3—13。

表 3—13　　JK 触发器的特性

J	K	Q^n	Q^{n+1}	功能
0	0	0	Q^n	保持
0	0	1	Q^n	
0	1	0	0	$Q^{n+1}=0$（置 0）
0	1	1	0	
1	0	0	1	$Q^{n+1}=1$（置 1）
1	0	1	1	
1	1	0	$\overline{Q^n}$	$Q^{n+1}=\overline{Q^n}$（翻转）
1	1	1	$\overline{Q^n}$	

（3）特性方程：$Q^{n+1}=J\cdot\overline{Q^n}+\overline{K}\cdot Q^n$

1）当 J=1 时，若 Q^n=0，则 $Q^{n+1}=J\cdot\overline{Q^n}+\overline{K}\cdot Q^n=1+0=1$，实现置位功能。

2）当 K=1 时，若 Q^n=1，则 $Q^{n+1}=J\cdot\overline{Q^n}+\overline{K}\cdot Q^n=0+0=0$，实现复位功能。

3）当 J=0、K=0 时，则 $Q^{n+1}=J\cdot\overline{Q^n}+\overline{K}\cdot Q^n=Q^n$，实现保持功能。

4）当 J=1、K=1 时，则 $Q^{n+1}=J\cdot\overline{Q^n}+\overline{K}\cdot Q^n=\overline{Q^n}$，实现翻转功能。

（4）状态转换图。JK 触发器状态转换图如图 3—19 所示。

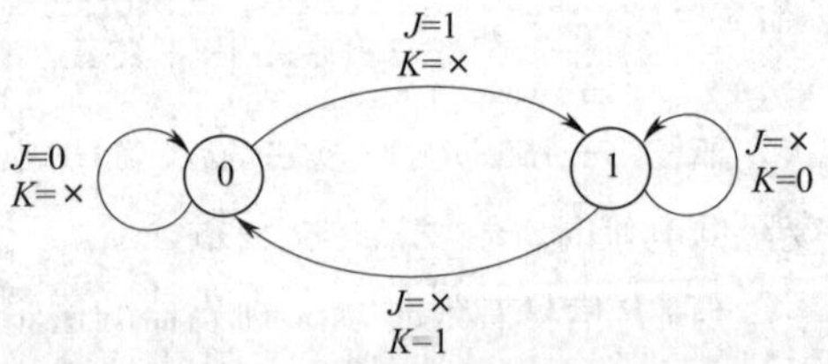

图 3—19　JK 触发器状态转换图

如图 3—19 所示，0 和 1 两个圆圈均为初态，箭头表示初态转换为次态的方向。用状态转换图描述触发器功能的具体内容为：

1）置位功能。若初态为 0（左边的圆圈），当 J=1、K=× 时，则次态为 1。

2）复位功能。若初态为 1（右边的圆圈），当 J=×、K=1 时，则次态为 0。

3）保持功能。初态为 0 时，如果 J=0、K=×，则次态仍然为 0；初态为 1 时，如果 K=0、J=×，则次态仍然为 1。

4）翻转功能。若 K=1、J=1，当初态为 0 时，则次态为 1；当初态为 1 时，则次态为 1。

3．D 触发器

D 触发器的输入端由 D 端及脉冲输入端 CP 构成。D 触发器如图 3—20 所示。

（1）逻辑框图。如图 3—20a 所示，脉冲输入端 CP 为高电位有效，即 CP 由低电位跳变至高电位时，触发器才接受输入 D 信号。

1）置位功能。当 D=1 时，实现置位（置 1）功能，即 Q=1、$\overline{Q}$=0。

2）复位功能。当 D=0 时，实现复位（置 0）功能，即 Q=0、$\overline{Q}$=1。

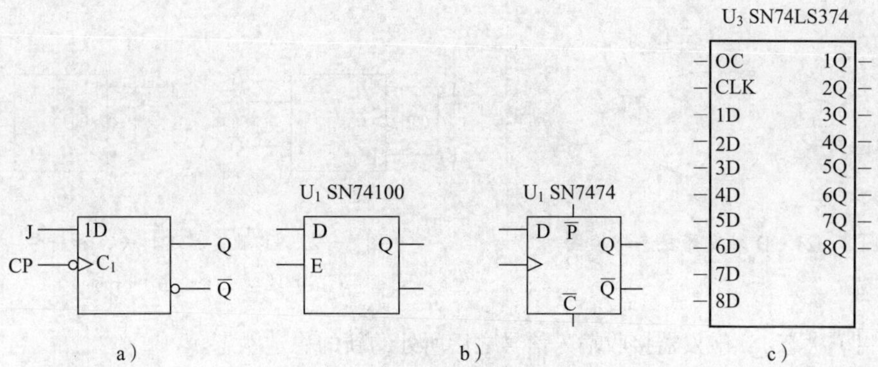

图 3—20　D 触发器

a）符号　b）两种实际 D 触发器　c）中规模集成电路双 D 触发器 74374 的逻辑框图

（2）特性表

Q^n（现态）：触发器接收输入信号之前的状态，也就是触发器原来的稳定状态。

Q^{n+1}（次态）：触发器接收输入信号之后所处的新的稳定状态。

信号输出端，Q=0、$\overline{Q}$=1 的状态称 0 状态，Q=1、$\overline{Q}$=0 的状态称 1 状态；信号输入端，低电平有效。D 触发器的特性见表 3—14。

表 3—14　　D 触发器的特性

D	Q^n	Q^{n+1}	功能
0 0	0 1	0 0	Q^{n+1}=0 （置 0）
1 1	0 1	1 1	Q^{n+1}=1 （置 1）

（3）特性方程：$Q^{n+1}=D$

1）当 D=1 时，若 Q^{n+1}=1，实现置位功能。

2）当 D=0 时，若 Q^{n+1}=0，实现复位功能。

（4）状态转换图。D 触发器状态转换图如图 3—21 所示。

如图 3—21 所示，D 触发器只具有置 1 和置 0 功能。其动作要点是：当时钟或控制信号有效时，次态与输入相同，即 $Q^{n+1}=D$。

4．T 触发器

T 触发器由 JK 触发器的 J、K 两个输入端连在一起构成一个 T 端。

（1）逻辑框图。如图 3—22a 所示，脉冲输入端 CP 为高电位有效，即 CP 由低电位跳变至高电位时，触发器才接受输入 T 信号。

因为 $T=J=K$，所以当 T=0 时，来 CP 脉冲后触发维持原状态不变；当 T=1 时，每来一个 CP 脉冲，触发器状态翻转一次。

（2）特性表

Q^n（现态）：触发器接收输入信号之前的状态，也就是触发器原来的稳定状态。

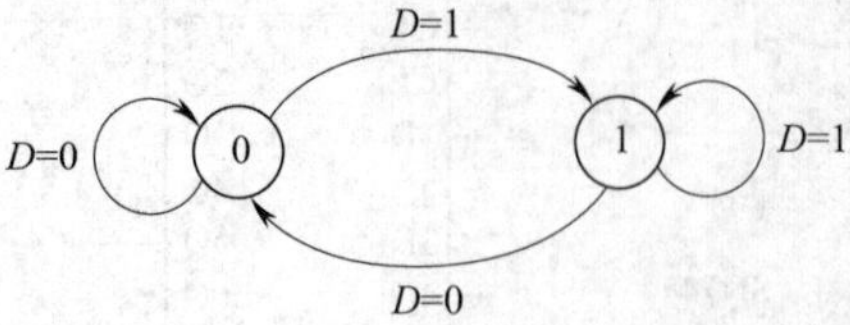

图 3—21　D 触发器状态转换图

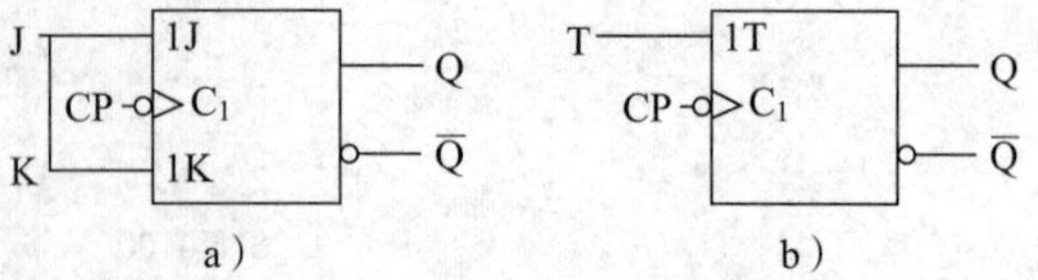

图 3—22　T 触发器逻辑关系和符号
a）逻辑关系　b）符号

Q^{n+1}（次态）：触发器接收输入信号之后所处的新的稳定状态。

信号输出端，$Q=0$、$\overline{Q}=1$ 的状态称 0 状态，$Q=1$、$\overline{Q}=0$ 的状态称 1 状态；信号输入端，低电平有效。T 触发器的特性见表 3—15。

表 3—15　　T 触发器的特性

T	Q^n	Q^{n+1}	功能
0	0	Q^n	保持
0	1	Q^n	
1	0	$\overline{Q^n}$	$Q^{n+1}=\overline{Q^n}$（翻转）
1	1	$\overline{Q^n}$	

（3）特性方程：$Q^{n+1}=T\overline{Q^n}+TQ^n=T\oplus Q^n$

1）当 $T=0$ 时，若 $Q^{n+1}=Q^n$，实现保持功能。

2）当 $T=1$ 时，若 $Q^{n+1}=\overline{Q^n}$，实现翻转功能。

（4）状态转换图。T 触发器状态转换图如图 3—23 所示。

如图 3—23 所示，T 触发器只具有保持和翻转功能。其动作要点是：当时钟或控制信号有效时，当 $T=0$ 时次态与输入相同，即 $Q^{n+1}=Q^n$；当 $T=1$ 时次态与输入相反，即 $Q^{n+1}=\overline{Q^n}$。

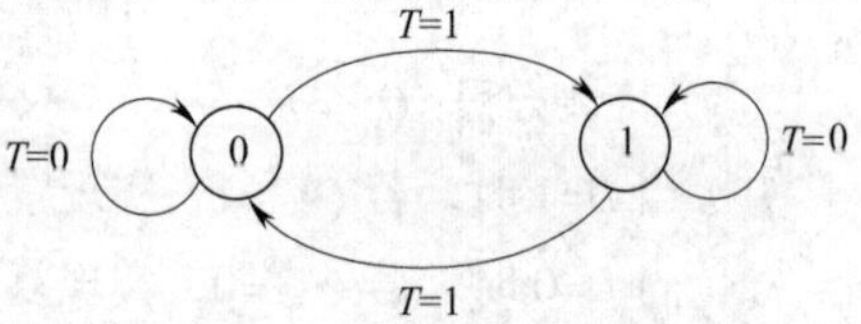

图 3—23　T 触发器状态转换图

第二节　集成电路

一、集成电路的定义

集成电路（Integrated Circuit）是一种微型电子器件或部件。采用一定的工艺，把一个电路中所需的晶体管、二极管、电阻、电容和电感等元件及布线互连一起，制作在一小块或几小块半导体晶片或介质基片上，然后封装在一个管壳内，成为具有所需电路功能的微型结构。其中所有元件在结构上已组成一个整体，这样，整个电路的体积大大缩小，且引出线和焊接点的数目也大为减少，从而使电子元件向着微小型化、低功耗和高可靠性方面迈进了一大步。它在电路中用字母“IC”（也有用“N”等）

表示。

二、集成电路的分类

1. 按功能结构分类

集成电路按功能、结构的不同可分为模拟集成电路、数字集成电路和数 / 模混合集成电路三大类。模拟集成电路又称线性电路，用来产生、放大和处理各种模拟信号（指幅度随时间变化的信号，如半导体收音机的音频信号、录放机的磁带信号等），其输入信号和输出信号成比例关系。而数字集成电路用来产生、放大和处理各种数字信号（指在时间上和幅度上离散取值的信号，例如 VCD、DVD 重放的音频信号和视频信号）。

2. 按制作工艺分类

集成电路按制作工艺可分为半导体集成电路和膜集成电路。膜集成电路又分为厚膜集成电路和薄膜集成电路。

3. 按集成度高低分类

集成电路按集成度高低的不同可分为小规模集成电路、中规模集成电路、大规模集成电路、超大规模集成电路、特大规模集成电路和巨大规模集成电路。

4. 按导电类型不同分类

集成电路按导电类型可分为双极型集成电路和单极型集成电路，它们都是数字集成电路。双极型集成电路的制作工艺复杂，功耗较大，代表集成电路有 TTL、ECL、HTL、LST-TL、STTL 等类型。单极型集成电路的制作工艺简单，功耗也较低，易于制成大规模集成电路，代表集成电路有 CMOS、NMOS、PMOS 等类型。

5. 按用途分类

集成电路按用途可分为电视机用集成电路、音响用集成电路、影碟机用集成电路、录像机用集成电路、计算机用集成电路、电子琴用集成电路、通信用集成电路、照相机用集成电路、遥控集成电路、语言集成电路、报警器用集成电路及各种专用集成电路。

（1）电视机用集成电路包括行场扫描集成电路、中放集成电路、伴音集成电路、彩色解码集成电路、AV/TV 转换集成电路、开关电源集成电路、遥控集成电路、丽音解码集成电路、画中画处理集成电路、微处理器（CPU）集成电路、存储器集成电路等。

（2）音响用集成电路包括 AM/FM 高中频电路、立体声解码电路、音频前置放大电路、音频运算放大集成电路、音频功率放大集成电路、环绕声处理集成电路、电平驱动集成电路、电子音量控制集成电路、延时混响集成电路、电子开关集成电路等。

（3）影碟机用集成电路有系统控制集成电路、视频编码集成电路、MPEG 解码集成电路、音频信号处理集成电路、音响效果集成电路、RF 信号处理集成电路、数字信号处理集成电路、伺服集成电路、电动机驱动集成电路等。

（4）录像机用集成电路有系统控制集成电路、伺服集成电路、驱动集成电路、音频处理集成电路、视频处理集成电路等。

6．按应用领域分类

集成电路按应用领域可分为标准通用集成电路和专用集成电路。

7．按外形分类

集成电路按外形可分为圆形（金属外壳晶体管封装型，一般适用于大功率）、扁平型（稳定性好，体积小）和双列直插型。

三、集成电路的特点

集成电路具有体积小、质量轻、引出线和焊接点少、寿命长、可靠性高、性能好等优点，同时成本低，便于大规模生产。它不仅在工、民用电子设备如收录机、电视机、计算机等方面得到广泛的应用，而且在军事、通信、遥控等方面也得到广泛的应用。用集成电路来装配电子设备，其装配密度比晶体管电路可提高几十倍至几千倍，设备的稳定工作时间也可大大提高。

四、数字集成电路

数字集成电路有多种分类方法。按结构工艺分类，数字集成电路可以分为厚膜集成电路、薄膜集成电路、混合集成电路、半导体集成电路四大类，如图 3—24 所示。

- 数字集成电路分类（按结构、工艺分类）
  - 厚膜集成电路
  - 薄膜集成电路
  - 混合集成电路
  - 半导体集成电路（按构成器件分类）
    - ECL电路
      - ECL 10K 系列
      - ECL 100K 系列
    - MOS电路
      - Bi-MOS双极性CMOS电路
      - PMOS电路
      - CMOS电路
      - MOS电路
        - 4000、4500标准系列
        - 54HC/57HC高速系列
        - 54HCT/57HCT高速与TTL电平兼容
    - TTL电路
      - 54/74普通54/74系列
      - 54H/57H高速54/74系列
      - 54LS/57LS低功耗肖特基系列
      - 54AS/57AS先进（高速）肖特基系列
      - 54ALS/57ALS先进低功耗肖特基系列
      - 54AC/57AC先进高速肖特基系列
    - DDL：二极管—二极管逻辑
    - DTL：二极管—三极管逻辑

图 3—24　数字集成电路分类

1．TTL 电路

TTL 指逻辑器件的电路内部由双极性晶体管（三极管）构成，产品多以 74 或 54（54 为军用温度级）标记，如三输入或非门 SN7427，故又称为 74 或 54 系列集成电路。TTL 系列门电路的重要电气参数如下：

（1）电源电压为 +4.5 ~ +5.5 V。

（2）输入高电位（逻辑 1）的最小值为 V_{IH}=2.0 V。其含义是：输入电压等于或大于

2.0 V 时，才被确认为是正确的高电位。输入低电位（逻辑 0）的最大值为 V_{IL}=0.8 V。其含义是：输入电压等于或低于 0.8 V 时，才被确认为是正确的低电位。

（3）输出高电位 V_{OH}=2.4 ~ 3.4 V；输出低电位 $V_{OL} \leqslant 0.4$ V。

（4）定义噪声容限，以表明抗噪声电压的能力。其值越大，表明该器件抗噪声的能力越强，工作越可靠。TTL 系列的噪声容限约为 0.4 V。

（5）电流驱动能力。以常用的 74 LS 系列为例：

当输入为高电位时，流入输入端的电流约为 20 μA（20×10^{-6} A），该电流称为“灌电流”；当输入为低电位时，流出输入端的电流约为 400 μA，该电流称为“拉电流”。

当输出为高电位时，其带负载的能力约为 400 μA。当输出端流出的电流值超过 400 μA 时，输出高电位可能低于 2.4 V 高电位值，使输出不能确保 V_{OH} 为 2.4 ~ 2.7 V 的正确电气参数范围。当输出为低电位时，其带负载能力（灌电流）约为 8 mA；当输出端流入的电流值超过 8 mA 时，输出低电位可能高于 0.4 V 低电位值，使输出不能确保 $V_{OL} \leqslant 0.4$ V 的正确电气参数范围。

综上所述，门电路输出端背负载的能力是受其电气参数制约的。不能指望一个门电路在其正常工作时，输出端驱动一个如白炽灯那样的负载，因为其带负载能力达不到这种要求。还应当特别注意：74LS 系列门电路的输出端为高电位时，带负载的能力较输出低电位时更弱。

当需要用 74LS 系列门电路驱动一个需要大电流的工作器件时，应当在门电路的工作器件之间加入其他驱动电路器件。

（6）定义扇出系数，以表明一个门能驱动同类门的个数。其值越大，表明用一个门电路可以驱动的同类门电路的个数越多。74LS 系列门电路的扇出系数约为 20（400 μA/20 μA=20 或 8 mA/400 μA=20）。

（7）74LS 系列与 CMOS 系列相比，其功耗高。一般门电路功耗为瓦级，其工作频率范围为数兆赫兹（1 MHz=10^6 Hz）。

（8）当某输入端开路时，相当于高电位。例如，对于三输入或非门 TTL 电路，若使用两个输入端，则第三个输入端应该接低电位，而不能悬空（开路）。

（9）常用 TTL 集成电路引出端功能图，如图 3—25 所示。

2. CMOS 电路

与 TTL 系列相比，另一类被广泛应用的逻辑器件是 CMOS 系列。其内部电路由互补的 MOS 型场效应管构成，产品多以 40 标记，如四输入或非门 4002，故又称其为 40 系列集成电路。

CMOS 系列门电路的重要电器参数如下：

（1）电源电压为 +5.0 ~ +50 V。因其电源电压范围大，故应用范围广。以下参数均以电源电压 5 V 为例。

（2）输入高电位（逻辑 1）的最小值为 V_{IH}=3.5 V，输入低电位（逻辑 0）的最大值为 V_{IL}=1.5 V。

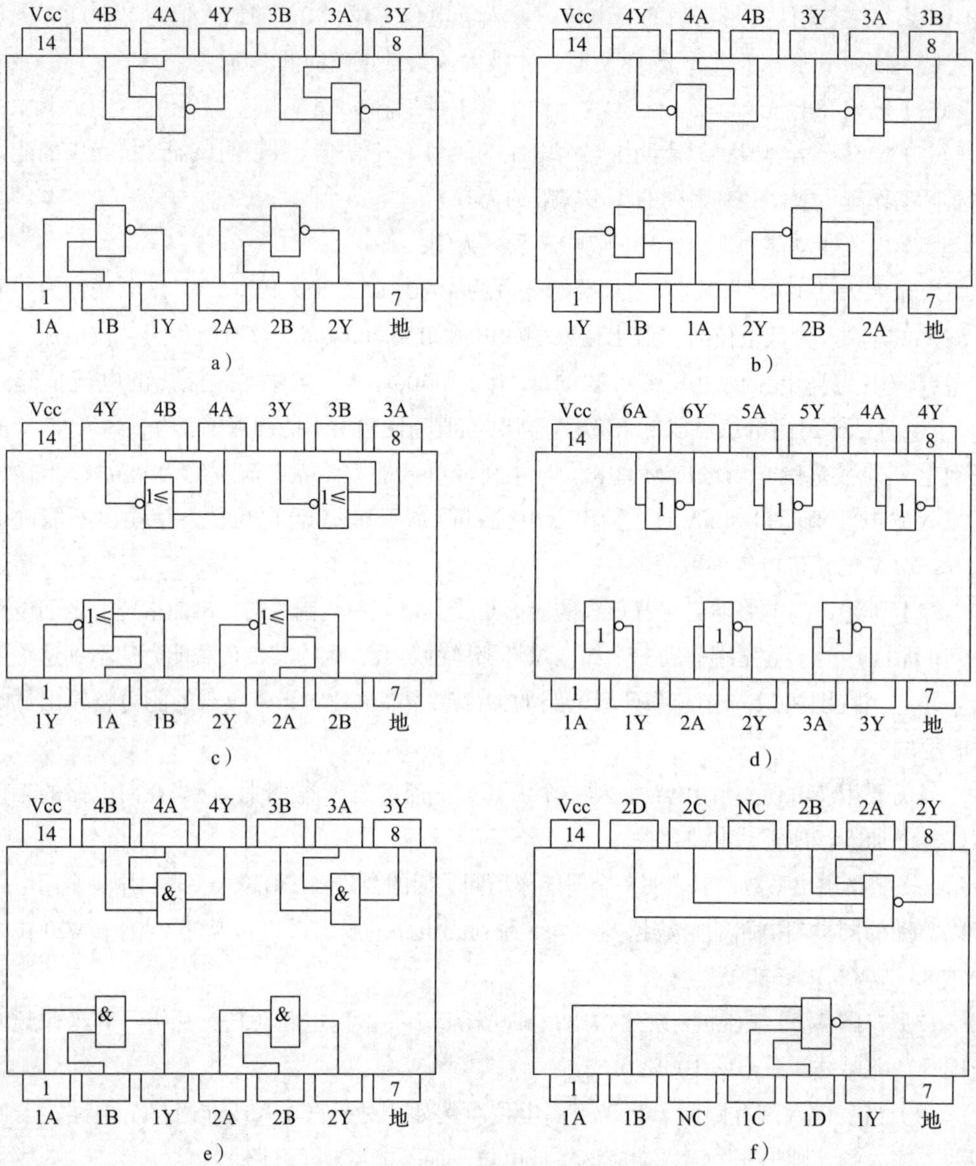

图 3—25　常用 TTL 集成电路引出端功能图

a）74LS00 四 2 输入与非门　b）74LS01 四 2 输入与非门（OC）　c）74LS02 四 2 输入或非门

d）74LS04 六反相器　e）74LS08 四 2 输入与门　f）74LS20 双 4 输入与非门

（3）输出高电位 V_{OH} 约为 5 V，即接近电源电压值；输出低电位 V_{OL} 约为 0.1 V，接近地电位。

（4）CMOS 系列的噪声容限约为 1.5 V（5 V−3.5 V=1.5 V），大于 TTL 系列（0.4 V）。其含义是 COMS 系列比 TTL 系列抗噪声电压干扰的能力强，所以性能更可靠、优越。

（5）电流驱动能力。输入端流入、流出的电流几乎为零，这是因为场效应管是压控电流源型器件，输入阻抗极高。输出为高电位或低电位时，其带负载的能力均为 500 μA。COMS 门的输出系数取决于负载电容的大小和工作速度的要求。

(6)CMOS 系列与 74 LS 系列相比，其功耗低，静态功耗仅为几十纳瓦（$1\ nW=10^{-9}\ W$），这是其突出的优点，所以在低耗电的电子产品（如手持式电子产品）中，几乎毫无例外地使用 CMOS 系列电路。COMS 电路的频率范围为数兆赫兹。

（7）在 CMOS 系列电路中，不允许输入端开路。应用时，需根据门电路的功能将多余的输入端接高电位或低电位。

（8）对于或门、或非门电路，多余的输入端应接低电位；对于与门、非门，多余的输入端应接高电位。TTL 电路的输入端悬空相当于高电位，CMOS 电路的输入端不允许悬空。

五、模拟集成电路

模拟集成电路主要是指由电容、电阻、晶体管等组成的模拟电路集成在一起，用来处理模拟信号的集成电路。模拟集成电路包括运算放大器、模拟乘法器、锁相环、电源管理芯片等。模拟集成电路的主要构成电路有放大器、滤波器、反馈电路、基准源电路、开关电容电路等。模拟集成电路设计主要是通过有经验的设计师进行手动的电路调试、模拟而得到的，与此相对应的数字集成电路设计大部分是通过使用硬件描述语言在 EDA 软件的控制下自动产生。

1. 集成运算放大器

（1）集成运算放大器的电路符号及分类。集成运算放大器的电路符号如图 3—26 所示，图中只标注出信号用的三个端子，实际上还有电源端子、接地端子、外接电阻端子、电容端子（防止振荡）等。图中的 +、– 表示输入信号与输出信号的极性关系。规定输入端 V_{i1}（标 +）与地之间加输入信号时，输出端与地之间得到与输入电压同相的输出电压 V_o；输入端 V_{i2}（标 –）与地之间加输入信号时，得到的输出电压 V_o 与输入电压反相。

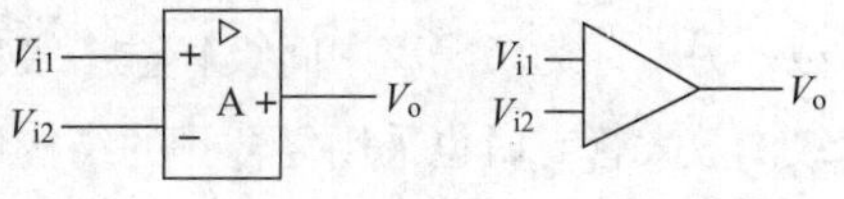

a）　　b）

图 3—26　放大器电路符号

a）国家标准符号　b）原符号

运算放大器的输入阻抗非常大（几百千欧至几百欧），输出阻抗非常小（几十欧），放大倍数非常大（电压增益约 100 VB）。集成电路按外形封装形式分为圆壳式、双列直插式、扁平式，如图 3—27 所示。

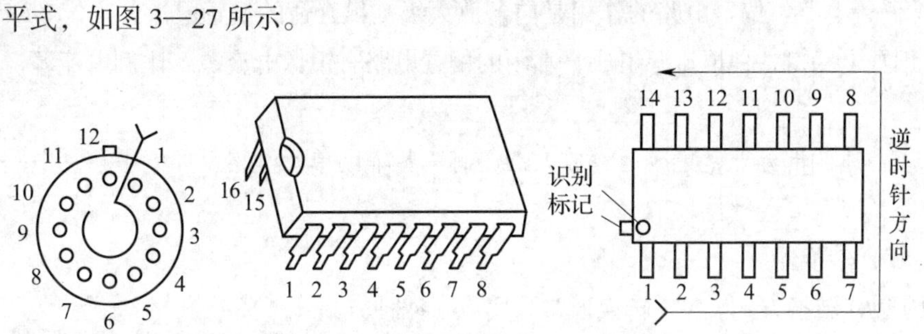

a）　　b）　　c）

图 3—27　集成电路的外形

a）圆壳式　b）双插直列式　c）扁平式

（2）集成运算放大器的基本结构形式。集成运算放大器是模拟集成电路的重要组成部分，种类繁多，具体的电路结构千差万别，但其基本组成结构、基本构成原则基本一致。

集成运算放大器电路由输入级、中间级、输出级及偏置电路四大主要部分组成，如图3—28所示。

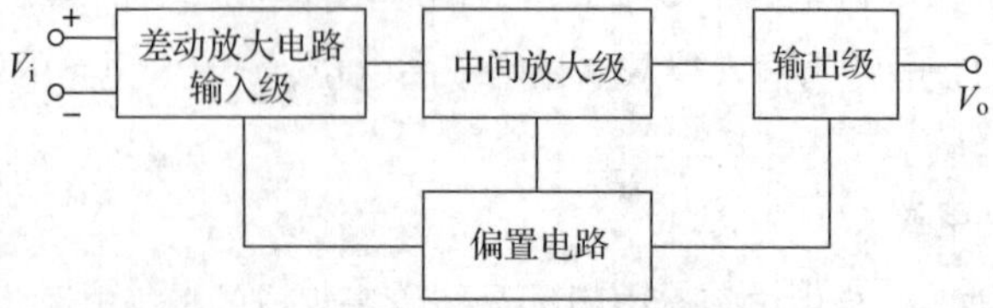

图3—28 集成运算放大器的结构

1）输入级。集成运算放大器输入级是接受输入的微弱信号、抑制零漂的关键的一级放大电路。要求它具有尽可能高的输入电阻和共模抑制比。因此，输入级均采用带有恒流源的差分放大电路的形式，利用它的对称特性可以提高整个电路的共模抑制比和其他方面的性能，它的两个输入端构成整个电路的反相输入端和同相输入端。该级除了能有效地抑制零漂、具有较高的输入阻抗外，还具有可观的电压增益（放大倍数）。

2）中间级。中间级又称电压放大级，主要任务是提供足够大的电压增益。它可以由一级或多级放大电路组成。为了提高电压增益，集成运算放大器的中间级经常利用有源负载。另外，为了隔离中间级和输出级相互之间的影响，中间级还往往附有射极跟随器。该级的放大管有时也采用复合管的结构形式。

3）输出级。集成运算放大器输出级的主要作用是提供一定幅度的输出电压和电流，以保证有足够的输出功率满足负载的需要，因此要求输出级具有较低的输出电阻，以便增强带负载能力。输出级一般由电压跟随器或互补电压跟随器组成，以降低输出电阻，提高带负载能力。此外，输出级应有过载保护措施，以防输出端短路或负载电流过大而烧毁功率管。输出级一般采用射级输出级或互补对称功率放大电路。

4）偏置电路。偏置电路的作用是向各放大级提供合适的偏置电流，确定各级静态工作点。偏置电路由各种恒流源组成，常用的偏置电路有镜像电流源、比例电流源、微电流源等。

除了上述四部分外，集成运算放大器还有一些辅助单元电路，如电平移动电路、过载保护电路，以及高频补偿环节等。

2. A/D转换器

（1）A/D转换方式。A/D转换通常采用以下四种方式：

1）计数比较式。简单，速度慢。

2）双积分式（双斜型）。精度高，抗干扰，噪声小，但速度慢。

3）逐位逼近式。转换速度较快，位数越多精度越高。

4）并行比较式。速度最快，但成本按位数增加呈指数上升。

（2）ADC0809 芯片。8 位 A/D，28 脚，可与 CPU 直接连接。

1）组成。A/D 转换器的组成如图 3—29 所示。

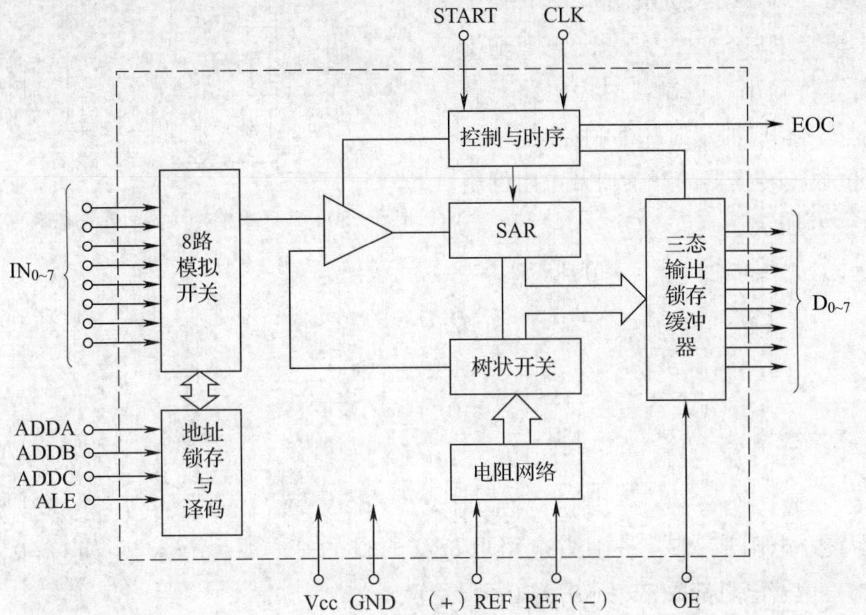

图 3—29　A/D 转换器的组成

2）原理。ADC0809 由模拟多路转换器与逐位逼近 A/D 转换器两大部分组成。

①模拟多路转换器。由 8 路模拟开关、三位地址锁存与译码器电路组成。三位地址经译码可选通 8 路模拟输入中的任何一路送 A/D 转换，见表 3—16。

表 3—16　　　　模拟多路转换器地址译码

ADDC	*ADDB*	*ADDA*	通道
0	0	0	IN_0
0	0	1	IN_1
0	1	0	IN_2
0	1	1	IN_3
1	0	0	IN_4
1	0	1	IN_5
1	1	0	IN_6
1	1	1	IN_7

②逐位逼近 A/D 转换器。由逐位逼近寄存器（SAR）、比较器、模拟开关树、256R 电阻网络、控制逻辑与时序、三态输出锁存器组成。

256R 电阻网络是一个分压电路，与电子开关树组成 D/A 转换器，进行 D/A 转换（8 位需 256 个电阻）时，由 SAR 中的数字量（试探值）去控制开关树的开关状态，从电阻网络上可得与之对应的试探电压 V_0，然后和 V_{IN} 比较（$V_{IN} \geqslant V_0$ 时 F=1，该位保留 1；$V_{IN} \leqslant V_0$ 时 F=0，该位由 1 变 0），逐位进行完毕后 SAR 中的数字即为转换结果。比较结束后 SAR 中结果送三态输出锁存器等待输出。控制与时序电路对各种操作发出相应的定时脉冲和控制信号。

2 位数模转换器的开关树及电阻网络如图 3—30 所示。

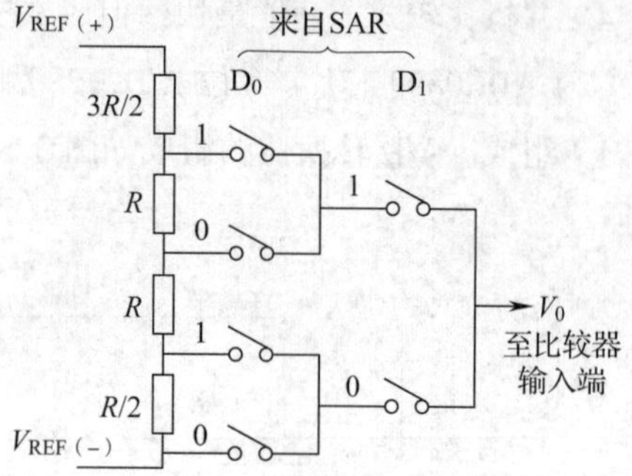

图 3—30　2 位数模转换器的开关树及电阻网络

设 $V_{REF(+)}$=4 V，$V_{REF(-)}$=0 V，则

D_1D_0	V_0
0 0	0.0 V
0 1	0.5 V
1 0	1.5 V
1 1	2.5 V

最下方电阻取 R/2、最上方电阻取 3R/2 的目的是“四舍五入”。如 V_{IN}=0.8 V 时，D_1D_0=01；但若电阻都取 R，则 D_1D_0=0，误差较大。

3）主要特点。具有锁存控制的 8 路模拟开关，可对 8 路模拟信号分时进行转换；分辨率为 8 位，总的不可调误差（精度）为 ±1/2 LSB ~ ±1 LSB；转换时间为 100 μs。模拟输入电压范围为 0 ~ 5 V 时，可使用单一 +5 V 电源，极性接反会击穿；无须调零和满刻度调整；可直接与微机系统相连，输入输出电平与 TTL 兼容。

4）引脚

IN_0 ~ IN_7：8 路模拟量输入，一般来自外设、生产现场。

ADDA、ADDB、ADDC：通道选择地址线，用以选通 IN_0 ~ IN_7 之一路。

ALE：地址锁存允许（Address Latch Enable），上升沿将地址线状态锁存入地址锁存器（ALE 与 START 相接时可作为开始转换的启动信号）。

CLK：A/D 转换时钟脉冲，作为芯片内部控制基本时钟信号。常取 640 kHz，对应转换时间 100 μs，每次比较需 8 个时钟周期，8 次比较需 64 个时钟周期，1/640 kHz=1.5625 μs，所以 1.5625 μs×64=100 μs。CLK 信号可由系统时钟分频而得，应注意小于 640 kHz，否则来不及转换。

START（SC）：A/D 转换启动信号，上升沿将 SAR 清 0，下降沿开始进行逐位逼近 A/D 转换（属脉冲转换，另有一种属电平转换）。

EOC：转换结束信号，转换时低电平，转换结束输出高电平，可作为中断请求信号。

OE：输出允许，高电平时打开三态输出锁存器，将数据送出总线。

2^{-8} ~ 2^{-1}（D_0 ~ D_7）：数据输出端，2^{-8} 为最低有效位，2^{-1} 为最高有效位。

REF（+）和 REF（−）：参考电压正、负端，作为 256 R 电阻网络的标准电源电压。

Vcc：电源。

GND：地。

3．D/A 转换器

（1）D/A 转换器的组成。D/A 转换器通常由四部分组成，即权电阻网络、模拟开关、基准电源、运算放大器。

数字量输入 D/A 转换器后，模拟开关根据二进制数的“1”或“0”状态来控制接基准电源或接地，权电阻网络通过模拟开关连接到基准电源上或接地转换成相应的电流输出，运算放大器则对各电流输出分量按权求和而输出模拟电压。

集成的 DAC 器件主要用电流模拟开关电流相加型，不管哪种形式都需要一个数字变电流的电路 D/I，然后将 I 变为电压，若 I 正比 D，则 V 正比 D。

权电阻网络 D/A 转换器如图 3—31 所示。

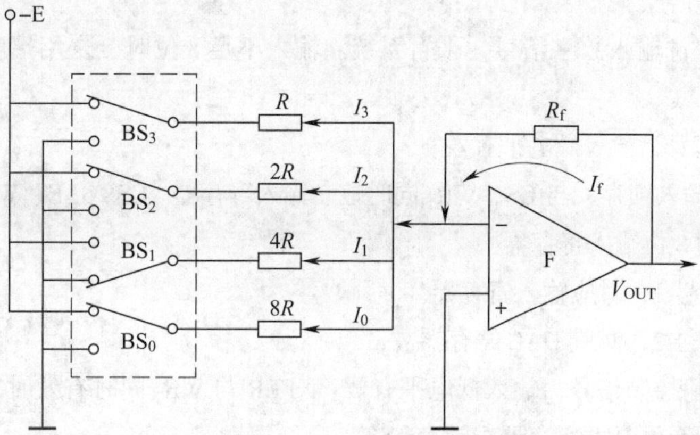

图 3—31　权电阻网络 D/A 转换器

运算放大器的两个基本特点是：放大倍数很大，反相输入端电平接近于“地”（即虚地）；输入阻抗很高，输入电流接近 0，有 I_f=I。

其中二进制数是输入的二进制数字量，即一个数字量 N 经 D/A 转换后可得到与 N 成正比的模拟量 V_{OUT}。电路缺点：位数越多，权电阻的阻值越多，精度要求很高。

（2）DAC0832 芯片。DAC0832 芯片是 8 位数模转换芯片，20 脚，可直接与系统总线连接。

1）组成。DAC0832 芯片的组成如图 3—32 所示，由 8 位输入寄存器、8 位 DAC 寄存器和 8 位 D/A 转换器组成，可进行两次缓冲（LE=1 时 Q 输出随 D 输入，LE=0 时 D 端被锁存）。

8 位 D/A 转换器即上述 R–2 R 的 T 型电流型开关（还未经变换成电压）。

2）特点。输入 8 位二进制码数字量。可选用二级缓冲型、单级缓冲型、直通型三种工作方式。电流稳定时间为 1 s，线性度可调。增益温度补偿 0.002%FS/℃（FS——Full Scale 满刻度）。可与所有 8 位微处理机直接相连，所有电平与 TTL 兼容。单一电源 5 ~ 15 V，功耗 20 mW。

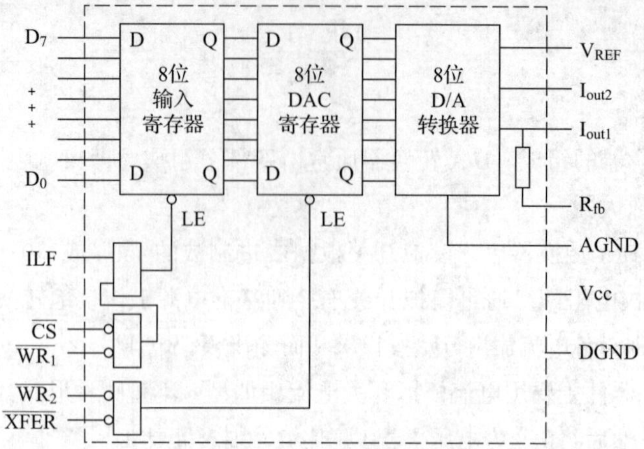

图 3—32　DAC0832 芯片的组成

3）引脚

D_0 ~ D_7：8 位输入数字信号，来自系统。输入不足 8 位时，未用端应接地，否则悬空 DAC 识别为“1”。

CS：片选信号，输入低电平有效。

ILE：允许输入锁存，与 CS、WR_1 同时控制输入寄存器。CS、ILE、WR_1 同时有效时，输入数字锁存到 8 位输入寄存器中。

WR_1：写信号 1，对应输入寄存器。

WR_2：写信号 2，对应 DAC 寄存器。

XFER：传输控制信号，输入低电平有效。XFER 与 WR_2 同时有效时，将输入寄存器中的数字传送到 8 位 D/A 寄存器中锁存起来。

I_{out1}：输出电流 1，当 DAC 寄存器全“1”时最大，全“0”时为 0。

I_{out2}：输出电流 2，与 I_{out1} 相加为一常数（总电流不变）。

R_{fb}：反馈电阻，作为直流运算放大器反馈电阻。

V_{REF}：参考电压输入，作为基准电压，要求高精度、高稳定性。

Vcc：电源电压（数字量电源），在 +5 ~ +15 V 范围选择，15 V 状态最佳。

AGND：模拟量地。

DGND：数字量地。

一般情况下两地端相连，高要求场合应分开，两地端分开可避免出现较大的接地电流和感应噪声。

第 2 部分

专业知识与技能

第四章　电动机的应用

电动机是一种将电能转换为机械能的电气设备。按使用电能的种类不同，电动机可分为直流电动机和交流电动机两大类。按其工作原理的不同，交流电动机可分为同步电动机和异步电动机。按电源相数的不同，交流电动机又可分为单相电动机和三相电动机两大类。下面介绍三相交流异步电动机的结构和原理。

第一节　三相交流异步电动机旋转磁场原理

三相异步电动机由定子和转子两大部分组成。其中定子部分主要由定子铁芯、定子绕组和机座组成，转子部分主要由转子铁芯和转子绕组组成。

三相异步电动机是根据电磁感应原理而工作的，当定子绕组通过三相对称交流电，则在定子与转子间产生旋转磁场，该旋转磁场切割转子绕组，在转子回路中产生感应电动势和电流，转子导体的电流在旋转磁场的作用下，受到力的作用而使转子旋转。

一、旋转磁场的产生

三相异步电动机的定子铁芯中放置三相结构完全相同的绕组 U、V、W，各相绕组在空间上互差 120° 电角度，如图 4—1a 所示。下面以二极电动机为例，说明电流在不同时刻时，磁场在空间的位置。

如图 4—1b 所示，向这三相绕组通入对称的三相交流电，假设电流的瞬时值为正时是从各绕组的首端流入（用“⊗”表示）、末端流出（用“⊙”表示），当电流为负值时与此相反。

如图 4—1c 所示，在 $\omega t=0$ 的瞬间，$i_U=0$，i_V 为负值，i_W 为正值，则 V 相电流从 V_2 流入、V_1 流出，而 W 相电流从 W_1 流入、W_2 流出。利用安培右手定则可以确定 $\omega t=0$ 瞬间由三相电流所产生的合成磁场方向，如图 4—1d ①所示。可见这时的合成磁场是一对磁极，磁场方向与纵轴线方向一致，上方是 N 极，下方是 S 极。

在 $\omega t=\frac{\pi}{2}$ 时，经过了四分之一周期，i_U 由零变为最大值，电流由首端 U_1 流入、末端 U_2 流出；i_V 仍为负值，V 相电流方向与①时一样；i_W 也变为负值，W 相电流由 W_2 流入、W_1 流出。其合成磁场方向如图 4—1d ②所示，可见磁场方向已经较 $\omega t=0$ 时按顺时针方向转过 90°。

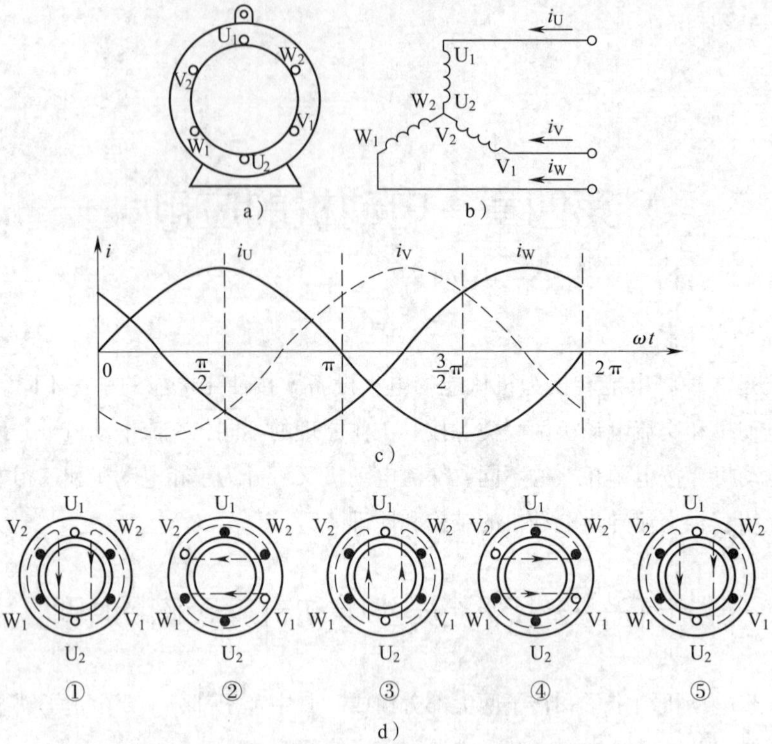

图 4—1　三相异步电动机工作原理

a）简化的三相绕组分布图　b）按星形连接的三相绕组接通三相电源

c）三相对称电流波形图　d）二极绕组的旋转磁场

应用同样的分析方法可画出 $\omega t=\pi$、$\omega t=\frac{3}{2}\pi$、$\omega t=2\pi$ 时的合成磁场，分别如图 4—1d ③④⑤所示。由图中可明显地看出，磁场的方向逐步按顺时针方向旋转，共计转过 360°，即旋转了一周。

由此可以得出如下结论：在三相交流电动机定子上布置有结构完全相同、在空间位置各相差 120° 电角度的三相绕组，分别接入三相对称交流电，则在定子与转子间所产生的合成磁场是沿定子内圆旋转的，称为旋转磁场。

二、旋转磁场的方向

由图 4—1 可以看出，三相交流电按 U—V—W 相序变化，则产生的旋转磁场在空间中以顺时针方向旋转。

若任意对调电动机两相绕组的电流相序，如 U—W—V 相序，则由理论分析和实践证明，产生的旋转磁场以逆时针方向旋转。由此可知，旋转磁场的旋转方向取决于通入绕组中的三相交流电源的相序，只要任意对调三相交流电的相序，则可改变旋转磁场的方向。

三、旋转磁场的速度

以上分析是以二极旋转磁场为例，如果想要获得四极旋转磁场，则应把线圈的数目增加一倍，其布置如图 4—2a、b 所示。按上述方法分析得出合成磁场在空间的示意图如图 4—2c 所示。

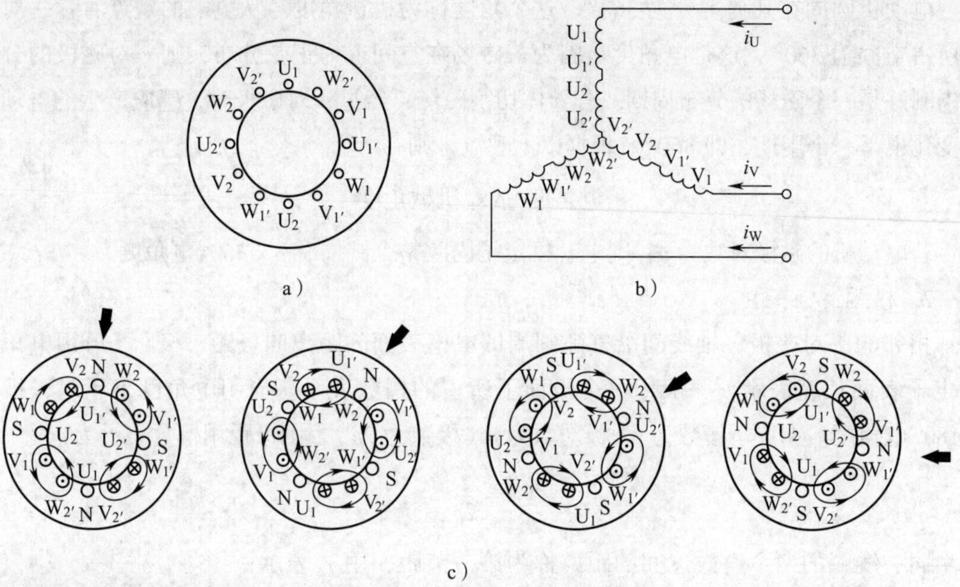

图 4—2　四极旋转磁场

由以上分析可得出：旋转磁场的转速不仅与电流的频率有关，还与磁极对数有关。当三相交流电变化一周（即每相经过360°电角度），其所产生的旋转磁场也正好旋转一周。故在二极电动机中，旋转磁场的转速等于三相交流电的变化速度，即 $n_1=60f_1=3\,000$ r/min；在四极电动机中，旋转磁场的转速等于三相交流电变化速度的一半，即 $n_1=\frac{60f_2}{2}=1\,500$ r/min。

当磁极对数增加一倍时，旋转磁场的转速减少一半。同理，通过理论分析可得出旋转磁场的转速为：

$$n_1=\frac{60f_1}{p}$$

式中　n_1——旋转磁场的转速，r/min；

f_1——三相交流电源的频率，Hz；

p——磁极对数。

旋转磁场的转速 n_1 又称为同步转速。我国三相交流电频率规定为 50 Hz，因此二极旋转速度是 3 000 r/min，四极为 1 500 r/min，六极为 1 000 r/min 等。

第二节　交流电动机绕组计算

电动机的绕组是电动机实现机电能量转换的主要部件之一，是电动机电路的组成部分。研究绕组是研究电动机电磁关系、电动势、磁动势的关键。

一、交流绕组的基本术语

1．电角度与机械角度

电动机圆周在几何上分为 360°，这个角度称为机械角度。从电磁的观点看，一对磁极所占空间为 360°，这是电角度。因为若磁场在空间上为正弦分布，则一对磁极的分布范围刚好是一个磁场的分布周期。若导体切割磁场，经过一对磁极时，感应产生的电动势的变化也是一个周期，即 360°。根据以上观点，则

$$电角度 = p \times 机械角度$$

若电动机的磁极对数为 p，则电动机定子内腔整个圆周有 $p \times 360°$ 电角度。

2．极距 τ 与节距

相邻的一对磁极，轴线间沿气隙圆周即电枢表面的距离叫极距。极距 τ 可用电角度及定子表面长度表示，一般用每个极面下所占的槽数表示。当用电角度表示时，极距 τ=180° 电角度。如定子槽数为 z，极对数为 p（极数为 $2p$），则极距用槽数表示为：

$$\tau = \frac{z}{2p}$$

同一线圈的两个有效边间的距离称为第一节距，用 y_1 表示；第一个线圈的下层边与第二个线圈的上层边间的距离称第二节距，用 y_2 表示；第一个线圈与第二个线圈对应边间的距离称合成节距，用 y 表示。可见 $y=y_1-y_2$，如图 4—3 所示。$y=\tau$，称为整距绕组；$y<\tau$，称为短距绕组；$y>\tau$，称为长距绕组。长距绕组与短距绕组均能削弱高次谐波电动势或磁动势，但长距绕组的端接较长，故很少采用，短距绕组由于其端接较短，故采用较多。

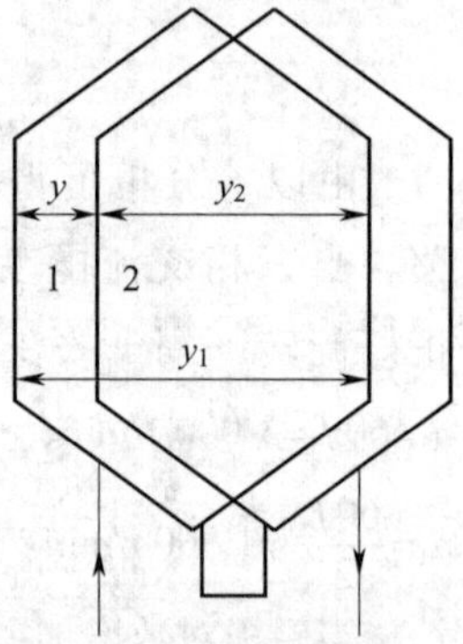

图 4—3　绕组节距

3．槽距角 α

槽距角是相邻槽间的电角度。电动机定子的内圆周是 $p \times 360°$ 电角度，被其槽数 z 所除，可得槽距角。即

$$\alpha = \frac{p \times 360°}{z}$$

4．每极每相槽数 q 与线圈组

每相绕组在每个磁极下平均占有的槽数为每极每相槽数 q。将同一相带的 q 个线圈按一定规律连接起来构成一个极相组。将属于同一相的所有极相组并联或串联起来，构成一相绕组。

5．相带

相带是每个极面下每相连续占有的电角度。交流电动机一般采用 60° 相带。

6．绕组的分类

同步电动机和异步电动机的电枢绕组都是交流绕组。

交流绕组的种类很多。按相数分，有单相、二相和三相绕组；按槽内层数可分为单层、双层绕组和单双层绕组；根据绕法，可分为叠绕组和波绕组；根据节距是否等于极

距，可分为整距绕组和短距绕组；按每极每相槽数是整数还是分数，可分为整数槽和分数槽绕组。不论是哪一种类，构成绕组的原则是一致的。

二、交流绕组的构成原则

在制造线圈、构成绕组时，对交流绕组提出如下原则：

（1）在一定导体数下，获得较大的电动势和磁动势。

（2）对于三相绕组，各相电动势和磁动势要对称，各相阻抗要平衡。

（3）绕组的合成电动势和磁动势在波形上力求接近正弦波。

（4）用铜量要少，绝缘性能和机械强度高，散热好，制造检修方便。

一个电动机的绕组首先由绝缘漆包线经绕线机绕制成单匝或多匝线圈，再由若干个线圈组成线圈组。各线圈组的电动势的大小和相位相同，根据需要可并联或串联，从而构成一相绕组。二相绕组之间可接成星形或三角形。在此构成过程中，需要遵循上述交流绕组的构成原则。

线圈是组成绕组的元件，每一嵌放好的绕组元件都有两条切割磁力线的边，称为有效边。有效边嵌放在定子铁芯的槽内。在双层绕组中，一条有效边在上层，另一条在下层，故分别称为上元件边、下元件边，也称为上圈边、下圈边。在槽外用以连接上、下圈边的部分称为端接。绕组元件构成及示意图如图 4—4、图 4—5 所示。

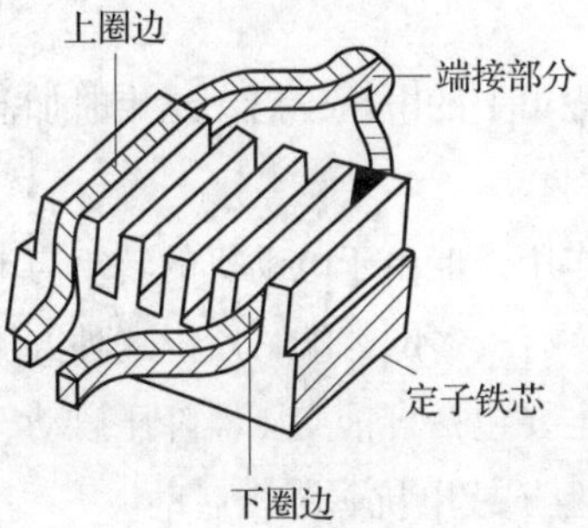

图 4—4　双层迭绕组元件构成

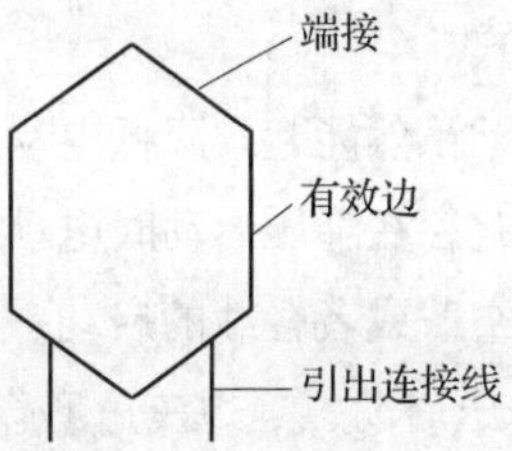

图 4—5　绕组元件示意图

第三节　电动机的控制方法

一、电动机的启动控制

电动机的启动是指电动机从接入电源开始转动起，到达到额定转速为止的这一过程。

根据理论分析和实际测定，异步电动机启动瞬间，定子绕组启动电流很大，可达额定值的 4 ~ 7 倍。这是因为异步电动机在启动瞬间转子并不能马上转动起来，此时转子电磁感应的反电势尚未建立起来，所以外电压全部加在没有反电势的定子绕组上，其电路电流就是外电压除以绕组的阻抗（用符号 Z 表示，是一种对电流起阻碍作用的能力，单位为

Ω，公式为 $Z=\frac{V}{I}$），所以定子绕组电流很大。大的启动电流带来的不良后果是：使电网电压产生波动（特别是容量较大的电动机启动时），会影响接在电网上的其他设备的正常运行；使电动机绕组发热，绝缘老化，会缩短电动机的使用寿命，特别是对经常需要启动的电动机影响较大；启动瞬间，由于电动机转子电路功率因数较低，启动转矩并不很大，如果启动转矩小于负载转矩则电动机将无法启动。

综上所述，异步电动机启动时的主要缺点是启动电流较大。为了减小启动电流，必须采用适当的启动方法。

1．全压启动

三相笼型异步电动机的启动方式有两类，即在额定电压下的直接启动和降低启动电压的降压启动，它们各有优缺点，应按具体情况正确选用。

直接启动是将电动机定子绕组直接连接到额定电压的电网上启动电动机，换句话说，就是启动时加在电动机定子绕组上的电压为额定电压，又称全压启动。异步电动机能否采用全压直接启动，应该根据电网的容量（变压器的容量）、启动次数、电网允许干扰的程度及电动机的类型等因素决定。

按照国家有关规定，对于由专用变压器供电的电动机，启动时电动机的端子电压，对经常启动者不低于额定电压的 90%，对不经常启动者不低于 85%；对于由公用变压器供电的低压电动机，单台容量小于 14 kW 者可以采用全压启动。

2．降压启动

降压启动是指电动机在启动时降低加在定子绕组上的电压，启动结束时加额定电压运行的启动方式。

降压启动虽然能起到降低电动机启动电流的作用，但由于电动机的转矩与电压的平方成正比，因此存在降压启动时电动机的转矩较小，有较多的弊端，所以这种方法一般只适用于电动机空载或者轻载的启动。降压启动方法主要包括自耦变压器降压启动、星—三角（Y—△）降压启动、延边三角形降压启动、串电阻（或电抗）降压启动。

（1）自耦变压器降压启动。这种启动方法是利用自耦变压器来降低加在笼型异步电动机定子三相绕组上的电压，从而达到限制定子绕组上过大的启动电流，其原理如图 4—6 所示。

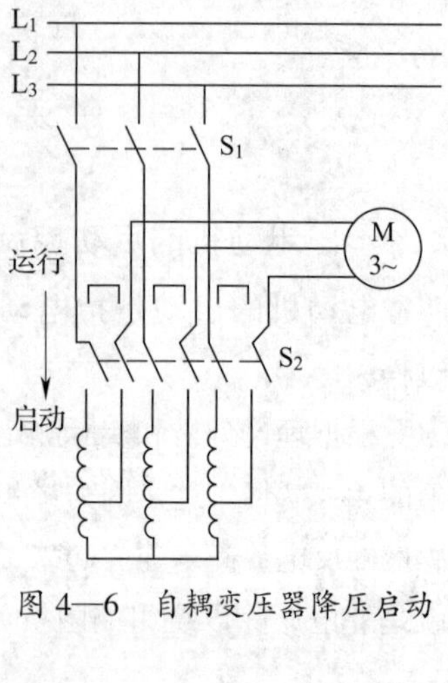

图 4—6　自耦变压器降压启动

启动时，首先闭合总电源开关 S_1，再将控制把手（开关 S_2）转向“启动”位置，这时经过自耦变压器（图中下方带有波浪线部位）降压后的交流电压加到电动机三相定子绕组上，电动机（M）开始降压启动；等到电动机转速升高到一定转速后，再把 S_2 转向“运行”位置，使电源直接和电动机相连，从而使其在全压下正常运行，而这个时候自耦变压器会从电网上切除。

设自耦变压器的变压比为 K，一次侧电压为 U_1，则二次侧电压为 $U_2=\frac{U_1}{K}$，二次侧电流（通过电动机定子绕组的线电流）也按正比减小。又因为变压器一、二次侧的电流关系是 $I_1=\frac{I_2}{K}$，可见一次侧的电流（电源供给电动机的启动电流）比直接流过电动机定子绕组的电流还要小，即此时电源供给电动机的启动电流为直接启动时的$\frac{1}{K}$倍，因此用自耦变压器降压启动对限制电源供给电动机的启动电流很有效。由于电压降低为$\frac{1}{K}$倍，故电动机的转矩也降低为$\frac{1}{K}$倍。

自耦变压器二次侧有 2 ~ 3 组抽头，其电压可以分别为一次侧电压 U_1 的 80%、65% 或 80%、60%、40%。

在实际使用中，把自耦变压器、开关触头、操作手柄等组合在一起，构成自耦减压启动器（又称启动补偿器）。常用的有 QJ3 系列手动自耦减压启动器和 QJ10 系列空气式手动自耦减压启动器。自耦减压启动器还具有过载脱扣和欠压脱扣等保护装置。

三相异步电动机采用这种降压启动方法，其优点是可以按容许的启动电流和所需的启动转矩来选择自耦变压器二次侧的不同抽头实现降压启动，而且不论电动机定子绕组采用星形接法或三角形接法都可以使用；缺点是设备的体积较大，因而成本较高。

（2）星—三角（Y—△）降压启动。相对于自耦变压器的降压启动，星—三角降压启动具有低成本的优势。星—三角降压启动是指启动时先把三相笼型异步电动机定子三相绕组星形连接，等电动机转速升高到一定值后再改成三角形。因此这种降压启动方法只能用于正常运行时为三角形接法的电动机上。其原理线路图如图 4—7 所示。

启动时，将星—三角（Y—△）转换开关的手柄 S_2 置于启动位置，则电动机定子三相绕组的末端 U_2、V_2、W_2 连成一个公共点，三相电源 L_1、L_2、L_3 经开关 S_1 向电动机定子三相绕组的首端 U_1、V_1、W_1 供电，电动机以星形接法启动。由于加在每相定子绕组上的电压为电源线电压 U_1 的$\frac{1}{\sqrt{3}}$倍，因此启动电流较小。

等电动机启动即将结束时，再把手柄 S_2 转到运行位置，电动机定子成三角形接法，这时加在电动机定子每组绕组上的电压即为线电压 U_1，电动机全压正常运行。

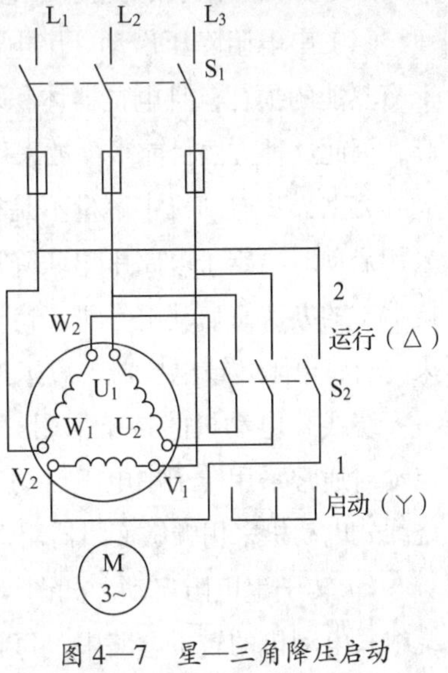

图 4—7　星—三角降压启动

采用星—三角降压启动时，启动电流为直接采用三角形接法时启动电流的 1/3，但启动转矩降低很多，所以只能用于轻载或者空载启动的电动机上。

采用星—三角降压启动的优点是所需设备简单、成本低，因而获得了较为广泛的采用。此方法只能用于正常运行时为三角形接法的电动机中。国外生产的

JO2 及 Y 系列三相笼型异步电动机，凡是功率在 4 kW 及以上的，正常运行时都采用三角形接法。

（3）延边三角形降压启动。延边三角形降压启动和星—三角降压启动原理上非常相似，即在启动时将三相笼型异步电动机的一部分定子绕组连接成星形，另外一部分接成三角形。

电动机启动线路如图 4—8a 所示，从图形上看就好像将一个三角形的三条边延长，因此称为延边三角形。当电动机启动结束后再将三相定子绕组接成三角形接法，如图 4—8b 所示。

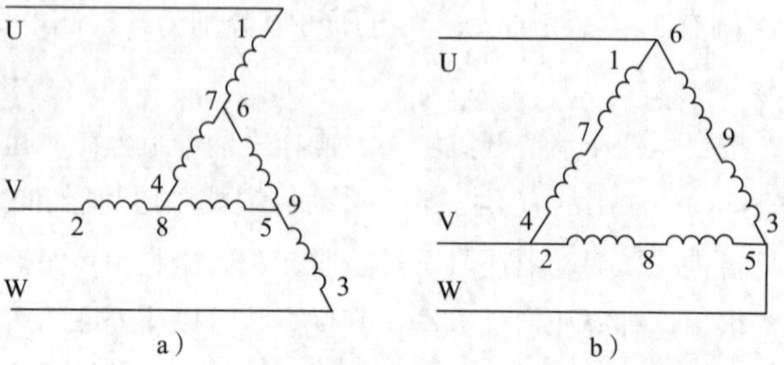

图 4—8　延边三角形降压启动的定子绕组接法

采用延边三角形启动的电动机，定子绕组共有九个抽头（图 4—8 中 1 ~ 9），启动时 4 与 8、5 与 9、7 与 6 分别连接成图 a 的形式，正常运行时则 1 与 6、2 与 4、3 与 5 分别连接成图 b 的形式。因此，这种启动方法介于星—三角降压启动方法之间，即启动时，电动机定子每相绕组所承受的电压，比接成全星形接法时大，所以启动转矩也较大，同时可以采用改变每相两段绕组（如 1 与 7 和 7 与 4）的匝数比来得到不同的启动电流和启动转矩。

由于采用延边三角形启动的笼型异步电动机三相定子绕组比一般的绕组多了三个中间抽头，因此使绕组结构较为复杂，电动机必须专门生产，从而限制了本方法的实际应用范围。

（4）串电阻降压启动。串电阻降压启动的三相对称绕组均采用星形接法，由于电阻上有热能的损耗，且电抗器体积较大、成本较高，因此这种方法目前很少被采用。

笼型异步电动机中容量不是很大的也可以采用启动时给定子电路中串联降压电阻（或电抗器）的办法来启动电动机，待电动机启动结束时再将电阻（或电抗器）短接掉。

绕线式电动机的转子采用三相对称绕组，启动时通常采用转子串电阻启动法，也有部分绕线式电动机采用频敏变阻器启动。

1）转子串电阻启动。如图 4—9 所示，在绕线式电动机的转子电路中，每相串入可以均

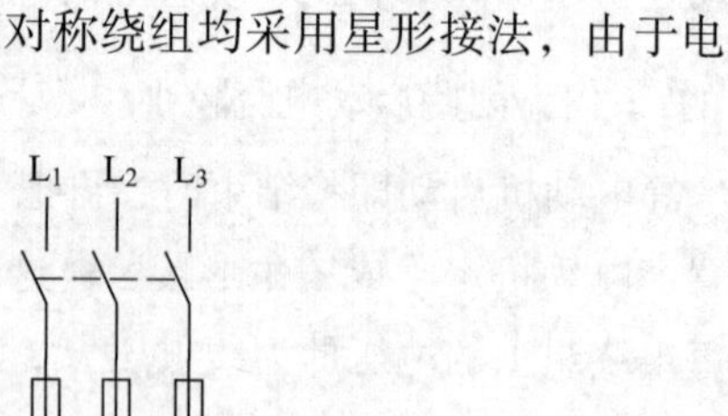

图 4—9　绕线式电动机转子串电阻启动线路

匀调节的变阻器，称启动变阻器。启动开始时，手柄位于图中“启动电阻”所指的位置，此时全部电阻串在转子电路中；随着电动机转速的升高，逐渐将手柄按顺时针方向转动，则串入转子电路中的电阻值逐渐减小，当电阻被全部切除（电阻值为零）时，电动机启动即告结束。

此方法一般用于小容量的绕线式电动机上。当电动机容量稍大时，则采用图 4—10a 所示方法，此时是通过接触器触头或凸轮控制器触头的开闭有极地切除电阻。

这种启动方法的优点是不仅能减小电动机启动电流，而且能使启动转矩保持在较大的范围内，所以在需要重载启动的设备，如桥式起重机、卷扬机、龙门吊车等设备上被广泛采用。

串电阻启动方法的缺点是所需启动设备较多，启动时有一部分能量消耗在启动电阻上，而且启动级数较少，因而出现了频敏变阻器启动法。

2）频敏变阻器启动。频敏变阻器是一种有独特结构的新型无触点元件，其外部结构与三相电抗器相似，即由三个铁芯柱和三个绕组组成，三个绕组接成星形，并通过滑环和电刷与绕线式电动机三相转子绕组相连，如图 4—10b 所示。由于它的阻抗随着转子电流频率的变化而变化，所以叫频敏变阻器。

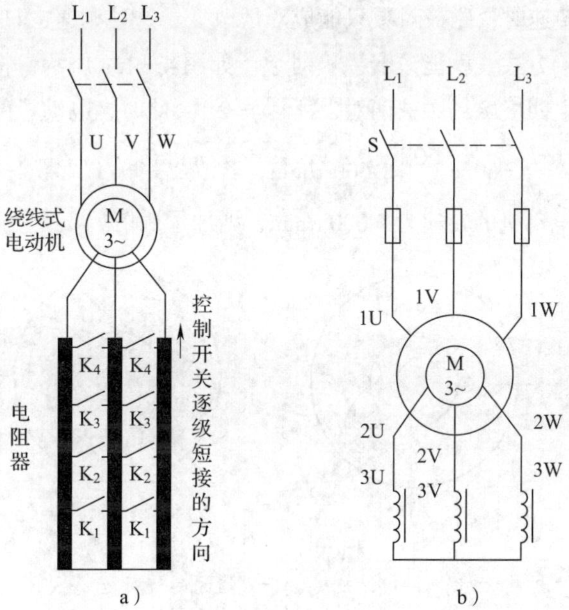

图 4—10　绕线式电动降压启动方法

a）转子串电阻分级启动　b）频敏变阻器启动

刚开始启动时，电动机转速很低，转子电流的频率很高；随着电动机转速上升，变压器的阻抗随着转子电流频率的降低而自动减小，所以启动平稳性能好。启动结束后，把频敏变阻器从电路中切除。

这种启动方法的优点是：结构简单，成本较低，使用寿命长，维护方便，电动机平滑启动。主要不足之处是：功率因数很低，启动转矩不大，通常适用于轻载电动机的启动。

二、电动机的调速控制

为了适应实际应用的需要，异步电动机需要进行调速，即用人为的方法来改变异步电动机的转速。

电动机转子转速的计算公式如下：

$$n=n_1（1-s）=\frac{60f_1}{p}（1-s）$$

式中 n——转子实际转速，r/min；

n_1——电动机旋转磁场转速，r/min；

s——转差率；

f_1——交流电的频率，Hz（我国是 50 Hz）。

所以电动机的调速有改变定子绕组的磁极对数 p（变极）调速、改变供电电网的频率 f_1（变频）调速和串入电阻调速、改变电动机的转差率 s 调速。

1. 改变定子绕组的磁极对数（变极调速）

由电动机旋转磁场公式可知，当定子绕组磁极对数 p 增加一倍时，同步转速 n_1 就减小一半，因而转子的转速 n 也减小一半，这种改变磁极获得变速的方法就称为变极调速。用变极调速法调节转速时，磁极对数只能成对地改变，这种调速也只能一级一级地进行。改变定子绕组的连接方式，就能改变磁极对数。如图 4—11a 所示，将每相定子绕组中两组线圈串联，就产生四极磁场（共两对，所以 p=2），此时，电动机的旋转磁场转速（也称为同步转速）$n_1=\frac{60f_1}{p}=60\times\frac{50}{2}=1\ 500$ r/min；若改成并联（见图 4—11b），就成为两极磁场（p=1），此时电动机的转速为 3 000 r/min，增加了一倍。

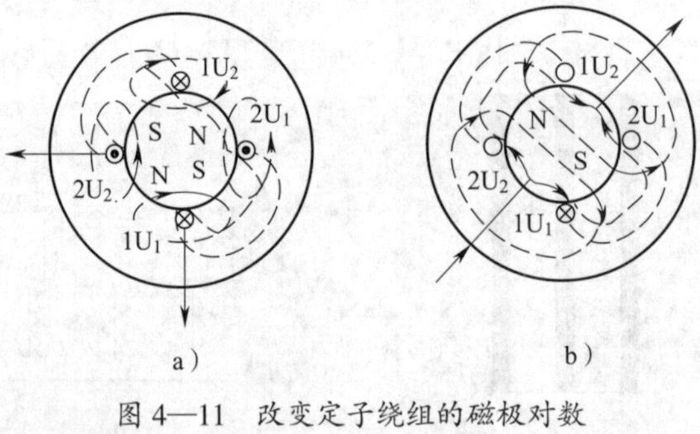

图 4—11 改变定子绕组的磁极对数

这种可以改变绕组磁极对数的电动机，称为多速电动机。最常见的是双速电动机，例如其同步转速为 750/1 500 r/min 或者 1 500/3 000 r/min。

双速电动机最常用的接线方式有两种：

方式一：绕组从单星形改接成双星形，如图 4—12a 所示。当用这种接线方式时，电动机每相的绕组均由串联改为并联，这样使磁极对数减少了一半。利用这种换接法，电动机在变极调速后，其额定转矩基本上保持不变，所以适合拖动恒转矩性质的负载，如起重机、带式输送机等。

方式二：绕组从三角形改成双星形，如图 4—12b 所示。用这种接线方式，也使磁极对数减少一半，而得到调速效果。这种变极调速后，电动机的额定功率基本上不变，但是额定转矩几乎要减小一半，所以这种接法适用于拖动恒功率性质的负载，如各种金属切削机床。

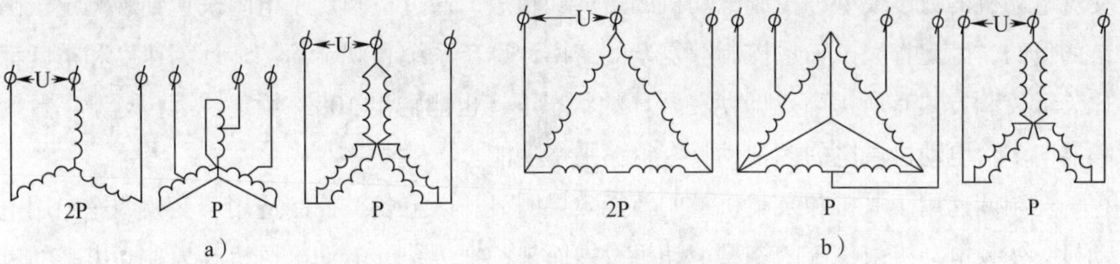

图 4—12　双速电动机最常用的接线方式

a）单星形改为双星形　b）三角形改为双星形

当利用磁极对数的变换对三相异步电动机进行调速时，由于改接后绕组旋转磁场的旋转方向不会改变，在改变极数时，应把接到电动机进线端子上电源的相序改变一下。

如果定子上装有两套独立的三相绕组，其中一套绕组可以用以上换接法产生两种磁极对数，那么就可以得到三种同步转速，例如 750/100/1 500 r/min，或 1 000/1 500/3 000 r/min，这种电动机称为三速电动机。同理，也可以通过不同的绕组换接获得多种速度，称为多速电动机。

2. 改变供电电网的频率（变频调速）

由电动机转子转速的计算公式可知，改变电源频率，则转速也随之改变。根据理论分析和实践证明，变频调速的主要优点是电动机的转速能平滑地调节，调节范围大，效率高；目前存在的主要问题是调速系统较复杂，成本较高。

变频调速按控制方式不同，可分为 *U/f* 控制、转差频率控制、矢量控制和直接转矩控制等。

（1）*U/f* 控制。*U/f* 控制是为了得到理想的转矩—速度特性，基于在改变电源频率进行调速的同时，又要保证电动机的磁通不变的思想而提出的。通用型变频器基本上都采用这种控制方式。*U/f* 控制变频器结构非常简单，缺点是变频器采用开环控制方式，不能达到较高的控制性能，而且在低频时必须进行转矩补偿，才能改善低频转矩特性。

（2）转差频率控制。转差频率控制是一种直接控制转矩的控制方式，它是在 *U/f* 控制的基础上，按照知道异步电动机实际转速对应的电源频率，并根据希望得到的转矩来调节变频器的输出频率，就可以使电动机具有对应的输出转矩。这种控制方式，在控制系统中需要安装速度传感器，有时还加有电流反馈，以对频率和电流进行控制，因此是一种闭环控制方式。该方式可以使变频器具有良好的稳定性，并对急速的加减速和负载变动有良好的响应特性。

（3）矢量控制。矢量控制是通过矢量坐标电路控制电动机定子电流的大小和相位，以达到对电动机在 d、q、O 坐标轴系中的励磁电流和转矩电流分别进行控制，进而达到控制电动机转矩的目的。通过控制各矢量的作用顺序、时间以及零矢量的作用时间，又可以形成各种 PWM 波，达到各种不同的控制目的，例如形成开关次数最少的 PWM 波以减少开关损耗。

（4）直接转矩控制。直接转矩控制是利用空间矢量坐标的概念，在定子坐标系下分析交流电动机的数学模型，控制电动机的磁链和转矩，通过检测定子电阻来达到观测定子磁链的目的，因此省去了矢量控制等复杂的变换计算，系统直观、简洁，计算速度和精度都比矢量控制方式有所提高。即使在开环的状态下，也能输出 100% 额定转矩，对于一台变频器向多台电动机供电的多拖动具有负荷平衡功能。

变频调速用于风机和泵类机械的节能效果明显。以上各类控制适用于变频调速专用电动机。变频电动机由传统的笼型电动机发展而来，把传统的电动机风机改为独立出来的风机，并且提高了电动机绕组的绝缘性能。

3. 改变电动机的转差率

异步电动机改变转差率调速，包括定子调压调速、转子回路串接电阻调速及串级调速。

（1）调压调速。改变加在异步电动机定子绕组上的电压，其最大转矩随电压的平方下降而下降，但产生最大转矩的临界转差率不变。对于恒转矩负载，若采用调压调速，要获得较宽的调速范围，可采用转子电阻较大、机械特性较软的高转差率笼型异步电动机，否则调速范围小，实用价值不大。这种调速范围较宽，但在电压低时特性曲线太软，负载波动将引起转速的变化较大，其静差率和运行稳定性往往不能满足生产工艺的要求。通风机负载只要求调速范围较宽，所以运用较多。

目前，随着晶闸管技术的发展，晶闸管交流调压调速已得到广泛应用。其优点是：可以获得较大的调速范围，调速平滑性较好。其缺点是：当电动机运行在低转速时，转差率较大，转子铜耗较大，使电动机效率低，发热严重，故这种调速一般不宜在低转速下长时间运转。为了弥补降压调速在低速下运行时稳定性差的缺点，现代的调压调速系统通常采用速度反馈闭环控制。

（2）改变转子回路电阻调速。改变转子回路的电阻调速，即在转子回路串一变阻器调速，只适用于绕线式异步电动机。调速时的接线图和启动时的一样，所不同的是：一般启动变阻器都是短时工作的，而调速用的变阻器应为长期工作的。同样，在转子电路中接入了一个调速电阻，电阻增大导致电流减小，从而导致绕线式异步电动机转子转矩减小，功率因数随之下降，这样可得到平滑调速。这种方法广泛用于机电设备中。

改变转子回路电阻调速的物理过程和直流电动机在电枢回路中串电阻调速一样。在变阻器的电阻增加最初瞬间，电动机的转速还来不及改变，因此转子电流减小，电磁转矩也相应地减小，电动机的转速开始下降，而转子的电势开始增大，随之转子电流也开始增大。这个过程一直进行到转子电流增大到与其对应的电磁转矩和总负载转矩互相平衡为止，这时电动机在较低转速下稳定运行。

当转子回路串入调速电阻时，若电动机总负载转矩保持不变，电动机从一个运行点到另一个运行点，相应的转差率从 s_1 增加到 s_2，转速则从 n_1（$1-s_1$）降到 n_1（$1-s_2$），即增加调速电阻，转速下降。

从转子回路串电阻调速曲线可知：在一定的调速电阻变化范围内，调速范围的大小随负载的大小而变化；在空载下调速，则调速范围甚小，实际上达不到调速的目的。

此外，在恒转矩调速时，从电磁转矩参数表达式可知，恒转矩调速时转差率 s 将随转子回路总电阻成正比例变化，总电阻增加一倍，则转差率也增加一倍。于是根据等效电路可知：恒转矩调速时，定转子电流、输入功率、气隙磁场和电磁功率都不变，与转子回路串入电阻的大小无关。于是，转速调得越低，即转差率越大，就需要在转子回路串入越大的电阻，随之转子铜耗就越大，电动机效率就越低。可见这种调速方法很不经济，降低转速所减少的输出功率全部消耗于调速电阻的铜耗上；另一缺点是转子加电阻后电动机的机械特性变软，即负载变化时转速将发生显著变化。

由此可见，转子回路串电阻调速存在很多缺点，但由于比较简单，又可平滑调速，在中小容量的绕线式电动机上还是用得不少，例如交流电源的桥式起重机几乎都用到这种方法调速。

（3）绕线转子电动机的串级调速。转子串接电阻调速时，转速调得越低，转差率越大，转子铜损耗越大，输出功率越小，效率就越低，故转子串接电阻调速很不经济。

如果在转子回路中不串接电阻，而是串接一个与转子电动势同频率的附加电动势，通过改变附加电动势的幅值大小和相位来实现调速。这种在绕线式异步电动机转子回路串接附加电动势的调速方法，称为串级调速。串级调速完全弥补了转子串电阻调速的缺点，具有高效率、无级平滑调速、较硬的低速机械特性等优点。

因为反相位的附加电动势串入后，转子电流减小，电动机产生的电磁转矩也随之减小，电动机开始减速，转差率 s 增大。随着 s 增大，转子电流开始回升，电磁转矩也相应回升，直到转速降至某一个值。转子电流回升到使得电磁转矩复原到与负载转矩平衡时，减速过程结束，电动机便在此低速下稳定运行。这就是向低于同步转速方向调速的原理。

串入反相位附加电动势的幅值越大，电动机的稳定转速就越低。同理，当转子串入的附加电动势与转子电动势同相位时，电动机的转速将向高速调节。

串级调速的调速性能比较好，但获得附加电动势的装置比较复杂，成本较高，且在低速时电动机的过载能力较低。因此，串级调速最适用于调速范围不太大的场合，例如通风机和提升机等。

三、电动机的制动控制

电动机制动是指电动机迅速降低转速到停止转动阶段的过程。电动机有几种制动方式。在一般情况下，如拖动系统没有特殊要求，只要把电动机的供电电源切断，由系统各部分的摩擦来消耗其能量，整个系统就会逐渐停止下来，这种停车方式称为“自由停车”，它的停车时间相对较长。有些生产机械在生产过程中要求频繁地启动与停车，某些工作机械（如起重机的吊钩）需要准确地定位，这些都要求电动机能迅速停车，以提高生产效率和保证安全生产，这就必须采用制动手段，才能使快速旋转的电动机迅速停下来。

制动的方式一般有机械制动和电力制动两种。这里主要介绍电力制动。

电力制动是利用电动机本身来实现制动的一种方式。其方法主要是使电动机在停车过程中，产生一个与电动机实际旋转方向相反的制动转矩，以迅速降低转速，使电动机很快停下来。常用的电力制动方法有能耗制动和反接制动两种。

1. 能耗制动

电动机的能耗制动是把电动机的定子交流电源切断而接入直流电源，使电动机制动，其原理接线如图 4—13a 所示。在需要停车时，先将电动机的电源切断，同时将直流电源与定子绕组接通，则在电动机内产生一个固定磁场，这时由于系统的惯性，电动机的转子仍然按照原方向继续旋转，它切割定子的固定磁场而感应电动势（其方向可由右手定则决定），使转子出现感应电流，转子电流与定子磁场相互作用所产生的转矩与转子旋转方向相反（根据左手定则），即产生一个制动转矩，如图 4—13b 所示。在制动转矩的作用下，电动机很快停下来。由于这种方法是把转子的动能转换成电能来进行制动，所以称为能耗制动。

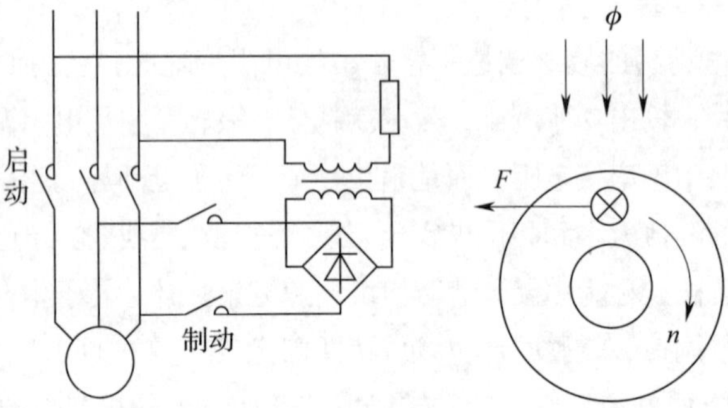

a）　　b）

图 4—13　能耗制动

a）能耗制动原理　b）能耗制动转矩方向

这种制动能量消耗小，制动平稳，但是需要直流电源。在有些机床中会采用这种制动方法。

2. 反接制动

在电动机停车时，可将所接电源三根导线中的任意两根的一端对调位置（见图 4—14），使旋转磁场反向旋转，而转子由于惯性仍然在按原方向转动，这时转矩方向与电动机的转动方向相反，因而起到制动作用。

由于在反接制动时旋转磁场与转子相对转速很大，因而电流很大。为了限制电流，对功率较大的电动机进行反接制动时，必须在定子电路（笼型电动机）或转子电路（绕线式电动机）中接入电阻。

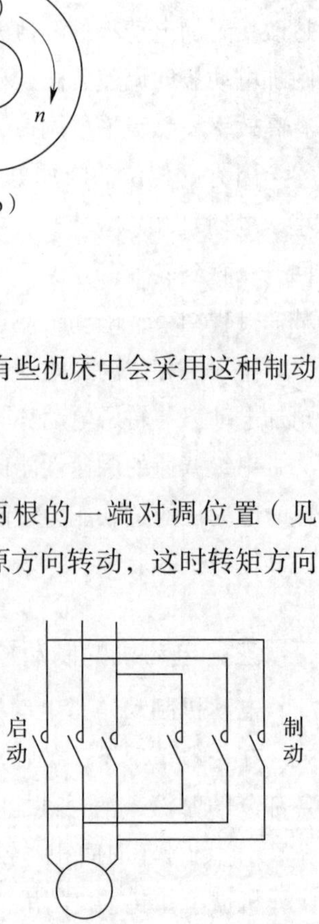

图 4—14　反接制动

反接制动的优点是停车迅速，电路简单，不需要直流电源；缺点是能量损耗较大，在制动过程中有较大的冲击力，用于精密机床时影响较大，而且这种冲击力对电动机本身结构也是不利的。因此，较大容量的电动机一般很少采用这种制动方法。反接制动通常用于不经常启动与制动的场合，如中小型车床、铣床及轧钢机的辅助电力拖动中。

第四节　同步电机

一、同步电机的工作原理、分类和结构

1．同步电机的基本工作原理

如图 4—15 所示为同步电机的构造原理，它主要由定子和转子两部分组成。同步电机的定子和异步电机的定子相同，即在定子铁芯内均匀分布的槽内嵌放三相对称绕组（图 4—15 中只画出一相绕组）；转子主要由磁极铁芯与励磁绕组组成，当励磁绕组通以直流电流后，转子建立恒定磁场。如果同步电机作为发电机运行，当原动机拖动转子旋转时，其定子绕组切割磁场而产生交流感应电动势，该电动势的频率为

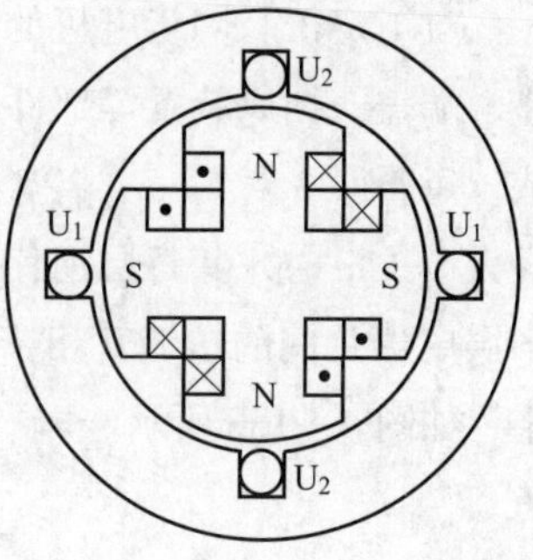

图 4—15　同步电机的构造原理

$$f=\frac{pn}{60}$$

式中　p——电机的极对数；

n——转子转速，r/min。

如果同步发电机接上负载，在电动势作用下，将有三相电流流过。这说明同步发电机把机械能转换成了电能。

如果同步电机作为电动机运行，当在定子绕组上施以三相交流电压时，电机内部产生一个定子旋转磁场，其旋转速度为同步转速 n_1。转子将在定子旋转磁场的带动下，带动负载沿定子磁场的方向以相同的转速旋转，转子的转速为

$$n=n_1=\frac{60f}{p}$$

此时，同步电动机将电能转换为机械能。

综上所述，同步电机无论作为发电机还是作为电动机运行，其转速与频率之间都将保持严格不变的关系，电网频率一定时，电机转速为恒定值，这是同步电机和异步电机的基本差别之一。

由于我国电力系统的标准频率为 50 Hz，所以同步电机的转速为 $n=\frac{3\,000}{p}$ r/min。

2．同步电机的分类

同步电机按运行方式，可分为发电机、电动机和调相机三类。按原动机类别，同步发电机又可分为汽轮发电机、水轮发电机和柴油发电机等。按结构形式，同步电机可分为旋转电枢式和旋转磁极式两种。前者适用于小容量同步电机，近来应用很少；后者应用广泛，是同步电机的基本结构形式。

旋转磁极式同步电机按磁极的形状，又可分为隐极式和凸极式两种类型。隐极式气隙是均匀的，转子做成圆柱形；凸极式有明显的磁极，气隙是不均匀的，极弧底下气隙较小，极间部分气隙较大。

汽轮发电机由于转速高，转子各部分受到的离心力很大，机械强度要求高，故一般采用隐极式；水轮发电机转速低、极数多，故都采用结构和制造上比较简单的凸极式；同步电动机、柴油发电机和调相机一般也采用凸极式。

3．同步电机的结构

（1）定子。同步电机的结构与异步电机基本相同，主要由定子铁芯、定子绕组、机座、端盖、挡风装置等部件组成。定子铁芯由厚度为 0.35 mm 或 0.5 mm 的涂漆硅钢片叠成，每叠厚 3 ~ 6 cm，各叠之间留有 1 cm 的通风槽，以利于铁芯散热。当定子铁芯的外径大于 1 m 时，其每层钢片常由若干块扇形片拼装而成，如图 4—16a 所示。叠装时，把各层扇形片间的接缝互相错开，压紧后仍为一整体的圆筒形铁芯。整个铁芯固定于机座上，如图 4—16b 所示。

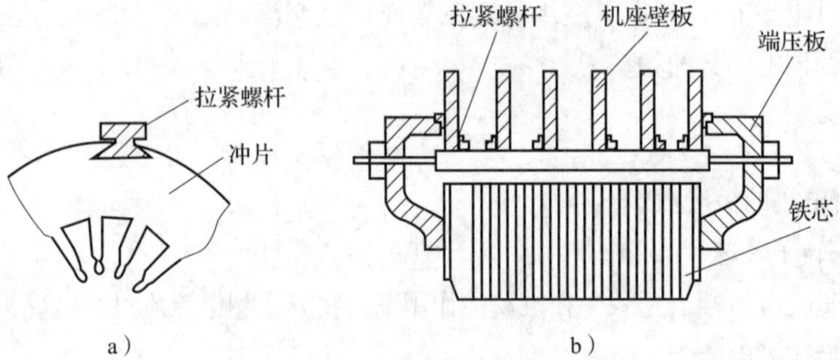

图 4—16　定子铁芯压紧结构

在定子铁芯内的槽内嵌放定子线圈，按一定规律连接成三相对称绕组，一般均采用三相双层短距叠绕组。为了减小由于集肤效应引起的附加损耗，绕组导线常由若干股相互绝缘的扁铜线并联，并且在槽内及端部还要按一定方式进行编织换位。

定子机座应有足够的强度和刚度，除支撑定子铁芯外，还要满足通风散热的需要。一般机座都是由钢板焊接而成。

（2）转子。同步电机转子的结构与异步电机不同，它有两种结构类型，即凸极式和隐极式。转子由转子铁芯、励磁绕组、护环、中心环、滑环及风扇等部件组成。

转子铁芯既是电机磁路的主要组成部分，又承受着由于高速旋转产生的巨大离心力，因而其材料既要求有良好的导磁性能，又需要有很高的机械强度，一般采用整块的含铬、镍和钼的合金钢制成，与转轴锻成一个整体。

凸极式转子圆周上安装有若干对凸出的磁极，如图 4—17a 所示，磁极铁芯由 1 ~ 3 mm 厚的薄钢板冲压成片后再叠压铆成，固定于转子磁轭上。转子磁轭用铸钢铸成或用薄钢板冲压铆成，套于转子轴上，起导磁和固定作用。每个磁极铁芯上套有绝缘铜线绕制成的励磁线圈，各磁极的励磁线圈按一定方式连接起来，构成励磁绕组。它的两个出线端接在固定于转轴的两个滑环上，通过电刷与励磁电源相接。通入直流励磁电流时，各磁极极性呈 N–S–N–S 交替排列。凸极式转子的特点是转子与定子之间的气隙不均匀，结构简单、制造方便，但机械强度较差，适用于转速较低的同步电机。

隐极式转子的转轴和转子铁芯为一锻钢毛坯加工而成的统一体，呈圆柱形，无明显的磁极，如图 4—17b 所示。其圆周上约有 2/3 的部分有齿和槽，槽内嵌放同心式直流励磁绕组；没开槽的部分称为大齿，为磁极中心区域。励磁绕组也是通过滑环和电刷与励磁电源相接。励磁绕组由扁铜线绕成的同心式线圈串联组成，且利用不导磁、高强度材料做成的槽楔将励磁绕组压紧在槽内。

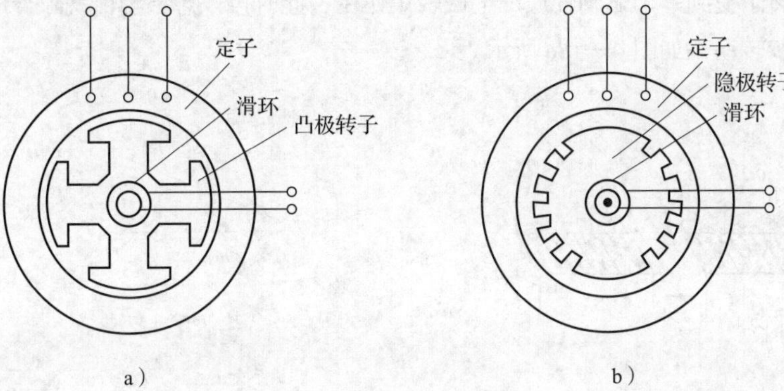

图 4—17　转子
a）凸极式　b）隐极式

护环用以保护励磁绕组的端部不致因离心力而甩出。中心环用于支持护环，并阻止励磁绕组轴向移动。

隐极式转子的特点是转子与定子之间的气隙是均匀的，制造工艺比较复杂，机械强度较好，适用于离心力较大的高速电机，一般仅用于极对数 p=1、转速 n=3 000 r/min 的同步电机。

二、同步电机的控制方法

1. 同步电机的可逆原理

和其他旋转电机一样，同步电机也是可逆的，既可以作为发电机运行，也可以作为电动机运行，这完全取决于它的输入功率是机械功率还是电功率。现以一台已投入电网运行的隐极式电机为例，说明其从同步发电机过渡到同步电动机运行状态的物理过程，以及其内部各电磁物理量之间的关系变化。

如前所述，同步电机运行于发电机状态时，其转子主磁极轴线超前于气隙合成磁场的等效磁极轴线一个功率角 δ，它可以想象成为转子磁极拖着合成等效磁极以同步转速旋转，如图 4—18a 所示。这时发电机产生的电磁制动转矩与输入的驱动转矩相平衡，把机械功率转变为电功率输送给电网。因此，此时电磁功率 P_M 和功率角 δ 均为正值，励磁电动势 $\dot{E}_0$ 超前于电网电压 $\dot{U}$ 一个 δ 角度。

如果逐步减小发电机的输入功率，转子将瞬时减速，δ 角减小，相应的电磁功率 P_M 也减小。当 δ 减到零时，相应地电磁功率也为零，发电机的输入功率只能抵偿空载损耗，这时发电机处于空载运行状态，并不向电网输送功率，如图 4—18b 所示。

继续减小发电机的输入功率，则 δ 和 P_M 变为负值，电机开始从电网吸取功率，和原动机一起共同提供驱动转矩来克服空载制动转矩，供给空载损耗。如果再卸掉原动机，就变成了空转的电动机，此时空载损耗全部由电网输入的电功率来供给。如在电机轴上再加上机械负载，则负值的 δ 角将增大，由电网输入的电功率和相应的电磁功率也将增大，以供给电动机的输出功率。此时，功率角 δ 为负值，即 $\dot{E}_0$ 滞后于 $\dot{U}$，主极磁场落后于气隙合成磁场，转子受到一个驱动性质的电磁转矩作用，此时可以想象为由气隙合成磁场拖着转子磁场同步转动，如图 4—18c 所示。

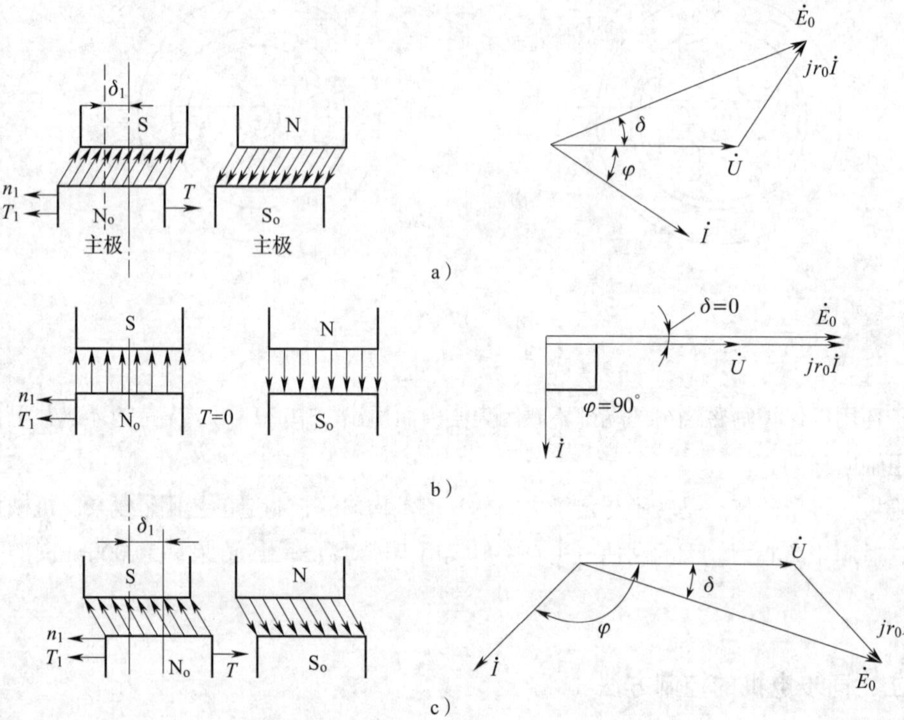

图 4—18　同步发电机过渡到同步电动机的过程

a）发电机状态　b）瞬态　c）电动机状态

综上所述，同步电机有如下几种运行状态：

（1）90°>δ>0° 时，同步电机处于发电机状态，向电网输送有功功率，同时也可输送或吸收无功功率。

（2）δ=0° 时，同步电机处于发电机空载运行状态，只向电网输送或吸收无功功率。

（3）$\delta \approx 0°$ 时，同步电机处于电动机空载运行状态，从电网吸收少量有功功率，供给电机空转损耗，并可向电网输送或吸收无功功率。

（4）–90° <δ<0° 时，同步电机处于电动机运行状态，从电网吸收有功功率，同时可向电网输送或吸收无功功率。

2. 同步电动机的启动

同步电动机的电磁转矩是定子旋转磁场与转子励磁磁场间产生吸引力而形成的，只有两个磁场相对静止时，才能得到恒定方向的电磁转矩。如给同步电动机加励磁并直接投入电网，由于转子在启动时是静止的，故转子磁场静止不动，定子旋转磁场以同步转速 n_1 对转子磁场作相对运动，则一瞬间定子旋转磁场将吸引转子磁场向前，由于转子具有转动惯量，它还来不及转动，另一瞬间定子磁场又推斥转子磁场向后，转子上受到的便是一个方向在交变的电磁转矩（见图 4—19），转子所受的平均转矩为零，故同步电动机不能自行启动。要启动同步电动机，必须借助于其他方法。常用的启动方法有三种，即辅助电动机启动法、变频启动法和异步启动法。这里主要介绍应用最广的异步启动法。

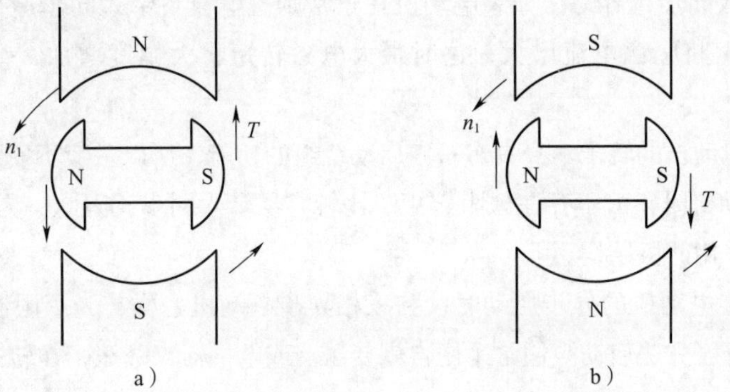

图 4—19　同步电动机启动时定子磁场对转子磁场的作用

异步启动法是通过在凸极式同步电动机的转子上装置阻尼绕组来获得启动转矩的。阻尼绕组和异步电动机的笼形绕组相似，只是它装在转子磁极的极靴上。有时称同步电动机的阻尼绕组为启动绕组。

同步电动机的异步启动方法如下：

第一步，将同步电动机的励磁绕组通过一个电阻短接（见图 4—20），短路电阻的大小约为励磁绕组本身电阻的 10 倍。串电阻的作用主要是削弱由转子绕组产生的对启动不利的单轴转矩。而启动时励磁绕组开路是很危险的，因为电动机刚启动时，定子旋转磁场与转子之间相对速度很大，而励磁绕组的匝数很多，定子旋转磁场将在该绕组中感应很高的电压，可能击穿励磁绕组的绝缘。

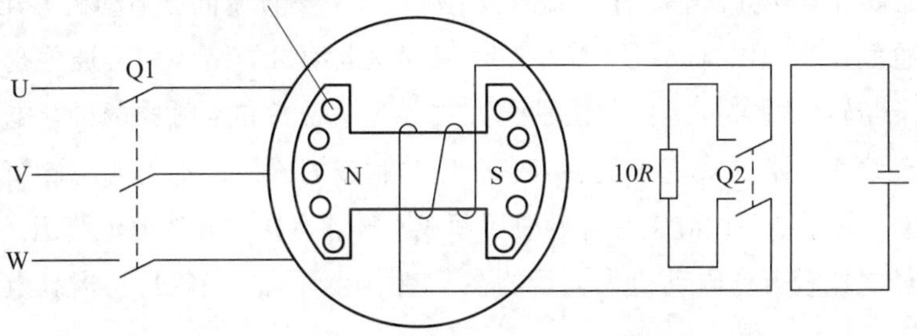

图 4—20　同步电动机异步启动法原理线路图

第二步，将同步电动机的定子绕组接通三相交流电源。这时，定子旋转磁场将在阻尼绕组中产生感应电动势和电流。此电流与定子旋转磁场相互作用而产生异步电磁转矩，同步电动机便作为异步电动机而启动。

第三步，当同步电动机的转速达到同步转速的95%左右时，将励磁绕组与直流电源接通，则转子磁极就有了确定的极性。这时转子上增加了一个频率很低的交变转矩，即转子磁场与定子磁场之间的吸引力产生的整步转矩，将转子逐渐牵入同步（凸极同步电动机由于有磁阻转矩比隐极同步电动机更容易牵入同步，当容量小、惯性小时，仅靠磁阻转矩也常可牵入同步）。同步电动机牵入同步是一个复杂的过渡过程，如果条件不满足，不一定能成功。一般来说，在牵入同步前转差越小，同步电动机的转动惯量越小，负载越轻，牵入同步越容易。如果电动机在正常励磁电流下牵入同步运行失败，可采用强迫励磁措施，将励磁电流增大，这时最大电磁转矩将大幅度增加，牵入同步就比较容易。

隐极同步电动机的转子本身具有一定启动绕组的功能，所以一般不安装启动绕组。采用凸极同步电动机时，由于存在磁阻转矩，比较容易牵入同步，因此，为改善启动性能，同步电动机多采用凸极结构。

在三相同步电动机的异步启动时，和三相异步电动机一样，为了限制过大的启动电流，可以采用降压方法启动。通常采用自耦变压器或电抗器来降压，在转速接近同步转速时，应先恢复全电压，然后再给予直流励磁使同步电动机牵入同步运行。

第五节　控制电机

一、伺服电动机

伺服电动机又称执行电动机，它是控制电机的一种。伺服电动机可以把输入的电压信号变换成为电动机轴上的角位移、角速度等机械信号输出。伺服电动机按控制电压来分，可分为直流伺服电动机和交流伺服电动机两大类。

伺服电动机在控制系统中一般用作执行元件。

1. 直流伺服电动机

直流伺服电动机的控制电压为直流电压。根据其功能可分为普通型直流伺服电动机、盘形电枢直流伺服电动机、空心杯直流伺服电动机、无槽直流伺服电动机等几种。

（1）普通型直流伺服电动机。普通型直流伺服电动机的结构和普通他励直流电动机相同，由定子与转子两部分组成。按励磁方式分为电磁式和永磁式两种。电磁式定子磁极上装有励磁绕组；永磁式定子上装有永久磁铁制成的磁极，不需要励磁绕组和励磁电源，结构简单。转子铁芯由硅钢片冲制叠压而成，外圆有槽，嵌放电枢绕组。一般电枢铁芯长度与直径之比较普通电动机大，目的在于减小电动机的飞轮矩，提高电动机的响应速度。

（2）盘形电枢直流伺服电动机。盘形电枢直流伺服电动机的定子由永久磁铁和前后铁轭共同组成，磁铁可以在圆盘电枢的一侧，也可在其两侧。盘形电枢直流伺服电动机的转子电枢由线圈沿转轴的径向圆周排列，并用环氧树脂浇注成圆盘形。盘形绕组中通过的电流是径向电流，而磁通为轴向，径向电流与轴向磁通相互作用产生电磁转矩，使伺服电动机旋转。盘形电枢直流伺服电动机的结构如图 4—21 所示。

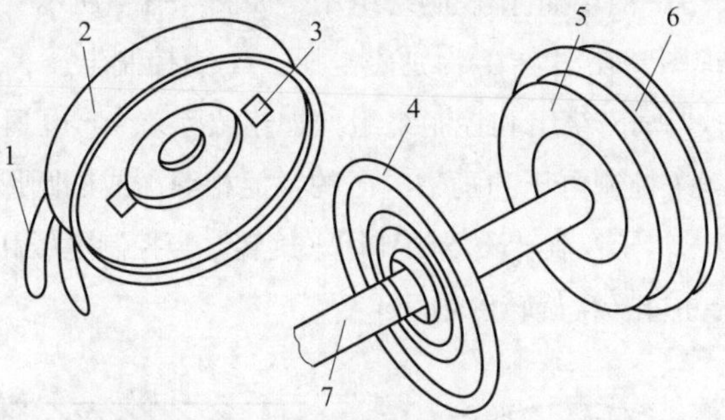

图 4—21　盘形电枢直流伺服电动机的结构

1—引线　2—前盖　3—电刷　4—盘形电枢　5—磁钢　6—后盖　7—轴

（3）空心杯电枢直流伺服电动机。空心杯电枢直流伺服电动机有两个定子，即一个由软磁材料构成的内定子和一个由永磁材料构成的外定子。外定子产生磁通，内定子主要起导磁作用。空心杯电枢直流伺服电动机的转子，由单个成型线圈沿轴向排列成空心杯形，并用环氧树脂浇注成型。空心杯电枢直接装在转轴上，在内、外定子间的气隙中旋转。空心杯电枢直流伺服电动机的结构如图 4—22 所示。

（4）无槽直流伺服电动机。无槽直流伺服电动机与普通伺服电动机的区别是，无槽直流伺服电动机的转子铁芯上不开元件槽，电枢绕组元件直接放在铁芯的外表面，然后用环氧树脂浇注成型。无槽直流伺服电动机的结构如图 4—23 所示。

后三种伺服电动机与普通型伺服电动机相比，由于转动惯量小、电枢等效电感小，因此它们的动态特性较好，适用于快速系统。

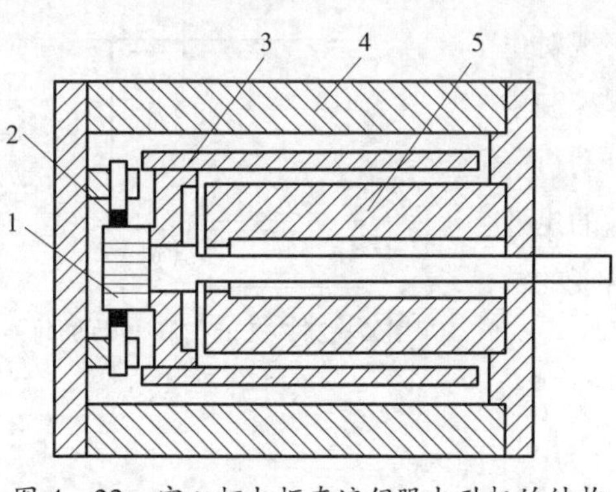

图 4—22　空心杯电枢直流伺服电动机的结构

1—换向器　2—电刷　3—电枢

4—外定子　5—内定子

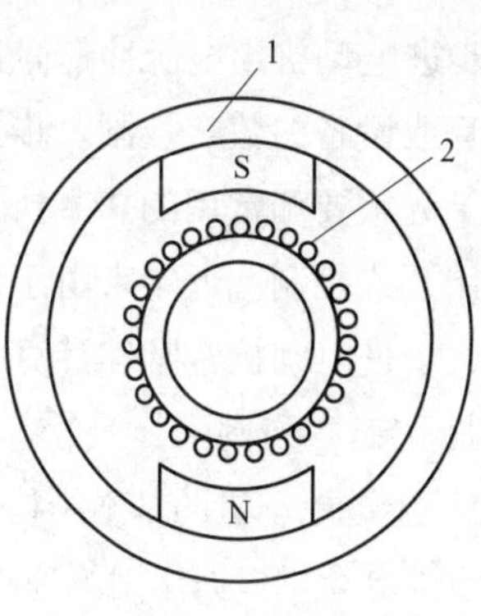

图 4—23　无槽直流伺服电动机的结构

1—定子　2 —电枢绕组

2．交流伺服电动机

交流伺服电动机一般为两相交流电动机，由定子和转子两部分组成。交流伺服电动机的转子有笼形和杯形两种。无论是哪一种转子，它的电阻比较大，其目的是使转子在转动时产生制动转矩，使它在控制绕组不加电压时能及时制动，防止自转。交流伺服电动机的定子为两相绕组，并在空间相差 90° 电角度。两个定子绕组的结构完全相同，使用时，一个绕组作励磁绕组用，另一个绕组作控制绕组用，如图 4—24 所示。图 4—25 所示为交流伺服电动机的工作原理图，在图中 $\dot{U}_f$ 为励磁电压，$\dot{U}_c$ 为控制电压，这两个电压均为交流电压，相位互差 90°。当励磁绕组和控制绕组均加相位互差 90° 电角度的交流电压时，在空间形成圆形旋转磁场（控制电压和励磁电压的幅值相等）或椭圆形旋转磁场（控制电压和励磁电压幅值不等），转子在旋转磁场的作用下旋转。当控制电压和励磁电压的幅值相等时，控制两者的相位差也能产生旋转磁场。

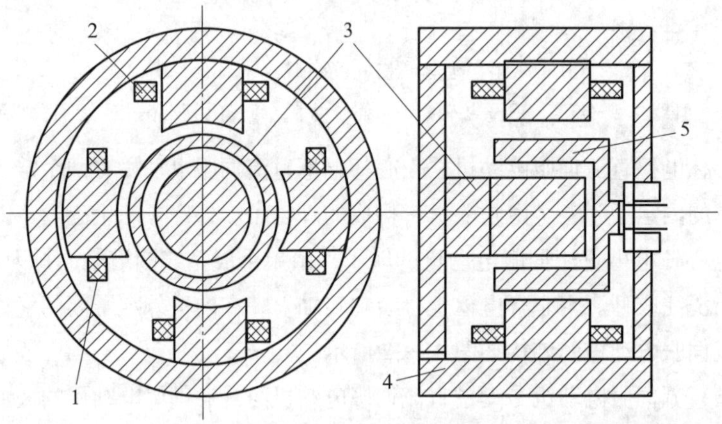

图 4—24　交流伺服电动机的结构

1—励磁绕组　2—控制绕组　3—内定子　4—外定子　5—转子

二、步进电动机

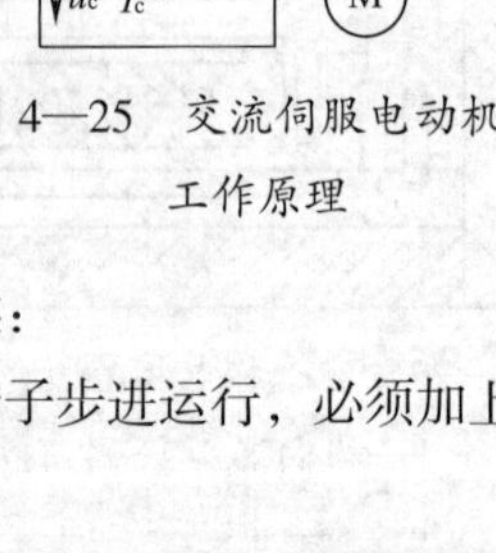

图 4—25　交流伺服电动机的工作原理

步进电动机用电脉冲信号进行控制，以实现对生产过程或设备的数字控制。步进电动机是过程控制中一种十分重要和常用的功率执行器件。步进电动机一般采用开式控制。近年来由于计算机应用技术的迅速发展，步进电动机常常和计算机一起组成高精度的数字控制系统。

1．步进电动机的基本结构

步进电动机根据作用原理和结构不同，可分为以下两大类：

（1）电磁型步进电动机。仅靠电磁作用不能使电动机的转子步进运行，必须加上相应的机械部件，才能产生步进的效果。

（2）反应式步进电动机。电动机的定子和转子之间仅靠电磁作用就可以产生步进作用。

其中反应式步进电动机用得比较普遍，结构也较简单，这里着重分析这类电动机。

步进电动机主要由定子和转子两部分构成，它们均由磁性材料构成。反应式步进电动机又称为磁阻式步进电动机，其典型结构如图 4—26 所示。这是一台四相电动机，定子铁芯由硅钢片叠成，定子上有 8 个磁极（大齿），每个磁极上又有许多小齿。四相反应式步进电动机共有 4 套定子控制绕组，绕在径向相对的两个磁极上的一套绕组为一相。转子也是由叠片铁芯构成，沿圆周有很多小齿，转子上没有绕组。根据工作要求，定子磁极上小齿的齿距和转子上小齿的齿距必须相等，而且转子的齿数有一定的限制。本例中转子齿数为 50 个，定子每个磁极上小齿数为 5 个。

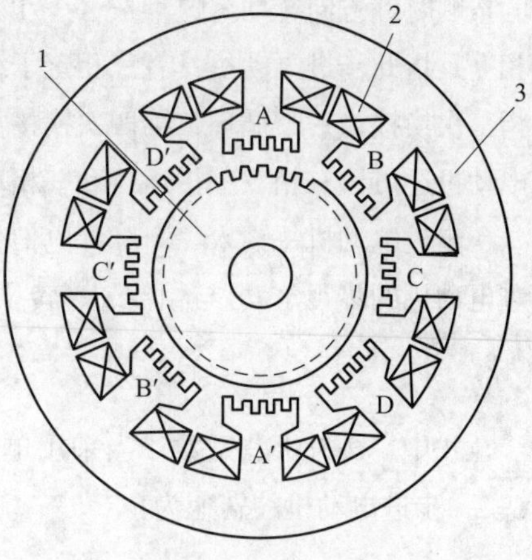

图 4—26　步进电动机的基本结构
1—转子铁芯　2—定子控制绕组
3—定子铁芯

2. 步进电动机的工作原理

反应式步进电动机是利用凸极转子横轴磁阻与直轴磁阻之差所引起的反应转矩而转动的。图 4—27 所示为一台三相反应式步进电动机。它的定子有 3 对 6 个极，不带小齿，每两个相对的极上绕有一相控制绕组；转子只有 4 个齿，齿宽等于定子的极靴宽。

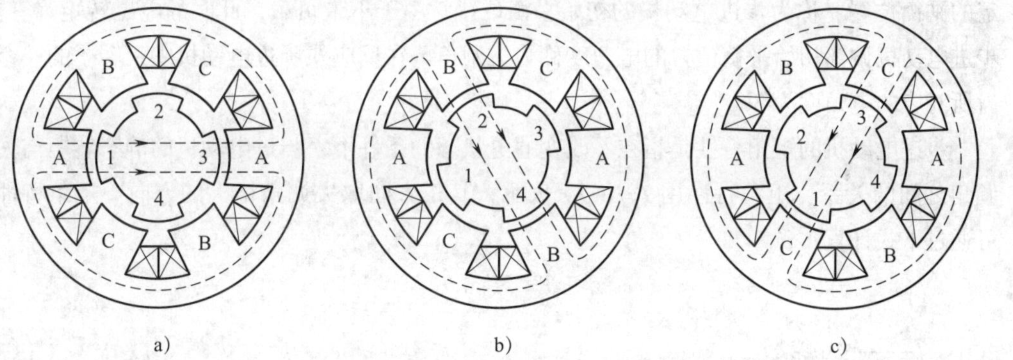

图 4—27　步进电动机的工作原理

当 A 相控制绕组通电，而 B 相和 C 相都不通电时，由于磁通具有尽力走磁阻最小路径的特点，所以转子齿 1 和 3 的轴线与定子 A 极轴线对齐，如图 4—27a 所示。同理，当断开 A 相接通 B 相时，转子便按逆时针方向转过 30°，使转子齿 2 和 4 的轴线与定子 B 极轴线对齐，如图 4—27b 所示；断开 B 相，接通 C 相，则转子再转过 30°，使转子齿 1 和 3 的轴线与 C 极轴线对齐，如图 4—27c 所示。如此按 A → B → C → A →⋯顺序不断接通和断开控制绕组，转子就会一步一步地按逆时针方向连续转动。步进电动机的转速取决于各控制绕组通电和断电的频率（即输入的脉冲频率），旋转方向取决于控制绕组轮流通电的顺序。如上述电动机通电次序改为 A→C→B→A→…，则电动机转向相反，变为按顺时针方向转动。这种按 A→B→C→A→…方式运行，称为三相单三拍运行。“三相”是指此步进电动机具有三相定子绕组；“单”是指每次只有一相绕组通电；“三拍”是指三次换接为一个循环，第四次换接重复第一次的情况。除了这种运行方式外，三相步进电动机还可以三相双三拍运行和三相单六拍运行。

步进电动机每输入一个脉冲电信号，转子转过的角度称为步距角，用符号 θ 表示。步进电动机的步距角 θ_{se} 与相数 m、转子齿数 Z、通电方式 C 有关，其关系为：

$$\theta_{se}=\frac{360°}{mZC}$$

式中，C 为状态系数。当采用单三拍或双三拍方式时，C=1；当采用单、双六拍时，C=2。步进电动机的转速为：

$$n=\frac{60f}{mZC}$$

式中，f 为步进电动机每秒钟的拍数（或每秒钟的步数），又称为步进电动机的通电脉冲频率。

3．反应式步进电动机的运行特性

（1）反应式步进电动机的静态特性。步进电动机的静态特性是指步进电动机的通电状态不变，电动机处于稳定状态下所表现的性质。步进电动机的静态特性包括矩角特性和最大静态转矩。

1）矩角特性。步进电动机在空载条件下，控制绕组通入直流电流，转子最后处于稳定的平衡位置，称为步进电动机的初始平衡位置。由于不带负载，此时的电磁转矩为零。步进电动机偏离初始平衡位置的电角度称为失调角。在反应式步进电动机中，转子的一个齿所对应的电角度为 360°。

步进电动机的矩角特性是指在不改变通电状态的条件下，步进电动机的静态转矩与失调角之间的关系。矩角特性用 $T=f(\theta)$ 表示，其正方向取失调角增大的方向。矩角特性可通过下式计算：

$$T=-kI^2\sin\theta$$

式中　k——转矩常数；

I——控制电流；

θ——失调角。

2）最大静态转矩。矩角特性中，静态转矩的最大值称为最大静态转矩。当 $\theta=\pm\frac{\pi}{2}$ 时，T 为最大值 T_{sm}，最大静态转矩 $T_{sm}=kI^2$。

（2）反应式步进电动机的动态特性。步进电动机的动态特性是指步进电动机从一种通电状态转换到另一种通电状态所表现出的性质。动态特性包括动稳定区、启动转矩、启动频率、频率特性等。

1）动稳定区。步进电动机的动稳定区是指步进电动机从一个稳定状态切换到另一个

稳定状态而不失步的区域。空载稳定区为

$$-\pi+\theta_{se}<\theta<\pi+\theta_{se}$$

稳定区边界到初始平衡点的角度称为稳定裕量，用 θ_r 表示。稳定裕量与步距角 θ_{se} 之间的关系为

$$\theta_r=\pi-\theta_{se}=\frac{\pi}{mC}(mC-2)$$

稳定裕量角越大，步进电动机运行越稳定。当裕量角趋于零时，电动机不能稳定工作。步距角越大，裕量角越小。

2）启动转矩。理论分析表明，反应式步进电动机的最大启动转矩与最大静态转矩之间有如下关系

$$T_{st}=T_{sm}\cos\frac{\pi}{mC}$$

式中，T_{st} 为最大启动转矩。

当负载转矩处于最大启动转矩时，步进电动机不能启动。

3）启动频率。步进电动机的启动频率是指在一定负载条件下，电动机能够不失步地启动的最高脉冲频率。影响最高启动频率的因素有以下几个：

①启动频率 f_{st} 与步进电动机的步距角 θ_{se} 有关。步距角越小，启动频率越高。

②步进电动机的最大静态转矩越大，启动频率越高。

③转子齿数多，步距角小，启动频率高。

④电路时间常数大，启动频率降低。

对于使用者而言，要想增大启动频率，可增大启动电流或减小电路的时间常数。

4）频率特性。步进电动机的主要性能指标是频率特性曲线，又称启动速度力矩曲线。步进电动机频率特性曲线的纵坐标为转动力矩，用 T 表示；横坐标为转动频率。而根据一个步进电动机的频率及其对应转动力矩所作出的曲线，即为反应式步进电动机的频率特性曲线。典型的步进电动机频率特性曲线如图 4—28 所示。从图 4—28 中可以看出，步进电动机的转矩随频率的增大而减小。步进电动机的频率特性曲线和许多因素有关，这些因素包括步进电动机的转子直径，转子铁芯的有效长度、齿数、齿形、齿槽比，步进电动机内部的磁路、绕组的绕线方式、定转子间的气隙、控制线路的电压等。很明显，其中有的因素是在步进电动机制造时已确定的，使用者是不能改变的；但有些因素使用者是可以改变的，如控制方式、绕组工作电压、电路时间常数等。

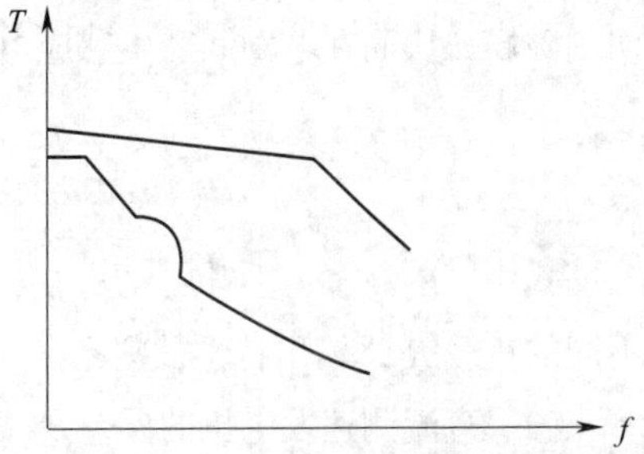

图 4—28　典型的步进电动机频率特性曲线

4．驱动电源

步进电动机的驱动电源与步进电动机是一个相互联系的整体，步进电动机的性能是由电动机和驱动电源相配合反映出来的，因此步进电动机的驱动

电源在步进电动机使用中占有相当重要的位置。

（1）对驱动电源的基本要求。步进电动机的驱动电源应满足下述要求：

1）驱动电源的相数、通电方式、电压和电流都应满足步进电动机的控制要求。

2）驱动电源要满足启动频率和运行频率的要求，能在较宽的频率范围内实现对步进电动机的控制。

3）能抑制步进电动机的振荡。

4）工作可靠，对工业现场的各种干扰有较强的抑制作用。

（2）步进电动机驱动电源的组成。步进电动机驱动电源的组成框图如图 4—29 所示，一般由变频脉冲信号源、脉冲分配器和脉冲放大器（或称功率放大器）等组成。主要部分功能如下：

1）变频脉冲信号源。变频脉冲信号源是一个脉冲频率由几赫到几十千赫可连续变化的脉冲信号发生器。

2）脉冲分配器。脉冲分配器是决定步进电动机定子绕组通电顺序和电动机转速的电路。

3）脉冲放大器。分配器输出的脉冲信号必须经过脉冲放大器进行功率放大，才能作为励磁电流提供给步进电动机定子绕组。

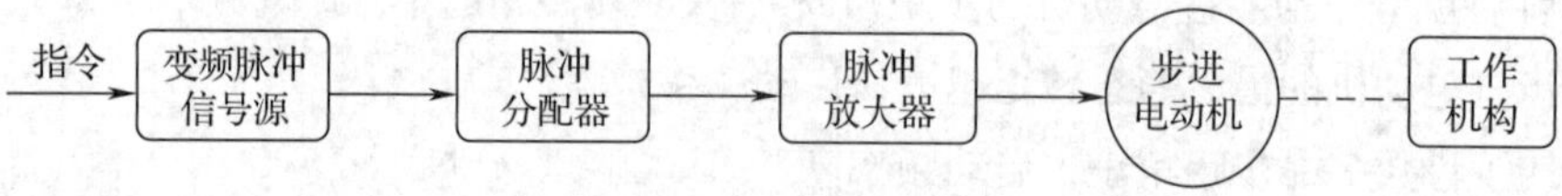

图 4—29 步进电动机驱动电源的组成框图

三、测速发电机

测速发电机是机械转速测量装置，它的输入量是转速，输出量是与转速成正比的电压信号。根据输出电压的不同，测速发电机有直流测速发电机和交流测速发电机两种。

1. 直流测速发电机

直流测速发电机包括永磁式测速发电机和电磁式测速发电机。

（1）工作原理。直流测速发电机实际上是一种微型直流发电机，它的工作原理与一般直流发电机相同。在恒定的磁场 ϕ 中，外部的机械转轴带动电枢以转速 n 旋转，电枢绕组切割磁场，从而在电刷间产生感应电动势：

$$U_2=\frac{E_a}{1+\frac{R_a}{R_L}}=\frac{R_L C_o \phi}{R_L+R_a}n=Cn$$

式中，$E_a=C_o\phi n$。当 ϕ、C_o、R_a、R_L 都不变时，输出电压 U_2 与转速成线性关系。对于不同的负载 R_L，输出特性的斜率 C 不同。负载电阻越小，斜率 C 越小。

（2）直流测速发电机的误差及减小误差的方法。直流测速发电机的输出电压与转速严格保持正比关系，这在实际中是很难做到的，其实际输出特性是非线性的，造成这种误差主要有以下三个原因：

1）电枢反应影响。直流测速发电机负载时，电枢电流会产生电枢反应，电枢反应的去磁作用使气隙磁通减小。根据输出电压与转速的关系式可知，气隙磁通减小，输出电压减小，从输出特性看，斜率 C 减小。而电枢电流越大，电枢反应去磁作用越显著，输出特性斜率 C 减小越明显，输出特性直线变为曲线。

2）电刷接触电阻影响。电刷接触电阻为非线性电阻，当测速发电机的转速低且输出电压低时，接触电阻较大，电刷接触电阻压降在总电枢电压中所占比重大，实际输出电压较小；而当转速升高时，接触电阻变小，接触电阻压降也变小。因此，在低转速时，转速与电压间关系由于接触电阻的非线性影响而有一个不灵敏区。

3）脉动影响。由于换向片数量有限，实际输出电压是一个脉动直流。虽然脉动分量在整个输出电压中所占比例不大（高速时 1% 左右），但对高精度系统是不允许的。为消除脉动影响，可在电压输出电路中加入滤波电路。

2. 交流测速发电机

交流测速发电机分为同步测速发电机和异步测速发电机两种。

同步测速发电机的输出频率和电压幅值均随转速的变化而变化，因此一般作指针式转速计，很少用于控制系统中转速测量。异步测速发电机的输出电压频率与励磁电压频率相同而与转速无关，其输出电压与转速 n 成正比，因此在控制系统中得到广泛应用。

（1）空心杯转子异步测速发电机的工作原理。异步测速发电机分为笼型和空心杯型两种。笼型测速发电机不及空心杯测速发电机的测量精度高，而且空心杯结构的测速发电机的转动惯量也小，适合快速系统，因此目前应用比较广泛的是空心杯测速发电机。

空心杯测速发电机的结构与空心杯伺服电动机的结构基本相同。空心杯转子异步测速发电机定子上也有两个在空间上相互差 90° 电角度的绕组，一个绕组加恒频恒压交流电源，使其作为励磁绕组，产生励磁磁通；另一个绕组作为输出绕组，输出与励磁电源同频率、幅值与转速成正比的交流电压。如图 4—30 所示，空心杯测速发电机的转子呈空心杯形，用电阻率较大的非磁性材料制成，其目的是获得线性较好的输出电压。

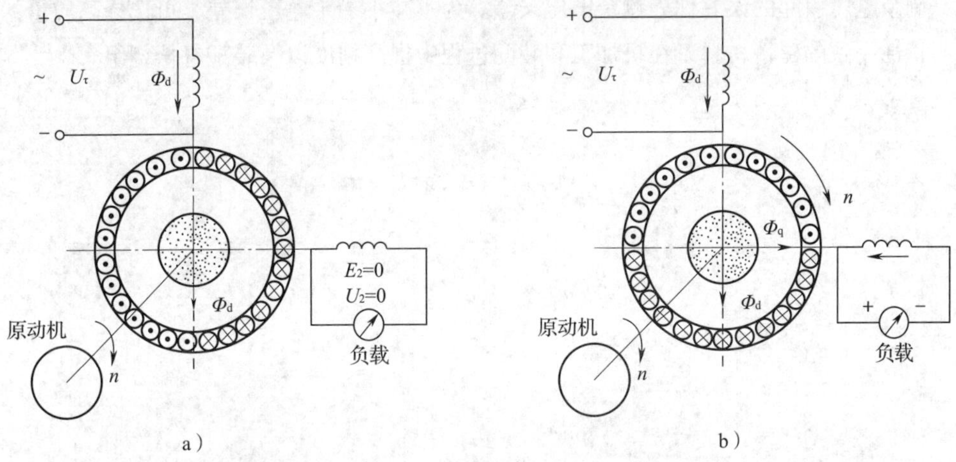

图 4—30　空心杯转子异步测速发电机的工作原理

发电机励磁绕组中加入恒频恒压的励磁电压时，励磁绕组中有励磁电流流过，产生与电源同频的脉动磁动势和脉动磁通。脉动磁动势和脉动磁通在励磁绕组的轴线方向上脉动，称为直轴磁动势和磁通。发电机转子和输出绕组中的电动势及由此产生的反磁动势，根据发电机的转速可分为以下两种情况：

1）$n=0$ 时发电机不转。当转速 $n=0$ 时，转子中的电动势为变压器性质的电动势，该电动势产生的转子磁动势性质和励磁磁动势性质相同，均为直轴磁动势。输出绕组与励磁绕组在空间位置上相差 90° 电角度，因此不产生感应电动势，输出电压 $U_2=0$。

2）$n \neq 0$ 时发电机旋转。当转子转动时，切割脉动磁动势 ϕ_d，产生切割电动势 $E_\tau=C_\tau \phi_d n$（C_τ 为转子电动势常数）。可见，转子电动势的幅值与转速成正比。转子电动势方向可用右手定则判断。

转子中的感应电动势在转子杯中产生短路电流，由于转子漏抗的影响，转子电流滞后转子感应电动势一定的电角度。短路电流产生脉动磁动势，转子的脉动磁动势可分解为直轴磁动势和交轴磁动势。直轴磁动势将影响励磁磁动势，并使励磁电流发生变化；交轴磁动势产生交轴磁通，与输出绕组交链，感应出频率与励磁频率相同、幅值与交轴磁通成正比的感应电动势。

由此可知，输出绕组的感应电动势正比于测速发电机的转速，而频率为励磁电源频率。

（2）误差分析。异步测速发电机的主要误差包括幅值、相位误差和剩余电压误差。

1）幅值及相位误差。由于输出电压除与转速有关外，还与脉动磁通有关，若想输出电压严格正比于转速 n，则脉动磁通应保持为常数。当励磁电压为常数时，由于励磁绕组存在漏抗，使得励磁绕组电动势与外加励磁电压有一个相位差，随着转速的变化使得脉动磁通和相位均发生变化，造成输出电压的误差。为了减小该误差，可增大转子电阻。

2）剩余电压误差。由于加工、装配过程中存在机械上的不对称及定子磁性材料性能的不一致，使得测速发电机转速为零时，实际输出电压并不为零，此时的电压称为剩余电压，剩余电压引起的误差称为剩余电压误差。为了减小剩余电压误差，可选择高质量的各方向特性一致的磁性材料，在机加工和装配过程中提高精度以及装配补偿绕组。

第五章　电力变压器与电磁制动器的使用

第一节　电力变压器

一、电力变压器的构造

电力变压器是根据电磁感应原理制造出来的电气设备。它是先将电能转换为磁能，再将磁能转换为电能，以实现电压变化的电磁装置。电力变压器按其冷却方式分为干式变压器、油浸式变压器两种，如图 5—1 所示。油浸式变压器在电力系统中使用最为广泛。下面以油浸式变压器为例介绍电力变压器的基本构造。

a）　　　　b）

图 5—1　电力变压器

a）干式变压器　b）油浸式变压器

1. 电力变压器的基本构造

电力变压器的基本结构如图 5—2 所示，可分为铁芯、绕组、绝缘套管、油箱及其他附件等几大部分。三相油浸式电力变压器中，铁芯和绕组是变压器的主要部分，称为器身，且器身放在灌满油的油箱内。

（1）铁芯。铁芯是最基本、最重要的部件，对于变压器的电磁性能、机械强度和变压器的噪声起决定性的作用。电力变压器铁芯如图 5—3 所示，它是变压器的主磁路。为了提高磁路的导磁性能，减小铁芯中的磁滞损耗和涡流损耗，铁芯一般采用高磁导率的铁磁材料，即用 0.35 mm 或 0.5 mm 厚的硅钢片叠成。变压器用的硅钢片含硅量比较高，以减小磁滞损耗。硅钢片的两面均涂有绝缘漆，这样可使叠装在一起的硅钢片相互之间绝缘，以

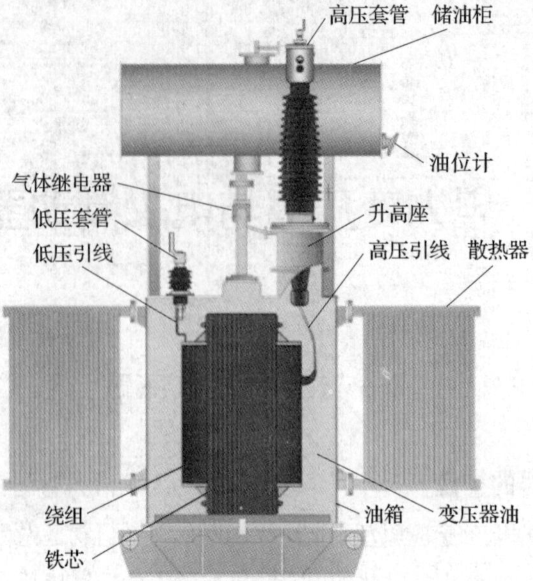

图 5—2　电力变压器的基本结构

图 5—3　电力变压器铁芯

减小涡流损耗。电力变压器的铁芯主要采用心式结构。三相变压器铁芯是由三个铁芯柱和上、下铁轭构成的闭合磁路。在铁芯柱上套有绕组。另外，为避免铁芯结构件电位悬浮引起放电，铁芯必须接地；同时为避免环流引起涡流损耗，运行铁芯只允许一点接地。铁芯对油箱应绝缘。铁芯一点接地是通过接地引线由箱体顶部铁芯接地套管引出，在箱体外接地来实现的。

（2）绕组。电力变压器绕组如图 5—4 所示。绕组是变压器的电路部分，是用铜或铝导线包绕 0.45 mm、1.35 mm 等绝缘纸后绕制成圆形。绕组绕制成圆形是为了使绕组在电磁力的作用下受力均匀，具有良好的力学性能。按照绕组绕制的特点，可分为圆筒式、螺旋式、连续式、纠结式等。

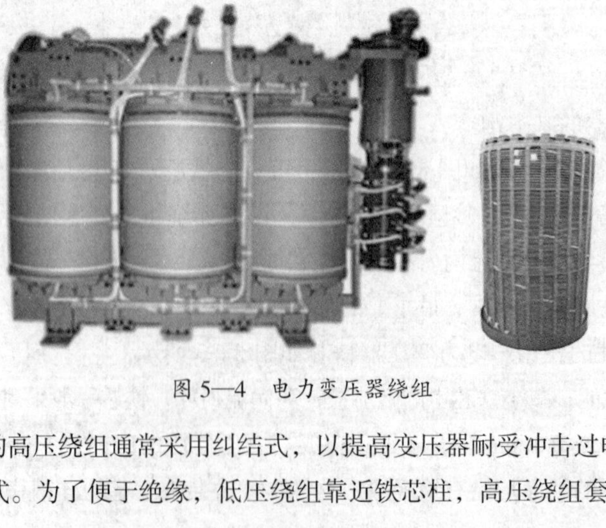
图 5—4　电力变压器绕组

电力变压器的高压绕组通常采用纠结式，以提高变压器耐受冲击过电压的能力，低压绕组常采用连续式。为了便于绝缘，低压绕组靠近铁芯柱，高压绕组套在低压绕组外面，中压绕组在中间，绕组之间留有油道。

（3）油箱及其他附件

1）油箱。变压器油箱如图 5—5 所示，它由质量好的钢板焊接而成，能承受一定压力，某些部位必须具有防磁化性能。为检修变压器方便，大型变压器油箱均采用重罩式结构。重罩式就是将油箱盖和油箱制成一体，罩在器身上，变压器检修时不用吊起沉重的器身，只需将油放掉，将上节油箱吊起就可以检修。

高、低压绕组和铁芯构成的器身应放在充满变压器油的油箱中。变压器油具有两个作用：一是油的绝缘性能比空气好，因此可提高绕组的绝缘强度；二是通过油受热后的对流作用，可以将绕组及铁芯的热量带到冷却器，再由冷却器散发到空气中去。变压器油为矿物油，从石油分馏而来。

图 5—5 变压器油箱

要求变压器油的介电强度和着火点要高，黏度要小，水分和杂质含量尽可能小。对运行中的变压器油，应定期进行全面的色谱分析和油质化验。

2）储油柜。变压器在运行中，随着油温的变化，油的体积会膨胀或收缩，为了减少油与外界空气的接触面积，减小变压器油受潮和氧化的概率，通常在变压器上部安装一个储油柜（俗称油枕）。在大型电力变压器的储油柜内安放一个特殊的空气胶囊，它通过呼吸器与外界相通，空气胶囊阻止了储油柜中变压器油与外界空气接触。空气胶囊形状可以随油的膨胀或收缩而变化。储油柜通过油管、瓦斯继电器与主油箱连通，这样保持主油箱始终充满油，而且不与外界空气接触。常用的储油柜有敞开式储油柜、隔膜式储油柜和胶囊式储油柜三种形式，如图 5—6 所示。

a）　　b）　　c）

图 5—6 储油柜

a）敞开式储油柜 b）隔膜式储油柜 c）胶囊式储油柜

3）干燥器。随着负荷和气温的变化，变压器油温也不断变化，这样储油柜内的油位随着整个变压器油的膨胀或收缩而发生变化，为了使潮气不能进入储油柜使油劣化，用一个管子从储油柜上部连通到一个内装硅胶的干燥器（俗称呼吸器）。硅胶对空气中的水分具有很强的吸附作用，干燥状态为蓝色，吸潮饱和后变为粉红色，吸潮的硅胶可重复使用。

4）冷却器。冷却器装配在变压器的油箱壁上，对于强迫油循环风冷变压器，电动泵从油箱顶部抽出热风送入散热器管簇的外表，经来自风扇的冷空气吹拂，使热量散失到空气中去，经过冷却后的油从变压器箱底部重新回到变压器油箱内。无论电动泵装在冷却器上部还是下部，所起的作用是一样的。

5）绝缘套管。变压器绕组的引出线从油箱内部引到油箱外时必须经过绝缘套管，使引线与油箱绝缘。绝缘套管的外形如图 5—7 所示。它一般是陶瓷的，其结构取决于电压等级，1 kV 以下的采用心磁套管，10 ~ 35 kV 的采用空心充气或者充油式套管，110 kV 以上的采用电容式套管。为了增大外表面放大距离，套管外形做成多级伞形裙边，电压等级越高，级数越多。

图 5—7　绝缘套管的外形

6）分接开关。变压器常用改变绕组匝数的方法来调压。一般从变压器的高压绕组引出若干抽头，称为分接开关，用以切换分接头的开关位置。分接开关分为无载调压和有载调压两种，前者必须在变压器停电的情况下切换，后者可以在变压器带负载的情况下切换。图 5—8a、b 所示分别是无载分接开关和有载分接开关。分接开关安装在油箱内，其控制箱在油箱外。有载调压分接开关内的变压器油是完全独立的，它也有配套的油箱、气体继电器、呼吸器。

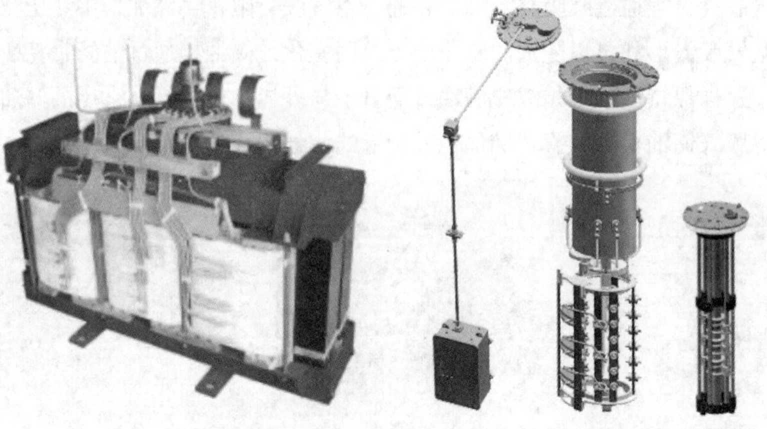

a）　　b）

图 5—8　分接开关

7）压力释放器。当变压器内部发生严重故障而产生大量气体时，油箱内压力迅速增加，为防止变压器发生爆炸，油箱上安装压力释放器。

8）气体继电器。气体继电器又称瓦斯继电器，是变压器的一种保护装置，安装在油箱与储油柜的连接管道上，当变压器内部发生故障时（如绝缘击穿、匝间短路、铁芯事故、油箱漏油使油面下降较多等），产生的气体和油流迫使气体继电器动作，轻者发出信号以便运行人员及时处理，重者使断路器跳闸以保护变压器。

油浸式变压器具有容量大、负载大、强度高、抗短路能力强、稳定性好、成本低等优点，使用较为广泛。干式电力变压器由于具有承受热冲击能力强、过载能力强、防火性能好、损耗低、局部放电量小、噪声低、不产生有害气体、不污染环境、对湿度和灰尘不敏感、体积小、不开裂、维护简便等特点，适用于高污、高温、潮湿的环境，在港口中的使用将越来越多。

2. 电力变压器的铭牌

为了使变压器安全、经济运行，保证一定使用寿命，制造厂按标准规定了变压器的额定数据，并将有关额定数据标在铭牌上。电力变压器铭牌上的主要技术数据有型号、额定容量、额定电压、额定电流、额定频率等，如图 5—9 所示。

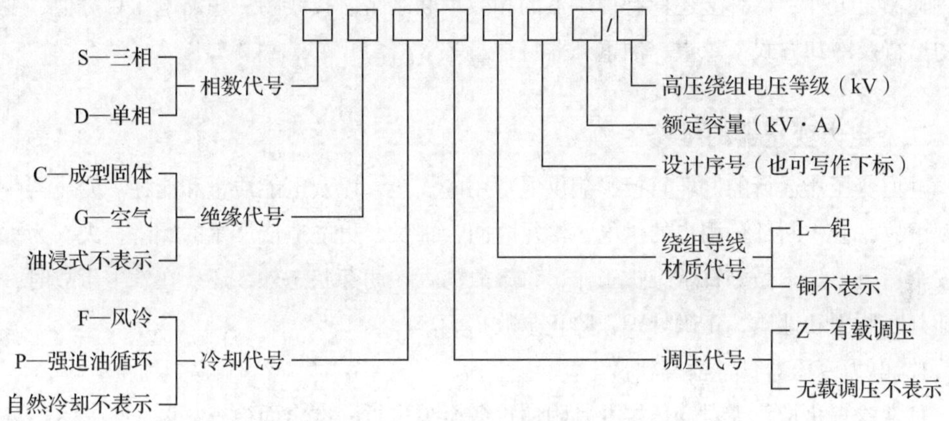

图 5—9　电力变压器铭牌

（1）型号。电力变压器的型号表示一台变压器的结构特点、额定容量、电压等级、冷却方式等内容。

例如：SFPL9 − 6300/110 表示三相强迫油循环风冷双绕组铝线电力变压器，设计序号为 9，额定容量为 6 300 kV · A，高压绕组额定电压为 110 kV。

（2）额定电压（U_{1N}/U_{2N}）。一次侧绕组的额定电压 U_{1N} 是指变压器额定运行时，一次侧绕组加的电压。二次侧额定电压 U_{2N} 是变压器空载情况下，当一次侧加上额定电压时，二次侧测量的空载电压值。变压器额定电压的确定取决于绝缘材料的介电常数和允许温升。对于三相变压器，额定电压是线电压，单位是 V 或 kV。

（3）额定电流（I_{1N}/I_{2N}）。额定电流是变压器绕组允许长期连续通过的工作电流，是指在某工作环境温度、某种冷却条件下允许的满载电流值。当环境温度、冷却条件改变时，额定电流也应随之变化。如干式变压器增加风扇散热后，电流可提高 50%。在三相变压器中，额定电流指的是线电流，单位是 A。

（4）额定容量（S_N）。变压器的额定容量是指变压器的视在功率，表示变压器在额定条件下的最大输出功率。额定容量的大小是由变压器的二次侧额定电压 U_{2N} 和额定电流 I_{2N} 所决定，同时也受到环境温度、冷却条件的影响。额定容量的单位是 V · A 或 kV · A。

单相变压器额定容量：

$$S_N=U_{2N}I_{2N}$$

三相变压器额定容量：

$$S_N=\sqrt{3}\ U_{2N}I_{2N}$$

（5）额定频率（f_N）。我国规定额定频率为 50 Hz。英国、美国等国家规定额定频率为 60 Hz。

（6）温升（T）。温升是变压器在额定工作条件下，内部绕组允许的最高温度与环境温度之差，它取决于采用的绝缘材料的等级。如油浸变压器采用的绝缘材料都是 A 级绝缘。国家规定线圈温升为 65℃，考虑最高环境温度为 40℃，则 65℃ +40℃ =105℃，这就是变压器线圈的极限工作温度。

除额定值外，铭牌上还标有变压器的相数、联结组、接线图、短路电压百分值、变压器的运行及冷却方式、总重、油重、器身重量等。

二、电力变压器的维修

电力变压器运行的好坏直接影响供电、用电安全，以及电能质量和能耗。变压器一旦出现事故，会中断部分用户的供电，修复时间会很长，可能造成严重的经济损失。为了确保安全运行，除了做好日常维护工作，将事故消灭在萌芽状态外，还要在发生事故时，能迅速判断原因和性质，正确处理，防止事故扩大。

1. 电力变压器日常检查项目

日常检查是指每天对变压器及其附属设备至少进行一次全面检查。

（1）检查变压器上层油温。变压器上层油温一般应在 85℃以下。如果油温突然升高，有可能是冷却装置有故障，也有可能是变压器内部故障。对于油浸自冷式变压器，如果散热装置各部分温度有明显不同，则可能是管道堵塞。

（2）检查储油柜的油色、油位。变压器各部位应无渗油、漏油现象。正常的变压器油色应是透明微带黄色，如果呈红棕色，则可能是油变质或油位计本身脏污造成的。

（3）检查套管外部。变压器套管外部应清洁、完整，无严重油污，无破损，无裂纹，无电晕放电及闪络现象。应及时清扫黏附在表面的灰尘，清除裸露导体的氧化膜或锈迹。

（4）检查变压器的响声。变压器正常运行时，一般有均匀的“嗡嗡”声，这是由于交变磁通引起铁芯振颤而发出的声音。不应该有“噼啪”的放电声和不均匀的噪声。

（5）检查引线接头接触。变压器各引线接头应无变色、无过热发红现象，接头接触处的试温蜡片应无融化现象。用快速红外线测温仪测试，接头接触处的温度不得超过 70℃。

（6）检查压力释放器、安全气道及防爆膜。压力释放器、安全气道及防爆膜都应完好无裂纹、无积油。压力释放器的标示杆无喷油痕迹。

（7）检查气体继电器。气体继电器内应充满油，无气体存在。继电器与储油柜间连接阀门应打开。

（8）检查变压器铁芯接地线和外壳接地线。采用钳形电流表测量铁芯接地线电流值，应不大于 0.5 A。

（9）检查变压器的外部表面。变压器外部表面应无积污。

（10）检查调压分接头位置指示。各调压分接头的位置应一致。

2. 特殊情况检查项目

当电力系统发生短路故障或天气突然发生变化时，应对变压器及其附属设备进行重点检查。

（1）电力系统发生短路或变压器事故后的检查。检查变压器有无爆裂、移位、变形、焦味、闪络及喷油等现象，油温是否正常，电气连接部分有无发热、熔断，瓷质外绝缘有无破裂，接地线有无烧断。

（2）大风、雷雨、冰雹后的检查。检查变压器的引线摆动情况，以及引线有无断股，引线和变压器上有无搭挂落物，瓷套管有无放电闪络痕迹及破裂现象。

（3）浓雾、小雨、下雪时的检查。检查瓷套管有无沿表面放电闪络，各引线接头发热部位在小雨中或下雪后应无水蒸气上升或落雪融化现象，导电部分应无冰柱。若有水蒸气上升或落雪融化，应用红外线测温仪进一步测量接头实际温度。若有冰柱，应及时清除。

（4）气温骤变时的检查。气温骤冷或骤热时，应检查储油柜油位和瓷套管油位是否正常，油温和温升是否正常，各侧连接引线有无变形、断股或接头发热和发红等现象。

（5）过负荷运行时的检查。检查并记录负荷电流；检查油温和油位的变化；检查变压器的声音是否正常；检查接头发热状况，示温蜡片有无融化现象；检查冷却器运行是否正常；检查防爆膜、压力释放器是否处于未动作状态。

（6）新投入或经大修的变压器投入运行后的检查。在 4 h 内，应每小时巡视检查一次。除了正常检查项目以外，还需增加的检查内容如下：

1）检查变压器声音的变化。如发现响声特别大、不均匀或有放电声，则变压器内部有故障。

2）检查油位和油温变化。正常油位、油温随变压器带负荷应略有上升和缓慢上升。

3）检查冷却器温度。手触及每一组冷却器，温度应均匀、正常。

3. 变压器的常见故障处理

变压器的常见故障很多，按其原因可分为两类：一类是电网、负载的变化使变压器不能正常工作，如变压器过负荷运行，电网发生过电压，电源品质差等；另一类是变压器内部元件发生故障，降低了变压器的工作性能，使变压器不能正常工作。

（1）变压器短时过负荷及处理

1）解除音响报警，汇报值班班长并做好记录。

2）及时调整运行方式，调整负荷的分配；如有备用变压器，应立即投入。

3）若属正常过负荷，可根据正常过负荷的倍数确定允许运行时间，并加强监视油位、油温，不得超过允许值；若过负荷超过允许时间，则应立即减小负荷。

4）若属事故过负荷，则过负荷的允许倍数和时间应根据制造厂的规定执行。若过负荷倍数及时间超过允许值，则应按规定减小变压器的负荷。

5）过负荷运行时间内，应对变压器及其有关系统进行全面检查，若发现异常应汇报处理。

（2）变压器常见故障的种类、现象、产生原因及处理方法。变压器常见故障有绕组短路、绕组断路、铁芯绝缘损坏、铁芯接地故障、变压器油变质等。表 5—1 是常见故障的现象、产生原因和处理方法。

表 5—1　　常见故障的现象、产生原因和处理方法

序号	种类	现象	产生原因	处理方法
1	绕组匝间或层间短路	（1）变压器异常发热 （2）油温升高 （3）油发出特殊的“嘶嘶”声 （4）电源侧电流增大 （5）高压熔断器熔断 （6）气体继电器动作	（1）变压器运行时间长，绕组绝缘老化 （2）绕组绝缘受潮 （3）绕组绕制不当，使绝缘局部受损 （4）油道内落入杂物，使油道堵塞，局部过热	（1）更换或修复损坏的绕组、衬垫和绝缘件 （2）进行浸漆和干燥处理 （3）更换或修复绕组
2	绕组接地或相间短路	（1）高压熔断器熔断 （2）安全气道薄膜破裂、喷油 （3）气体继电器动作 （4）变压器油燃烧 （5）变压器振动	（1）绕组主绝缘老化或破损 （2）变压器进水，绝缘油严重受潮 （3）油面过低，露出油面的引线绝缘距离不足而击穿 （4）过电压击穿绕组绝缘	（1）更换或修复绕组 （2）更换或处理变压器油 （3）检修渗漏油部位，注油至正常位置 （4）更换或修复绕组绝缘，并限制过电压的幅值
3	绕组变形与断路	（1）变压器发出异常声音 （2）断线相无电流指示	（1）制造装配不良，绕组未压紧 （2）短路电流的电磁力作用 （3）导线焊接不良 （4）雷击造成断线	（1）修复变形部位，必要时更换绕组 （2）拧紧压圈螺钉，紧固松脱的衬垫、撑条 （3）割除熔蚀面，重新焊接导线 （4）修补绝缘，并进行浸漆干燥处理
4	铁芯片间绝缘损坏	（1）空载损耗变大 （2）铁芯发热，油温升高，油色变深 （3）变压器发出异常响声	（1）硅钢片间绝缘老化 （2）受强烈振动，片间发生位移或摩擦 （3）铁芯紧固件松动 （4）铁芯接地后发热烧坏片间绝缘	（1）对绝缘损坏的硅钢片重新刷绝缘漆 （2）紧固铁芯夹件 （3）按铁芯接地故障处理
5	铁芯多点接地或者接地不良	（1）高压熔断器熔断 （2）铁芯发热，油温升高，油色变黑 （3）气体继电器动作	（1）铁芯与穿心螺杆间的绝缘老化，引起铁芯多点接地 （2）铁芯接地片断开 （3）铁芯接地片松动	（1）更换穿心螺杆与铁芯间的绝缘管和绝缘衬 （2）更换接地片或将接地片压紧
6	套管闪络	（1）高压熔断器熔断 （2）套管表面有放电痕迹	（1）套管表面积灰，有污渍 （2）套管有裂纹或破损 （3）套管密封不严，绝缘受损 （4）套管间掉入杂物	（1）清除套管表面的积灰和污渍 （2）更换套管、封垫 （3）清除杂物

续表

序号	种类	现象	产生原因	处理方法
7	分接开关烧损	（1）高压熔断器熔断 （2）油温升高 （3）触头表面产生放电声 （4）变压器油发出“咕嘟”声	（1）动触头弹簧压力不够或过渡电阻损坏 （2）开关配备不良，造成接触不良 （3）绝缘板绝缘性能变劣 （4）变压器油位下降，使分接开关暴露在空气中 （5）分接开关位置错位	（1）更换或修复触头接触面，更换弹簧或过渡电阻 （2）按要求重新装配并进行调整 （3）更换绝缘板 （4）补注变压器油至正常油位 （5）纠正分接开关位置
8	变压器油质变劣	油色变暗	（1）变压器故障引起放电造成变压器油分解 （2）变压器油长期受热氧化使油质变劣	过滤变压器油或换新油

第二节　电磁制动器

电磁制动器是一种借助电磁力的作用，产生（或消除）制动功能的装置。它是一种将主动侧扭力传给被动侧的连接器，可以根据需要自由地结合、切离或制动，因使用电磁力来动作，所以也称为电磁离合器。电磁制动器是使机器在很短时间内停止运转并刹住不动的装置。制动器也可在短期内用来降低或调整机器的运转速度。电磁制动器是现代工业中一种理想的自动化执行元件，在机械传动系统中主要起传递动力、控制运动等作用。电磁制动器具有结构紧凑、操作简单、响应灵敏、寿命长、使用可靠、易于实现远距离控制等优点。

一、电磁制动器的基本结构及原理

电磁制动器主要由磁轭、挡圈、动盘、衔铁、弹簧片、法兰等组成，结构如图5—10所示。

电磁制动器的励磁线圈接通额定电压（DC）时，电磁力吸合衔铁，使衔铁与制动盘脱离（释放），这时传动轴带着制动盘正常运转或启动，当传动系统分离或断电时，制动器也同时断电，此时弹簧施压于衔铁，迫使制动盘与衔铁及法兰盘之间产生摩擦力，使传动轴快速停转。

使机械运转部件停止或减速所必须施加的阻力矩称为制动力矩。制动力矩是设计、选用制动器的依据，其大小由机械的类型和工作要求决定。制动器上所用摩擦材料（制动件）的性能直接影响制动过程，而影响其性能的主要因素为工作温度和温升速度。摩擦材料应具备高而稳定的摩擦因数和良好的耐磨性。摩擦材料分金属和非金属两类。

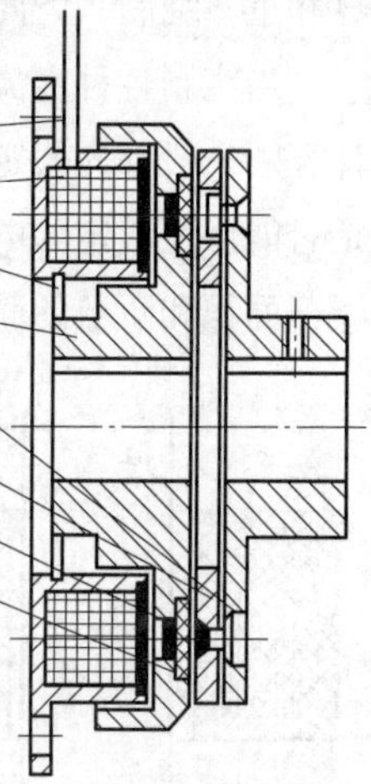

图5—10　电磁制动器的结构

前者常用的有铸铁、钢、青铜和粉末冶金摩擦材料等，后者有皮革、橡胶、木材和石棉等。

利用电磁效应实现制动的电磁制动器，可分为电磁粉末制动器、电磁涡流制动器、电磁摩擦式制动器等多种形式。

1．电磁粉末制动器

电磁粉末制动器的励磁线圈通电时形成磁场，磁粉在磁场作用下磁化，形成磁粉链，并在固定的导磁体与转子间聚合，靠磁粉的结合力和摩擦力实现制动。激磁电流消失时磁粉处于自由松散状态，制动作用解除。这种制动器体积小、质量轻、励磁小，而且制动力矩与转动件转速无关，可通过调节电流来调节制动力矩，但磁粉会引起零件磨损。这种制动器便于自动控制，适用于各种机器的驱动系统。

2．电磁涡流制动器

电磁涡流制动器的励磁线圈通电时形成磁场，制动轴上的电枢旋转切割磁力线而产生涡流，电枢内的涡流与磁场相互作用形成制动力矩。电磁涡流制动器坚固耐用，维修方便，调速范围大；但低速时效率低、温升高，必须采取散热措施。这种制动器常用于有垂直载荷的机械中。

3．电磁摩擦式制动器

电磁摩擦式制动器的励磁线圈通电产生磁场，通过磁轭吸合衔铁，衔铁通过连接件实现制动。

另外，电磁制动器还可以分为干式单片电磁制动器、干式多片电磁制动器、湿式多片电磁制动器等，较为常用的单片电磁制动器如图 5—11 所示。电磁制动器按制动方式可分为通电制动和断电制动两种。

图 5—11　单片电磁制动器

二、电磁制动器绕组计算

在实际工作中，当电磁制动器线圈出现短路、烧断等故障时，需要进行绕组尺寸的计算和重新绕制。下面以直流电磁铁为例，介绍计算绕组尺寸的简单方法。

当绕制各种直流电磁铁时，需进行电磁系统计算，涉及线圈导体截面积、线圈匝数的计算。一般都先假定取某一电流值，然后根据安匝数计算线圈匝数等值，最后校验电阻值是否能保证假定的电流值。现介绍一种当励磁安匝、铁芯尺寸一定时，计算励磁线圈的导线截面积和匝数的简单方法。

直流电磁铁线圈结构如图 5—12 所示。

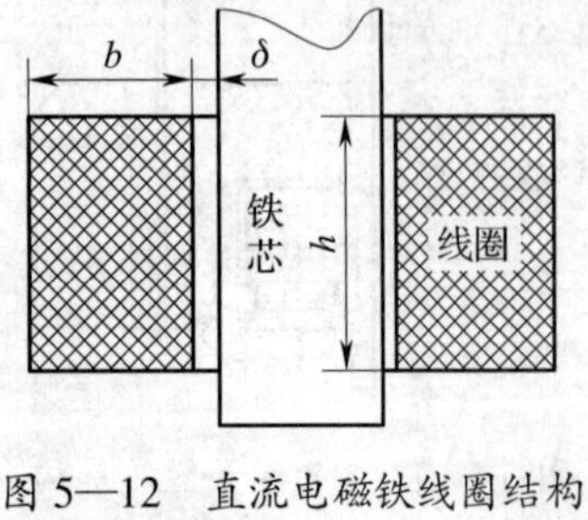

图 5—12　直流电磁铁线圈结构

设整个磁路磁势为 F（单位为 A · N），线圈宽为 b、高为 h（单位为 m），气隙长度为 δ（单位为 m），则线圈导体截面积 A（单位为 mm^2）和匝数 N 的积与线圈截面积成比例，即：

$$bh=10^{-6}KAN \tag{5—1}$$

式中，K 为导线的绕紧系数，与绕线工具、绕线技术等有关，一般取 1.1 ~ 1.2。

导线电流密度 $J=\frac{FK}{bh}$（单位为 A/m^2），则 $b=\frac{FK}{Jh}$。

（1）对于矩形铁芯，线圈中一匝导线的平均长度 L（单位为 m）为：

$$L=2(L_1+2\delta+b)+2(L_2+2\delta+b)$$
$$=2(L_1+L_2)+8\delta+4b$$

式中，L_1、L_2 分别表示矩形铁芯的长、宽，单位为 m。

（2）对于圆形铁芯，线圈中一匝导线的平均长度 L（单位为 m）为：

$$L=2\pi(r+\delta+b/2)$$

式中，r 表示铁芯半径，单位为 m。

加在线圈上的电压为 U（单位为 V）时，由欧姆定律可得：

$$\frac{U}{R}=I=10^{-6}JA=\frac{10^{-6}FKA}{bh} \tag{5—2}$$

又知

$$R=\frac{\rho LN}{A} \tag{5—3}$$

式中，ρ 为导线的电阻率，单位为 Ω · mm^2/m。

将式（5—1）、式（5—3）代入式（5—2）中，可得出导线截面积计算公式：

$$A=\frac{\rho LF}{U} \tag{5—4}$$

将式（5—3）代入式（5—2）得：

$$\frac{U}{\rho LN}=10^{-6}J$$

因此，绕组匝数为：

$$N=\frac{10^{6}U}{\rho LJ} \tag{5—5}$$

这样，可利用式（5—2）、式（5—3）、式（5—4）、式（5—5）进行直流电磁铁绕组的有关计算。

上述计算方法可以快捷简单地计算出绕组的有关参数，但是也存在不足之处。由于绕紧系数 K 与绕线工具、绕线技术等因素有关，其取值不当时误差较大，尤其匝数较少时误差会更大。

第六章　装卸机械电气控制

第一节　岸边集装箱桥式起重机电气控制

一、吊具系统

1. 吊具的定义

本书中描述的吊具，是指在货物装卸过程中，用于大型装卸机械上，直接与装卸对象接触，达到与装卸对象可靠连接的器具，如抓斗、各类集装箱吊具等。它协助装卸机械完成货物装卸过程。

集装箱吊具是装卸集装箱的专用索具，它通过四角的旋锁与集装箱的顶角配件连接，由司机操作或自动控制旋锁的开闭作业。集装箱吊具的品质与可靠性，直接影响着岸桥的整机性能。

集装箱吊具按照ISO标准设计和制造。设计时，充分考虑了集装箱岸桥吊具作业的恶劣工况，采取了特殊的防振、防松、防潮和防高温措施，从而保证了集装箱作业安全。

2. 集装箱吊具的主要类型

集装箱吊具按其结构特点，可分为四种类型。

（1）固定式吊具。固定式吊具（见图6—1）也称整体式吊具，它只能装卸一种规格的集装箱。固定式吊具无专用动力装置，是通过钢丝绳的升降带动棘轮机构驱动旋锁转动，从而以钢丝绳机械运动的方式实现自动开闭旋锁。这种吊具结构简单、质量轻，但使用不方便，一般用于多用途门机和一般门机上。

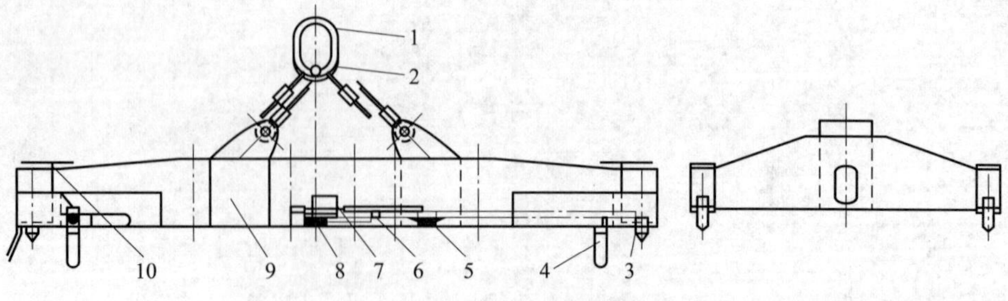

图6—1　固定式吊具

1—吊索　2—吊环　3—旋锁箱总成　4—导板装置　5—连杆总成
6—托辊总成　7—牵引系统　8—驱动机构　9—吊架　10—旋锁指示器

（2）主从式吊具。主从式吊具也称组合式吊具，如图 6—2 所示。它由上下两个吊具组合而成。一般上吊具为 20 ft 集装箱作业，下吊具为 40 ft 集装箱作业。在上吊具上装有动力装置。当起吊不同规格的集装箱时，只要装上或卸下下吊具即可。主从式吊具与固定式吊具相比，使用方便，但质量较大。

（3）子母式吊具。子母式吊具也称换装式吊具，如图 6—3 所示。这种吊具在其专用吊梁上装有动力系统，用来驱动下面吊具上的各种机构。在吊梁下可换装 20 ft、40 ft 等多种规格集装箱固定吊具。与主从式吊具相比，它的自重较轻，但更换吊具花费的时间较长。

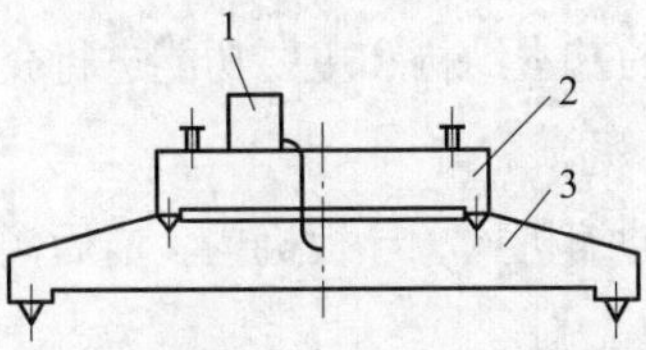

图 6—2　主从式吊具

1—液压动力站　2—20 ft 吊具

3—40 ft 吊具

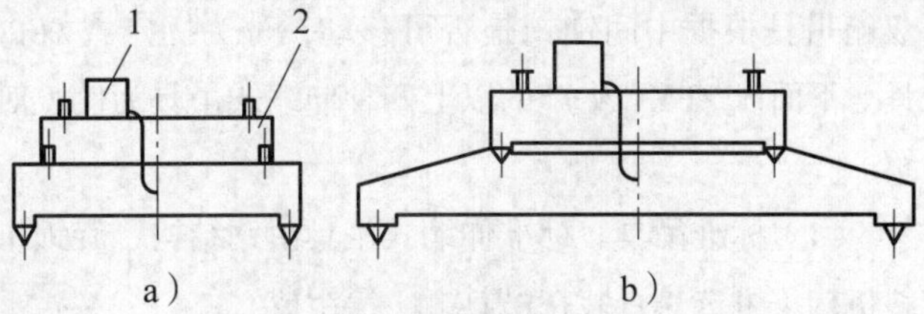

图 6—3　子母式吊具

a）20 ft 用　b）40 ft 用

1—液压动力站　2—吊梁

（4）伸缩式吊具。伸缩式吊具（见图 6—4）是通过液压传动驱动伸缩链条或油缸（目前也有不使用液压而是用电动机直接驱动），使吊具通过自动伸缩改变其长度，以适应装卸不同规格的集装箱。伸缩式吊具虽然自重较大，但长度调节方便、操作灵活、通用性强、生产效率高，因此目前世界上的集装箱专用机械大多采用这种吊具。

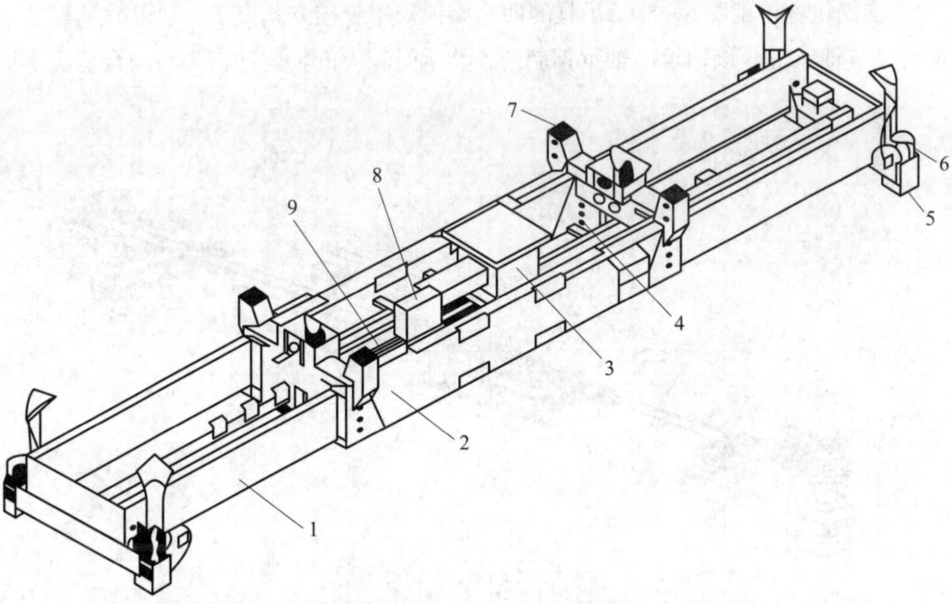

图 6—4　伸缩式吊具

1—伸缩梁结构　2—底梁主结构　3—液压系统　4—输缆（管）装置

5—旋锁机构　6—导板机构　7—前后倾装置　8—电气系统　9—伸缩机构

3．伸缩式吊具的构成

目前，在集装箱码头作业的集装箱主要有 20 ft、40 ft ISO 集装箱和 45 ft APL 集装箱，为了使一台设备能对这三种尺寸的集装箱进行快速装卸，要求该设备的吊具必须能够在装卸这三种尺寸的集装箱时进行方便、快速、安全的转换，所以伸缩式吊具被广泛采用。把能快速满足以上三种主要尺寸集装箱装卸，一次只能装卸其中一个集装箱的基本吊具形式叫作标准吊具。在标准吊具的基础上，还有为了满足一些特殊要求而设计的吊具被采用，主要有：在标准吊具的上面增加使吊具平面实现大于 180° 旋转并可调节重心的旋转调心吊具；为了提高作业效率，实现一次吊装两个 20 ft 集装箱的吊具，即双箱吊具。双箱吊具根据中间锁销是否可移动，分为固定式双 20 ft 箱吊具和可移动式双 20 ft 箱吊具。下面以 ZPMC 生产的以上四种伸缩式吊具为例，对吊具的基本结构和主要功能进行介绍。

（1）标准吊具。标准伸缩式吊具由钢结构、旋锁机构、伸缩机构、导板机构、前后倾斜机构（可选是否装在吊具上）等组成。

1）钢结构。吊具的钢结构是吊具的承载构件，由主梁和伸缩梁两部分构成。伸缩梁结构嵌套在主梁的两根Ⅲ形梁中，在伸缩驱动力的作用下，它可以在Ⅲ形梁中滑动。伸缩梁与端部横梁用焊接方式替代传统的螺栓连接方式，这样就可避免因螺栓松动而引起的螺栓断裂现象。Ⅲ形梁和端部横梁采用薄板冷弯成两个 [形后再对接拼焊，这种结构能大大减少焊缝。由于结构件被固定在工装胎架上焊接成型，所以焊后无须校正就能保证几何公差要求。另外，为了提高起重量和减轻吊具的自重，吊具的结构件广泛采用国际先进的特高强度钢板制造。

2）旋锁机构（见图 6—5）。吊具的四个旋锁采用悬挂方式支承，通过旋锁螺母支承在推力关节轴承上。该轴承由轴承钢制造，能承受较大的轴向冲击力，完全适应于集装

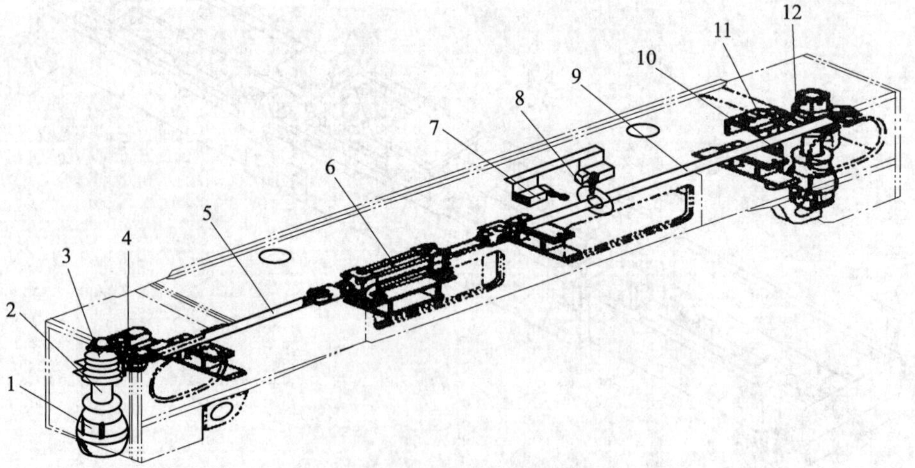

图 6—5　旋锁机构

1—旋锁衬套　2—旋锁　3—旋锁螺母　4—推力关节轴承　5—连杆Ⅰ
6—旋锁油缸　7—开闭锁限位开关　8—限位撞块　9—连杆Ⅱ
10—顶销　11—顶销限位开关　12—转柄

箱吊具大负荷、高冲击、露天作业的恶劣工况；轴承座上开有润滑油槽，以保证支承面能得到良好的润滑。推力关节轴承的上半部球形支承面作用在凹球面上，允许在较大范围内摆动，从而使吊具旋锁在空间实现了全方位的“浮动”。这样，吊具旋锁在吊集装箱时仅承受纯拉力，而且使旋锁更容易被插入集装箱上的角配件孔中。这种“浮动”旋锁也能装卸略有变形的集装箱。位于吊具四角的顶销用来检测吊具是否完全着箱，或吊具在空中是否吊着集装箱。

为了确保作业安全，吊具旋锁除了电气联锁外，还装有机械联锁装置（见图 6—6）。当吊具将集装箱吊至空中时，若电气联锁失灵或司机误操作，机械联锁装置保证旋锁机构绝对不发生转动。其原理如下：在旋锁机构的转柄上开有两个半圆形缺口，当吊具与集装箱脱离或吊着集装箱时，顶销上部的顶销撞块正好卡在转柄的缺口处，阻止转柄转动，防止吊具的旋锁在吊着集装箱时误转动；当吊具落在集装箱上时，顶销上的顶销撞块在高度方向上离开了转柄的缺口，转柄可转动，实现开闭锁动作。

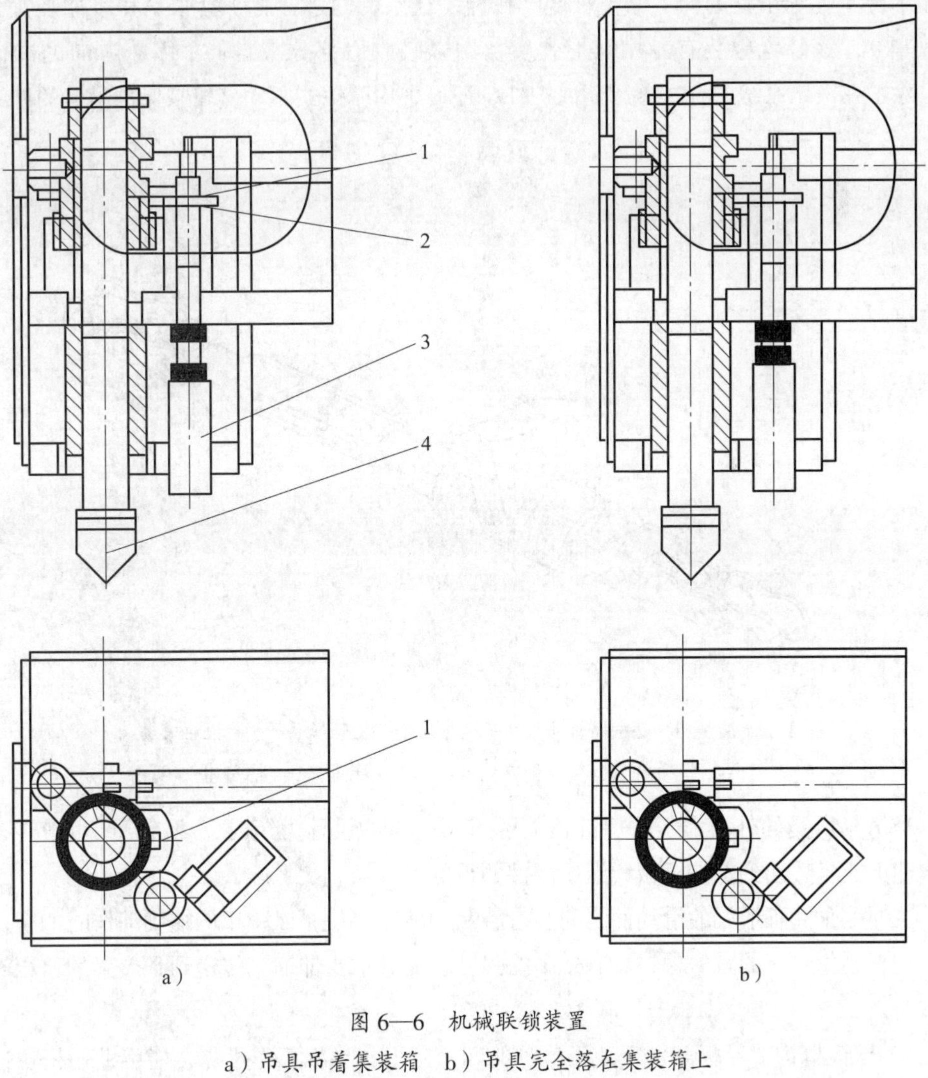

图 6—6　机械联锁装置

a）吊具吊着集装箱　b）吊具完全落在集装箱上

1—转柄　2—顶销撞块　3—顶销　4—旋锁

吊具两端的端梁内各有一套由油缸推动的曲柄连杆机构，每套机构驱动两个旋锁动作。它们安装在箱形端部横梁内，不会受到外力破坏，具有很高的可靠性。

开（闭）锁限位开关也安装在端部横梁里面，通过检测连杆上感应块的两个位置来检测开（闭）锁状态。箱形端梁的内侧开有安装检修孔，并用耐油橡胶板遮盖，以防水、防尘。另外，利用装在旋锁系统液压回路中的减压阀减小工作压力，以减小油缸的推力。

在正常工作状况下，由吊具下的空载集装箱所产生的摩擦阻力大于油缸的驱动力，从而保证空中吊箱时不会出现开锁现象。

3）伸缩驱动机构和减摩装置。吊具伸缩动作靠液压马达和减速器驱动链轮链条传动实现。当伸缩梁在伸缩运动过程中接触到限位开关时，即发出信号并切断伸（缩）电磁阀电源，使液压马达停止转动，吊具定位于设定的 20 ft、40 ft 或 45 ft 位置，并在司机室的显示屏上显示吊具的伸（缩）长度。在伸缩链条的两边各有一套张紧和缓冲装置（见图 6—7），该装置中装有专用碟形弹簧，用以吸收一部分来自伸（缩）方向的冲击能量。除了在液压系统中有过压卸荷保护外，还可采用摩擦式驱动链轮来保护吊具的伸缩机构。

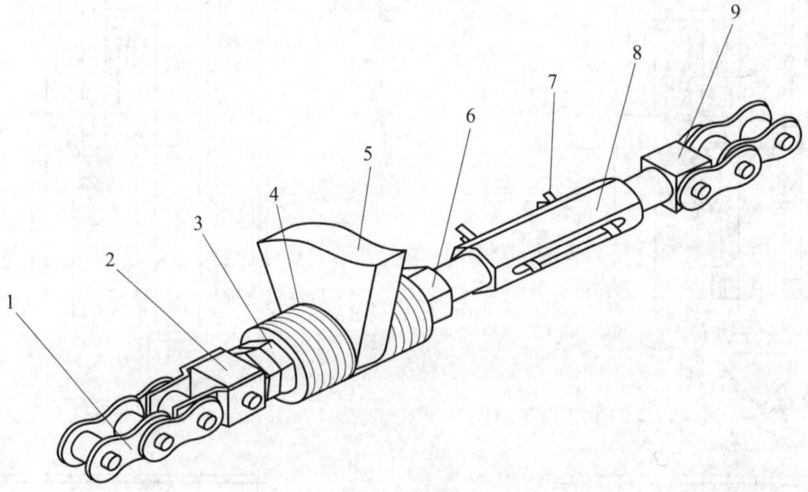

图 6—7　张紧装置

1—伸缩链条　2—螺杆Ⅰ　3—螺母　4—碟形弹簧　5—推杆耳板

6—锁紧螺母　7—开口销　8—调节螺母　9—螺杆Ⅱ

当吊具所受的外力大于摩擦链轮（见图 6—8）的设计力矩时，该链轮产生滑转，以吸收冲击能量，达到保护机械和液压部件的目的。

在伸缩梁和Ⅲ形梁的滑动面之间装有特制的减摩垫块，以减小伸缩梁动作时的摩擦阻力。用于制作垫块的减摩材料具有较高的强度，能够承受伸缩梁传递到Ⅲ形梁的挤压和冲击载荷。

4）导板机构。导板分别安装于吊具的四个角上。导板工作可靠，能帮助司机快速对位集装箱，以提高装卸效率。导板分活动导板和固定导板两大类，活动导板主要用于与岸

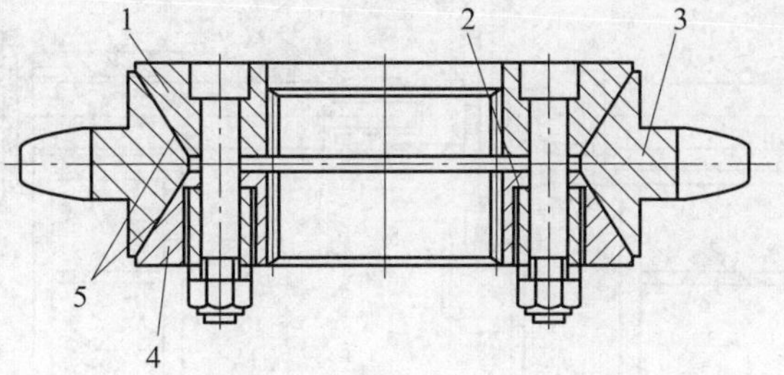

图 6—8　摩擦链轮

1—右花键锥形导向体　2—碟形弹簧　3—链轮　4—左花键锥形导向体　5—摩擦面

桥相配的吊具上，固定导板则多用于与轮胎式龙门起重机或轨道式龙门集装箱起重机相配的吊具上。活动导板有三种驱动形式，如图 6—9 所示。导板的摆动幅度为 180°，导板下压时的扭矩不小于 2 400 N · m，导板抬起后其外形尺寸不得超出转销箱的边界尺寸。由于四个角的导板具有独立的驱动装置，因此可按司机的操纵指令随意组合导板的动作。

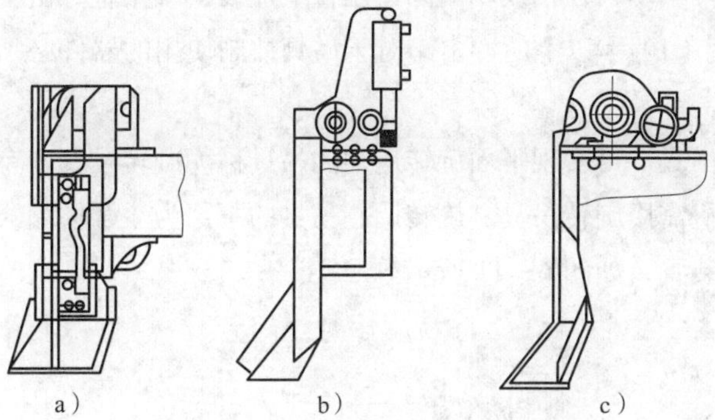

图 6—9　活动导板的三种驱动形式

a）用摆动油缸实现导板的摆动　b）往复式油缸推动扇形齿轮　c）液压马达驱动扇形齿轮

5）前后倾装置。前后倾装置可通过安装在集装箱吊具上的四个前后倾油缸，或通过安装在起重机起升钢丝绳一端的倾转机构来实现吊具前后倾，范围为 ±5°。

6）伸缩定位装置（见图 6—10）。该装置在以前的 Stinis 吊具中最早出现，现在 ZPMC 吊具改进使用。当吊具受到较大外力冲击时，吊具伸缩位置会发生微动而影响正常装卸作业，因此在吊具底梁主结构上安装了一套伸缩定位装置。该定位装置由液压油缸、定位销、限位开关等组成。其工作原理是：当吊具伸缩至 20 ft、40 ft、45 ft 位置时，定位液压油缸推动定位销插入焊于伸缩推杆相应位置上的定位孔中，并由限位开关提供其动作的信号。伸缩动作开始前，首先将定位销退出并使限位开关作用，发出定位销退出到位信号，然后才开始伸缩动作；伸缩到位后，伸缩位置限位开关发出到位信号，再延时若干秒，定位销才插入推杆定位孔中，以锁定吊具伸缩梁，从而确保四个旋锁吊点处于正确位置。

7）液压系统。吊具的伸缩、旋锁和导板等运动，通过在吊具上的液压动力站、各类液压控制阀控制各类液压油缸和液压马达来实现。

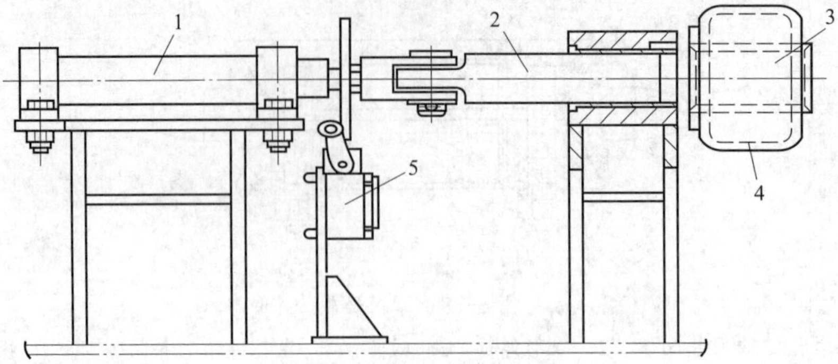

图 6—10 伸缩定位装置

1—定位销油缸 2—定位销 3—定位孔 4—伸缩推杆 5—限位开关

8）电气系统。吊具上所有的用电设备和受控元件，均通过一个密封的电控箱，采用专用多芯插头 / 插座与吊具电缆相接。吊具上所有的电气接线箱均由耐酸不锈钢制成。为防止箱子中电气元件松动，在接线箱的固定位置上加装了减振垫。由于吊具在作业时要经受 10 倍重力加速度（10g）以上的冲击，对于吊具控制使用的器件必须具有非常强的抗振性能。

（2）旋转调心吊具。可实现平面旋转运动的吊具称为旋转吊具。有些岸桥、轨道龙门起重机和多用途门机需用旋转吊具。旋转调心吊具的下部为一个伸缩式吊具，在其上部配置调心装置和旋转装置，如图 6—11 所示。

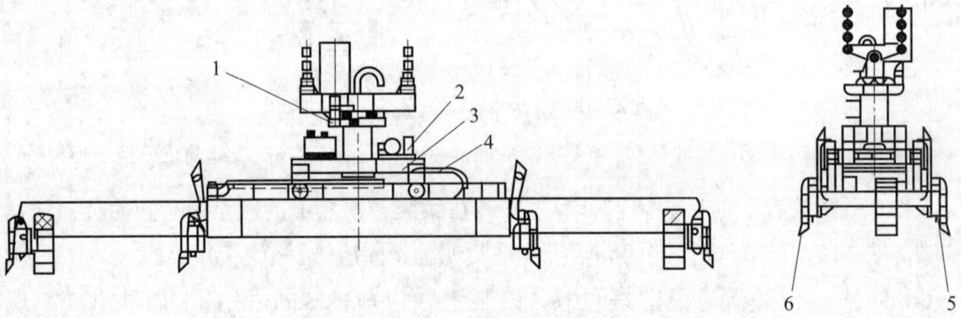

图 6—11 旋转调心吊具

1—旋转装置 2—液压系统 3—调心装置 4—输缆（管）装置

5—旋锁机构 6—导板装置

1）旋转装置。旋转装置由旋转支承和驱动机构组成。在旋转装置上装有均力平衡梁，以保证起重机四根钢丝绳均衡受力。吊具的旋转部分与非旋转部分通过一个回转支承相连。电动机或液压马达驱动减速器和主动小齿轮，带动吊具作旋转运动。采用起重机上的 PLC 控制吊具的旋转角度（如采用编码器测速及变频调速等技术），则能够使吊具的旋转角度严格跟随起重机的旋转角度，从而保证集装箱始终作平行移动，以提高装卸效率。限位开关可发出左右零位、左右终点位置信号，以提示司机吊具的旋转方向和位置。

2）调心装置。当吊具由于旋转运动而发生重心偏移时，调心装置能够自动或按司机操纵指令进行行程 ±800 mm 的调心运动，以保持吊具的水平状态。这个运动由一个液压油缸驱动调心小车的移动来实现。调心小车上的四个车轮（也可用四块抗摩板）支承住吊具底梁结构，承受来自吊具的拉力。四个限位开关发出左右零位和左右终点位置信号，以提示司机吊具的移动方向和位置。旋转部分的电缆和液压软管通过输缆链与吊具相连。

3）导板机构。旋转调心吊具用摆动油缸驱动导板摆动，其摆动幅度为 180°。六个导板中，两个位于海侧，两个位于陆侧，左右端梁中部各一个。导板下压时的扭矩不小于 2 400 N · m。由于六组导板具有独立的驱动装置，因此它们可按司机的操纵指令同时动作或成对及单独动作。同时加长型的导板结构及六个导板的布置方式，能帮助司机尽快稳定吊具的扭摆，快速将旋锁插入集装箱角孔中，以提高装卸效率。

（3）固定式双 20 ft 箱吊具。固定式双 20 ft 箱吊具（见图 6—12）即一次能同时装卸两个 20 ft 集装箱，双箱吊点装置不可水平移动的伸缩式吊具。与单箱吊具相比，它大大提高了装卸效率。伸缩固定式双 20 ft 箱吊具是在标准吊具的基础上，在主框架的中部增加四套独立的旋锁机构及其相应的结构件，从而在保留标准吊具原有全部功能的基础上，增加了同时装卸两个 20 ft 集装箱的功能。

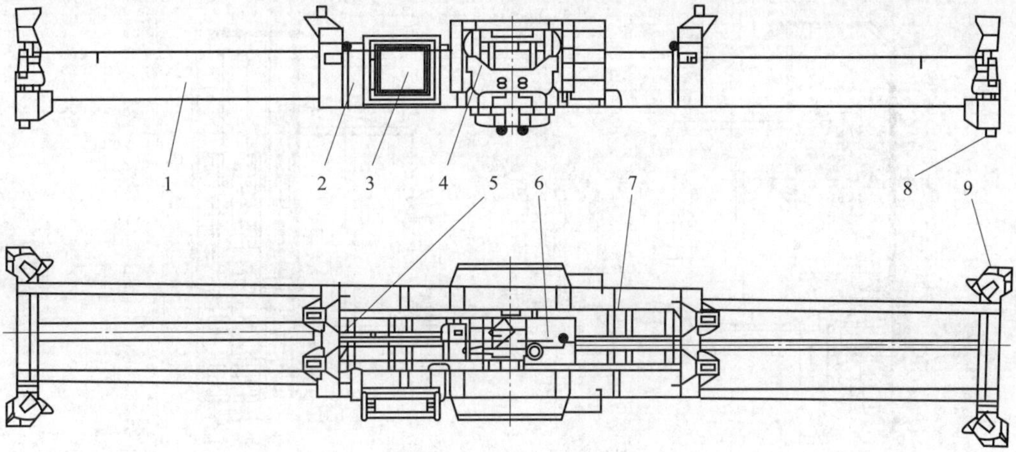

图 6—12　固定式双 20 ft 箱吊具

1—伸缩梁结构　2—底梁主结构　3—电气系统　4—双箱吊点装置　5—输缆（管）装置
6—液压系统　7—伸缩驱动　8—转销驱动　9—导板装置

1）双 20 ft 箱吊具中部吊点装置（见图 6—13）。双 20 ft 箱吊具中部吊点装置也称中间旋锁装置，由四只旋锁箱、四套独立的旋锁机构和两套垂直提升装置组成。在每套提升装置上装有四块减摩块，起导向和减摩作用。由于中间四只旋锁箱分别由油缸驱动作垂直升降运动，因此四个中间旋锁吊点能始终保持准确的位置尺寸。在中间旋锁箱的销轴连接处有 60 mm 的垂直浮动间隙，从而能在两个 20 ft 集装箱的吊点高度落差多达 60 mm 的情况下，同时起吊两个 20 ft 集装箱。中间旋锁箱的支点处采用关节轴承，从而提供了其自由浮动的条件。即使这两个 20 ft 集装箱中间四个角配件相对平面位置有偏差，也能有效地保证中间四只旋锁准确地插入集装箱的角配件孔中。另外，中间旋锁箱的垂直提升高度达 420 mm，当提升至最高处时，可以使中间旋锁装置处于底梁主结构的上部，保证吊具在吊单只超高箱时避免与中间旋锁装置发生干涉，从而更好地保护中部旋锁机构和集装箱。只有当中间四只旋锁箱全部下降到位时，吊具才能同时装卸两个 20 ft 集装箱；只有当中间四只旋锁箱全部被提起到位时，才能装卸单个 20 ft 或 40 ft 集装箱。为了正确区分吊具下是两个 20 ft 集装箱还是一个 40 ft 集装箱，吊具上还装有一套由红外线光电感应开关组成的双 20 ft 箱检测装置（称为“误吊感应装置”）。该装置发出的信号除使司机能正确判断即将起吊的集装箱是双 20 ft 箱还是单箱外，同时还与起重机的控制系统一起组成了一套电气安全联锁保护程序：当吊具下是 40 ft 单箱而吊具的中间四只旋锁箱全部处于下降位置（吊两个 20 ft 集装箱状态）时，吊具起升到安全高度时会自动停止下降，以防止损坏集装箱和旋锁；反之，当吊具下是两个 20 ft 集装箱而中间的四只旋锁未下降到位（吊一个 40 ft 集装箱状态）时，除了停机外，还发出信号告诉司机发生了误动作，从而能有效地避免事故的发生。还可根据用户的要求，采用机械联锁装置，与电气联锁一起工作，确保中间四只旋锁的可靠动作。而且装卸双 20 ft 箱时，中间四只旋锁与两端的四只旋锁动作是联锁的，即只有当八只旋锁全部插入集装箱的角配件孔后，八只顶销限位开关发信号，才允许做开闭锁动作。

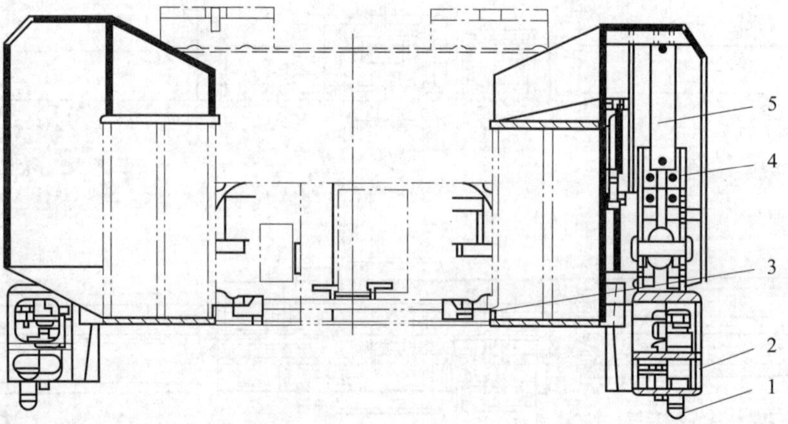

图 6—13　双点吊点装置

1—旋锁机构　2—中间旋锁箱　3—误吊感应装置　4—减摩块　5—中间提升机构

2）液压系统。吊具上的液压系统是在原有标准吊具的基础上，增加了操作中间旋锁装置和中间旋锁箱的功能，即能控制吊具的伸缩、旋锁、导板动作和中间旋锁箱的升降动作。

3）电气控制系统。在标准吊具的基础上，固定式双 20 ft 箱吊具增加了用于中间旋锁开 / 闭锁检测、中间顶销着箱检测和中间旋锁箱升降位置检测的限位开关，以及误吊感应装置（该装置只有在两个 20 ft 集装箱之间有间隙时才起作用）。

除了标准吊具的限位开关外，固定式双 20 ft 箱吊具上的专用限位开关分别用于中间旋锁箱升降位置检测，检测双 20 ft 箱吊具的中间四只旋锁箱及旋锁机构是否处于上升 / 下降位置，它们与伸缩位置信号及起升机构联锁，确保只有在 40 ft 位置时才能吊载双 20 ft 箱。

双 20 ft 集装箱误吊检测装置（TTDS）的功能：多个红外线光电感应开关安装于吊具的中锁附近，为了检测吊具的单、双箱状态以及与吊具直接连接的集装箱是两个 20 ft 还是 40 ft，达到防止在 40 ft 位置时误吊两个 20 ft 集装箱，发生安全事故。该装置有一定的局限性：若两个 20 ft 箱靠在一起，中间无间隙或间隙很小的特殊情况下，光电难以鉴别；同时由于用于检测的特殊开关的抗振动能力较差，较难适应长期高振动和全天候港口的环境，一般在实际使用中较难发挥其安全检测和保护作用。

（4）可移动式双 20 ft 箱吊具。可移动式双 20 ft 箱吊具（见图 6—14）的结构形式与固定式双 20 ft 箱吊具基本相同，只是在其基础上增加了一套中间吊点装置的平移机构（该平移机构简称中锁平移机构），在吊箱或不吊箱情况下均可平移中锁间的距离；同时对液压系统作了相应的改进，电气上增加了中锁平移机构的控制系统等。它既能装卸单个集装箱（20 ft、40 ft、45 ft 集装箱），又能装卸两个在一定范围内不同间距的 20 ft 集装箱。

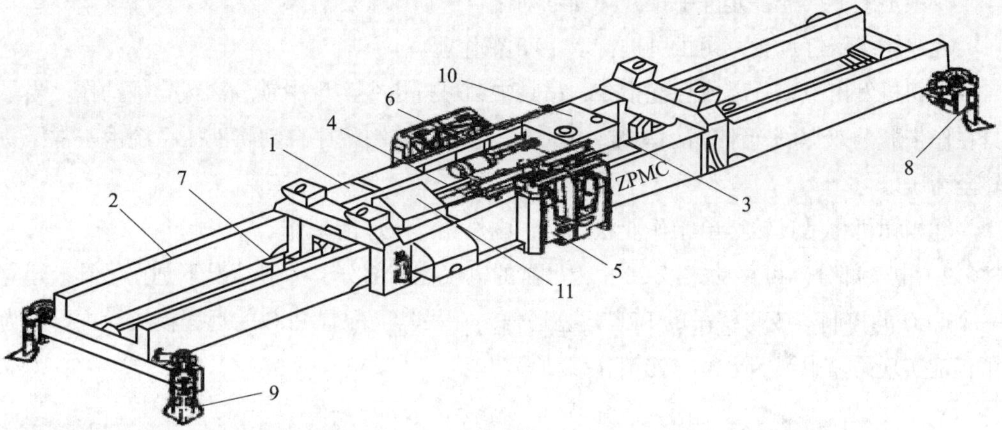

图 6—14　可移动式双 20 ft 箱吊具

1—底梁主结构　2—伸缩梁结构　3—输缆（管）装置Ⅰ　4—双箱移动机构

5—中间吊点装置　6—输缆（管）装置Ⅱ　7—伸缩机构　8—旋锁机构

9—导板机构　10—液压系统　11—电气系统

1）机械部分。可移动式双 20 ft 箱吊具是一个全焊接的结构装配件，一对伸缩梁嵌套在中部底梁内，并可在特制的抗摩块上滑动。为了减小带载伸缩摩擦力，在伸缩梁的尾端上部装有支承滚轮，在吊具的主梁滑道上装有四个中间移动架，且每个中间移动架内装有一套可上下运动的中间旋锁箱，每个中间旋锁箱均与一个液压升降油缸相连。当中间旋锁箱处于上升位置时，可进行单箱作业；当中间旋锁箱处于下降位置时，则可进行双 20 ft 箱作业。为了实现中间旋锁箱与一侧边锁的位置保持一定，设计了一对中间旋锁移动的液压油缸，分别与左右两个下推杆相连，而这两个下推杆分别通过连接板与左右两对中间移动架连接。在中间旋锁移动液压油缸的推动下，中间移动架同中间旋锁箱可作向外和向内的平移运动，并保证外伸梁进行同步伸缩，这样吊具就能装卸在设计范围内的任意位置的两个 20 ft 集装箱，同时也实现了吊具下两个 20 ft 集装箱的平移运动。

可移动式双 20 ft 箱吊具与固定式双 20 ft 箱吊具的主要区别在于其特殊的伸缩机构。该吊具的伸缩驱动系统由双中锁移动和常规伸缩驱动两套机构组成，常规伸缩驱动机构与标准吊具基本相同，中锁移动机构由中锁移动油缸、下推杆、连接板、减摩块、40 ft 零位置及标准位置限位开关、45 ft 极限位置限位开关等组成。

当吊具在作正常的伸缩运动时，上下推杆处于脱钩状态，液压马达驱动减速器及链轮链条，与上推杆相连接的链条推动伸缩梁作伸缩运动（这时的伸缩运动相当于普通吊具的伸缩运动）。当吊具在作带载的双 20 ft 箱伸缩运动时，其运动步骤如下：

①司机将吊具转至双 20 ft 箱作业状态，双 20 ft 箱控制程序自动将伸缩梁定位至 40 ft 位置。

②自动将液压系统由正常压力转至高压。

③控制两个伸缩油缸将下部的移动架置于 40 ft 标准位置。

④上下推杆对位正确，限位发出信号，挂钩油缸动作。

⑤锁定上下推杆，允许中锁升降油缸动作，中锁放下。

⑥双箱指示灯点亮，司机可进行双 20 ft 箱作业。

⑦司机发出中锁分离或合拢指令，吊具中锁可按指令实现中锁分离或合拢动作。当吊具在作带载的双 20 ft 箱伸缩运动时，双 20 ft 箱吊具控制程序自动将液压系统由正常压力转至高压。

⑧当司机将吊具转至单箱作业状态时，则作相反顺序的动作。

2）电气部分。可移动式双 20 ft 箱吊具的电气控制部分，一般情况下是在吊具上建立一个 PLC 的控制器或与桥吊的 PLC 建立通信，在吊具上配置 PLC 的远程模块，主要是为了正确实现吊具中锁的定位、连锁和移动等功能。

二、供电系统

1. 岸桥供电方式

岸桥采用电力驱动，供电方式有两种：一种方式是使用外接电源，即直接从电网获得动力；另一种方式是采用配置在起重机上的柴油发电机供电。

（1）外接电源供电。这种供电方式具有经济、简单、清洁、维修量小、减少环境噪声污染等许多优点，是广泛采用的一种供电方式。按照受电形式不同，有滑触线供电和电缆供电两种形式。

1）滑触线供电。沿着岸桥大车运行轨道的全程敷设裸导线（滑触线），岸桥上装有集电器（滑接器），集电器沿裸导线滑动或滚动，将电流引上岸桥。这种市电供电方式在岸桥上无须安装价格昂贵的电缆卷筒装置和几百米长的电缆。滑触线有硬滑线（如角钢、圆钢）、软滑线（如铜葫芦线）等。滑触线可架空，也可敷设在沿轨道并与轨道平行的地沟内（地沟必须加盖）。滑触线可架在海侧轨道边，也可架于陆侧轨道的陆侧边，具体应根据码头布置而定。

上述的滑触线供电方式，有受电器与滑触线的接触受电，往往因使用磨损导致受电故障，又占用码头空间，因此已很少采用。

2）电缆供电。电缆供电的岸桥是目前使用外接电源的岸桥中最为普遍的。它弥补了滑触线中接触不良的缺点，占用码头空间小，并能与通信光电缆组合在一起，虽价格较贵，但具有无可比拟的优点，因而得到广泛应用。其最为典型的形式是电缆卷筒式供电。

电缆卷筒式供电是在岸桥相应的海侧门框或陆侧门框处配置一电缆卷筒装置。电缆长度根据码头需要配置，一端与电缆卷筒的集电滑环（受电器）连接，另一端盘绕在卷筒上，并从卷筒拉出经导缆器与码头的电缆接线箱连接，将外接电源送到起重机。

岸桥向着接线箱方向运行时，岸桥上的电缆卷筒装置能有效地将电缆卷起；岸桥向离开接线箱方向运行时，电缆卷筒装置能有效地将电缆放出。电缆卷筒始终使电缆保持着必要的张力，保证电缆被拉直，平放在码头的槽内（或码头面上），以免电缆在码头上搁放混乱和被过往的车辆压断。

电缆在卷筒上的盘绕有两种方式：一种是“单排多层”卷盘式（这是目前最常用的一种盘绕方式）；另一种是“单层多排”卷筒式。

卷盘式盘绕方式，电缆在盘入盘出的过程中没有受到扭曲，有利于提高电缆的使用寿命，但在一定电缆拉力下，电缆卷筒的阻力矩发生变化，要求配置的驱动功率大。卷筒式盘绕方式，电缆在盘入盘出的过程中受扭曲，但电缆卷筒的阻力矩不变，配置驱动的功率可小些。

（2）柴油发电机组供电。岸桥由柴油发电机组供电有两种形式：一种形式是柴油发电机组装在岸桥上；另一种形式是柴油发电机组装在码头上，与外接电源组合使用，一旦外电中断，可由柴油发电机组供电。

1）柴油发电机组装在岸桥上，不需要配置电缆卷筒装置、高压柜、变压器等。由于柴油机发电机组和燃油供给系统直接配置在岸桥上，其机械成本要比电缆卷筒供电高。这种供电方式的岸桥在国外和一些外电供应困难的地区有一定的市场。

柴油机发电机组可以设置在海陆门框横梁处，也可设在后大梁上。

供油系统（油泵、各种阀、管路）从地面供油车向主油箱供油，辅助泵和阀从主油箱到辅助油箱向柴油机供油。因此，向主油箱供油的油泵设置在离码头面不高的门框处。主油箱有的设在海陆侧门框横梁上，也有的设在后大梁上；辅助油箱设在柴油机旁。

2）柴油发电机组设在码头上，有固定式和流动式两种。使用这种动力的岸桥与使用外接电源的岸桥类似，也可以将外接电源和柴油发电机组供电组合使用。

2. 供电系统无功功率补偿

在港口供电系统中，岸桥是主要用电设备，感性负载，具有感性特性（其他如感应电动机、电力变压器和电焊机等）。它除了从供电系统吸收有功功率，还要吸收相当数量的无功功率以产生这些设备正常工作所必需的交变磁场。特别是有的设备生产过程中还经常出现无功冲击负荷，这种冲击负荷比正常设备取用的无功功率可能高 5 ~ 6 倍。从电路理论可知，无功功率的增大使供电系统的功率因数降低。

（1）功率因数计算。岸桥用电负荷的功率因数一般是随着负荷性质的变化及电压的波动而变动的，在讨论改善功率因数措施之前，首先对几种功率因数的计算方法作简要说明。

1）瞬时功率因数。指在任何瞬时平均功率（有功功率）与视在功率之比，可由功率因数表（又叫相位计）随时直接读出，或者根据电流表、电压表及有功功率表在同一瞬时的指示数进行计算求得，即：

$$\cos\phi=\frac{P}{\sqrt{3}UI}$$

式中 P——有功功率表指示数，kW；

U——电压表指示数，kV；

I——电流表指示数，A。

2）自然功率因数。凡未装设任何补偿装置时的功率因数称为自然功率因数。自然功率因数分瞬时功率因数和均权平均功率因数两种。

3）总功率因数。港口企业装设人工补偿装置后的功率因数称为总功率因数。它也分为瞬时功率因数和均权平均功率因数两种。

（2）功率因数补偿和谐波滤波装置。早期的一些岸桥采用晶闸管进行调速，在功率因数的动态补偿与谐波的滤波方面做得不够完善，会影响整个电网的用电安全。因此，ZPMC 研制出了岸桥的谐波吸收和功率因数补偿装置，下面对该装置作简单的介绍。

1）装置的设计原则和特点

①该装置分成两个部分，即系统要具有谐波吸收功能，同时兼顾到功率因数补偿，这样可以做到两个功能在一套装置上实现，以照顾到起重机上的安装空间有限的问题。

②在岸桥的供电系统中，起主要干扰作用的是 5、7、11 次谐波，谐波吸收装置也重点针对这几次谐波。

③考虑到起重机上的散热条件及需要良好的谐波吸收功能，可采用空心电抗器来替代实心电抗器。根据用户需要，装置可以按照动态补偿即晶闸管自动投切方式和静态补偿或者真空接触器自动切换方式来设计制造。前者在性能上优于后者，但在价格上高于后者。

④在元件选择上，由于起重机上的驱动器电源通常有 460 V AC、525 V AC、575 V AC、725 V AC 等，远较普通电站中的 400 V AC 高，所以，对尖峰电压的来源分析，以及对元件的保护措施和大功率电力元件的选用等，都要考虑这些起重机电控系统的特点。

⑤对于电容器，全部采用油浸式电容器，并按不同电压要求特殊制造。因为一般的干式功率补偿电容器耐压不高，不适合用于起重机电控系统。

2）原理图简介。图 6—15 和图 6—16 所示为动态补偿装置的原理简图。从图中可看出，对晶闸管元件及电容器部分都采用了完善的过电压吸收装置。

起重机上谐波与功率因数动态补偿装置的尖峰电压来自于以下方面：

①电容器充放电过程中形成的瞬变电压及电容器本身的残压。由于起重机频繁工作间隔时间大大小于电容器充放电周期，所以，残压问题是必须考虑的一个主要问题。

②晶闸管整流过程中在直流和交流回路产生的谐波电压，它与电容器充放电的峰压叠加，会产生 3 倍以上的过电压。

为此，元件的选择必须留有充分的余量。

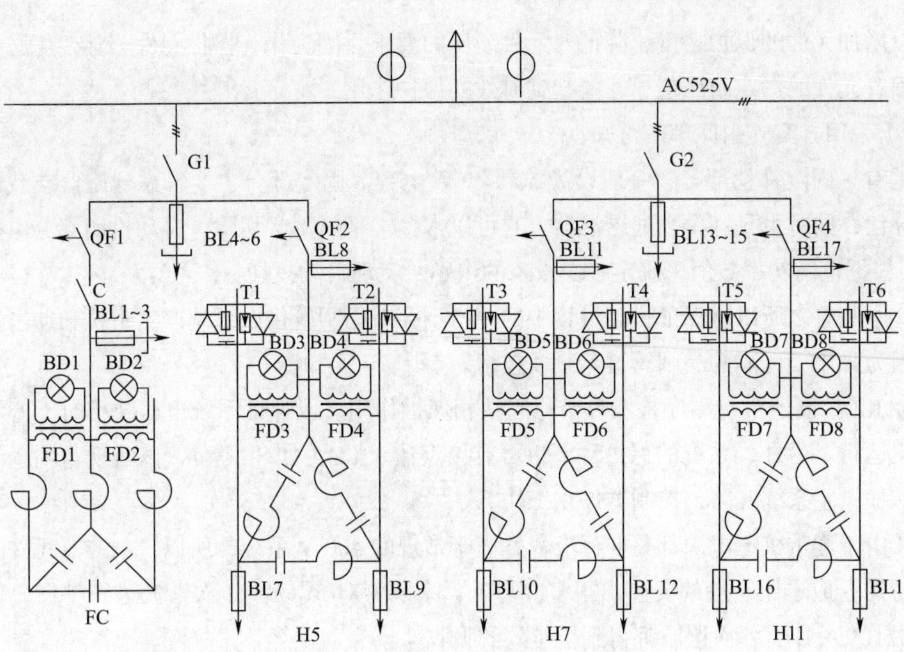

图 6—15　单线原理图

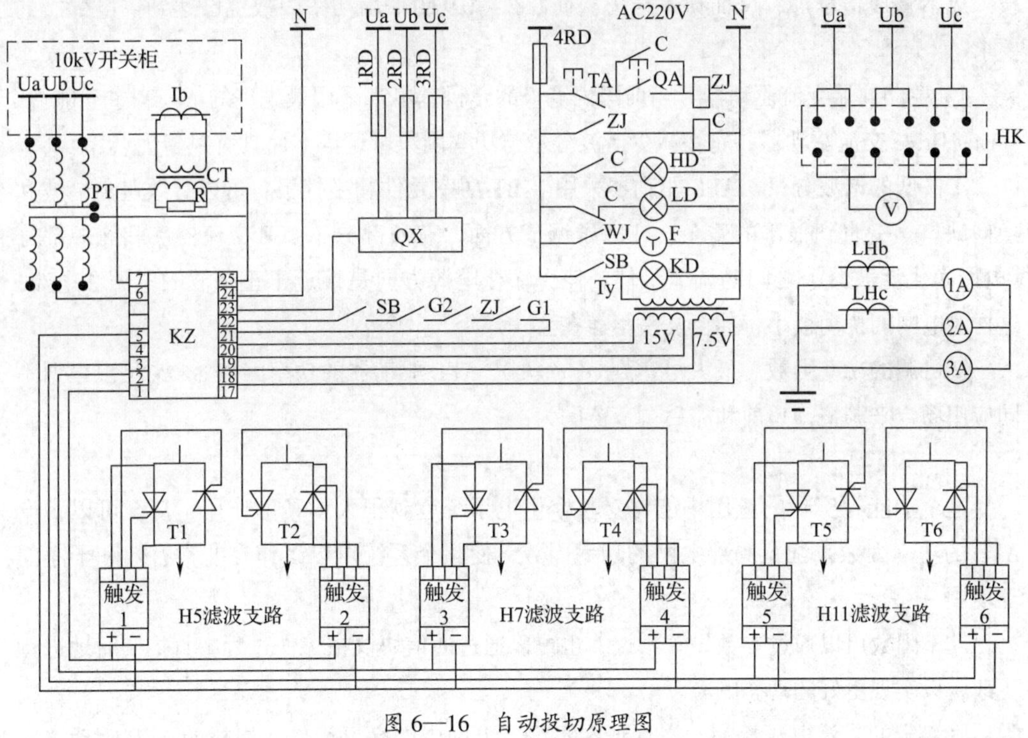

图 6—16　自动投切原理图

元件的过压保护环节也必须可靠，除通常的阻容吸收外，另有大功率压敏器件来吸收过电压。这种压敏器件的击穿值及残压值都要有特殊要求。从系统性能看，希望这两个值之间的差距越小越好。要求击穿电压在正常值基础上有所提高，以减小击穿次数和降低附加发热（因为是大功率元件），延长元件寿命。要求残压在原正常值基础上有所降低，这样可以增加元件的保护裕度，降低对元件耐压的要求。因为作为保护元件，其残压必须低于晶闸管元件的额定耐压值，才能起到有效的保护作用。

3）采用方案。由原理图可知：

①有一固定补偿部分，一般设为 50 kV · A 电容。固定部分主要考虑变压器空载运行时的补偿，同时也是一个高通谐波器。它可以常接，平时不必切除。自动投切部分由控制器 KZ 根据电网功率数值来确定补偿投入的组别，实现自动投切。

②本装置之所以能保证投切过程中的冲击不会对晶闸管供电系统产生干扰和冲击，主要是因为采用了可靠的晶闸管过零触发技术。

③ KZ 控制器带有零序检测环节，起缺相保护作用，以保证系统电压缺相时，滤波器能推出运行。另外，系统的保护环节也可有接点输入 KZ（如 SB 等），以实现与主系统的联锁保护，主系统开路，控制器停止工作。

④由于起重机上电源都是非标准，并高于常规的 400 V 系统，所以，电容器元件的选用较特殊，成本比一般的要高出很多。另外，系统针对 5、7、11 次谐波进行补偿，但测试表明 H2 ~ H19 各次谐波都得到了有效的吸收。

⑤关于功率因数，补偿目标一般为 0.8 ~ 0.9。因为若超过 0.9，每提高一个百分点投入成本将成倍增加，反而得不偿失。而 0.8 ~ 0.9 的平均功率因数也已达到供电部门的要求。

4）主动前端交流驱动器。当前国内港口的岸桥基本都采用最先进的 AFE（主动前端）Master Drive 交流驱动器，它在减少谐波分量与功率因数可调等方面具有很多优点。

①极低的谐波分量。AFE 驱动器采用 IGBT 功率元件和主控板，可以有效避免谐波和换向缺口，一直到很小的残余。在电子调节方面，有源部分（AFE 交流器）和无源部分（电网净化滤波器）之间的调节最佳，使得输往电源方向是接近于正弦波的电压和电流，这样对电网的扰动很小，甚至几乎不存在。

②可调的功率因数（最大可达到 $\cos\phi=1$）。AFE 驱动器的功率因数 $\cos\phi$ 可以根据不同应用场合来调整，超前和滞后调节范围为：

$$0.8 \leqslant \cos\phi$$

这个功能在实际的应用中能够对整个供电系统起到很大的帮助作用，甚至可以预设 AFE 的功率因数来调节局部电网的功率因数，使整个系统可以工作在非常有效和干净的环境中。

功率因数可以通过参数设置预设，也可以通过通信协议在工作过程中直接实时地进行更改，以实现更好的动态响应。

③稳定的直流电压控制，以保证在不稳定电网中的高可用性。岸桥的 AFE 驱动器在内部主控板高性能矢量调节器的保证下，它的直流母线电压在电网电压的波动中保持恒定。在小于 1 min 的情况下，若有 30% 的电压跌落，驱动器可以不加任何限制地继续工作，并且不会对电动机和逆变器有任何影响，保证了电动机最大扭矩的稳定输出，从而保证岸桥的作业效率。

3．岸桥供电系统保护装置

岸桥供电系统的保护装置有熔断器保护、自动开关保护和继电保护。

熔断器保护和自动开关保护都能在过负荷和短路时动作，断开电路，以切除过负荷和短路部分，而使系统的其他部分恢复正常运行。自动开关保护适用于岸桥的低压供电系统中。

继电保护装置是在供电系统中用来对系统进行监视、测量、控制和保护，由继电器组成的一套专门的自动装置，适用于可靠性高、操作灵活方便、自动化程度较高的供电系统。继电保护装置在过负荷动作，一般只发出报警信号，引起维修人员的注意，以便及时处理；而在短路时动作，使相应的高压断路器跳闸，将故障部分切除。

岸桥供电 10 kV 系统包含一次系统和二次系统。一次系统比较简单、更为直观，在考虑和设置上较为容易；而二次系统相对较为复杂，并且包括大量的继电保护装置、自动装置和二次回路。为了确保岸桥供电系统的正常运行，必须正确设置继电保护装置。

（1）带时限的过电流保护。带时限的过电流保护，按照其动作时间特性可分为定时限过电流保护和反时限过电流保护两种。

1）定时限过电流保护的接线和原理。图 6—17 所示为定时限过电流保护的接线图。它采用两相两继电器式接线方式，图中两个电流继电器 1 为启动元件，时间继电器 2 为时限元件。当线路发生相间短路时，电流继电器 1 瞬时动作，闭合其触点，接通时间继电器 2 的线圈回路。经过预先整定的时限后，时间继电器的延时触点闭合，使中间继电器 3 动作。中间继电器的触点闭合后，接通断路器的跳闸线圈 6，使断路器跳闸，切除短路故障部分。信号继电器 4 串联在跳闸回路中。中间继电器的触点接通跳闸线圈的同时，信号继电器动作指示牌掉下，或同时给出灯光和音响信号，通知维修人员保护装置已经动作。断路器跳闸时，其辅助触头 5 随之断开跳闸回路，以减轻中间继电器触点的工作负荷。在短路故障被切除后，除信号继电器 4 外，保护装置中的其他元件（1、2、3）均自动复位至起始状态，而信号继电器 4 的常开触点闭合后，它本身不能自动恢复到断开位置，需人工手动复位。

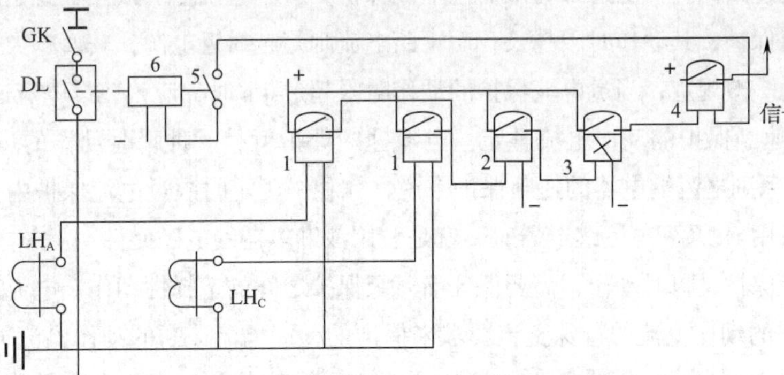

图 6—17　定时限过电流保护接线图

1—电流继电器　2—时间继电器　3—中间继电器　4—信号继电器　5—辅助触头　6—跳闸线圈

2）反时限过电流保护的接线和原理。图 6—18 所示为反时限过电流保护的接线图和展开式原理图（简称展开图）。从这两种图的绘制方式可知，接线图上的二次设备如继电器 1 LJ、2 LJ 是以整体的形式（包括其线圈和触点）绘出的，而展开图中二次设备的各个部件（如线圈、触点等）则分别绘在所属的各个电流（或电压）回路中。为了便于分析复杂的继电器保护和自动装置的工作过程，一般将接线图画成展开图。

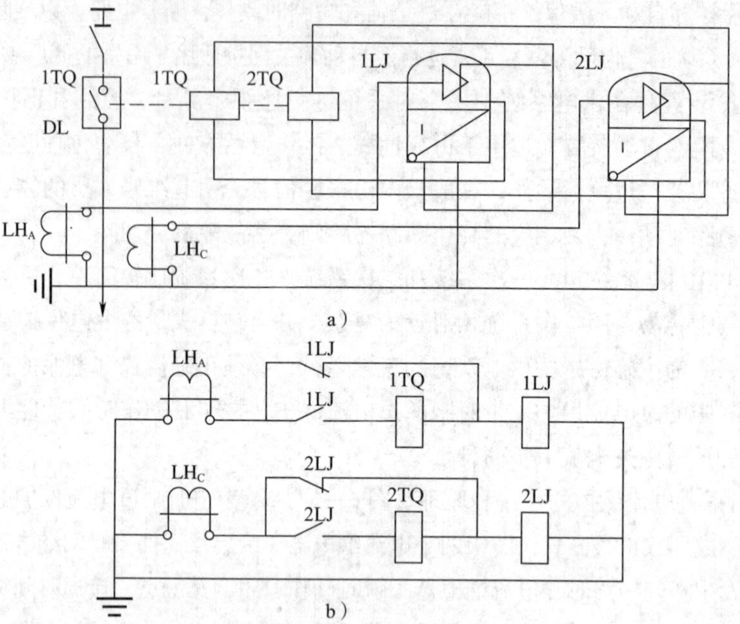

图 6—18　反时限过电流保护

a）接线图　b）展开图

当供电线路发生相同短路时，电流继电器根据过电流的程度，按反时限特性动作，其常开触点闭合，紧接着其常闭触点断开。这时断路器的跳闸线圈因去掉了短接分流支路而通电动作，使断路器跳闸，切除短路故障部分。在继电器分流跳闸的同时，其信号牌自动掉下，指示保护装置已经动作。在短路故障被切除后，继电器自动复位，信号牌可手动复位。

（2）电流速断保护。上述带时限的过电流保护，有一个明显的缺点，就是越靠近电源的线路过电流保护，其动作时限越长；而短路电流则是越靠近电源，其值越大，危害也更加严重。因此一般规定，当过电流保护的动作时限超过 1 s 时，应该装设电流速断保护。

1）电流速断保护的动作电流整定。电流速断保护就是一种瞬时动作的过电流保护。对于采用 DL 系列电流继电器的速断保护来说，就相当于定时限过电流保护中去掉时间继电器；对于采用 GI 系列电流继电器时，就是利用该继电器的电磁元件。

电流速断保护是瞬时动作，需要保证前后级保护之间的选择性动作。电流速断保护的选择性是靠它的动作电流的特殊整定要求来保证的，即电流速断的动作电流 I_{sd} 应躲过它所保护的线路末端的最大短路电流（即末端三相短路电流）I_{dmax}，只有这样整定，才能避免在后一级速断保护的线路首端发生严重短路时前一级速断保护误动作。

如图 6—19 所示，1–1 末端 d–1 点的三相短路电流实际上与 1–2 首端 d–2 点的三相短路电流差不多是相等的，因为两者距离很短。由此可得电流速断保护动作电流的整定公式为：

$$I_{sd} = K_K K_{JX} I_{dmax} / K_i$$

式中，K_K 为可靠系数。对脱扣器，取 1.8 ~ 2；对 DL 型继电器，取 1.2 ~ 1.3；对

GL 型继电器，取 1.4 ~ 1.5。

2）电流速断保护的“死区”及其弥补。既然电流速断保护的动作电流躲过了线路末端的最大短路电流，那么在靠近末端的一段线路上产生的不一定是最大的短路电流（例如两相短路电流）时，电流速断保护就不可能动作。这就是说，电流速断保护装置不可能保护线路的全长，而有不能保护的区域，如图 6—19 所示。这种保护装置不能保护的区域，叫作“死区”。

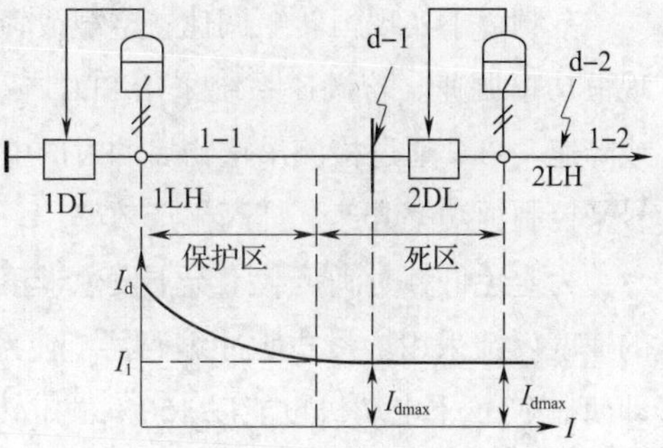

图 6—19　线路电流速断保护的保护区

为了弥补死区得不到保护的缺陷，凡是装有电流速断保护的线路，必须配备带时限的过电流保护。过电流保护的时限比电流速断保护至少延长一个时间差（$\Delta t = 0.5 \sim 0.7$ s），而且前后过电流保护的动作时限又符合“阶梯原则”，以保证动作的选择性。在速断保护区内，速断为主保护，过电流保护作为后备保护；而在速断保护的死区内，过电流保护为基本保护。

三、驱动系统

近年来，随着我国经济的迅速发展，港口码头的运输作业也越加繁忙。为适应新的形势，大型电动装卸机械也开始向大型化、专业化方向发展。特别是集装箱机械的迅猛发展（本书主要介绍岸边集装箱起重机），使得起重机的高度越来越高，载重量越来越大，速度越来越快。上海港已有载重量为 80 t、双起升的岸边集装箱起重机。港口码头上的起重机要求在不同的场合、用不同的速度进行工作，其目的在于使起重机在各种合理的速度下有效地工作，以提高生产率和确保安全生产，而这种调速过程又需要在运行过程中进行，且变换次数较多，因此机械变速一般不合适，绝大多数情况下需采用电气调速。为应对起重机向高、重、快方向发展，要求大型电动装卸机械的电气驱动系统具有非常高的性能，即必须具有宽的调速范围、较高的稳速精度、快速的动态响应和较大的功率等，以保证在进行起重作业时平稳、可靠，有良好的低速就位性能。

大型电动装卸机械的电气驱动系统必须根据起重机负载的特点而设计，因此先要了解起重机负载的特点。

1. 实现恒转矩调速和恒功率调速

起重机起升机构所带负载有两个特点。一个特点是负载是位能性负载，当负载一定时，在任何转速下负载转矩总是保持恒定，而且负载转速方向也不随电动机转速方向的改变而改变。另一个特点是起重机的负载有效率是 50%，即有一半是空载运行的；即使是在带负载的时候，也不都是满负载达到起吊额定负载。为了提高主产效率，希望在空载或轻载时能提高速度。负载转矩与转速成反比，即形成恒功率控制。负载的恒功率性质是就一定的速度范围而言的，即使当负载很低时，受机械强度和电气系统特殊性的限制，转速也不可能无限增大，一般恒功率调速范围为额定速度的 2 ~ 2.5 倍。而在重负荷下，起重机则工作在额定转速下，即恒转矩控制。

基频以下实现恒转矩调速；空载或轻载时可运行在基频以上，速度提高 1 倍以上，实现恒功率调速。若调速系统采用 PLC 与变频器通信控制，则起升速度可随负载自动升速或降速。PLC 通过检测吊重物启动时的电流值进行控制，也可通过超负荷限制器的重量信号来控制恒功率升速，提高生产效率。

为避免低频时满负载工况下发生带不动负载的现象，应采用闭环控制方式。闭环控制的速度反馈采用增量式脉冲编码器，使系统具有足够的调速硬度和良好的低频转矩特性，即使在 0 Hz 下电动机也能以 150% 额定转矩输出，不会发生带不动负载的现象。

2．防下坠功能

起重机负载属于位能性负载，当起升上升时必须克服地球引力，当起升下降时又有重力加速度加快下降速度。当货物吊在半空中，若此时需要向上，首先须打开制动器，同时电动机输出向上转矩，这个输出的转矩若小于重物产生的转矩，那么重物就会因制动器的释放而下坠一点，随后因电动机输出转矩的逐渐加大，超过了重物产生的转矩后，重物才会被向上提升。在装卸过程中出现这种下坠现象是很危险的。比如，当岸边集装箱起重机吊着重箱对准集装箱卡车的时候，这种下坠现象就会把集装箱卡车砸坏，必须绝对避免。所以大型电动装卸机械电控系统中都应具有起升防下坠功能。其基本原理是：在每次制动器抱闸时，记录下此时的电动机输出转矩，当下一次制动器再打开时，电动机就会输出上一次记忆的转矩值。即若上一次是空吊具重量，则提供空吊具的输出转矩；若上一次是额定重量，则提供额定重量电动机转矩。这样就不会出现重箱下坠的现象了。此外，起升机构有机械制动器，当变频器作为调速手段时，在起升机构上升或下降以及在空中停止的瞬间，机械制动回路与变频器加、减速时间的匹配是一个非常关键的方面。在工作过程中，既要防止重物下坠现象的产生，又必须防止由于时间匹配不当而引起松闸太慢或抱闸太快现象。若匹配不当可能引起电动机堵转导致变频器保护跳闸，致使工作中断。通过在启动时控制起升制动器延时松闸，停止时控制变频器零速信号进行抱闸，能较好地控制下坠现象。

3．防摇系统

随着起重机的起升高度越来越大，速度越来越快，吊着的货物会跟着晃动，造成司机跟钩对位操作越来越困难，对防摇系统的要求也越来越迫切。例如，在集装箱桥吊上，一般都用电子防摇系统来克服吊具随小车运行时引起的摇摆。电子防摇的方法有两种。一种是在小车架下安装一个发射装置（有的用激光发射器，有的用摄像头）和一个接收装置，在吊具上架安装一个反射器。当吊具前后摆动时，接收装置检测到吊具前后摆动的角度，从而控制小车的运行方向和速度，将这个摆动角度限制到最小，达到防摇的目的。另一种是全电子防摇，它把小车的加速分成两个阶段，第一阶段加速到一半速度后，保持这个速度运行一段时间，其目的是等吊具的摆动跟上这个速度，然后再进行第二阶段加速，达到最高转速，此时吊具也能跟上这个速度；停止也分两个阶段，先减到一半速度，保持一段时间，让吊具的速度也慢下来，然后再进行第二阶段减速，跟着吊具的摆动直到速度为零。这种方法的突出优点是不需要任何附加硬件设备就能实现防止小车摇摆，故障率很低。

4. 制动能量的释放

电动机减速或重载下放的过程是一个能量转换的过程，此时的电动机处于发电状态。如何吸收这部分机械能量，是大型电动装卸机械电气驱动系统必须解决的问题。

对再生制动能量的处理方式有两种：一种是用制动单元和制动电阻来吸收；另一种是通过在直流侧设置公共母线的逆变桥使之回馈到电网。采用能耗电阻的方式，在制动单元和制动电阻的选择上应考虑起升机构属位能性负载特性，电阻的阻值决定着制动电流，也就是决定着制动时间的长短，而在起重机电气驱动系统中长时间制动的转矩特性决定了需要考虑的并不是它的阻值，而是它的功率，这样才能保证再生制动能量迅速释放。

采用公共直流母线下的多逆变器驱动方式，使系统电路形式简洁、紧凑。再生制动能量采用回馈到电网的方式，这是因为考虑到起升机构重载下放时长时间制动的转矩必须由大量的制动电阻来吸收。另外，当任意两个以上的机构同时运行时，若某一机构传动电动机处于再生制动状态，其再生制动能量可经直流母线直接供给处于电动状态的电动机，可大大提高能量的再生利用率。系统由一个整流 / 回馈单元加多个逆变器组成，逆变器的数量取决于整个电气传动系统所需的逆变器个数。整流 / 回馈单元为各逆变器提供公共直流母线，它除了设有整流桥外还设有逆变桥，当电动机处于减速或重载下放工况使直流母线电压升高时，其逆变桥开始工作并将再生制动能量回馈至电网而使系统实现四象限可逆运行。

四、控制系统

1. 运行控制线路

大车行走是指桥吊沿着轨道行驶，其拖动电动机为 $5DM_1$ ~ $5DM_8$ 共八台，安装在桥吊的四个门腿上，每个门腿安装了两台行走电动机。大车行走拖动电动机 $5DM_1$ ~ $5DM_8$，与主起升电动机 5SM 由同一台发电机 $4G_1$ 供电，它们之间在电气上实现互锁。

直流发电机 $4G_1$ 由高压电动机 4M 同轴带动，发电机 $4G_1$ 的励磁电流采用反并联晶闸管整流系统 $EX4G_1$ 装置。该系统是通过控制发电机 $4G_1$ 励磁线圈 $4G_1BQ$ 电流的大小和方向，来改变发电机 $4G_1$ 输出电压的高低和极性。拖动电动机 $5DM_1$ ~ $5DM_8$ 的励磁电流由三相交流电源经桥式整流获得，在整个调速过程中八台电动机的励磁电流保持在额定值。

桥吊的大车行走机构在轨道上行走一般属于反抗性负载，因此采用了恒转矩调压调速控制方式。

大车主拖动系统电气原理如图 6—20 所示。

该系统为发电机电动机组系统，当高压电动机启动以后，发电机 $4G_1$ 与高压电动机同轴旋转，采用主令控制器与自整角机相配合的控制方式，手柄操纵实现平滑无级调速。控制吊桥行走的左行或右行控制器具有六个挡位，用来控制行走速度，当手柄置于第六挡时电动机对应的转速为额定转速 1 750 r/min，与其相应的大车行走速度为 45 m/h。

当桥吊正常运行时，控制器手柄回零位驱动电动机再生制动。当电动机速度降至额定转速 1 750 r/min 的 1/6 时，电磁刹车自动抱闸，电动机停车。为了保持八台电动机在大车行走时负载与转速相平衡，在电气上实现同步，在每一台电动机的电枢电路中都串有软化级电阻。

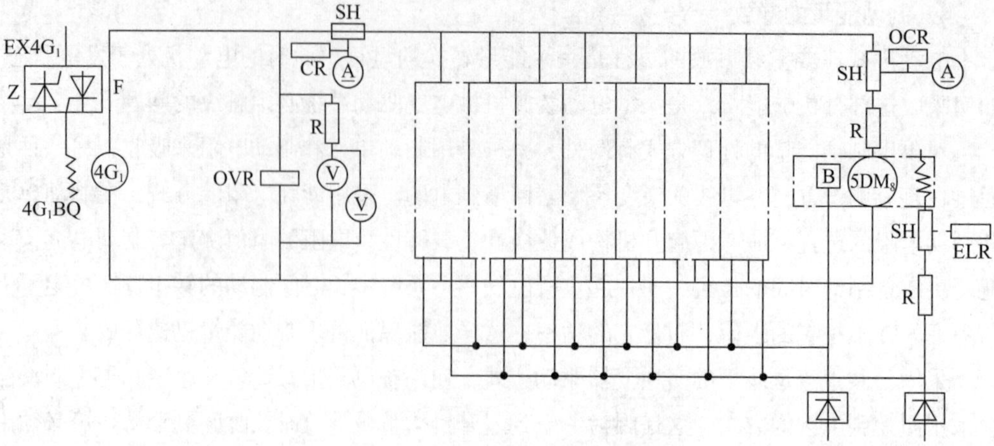

图 6—20　大车主拖动系统电气原理图

大车行走速度靠操纵手柄控制，手柄控制挡位为 0 ~ 6 挡，其转速范围为 0 ~ 1 750 r/min。为了避免桥吊与桥吊的碰撞及行走时障碍物的阻塞，为了控制大车的行程，在门腿上装有各种限位开关。大车行走限位开关布置如图 6—21 所示。

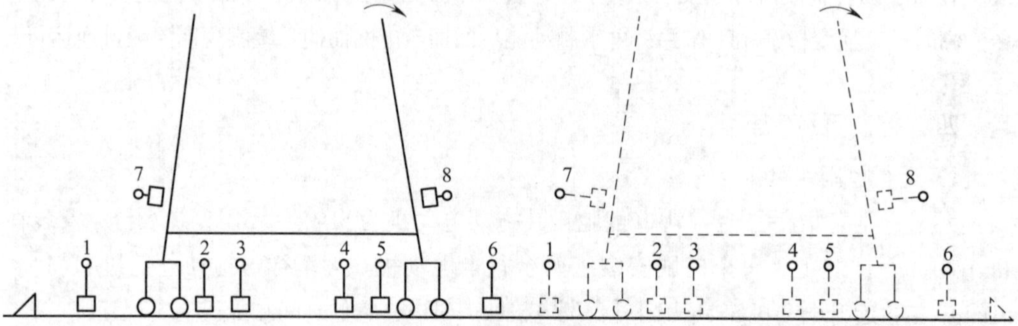

图 6—21　大车行走限位开关布置

1—停车限位开关（左侧）　2—减速限位开关（左侧）　3、4—锚定位置限位开关
5—减速限位开关（右侧）　6—停车限位开关（右侧）　7、8—避碰限位开关

大车行走与主起升拖动电动机由同一台发电机供电，为实现它们的互锁，设置了转换开关，在操纵时必须将操纵室内操纵台上的转换开关置于大车行走位置，然后操纵行走控制器手柄，实现左行或右行。

为了实现行走机构定位或试车，在桥吊门腿上装了两个点动（步进）按钮，按点动按钮时，大车行走速度缓慢，只有额定速度的 10% 左右。

为了实现安全可靠地行走，当臂架俯仰机构动作时，桥吊不能行走；当桥吊行走机构被夹轨器夹紧或处于锚定位置（遇大风桥吊专门的停车位置）时，桥吊也不能行走。这些在电气上专门采取了联锁措施加以保证。桥吊行走与电缆卷筒的卷绕同步，电缆卷筒拖动电动机选用了力矩电动机，当大车行走时，门腿上装的行走警告灯转动发光并发出行走警报，以确保行车安全。

大车行走自动调速系统如图 6—22 所示。

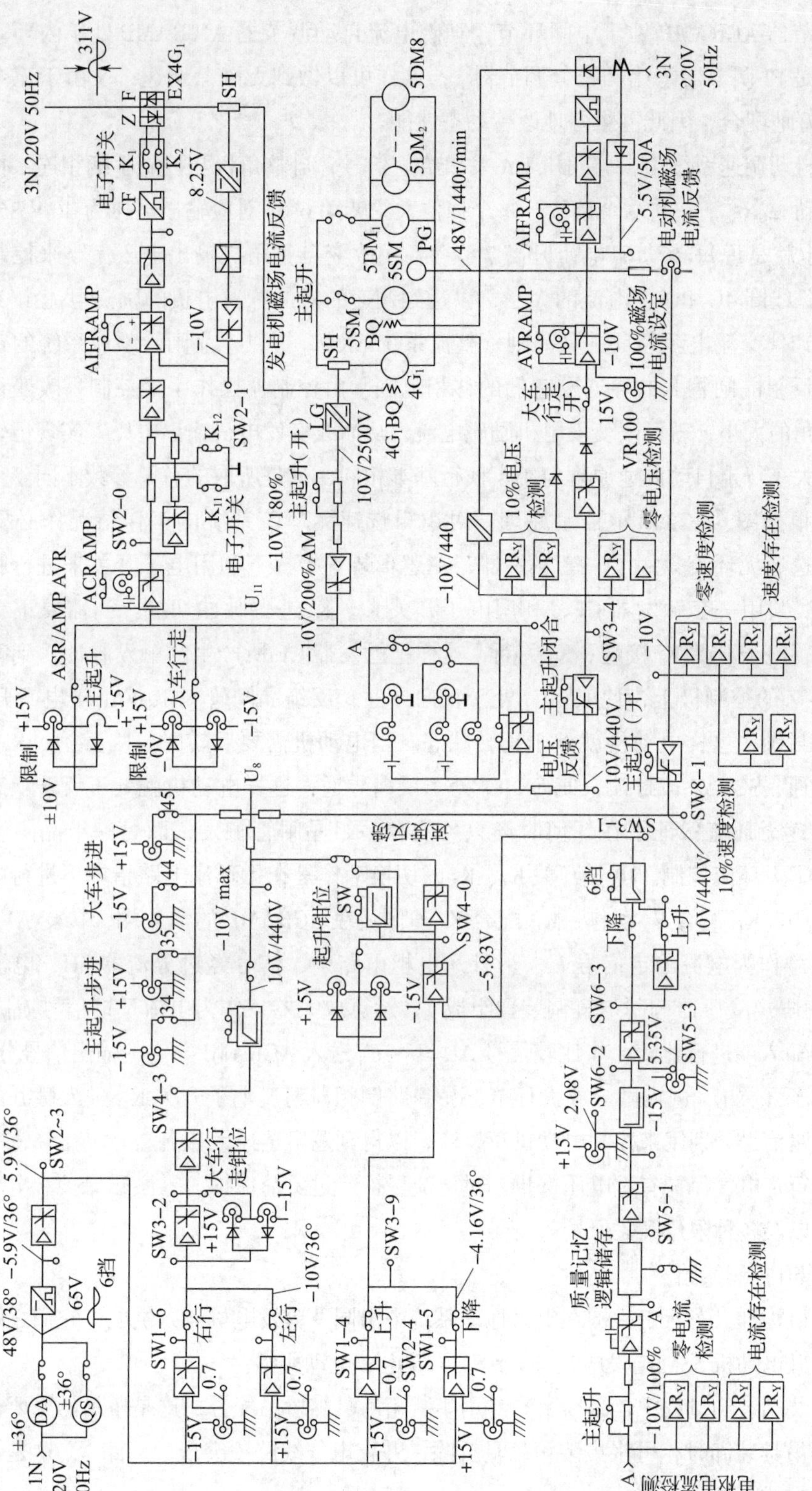

图 6—22　大车行走自动调速系统

该调速系统是一个三闭环的自动调节系统，自动电压调节器 AVRAMP 处于外环，自动电流调节器 ACRAMP 处于中间环节，励磁电流自动调节器 AIFRAMP 处于内环。三个调节器都是 PI 调节器（比例积分调节器），这样可以做到无静差调速；又由于三个环节调节器很好地配合，因此能很好地改善动态性能。

大车自动调速系统由自整角机 DA 发出给定信号，自整角机与控制手柄相连，控制手柄可以转动 ±36°，一共六个挡位，每个挡位大约转动 6°，对应输出电压为 46 V/36°（第六挡），也就是说每转动 6° 电压升高 7.67 V，用改变自整角机输出电压大小来控制发电机 $4G_1$ 励磁线圈 $4G_1$ BQ 上电流的大小，以达到调速的目的。发电机的励磁电流由 380 V、220 V、50 Hz 交流电源经反并联晶闸管整流系统 $EX4G_1$ 提供，晶闸管整流系统的正组晶闸管 Z 或反组晶闸管 F 的导通及它们的移相范围，由控制器操作手柄控制。改变移相触发器导通角的大小，就可改变发电机励磁电流，从而改变发电机输出电压，实现恒转矩调压调速。大车行走自动调速原理与小车横行基本相同，只是所取的有关参数不同。

以下根据图 6—22 所示控制原理，对逻辑选速无环流系统的工作情况作必要的说明。逻辑选速无环流只用了一套触发器，在逻辑装置指挥下利用电子开关来进行脉冲切换。$EX4G_1$ 共用一套触发器 CF，利用电子开关 K_1、K_2 进行脉冲切换。当需要正组晶闸管工作时，电子开关 K_1 接通、K_2 关断，这样把触发器 CF 所产生的触发脉冲送到正组晶闸管 SCR–Z 的控制极上，使 $EX4G_1$ 处于正向导通；反组晶闸管 SCR–F 由于电子开关 K_2 关断而被封锁，这样电动机就处于正转状态。当电动机需要反转时，K_2 接通、K_1 关断，SCR–F 导通，SCR–Z 被封锁，使 $EX4G_1$ 处于反向导通，这样电动机就处于反转状态。采用逻辑选速无环流保证了在任何时候只可能有一组晶闸管触发，而另一组晶闸管被关断，实现了无环流控制。电子开关 K_1、K_2 的切换动作是在无环流电路指挥下进行的。在控制系统中，K_{11} 配合 K_1 动作，K_{12} 配合 K_2 动作。在 ACRAMP 的输入端，接受 AVRAMP 的输出信号作为电流给定信号 U_i；另外从电枢电路中，信号经过分流器 SH、电流隔离器 LG（由隔离变压器调制与解调装置组成）、运算放大器，作为电流反馈信号 U_{fi}，送入 ACRAMP 输入端进行比较，将比较信号 $\Delta U_i=U_i-U_{fi}$ 送入 ACRAMP。它的输出信号分两路：一路由电子开关 K_{12} 进入微分放大环节，另一路倒相器通过电子开关 K_{11} 进入微分放大环节。这两路信号分别用来控制电动机正反转，以得到逻辑选速无环流。

大车行走电气保护有过电压保护、过电流保护、过负荷保护、零激磁保护、电动机温度保护，以及各种限位开关保护等。

2. 起升控制线路

起升机构和大车行走机构在电力拖动系统中由同一台发电机 $4G_1$ 供电，它们之间互相联锁。起升电动机 5SM 与发电机 $4G_1$ 组成了发电—电动机组。

在集装箱装卸过程中，必须要有专用集装箱吊具与桥吊配合，这是桥吊的主要作业方式。不用吊具装卸时，可将集装箱吊具拆除，并在电气线路中突现“旁路”，这是桥吊的辅助作业方式。

起升机构的负载是位能性负载，在整个作业循环过程中又存在着负载的变化。以船舶集装箱卸载为例，其作业过程是：起吊集装箱（也可能是空箱轻载），将集装箱安放在集装箱卡车上，然后以空载运行至集装箱船上，再起吊集装箱。这样在作业中有满载、轻载或空载（只带吊具），为了加快作业循环时间，提高生产效率，充分利用电动机容量，扩大调速范围，在电力拖动调速系统中采用了恒转矩调速与恒功率调速相结合的混合调速方式。

（1）起升机构调速原理。起升机构主拖动系统线路原理如图 6—23 所示。

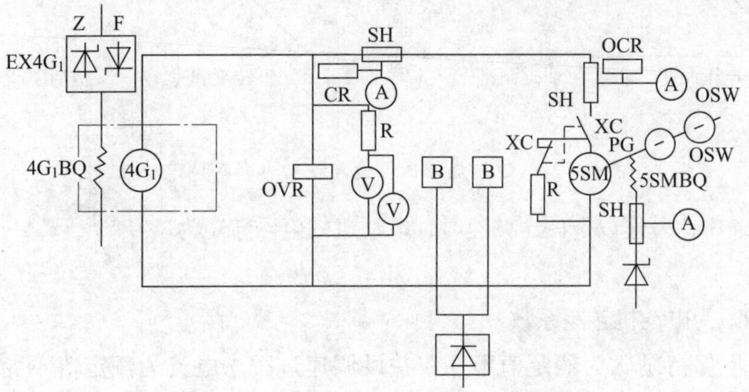

图 6—23　起升机构主拖动系统线路原理

调节发电机 $4G_1$ 励磁线圈 $4G_1BQ$ 上电流的大小，来调节发电机输出电压，得到恒转矩调压调速；调节电动机 5SM 励磁线圈 5SMBQ 上的电流（使其减小），达到恒功率弱磁调速目的，这样就实现了混合调速。

在混合调速系统中，调节发电机的励磁电流由三相反并联晶闸管整流装置 $EX4G_1$ 来实现，调节电动机的励磁电流由单相晶闸管桥式整流装置来实现。在自动调速系统中，往往将调压调速称为基速以下调速，弱磁调速称为基速以上调速。电动机 5SM 铭牌中，转速 0 ~ 600 ~ 1440 r/min，对应于 0 ~ 600 r/min 的调速为调压调速，对应电动机起升速度为 0 ~ 50 m/min；600 ~ 1440 r/min 的调速为弱磁调速，对应电动机起升速度为 50 ~ 120 m/min。为了制动可靠，在电气上采用了双制动刹车。在操作上为方便起见，主令控制器操作手柄 1 ~ 5 挡位置控制电动机调压调速，第 6 挡控制电动机弱磁调速。在调速过程中，通常按照先升压（1 ~ 5 挡），后弱磁（第 6 挡）原则进行。基速以下调速时，保持电动机 5SM 电枢电压不变，通过减弱电动机 5SM 励磁线圈上的电流来进行弱磁升速。

起升机构采用逐级控制进行恒转矩调速。控制手柄从 0 ~ 5 挡扳动时，电动机转速在 0 ~ 600 r/min 之间变化。第 6 挡处于恒功率调速，电动机转速在 600 ~ 1 440 r/min 之间自动地进行变化，在这个转速范围内依据负载重量来决定起升速度，负载重、转速低，负载轻、转速高。当负载超过一定值时，即使控制手柄在第 6 挡也不存在恒功率弱磁升速，这是由其逻辑电路来实现的。

当正常操纵控制手柄回“0”位时，驱使拖动电动机再生制动。当速度减至额定转速（600 r/min）的 1/6 时，电磁刹车抱闸，电动机停车。

恒转矩调压与恒功率弱磁调速特性如图 6—24 所示。

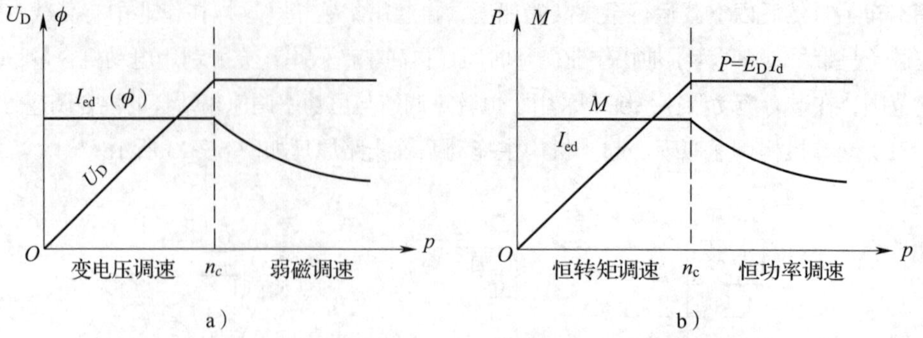

图 6—24　恒转矩调压调速与恒功率弱磁调速特性

图 6—24 中，基速以下调压调速时，电动机的电磁转矩为

$$M=C_m \phi I_d$$

式中，C_m 为电动机转矩系数。

基速以下保持励磁为额定值不变，并设调速过程中电流为额定值不变，则电磁转矩为

$$M=C_m \phi I_d = \text{常数}$$

电动机输出功率为

$$P=E_D I_d=\frac{Mn}{975}=Kn$$

式中，E_D 为电动机反电势。

从这里可以看出，电动机输出功率 P 与转速变化成正比，转速高、输出功率大，转速低、输出功率小。在变压调速过程中电动机转矩不变，所以又称恒转矩调速。

基速以上调速时，是保持电动机电枢电压恒定，减弱电动机磁场进行调速。若电动机的电枢电流为额定值，忽略电枢电路电阻压降（$I_{ed}R_\Sigma$），则 $E_D \approx U_D \approx U_{ed}$= 常数，则电动机输出功率 $P=E_D/I_{ed}$= 常数，所以弱磁调速又称恒功率调速。从图 6—24 可以看出，电动机在启动时，不宜采用弱磁方式，为了得到大的启动力矩，必须采用电动机满励磁 $\phi=\phi_{ed}$ 升压启动；当电压达到额定值以后，才能进行弱磁升速。

起升机构弱磁升速用于轻载或空载，调压调速用于启动或带负载调速。考虑到操作简便和使自动控制系统可靠，该系统采用了非独立控制励磁调速系统。

（2）起升机构的保护。起升机构的保护主要有电动机的零励磁保护、过热保护、过电流保护、过电压保护、超速保护、晶闸管系统的保护、起升机构在起升过程中各种限位保护、各机构之间的联锁保护等。

1）起升行程限位保护。起升的行程范围采用限位开关实现定位、自动控制及限位保护，限位开关箱与拖动电动机同轴，由蜗轮蜗杆传动的限位开关箱实现定位控制。

起升限位开关布置如图 6—25 所示。

2）起升机构及吊具联锁保护。操纵起升机构运行时，首先将操纵室内转换开关扳在“起升”侧，才能操纵主令控制器手柄，按操纵者意愿运行在不同转速，这是因为起升机

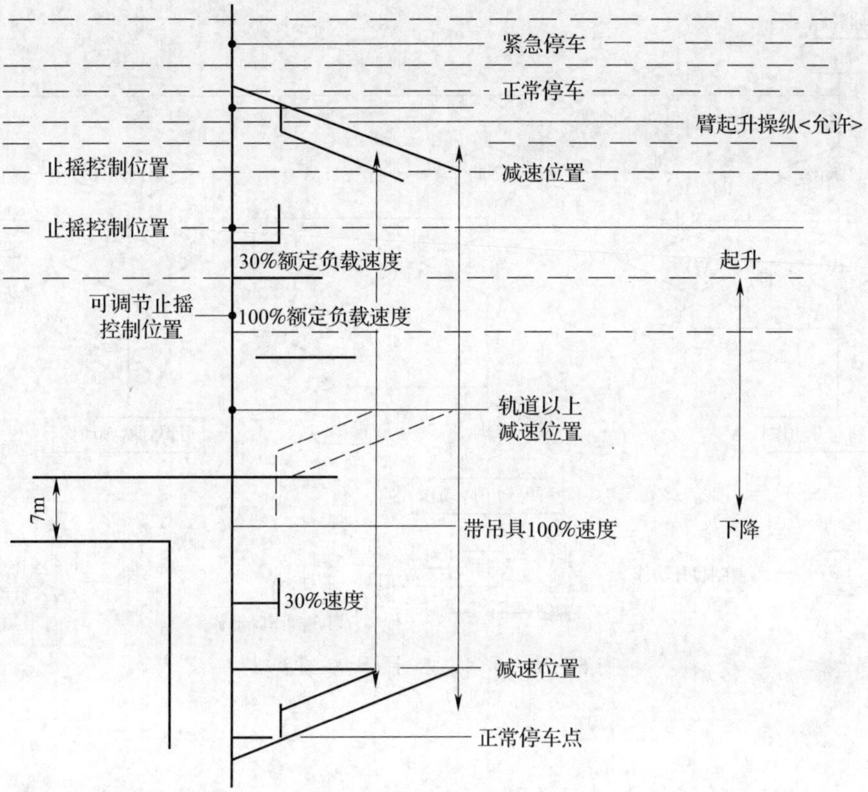

图 6—25　起升限位开关布置

构与大车行走机构用同一台发电机供电，它们在电气上实现动作联锁的缘故。臂架处于水平位置，吊具与起升机构实现必要的动作配合联锁，起升机构才能动作。负荷传感器用来检测起吊货物的重量。当负荷超过 110% 额定负荷时，起升停车。当上升或下降速度超过 120% 最高速度时，速度继电器发出信号，紧急停车并报警。

吊具是集装箱桥吊的专用工具。吊具有以下动作来配合集装箱装卸：导向板翻起与放下；扭锁锁紧与松开；为配合不同型号集装箱装卸，可将吊具伸缩为 20 ft、40 ft 状态。上述动作都由液压电动机带动液压泵进行液压操纵。吊具为配合装卸可以旋转 ±5°，并可以前后、左右倾斜，在每个方向都有限位开关与其配合。

吊具与起升机构联锁原理如图 6—26 所示。

3. 俯仰控制线路

臂架俯伸系统是集装箱桥吊一种特殊的操作系统。桥吊在进行集装箱装卸作业过程中，臂架是不工作的。在装卸作业前将臂架放下，使它处于水平位置，桥吊才能进行作业。当桥吊装卸作业结束时，再将臂架收起来，并且用攀钩钩住固定，这样可避免与大船高层建筑相碰。有时为了移动舱位进行作业，也需要将臂架收起来，再进行定位，然后放下臂架方可作业。

臂架俯仰动作示意图如图 6—27 所示。

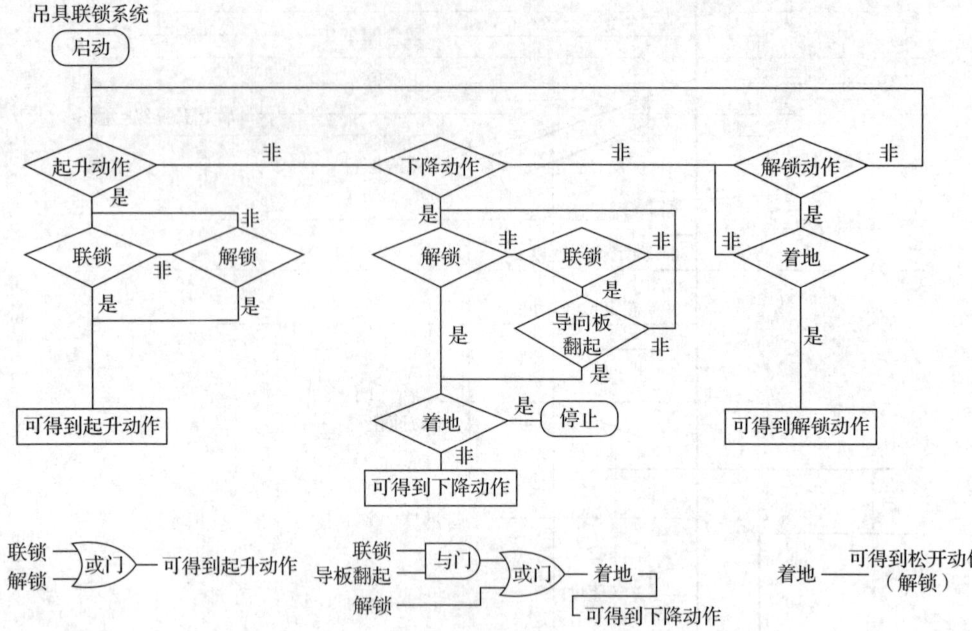

图 6—26　吊具与起升机构联锁原理

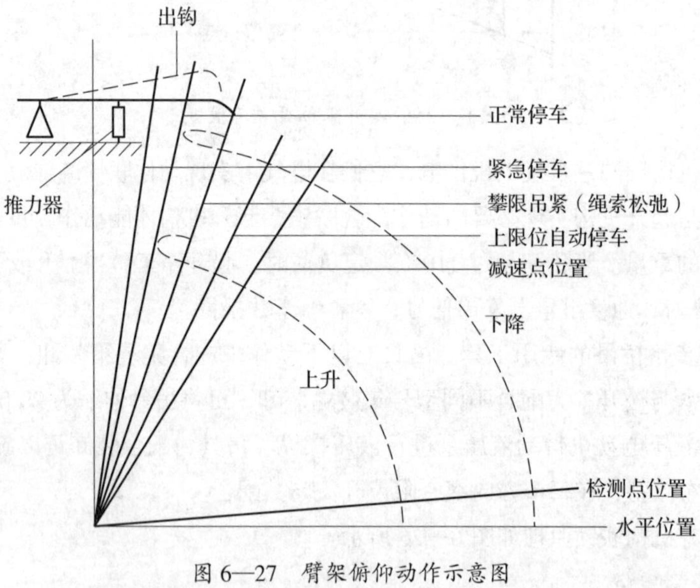

图 6—27　臂架俯仰动作示意图

臂架操作就是将臂架从水平位置上升至一定高度后钩住固定，或将钩住的臂架脱扣放下至水平位置的动作过程。

臂架俯仰操作一般分两步进行。收臂架时：第一步，臂架从水平位置上升至上限自动停车位置，该动作在司机操纵室进行；第二步，从上限自动停车位置至正常停车位置，从正常停车位置至攀钩将臂架钩住固定，此动作在臂架操纵室进行控制。这样做是为了使整个过程安全可靠。放臂架时：第一步，在臂架操纵室操纵，按点动上升按钮使臂架上升至正常停车位置，再按出钩按钮将臂架从攀钩上脱钩；第二步，在司机操纵室操纵，按臂架下放按钮，使臂架下降至水平位置。在这些特定位置上都有相应的指示灯或控制设备，以确保动作安全。这样完成一次全过程，动作时间为 10 min。

臂架俯仰电力拖动方式与小车横行一样是发电机—电动机系统，这两个机构由同一台发电机供电，动作相互联锁。在电气控制系统中，臂架俯仰与小车横行有许多环节采用了共同的调节系统，为了简便起见，这里主要介绍它们不同的部分。

臂架俯仰主拖动系统线路原理如图 6—28 所示。

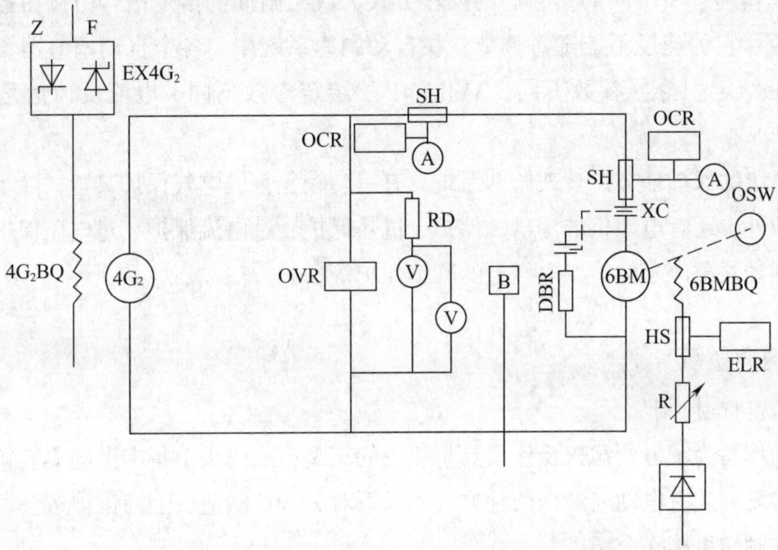

图 6—28　臂架俯仰主拖动系统线路原理

本拖动系统是可逆运行的，但是臂架俯仰的负载属于位能性负载，上升时电动机处于电动状态，下降时电动机处于再生制动状态。直流发电机 $4G_2$ 与臂架俯仰电动机 6BM 组成了发电机—电动机系统，正反转控制方式与小车横行的控制方式一样采用了反并联晶闸管系统。

臂架俯仰控制系统的控制方式不像小车横行机构那样采用主令控制器手柄操纵，而是采用按钮操纵，所以在臂架起升与下降过程中不存在手操纵调速过程。按钮操纵只有两种方式，即正常正反转运行与点动（步进）正反转运行，所以电动机只有正常的正反转启动与点动（步进）的正反转启动。

（1）臂架俯仰主电路工作过程。当主起升、大车行走、小车横行的主令控制器手柄都置于零位，转换开关置于臂架操纵方式时，臂架拖动电动机 6BM 的励磁线圈 6BMBQ 得到了额定励磁电流，主电路接触器 XC 通电闭合，$4G_2$ 与 6BM 主电路接通。由于没有动作信号，发电机 $4G_2$ 没有建立励磁，因此发电机发出电压为零，刹车制动电动机停车。当按下上升或下降按钮时，就给出了一个定值的给定信号，使发电机在一定的励磁电流下发电，刹车松闸，电动机运转。

当需要紧急停车时，按一下紧急停车按钮，主电路接触器 XC 迅速断开，而 XC 的常闭触头迅速将电动机电枢与能耗制动电阻 DBR 接通，这时臂架俯仰电动机 6BM 处于能耗制动状态，可迅速平稳停车。

点动（步进）按钮给出了慢速（步进）的信号，使臂架俯仰动作非常缓慢，这样做主要用来定位或试车。

（2）臂架俯仰自动调速系统。小车横行与臂架俯仰采用同一套自动调速系统，但是臂架俯仰系统动作慢，所以没有设置电枢电流补偿环节。

臂架俯仰自动调速系统原理如图 6—28 所示。一套调节器分别控制臂架俯仰或小车横行的自动调速，所不同的是它们的操作方式。臂架俯仰的给定信号由按钮控制，因此是一个定值，它的速度不能随意调节；在自动调速系统中，各个自动调节器参数选择不同，主要有给定积分器参数不同、AVRAMP 的给定参数不同、电流反馈信号调节量不同。

（3）系统的保护环节。臂架俯仰系统具有一套较完善的电气保护装置，除了上述的位置检测保护外，还有电动机的零励磁保护、过热保护、过电流保护、过电压保护、超速保护、能耗制动紧急停车保护、电气上的联锁保护等。

五、辅助系统

1. 倾转机构控制

倾转动作是为了方便司机操作吊具与船上的集装箱或码头上集卡上的集装箱对位。吊具旋转的实现方式有电动与液压两种方式。以下对 ZPMC 制造、上海港沪东公司所使用的电动方式的倾转机构作介绍。

倾转装置设在前大梁头部，由三套螺杆传动装置、滑轮组、重量传感器及托辊装置构成。螺杆传动装置由带锥盘式制动器的电动机、减速器、螺杆等组成。通过三套螺杆不同方向的运动，可实现吊具的前后、左右和水平倾转动作。倾转功能通过司机在驾驶室内操作按钮执行。

图 6—29 所示为三台倾转电动机的控制原理图，可以通过电动机的正反转实现六个方向的动作。倾转电动机主回路中，电动机的正反转通过输出继电器控制，如图 6—30 所示。每根螺杆行程终点都安装机械停止限位，将其信号接入 PLC 程序中，实现自动停止，如图 6—31 所示。减速箱输出轴侧装有绝对值编码器，编码器设定倾转机构零点（中位）与终点。倾转有自动归零功能。编码器的终点停止先于机械停止限位，实现二级保护。倾转编码器控制如图 6—32、图 6—33 和图 6—34 所示。

（1）当需要前后倾斜时，选择前、后倾转开关，则螺杆 1、2、3 分别向 *A*、*C*、*F* 和 *B*、*D*、*E* 方向运动。

（2）当需要左右倾斜时，选择左、右倾转开关，则螺杆 1、2、3 分别向 *A*、*C*、*E* 和 *B*、*D*、*F* 方向运动。

（3）按左、右旋转选择开关，则螺杆 1、2、3 分别向 *A*、*D* 和 *B*、*C* 方向运动。

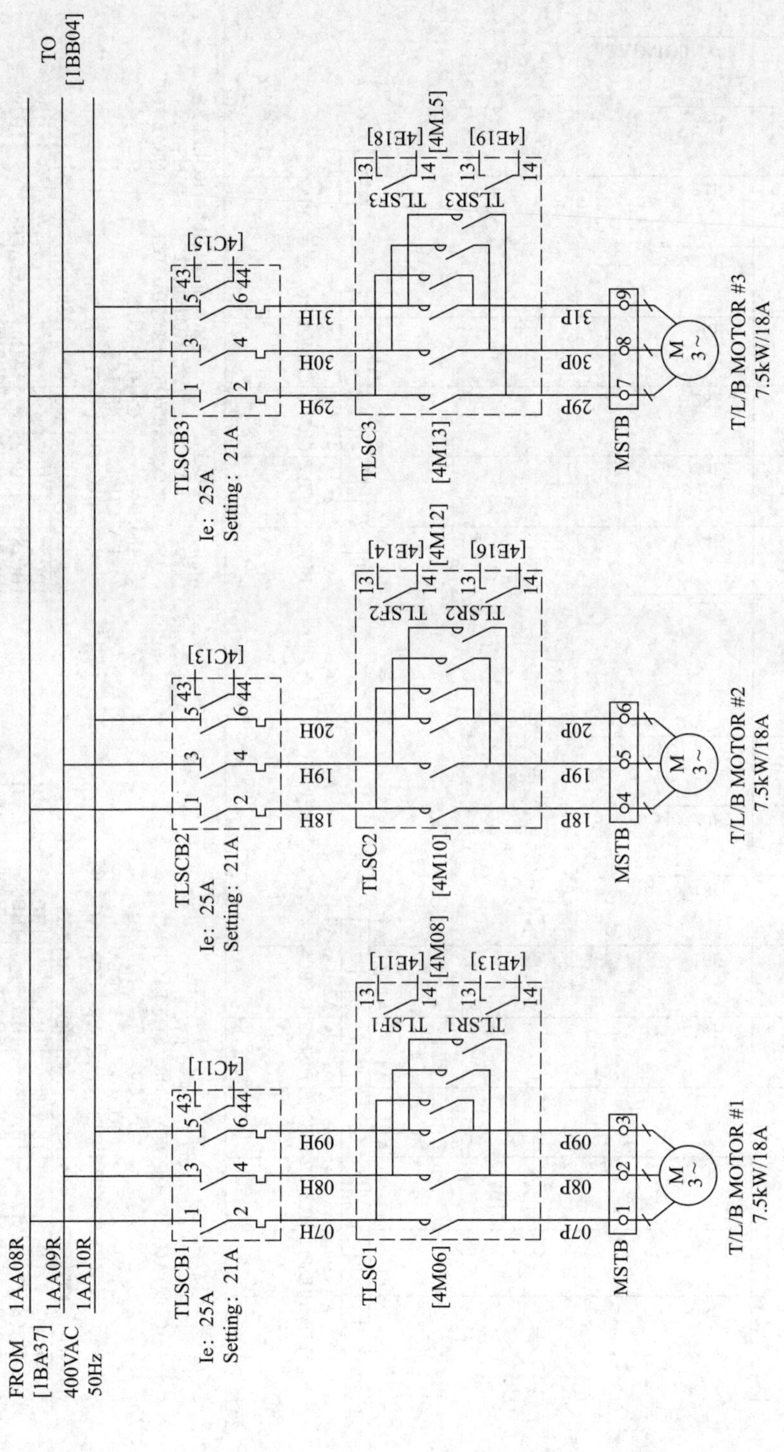

图 6—29 倾转电动机控制原理图

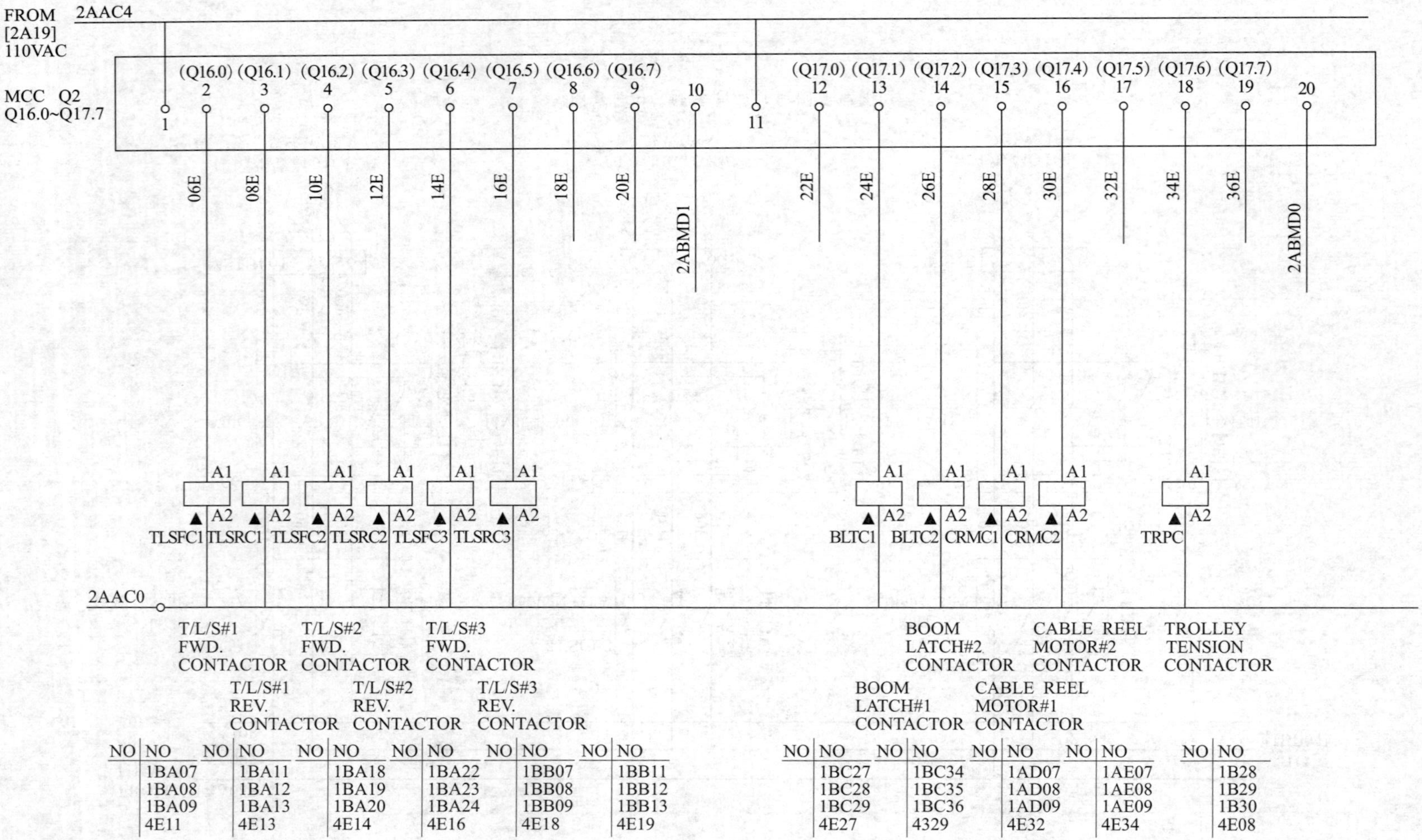

图 6—30　倾转继电器输出控制

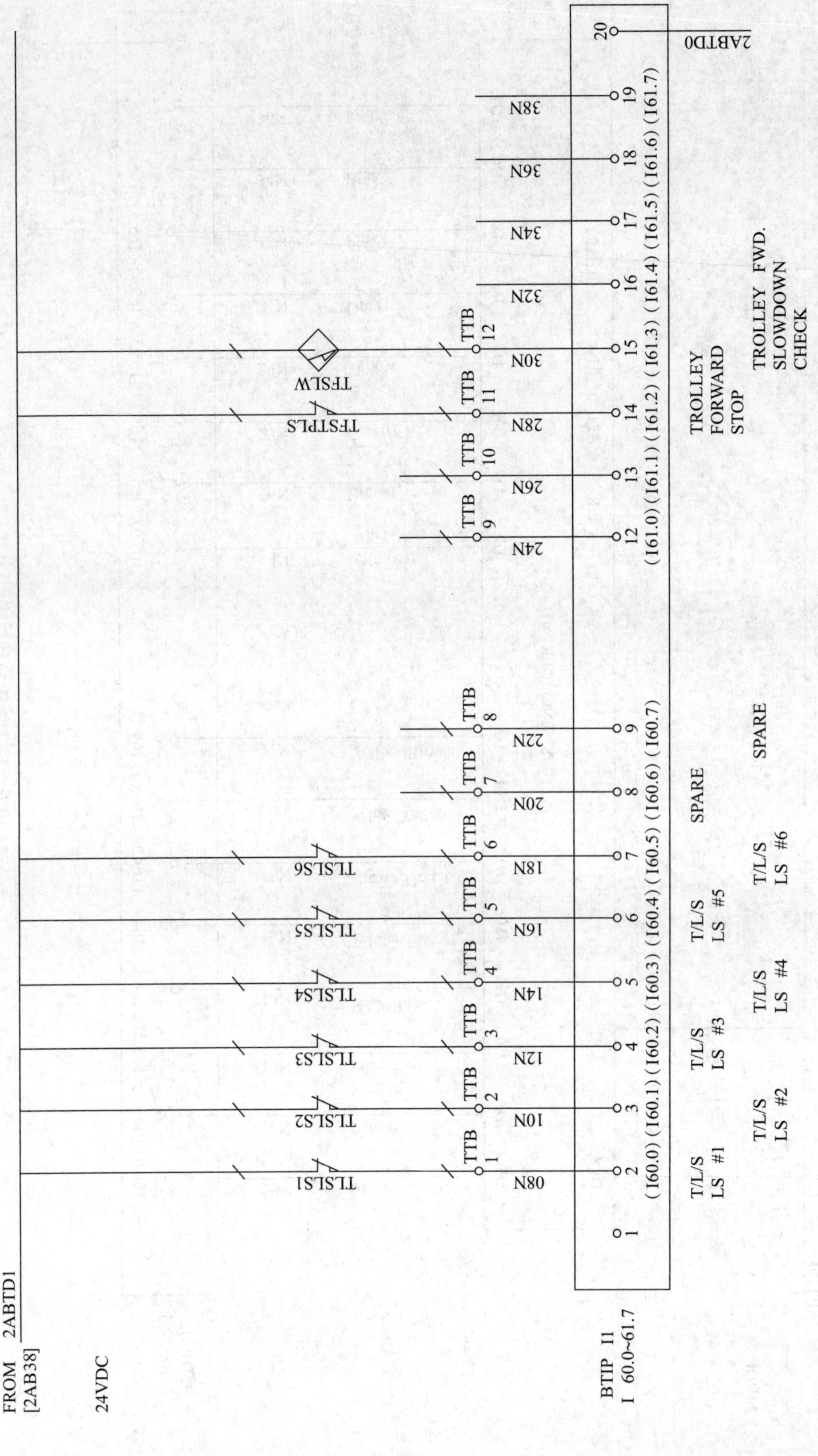

图 6—31　倾转限位原理图

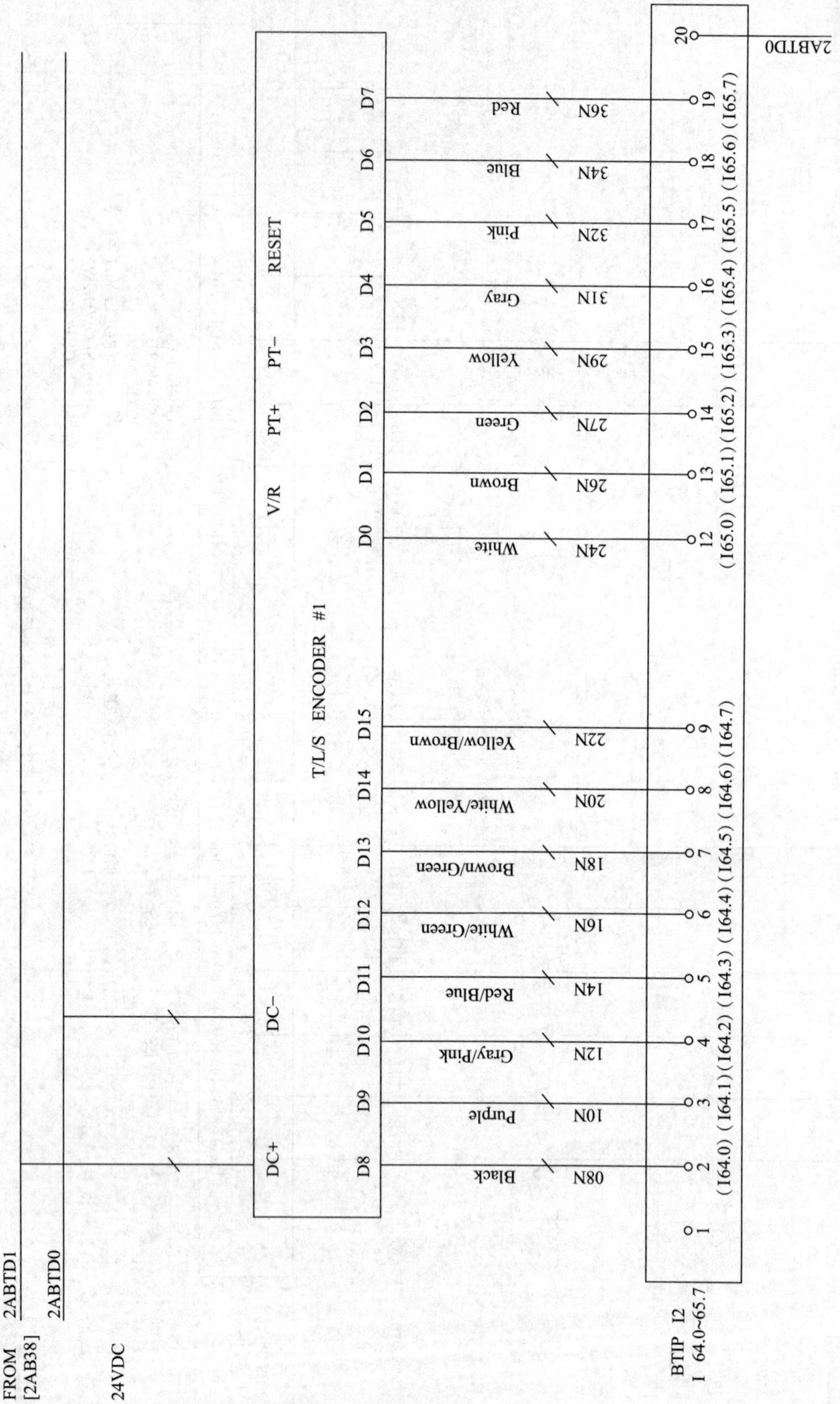
FROM [2AB38]
2ABTD1
2ABTD0
24VDC
T/L/S ENCODER #1
DC+
DC−
V/R
PT+
PT−
RESET
D8 D9 D10 D11 D12 D13 D14 D15 D0 D1 D2 D3 D4 D5 D6 D7
Black
Purple
Gray/Pink
Red/Blue
White/Green
Brown/Green
White/Yellow
Yellow/Brown
White
Brown
Green
Yellow
Gray
Pink
Blue
Red
08N
10N
12N
14N
16N
18N
20N
22N
24N
26N
27N
29N
31N
32N
34N
36N
1 2 3 4 5 6 7 8 9 12 13 14 15 16 17 18 19 20
(I64.0) (I64.1) (I64.2) (I64.3) (I64.4) (I64.5) (I64.6) (I64.7)
(I65.0) (I65.1) (I65.2) (I65.3) (I65.4) (I65.5) (I65.6) (I65.7)
2ABTD0
BTIP I2
I 64.0~65.7

图 6—32　倾转编码器 1

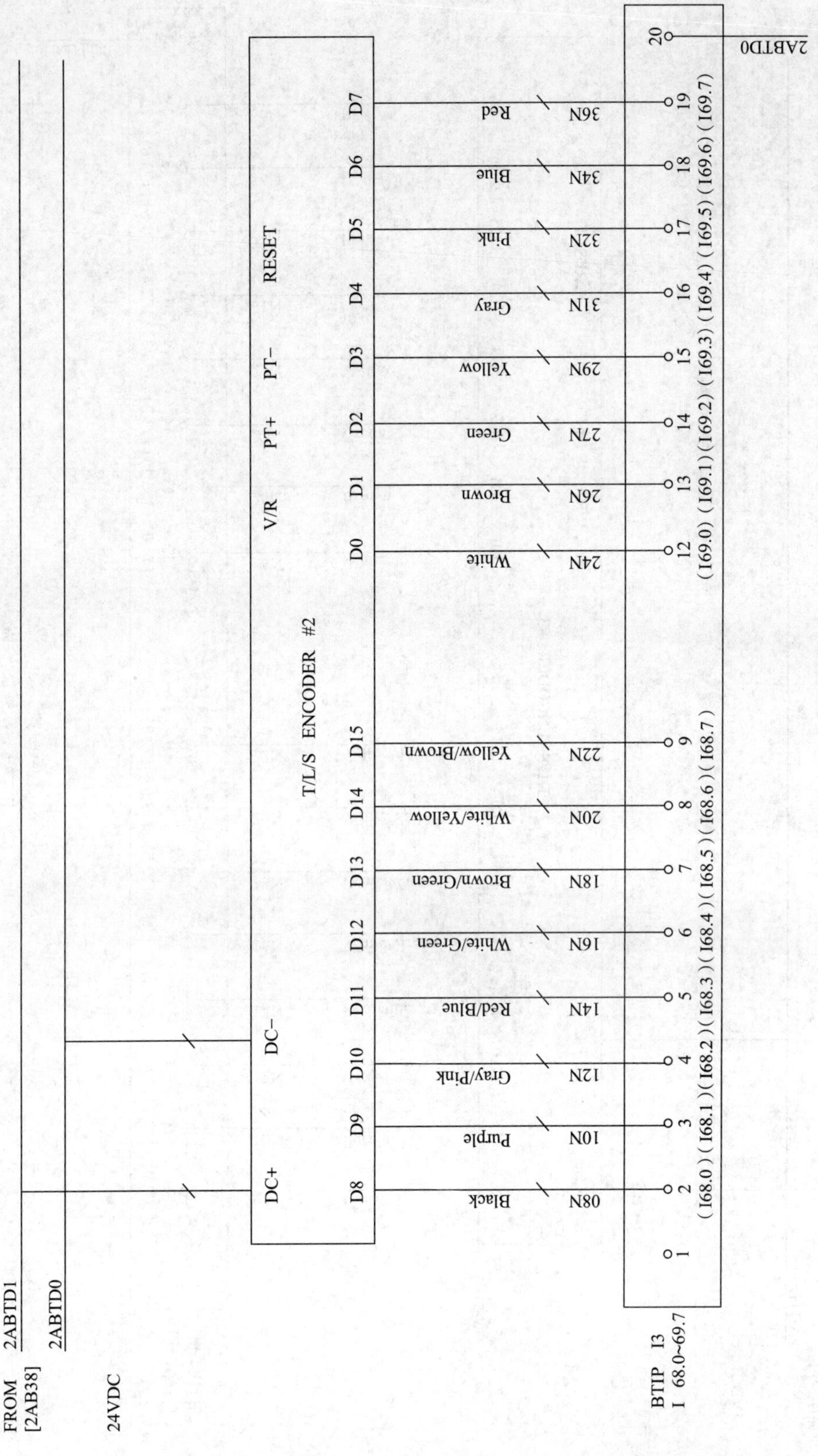

FROM [2AB38]
2ABTD1
2ABTD0
24VDC
DC+
DC−
V/R
PT+
PT−
RESET
T/L/S ENCODER #2
D8
D9
D10
D11
D12
D13
D14
D15
D0
D1
D2
D3
D4
D5
D6
D7
Black
Purple
Gray/Pink
Red/Blue
White/Green
Brown/Green
White/Yellow
Yellow/Brown
White
Brown
Green
Yellow
Gray
Pink
Blue
Red
08N
10N
12N
14N
16N
18N
20N
22N
24N
26N
27N
29N
31N
32N
34N
36N
1
2
3
4
5
6
7
8
9
12
13
14
15
16
17
18
19
20
(I68.0)(I68.1)(I68.2)(I68.3)(I68.4)(I68.5)(I68.6)(I68.7)
(I69.0)(I69.1)(I69.2)(I69.3)(I69.4)(I69.5)(I69.6)(I69.7)
2ABTD0
BTIP I3
I 68.0~69.7

图 6—33 倾转编码器 2

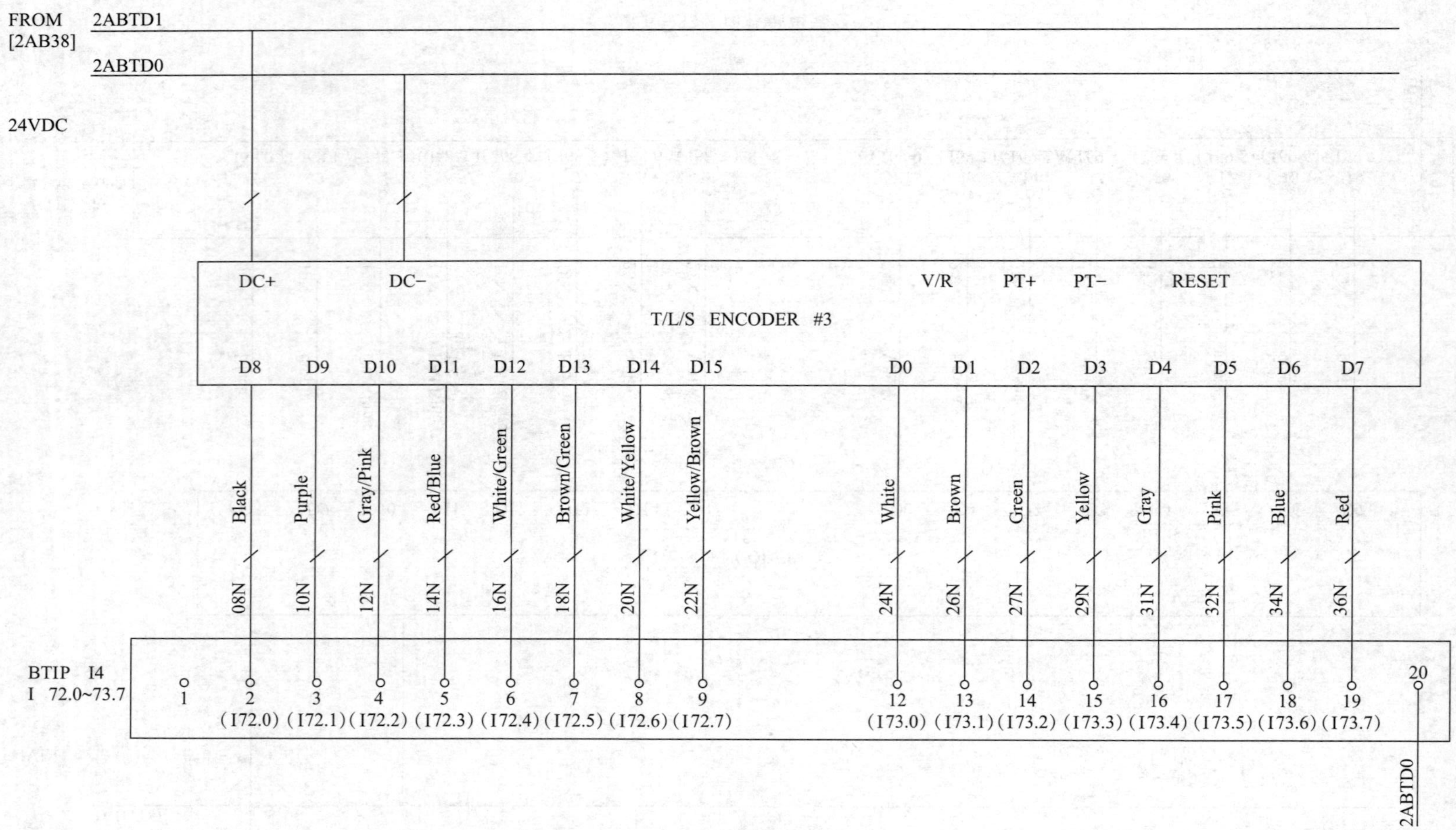
FROM
[2AB38]
2ABTD1
2ABTD0
24VDC
DC+
DC−
V/R
PT+
PT−
RESET
T/L/S ENCODER #3
D8
D9
D10
D11
D12
D13
D14
D15
D0
D1
D2
D3
D4
D5
D6
D7
Black
Purple
Gray/Pink
Red/Blue
White/Green
Brown/Green
White/Yellow
Yellow/Brown
White
Brown
Green
Yellow
Gray
Pink
Blue
Red
08N
10N
12N
14N
16N
18N
20N
22N
24N
26N
27N
29N
31N
32N
34N
36N
BTIP I4
I 72.0~73.7
1
2
3
4
5
6
7
8
9
12
13
14
15
16
17
18
19
20
(I72.0)
(I72.1)
(I72.2)
(I72.3)
(I72.4)
(I72.5)
(I72.6)
(I72.7)
(I73.0)
(I73.1)
(I73.2)
(I73.3)
(I73.4)
(I73.5)
(I73.6)
(I73.7)
2ABTD0

图 6—34 倾转编码器 3

2．吊具电缆卷绕控制系统

吊具电缆卷绕装置一般采用单排多层的卷盘装置或多排单层的卷筒装置。现以ZPMC制造的卷盘装置为例加以说明，该装置采用Danfoss的变频驱动系统。

吊具电缆卷筒变频器接线如图6—35所示。

L1、L2、L3是变频器主电源的输入端，U、V、W是变频器的输出端，采用两个带锥盘式制动器的电动机并列连接。

R−与R+是变频器的制动电阻连接端。由于吊具卷缆装置是一套独立的起升控制机构，位能性负载，不受主起升的影响，因此在下放时电动机处于发电状态。由于所发出的电能无法反馈电网，所以只能通过外接大功率、小阻值的电阻强制消耗。

60与55端是速度模拟量输入，采用4 ~ 20 mA电流信号，主PLC系统给定。

01与02端是变频器数字信号输出端，制动器打开信号。

6A与6B端是变频器数字信号输出端，变频器准备就绪信号。

7A与7B端是变频器数字信号输出端，运行信号，用于主控回路保护接触器。

FROM 2B端的18、19、16、17、27是变频器数字信号输入端，分别为变频器正转、反转、复位、加/减速、停止信号。这些信号的电源均是24 V DC，由12端口供给。

吊具电缆卷缆装置的辅助控制电源由T1变压器（380/220 V AC）供给。

吊具其他控制线路如图6—36至图6—41所示。

3．大车卷缆装置控制系统

大车卷缆装置是为卷绕由地面供电坑送出的10 kV高压电源提供给岸桥用电而设置的。该装置安装在面向海侧左手的联系横梁上，卷筒平面与码头轨道垂直，电缆与轨道平行并与码头电缆坑相接。电缆卷筒由电动机驱动，电动机驱动控制装置给卷筒一个合适的力矩，既保证电缆的正常卷取和释放，又保护电缆不被突然出现的外负荷拉断。

目前，国内很多岸桥的大车电缆卷缆机构采用变频控制系统驱动，与吊具电缆卷缆驱动系统的控制方式类似。也有岸桥直接运用磁滞联轴器与电动机配合使用的方式驱动。两者控制方式各有优缺点。

（1）变频驱动方式

优点：可以根据大车电缆在卷盘的层数来调节控制力矩，大大延长电缆的使用寿命。

缺点：控制相对复杂，容易增大故障率。

（2）磁滞联轴器与电动机直接驱动方式

优点：结构简单，故障率小。

缺点：力矩不可调，电缆寿命低。

由于采用变频驱动的控制方式与吊具电缆卷筒装置类似，所以在此只介绍结构简单的电动机直接驱动方式。

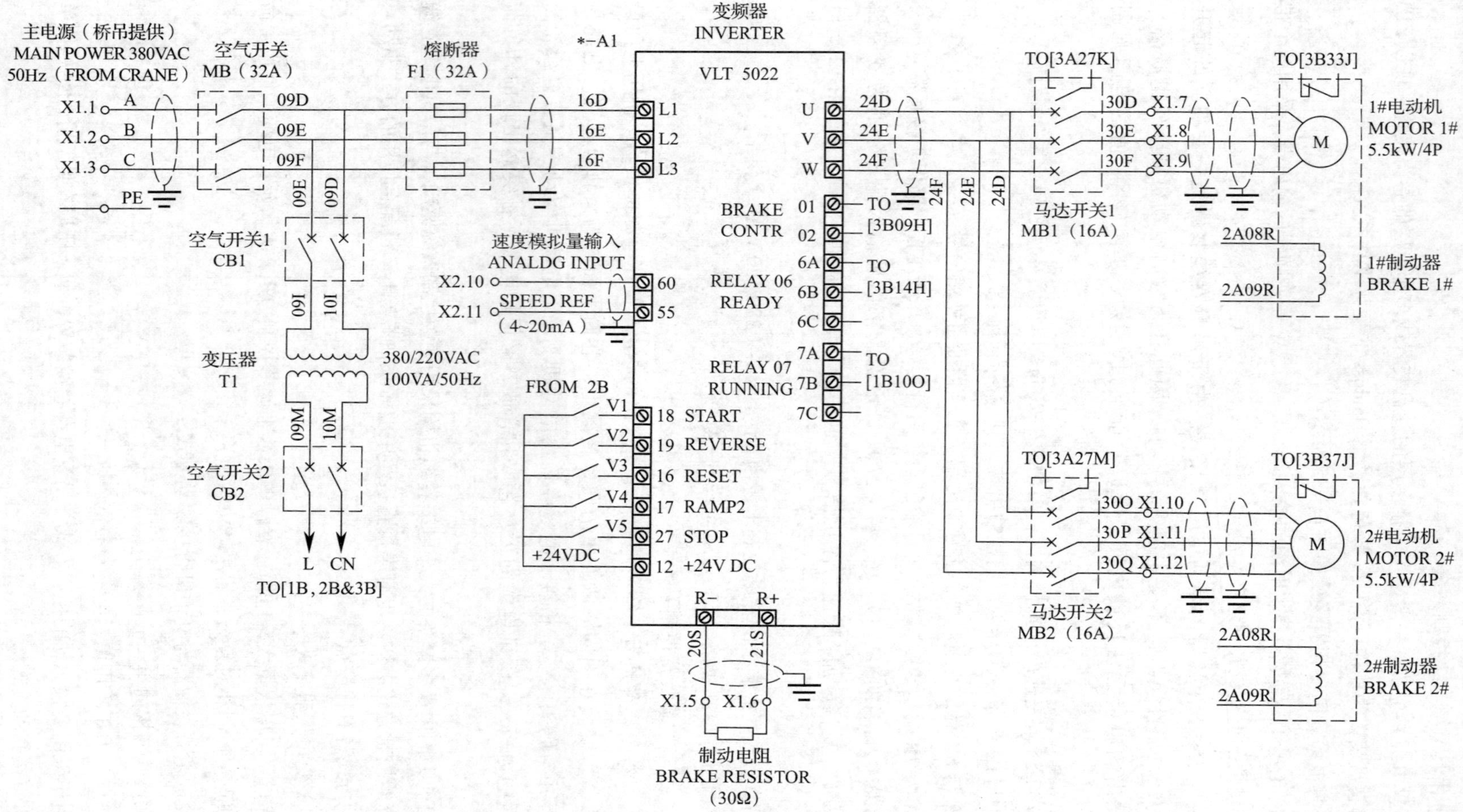

图 6—35 吊具电缆卷筒变频器连接线路

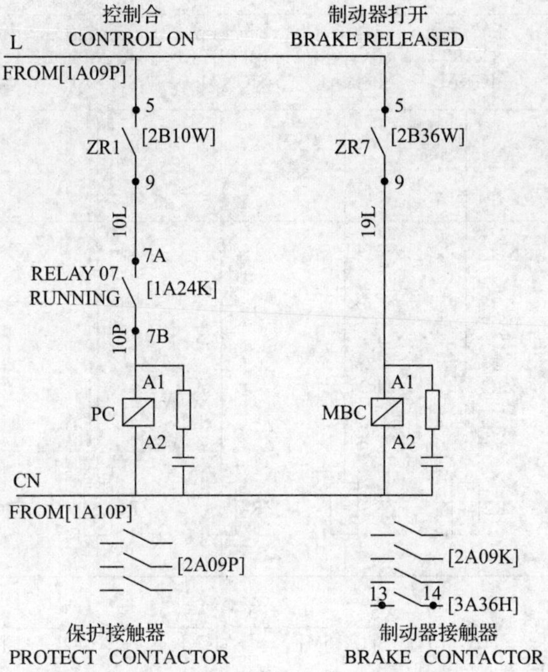

图 6—36　接触器控制图

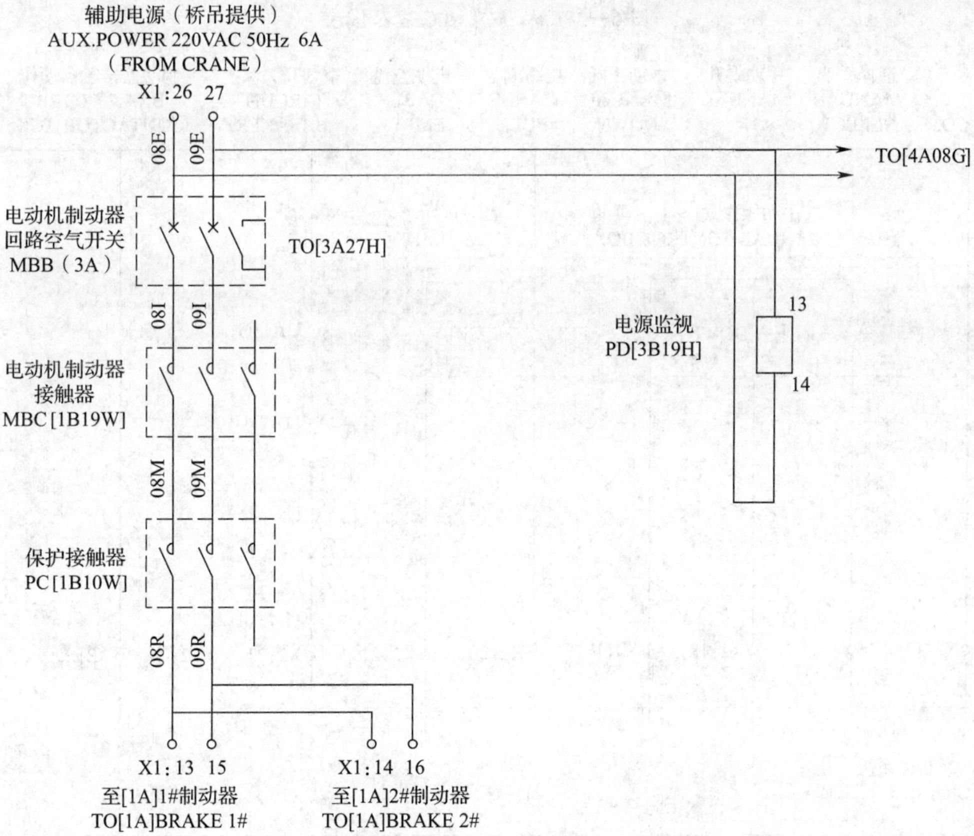

图 6—37　制动器控制图

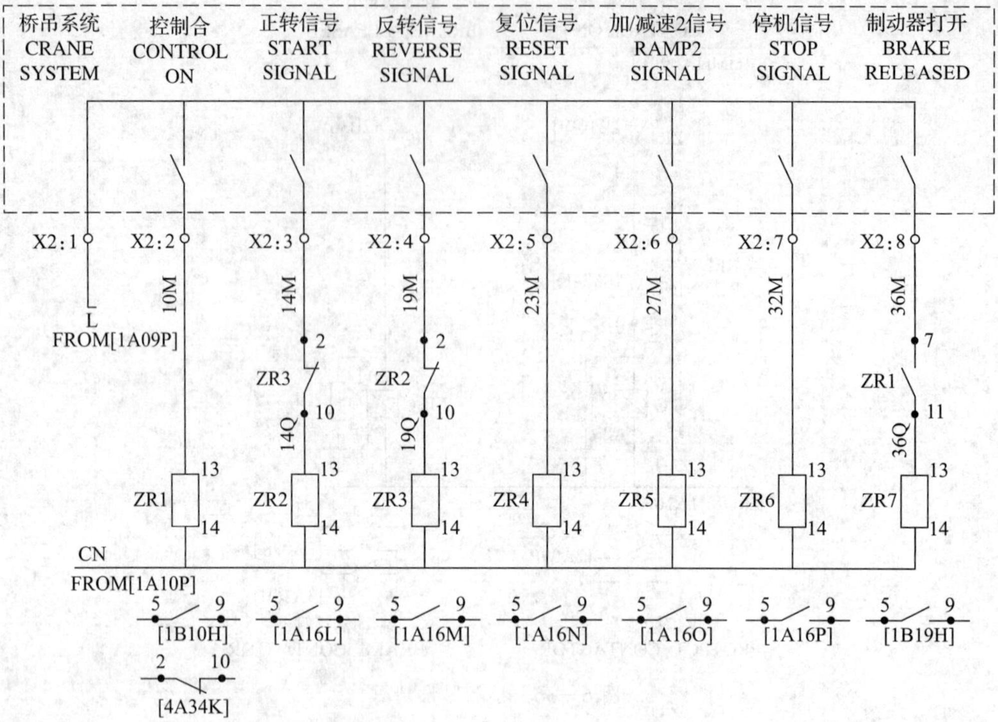

图 6—38 从桥吊 PLC 输入信号

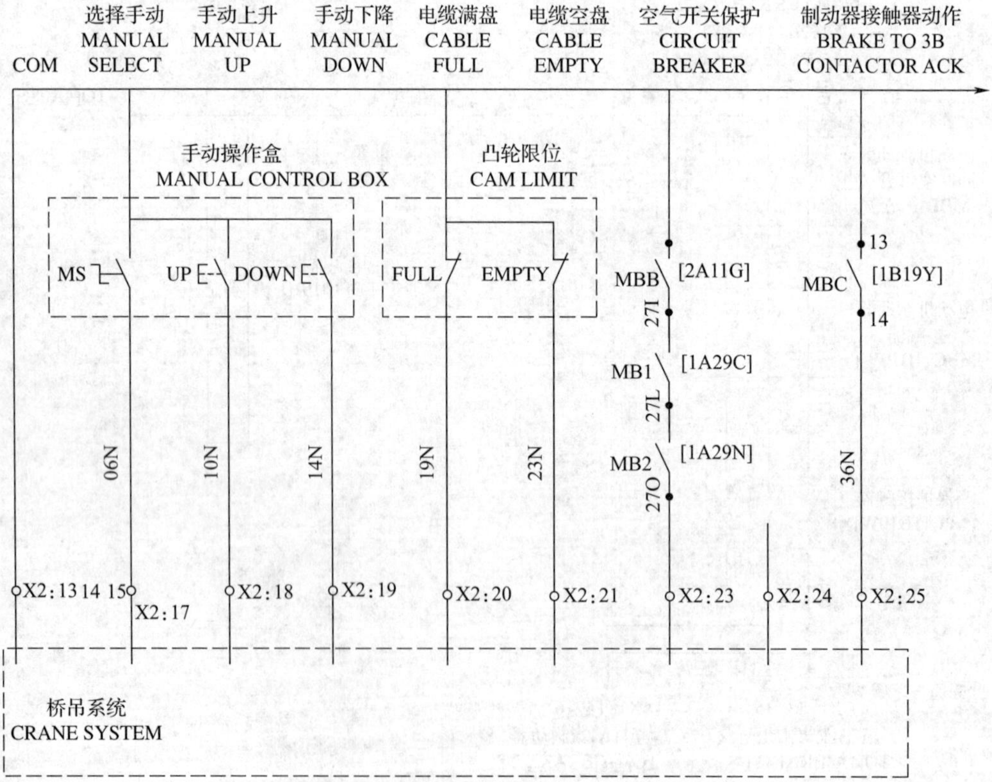

图 6—39 输出到桥吊 PLC 信号 1

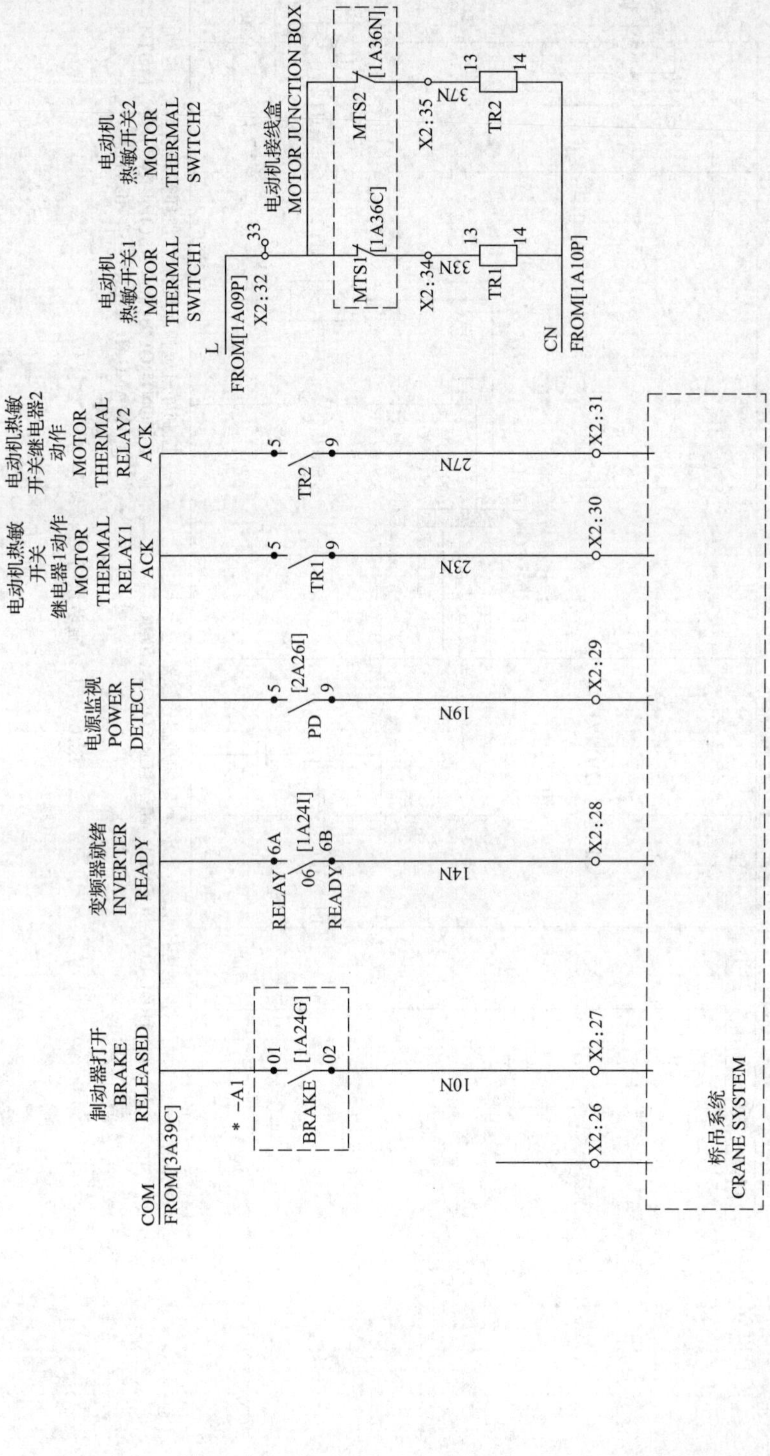

图 6—40 输出至桥吊 PLC 信号 2

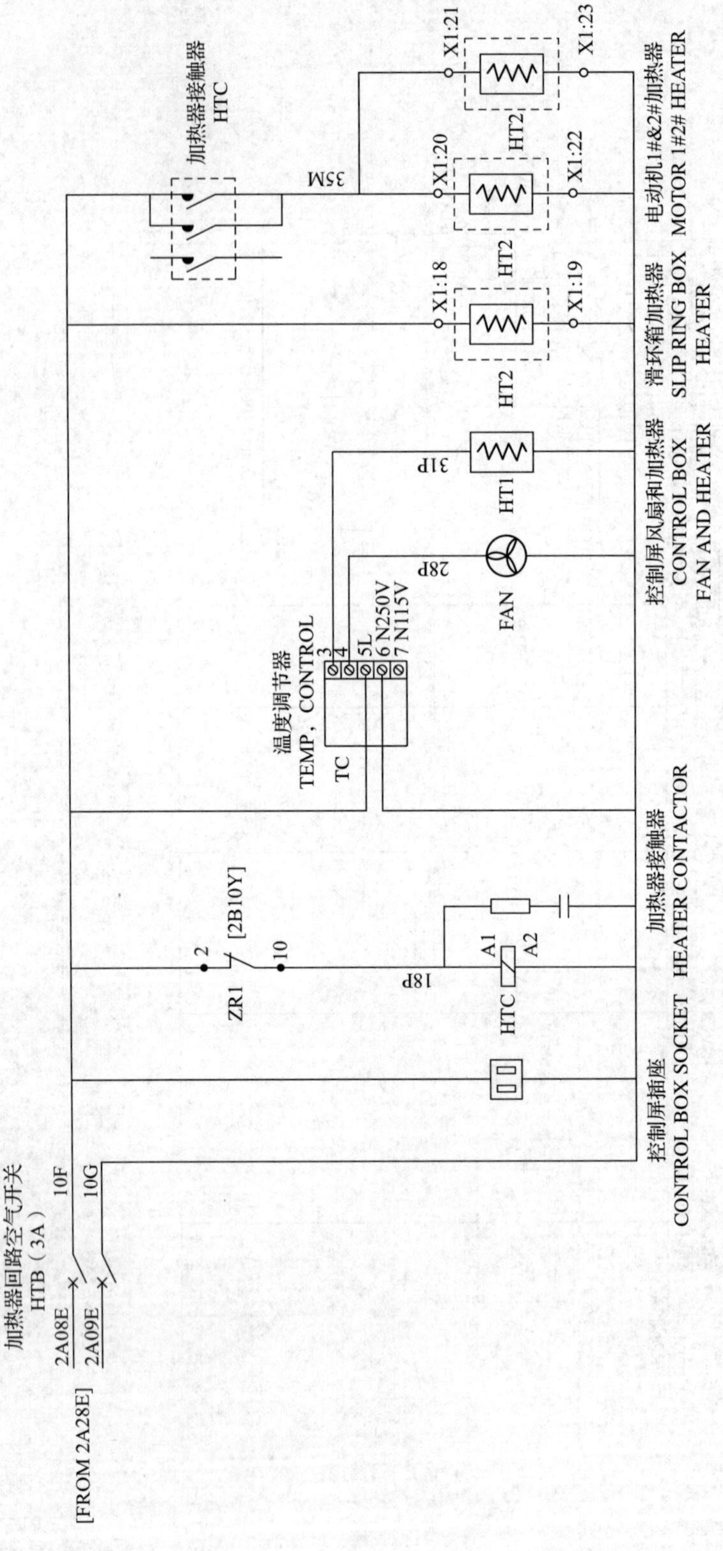

图 6—41　辅助设备连接线路

大车电缆卷缆机构由两台电动机驱动，如图 6—42 所示。只有当卷缆时电动机转动，卷盘覆缆；放缆时电动机不转，依靠磁滞联轴器的磁滞力矩使大车电缆始终保持一个张紧的力矩放缆。卷缆电动机尾部安装制动盘（见图 6—43），制动线圈为直流 200 W/1 A。由于没有限位检测，因此装有电流检测装置，将信号送入岸桥 PLC 程序中。

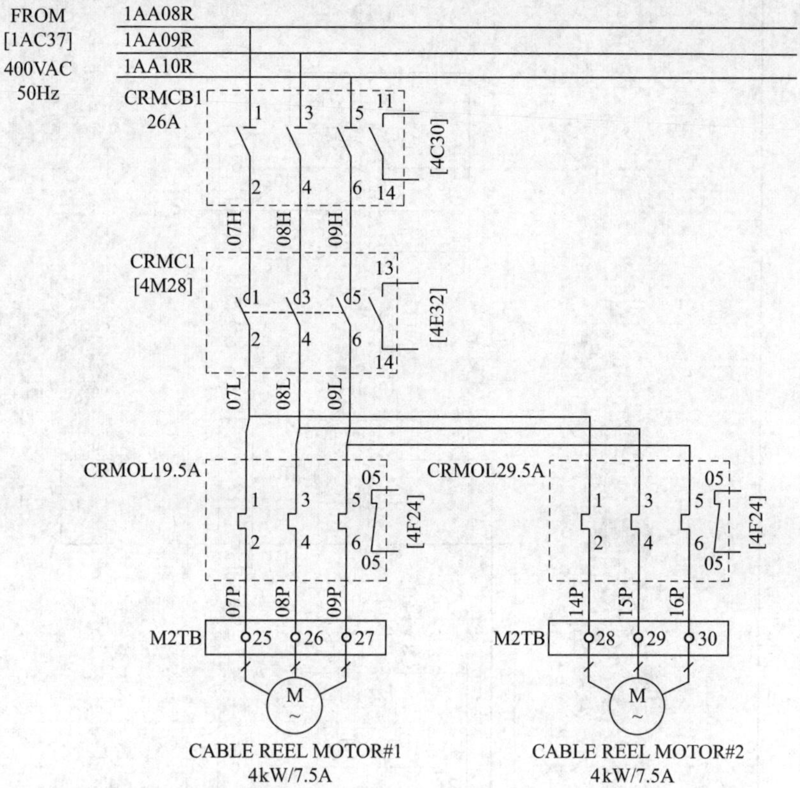

图 6—42　卷缆电动机接线图

大车卷缆装置装有导缆机构，通常情况下安装四个限位，分别为左行与右行的方向辨别限位，左行与右行的电缆过紧检测限位。

在图 6—44 中：

CABLE REEL LFT LS——大车左行限位。

CABLE REEL RGT LS——大车右行限位。

C_REEL OVER TENSION LFT LS——大车电缆左行过紧检测限位。

C_REEL OVER TENSION RGT LS——大车电缆右行过紧检测限位。

C_REEL EMPTY LS——大车电缆空槽限位，凸轮限位检测。

在图 6—45 中：

C_REEL SLOWDOWN LS——大车电缆过坑减速限位，凸轮限位检测。

C_REEL FULL LS——大车电缆满槽限位，凸轮限位检测。

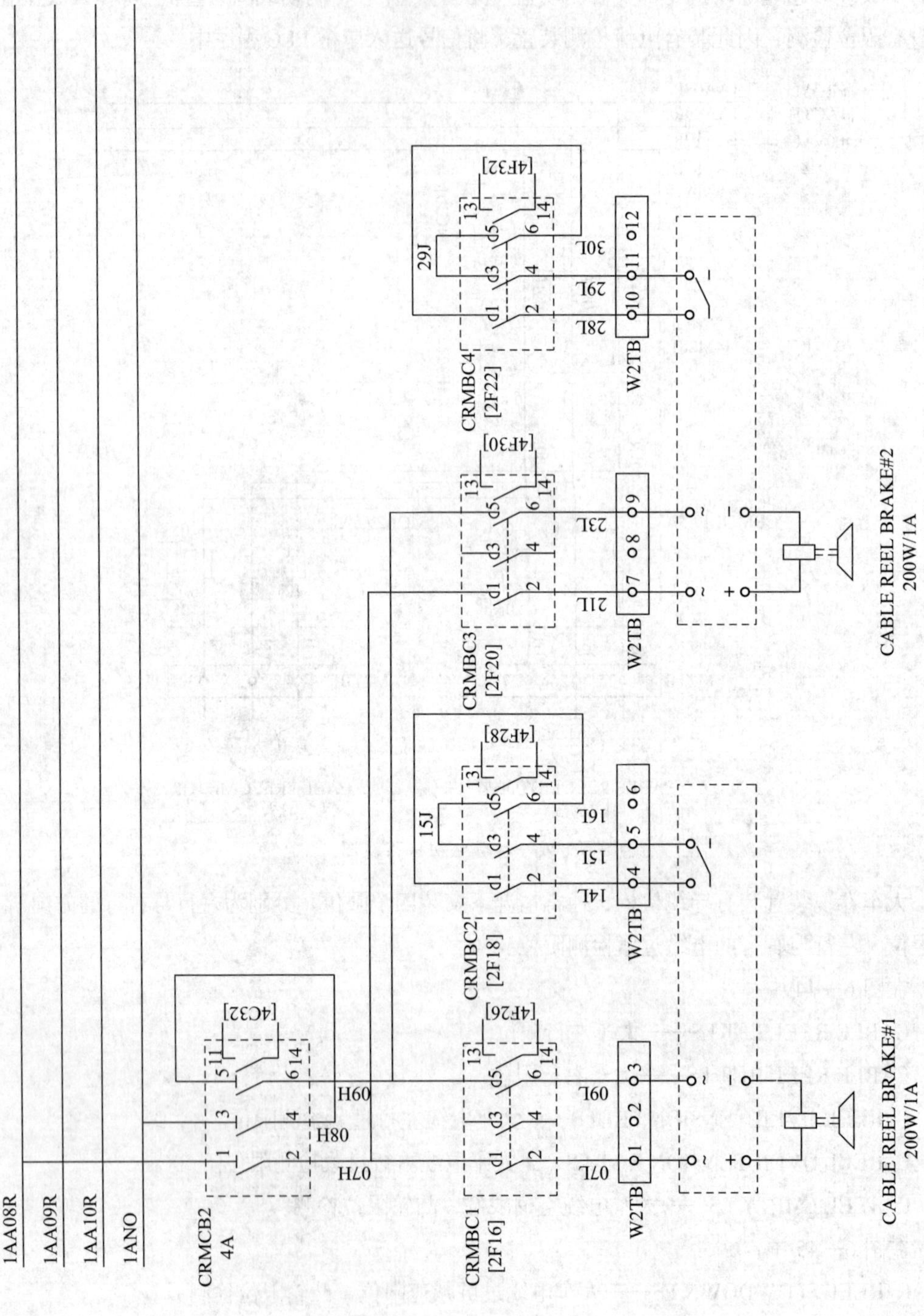

图 6—43　卷缆电动机制动器接线图

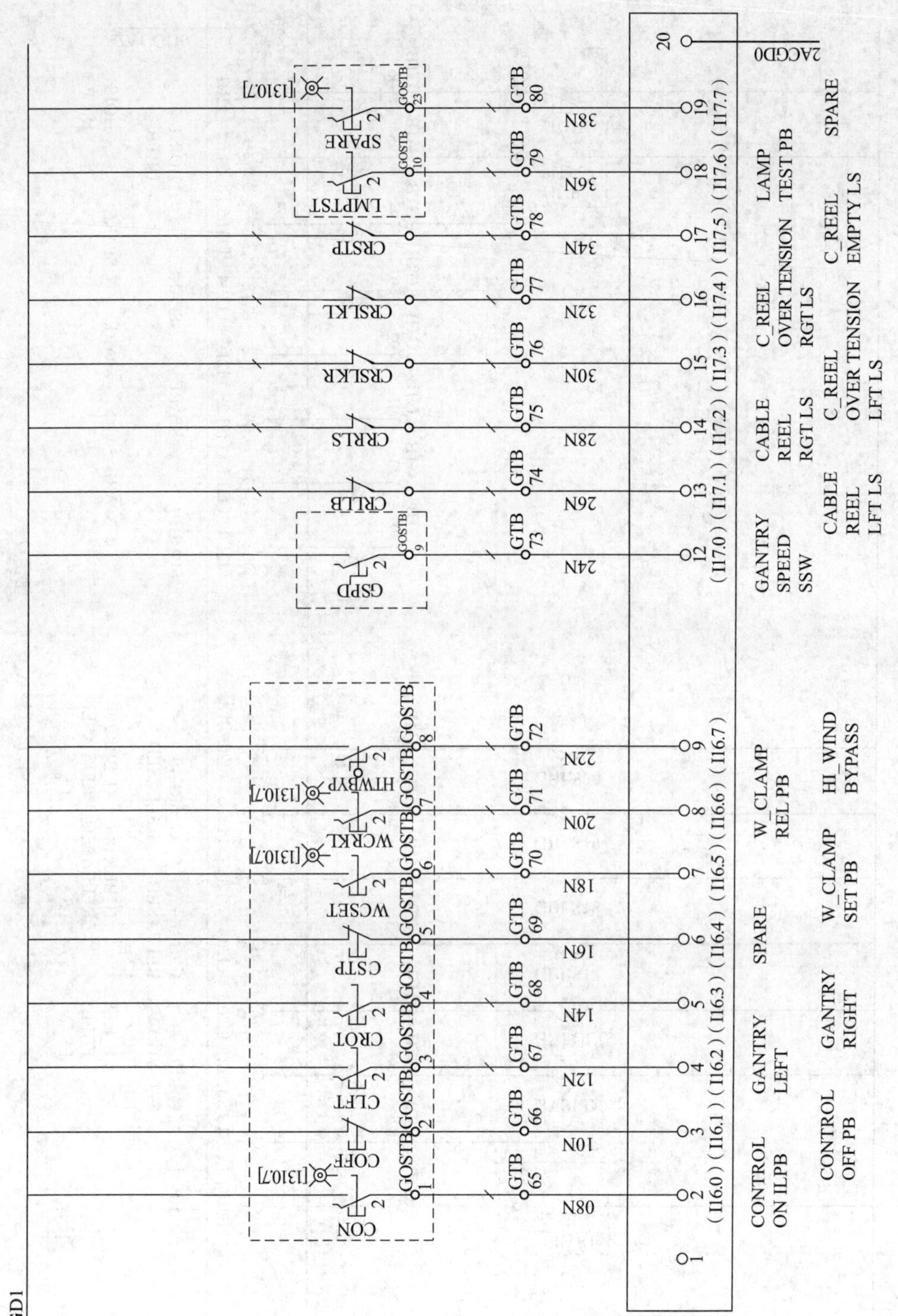

图 6—44 大车卷缆输入信号原理图 1

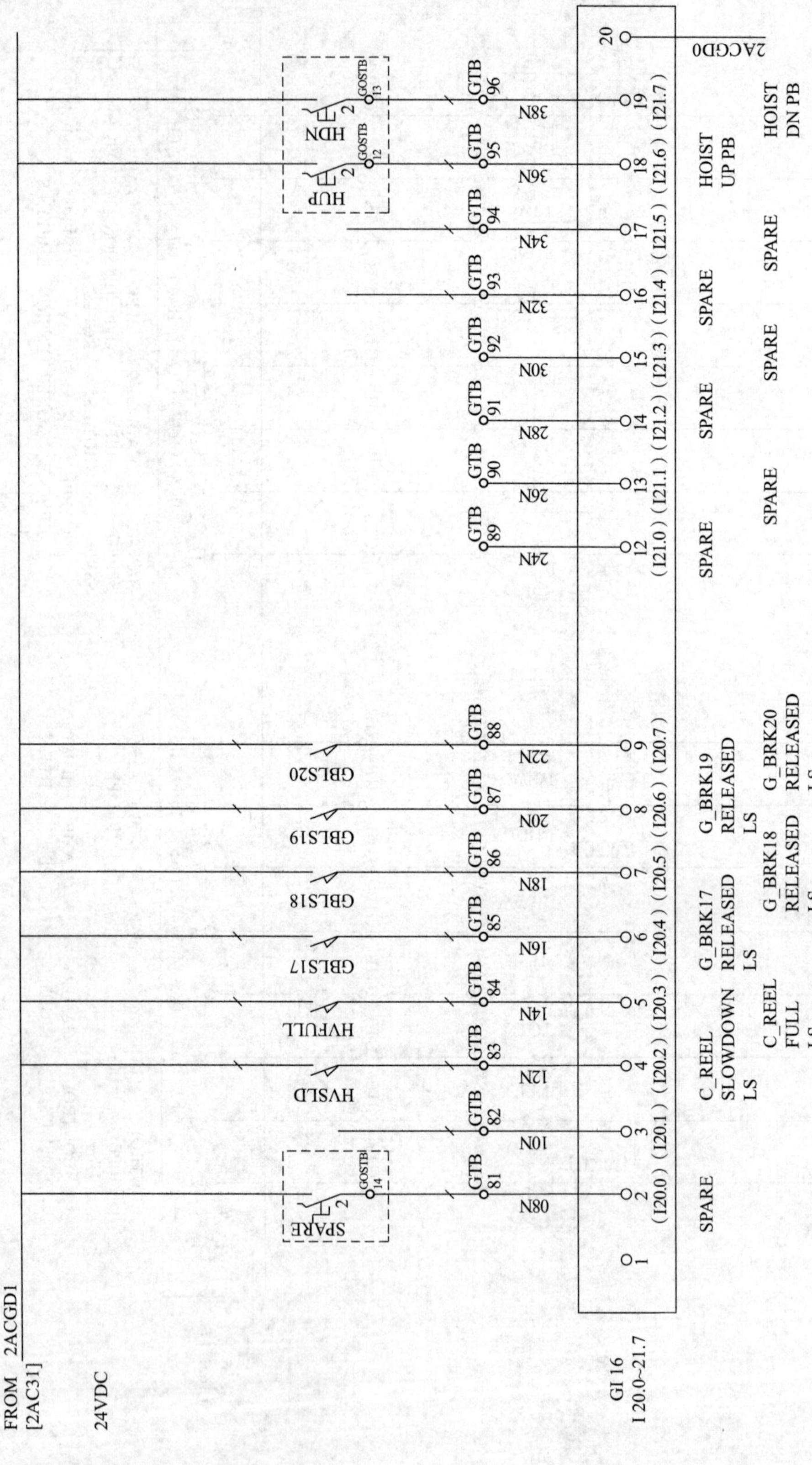

图 6—45 大车卷缆输入信号原理图 2

第二节　斗轮堆取料机的电气设备

斗轮堆取料机（简称堆取料机）是在散货堆场中既能堆料，又能取料的大型高效率连续装载机械。它适用于散料（如煤、盐、砂等）堆场中，用以堆取物料。堆取料机可分为行走、回转、变幅、堆取料及尾部带式输送机等部分。斗轮堆取料机外形如图 6—46 所示。

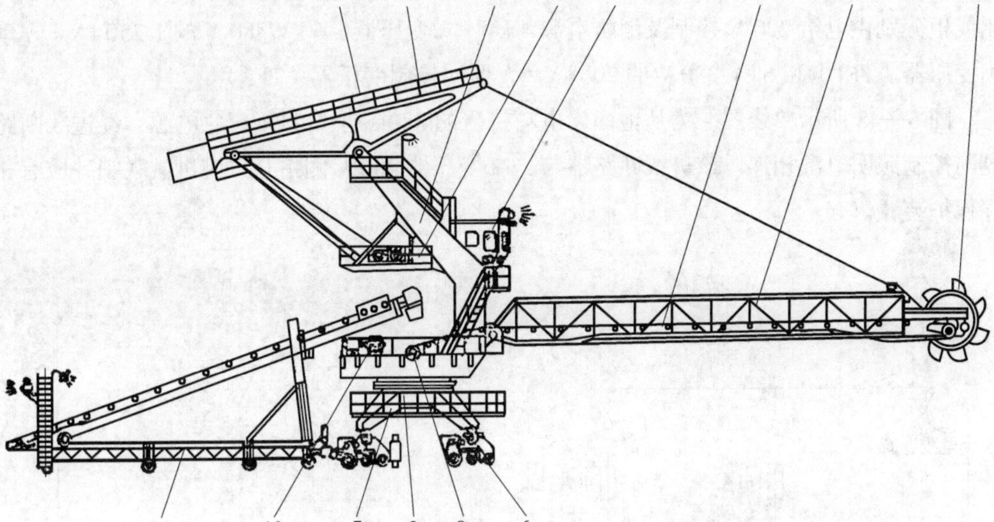

图 6—46　斗轮堆取料机外形

1—斗轮　2—前臂架　3—悬臂带式输送机　4—司机室　5—电气控制室　6—行走机构
7—门座架　8—运转落料斗　9—回转机构　10—液压系统　11—门柱
12—变幅机构　13—平衡架　14—尾部带式输送机

斗轮堆取料机主要包括机械机构及钢结构件和电气传动控制系统两部分。电气传动控制系统主要包括供配电系统，传动装置，监测、安全及机旁控制装置，位置检测和设备保护控制，司机室电控、照明及插座，接地系统，电缆卷筒，PLC 控制系统，操作模式转换，电气 / 控制接口，通信等部分。

一、斗轮堆取料机电气设备的工作原理

堆取料机的斗轮机构、悬臂带式输送机、回转机构、俯仰机构等部分安装在门架上。门架通过四套运行台车可沿轨道行走。堆取料机通过尾车架与沿纵向布置的主带式输送机协同工作。尾车架通过挂钩与堆取料机相连，主带式输送机在尾车架上的部分可用液压油缸升降。

需要堆料时，用液压油缸将尾车架上带式输送机的头部升高，以便主带式输送机上来

的物料经该头部斗轮卸入料斗中。

进行取料作业时，使尾车架脱离堆取料机，并通过升降油缸使尾部带式输送机下降到水平位置，然后开动斗轮机构使斗轮转动，铲斗便切入料堆挖取物料，靠自重使物料从斗内落到固定料槽上，进而滑到悬臂带式输送机上。斗轮采用分层取料及斜坡取料方式从堆场取料，然后经料斗送入主带式输送机上。

当不需要堆料和取料时，将尾车架与堆取料机脱开，并将尾车架上的主带式输送机部分的头部斗轮降至水平位置，物料就直接经主带式输送机送至指定地点。

1. 斗轮堆取料机电气单线图电路分析

图 6—47 所示单线图，为堆取料机 6 kV 上机电缆经电缆卷筒后，经 6 kV 进线和两台出线柜分别供电给 220 V 控制及消防电源 4 kV · A 变压器、6 kV/380 V 的 1 250 kV · A 动力变压器（TF1）和 6 kV/380 V 的 200 kV · A 照明控制变压器（TF2）。

图 6—48 所示单线图，为从地面岸电箱接入的 380 V 堆取料机应急电源，经进线断路器与控制照明电源相连。该进线断路器与 TF2 变压器 380 V 侧主开关有机械联锁并应有相序保护装置。

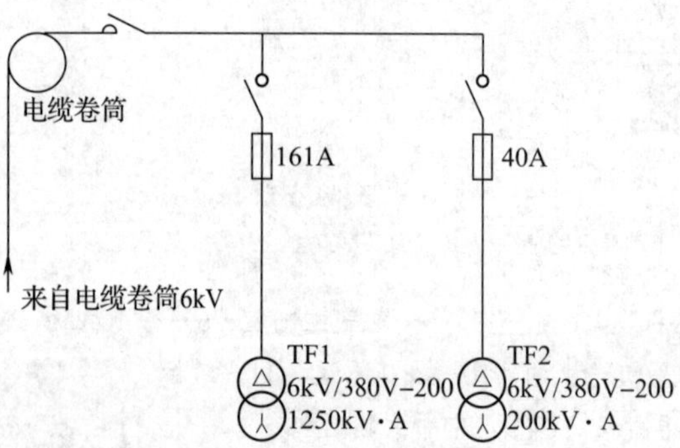

图 6—47　单线图 1

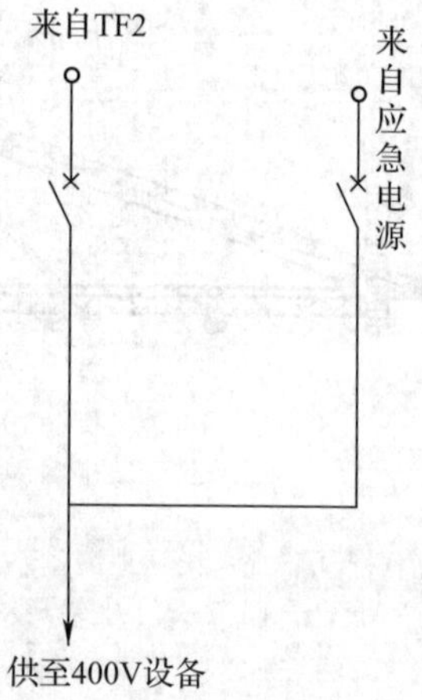

图 6—48　单线图 2

图 6—49 所示单线图，为 TF1 动力变压器 380 V 侧经主断路器开关，分别给悬臂带式输送机（BC）电动机、中继带式输送机（TC）电动机、俯仰（LF）电动机及相关制动器、加热器供电。

图 6—50 所示单线图，为 TF1 动力变压器 380 V 侧分别供电至两台斗轮传动液压泵电动机（BW1），并经一断路器供电至两台回转电动机（SL）及相关制动器。其中回转电动机采用变频调速传动。

图 6—51 所示单线图，为 TF1 动力变压器 380 V 侧分别供电至电缆卷筒（PCR）电动机、夹轨器（RC）电动机、斗轮液压传动循环（BWCH）电动机、中心溜槽振动（TCH）电动机、斗轮冷却风扇（BWCF）电动机、地面带式升降（YCLD）电动机、司机室升降（CL）电动机。

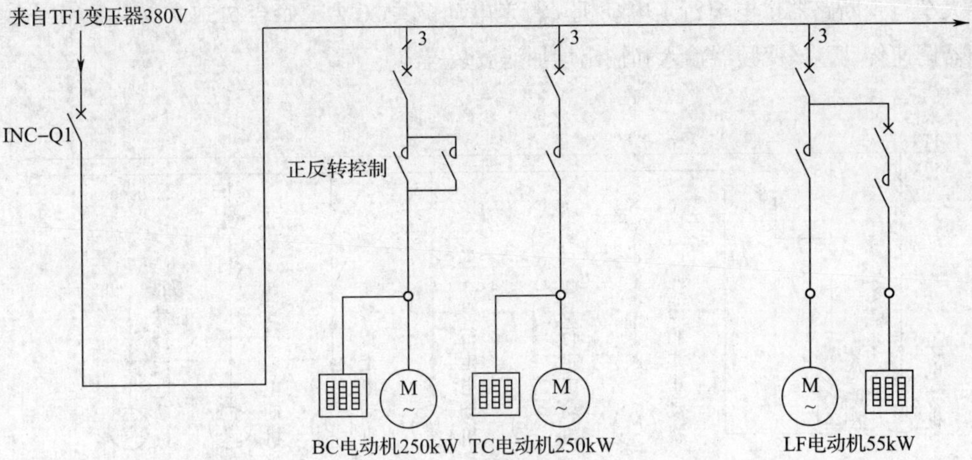

图 6—49　单线图 3

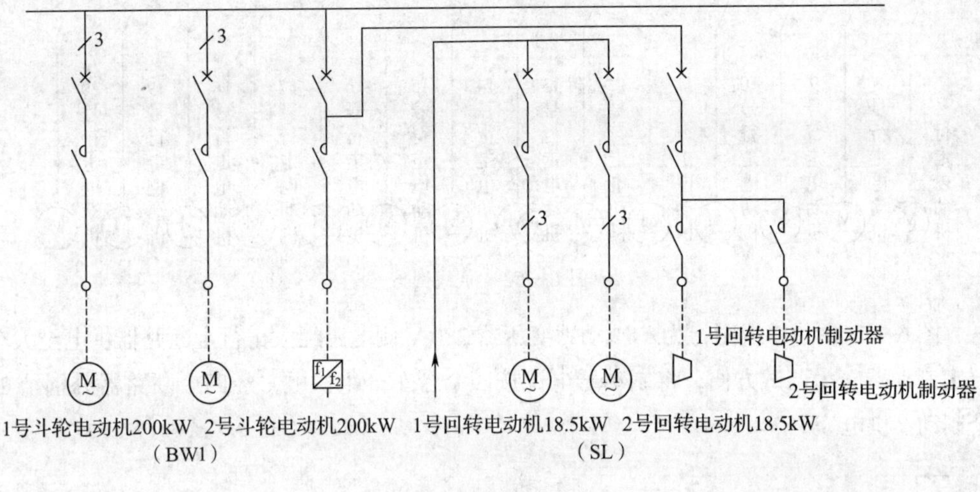

图 6—50　单线图 4

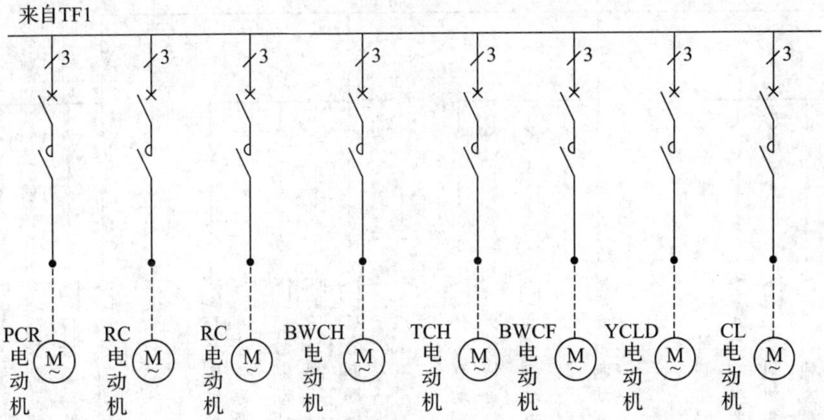

图 6—51　单线图 5

图 6—52 所示单线图，为 TF1 动力变压器 380 V 侧分别供电至除尘（DS）电动机和经大车行走断路器供电至行走电动机。行走电动机共 20 台，每台 7.5 kW，共采用一台变频器调速传动，该变频器输入和输出均加滤波装置。

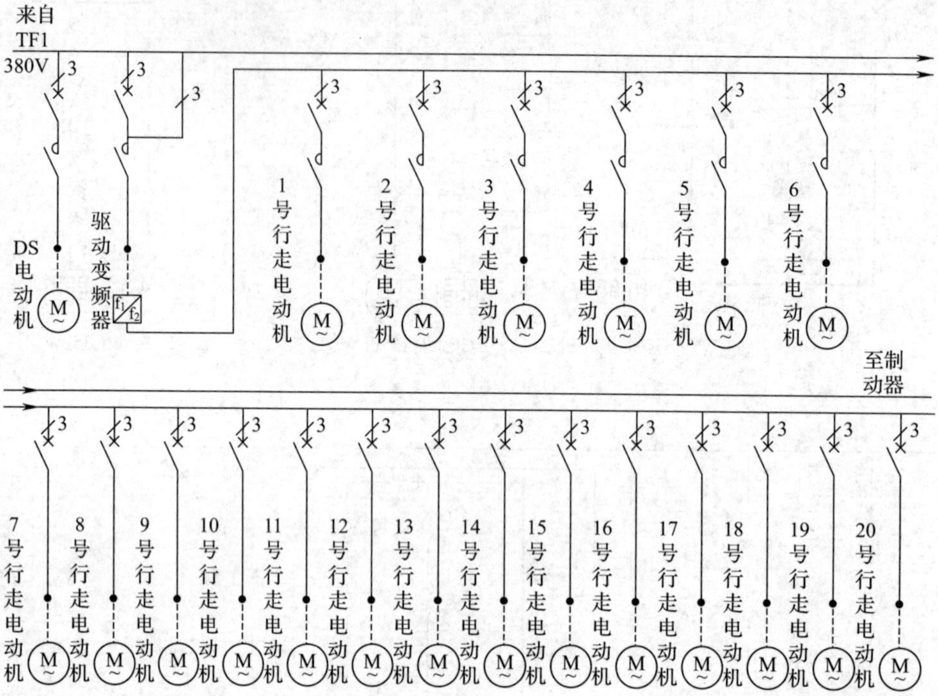

图 6—52　单线图 6

图 6—53 所示单线图，为 TF1 动力变压器 380 V 侧电源经大车行走断路器供电至大车行走制动器。为调试方便，将制动器电源按四个台车分组供电，经四个断路器分别给 20 个制动器供电。

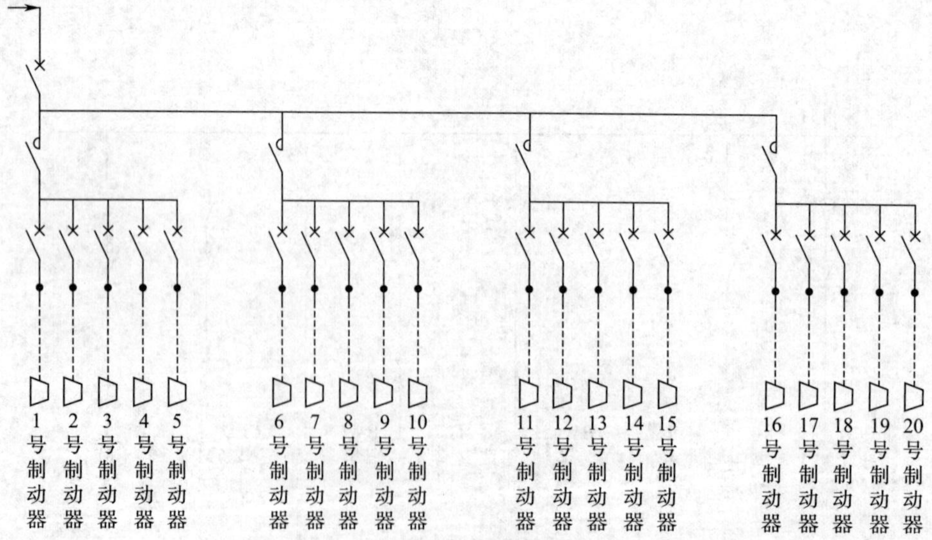

图 6—53　单线图 7

2. 斗轮堆取料机 PLC 控制程序框图

（1）图 6—54、图 6—55 和图 6—56 所示为悬臂带式输送机 PLC 控制程序框图。

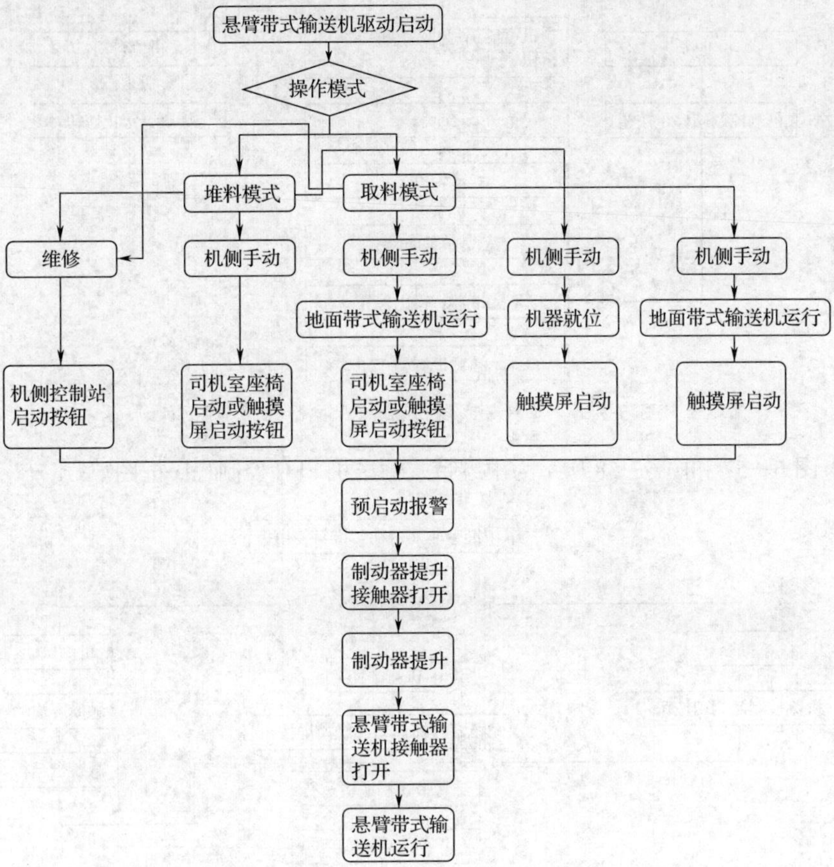

图 6—54　悬臂带式输送机 PLC 控制程序框图 1

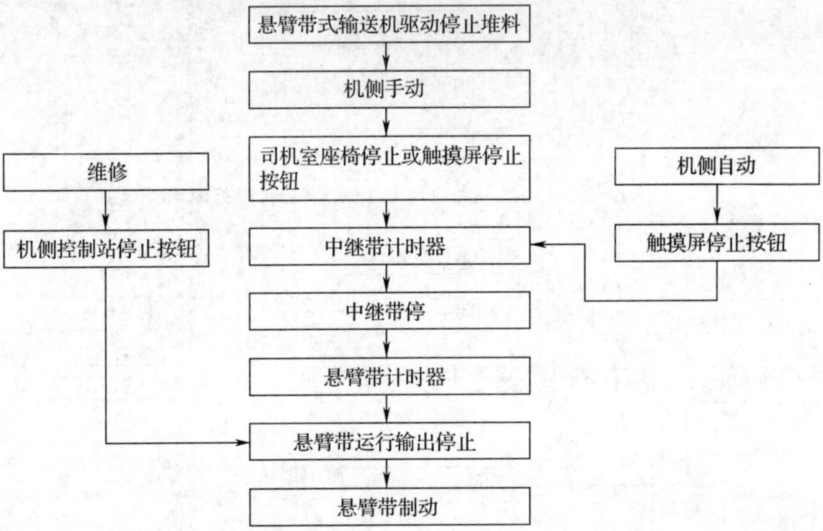

图 6—55　悬臂带式输送机 PLC 控制程序框图 2

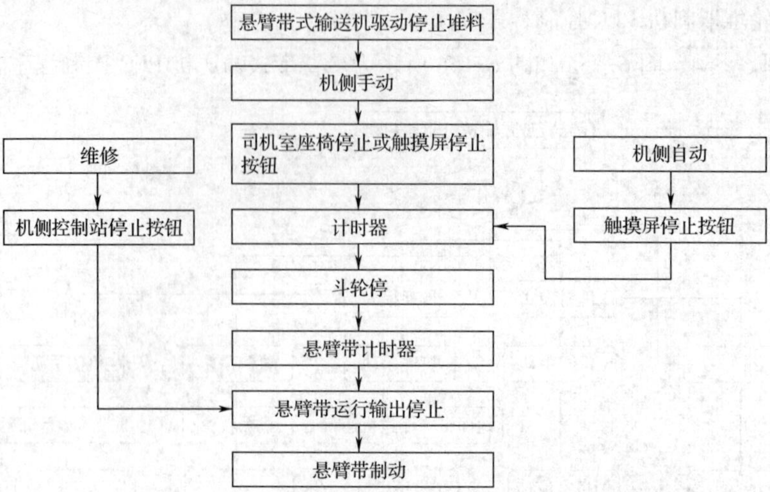

图 6—56　悬臂带式输送机 PLC 控制程序框图 3

（2）图 6—57 和图 6—58 所示为中继带式输送机 PLC 控制程序框图。

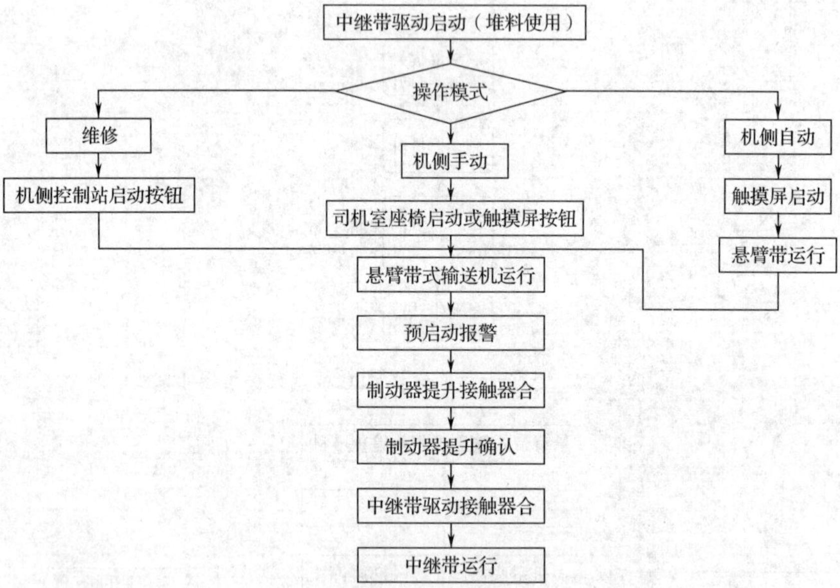

图 6—57　中继带式输送机 PLC 控制程序框图 1

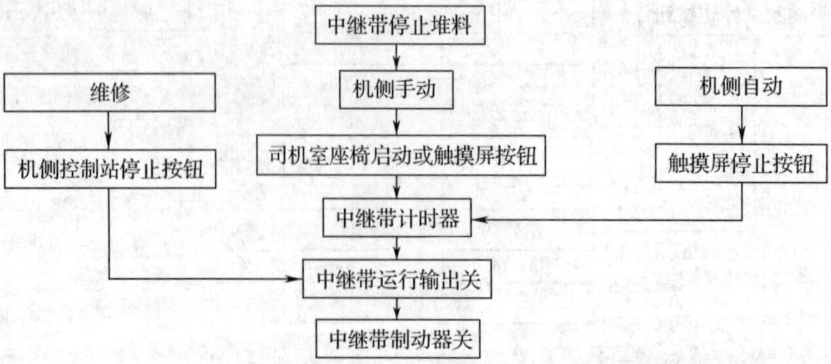

图 6—58　中继带式输送机 PLC 控制程序框图 2

（3）图 6—59 所示为大车行走 PLC 控制程序框图。

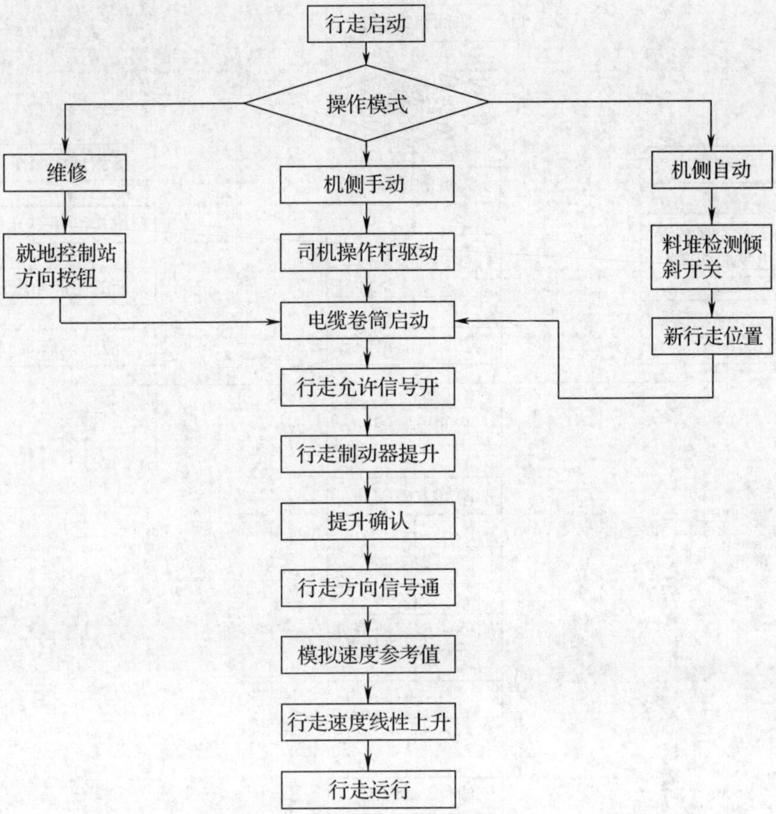

a）

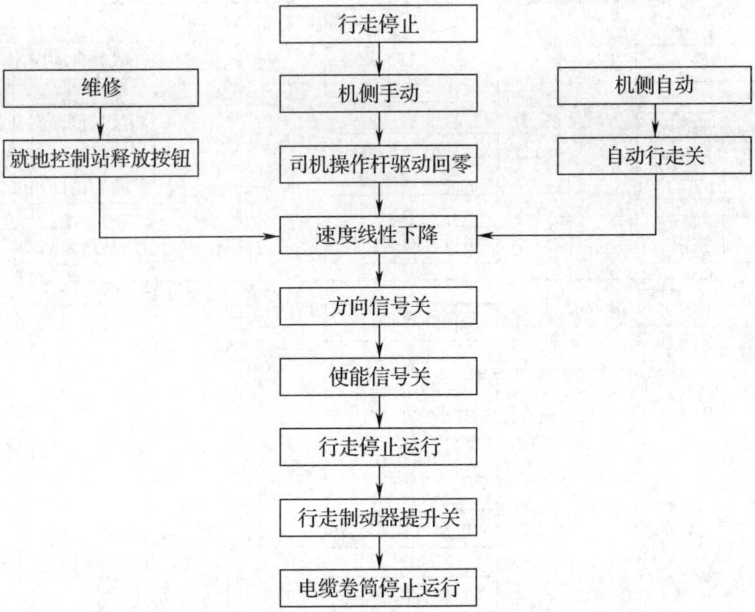

b）

图 6—59　大车行走 PLC 控制程序框图

（4）图 6—60 所示为俯仰 PLC 控制程序框图。

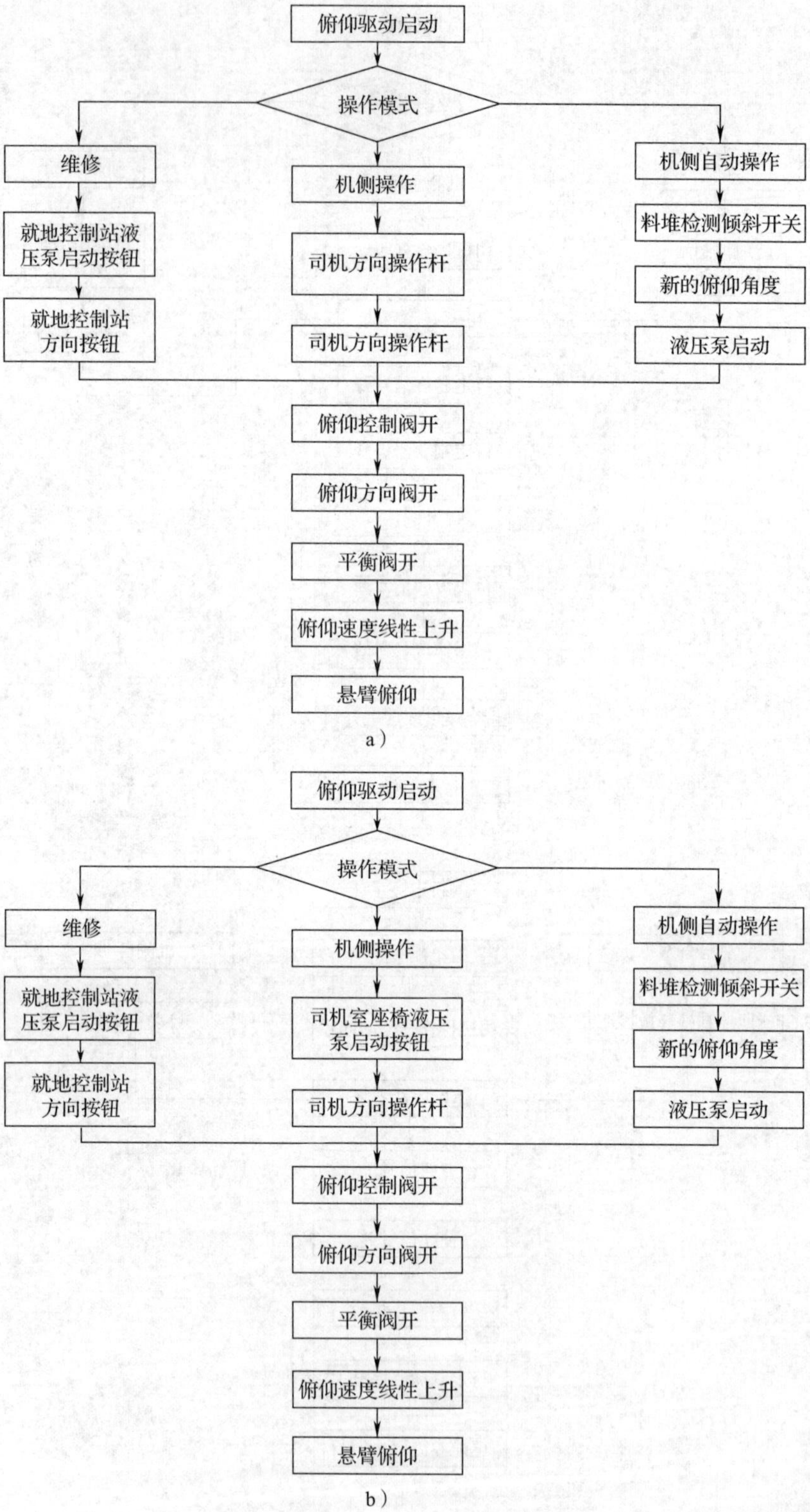

图 6—60　俯仰 PLC 控制程序框图

（5）图 6—61 所示为回转 PLC 控制程序框图。

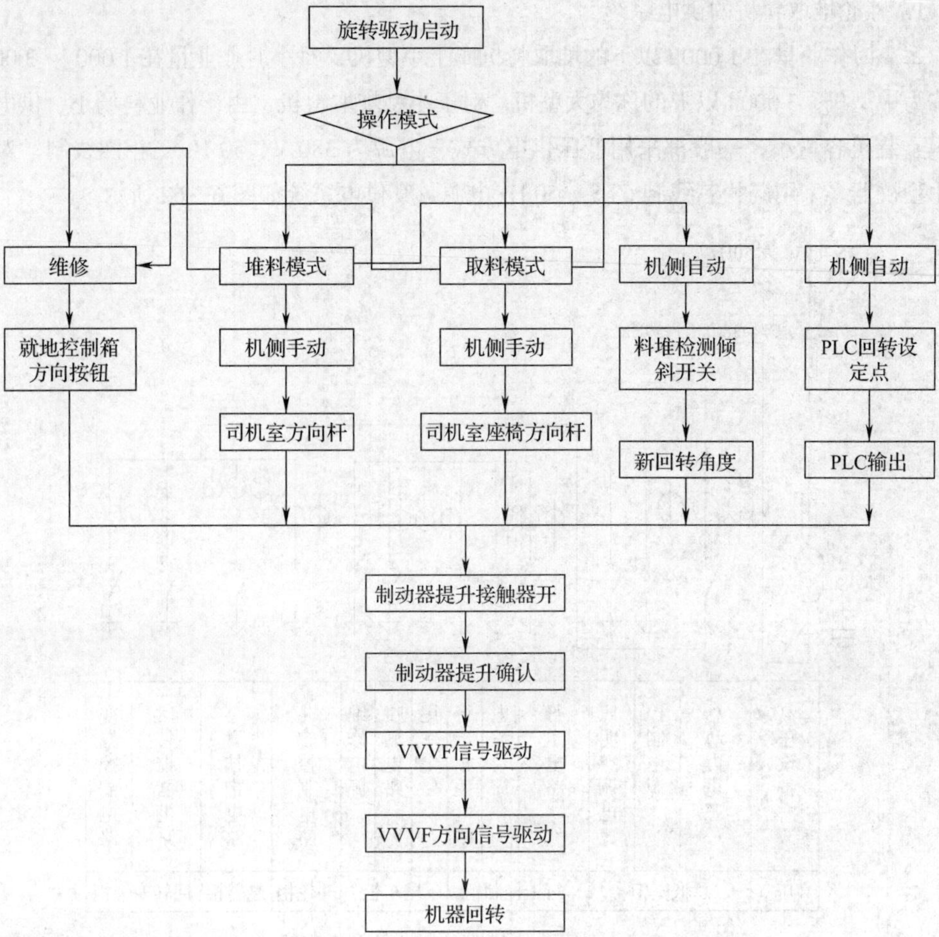

a）

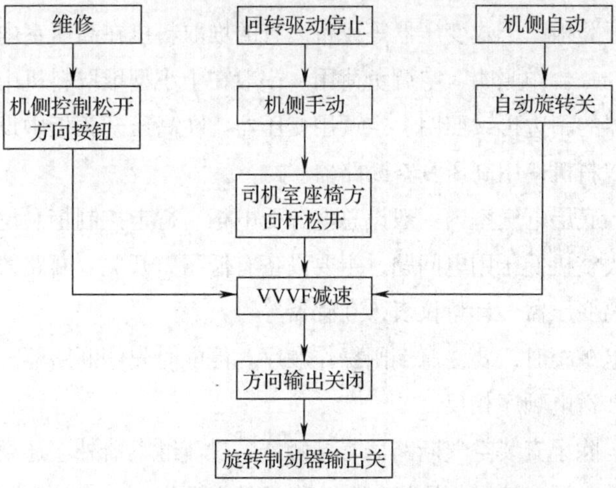

b）

图 6—61　回转 PLC 控制程序框图

二、斗轮堆取料机各机构典型线路分析

1. 斗轮堆取料机的供电系统

每小时作业量在 1 000 t 以下的堆取料机属于小型机，每小时作业量在 1 000 ~ 3 000 t 的称为中型机，3 000 t 以上的称为大型机。对于小型堆取料机，由于作业料场小、供电距离短、装机容量小，一般都采用低压供电方式，电源为 380 V、50 Hz 三相四线制；对于大中型机器多采用三相三线制 6 kV、50 Hz 电源，其供电系统如图 6—62 所示。

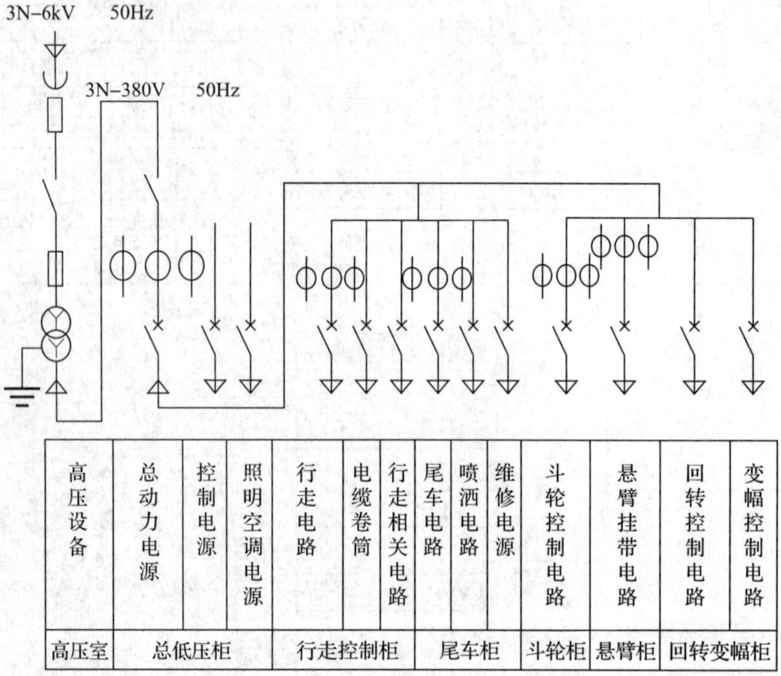

图 6—62 斗轮堆取料机的供电系统图

（1）高压设备。6 kV、50 Hz 电源由地面经电缆卷筒接至高压室高压开关柜中。在高压室内主要有高压开关柜、干式变压器等设备。有的堆取料机在高压室内设两台干式变压器，一台作动力用，一台作照明、空调负荷用。一般在中小型堆取料机中只设一台动力变压器，而在该变压器的副边再设照明、空调用变压器。在高压开关柜中设负荷开关和高压熔断器，也有的堆取料机使用高压真空断路器。

（2）低压设备。底层电气室内一般设总电源受电柜、行走控制柜、尾车控制柜。总电源受电柜主要是解决整机低压用电问题，主要设备有低压刀开关、断路器、自动开关、照明变压器、控制隔离变压器、计量仪表、互感器等。

在操作低压总电源柜时，要注意倒闸操作顺序。停电时先停断路器，在确认断路器分断后再拉开刀开关；送电顺序相反。

在行走控制柜，除了安装空气断路器、接触器、过流继电器外，还要安装与行走控制相关的机构控制元件。尾车控制柜同样如此。由于总电源柜、行走控制柜、尾车柜同在底层电气室内，电源连接比较方便，去电动机、保护器的电缆均由柜底经机上电缆桥架接到

设备上。

2．悬臂带式输送机控制原理

图 6—63 所示为某堆取料机悬臂带式输送机的主电路图。图中 QF32 为空气断路器，主要对悬臂带式输送机主回路起短路保护作用；21KM、22KM 实现正反转控制；T_5 为自耦变压器，起降压启动作用。启动过程中，24KM 和 25KM 同时吸合，23KM 不吸合；启动完毕，23KM 吸合，24KM、25KM 释放，启动过程结束。TA6、TA7 为电流互感器对工作电流计量，同时热继电器和电流继电器对电动机过载、过流起保护作用。在电流互感器二次侧回路中，20KA 在电动机启动过程中将电流表短接，对电流表起到保护作用；当启动结束后，20KA 常闭触点断开。

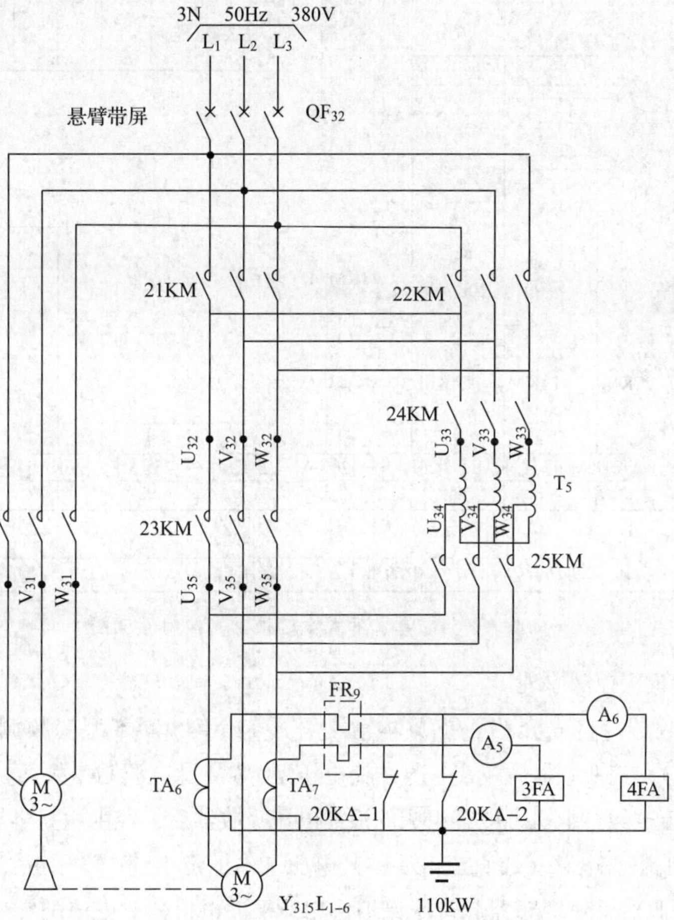

图 6—63　悬臂带式输送机主电路电气原理图

图 6—64 所示为悬臂带式输送机二次回路。5KA 在操作上选择半自动操作时吸合，5 KM 选择手动操作时吸合。在堆料作业时，悬臂带式输送机在整个作业流程中第一个启动，因此它不受其他设备闭锁；而在取料作业时，悬臂带式输送机是最后一台启动的输送机，因此它受地面输送机的闭锁，只有在地面系统启动完毕后，起始闭锁才解除。当悬臂带式输送机启动时，24KM、25KM 接触器同时吸合，TS 自耦变压器与电动机串接，电动

机降压启动；26KM 闭合启动电液推杆制动器电动机，刹车打开；经过启动延时后 20KA 得电吸合，24KM、25KM 释放，同时 23KM 吸合，自耦变压器被切除，降压启动结束。7SQ 为打滑开关的微动开关常闭触点，当带式输送机不工作时，7SQ 是闭合的；当带式输送机正常启动时，7SQ 打开；失速打滑时，7SQ 接通，使 23KA 动作，悬臂带式输送机停止工作。8SQ ~ 11SQ 为跑偏微动开关。16KA 为故障复位继电器，设在操作台上，由司机通过故障复位按钮来操作。出现故障时，即使故障解除，23KA 仍然吸合，只有当按下故障复位按钮时，16KA 得电吸合方使 23KA 失电。

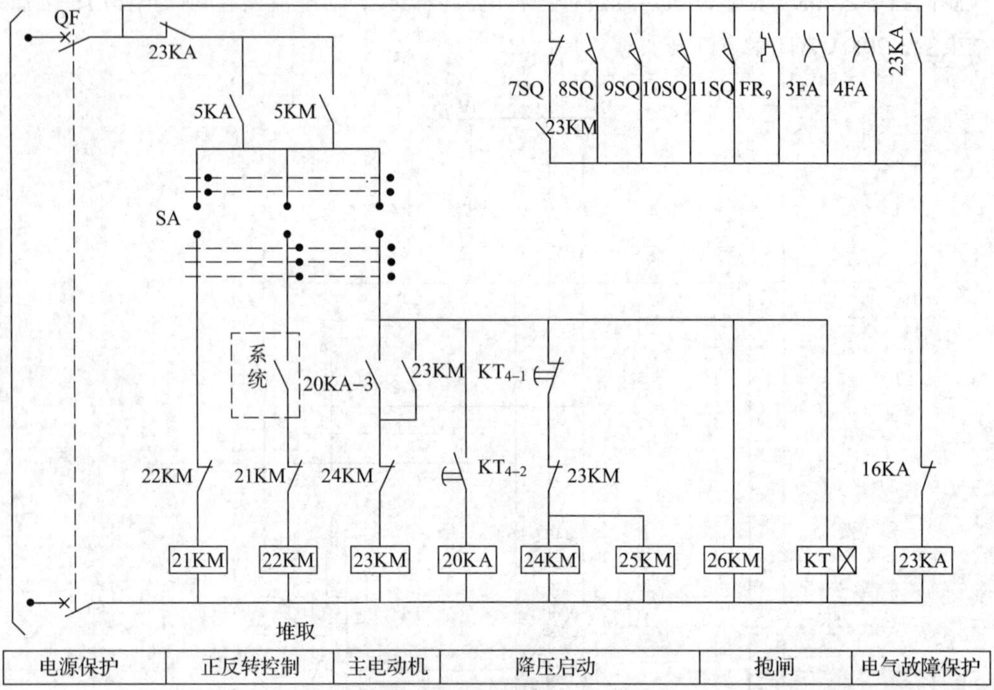

图 6—64 悬臂带式输送机电气控制原理图

3. 回转机构控制原理

（1）变频器。首先介绍一下日本富士公司 FRN045G7-5 型变频调速器的硬件结构（见图 6—65），该变频器属于交—直—交电压型 PWM 脉宽调制变频器。

三相交流电经过电阻、电容组成的浪涌电压吸收器后，经由六只半导体二极管组成的三相桥式全波整流电路变成直流电源，其电压基本恒定不变。端子 P_1、P 接平波电抗器。SA 为浪涌吸收器，对变频器起过压保护作用。平波电抗器对电流的突变起抑制作用。电容器 C 不仅起滤波作用，而且具有电压检测的取样功能。VT_1 ~ VT_6 为大功率二极管，起逆变作用。V_1 ~ V_6 不仅起反相电压保护作用，而且在电动机制动过程中，将电动机回馈的再生电流整流后对电容器 C 进行反向充电。当电压检测回路检测到电容 C 两端电压高到一定程度后，使 DB 单元的三极管导通，DB 电阻吸收电动机的回馈能量，因此有资料称 DB 单元及 DB 电阻为制动单元和制动电阻。电流互感器 CT 对逆变电流（负载电流）起到检测作用。磁通检测单元对输出的逆变电压进行监测。

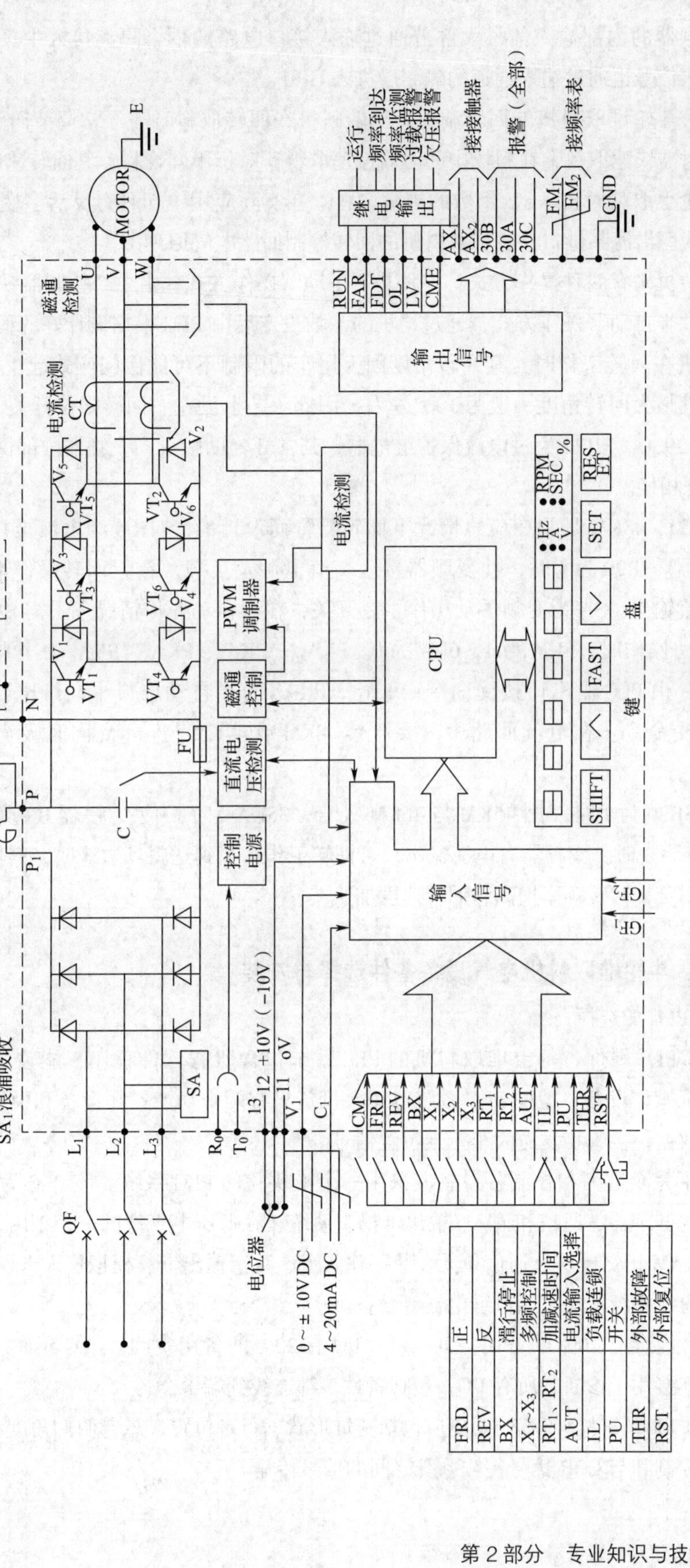

图 6—65 FRN045G7-5 型变频调速器的硬件结构

变频器的内部输入信号大部分通过输入接口电路的耦合隔离接入中央处理器 CPU，外部输入信号也通过输入通道的隔离后进入 CPU。

（2）斗轮堆取料机的回转调速。堆取料机在回转取料时需经常调节回转速度，在料场边缘时需快速取料，在料场中间时需慢速取料。对于不同物料，其回转速度要求也不一样。理论上取料时按 $\cos\varphi$ 倒数的规则取料，在实际应用中却具有灵活多变性。图 6—66 所示为我国沿海某港口斗轮堆取料机的回转控制回路电气原理图。

回转机构有两种操作方式：一种是“手动”操作方式，由主令控制器 SA 来实现；另一种是“半自动”操作方式，通过司机的参数设定后由 PLC 根据设计好的程序自动运行。堆取料机在回转工作时，其回转角度因大尾车的限制不可能像门座式起重机那样 360° 回转，其最大回转角度一般为 100° 左右，因此工艺上设左右回转限位开关保护，如图中 28SQ 和 29SQ。FR24 为过电流保护继电器，其常开辅助触头同变频器内部保护接点 30A、30C 并联相接。

47KM、48KM 是为在应急情况下回转悬臂而设计的，41KM 为电液推杆刹车电动机用接触器。SB20 为 1 时，使变频器接入交流电源及负载，在无回转操作情况下，负荷侧无电流输出。SA 为变频手动操作主令开关，在半自动操作情况下不需 SA 操作，因此在半自动操作时，5KM 为 1，6KA 为 0。PKA_{10}、PKA_6、PKA_7、PKA_8 为半自动取料中间继电器，由 PLC 输出口接受命令；PKA_{11}、PKA_{12} 为半自动堆料中间继电器，由 PLC 输出口接受命令。在电气回路中，要严禁 48KM 或 47KM 与 46KM 同时吸合而烧毁变频器。

当 SB20 为 1 时，则 45KM 与 46KM 吸合，38KA 为 1，使变频器 BX 为 0。当 37KA 或 40KA 为 1 时，变频器有电流输出，可回转工作；当到达料场边缘时，料场边缘回转限位开关闭合，回转频率增高，回转速度加快。

三、斗轮堆取料机电气设备备件选择与安装

1. PLC 的选择

（1）PLC 硬件。每台堆取料机的 PLC 系统包含所有软件程序，能独立于任何地面 PLC 系统操作设备。地面 PLC 系统对每台设备只有两个功能：在设备和中控室之间接收和发送数据，接收和发送大车行走位置信号。

为了完全监测和控制各设备，采用一个模块化的 PLC 系统。该 PLC 为机架式安装，安装有主处理器、通信和输入 / 输出卡槽。系统装在低压电气室的一个柜内，包括中央处理器、RAM 记忆模块、通信单元、数字输入卡、数字输出卡、模拟输入卡、模拟输出卡、外部用总线系统模块、接口继电器等设备。

PLC 内存有 20% 的备用空间。PLC I/O 有 20% 的备用空间。PLC 允许一个接口与便携电脑连接用于诊断。所有 I/O，包括备件，都连线到端子。

（2）PLC 软件。PLC 的功能应包括料堆形状、行走位置、悬臂俯仰角度和回转角度等的操作控制和与 CCR 信号传输系统之间的信号传输。

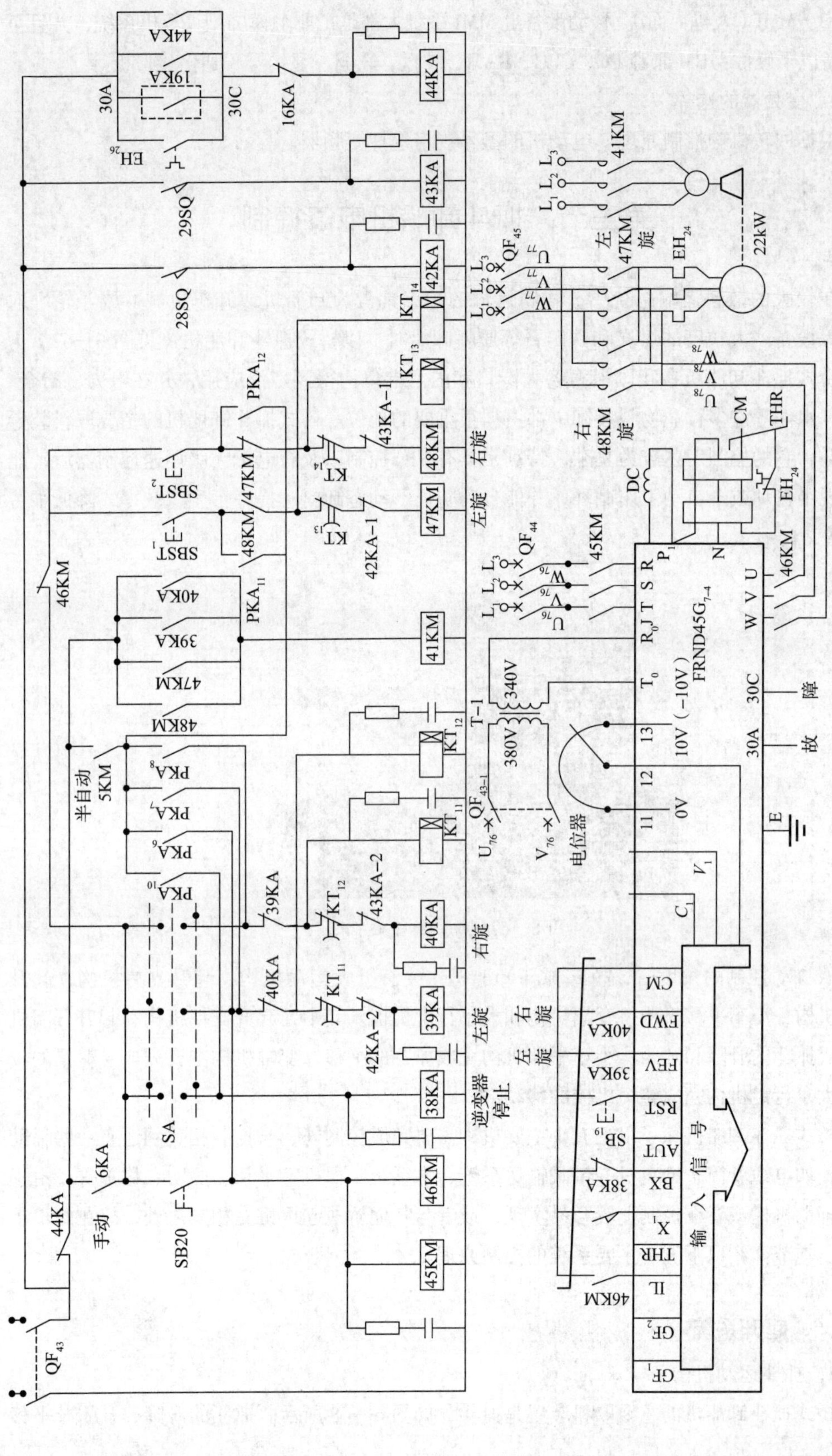

图6—66　回转控制回路电气原理图

（3）MMI（人机界面）。移动设备上 MMI 系统大都是工业触摸屏型计算机系统，并且至少配备以下硬件：IBM 兼容 PC、CPU、RAM、硬盘、软驱、显示屏、通信接口板等。

2．变频器的选择

根据回转机构控制原理、电动机的型号规格选择变频器。

第三节　抓斗卸船机电气控制

在较大的散料运输系统中，物料运输的始点常常为卸船机或卸车机械，或斗轮堆取料机等设备。大粒度的煤炭和铁矿石等原料卸船时，以桥式抓斗卸船机（见图 6—67）为主，桥式抓斗卸船机在我国沿海各大港口和内河港口均得到广泛应用，并在电力、冶金、化工、水泥等许多行业物料装卸中都占据很重要的地位。桥式抓斗卸船机的主要取料装置是抓斗，它的控制工艺较为复杂，特别是具有 PIC 控制以及有电子无级调速控制器后，能够实现半自动或全自动工作循环，并能自动防摇、动态卸料，提高了生产效率，降低了劳动强度。

图 6—67　桥式抓斗卸船机

从自动控制的角度看，桥式抓斗卸船机主要有五大运动机构：起升支持机构、起升开闭机构、小车平移机构、变幅机构和大车行走机构。其中，起升支持机构和起升开闭机构完成抓斗的升降和开闭，小车平移机构完成抓斗的平移，变幅机构主要完成悬臂梁的收放，大车行走机构完成整个机械的移动。

桥式抓斗卸船机除了以上五个主要机构需要完成控制外，与控制相关的还有一些辅助机构，如电缆卷筒、给料机、带式输送系统、水系统、司机室平移、照明、称重等，由于这些辅助机构或者在控制上较容易实现，或者与其他桥式起重机有相同之处，故在此不予介绍。本节介绍以下五个主要系统的控制原理。

一、起升系统

1．抓斗运动机构

桥式抓斗卸船机的主要取料装置是抓斗，如图 6—68 所示。抓斗的升降、开闭及平移运动主要由支持、开闭和小车机构协同完成，三个机构合称抓斗运动机构。三机构分别由支持电动机、开闭电动机和小车电动机通过机械卷筒带动钢丝绳协同传动抓斗运动。

图 6—68 抓斗

支持、开闭和小车三机构的传动形式主要有：

（1）四卷筒传动结构。三个电动机共用四个卷筒，卷筒之间通过行星齿轮进行机械耦合，由机械差动完成三个机构的联动与单动。该方式的机械四卷筒结构复杂，钢丝绳缠绕简单，具体结构形式在有关资料中有详述。

（2）电差动结构。四电动机分别传动四个完全独立的卷筒，由电气控制系统控制四个电动机的差动完成三个机构的联动与单动。电差动结构方式比行星齿轮机械差动结构的电气控制要复杂得多，但四个卷筒的结构简单，制造成本低，无论是机械还是电气，均有很高的互换性，并且钢丝绳的缠绕简单。

抓斗运动机构（支持、开闭与小车机构）是桥式抓斗卸船机工作频率最高的机构，在现代的控制系统中，常常要为这三个机构的联合装卸工作配备全自动或半自动工作的手段，以提高生产效率，同时也降低操作者的劳动强度。

每个机构除了配备制动器、凸轮限位及必要的润滑系统外，为了实现半自动或全自动功能，支持机构、开闭机构与小车机构都需要配置位置测量传感器、速度测量传感器以及必需的安全保护装置等。

2. 自动抓斗控制

（1）抓斗初始化。由于系统正常工作时，需对起升支持机构、开闭机构和小车机构进行位置控制，所以必须在正常工作开始前，进行起升位置初始化、开闭开度初始化和小车位置初始化工作。每次 PLC 重新上电或编码器故障后，抓斗必须重新进行初始化。

（2）抓斗控制。抓斗的开斗、闭斗动作是通过支持机构和开闭机构协同运行所形成的行程差实现的。电气控制系统应根据支持机构和开闭机构的实时位置差、抓斗起升速度给定、抓斗开闭速度给定，通过速度计算功能模块计算获得起升速度给定和开闭速度给定，分别控制支持电动机和开闭电动机的速度控制器，实现多种抓斗运行模式，完成静态开闭斗（即抓斗无升降运动）、动态开闭斗（即抓斗同时有升降运动）、深挖过程中闭斗等动作。在完成抓斗的初始设定后，抓斗打开和关闭的预置减速位置、预置停止位置等四个参数即已确定，在开闭过程中将会自动减速、自动停止。抓斗控制原理模型如图 6—69 所示。

（3）位置同步控制。抓斗的位置同步控制在抓斗未关闭时进行。通过将支持机构和开闭机构的即时位置差与记忆的位置差作比较，位置调节功能模块将进行精确的位置控制，使抓斗在升降时始终保持支持机构和开闭机构的位置差不变，以维持抓斗的开闭状态。

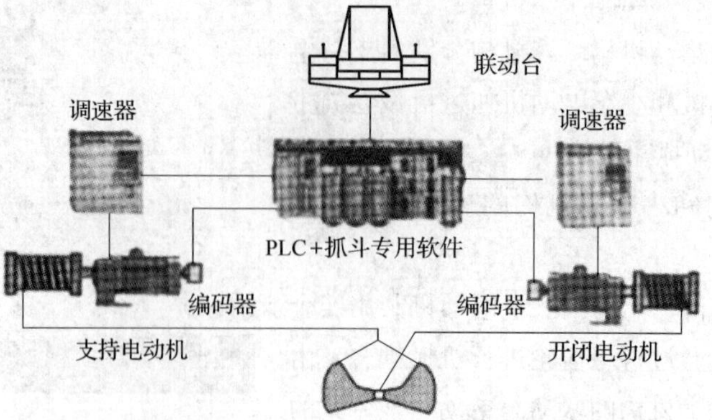

图 6—69　抓斗控制原理模型

（4）负载平衡。电气控制系统实时采集支持机构和开闭机构的负载信号，通过力矩 PI 调节功能模块实现精确的负载平衡，使抓斗在闭合状态即带负载升降时，始终保持支持机构电动机和开闭机构电动机的负载平衡，以维持起升机构和开闭机构的电动机出力均衡，并保证抓斗运行过程中不洒料。

（5）最大抓取量控制（深挖）。抓斗由于自重以及在抓取物料的过程中质量不断增加，将会使抓斗不断下沉，电气控制系统根据抓斗的抓取特性，协调控制支持电动机和开闭电动机的转速和转矩，实现抓斗的最大抓取量控制，有效地提高抓斗的抓取量。支持机构和开闭机构转速、转矩的有效配合，也有效地降低了在深挖过程中的机械振动。另外，由于转矩限幅，支持电动机在深挖的过程中仍有 10% ~ 20% 额定转矩，恰好能使钢丝绳在深挖过程中始终维持在张紧状态，避免了传统抓斗控制在深挖过程中钢丝绳过度松弛的缺陷。

自动抓斗控制软件框图如图 6—70 所示。

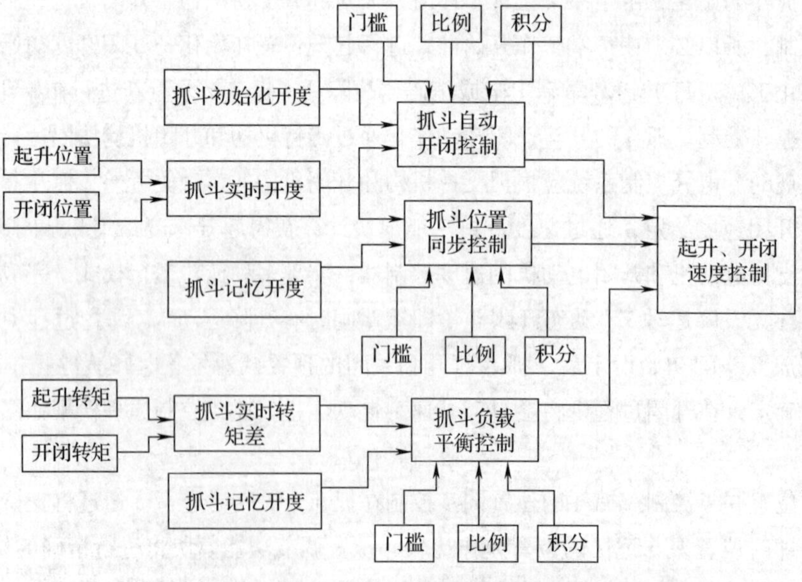

图 6—70　自动抓斗控制软件框图

3．抓斗卸料方式

装卸散粒物料的抓斗装卸桥的卸料方式，可以分为静态卸料法、摆动卸料法、联动卸料法等几种。合理选用卸料方式，有利于提高装卸桥的实际生产率。

（1）静态卸料法。静态卸料是目前普遍采用的一种方式。卸料时，小车运行到卸料口附近，开始制动减速，因小车速度降低，抓斗由于惯性作用超前小车。当小车速度趋近于零时，抓斗相对小车左右摆动，由于刚停车时小车摆动幅度较大，为了不使物料卸到漏斗口外，一般不能马上开斗卸料。有时抓斗位置不合适，还需要重新启动小车运行，调整至合适位置后再开始卸完全部物料，全过程一般要花 2 ~ 5 s。开斗卸料是一个独立的过程，不能与其他动作复合。这种卸料方式生产率较低。

（2）摆动卸料法。卸料时，小车运行到漏斗口附近开始制动过程中，抓斗已开始开斗卸料，小车制动停止后，已有一部分物料卸向漏斗，此时，抓斗相对于小车摆动，并继续卸料，这时小车反向启动，并运行到制动位置时，抓斗卸完全部物料。在这一过程中，可以最大限度地使小车运行时间和抓斗开斗卸料时间复合。此方法与静态卸料法相比，可以提高生产率 14%。

（3）联动卸料法。卸料时，小车运行到漏斗口附近一定位置，开始制动减速过程中，开动开闭机构，使开闭绳向下运动开斗；同时，反向开动起升机构，使抓斗开闭绳以相当于抓斗起升绳 2 倍的速度开斗卸料。这时抓斗在卸料的同时向上运动，缩短了抓斗摆长，降低了抓斗摆动幅度，提高了卸料时抓斗与漏斗的对准程度。小车停止后抓斗继续摆动和向上运动而进行卸料。在这个过程中，使开斗卸料、小车运行及爪斗起升时间得到重叠，即动作复合，与前两种卸料方式相比，明显提高了效率。

抓斗装卸桥除了合理设计以外，起重机司机努力钻研业务，探索作业中合理的运行路径与装卸工艺，加上精湛的操作技能，对实际生产率有极大影响。装卸桥的使用要求确定以后，也可以通过各个机构工作速度的搭配，来获得最佳作业效果。可见，先进技术装备高效作业的基础之一仍然是人的潜力。

4．半自动工作流程

系统半自动工作方式如图 6—71 所示。抓斗闭合抓满物料，在手动操作下提升到设定的安全高度后，可以启动半自动工作流程。根据当前的小车测量位置和卸料位置，系统经过计算获得当前卸料的最佳防摇运动轨迹，并即刻进入半自动运行，沿计算的最佳防摇轨迹运行到料斗上方进行卸料。

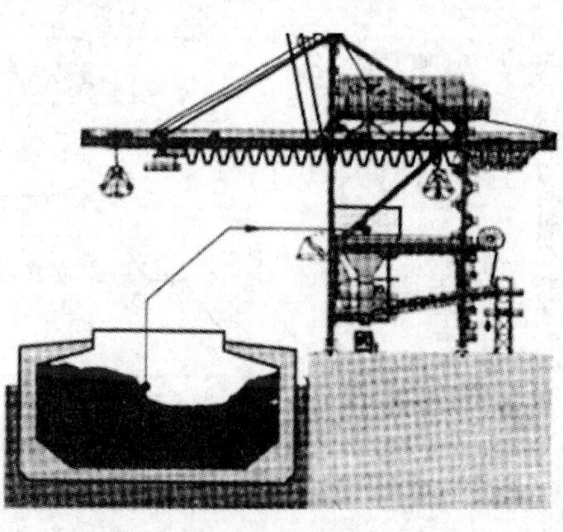
图 6—71　系统半自动工作方式

若卸料方式设定为静态卸料（见图 6—72），则抓斗应无摇摆地停留在料斗的上方中央位置，并打开抓斗卸料，抓斗在料斗上方的停留时间应可以通过静态卸料停止时间选择开关进行调整，通常在 1 ~ 4 s 间可调即能适应所有状况的物料。

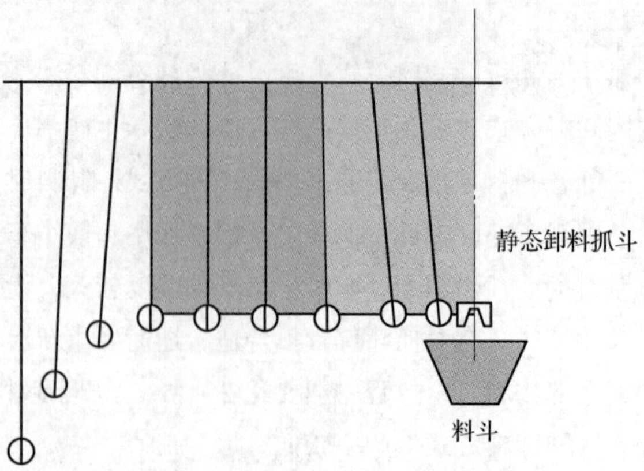

图 6—72　抓斗静态卸料方式

若卸料方式设定为动态卸料（见图 6—73），则抓斗在料斗上方不停留，利用小车停车时抓斗产生的惯性力在料斗上方进行甩斗摆动同时开斗卸料，当抓斗回摆时小车又立即朝海侧方向返回，从而无摆动地停留在取料位置上方。抓斗按当前卸料的最佳防摇轨迹返回并下降到安全高度位置以后转入手动控制。

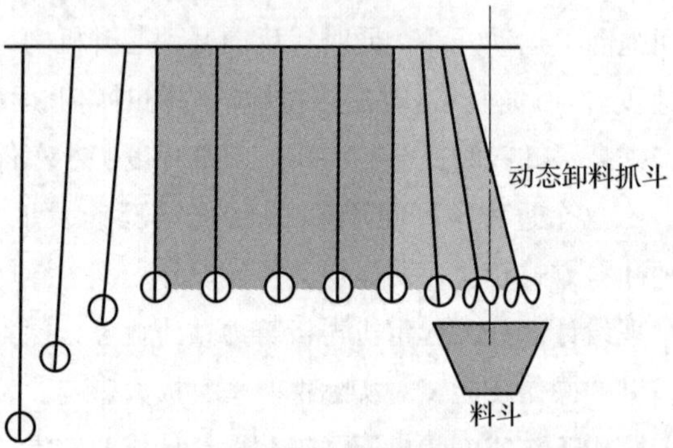

图 6—73　抓斗动态卸料方式

抓斗静态卸料速度与摆动量的变化如图 6–74 所示。抓斗动态卸料速度与摆动量的变化如图 6—75 所示。

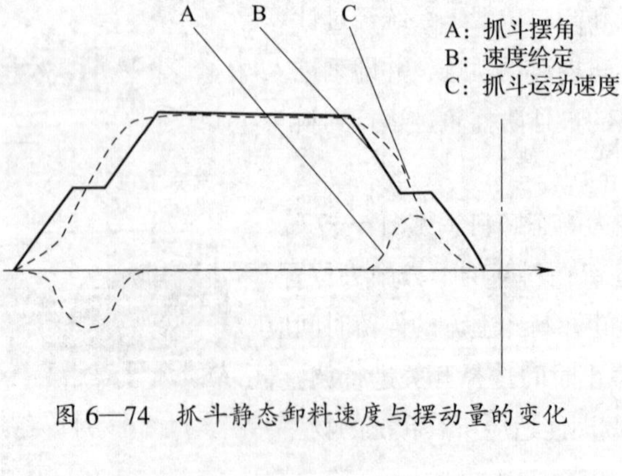

图 6—74　抓斗静态卸料速度与摆动量的变化

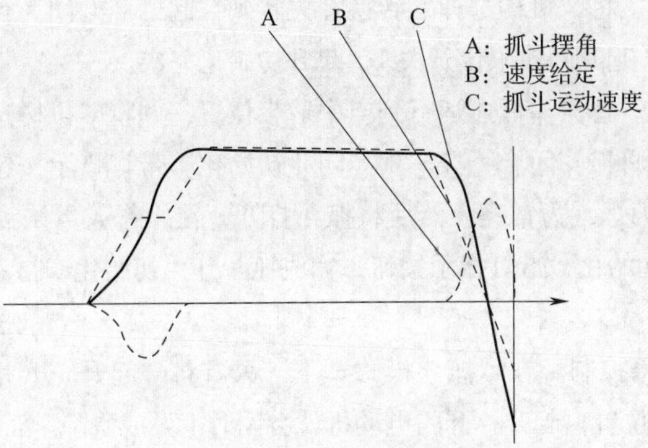

图 6—75　抓斗动态卸料速度与摆动量的变化

静态卸料和动态卸料方式选择可以满足装卸不同状态物料的要求。

由于半自动功能可以生成最佳防摇路径，运动中不摆斗，并可在料斗上方准确定位，与传统的桥式抓斗卸船机相比，避免了由司机手动进行防摇和定位卸料操作，不仅有效地降低了司机的劳动强度，提高了设备的生产效率，而且设备的安全性进一步提高，防止了由于人员的误操作而产生的不良后果。

在半自动运行过程中，均可通过操作小车或起升主令控制提前转入手动控制。在半自动循环工作过程中的任何时刻，只要小车或起升主令离开零位，即中断半自动运行的工作过程，返回到手动控制状态。

半自动软件流程框图如图 6—76 所示。

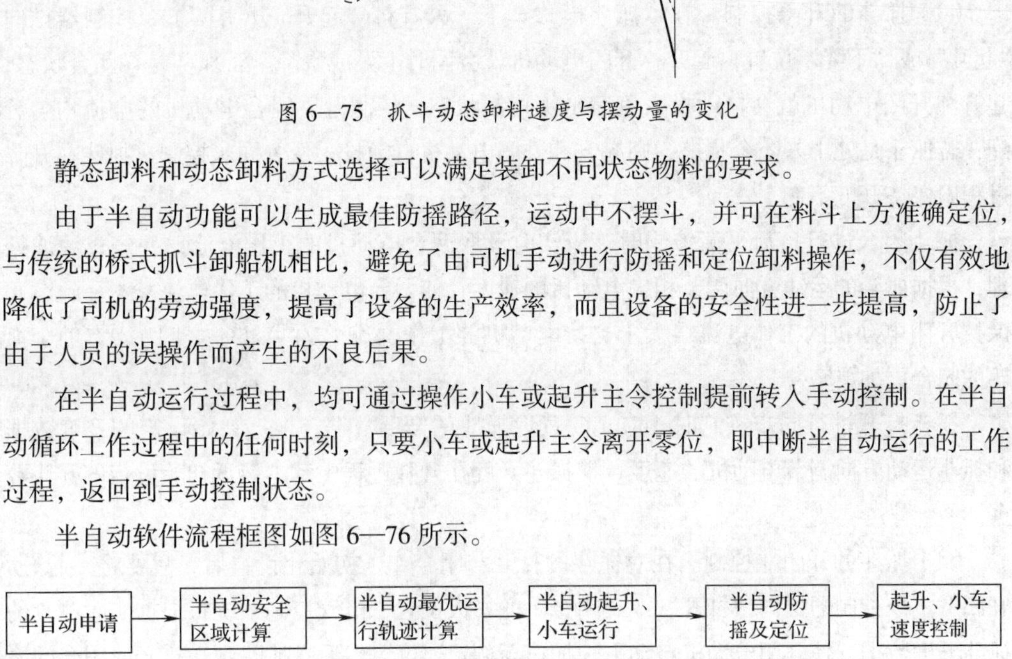

图 6—76　半自动软件流程框图

5. 抓斗运动的电气控制工艺

（1）工作模式选择。通过司机室联动台上的多位选择开关，有以下五种操作模式可供选择：

1）支持模式：支持电动机单动模式。

2）开闭模式：开闭电动机单动模式（抓斗初始化需要）。

3）起升、开闭模式：手动抓斗工作模式。

4）抓斗模式：正常自动 / 半自动作业模式。

5）推耙机模式：起吊清仓机的专用模式。

（2）机构位置初始化

1）抓斗初始化。抓斗初始化是为了使抓斗能够进行自动开闭动作而进行开斗、闭斗参数定义的过程。每次 PLC 上电或起升编码器故障后，抓斗必须重新进行初始化，通常的初始化过程是：选择“起升、开闭”模式→使抓斗运行到上停止位置→选择“开闭模式”→使抓斗闭合→按下闭斗初始化按钮→打开抓斗→按下开斗初始化按钮→初始化完成。

2）起升初始化。将“机构选择”转换开关转到“起升＋开闭”位置，接着将抓斗上升到正常上停位置（起升凸轮限位开关），起升初始化完成。

3）开闭初始化。将抓斗低速运行到空中适当位置，并将“机构选择”转换开关转到“开闭单机”位置，将抓斗闭合，按一下“闭斗初始化”带灯指示按钮，完成抓斗闭合初始化，指示灯不再闪烁，为常亮。然后将抓斗打开，在操作人员认为适合的最大打开位置，按一下“开斗初始化”带灯指示按钮，完成抓斗开斗初始化，指示灯不再闪烁，为常亮。

（3）抓斗的升降控制。在“抓斗模式”下，只要将“起升/开闭”主令控制器推向“起升”或“下降”位置，起升、开闭电动机就会同时上升或下降。若抓斗是在闭合状态，起升和开闭电动机就会自动投入负荷平衡控制状态，使起升、闭合电动机的电流均匀分配；若抓斗是处于未闭合状态，则起升和开闭电动机自动投入位置同步控制，抓斗在升降过程中保持开度不变。

抓斗闭合进行负荷平衡控制时，应实时读取两台电动机的工作电流，并经过滤波处理，根据抓斗的运动方向调节相应电动机的速度，使两台电动机的工作电流基本一致，并保持开闭电动机的工作电流略大于支持电动机的工作电流（2%～5%之间），有助于抓斗的闭合更加严密。

抓斗打开进行同步控制时，应实时读取抓斗的开度数据，根据初始设定的开度数据和抓斗运动方向调节电动机的速度，使抓斗开度在升降过程中基本接近初始设定的开斗数据。

（4）抓斗的开闭斗控制。在对抓斗的打开与闭合作了初始化设置后，只要将“起升/开闭”主令控制器推向“打开”或“闭合”的最大位置，电气控制系统将根据实时测量的抓斗开度数据，使开闭电动机自动平稳加速至额定速度，然后在抓斗到达打开或闭合的终点位置前自动减速，并在抓斗到达打开或闭合的终点位置时自动停止运动，无须人为干预控制开闭的起停，并且抓斗应能够在上升或下降的过程中同时进行开斗或闭斗的操作。开闭斗控制的速度应根据开闭斗的位置产生，通常在到达开闭位置的末端使用平方根算法产生速度曲线。

（5）料堆上自动深挖抓料控制。当抓斗处在料堆上时，将“起升/开闭”主令开关往抓斗“闭合”的方向打到最大位置，紧接着再往“起升”方向打到最大位置，此过程应在两秒钟时间内完成，并伴有蜂鸣器的成功提示声响，表明深挖动作开始有效，深挖过程开始。

此时，开闭电动机自动加速至最大速度运行，并在抓斗闭合前自动减速，直至抓斗闭合时自动停止；与此同时，起升支持电动机松开制动器，传动器进入转矩控制（直流传动时为电流环控制），使起升电动机产生一定的上提力，以保证抓斗在闭合过程中既能往下沉，又不松弛起升支持钢丝绳。此过程中，通过协调控制起升和开闭电动机的速度和转矩，实现最大抓取量控制。

在深挖过程中，最大抓取量的大小可通过“挖掘量控制”多位转换开关进行调节，应不少于六挡。挖掘量大时，应适当降低支持绳的上提力；挖掘量小时，应适当增加支持绳的上提力。为避免在抓料结束时抓斗闭合后两根钢丝绳的转矩偏差过大，在抓斗即将闭合前，应使两台电动机的电枢电流得到一定的限幅控制，即两台电动机在抓斗闭合前后的最大电流不超过额定电流的 1.1 ~ 1.2 倍，在检测到两台电动机的电枢电流基本平衡或延时短暂的时间后，应及时解除限幅控制。

（6）料堆上手动抓料控制。料堆上闭斗抓料还可进行手动抓料控制。当抓斗处在料堆上时，将“起升 / 开闭”主令开关往“闭合”方向操作，此时起升支持电动机不工作，支持电动机制动器不打开，开闭电动机运行，抓斗闭合，并自动减速，抓取物料闭斗后自动停止。

6. 半自动卸料流程的控制工艺要求

将“机构选择”转换开关转到“抓斗”位置，同时将“流程选择”开关转到“半自动”位置，即可进行半自动卸料。

半自动工作方式下，可实现船舱内抓料闭斗后自动上升→抓斗自动防摇，自动沿最优轨迹运行并精确定位于料斗上方→自动开斗卸料→自动沿原最优轨迹返回→自动精确定位在原初始位置等全流程的自动控制。

7. 抓斗装卸桥的工作循环过程

抓斗装卸桥无论采用哪种小车运行方式，抓斗装卸物料的工作过程是相同的，其程序包括：抓斗打开与小车向海侧水平运行→小车水平运行与空斗下降（复合运动）→小车到位，空斗继续下降→取物料，抓斗闭合→抓斗起升绳与抓斗闭合绳一起起升至一定高度（同步起升）→抓斗继续提升，小车向陆侧运行→小车向陆侧运行到漏斗上方（复合运动）→抓斗打开卸料。

以上为空载运行、取料、满载运行、卸料完成的一个工作循环过程。抓斗工作循环过程如图 6—77 所示。图中线路即抓斗与物料运行的路径，确定了几条折线的交点，即确定了运行周期最短路径。起重机司机在操作过程中，一般根据该机型的主要技术性能参数、船型车型、水位、物料在船舱和车厢中的高度，以及实际工作经验来摸索装卸过程中的最佳运行路径，以提高实际生产率，降低生产成本。

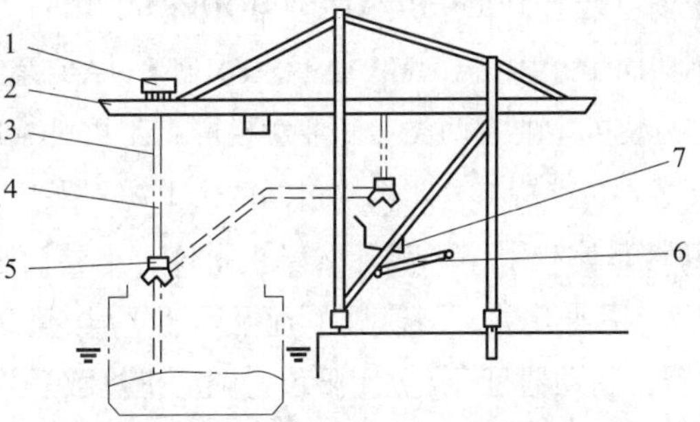

图 6—77　抓斗工作循环过程

1—小车　2—前伸臂　3—起升钢丝绳　4—闭合钢丝绳

5—抓斗　6—带式输送机　7—漏斗

8．抓斗作业时的操作

抓斗装卸桥在作业过程中，司机要注意各环节的操作步骤。

（1）抓料。将闭合控制手柄由“零位”扳到“提升”位置，接通闭合机构，闭合卷筒张紧闭合绳使抓斗闭合，然后将闭合控制手柄扳到“零位”。与此同时，将闭合和起升两个手柄一起扳到“起升”位置，抓斗上升。当两个手柄回到“零位”时，抓斗被制动于空中。

（2）卸料。起升控制手柄处于“零位”，将闭合控制手柄由“零位”扳到“下降”位置，接通闭合机构，卷筒上闭合绳松开打开抓斗卸料。

四绳抓斗用两根起升绳和两根闭合绳分别升降和开闭抓斗。两根起升绳为整根式，它的两端分别与卷筒和抓斗相连。两根闭合绳常用分段式，分为长短两段，长的一段闭合绳上端与闭合卷筒相连，短的一段闭合绳下端绕过滑轮组后与抓斗下横梁相连，长短闭合绳之间通过钢丝绳接头连接，以最大限度地利用钢丝绳的寿命。

9．控制系统的主要硬件方案

（1）传动装置。卸船机装卸量的要求不同，传动机械的电动机功率各不相同，但硬件的逻辑组成以及控制顺序可以不变，强电保护措施和故障报警功能也可以不变。

考虑硬件的功率变化后，影响系统组成变化的因素还有很多。如传动形式既可以是直流电动机，也可以是交流电动机。电动机传动设备可以是不同公司的标准传动产品。同样，作为控制心脏的可编程控制器也会有不同厂商的标准产品。

根据卸船机的工作特点，在采用交流变频传动时，一般情况下电动机制动时产生的能量可采用电阻耗能；在大吨位抓斗等特殊情况下可考虑将电能逆变回电网，以利用空抓斗下放时产生的能量。

（2）控制装置。控制装置以 PLC 为主，它的集成度高，可靠性好，坚固耐用，结构灵活，操作系统固化在硬件中，没有计算机脆弱、易损的缺点，避免了复杂的操作过程。

PLC 编程语言以符合国际标准 IEC1131–3 的梯形图和结构化文本语言为主。

控制装置之间及与传动装置间通过工业控制网络或现场总线连接。卸船机控制系统中，常用控制网络或现场总线有 PROFIBUS DP、MODBUS PLUS、工业以太网、GENIUS、FIPIO，以上产品 SCHNEIDER、HIRSCHMANN、SIEMENS、AB 等公司均可兼容。

（3）监控装置。监控装置主要有两类：工业触摸屏、工控机 + 组态软件。

（4）检测装置与传感器。支持与开闭机构包括两个上超程限位，起升上停止限位，起升上减速检测限位，编码器检测限位，起升下停止限位，空卷筒限位，推耙机上停止限位，推耙机下停止限位，超速开关，测速机（直流调速）/ 增量式编码器（交流变频调速），增量式位置编码器，制动器打开 / 关闭限位，电动机热敏开关等。

二、小车系统

小车结构：三电动机分别传动三个独立的卷筒，小车机构增加一个平衡小车来实现差动运行，保证小车平移运动时抓斗水平。该方式的机械卷筒结构简单，但要增加平衡小车，钢丝绳缠绕较复杂。

（1）小车机构。包括海侧超程限位，海侧停止限位，编码器检测限位，变幅允许限位，陆侧停止限位，陆侧超程限位，测速机（直流调速）/ 增量式编码器（交流变频调速），制动器打开 / 关闭限位，电动机热敏开关等。小车运行机构也设在小车上，由两套独立的装置驱动传动。每组由一台 75 kW 直流电动机、QBSS80813-2 液压推杆制动器、硬齿面减速器、传动轴等组成四轮全轮驱动系统。

（2）小车初始化。将小车低速开到陆侧停止限位，小车初始化工作完成。

小车初始化工作完成后，将“机构选择”转换开关转到“抓斗”位置，即可开始正常卸料。

三、俯仰系统

俯仰悬臂式装卸桥如图 6—78 和图 6—79 所示。

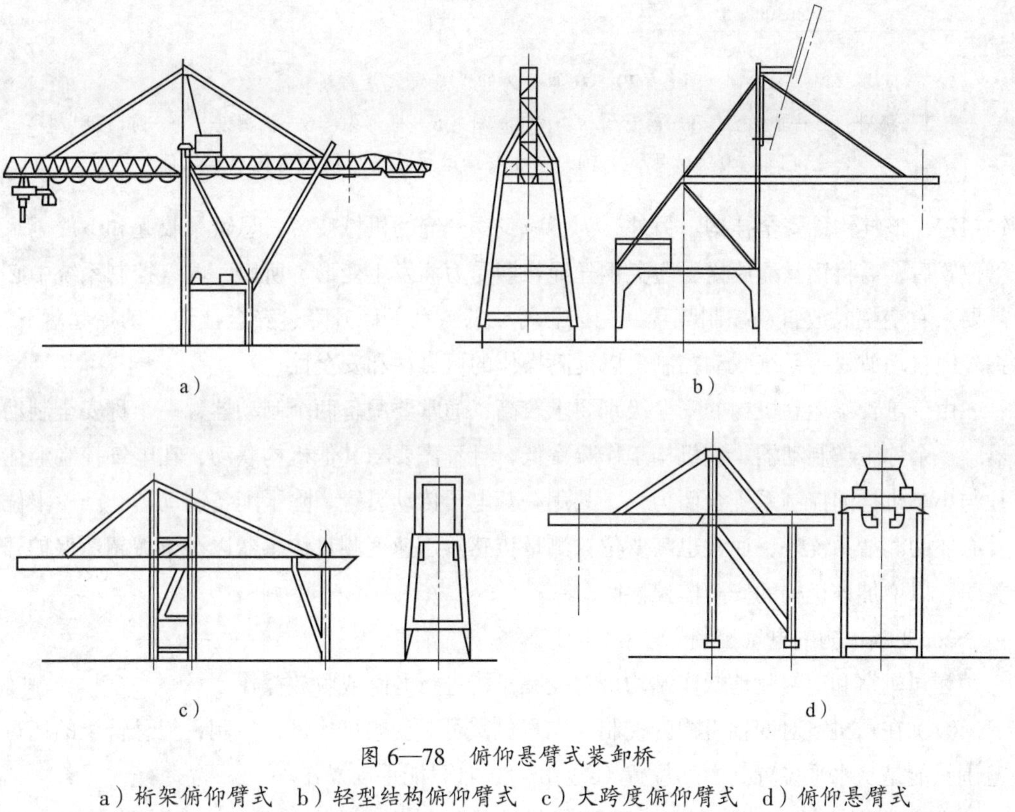

图 6—78　俯仰悬臂式装卸桥

a）桁架俯仰臂式　b）轻型结构俯仰臂式　c）大跨度俯仰臂式　d）俯仰悬臂式

1. 悬臂梁运动机构

在卸船机不工作时，为了防止大风冲击，以及船舶停靠时为了避免碰撞，通常需要将卸船机悬臂梁收起，正常工作时又需要将悬臂梁下放至水平，悬臂梁的收放由变幅电动机完成。变幅电动机传动一个独立的卷筒。为保证机械安全，通常悬臂梁收起后，由机械挂

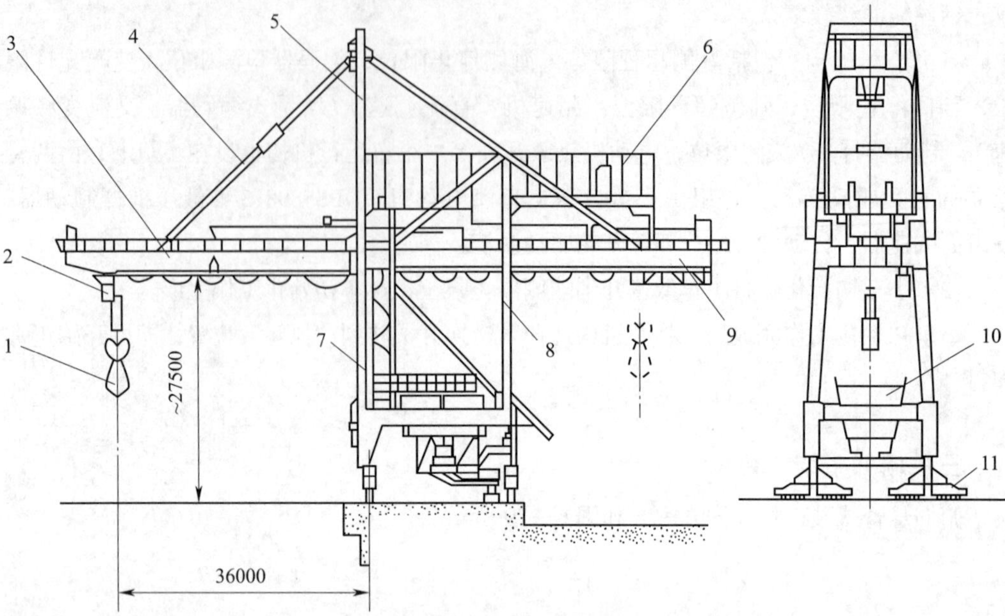

图 6—79　双伸（俯仰）悬臂式装卸桥

1—抓斗　2—司机室　3—前悬臂　4—前拉杆　5—梯形架　6—机器房　7—前门框　8—后门框　9—后悬臂　10—漏斗及输送机系统　11—运行台车组件

钩锁定，该挂钩称安全挂钩。另外，为了减少钢丝绳的机械疲劳，悬臂梁收起和下放至水平位置后，需将钢丝绳放松，避免钢丝绳长期受力而发生变形。所以，电气控制系统中必须要求有变幅收放自动控制流程，完成悬臂梁的自动平稳升降、安全挂钩自动抬起落下、钢丝绳自动放松等系统联动控制，以提高操作的可靠性和安全性。

由于悬臂梁运动机构的安全级别要求较高，通常要配备两个制动器，一个称安全制动器，一个称工作制动器。该机构工作频率低，且不需要与其他机构联动，在电气控制上往往与小车机构的控制系统合而为一，共用一套电子传动装置。除了配备制动器、凸轮限位及必要的润滑系统外，通常也需要位置测量传感器、速度测量传感器以及机械超速保护开关等，以增加该机构的安全监控性能。

2．变幅机构的电气控制

在司机室和变幅就地操作站均可对变幅机构进行升降或收放操作。

（1）在司机室对变幅机构的控制。在司机室可对变幅机构进行控制，但悬臂梁的运行范围只能是从水平位置到中间位置（约 70°），且只能手动操作。

在变幅机构运行前，应将小车和司机室开进料斗内侧，然后转一下右联动台上的“变幅运行”旋转开关，等变幅机构安全制动器打开后，“安全制动器打开”指示灯亮，随后变幅电动机的工作制动器打开，变幅电动机开始运行（运行速度有高低两挡，可用“高速 / 低速”转换开关选择），当碰到限位或按“变幅停止”按钮后，变幅电动机停止运行，工作制动器立即制动，安全制动器延时制动。当遇到故障或急停时，安全制动器和工作制动器同时立即制动。

只有当悬臂梁放至水平位置后，且“变幅水平”指示灯亮时，才允许司机室和抓斗运行，否则将处于初始状态。

（2）变幅就地操作站控制。变幅就地操作站通常位于 A 字梁上，主要用于变幅机构操作，可完成变幅全行程联动或手动操作、安全挂钩操作等。

变幅就地操作站上主要的开关、按钮、指示灯等装置如下：控制合按钮，控制分按钮，故障复位按钮，灯测试按钮，配电保护柜故障指示灯，变幅上升 / 下降选择开关，变幅停止按钮，变幅高速 / 低速选择开关，变幅安全制动器释放指示灯，变幅工作制动器释放指示灯，变幅故障指示灯，变幅水平位置指示灯，挂钩放下指示灯，挂钩抬起指示灯，变幅自动 / 手动选择开关，挂钩抬起按钮，急停按钮等。

在变幅就地操作站可对变幅机构全行程进行控制，并且有手动 / 自动两种控制方式可供选择。

1）手动控制。将“变幅手动 / 自动”转换开关置于“手动”位置，即为手动控制。“运行”转换开关和“停止”按钮分别控制变幅机构的升降运行和停止。“高速 / 低速”转换开关控制变幅机构的低速和高速运行。“安全挂钩抬起 / 放下”转换开关控制变幅安全挂钩的抬起和放下。“安全制动器打开”指示灯亮表明安全制动器打开，“工作制动器打开”指示灯亮表明工作制动器打开，“安全挂钩抬起”指示灯亮表明变幅安全挂钩已收起。

2）自动控制。将“变幅手动 / 自动”转换开关置于“自动”位置，即为自动控制。将“变幅上升 / 下降”选择开关往“上升”方向转一下，待“安全制动器打开”和“工作制动器打开”指示灯亮后，变幅机构开始上升；当上升到中间位置（约 70°）时，安全挂钩自动抬起，“安全挂钩抬起”指示灯亮，变幅机构电动机继续上升运行；碰到上升减速限位后，变幅电动机减速运行；到达变幅正常上停止限位位置后，变幅电动机停止运行，工作制动器关闭，悬臂梁安全挂钩自动放下；然后工作制动器打开，变幅电动机自动反转往下放悬臂梁，直到悬臂梁挂牢且钢丝绳略松后变幅电动机自动停止运行，工作制动器和安全制动器关闭，变幅机构上升过程结束。

将“变幅上升 / 下降”选择开关往“下降”方向转一下，待“安全制动器打开”和“工作制动器打开”指示灯亮后，变幅机构电动机先上升至变幅正常上停止限位位置后停止，工作制动器关闭，悬臂梁安全挂钩自动抬起，然后工作制动器打开，变幅机构电动机自动往下降方向运行，到达下降减速限位位置后变幅电动机减速运行，至悬臂梁放平且钢丝绳略松后变幅电动机自动停止运行，工作制动器和安全制动器关闭，悬臂梁下放过程结束。

（3）变幅机构工作顺序。变幅与小车可共用一个速度控制系统，按先来先用的原则，自动转换速度控制器的相应参数。变幅机构可分别在司机室、机房和变幅室操作。在司机室可以对变幅机构在区域 1、区域 2 及区域 3 操作（见图 6—80）。在变幅室可对变幅机构全行程操作，且有手动和自动方式。处于自动方式时，在上升命令发出后，能自动上升、抬起安全挂钩，变幅上升到位后，自动放下安全挂钩，变幅机构再往下微动，直至松绳后自动停止；在下降命令发出后，变幅机构往上微动到上停止限位，自动抬起安全挂钩，变幅下降至水平位置（下停止限位或松绳限位动作）后自动停止。在司机室显示屏上应能显示悬臂工作状态及角度。变幅及其安全挂钩联动工作流程如图 6—80 所示。

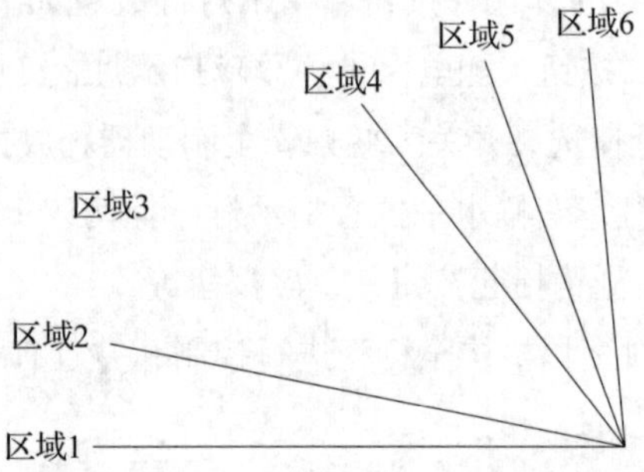

图 6—80　变幅及其安全挂钩联动工作流程

区域 1—下停止区域　区域 2—下减速区域　区域 3、4—高速区域（挂钩在臂架到达 4 区时动作）
区域 5—上减速区域　区域 6—上停止区域

四、大车系统

1．大车行走机构

卸船机正常工作时经常需要将整机平移，该运动由大车行走机构完成。大车行走机构通常由一组多台电动机共同传动，因此不需要速度与位置测量装置，每台电动机配置一套制动器。大车运行时，电气控制系统需同时传动电缆和水缆卷筒，以保证上机电缆和水缆同步收放。另外，为保障整机的安全性，大车行走要与防撞信号联锁，并设置锚定销、夹轨器及防风缆等装置。

2．大车就地操作站

大车就地操作站位于大车腿侧，可完成大车移动及夹轨器等就地操作。

大车就地操作站上主要的开关、按钮、指示灯等装置如下：控制合按钮，控制分按钮，故障复位按钮，灯测试按钮，大车左行 / 右行选择开关，夹轨器抬起选择开关及指示灯，防风缆指示灯，锚定销指示灯，配电保护柜故障指示灯，大车故障指示灯。

3．大车行走机构

大车行走机构含有终端减速限位、终端停止限位、防撞限位、制动器限位、夹轨器限位、锚定销限位、防风缆限位、电缆卷筒限位、声光报警等。该机构设有四组台车，每组均设两套独立的驱动与传动系统，由 15 kW 交流绕线式电动机、圆柱齿轮减速器、开式齿轮副等组成。

4．大车行走运行控制

在司机室和大车就地操作站均可对大车、夹轨器等进行控制。

司机室通过大车主令开关控制大车运行，可以多挡速度运行。

大车就地操作站通过选择开关控制大车运行，只能低速运行。

五、卸料及辅助设备

1. 辅助控制柜

辅助控制柜完成对卸船机辅助设备的控制功能，有时也有电子调速装置。该部分可以独立成为一个子系统，柜内安装有各辅助设备的电源开关、接触器以及二次控制回路。辅助控制 PLC 也可独立于主传动机构的 PLC。出于成本考虑，该 PLC 机架也可作为主传动机构 PLC 的 I/O 机架。电磁屏蔽与去湿散热等可靠性指标需予以适当考虑。

2. 辅机就地操作站

辅机就地操作站位于料斗附近，主要完成给料机、带式输送机、喷水系统等辅助设备的就地操作。

辅机就地操作站上主要的开关、按钮、指示灯等装置如下：控制合按钮，控制分按钮，故障复位按钮，灯测试按钮，给料机开 / 关选择开关及速度给定电位器，海侧接料板收 / 放选择开关及指示灯，陆侧挡料板收 / 放选择开关及指示灯，喷水系统启 / 停选择开关及指示灯，配电保护柜故障指示灯，辅机故障指示灯。

3. 电气控制系统的基本要求

电气控制系统主要由执行层、控制层、监控层和管理层四层结构构成。其中，执行层主要是直流 / 交流电动机、检测元件、传感器等；控制层主要是速度传动器、可编程序控制器（PLC），控制层设备间通过工业网络或现场总线完成信息交换；监控层主要是图形显示终端或上位计算机等。起重机装备管理系统（CMS），完成设备级故障检测、显示、处理以及系统状态动态显示、设备工作信息采集及报表输出等。监控层通过监控级工业网络与控制层交换信息。管理层主要是企业管理级计算机及网络，完成企业级信息采集、分析及管理，甚至可以通过 INTERNET 进行远程监视与维护。

卸船机电气控制系统通常只有执行层、控制层及监控层，但应预留与管理层的硬件与软件接口，以适应企业发展的需要。

4. 安全保护

（1）极限保护。按照起重机设计规范的要求，起重机每个运动机构都应设置有完善的极限保护措施和装置，通常使用机械式限位开关或凸轮开关等。卸船机极限保护通常有上升停止、下降停止、前行停止、后行停止、左行停止、右行停止等。在停止位置前，通常还设定一个减速位置开关，减小在到达停止限位时的惯性冲击。到达极限位置时应进行二级停车流程（AT2）。

（2）超程保护。起升机构、开闭机构、变幅机构、小车机构都应设有超程限位装置。由于有了极限保护，所以在正常情况下超程限位开关不会动作。只有在异常情况下超程限位开关才可能动作，此时所有机构应采用机械制动，引发一级停车流程（AT1），因为异常情况时电动机的电气制动已变得不可靠了。然后必须在机械房操作站进行旁路超程操作—合控制—选择单机构运行—机构超程限位恢复到正常位置—超程旁路钥匙开关拨回到正常位置。

（3）机械超速保护。在起升支持机构电动机、起升开闭机构电动机以及变幅机构电动机的尾轴上各需安装一个机械式超速开关，当实际转速超过最大转速的115%时，超速开关动作，引发AT1，所有机构机械制动，然后必须在电气房复位超速故障，系统方可继续运行。

（4）电子超速保护。起升调速器、开闭调速器、变幅/小车调速器都具有超速保护功能。超速保护动作，引发AT1，所有机构电动机进行机械制动，然后必须在电气房复位超速故障，系统方可继续运行。

（5）软件超速、超加速保护。系统实时采集编码器的信号，对该位置信号进行处理，再实时进行极限判断，形成软件超速保护。一旦超速故障发生，系统将引发AT1一级停车流程，快速机械制动。当电动机的转速超过极限值时，超速保护动作，但此时机械已具有很大的动能，如果机械制动器动作不正常，可能无法及时将设备置于安全状态。为此，系统应引入超加速度保护。当系统由于某种原因存在超速趋势，此时速度值可能不大，但加速度可能很大，将导致超加速度保护动作，引发AT1，因为此时机械动能很小，有利于机械制动器动作以将设备置于安全状态。

（6）位置编码器校正。支持机构、开闭机构、小车机构、变幅机构全行程设有若干个限位开关，用于检测及校准编码器。在检测编码器时，系统将实时比较编码器当前计数值与设置值，若二者差值超出门槛值，产生编码器故障，引发三级停车流程（AT3）。系统还将实时检测编码器信号的有无，并产生相应的编码器故障。由于小车行程较长，系统自动流程的位置由小车的位置编码器获得，小车编码器计数必须能精确反映小车的实际位置。为了防止编码器丢失脉冲及累计误差的发生，在小车行程中设置一个编码器检测校准点，进行编码器的检测和动态校准。每次PIC上电或编码器故障后，各相关机构都必须低速运行到各机构编码器校准限位（起升是上停止限位，小车是陆侧停止限位，变幅是下停止限位）重新校准计数脉冲。

（7）安全高度保护。在自动进行卸料作业时，必须设置抓斗的安全高度保护，以防止在安全高度以下抓斗撞击船舷等障碍物。当抓斗位于安全高度以下时，应不能进行自动作业，只有在人工操作抓斗离开这个高度以后方可进行自动卸料工作。由于水位的变化，安全高度的设定请求应在工作一段时间后强迫操作人员再次进行安全高度的设定。抓斗是否位于安全高度以下，系统应有明确的指示，以便于操作者工作。

（8）急停保护。系统设有急停按钮，当人身或设备处于危险状态时，按下急停按钮，将启动紧急停车过程，主接触器失电，快速机械制动，关闭传动装置。急停按钮应在多处设置，除主联动台设置急停按钮外，还应有司机室右联动台急停按钮、变幅室操作站急停按钮、大车就地操作站急停按钮、保护柜急停按钮、起升柜急停按钮、开闭柜急停按钮、变幅/小车柜急停按钮、机械房操作站急停按钮。应注意，如果速度控制器在运行中发生紧急停车事件，速度控制器的控制命令取消应该总是先于主电源的切断，应不小于

100 ms。

（9）电动机保护。在调速器一控一机时，电动机保护可由调速器进行完善的全面保护，在没有调速器或调速器一控多机时，各电动机必须加装额外的保护元件，如过热检测、过电流检测、接地故障检测、相序检测、缺相检测、过电压检测、欠电压检测、欠电流检测以及漏电检测等。

（10）电源保护。主电源品质的优劣直接影响电子调速装置对电动机的控制精度，也影响电子设备的寿命，特别是电网的突发变化经常造成电子设备的永久性损坏，因此需要对电网进行检测，保护电子装置在不良电网品质下免受影响。通常的电网检测保护有接地故障检测、相序检测、缺相检测、过电压检测、欠电压检测等。

（11）其他。司机室停止限位、司机室门限位、海侧接料板限位、陆侧挡料板限位、称重传感器等。

5. 安全高度的设置及半自动工作循环的启动与运行

抓斗在半自动工作方式下，为了防止抓斗在上升和平移的过程中碰撞船舱等其他障碍物，需要设置一个安全高度，只有抓斗处于安全高度以上时，抓斗的半自动工作流程方可启动。

在选择半自动工作方式后，应操纵抓斗使其停在船舱上方人为认定安全适当的高度位置，按下“安全高度”按钮，安全高度指示灯不再闪烁，即设置好安全高度，在该位置以上时为常亮。考虑到水位和船只的吃水深度在卸料的过程中有变化，应在一段时间（约 3 h）后要求操作者再次进行安全高度的确认（安全高度指示灯又会闪烁，提醒司机重新确认安全高度），只有在新的安全高度位置被确认后，半自动工作循环才可以继续进行，从而保证在无人操作的情况下，半自动工作循环亦具有良好的安全可靠性。

（1）半自动工作循环的启动申请。在半自动工作循环模式下，当抓斗处于安全高度以下时，仍为手动操作。欲进入半自动工作循环，应在抓斗闭合上升并达到安全高度附近时，按下“起升 / 开闭”主令控制器上的按钮，则完成了半自动工作循环的启动申请，申请有效后将听到联动台上蜂鸣器发出一声短促的声响，提示操作者半自动工作循环已成功申请并即将开始启动，此时，主令控制器仍需保持在上升位置。当抓斗继续上升并超过安全高度后，蜂鸣器会再一次发出一声短促的声响，这时必须释放主令控制器使其回归零位，半自动工作循环开始运行。

（2）半自动工作循环的运行。进入半自动工作循环后，抓斗会自动往料斗的高度上升，同时向陆侧料斗方向运行（安全的最优轨迹）。

抓斗的卸料方式有静态卸料和动态卸料两种方式。

卸料完毕后小车即自动反向运行，抓斗自动向海侧运行并到达前次记忆的取料位置即转入手动控制，也可通过操作小车主令控制器提前转入手动控制，选择新的取料点。在半自动工作循环的任何时刻，只要小车主令控制器离开零位，即中断半自动工作循环的运行，回到手动控制状态。要使半自动工作循环取得较好的防摇效果，在启动抓斗的半自动工作循环前，应使用联动台上的小车主令控制器进行手动防摇，消除抓斗的初始晃动量。

为确保自动循环的可靠性和安全性，应在抓斗接近料斗时监测抓斗的高度，防止碰撞发生。在检测到抓斗接近料斗但未达到一定的安全高度时，应自动中断自动循环流程。

第七章　PLC 控制线路的安装与调试

第一节　安川 PLC 与 CP-717 编程软件安装

国内早期的岸桥和场桥大多数仍在使用中，但由于种种原因造成调速性能下降和故障频发，给设备的安全稳定运行带来严重隐患。因此在机械钢结构满足使用要求的条件下，很多集装箱码头采用了电气改造的策略来延长设备的使用年限。

安川系统是专门为港口机械设计的电控系统，包括安川 PLC。

一、安川 PLC

1. 安川 PLC 硬件介绍

（1）CP-316H 模块。如图 7—1 所示，CP-316H 是一种中等规模的系统控制器，标准情况下装有 8 个数字量输入（DI）模块、4 个数字量输出（DO）模块、2 个模拟量输入

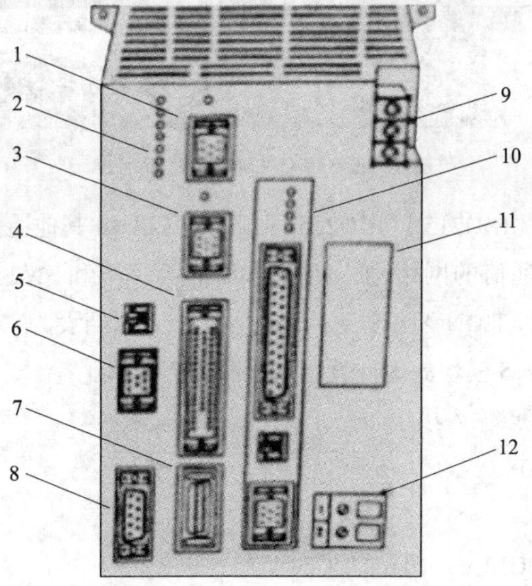

图 7—1　CP-316 面板示意图

1—CP-216 IF 连接器电路 0（CN3）　2—指示灯（LED）　3—CP-216 IF 连接器电路 1（CN4）
4—局部输入 / 输出连接器（CN5）　5—设定开关（SW1）　6—CP-215 IF 连接器（CN1）
7—扩充装置连接端口（CN6）　8—RS-232 连接器（CN2）　9—电源接线板（TB1）
10—选择槽　11—蓄电池　12—电源接线板（TB2）

（AI）模块、2个模拟量输出（AO）模块和1个脉冲量输入模块，以及现场网络CP-216接口的两条线路和网络CP-215接口的一条线路，用于各种控制器之间的通信。

CP-316作为标准的传输功能，装备有CP-215（1电路）、CP-216（2电路）和RS-232（1电路）接口；作为标准输入/输出功能，装备有8数字输入（DI）、6数字输出（DO）、2模拟输入（AI）、2模拟输出（AO）和2脉冲输入（PI）。另外，CP-316还可装备一个扩充装置连接端口和一个选择槽。

CP-316H可采用24 V DC、100 V AC/100 V DC或200 V AC电源，并具有24 V DC输出功能。

（2）电源模块PS22A。电源模块（见图7—2）的作用是为基板提供电源，电源模块的供电电压为100 V。

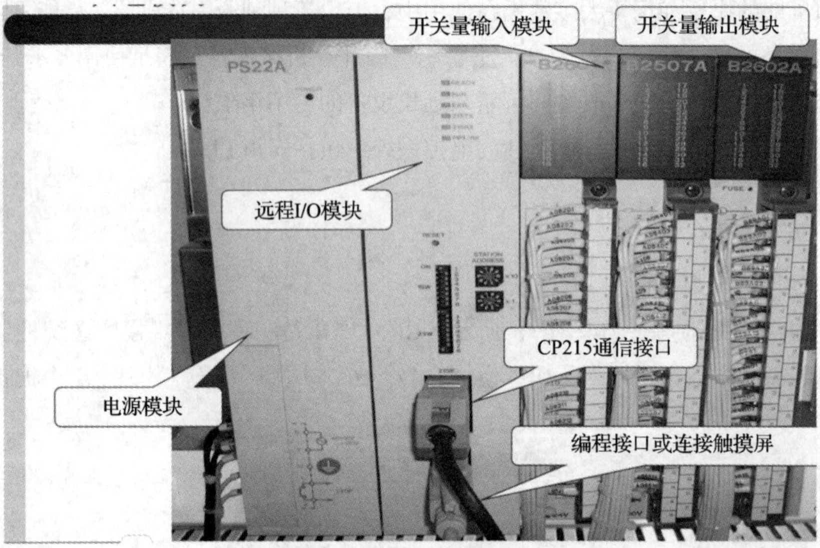

图7—2　PLC电源模块实物图

（3）215通信模块（RIO215）。RIO215用于与主CPU和其他通信模块进行通信，其中SW1和SW2用来设置通信的网络号，如果SW1的第一个和SW2的第八个拨到“ON”，则默认为1号网络。STATION ADDRESS设置站号，×10挡设为“0”，×1挡设为“2”，则站号为2号站，RIO215模块的地址就是1号网络2号站。

（4）12/24 V DC 16点输入模块

型号：JAMSC-B2603。

额定电压：12/24 V。

额定电流：5 mA/DC12 V，10 mA/DC24 V。

输入点数：32。

输入信号状态指示灯：回路通路时“ON”灯亮。

响应时间：OFF-ON 5 ms以下，ON-OFF 5 ms以下。

（5）16点继电器输出模块（B2914）

型号：JAMSC-B2914。

额定电压：AC220 V/100 V，DC110 V/24 V。

额定电流：0.5 A/ 回路，0.3 A/ 网络。

响应时间：OFF-ON 15 ms 以下，ON-OFF 25 ms 以下。

输入点数：16。

输入信号状态指示灯：回路通路时“ON”灯亮。

（6）12/24 V DC 16 点输出模块（B2600）

型号：JAMSC-B2600。

额定电压：DC10.2 ~ 26.4 V，“ON”时电压 1.5 V 以下。

额定电流：0.3 A/ 回路，0.6 A/ 回路；“OFF”时电流 0.2 mA 以下。

输出点数：16。

输出信号状态指示灯：回路通路时“ON”灯亮。

响应时间：1 ms 以下。

2．总技术特性

额定电压：AC100 V/DC100 V。

AC100 V 允许的使用范围：额定电压 AC85 ~ 132 V。

DC100 V 允许的使用范围：额定电压 DC90 ~ 140 V。

准许瞬时停电时间：10 ms 以下。

消耗的电能：25 W 以下。

泄漏的电流：1 mA 以下。

瞬时峰值电流：15 A 以下。

运行周围温度：0 ~ 55℃（24 小时工作平均温度在 50℃以下）。

储存温度：-85 ~ -25℃。

运行时周围相对湿度：5% ~ 95%RH。

冷却方式：自然空气冷却。

重量：CP-316 H/215 1.5 kg。

使用寿命：10 年（年平均温度 40℃以下）。

3．性能和功能技术特性

（1）CPU：32 位通用处理器。

（2）程序执行控制方式：定点扫描，2 个等级（高速和低速）。

（3）高速扫描时间设置：1 ~ 30 ms（以 1 ms 为单位）。

（4）低速扫描时间设置：1 ~ 300 ms（以 1 ms 为单位）。

（5）数据类型：位（继电器），ON/OFF。

（6）整型数：-32 768 ~ +32 767（8000H ~ 7FFFH）。

（7）双倍长度整型数：-21 474 823 648 ~ +2 147 483 647（80000000H ~ 7FFFFFFFH）。

（8）寄存器分配方式：寄存器编号直接分配。

（9）符号分配：最大 8 个字母、数字字符（最大 100 个符号图）。

（10）带有自动数字、符号分配。

（11）带有下标寄存器［I.J］。

（12）编程方法：梯形图程序，继电器电路。

（13）文本语言：数字运算、逻辑运算等。

（14）主存储器

1）程序存储器：相当 16K 步。

2）数据存储器

①16 384 字数据（M）寄存器。

②640 字系统（S）寄存器。

③6 400 字输入（I）寄存器。

④6 400 字输出（O）寄存器。

⑤每个 DWG 最多 16 384 字 DWG（D）寄存器。

⑥每个 DWG 最多 16 384 字常数（#）寄存器。

二、CP-717 编程软件

1．CP-717 软件简介

CP-717 软件是 CP-316 系列、CP-317、CP-916 A、RIO-200 等控制器的软件操作平台，软件功能强大，操作简便。在联机时可以进行程序的监控，配置文件，梯形图的修改，上传、下载 PLC 程序和变频器参数，可以避免手动输入的误操作；同时也可以用备份在编辑器内的程序或变频器参数与机上相应设备的程序或参数进行比较，以便分析和排除故障。脱机时可以进行软件的编辑、检查，注释的修改，变频器文件的建立，设定变频器参数。

2．CP-717 软件的安装

（1）安装程序的操作环境要求见表 7—1。

表 7—1　　　　安装程序的操作环境要求

系统环境	装有 Windows 系统的个人电脑
操作系统	Windows95、Windows NT4.0 以上
内存	64 M 以上（128 M 以上更好），32 M 内存会导致 CP-717 程序运行缓慢
硬盘容量	100 M 以上
分辨率要求	800 × 600 以上（1 024 × 768 以上更好）

（2）软盘安装。下面的软盘是安装 CP-717 时必需的：在安装版本号为 <Version Number：V1.XX> 的 CP-717 软件时，使用 CP-717 的 No.1 至 No.6 安装软盘；在安装版本号为 <Version Number：V2.XX> 的 CP-717 软件时，使用 CP-717 的 No.1 至 No.10 安装软盘；在安装版本号为 <Version Number：V3.XX> 的 CP-717 软件时，使用 CP-717 的 No.1 至 No.14 安装软盘。

为了防止安装软件受到破坏，请将软盘写保护功能打开。

软盘安装步骤如下：

1）退出所有的应用程序。

2）点击任务框中的“Start”（开始）按钮，接着在“Setting”（设置）中选择“Control Panel”（控制面板）。

3）使用安装器安装 CP–717 软件。

本示范使用的硬盘盘符为 C 盘，软驱盘符为 A 盘，在用户自行安装时可选择与本身机器相适应的盘符路径。

注意：当在 Windows NT 上安装 CP–717 时，登录系统时要选择“Administrator”（管理者）作为使用者的名字。假如其他使用者的名字被使用时，CP–717 的正常安装可能失败。

4）“Add/Remove Programs”（添加 / 删除程序）按钮。

5）“Install/Uninstall”（安装 / 卸载）控制选项，点击“Install”（安装）按钮。

6）插入标有“Installation floppy disk（No.1）”（安装软盘 No.1）的软盘，接着点击“NEXT”（继续）按钮。

7）在“Command line for the installation program”栏中输入安装程序“Setup.exe”所在的路径，本文默认为：“A：\Setup.exe”，再点击“Finish”（完成）按钮。

8）确定屏幕中的信息，接着点击“NEXT”按钮。

9）输入使用者的名字、公司名称、序列号，点击“NEXT”按钮。1 号安装盘上标注的数字就是软件的序列号，安装时必须输入正确的序列号。

10）“Destination Directory”（目标位置）中选择安装位置（见图 7—3），再点击“NEXT”按钮。

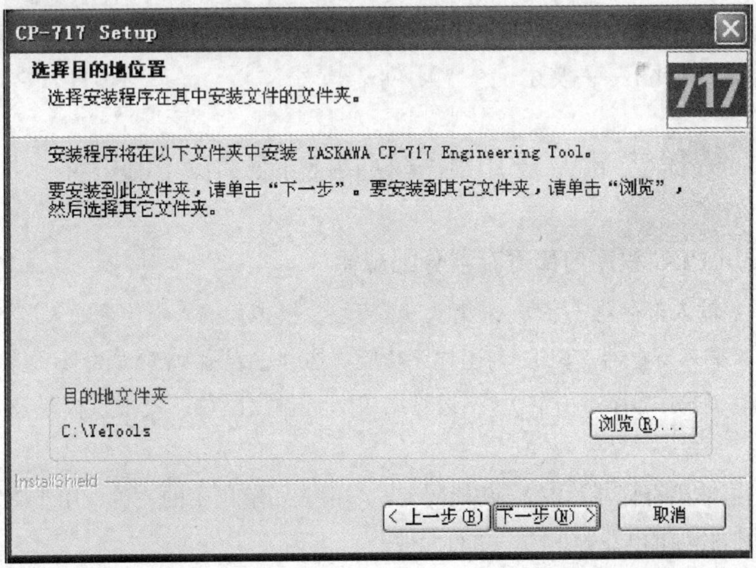

图 7—3　选择安装位置

11）确认文件夹名，点击“NEXT”键。

12）确定当前设置的内容，接着点击“NEXT”键。

13）安装开始。

在安装时会出现图 7—4 所示信息对话框，按提示信息在安装过程中更换安装软盘。

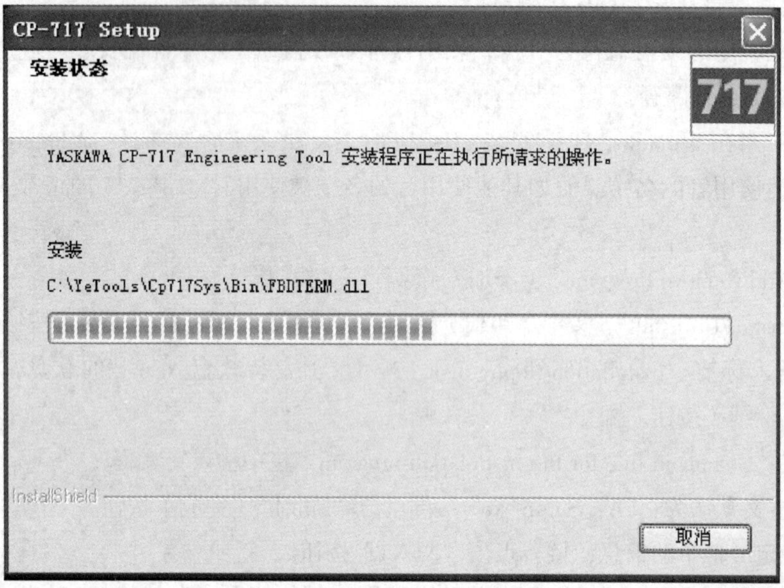

图 7—4 安装状态

14）确定相关信息，点击“Finish”键。

15）当安装完毕后，“YE_Application”文件夹被添加到桌面上（见图 7—5），同时 CP-717 的图标也创建在这个目录中。

图 7—5 添加文件夹

（3）光盘安装。插入光盘后按照提示操作即可，步骤与设置同软盘安装类似，在此不一一赘述。

第二节 安川编程软件 CP-717 的应用

一、安川 PLC 程序内部寄存器分配规律

IW****：输入寄存器（字）。采集从 I/O 模块、模拟量输入模块等输入设备的字状态。

IB****：输入寄存器（位）。与上述字功能一样，它表示 IW**** 字中的某一位。

OW****：输出寄存器（字）。将运算结果送到输出模块、模拟量模块及各通信接口地址中去。

OB****：输出寄存器（位）。功能同上，一般表示输出字的一位，用于驱动数字量输出，在应用中驱动继电器等小功率执行元件。

MW****：中间结果寄存器（字）。用于存储 PLC 运算中间结果，或作为中间结果的

地址。

MB****：中间结果寄存器（位）。用于存储中间逻辑运算结果的位状态。

DW****：子程序内中间结果寄存器（字）。与 MW**** 功能相同，区别在于 MW**** 在整个程序段内有效，而 DW**** 只在本子程序段内有效，在不同的子程序段内可以重复定义使用。

DB****：子程序内中间结果寄存器（位）。与 MB**** 功能相同，区别同上。

SW****：系统内部专用寄存器（字）。用于系统内部已定义的各种状态，可记录 PLC 各种故障，实现定义好的各种功能。只可在程序中调用，不可定义。

SB****：用于存储 PLC 内定义好的一些位功能状态。

二、CP-717 软件的应用

1. 启动 CP-717

双击  图标启动 CP-717 应用程序。

如图 7—6 所示，在“root”（根文件夹）单击右键，并在弹出菜单中点击［新建（N）］→［组文件夹（G）］或［定单文件夹（O）］（组文件夹可新建无数个定单文件夹，定单文件夹仅可新建 PLC 文件夹）。

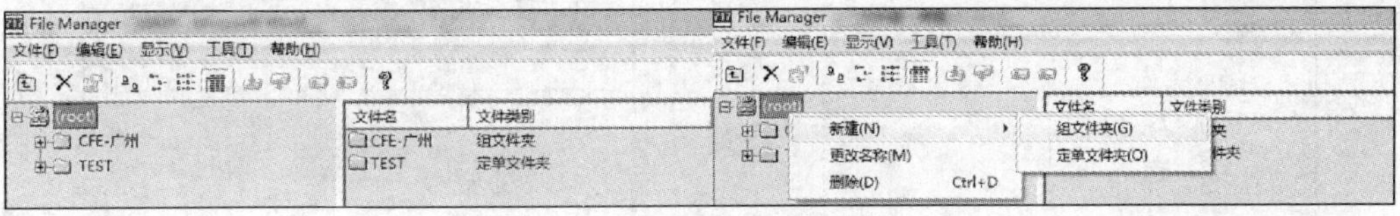

图 7—6　建立组（group）文件

如图 7—7 所示，在对话框中输入组名——实验台（最多 8 个字符），单击［OK］。

如图 7—8 所示，在“实验台”（组文件夹）单击右键，并在弹出菜单中选择［新建（N）］→［定单文件夹（O）］。

如图 7—9 所示，在对话框中输入定单名——实验 #01（最多 8 个字符），单击［OK］。

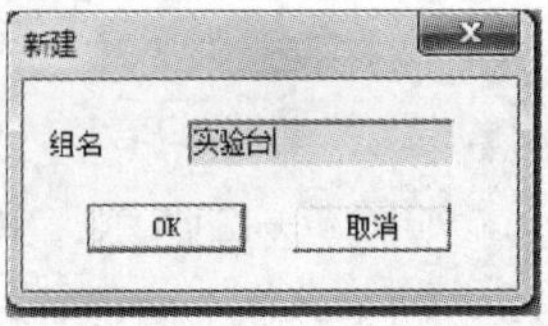

图 7—7　输入组文件名

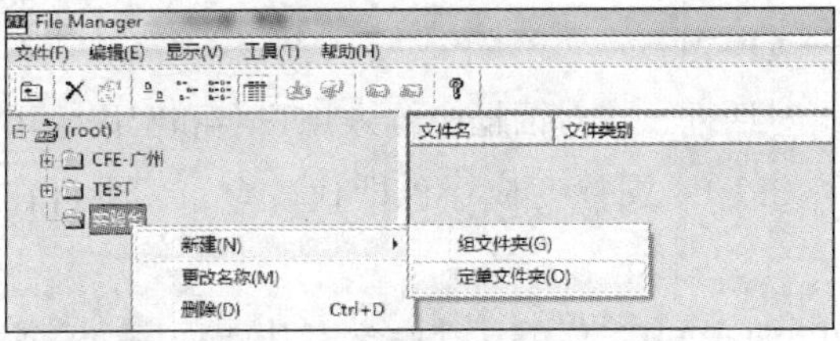

图 7—8　建立指令（order）文件夹

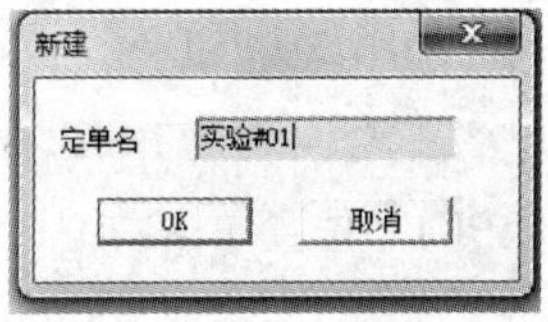

图 7—9　输入指令文件夹名

如图 7—10 所示，在“实验 #01”（定单文件夹）单击右键，并在弹出菜单中选择［新建（N）］→［PLC 文件夹（C）］。

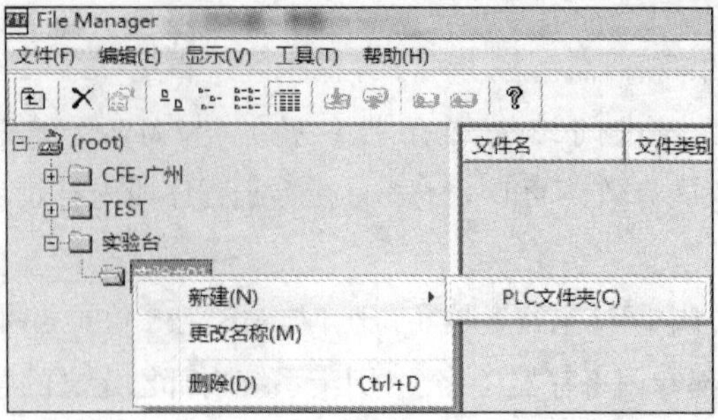

图 7—10　建立 PLC（controller）文件夹

如图 7—11 所示，在“PLC 信息”页面输入 PLC 名（默认主站为 N01S01，从站为 N01S02），机型选择 CP-317，与要登录的 CPU 型号一致（场桥和门机所用的 CPU 一般为 CP-316H，岸桥所用的 CPU 一般为 CP-317），单击［OK］。

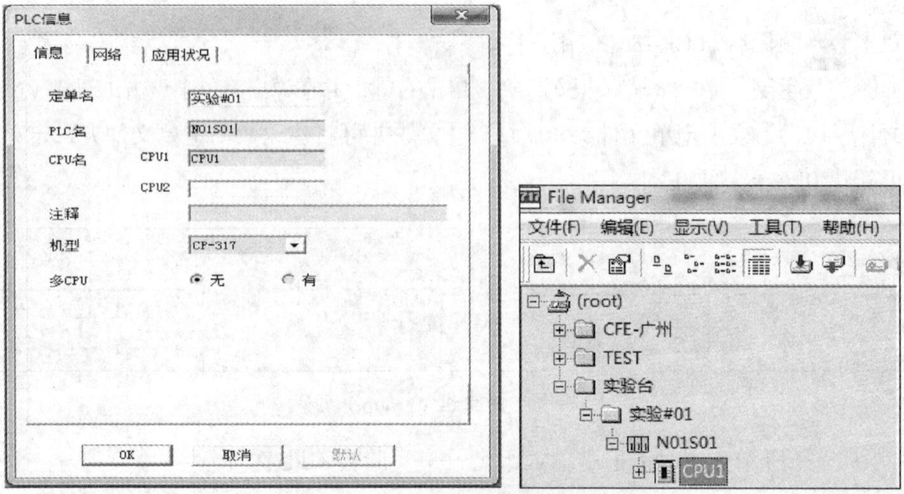

图 7—11　选择 PLC 的 CPU 型号

如图 7—12 所示，单击右键［CPU1］选择［属性］→［网络］页面，选择逻辑端口号——CP-218（网线连接），并填写 IP 地址——192.168.1.101，中转指定——有，网络编号——1，站编号——1，单击［OK］（模拟实训台 CMS 工控机经由 CMS CPU 跳转登录主 CPU，所以选择中转并设置网络号和站号，串口连接也是如此）。

如使用串口连接，则选择逻辑端口号——CP-217。

如图 7—13 所示，双击［CPU1］即弹出对话框，在对话框中输入用户名和密码（用户名和密码均为 USER-A），单击［OK］，［CPU1］图标变成绿色即代表登录，也可在［CPU1］位置单击右键选择［注册（G）］。

如图 7—14 所示，联机后打开“CPU1/PROGRAM”菜单，其中含有功能程序、高速扫描程序、初始程序、中断程序、低速扫描程序。

如图 7—15 所示，单击 High Scan Programs，File Manager 画面右边会弹出一排程序段 H ~ H80，并且还有段落的注释。

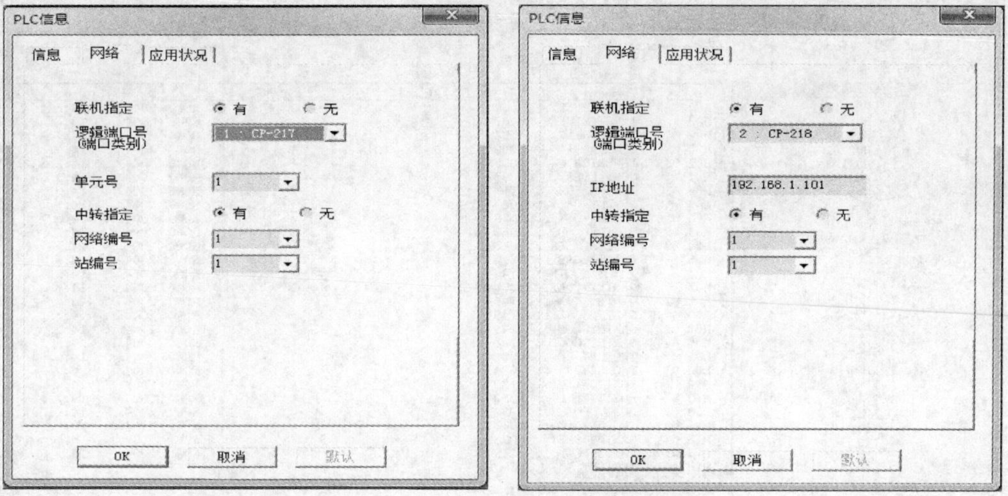

图 7—12　串口连接，逻辑端口设置

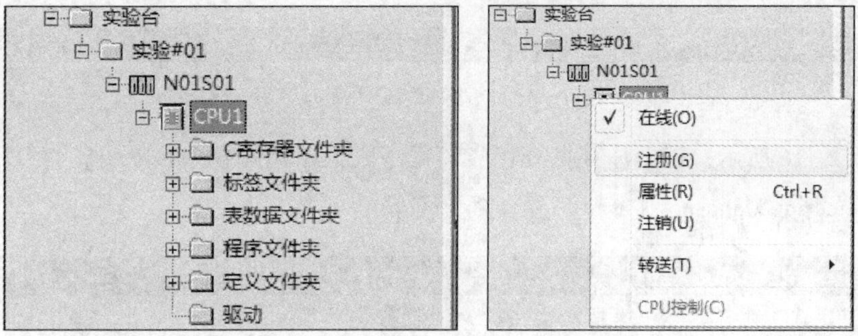

图 7—13　CPU 登录、注册

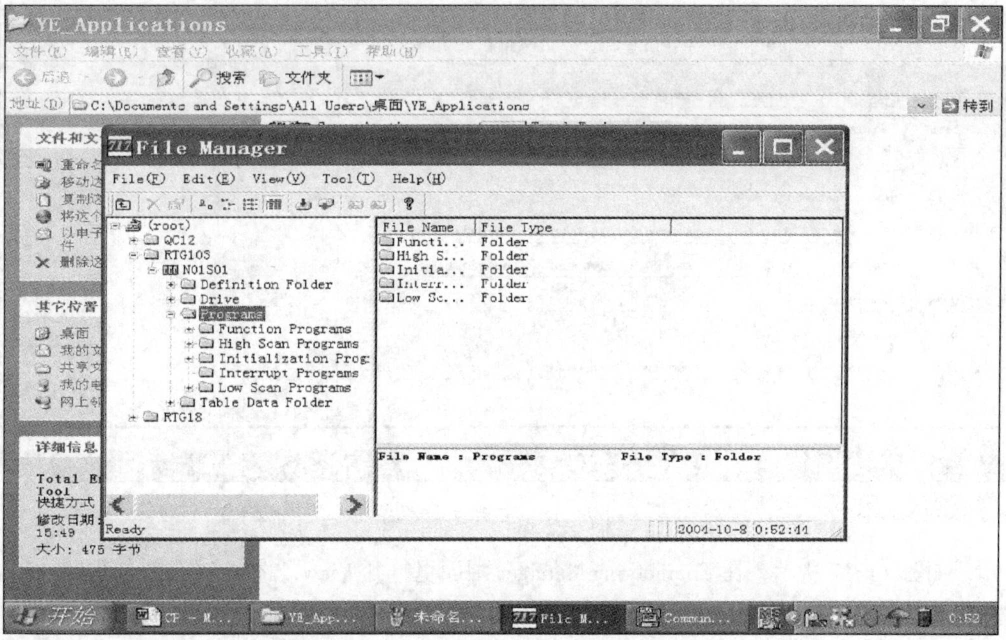

图 7—14　CPU1/PROGRAM 菜单

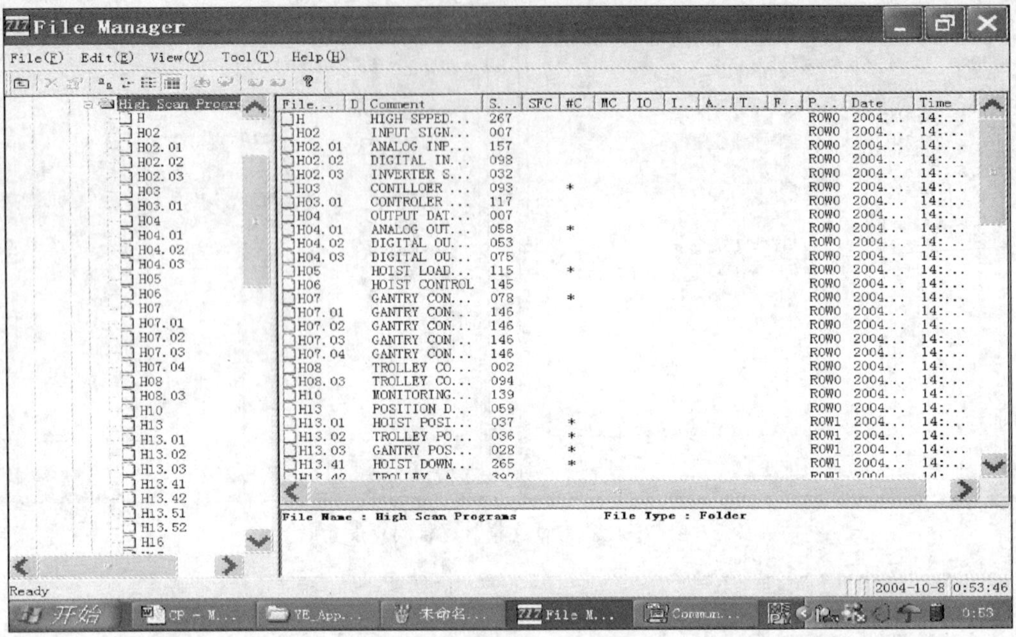

图 7—15　程序段 H ~ H80 注释

如图 7—16 所示，根据注释打开相应的程序段，如起升主控 H17.01，打开 H17.01 后弹出 Engineering Manager 画面。

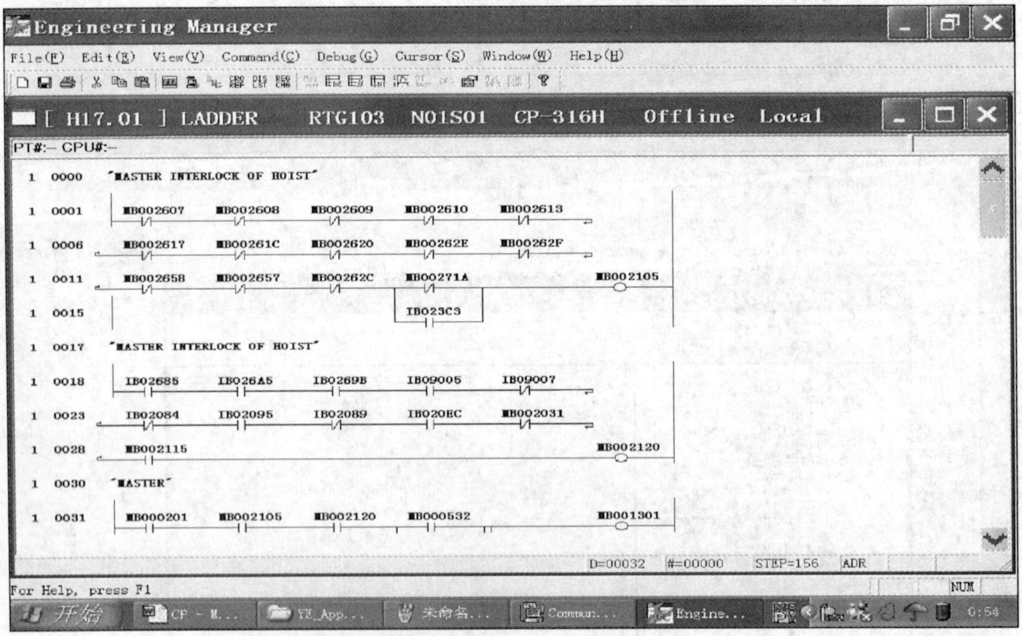

图 7—16　起升主控程序

如图 7—17 所示，在 Engineering Manager 画面里打开 View，选中 View/Tool Bar/Ladder Standard，Engineering Manager 画面会出现程序编辑所需的常开、常闭、Branch、Join、Connect、On Delay、On Pulse、Coil。

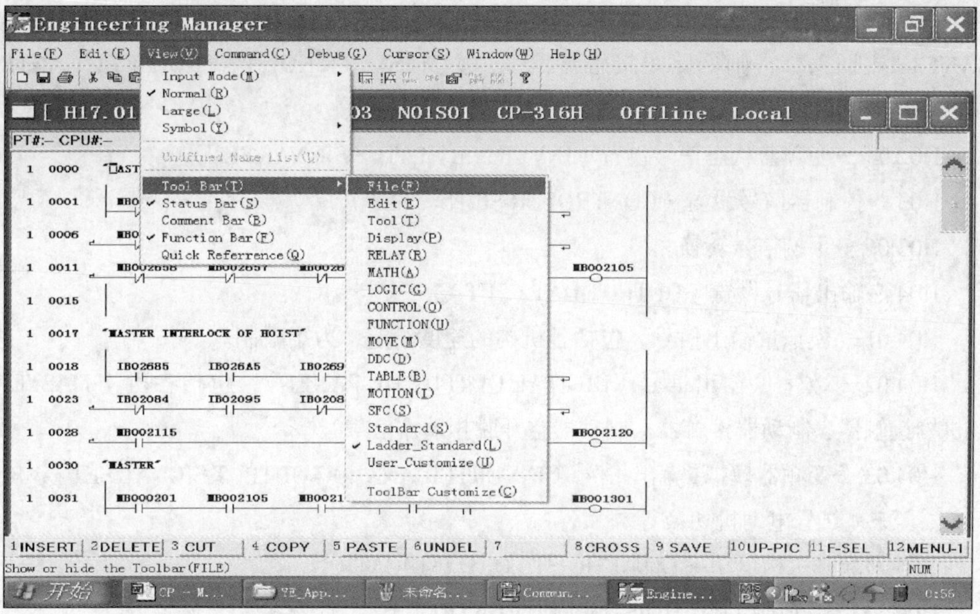

图 7—17　编辑程序指令

如图 7—18 所示，打开 View/Function Bar，出现程序编辑所需的功能菜单 MENU——MENU4。

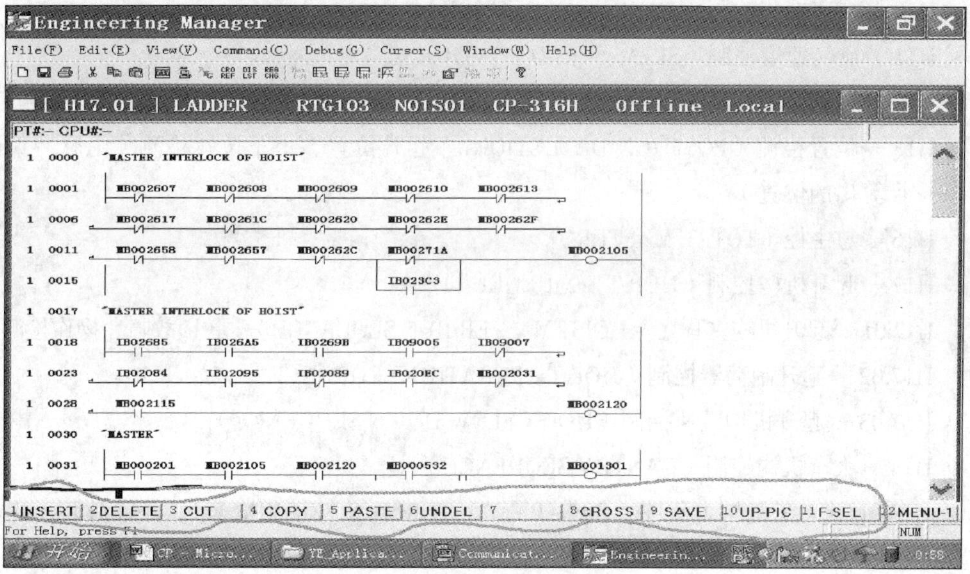

图 7—18　程序编辑功能菜单

2. 程序段功能

H →高速扫描主程序（HIGH SPEED MASTER）。

H01 →通信故障检测（I/O ERROR CHECK）。CP215 和 CP216 通信故障检测。

H02.01 →模拟量输入信号设置（ANALOG INPUT SIGNAL SET）。HOIST、TROLLEY、GANTRY 编码器给定值、反馈值，风速仪信号计算，重量信号、防撞信号输入。

H02.02→数字量输入信号设置（DIGITAL INPUT SIGNAL SET）。HOIST、TROLLEY、GANTRY 主回路、抱闸回路主接触器信号，主 MASTER、HOIST、TROLLEY、GANTRY MASTER RELAY 信号，吊具限位信号，大车转向限位信号。

H02.03→变频器状态信号设置（INVERTER STATUS SIGNAL SET）。

H03→控制器信号设置（CONTROLER SIGNAL SET）。

H03.01→手柄信号转换。

H04→输出信号设置（OUTPUT DATA SET）。

H04.01→模拟量输出信号，包括各机构的速度给定、力矩限制。

H04.02→数字量输出信号（DIGITAL OUTPUT OF PANEL），包括各机构 MASTER，各机构接触器、制动器接触器、制动器空开脱扣动作信号。

H04.03→变频器模拟量输出信号（INVERTER ANALOG OUTPUT SIGNAL SET），BB、运行、反转、2 号电动机切换等。

H05→起升机构恒功率控制（HOIST LOAD INDICATION）。

H06→起升速度控制（HOIST SPEED CONTROL）。

H07→大车速度控制（GANTRY SPEED CONTROL）。

H08→小车速度控制（TROLLEY SPEED CONTROL）。

H09→俯仰速度控制（BOOM SPEED CONTROL）。

H10→减速检测（MONITORING SEQUENCE）。

H11→旋转速度控制（SLEW SPEED CONTROL）。

H12→变幅速度控制（LUFF SPEED CONTROL）。

H13→位置检测（POSITION DETECTION）。起升位置、小车位置检测（由脉冲编码器反馈计算出的位置）。

H16→总主控（TOTAL MASTER）。

H17→起升机构控制（HOIST SEQUENCE）。

H17.01→起升机构主程序（HOIST MASTER/RUN SEQUENCE），联锁故障、操作检测。

H17.02→起升制动器控制（HOIST OPERATION SEQUENCE）。

H17.03→起升机构减速控制（HOIST SLOW DOWN SEQUENCE）。

H18→大车机构控制（GANTRY SEQUENCE）。

H18.01→大车机构主程序（GANTRY MASTER/RUN SEQUENCE），联锁故障、操作检测。

H18.02→大车制动器控制（GANTRY OPERATION SEQUENCE）。

H18.03→大车机构减速控制（GANTRY SLOW DOWN SEQUENCE）。

H19→小车机构控制（TROLLEY SEQUENCE）。

H19.01→小车机构主程序（TROLLEY MASTER/RUN SEQUENCE），联锁故障、操作检测。

H19.02→小车制动器控制（TROLLEY OPERATION SEQUENCE）。

H19.03 →小车机构减速控制（TROLLEY SLOW DOWN SEQUENCE）。

H20 →俯仰机构控制（BOOM SEQUENCE）。

H21 →变幅机构控制（LUFF SEQUENCE）。

H22 →旋转机构控制（SLEW SEQUENCE）。

H30/H30.01 →接触器 / 操作检测（CONTACTOR/OPERATION CHECK）。

H31 →手柄检测（CONTROLLER CHECK）。

H32/H32.02 →加速检测（ACC CHECK）。

H33/H33.01 →偏差检测（DEVIATION CHECK）。

H35 →电流 / 旋转检测（CURRENT/ROTATION CHECK）。

H35.01 →电流检测（CURRENT CHECK）。

H35.02 →旋转检测（ROTATION CHECK）。

H36 →故障联锁（FAULT INTERLOCK）。

H38 →故障检测（FAULT DETECT）。

H50 →位置（POSITION）。

H50.01 →岸桥小车位置（TROLLEY POSITION – QC）。

H50.02 →岸桥俯仰位置（BOOM POSITION – QC）。

H50.03 →场桥起升位置（HOIST POSITION – RTG）。

H50.04 →场桥小车位置（TROLLEY POSITION – RTG）。

H50.05 →门机开闭位置（CLOSE POSITION – JIB）。

H50.06 →门机变幅位置（LUFF POSITION – JIB）。

H50.07 →门机旋转位置（SLEW POSITION – JIB）。

H60 → CMS 相关界面。

L →低速扫描主程序（LOW SPEED MASTER）。

L02 →输入信号设置（INPUT SIGNAL SET）。

L02.11 →电动机旋转（MOTOR SELECT）。

L02.12 →变频器状态（INVERTER STATUS）。

L02.13 →触摸屏通信（CP–217 → GP–I/F）。

L03 →电动机 RMS 检测（RMS CHECK）。电流检测。

L04.04 → LED 显示（LED INDICATION）。

L04.07 →主控柜指示灯显示［INDICATION（MASTER PANEL）］。

L04.08 →联动台指示灯显示［INDICATION（CONTROL PANEL）］。

L39 →故障 / 联锁显示（FAULT INTERLOCK INDICATE）。

L51 →触摸屏控制（GP CONTROL）。

L39 → GP 故障显示设置（FAULT INTERLOCK INDICATE）。

L39.31 → LCD CONTROL（FAULT）。

L39.32 → LCD CONTROL（HOIST INT）。

L39.33 → LCD CONTROL（GANTRY INT）。

L39.34 → LCD CONTROL（TROLLEY INT）。

L39.41 → LCD CONTROL（FAULT）。

L39.42 → LCD CONTROL（HOIST）。

L39.43 → LCD CONTROL（GANTRY）。

L39.44 → LCD CONTROL（TROLLEY）。

L40 →常数设置（CONSTANT NUMBER SET），包括各机构加减速时间、减速后的大速度等参数均在此程序内的 # 寄存器设置。

L51 → GP 控制（GP CONTROL）。

L60 → CMS PLC 通信，MSG-SND FOR CMS PLC［MSG-SND FUNC］。

三、梯形图程序的操作

1．在程序行中（见图 7—19）串一个常开、常闭点

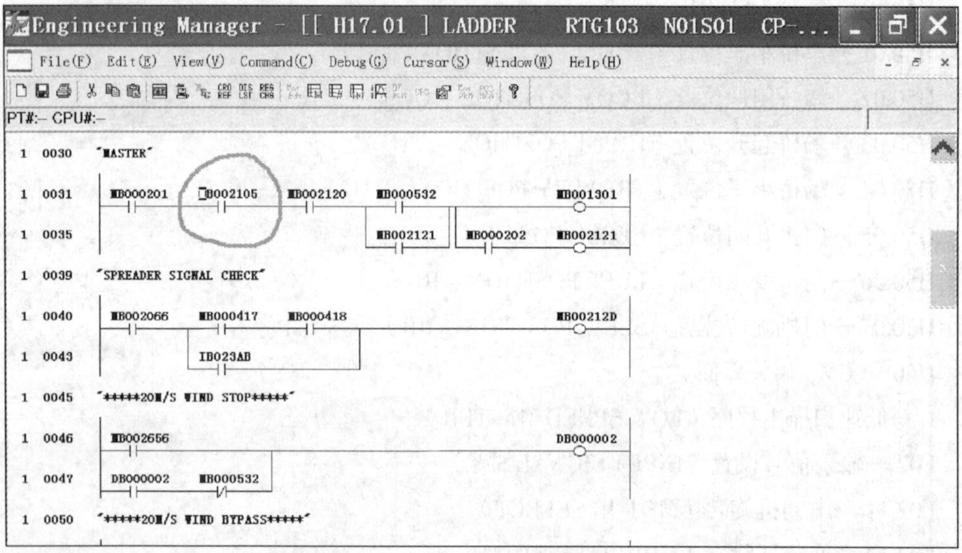

图 7—19　程序编辑指令

（1）选中要编辑的常开、常闭点或线圈。

（2）如图 7—20 所示，点击 MENU1 菜单下的 INSERT，选择常开、常闭点并根据作用进行编辑（如 MB1100），编辑后直接按 Enter 键，再点击 MENU1 菜单下的 Insert。

（3）存盘，编辑完成。

2．在程序行中的常开、常闭点上并一个常开、常闭点

将鼠标移至需编辑的常开、常闭点，点击 MENU1 菜单下的 Insert，然后按 Enter 键，再将鼠标移至需编辑的常开、常闭点上，然后点击 Branch、Join，再将鼠标移至需编辑的常开、常闭点正下方，然后选择常开、常闭点并根据作用进行编辑（如 MB1100），编辑后直接按 Enter 键，再点击 MENU1 菜单下的 Insert，然后存盘，编辑完成。

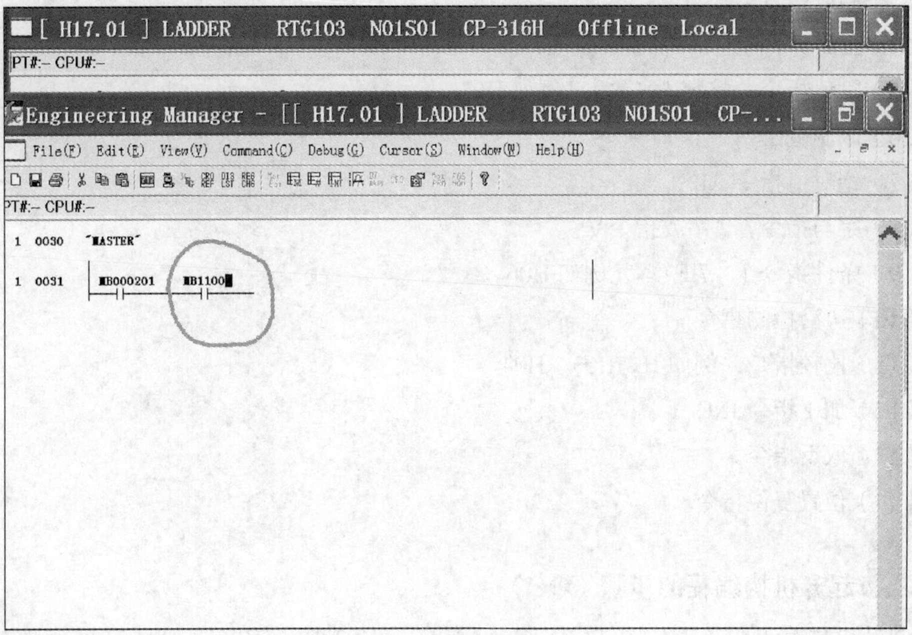

图 7—20 程序编辑

3. 程序的强制

程序的强制一般应在确保安全的情况下使用。

将鼠标移至需强制的线圈，在 Engineering Manager 画面里打开 Debug 菜单，其中，Dis on 强制通，强制通后线路会断开并且线圈会显示双层；Dis Off 强制断开，强制断开线路会断开且为单线圈；若恢复线圈功能则点击 Debug/Enable。Debug/Refer 功能用来将程序中功能框图转换成程序图。

4. 程序中点的查找

在 Engineering Manager 画面里打开 Cro Ref 菜单，弹出 Cross Reference Condition，在 NO.OF 中填入所要查找的点，在 Drawing Number 中填入“*”（Shift+8），按 Enter 键。弹出 Cross Reference 菜单，菜单中会显示所查找点的线圈及触点的位置，根据需要点击线圈或触点。

5. 强制点的查找

在 Engineering Manager 画面里打开 Dis Lis 菜单，弹出 Disable Coil List 画面，在 REF. DWG 中填入“*”（Shift+8），按 Enter 键，在 Disable Coil List 画面会显示所有强制的线圈。

第三节 安川 PLC 编程

一、安川编程的常用指令

（1）子程序调用指令 SEE。

（2）定时指令：通电延时 / 断电延时，10 ms/1 s。

（3）结束指令 DEND。

（4）上升 / 下降边沿检测指令。

（5）赋值指令（整数 / 实数），例如 H03。

（6）限制范围指令。

（7）绝对值指令 ABS。

（8）字与指令∧ / 字或指令∨。

（9）条件指令［ ］/IF ON，例如 H06。

（10）边沿检测指令。

（11）比较指令，例如 H、H03、H04。

（12）加 1 指令 INC。

（13）取反指令。

（14）位置复位指令。

二、起升机构编程的步骤（QC）

起升机构编程的步骤如图 7—21 所示。H03 → H03.01 → H06 → H04.01 的意义：H03 将手柄格雷码转换成二进制数据，进入程序通过转换成模拟量并储存在中间寄存器，通过 MASCON–1 功能块函数再转换为 10 000 的数据，决定此信号输出到 H03.01，然后给到 H06 进行限速，恒功率和加减速运算给到 H04.01，最后给到变频器。

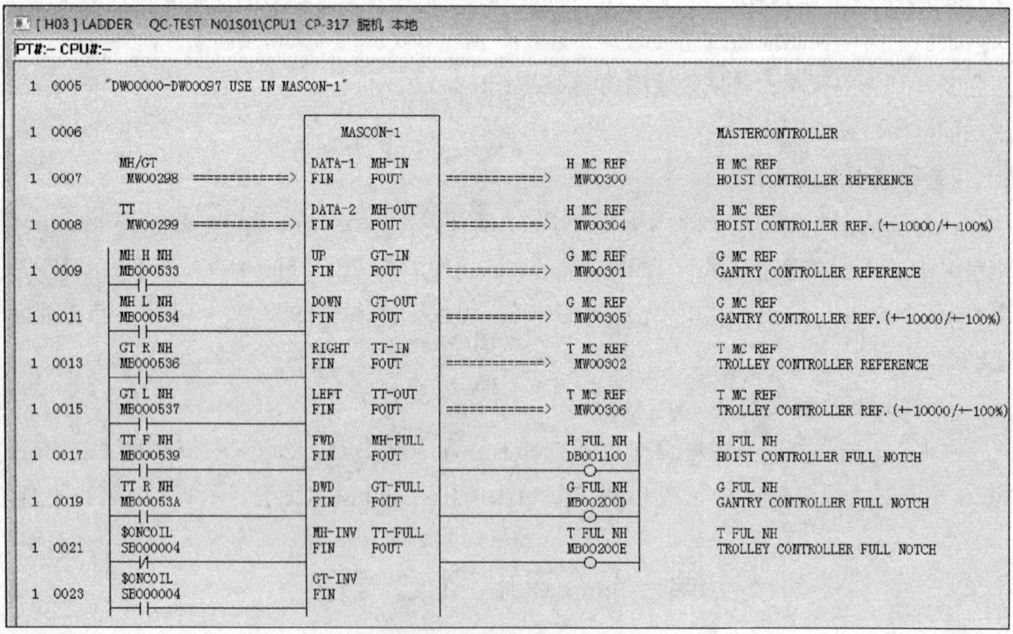

图 7—21 起升机构编程的步骤

如图 7—21 所示，起升运行是在控制电源打开后由起升手柄控制的，下面简单叙述起升手柄控制起升电动机的过程。

如图7—22所示，H03通过MASCON-1功能块将MW298手柄编码器信号转化为程序能识别的二进制码赋给MW300，通过FGN取函数指令使MW300转化为在±10 000的十进制数赋给MW304。MB533为起升手柄上升挡位信号，功能块限制其当手柄在上升挡位时，MW304的数值限制在0～10 000之间（正常定义上升、电动机正转均为正数，下降、电动机反转为负数）；MB534为起升手柄下降挡位信号，功能块限制其在-10 000～0之间变化。

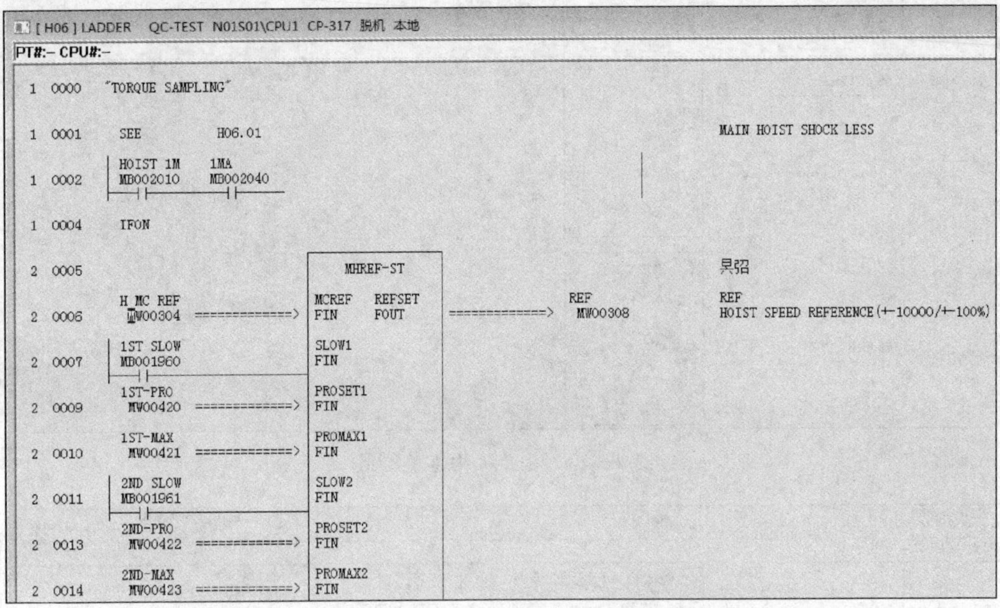

图7—22 MASCON-1功能块

如图7—23所示，H06当MB2010（起升机构主接触器反馈点信号）、MB2040（起升机构主接触器控制）这两个条件都满足的情况下，IFON语句才执行功能块MHREF-ST的命令。MB1960是起升机构一级减速，当MB1960通，MW304输入的数值输出到MW308的数值限制在±1 000，MB1960由起升绝对值编码器计算得出位置并通过智能减速来控制，在吊具位置处于比较高或是离地面较近的位置时，起升机构的最大速度在软件中限制，只有一挡或二挡左右的速度，即使司机疏忽大意时也不会造成重大事故。

如图7—24所示，MW308通过MINIMUM功能块运算后将结果输出给MW312。DW10（ROPE功能块对应，此换绳速度限制为8%）和MW416（起升最小速度0）是MW312输出的最小值。

程序中DB0F是LAU功能块的运行条件，MB2014是起升制动器的反馈信号，MB2124是起升机构上升命令，MB2125是起升机构下降命令。

如图7—25、图7—26所示，MW526是起升机构上升加速时间（5.3 s），MW527是起升机构上升减速时间（5.3 s），MW528是起升机构下降加速时间（5.3 s），MW529是起升机构下降减速时间（5.3 s）。将加减速时间和速度指令信号通过功能模块进行计算后得出的MW320就是按照设置的加减速时间均匀变化的速度。

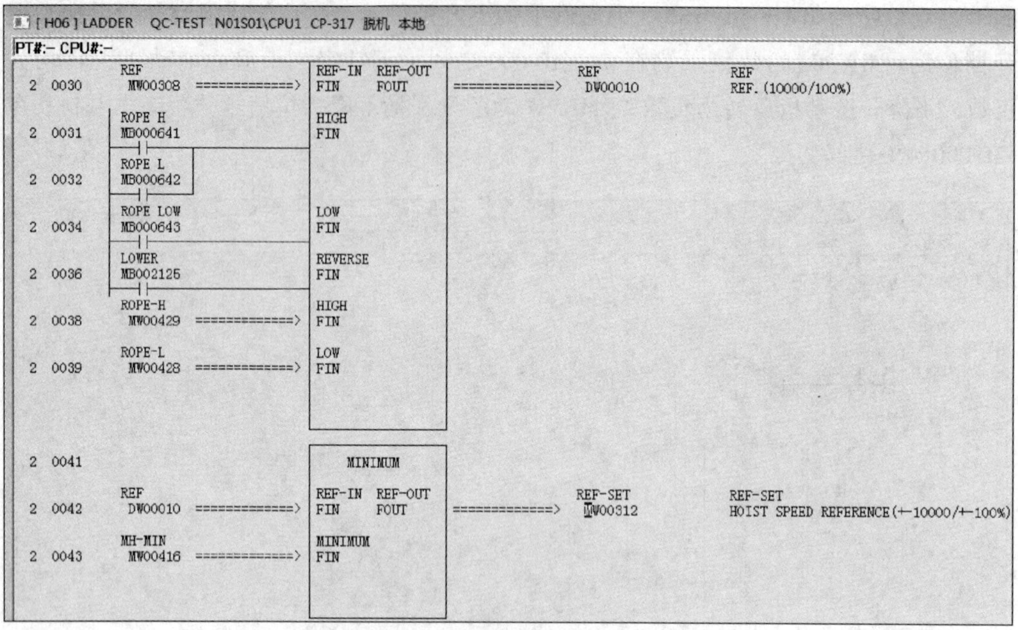

图 7—23　起升机构速度控制

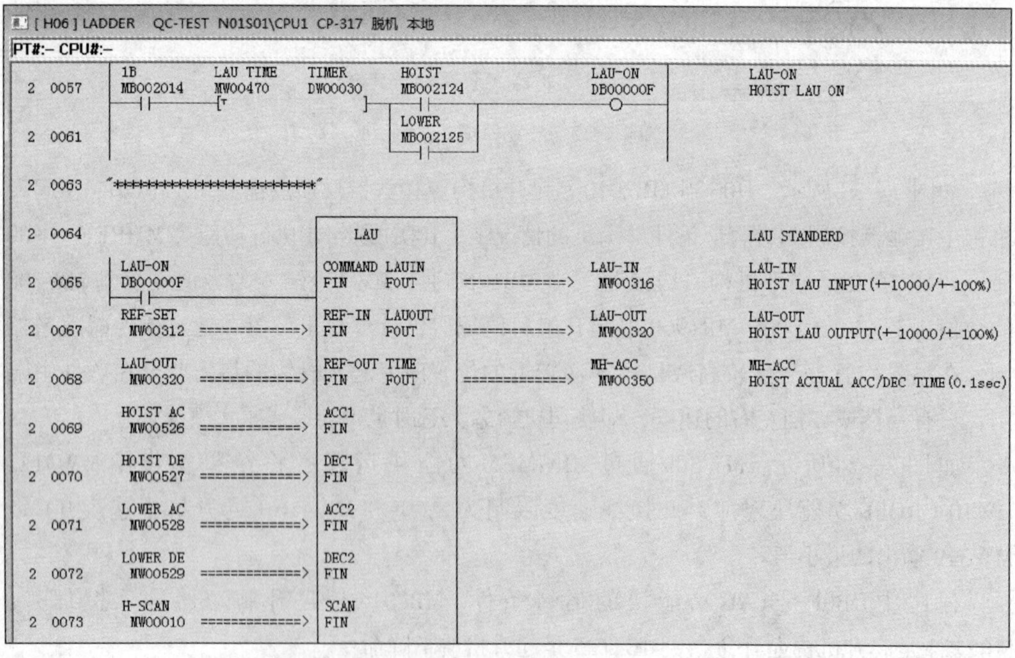

图 7—24　MINIMUM 功能块

当未选择大车 MB194A（起升和大车共用一个变频器），将 MW320 直接赋给 OW201，CPU 通过与变频器通信（216 通信）将数据传输至变频器通信卡，通信卡获取信号并由主控板传送命令至驱动板，驱动器驱动电动机运行。

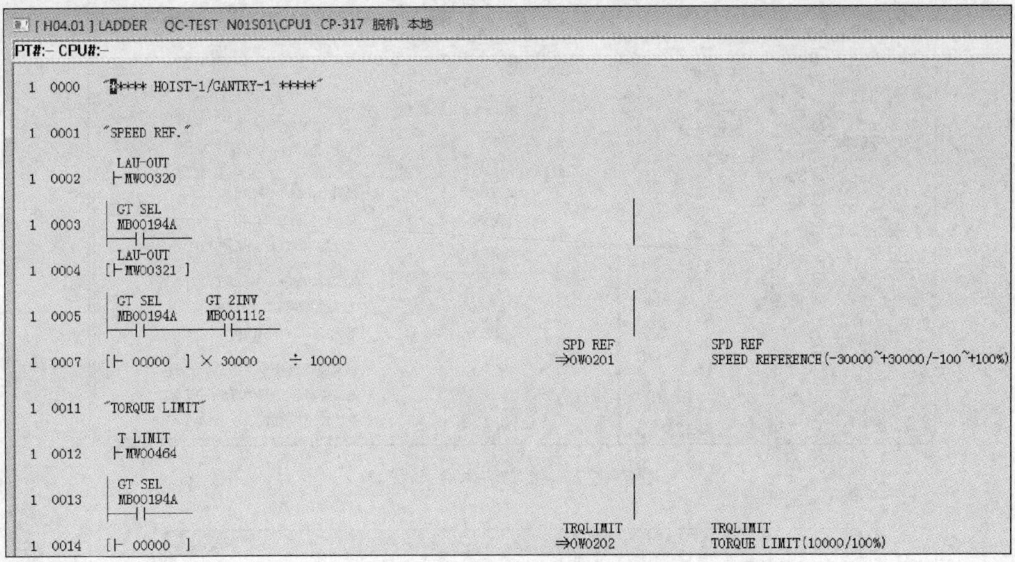

图 7—25 起升机构上升程序

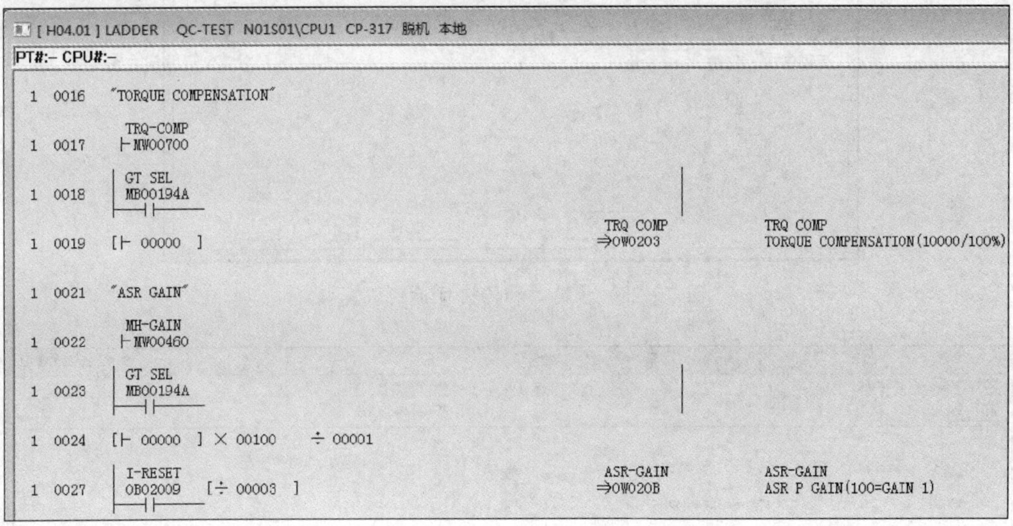

图 7—26 起升机构下降程序

三、CPU 程序下载与上传

1. 程序下载与上传

（1）程序下载。如图 7—27 所示，在线注册联机，选择 [转送（T）] → [批转送（A）] → [批导出（D）]，此时弹出“执行确认”对话框（见图 7—28），确认传输源和传输目标正确，取消勾选 [寄存器] 一项，点击 [OK] 确认开始下载。

如图 7—29 所示，下载完成后弹出“整体转储”对话框，直接关闭对话框，程序下载完成。

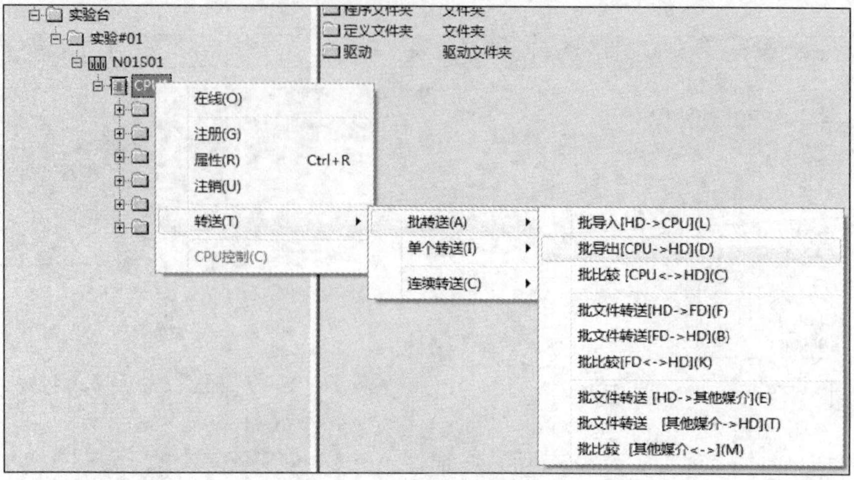

图 7—27 程序整体导出窗口

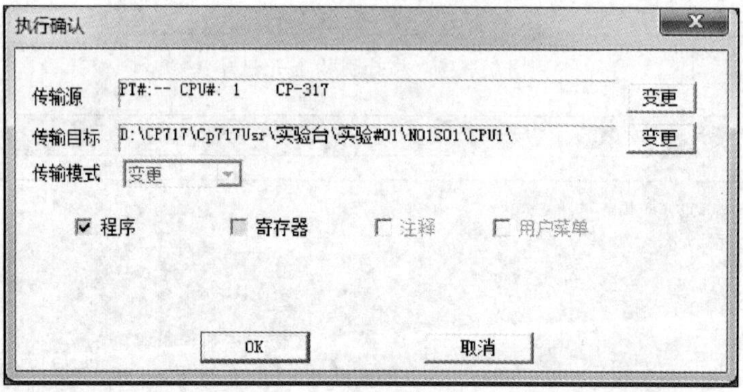

图 7—28 传输源和传输目标确认窗口

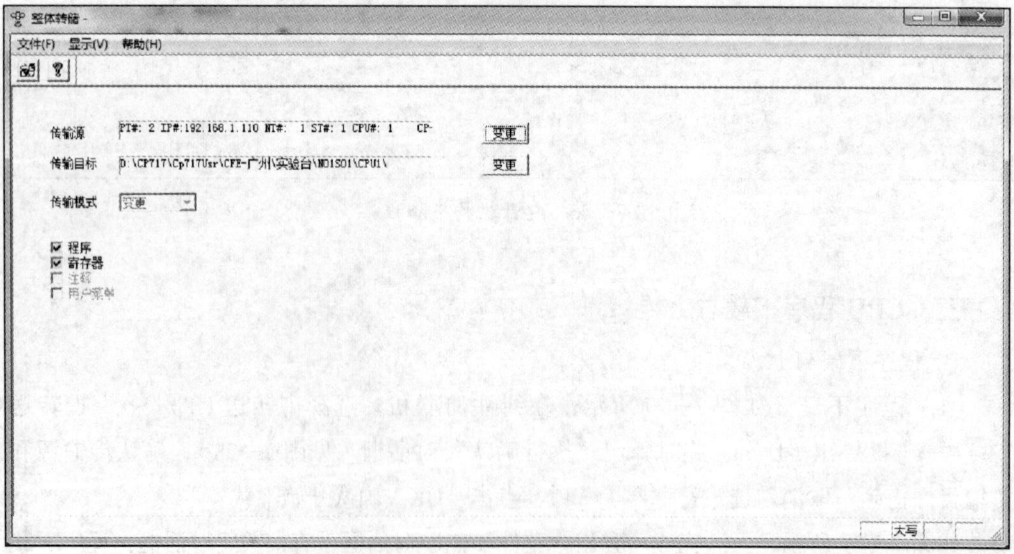

图 7—29 程序下载完成窗口

（2）程序上传（上传完成后需断送电）。如图 7—30 所示，在线注册联机，选择［CPU 控制（C）］，弹出“PLC 运行状况”对话框，选择［STOP］停止 CPU 运行。

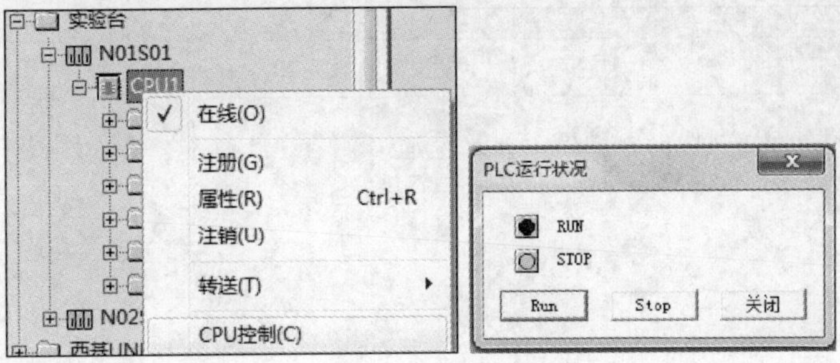

图 7—30　CPU 运行设置窗口

如图 7—31 所示，选择［转送（T）］→［批转送（A）］→［批导入（L）］，此时弹出“执行确认”对话框（见图 7—32），确认传输源和传输目标正确，取消勾选［寄存器］一项，点击［OK］确认开始上传。

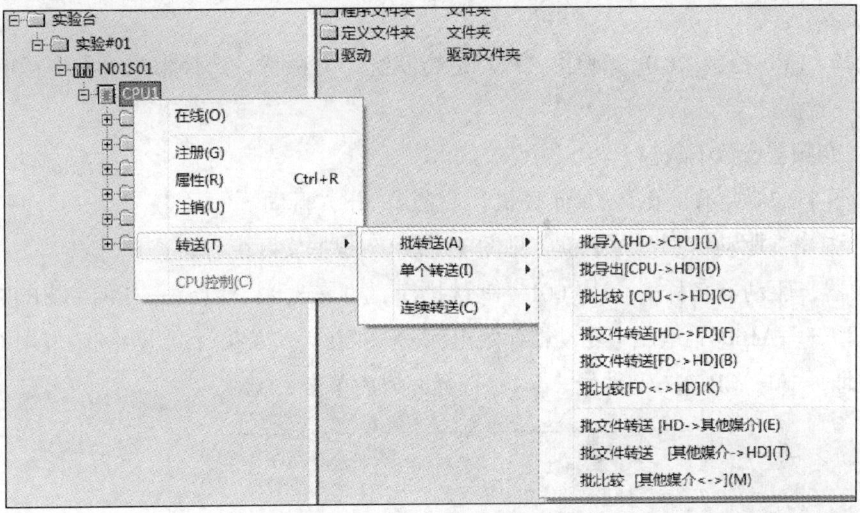

图 7—31　程序上传窗口

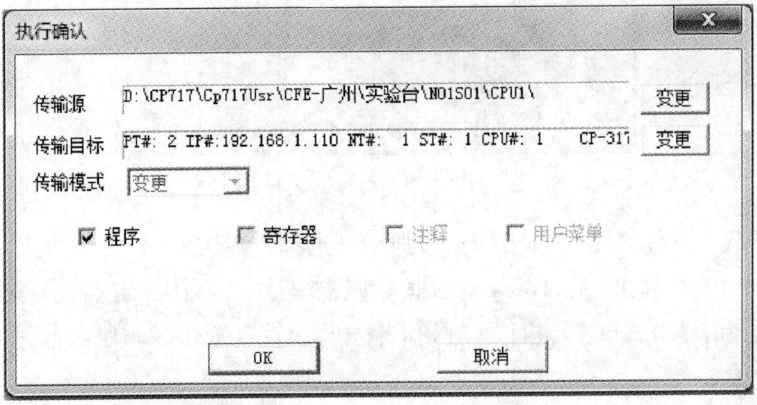

图 7—32　传输源和传输目标确认窗口

如图 7—33 所示，上传完成后弹出“整体存入”对话框，直接关闭对话框，程序上传完成。

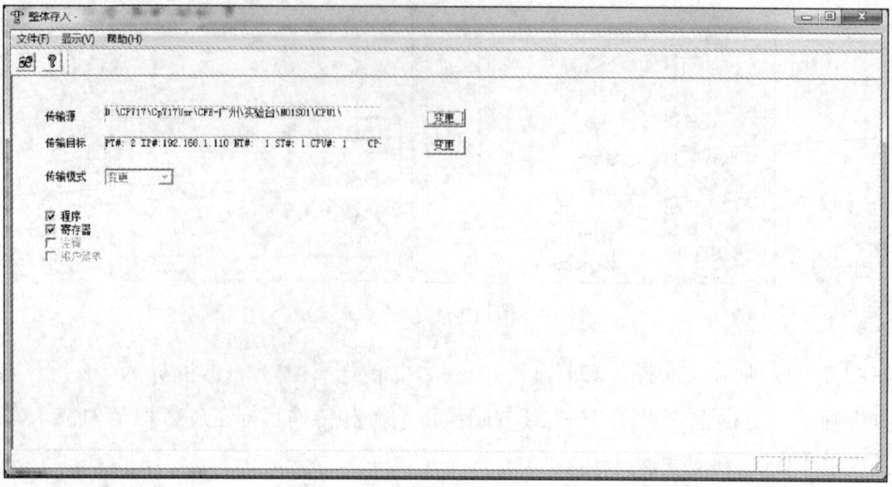

图 7—33　程序上传完成

选择［CPU 控制（C)］，弹出“PLC 运行状况”对话框，选择［RUN］使 CPU 运行，断送电一次。

2. 变频器参数下载与上传

如图 7—34 所示，在线注册联机，右键单击［驱动］→［新建（N)］→［驱动（V)］，弹出“驱动信息”对话框（见图 7—35），根据实际配置选择。［信息］一项：如 1# 变频器，驱动器名称——INV001（默认排序，可修改），注释——1# INVERTER，驱动器机型——A1000，电压：驱动器额定电流——400 V ：4.80 A；［网络］一项：CP–216 线路地址——1，CP–216 站地址——1。选择完成后单击［OK］。

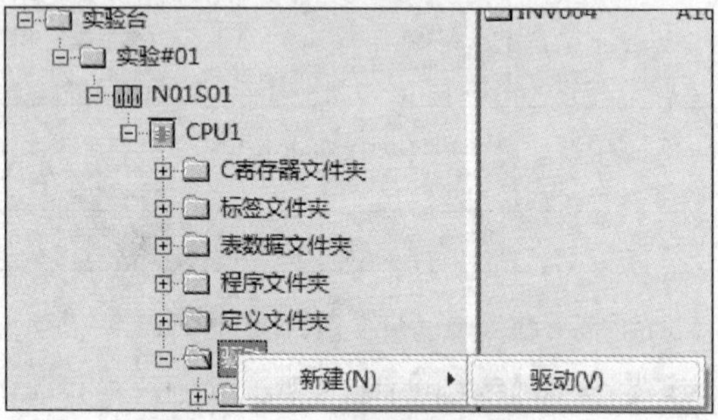

图 7—34　创建新文件

（1）下载（整体导出）。如图 7—36 所示，选择［转送（T)］→［批转送（A)］→［整体导出（D)］，弹出“InvTrns”对话框（见图 7—37），确认“是否把变频器的参数写入文件”(此为下载)，单击［执行］开始下载导出，直至弹出“确认”对话框，单击［确定］完成。

（2）上传（整体导入）步骤与下载类似，确认“是否把文件的参数写入变频器”即可。

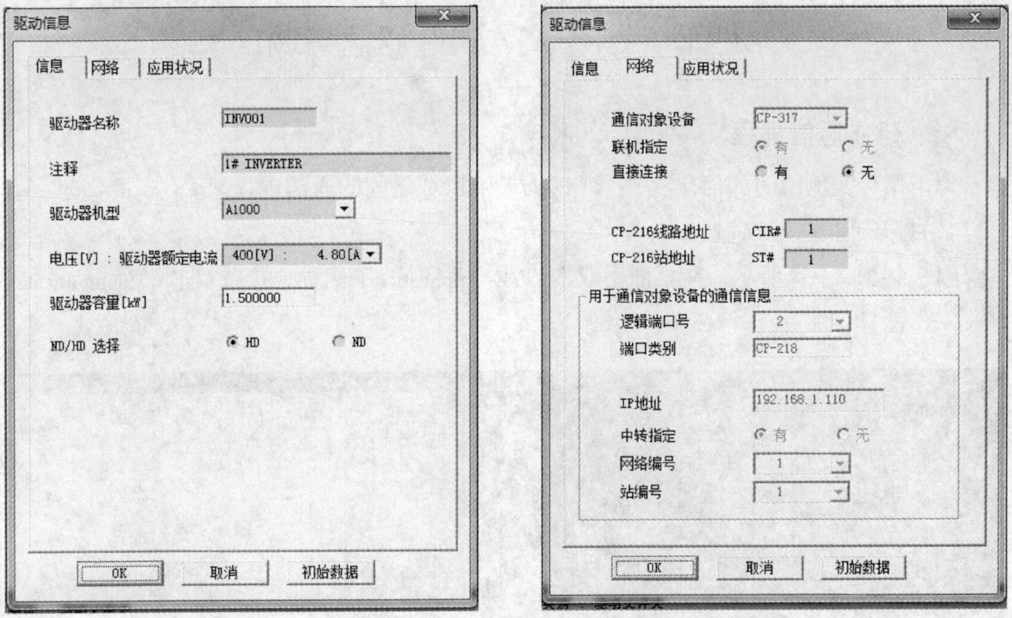

a）　　　　　　　　b）

图 7—35　变频器配置选择窗口

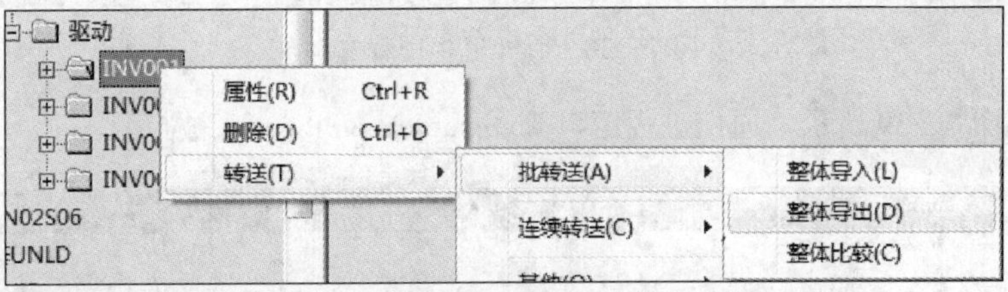

图 7—36　程序整体导出窗口

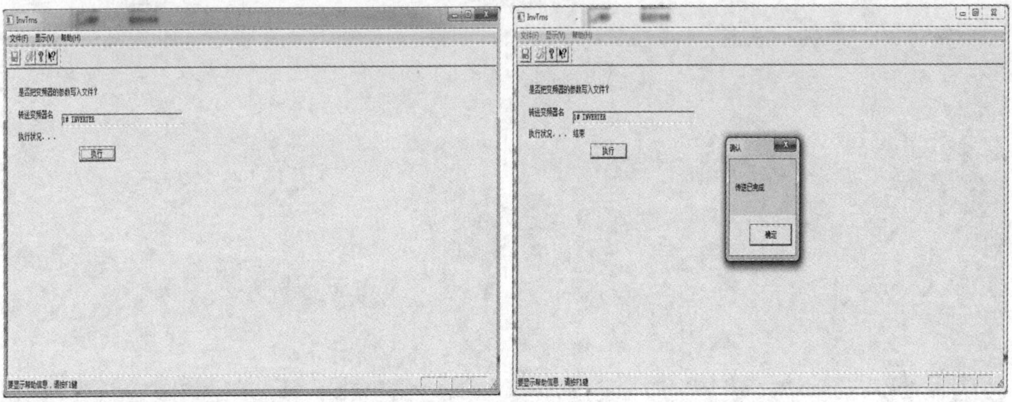

a）　　　　　　　　b）

图 7—37　变频器参数写入文件

第四节　CP-717软件通信与调试

一、建立通信进程

以下结合实例说明如何建立一个CP-717和PLC之间的通信进程。

1．打开通信进程窗口

（1）如图7—38所示，在桌面上双击“YE-Application”图标，接着双击“Communication Manager”图标。

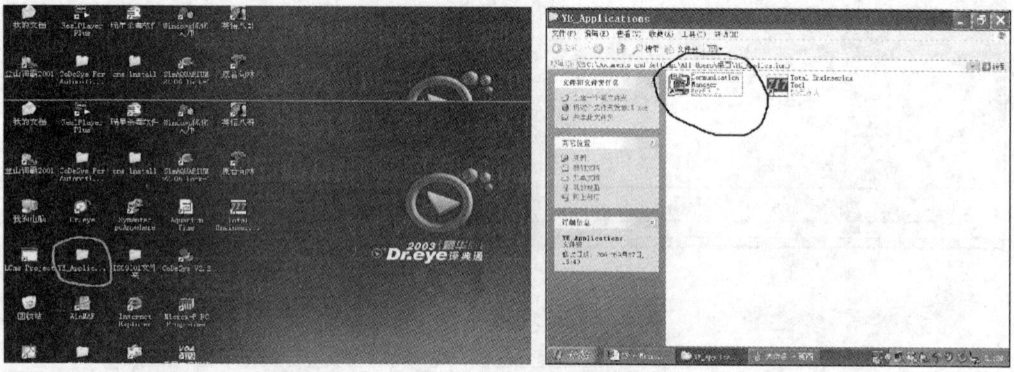

图7—38　打开通信进程窗口

（2）如图7—39所示，通信进程窗口Communication Process被打开。

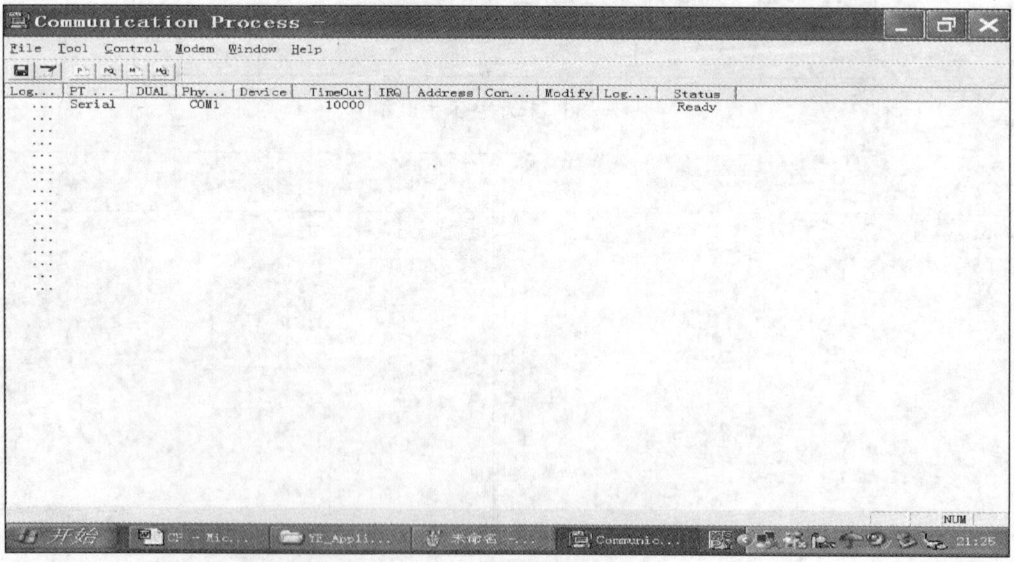

图7—39　通信进程窗口

2．建立通信进程（串行通信）

设置串行通信进程，如图7—40所示。

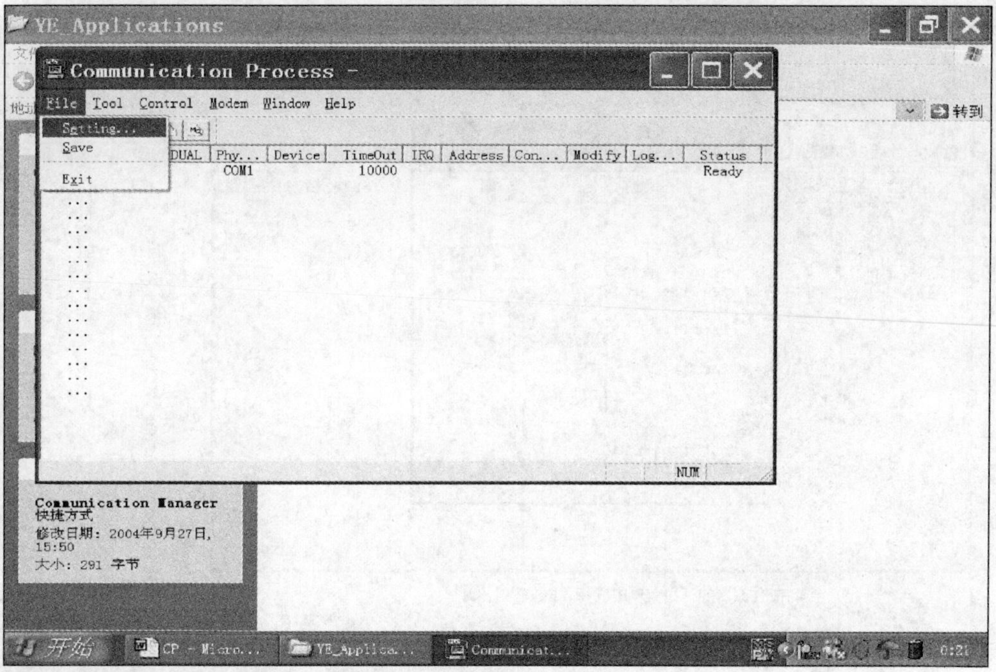

图 7—40　串行通信进程设置

（1）在“Logical”中选择逻辑端口的编号。

（2）在通信进程菜单上方任务栏中点击“File”，再点击其下拉菜单中的“Setting”。

（3）如图 7—41 所示，在对话框中设置“Port kind”为“Serial”，接着点击“Detail”。

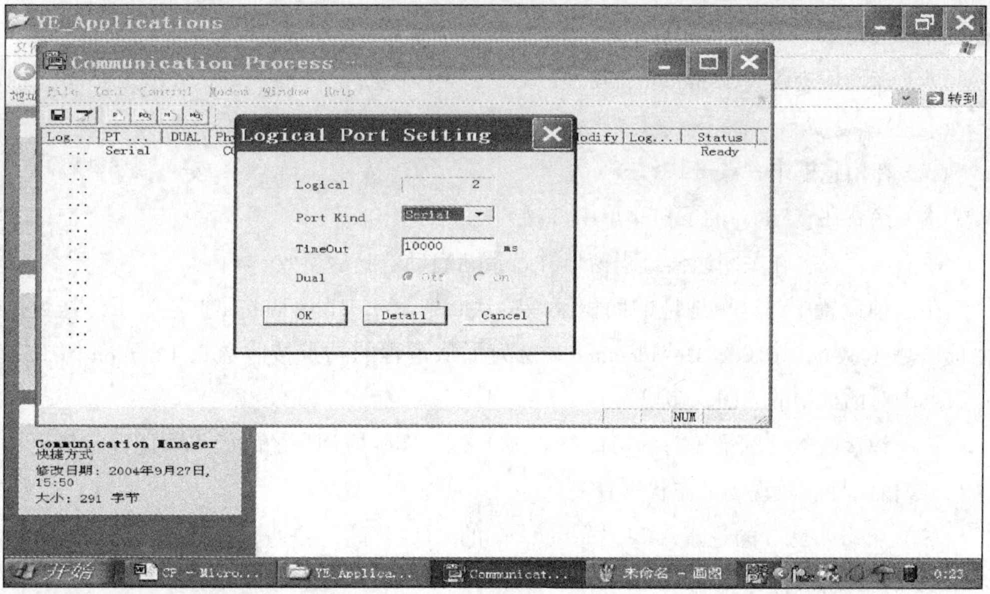

图 7—41　Port kind 设置窗口

（4）如图 7—42 所示，在对话框中设置串口的信息。将“Baud Rate”设为“9 600 bps”或者“19 200 bps”，保持“Data Bits”和“Stop Bits”的默认设置，然后点击“OK”。

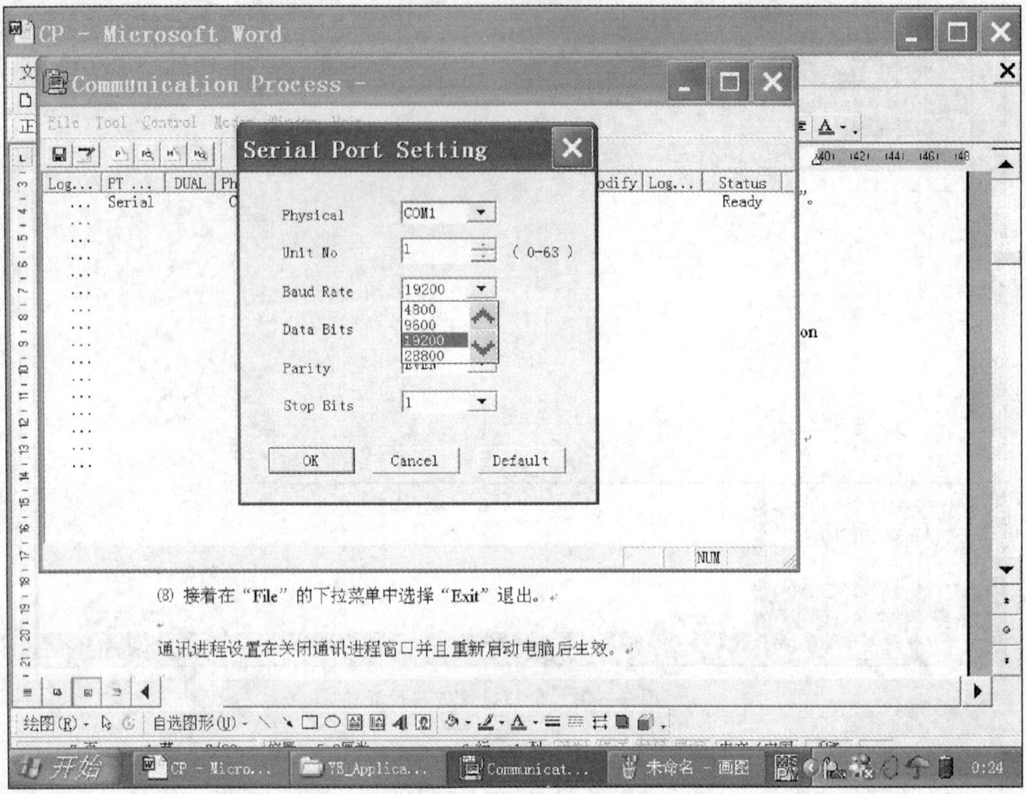

图 7—42　Baud Rate 设置窗口

（5）接着在步骤 3 的逻辑端口设置对话框中点击“OK”键，在通信进程窗口（Communication Process Window）中有串行通信的设置信息。

（6）在通信进程（Communication Process）菜单中选择“File”，在其下拉菜单中选择“Save”。

（7）在信息框中，点击“YES”键。

（8）接着在“File”的下拉菜单中选择“Exit”退出。

通信进程设置在关闭通信进程窗口并且重新启动电脑后生效。

在这种设置中，这个地址的面积区域（从 0 到 100，Hexadecimal）是为了传送数据，地址区域（从 64 到 100，Hexadecimal）是为了从远程的站点接收数据（Station No.05），然后点击对话框中的“OK”键。

传送和接收数据的最短时间可以设置为 1 ms，实际应用中的时间可能比设定值更长，这与 PC 机的性能及现场工作状态有关。

（9）点击步骤 3 的逻辑端口设置对话框的“OK”键，在通信进程窗口中可以设置 CP-215 的联机信息。

（10）在通信进程菜单中选择“File”中的“Save”。

（11）点击信息框中的“Yes”键。

（12）在通信进程菜单中选择“File”中的“Exit”。

在关闭通信进程窗口并重新启动电脑后通信进程的设置才能生效。

二、PLC 程序的上传与下载

PLC 程序下载、备份的步骤如下。

1. 如图 7—43 所示，在完成联机以后，“QC12\N01S01\CPU1”下会弹出六个主菜单，分别是“C Register Folder”“Definition Folder”“Drive”“Programs”“Table Data Folder”和“Tag Folder”。

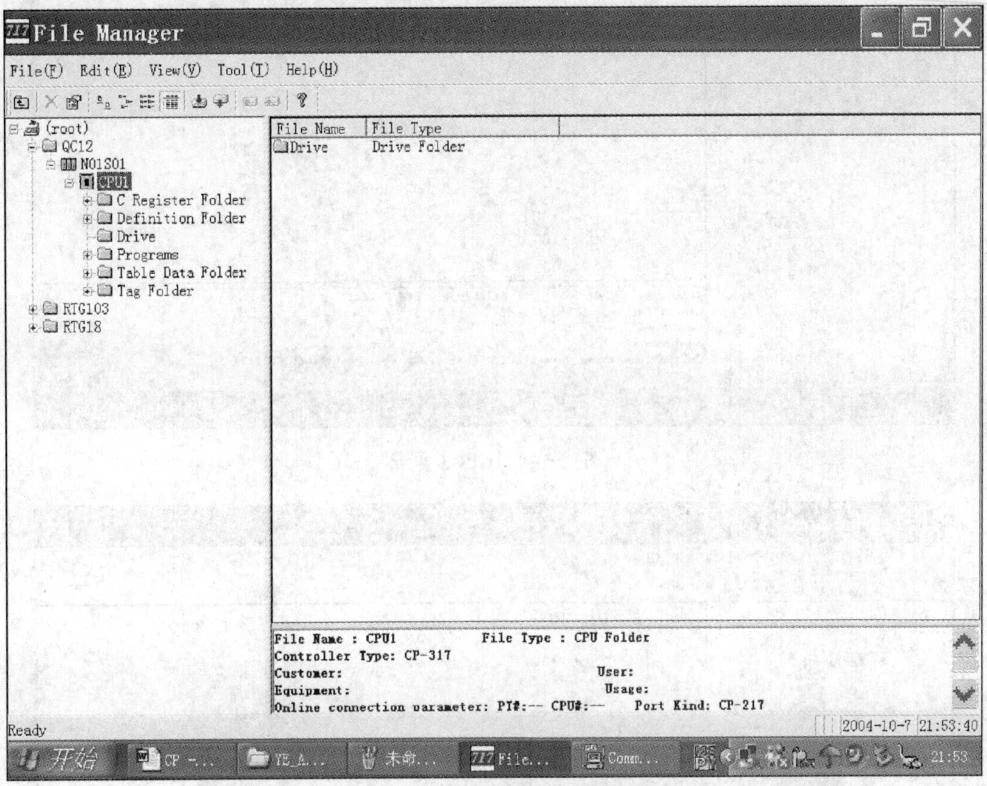

图 7—43　联机后 CPU1 菜单

2. 如图 7—44 所示，选中［CPU1］单击鼠标右键，弹出“Online”“Log On”“Properties”“Log Off”“File Transfer”“CPU Control”“Ladder Converter Tool”七个菜单。

3. 如图 7—45 所示，程序下载选“File Transfer”，弹出“All File Transfer”“Individual File Transfer”“Continuous File Transfer”三个菜单。

4. 全部下载选“All File Transfer”，段下载选“Individual File Transfer”。一般新安装选全部下载。

5. 如图 7—46 所示，选中“All File Transfer”后，弹出九个菜单，前三个分别是“All Program File Load［HD TO CPU］”“All Program File Dump［CPU TO HD］”“All Program File Compare［CPU WITH HD］”，其他六个菜单分别是 CPU 与软盘及其他媒体之间的程序传输。

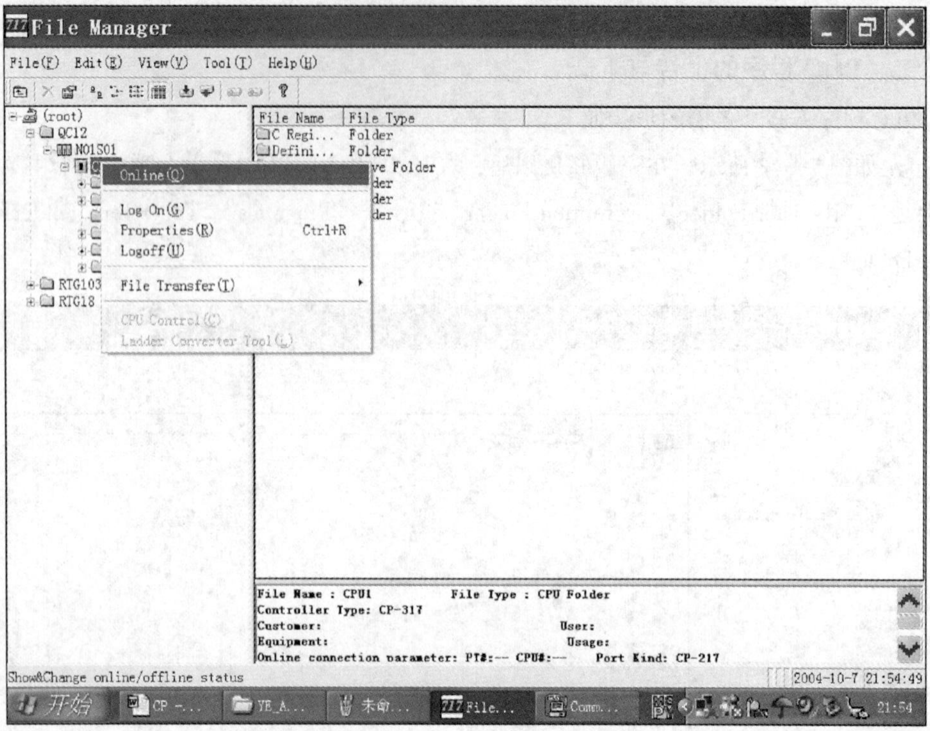

图 7—44 CPU1 菜单

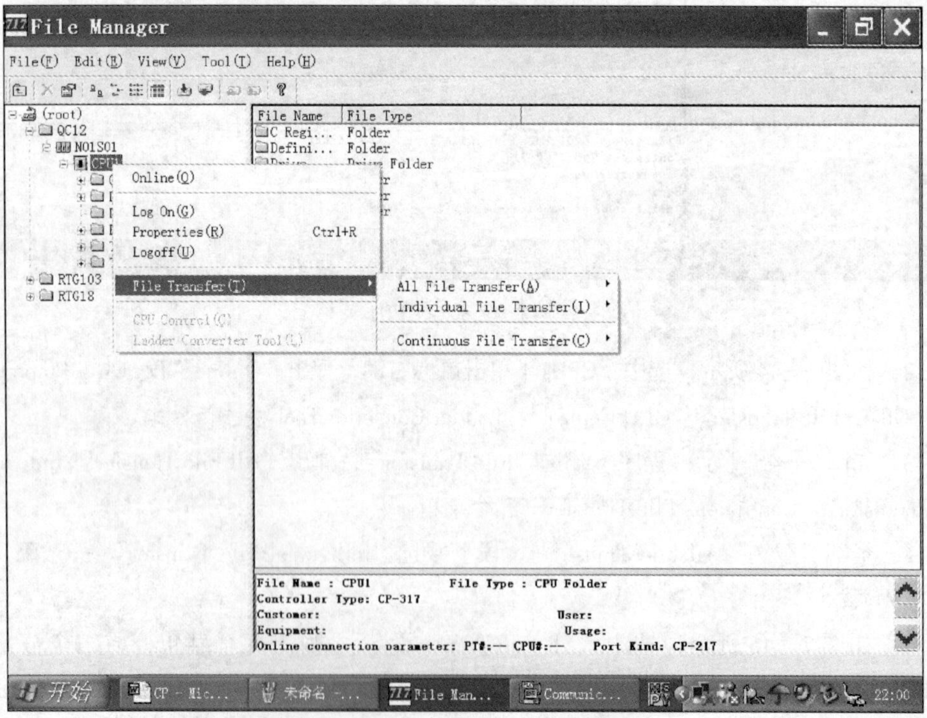

图 7—45 FILE TRANSFER 功能菜单

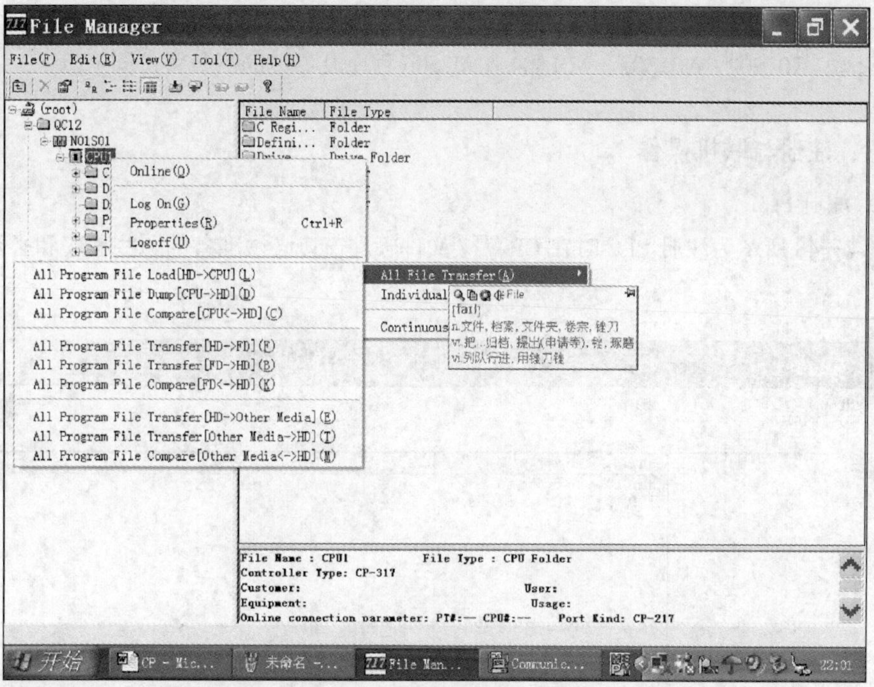

图 7—46　ALL FILE TRANSFER 功能调取

6. 如图 7—47 所示，选择“All Program File Dump［CPU TO HD］”后，弹出“Execute”对话框，在此应注意看清对话框中“Source”“Destination”的内容，以防误操作。确认无误后点击［OK］，程序开始下载。程序下载大概需要 20 min。

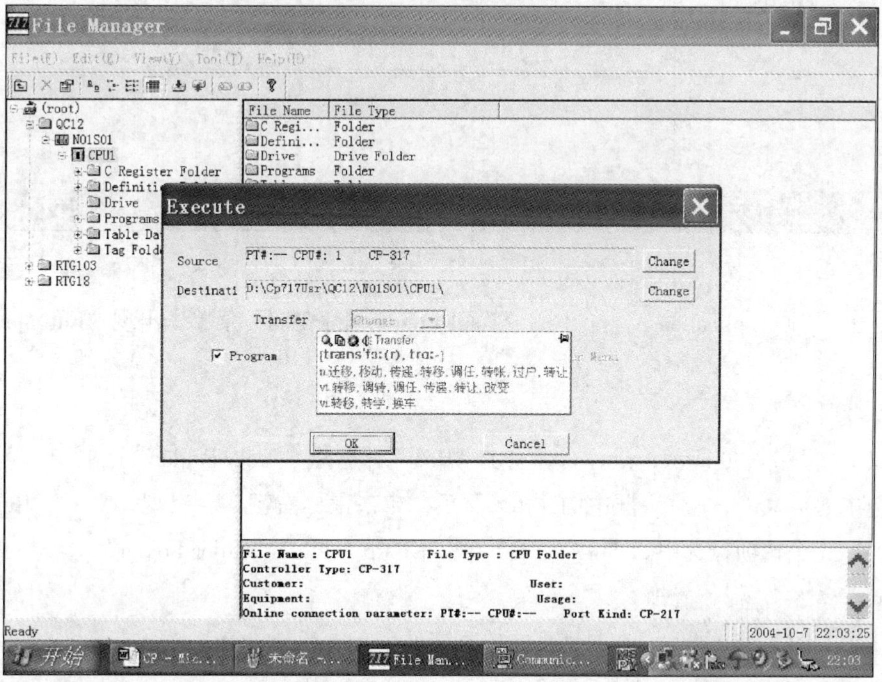

图 7—47　程序下载

7. 完成后，“N01S01/CPU1”下除“Drive”以外其他的程序及参数都已下载备份。

其他如 N01S02、N01S03、N01S04、N02S06 程序及参数的下载备份同上。

三、注册与联机操作

1. 注册 PLC

图 7—48 所示为注册 PLC 时在 CP-717 文件管理窗口必须准备的一些程序和必须定义的数据。

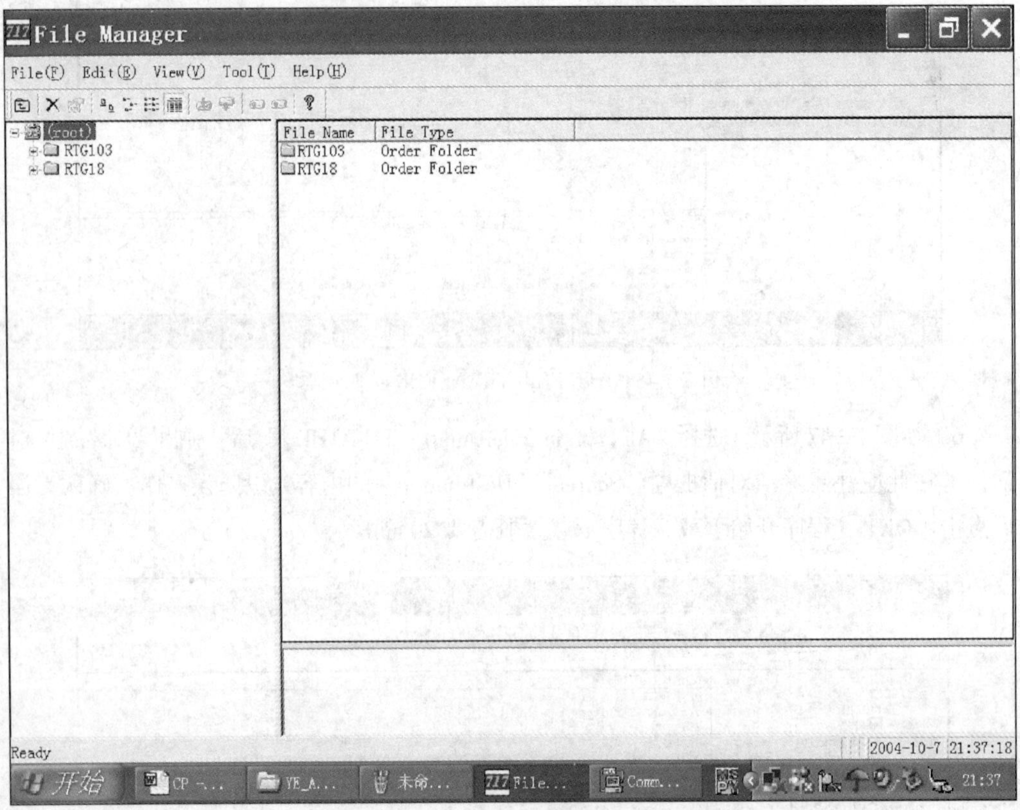

图 7—48　注册 PLC

点击“YE Application”菜单中的“Total Engineering Tool”菜单，出现“File Manager”对话框。

2. 联机

（1）如图 7—49 所示，鼠标右键点击“Root”，选择“Order Folder”选项。

选中 File Manager 对话框中的“Root”后，单击鼠标右键，会出现“New”“Rename”“Delete”三个选项，选中“New”后会出现“Group Folder”“Order Folder”，点击“Order Folder”。

（2）如图 7—50 所示，在对话框中输入文件名，再点击“OK”。

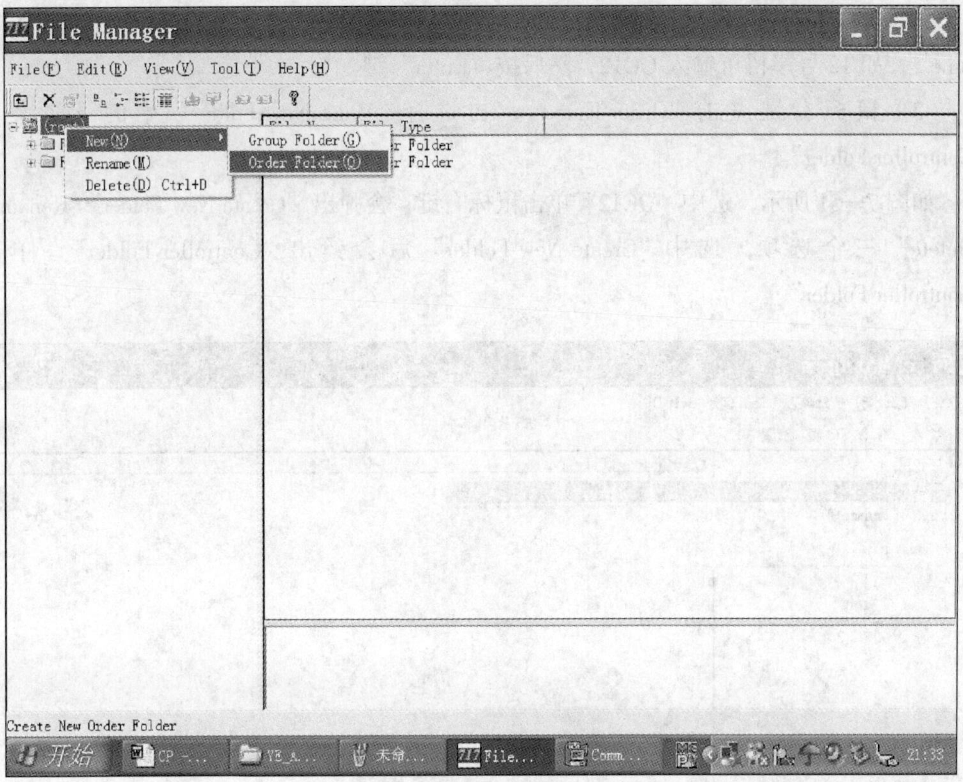

图 7—49 Order Folder 命令调用

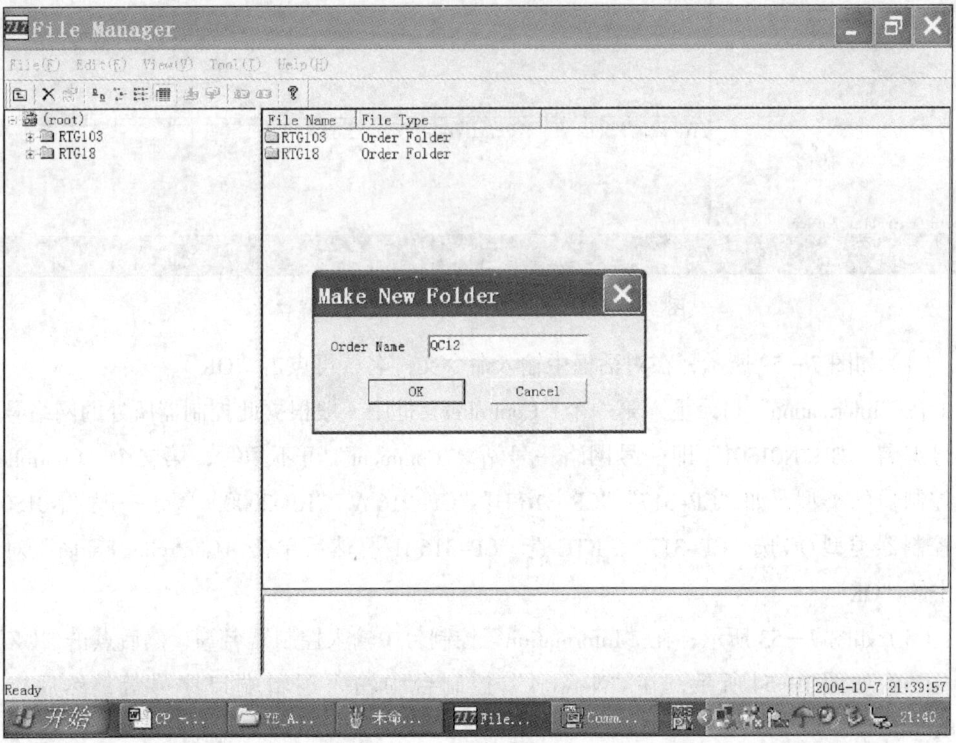

图 7—50 设备文件命名窗口

点击“Order Folder”后，出现“Make New Folder”对话框，在空白处输入“Order Name”，如12号岸桥可输入QC12，然后按“Enter”键。

（3）鼠标右键点击“Order Name”，再选择“Make New Folder”中的下级菜单“Controller Folder”。

如图7—51所示，选中“QC12”单击鼠标右键，会弹出“Create New Folder”“Rename”“Delete”三个选项，选中“Create New Folder”后会弹出“Controller Folder”，单击“Controller Folder”。

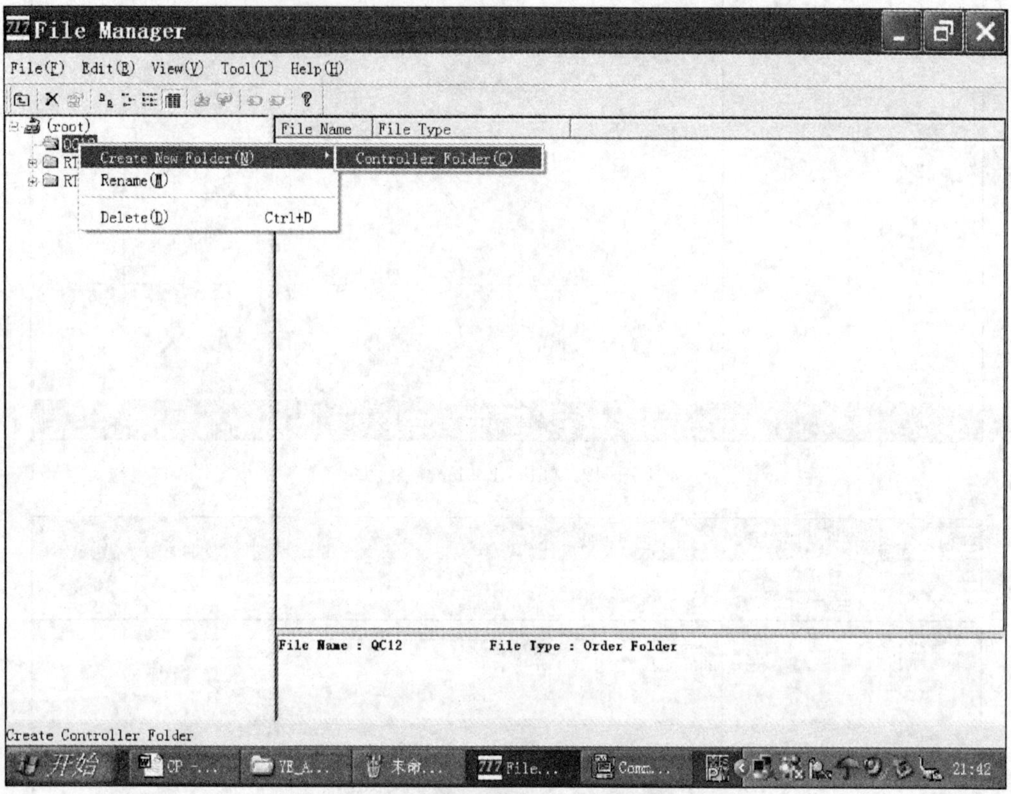

图7—51 Controller Folder菜单调用窗口

（4）如图7—52所示，在对话框中输入命令文件名，再点击“OK”。

在“Information”目录下，第一个“Controller”框中一般根据此控制器所处的网络号和站号编名，如“N01S01”即一号网络一号站，“Comment”可不填写；第二个“Controller”为控制器的类型，如“CP-317”“CP-316 H”“CP-916 A”“RIO2000”等，一般“N01S01”的控制器类型QC选“CP-317”，RTG选“CP-316 H”。然后单击“Controller Folder”对话框中的“OK”。

（5）如图7—53所示，在“Information”控制台中输入控制器名等，然后点击“OK”。

（6）如图7—54所示，在“Network”控制台中输入逻辑端口序号等，然后点击“OK”。

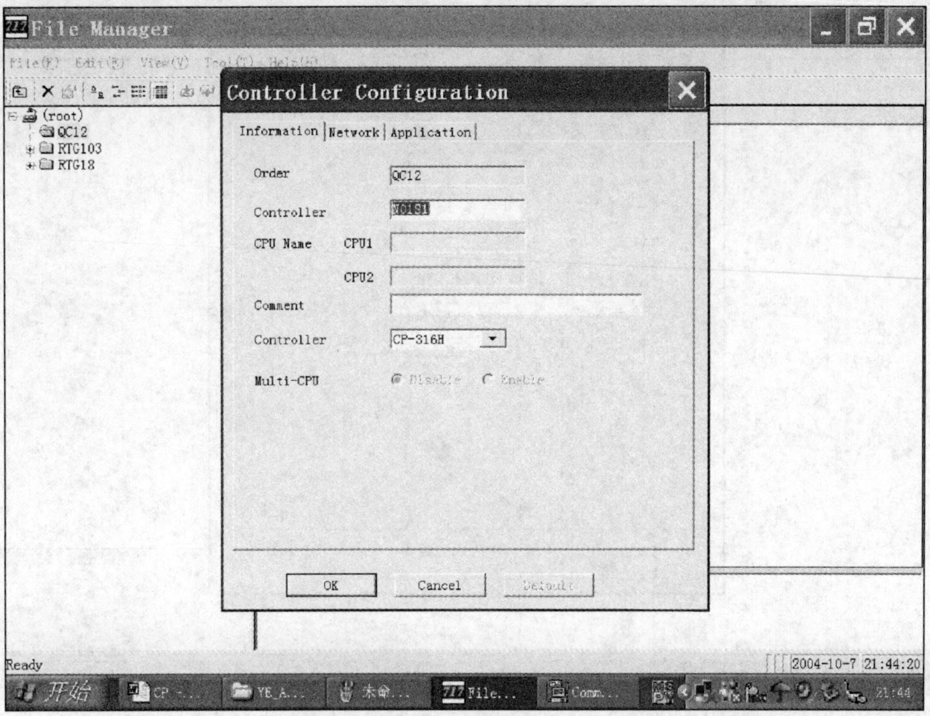

图 7—52　变频器型号设置窗口

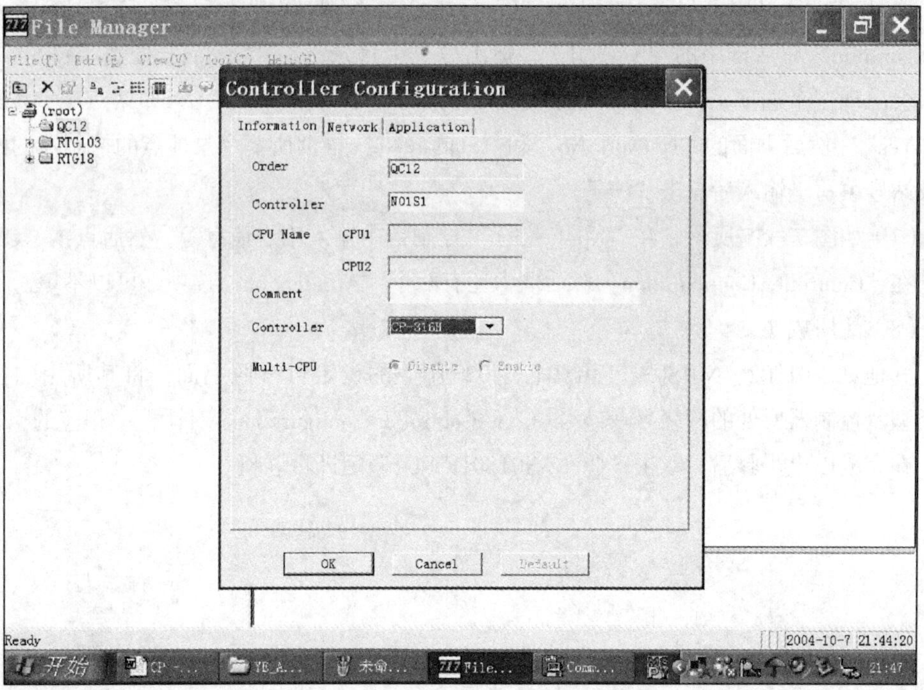

图 7—53　控制器名设置窗口

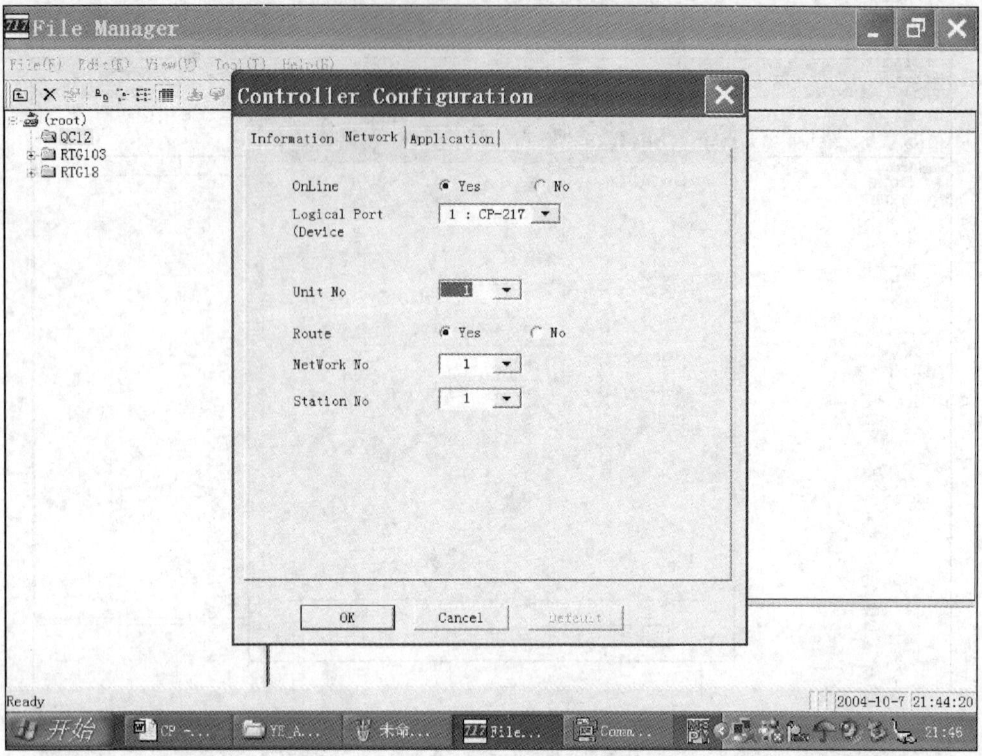

图 7—54 逻辑端口序号设置窗口

单击“Controller Folder”，弹出“Controller”。若要联机，还需点击“Controller Configuration”对话框中的“Network”，弹出另一个目录，在“Online”处选“YES”，选完后会出现三个选项，其中前两项为默认（分别为“CP-217”和“1”），第三项“Route”选“Yes”，然后下面的“Network No”和“Station No”根据所要登录地点的控制器的网络号及站号填写。输入后点击“OK”。

（7）如图 7—55 所示，在“Application”控制台中输入用户信息等，然后点击“OK”。

在“Controller Configuration”对话框中还有一个“Application”选项，可以不填。

（8）注册成功。

其他如 N01S02、N01S03、N01S04、N02S01 等的设定可参照上面，将其所用的控制器类型及控制器所处的网络号及站号填入“Controller Configuration”对话框中相应的空格。

在完成以上步骤后，双击“QC12\N01S01\CPU1”后即可联机。

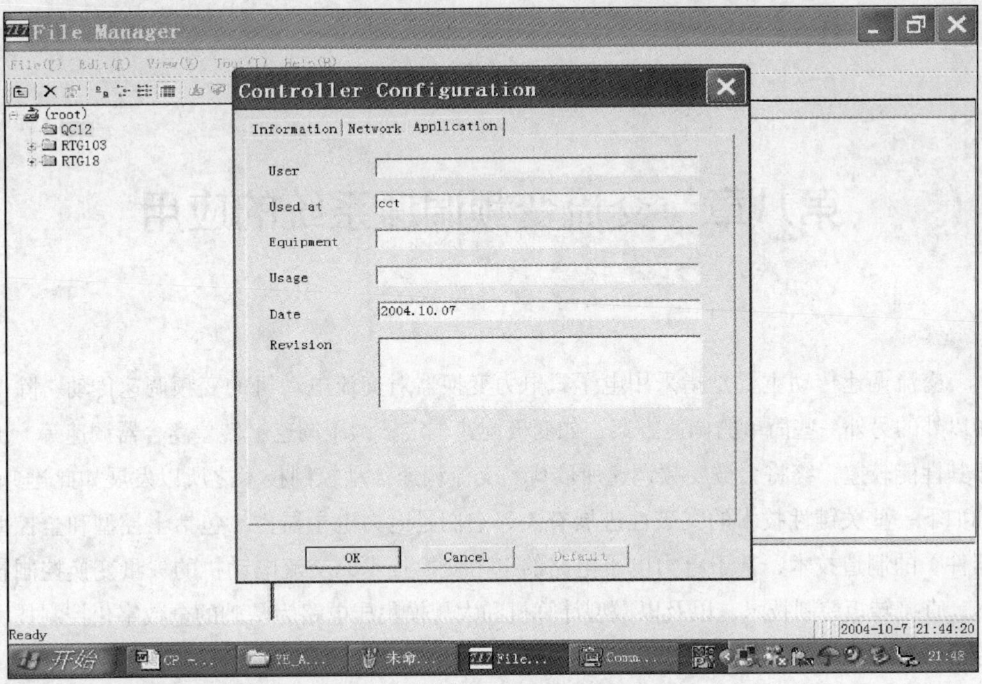

图 7—55　用户信息设置窗口

第八章 交流变频调速系统的应用

交流调速传动主要是指采用电子式电力变换器对交流电动机的变频调速传动。除变频以外的另外一些简单的调速方案，如变极调速、定子调压调速、转差离合器调速等，由于其性能较差，终将会被变频调速所取代。交流调速传动控制技术之所以发展如此迅速，和如下一些关键性技术的突破性进展有关，它们是电力电子器件（包括半控型和全控型器件）的制造技术，基于电力电子电路的电力变换技术，交流电动机的矢量变换控制技术，直接转矩控制技术，以及以微型计算机和大规模集成电路为基础的全数字化控制技术等。

近二十年来，以功率晶体管GTR为逆变器功率元件、8位微处理器为控制核心、按压频比*U/f*控制原理实现异步电动机调速的变频器，在性能和品种上出现了巨大的技术进步。其一，所用的电力电子器件GTR已基本上为绝缘栅双极晶体管IGBT所替代，进而广泛采用性能更为完善的智能功率模块IPM，使得变频器的容量和电压等级不断扩大和提高；其二，8位微处理器基本上为16位微处理器所替代，进而有采用功能更强的32位微处理器或双CPU，使得变频器的功能从单一的变频调速功能发展为含有逻辑和智能控制的综合功能；其三，在改善压频比控制性能的同时，推出能实现矢量控制和转矩直接控制的变频器，使得变频器不仅能实现调速，还可进行伺服控制。

第一节 变频调速器的分类及其结构

变频器是利用交流电动机的同步转速随电动机定子电压频率变化而变化的特性实现电动机调速运行的装置。变频器最早的形式是用旋转变频发电机组作为可变频率电源，供给交流电动机（主要是异步电动机）进行调速。随着电力电子半导体器件的发展，静止式变频电源成为变频器的主要形式。

一、变频器的分类

变频器即电压频率变换器，是一种将固定频率的交流电变换成频率、电压连续可调的交流电，以供给电动机运转的电源装置。目前国内外变频器的种类很多，可按以下几种方式分类。

1. 按变换环节分类

（1）交—直—交变频器。交—直—交变频器首先将频率固定的交流电整流成直流电，经过滤波，再将平滑的直流电逆变成频率连续可调的交流电。由于把直流电逆变成交流电的环节较易控制，因此在频率的调节范围内，以及改善频率后电动机的特性等方面都有明显的优势，目前，此种变频器已得到普及。

（2）交—交变频器。交—交变频器把频率固定的交流电直接变换成频率连续可调的交流电。其主要优点是没有中间环节，故变换效率高。但其连续可调的频率范围窄，一般为额定频率的 1/2 以下，主要用于低速大容量的拖动系统中。

2. 按电压的调制方式分类

（1）PAM（脉幅调制）。PAM（Pulse Amplitude Modulation）是通过调节输出脉冲的幅值来调节输出电压的一种方式。调节过程中，逆变器负责调频，相控整流器或直流斩波器负责调压。目前，在中小容量变频器中很少采用。

（2）PWM（脉宽调制）。PWM（Pulse Width Modulation）是通过改变输出脉冲的宽度和占空比来调节输出电压的一种方式。调节过程中，逆变器负责调频调压。目前普遍应用的是脉宽按正弦规律变化的正弦脉宽调制方式，即 SPWM 方式。中小容量的通用变频器几乎全部采用此类型。

3. 按滤波方式分类

（1）电压型变频器。在交—直—交变压变频装置中，当中间直流环节采用大电容滤波时，直流电压波形比较平直，在理想情况下可以等效成一个内阻抗为零的恒压源，输出的交流电压是矩形波或阶梯波，这类变频装置叫作电压型变频器（见图 8—1a）。一般的交—交变压变频装置虽然没有滤波电容，但供电电源的低阻抗使它具有电压源的性质，也属于电压型变频器。

（2）电流型变频器。在交—直—交变压变频装置中，当中间直流环节采用大电感滤波时，直流电流波形比较平直，因而电源内阻抗很大，对负载来说基本上是一个电流源，输出交流电流是矩形波或阶梯波，这类变频装置叫作电流型变频器（见图 8—1b）。有的交—交变压变频装置用电抗器将输出电流强制变成矩形波或阶梯波，具有电流源的性质，也属于电流型变频器。

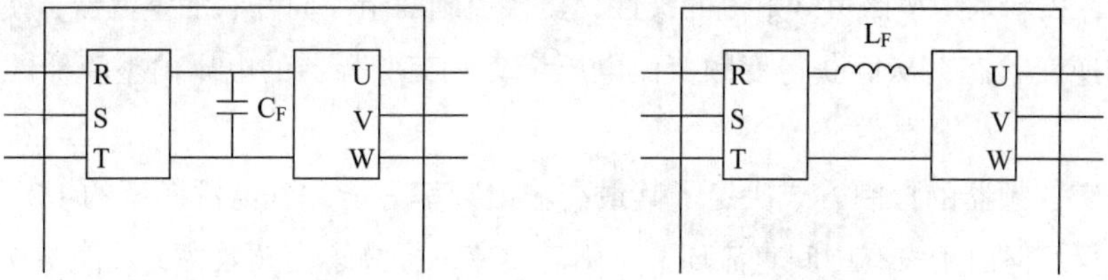

a） b）

图 8—1 电压型和电流型交—直—交变频器

a）电压型 b）电流型

4．按输入电源的相数分类

（1）三进三出变频器。变频器的输入侧和输出侧都是三相交流电，绝大多数变频器都属于此类。

（2）单进三出变频器。变频器的输入侧为单相交流电，输出侧是三相交流电。家用电器里的变频器都属于此类，通常容量较小。

5．按控制方式分类

（1）U/f 控制变频器。因为是控制电压和频率的比，所以称为 U/f 控制。U/f 控制是在改变变频器输出频率的同时控制变频器输出电压，使电动机的主磁通保持一定，在较宽的调速范围内，电动机的效率和功率因数保持不变。

（2）转差频率控制变频器。转差频率控制需检测出电动机的转速，构成速度闭环。速度调节器的输出为转差频率，然后以电动机速度与转差频率之和作为变频器的给定输出频率。转差频率控制是指能够在控制过程中保持磁通 Φ_m 恒定，能够限制转差频率的变化范围，且能通过转差频率调节异步电动机电磁转矩的控制方式。与 U/f 控制方式相比，加减速特性和限制过电流的能力得到提高。另外，还有速度调节器，它是利用速度反馈进行速度闭环控制，速度的静态误差小，适用于自动控制系统。

（3）矢量控制方式变频器。上述 U/f 控制方式和转差频率控制方式的控制思想都建立在异步电动机的静态数学模型上，因此动态性能指标不高。采用矢量控制方式的目的，主要是为了提高变频调速的动态性能。矢量控制方式基于电动机的动态数学模型，分别控制电动机的转矩电流和励磁电流，基本上可以达到和直流电动机一样的控制特性。

二、变频器的基本结构

为交流电动机变频调速提供变频电源的一般都是变频器。按主回路电路结构，变频器有交—交变频器和交—直—交变频器两种结构形式。

1．交—交变频器

交—交变频器无中间直流环节，直接将工频交流电变换成频率、电压均可控制的交流电，又称直接式变频器。整个系统由两组整流器组成，一组为正组整流器，另一组为反组整流器，控制系统按照负载电流的极性，交替控制两组反向并联的整流器，使之轮流处于整流和逆变状态，从而获得变频变流电压。交—交变频器的电压由整流器的控制角决定。

交—交变频器的控制方式决定了其最高输出频率只能达到电源频率的 1/3 ~ 1/2，不能高速运行。但由于没有中间直流环节，不需换流，提高了变频效率，并能实现四象限运行。交—交变频器主要用于大容量、低转速、高性能的同步电动机传动。

2．交—直—交变频器

交—直—交变频器先把工频交流电通过整流器变成直流电，然后再把直流电变换成频率、电压均可控制的交流电，故又称为间接式变频器。

交—直—交变频器基本构成如图 8—2 所示，由主电路（包括整流器、中间直流环节、逆变器）和控制电路组成，各部分作用如下。

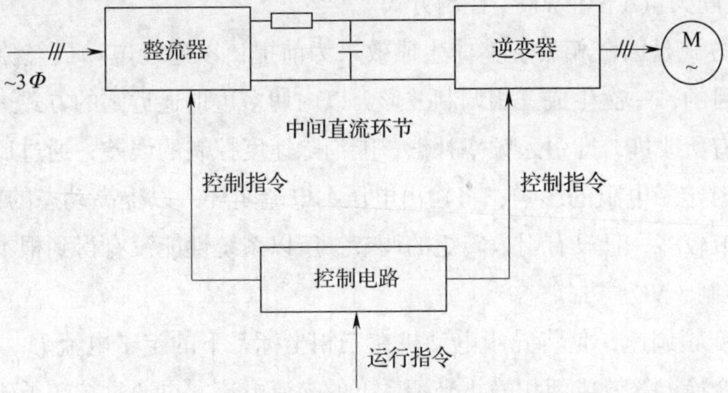

图 8—2　交—直—交变频器的基本构成

（1）整流器。电网侧的变流器是整流器，它的作用是把三相（或单相）交流电整流成直流电。

（2）逆变器。负载侧的变流器为逆变器。最常见的结构形式是利用六个半导体主开关器件组成的三相桥式逆变电路，有规律地控制逆变器中主开关器件的通与断，可以得到任意频率的三相交流电输出。

（3）中间直流环节。由于逆变器的负载属于感性负载，在中间直流环节和电动机之间总会有无功功率的交换，这种无功能量要靠中间直流环节的储能元件（电容器或电抗器）来缓冲。所以中间直流环节又称为中间直流储能环节。

（4）控制电路。控制电路由运算电路、检测电路、控制信号的输入 / 输出电路和驱动电路等构成。其主要任务是完成对逆变器的开关控制、对整流器的电压控制以及完成各种保护功能等。控制方法可以采用模拟控制或数字控制。高性能的变频器目前已经采用微型计算机进行全数字控制，采用尽可能简单的硬件电路，主要靠软件来完成各种功能。

第二节　变频调速控制方式及特性

一、变频器控制方式

低压通用变频输出电压为 380 ~ 650 V，输出功率为 0.75 ~ 400 kW，工作频率为 0 ~ 400 Hz，它的主电路都采用交—直—交电路。其控制方式经历了以下四代。

1. $U/f=C$ 的正弦脉宽调制（SPWM）控制方式

其特点是控制电路结构简单、成本较低，机械特性硬度也较好，能够满足一般传动的平滑调速要求，已在各个领域得到广泛应用。但是，这种控制方式在低频时，由于输出电压较低，转矩受定子电阻压降的影响比较显著，使输出最大转矩减小。另外，其机械特性终究没有直流电动机硬，动态转矩能力和静态调速性能都还不尽如人意；系统性能不高，控制曲线会随负载的变化而变化，转矩响应慢，电动机转矩利用率不高；低速时因定子电阻和逆变器死区效应的存在而性能下降，稳定性变差等。因此，人们又研究出矢量控制变频调速。

2．电压空间矢量（SVPWM）控制方式

这种控制方式是以三相波形整体生成效果为前提，以逼近电动机气隙的理想圆形旋转磁场轨迹为目的，一次生成三相调制波形，以内切多边形逼近圆的方式进行控制的。经实际使用后又有所改进，即引入频率补偿，能消除速度控制的误差；通过反馈估算磁链幅值，消除低速时定子电阻的影响；将输出电压、电流闭环，以提高动态的精度和稳定度。但控制电路环节较多，且没有引入转矩的调节，所以系统性能没有得到根本改善。

3．矢量控制（VC）方式

矢量控制变频调速，是将异步电动机在三相坐标系下的定子电流 I_a、I_b、I_c 通过三相和二相之间的变换，等效成两相静止坐标系下的交流电流，再通过按转子磁场定向旋转变换，等效成同步旋转坐标系下的直流电流，然后模仿直流电动机的控制方法，求得直流电动机的控制量，经过相应的坐标反变换，实现对异步电动机的控制。其实质是将交流电动机等效为直流电动机，分别对速度、磁场两个分量进行独立控制。通过控制转子磁链，然后分解定子电流而获得转矩和磁场两个分量，经坐标变换，实现正交或解耦控制。矢量控制方法的提出具有划时代的意义。然而在实际应用中，由于转子磁链难以准确观测，系统特性受电动机参数的影响较大，且在等效直流电动机控制过程中所用矢量旋转变换较复杂，使得实际的控制效果难以达到理想分析的结果。

4．直接转矩控制（DTC）方式

1985 年，德国鲁尔大学的 Depenbrock 教授首次提出了直接转矩控制变频技术。该技术在很大程度上解决了上述矢量控制的不足，并以新颖的控制思想、简洁明了的系统结构、优良的动静态性能得到了迅速发展。目前，该技术已成功应用在电力机车牵引的大功率交流传动上。直接转矩控制是直接在定子坐标系下分析交流电动机的数学模型，控制电动机的磁链和转矩。它不需要将交流电动机等效为直流电动机，因而省去了矢量旋转变换中的许多复杂计算；它不需要模仿直流电动机的控制，也不需要为解耦而简化交流电动机的数学模型。

5．矩阵式交—交控制方式

VVVF 变频、矢量控制变频、直接转矩控制变频都是交—直—交变频中的一种，其共同缺点是：输入功率因数低，谐波电流大，直流电路需要大的储能电容；再生能量又不能反馈回电网，即不能进行四象限运行。为此，矩阵式交—交变频应运而生。由于矩阵式交—交变频省去了中间直流环节，从而省去了体积大、价格贵的电解电容。它能实现功率因数为 1，输入电流为正弦且能四象限运行，系统的功率密度大。该技术目前虽尚未成熟，但仍吸引着众多学者深入研究。其实质不是间接控制电流、磁链等量，而是把转矩直接作为被控制量来实现的。具体方法是：

（1）控制定子磁链。引入定子磁链观测器，实现无速度传感器方式。

（2）自动识别。依靠精确的电动机数学模型，对电动机参数自动识别。

（3）算出实际值。对应定子阻抗、互感、磁饱和因数、惯量等，算出实际的转矩、定子磁链、转子速度进行实时控制。

（4）实现 Band—Band 控制。按磁链和转矩的 Band—Band 控制产生 PWM 信号，对逆变器开关状态进行控制。

（5）矩阵式交—交变频具有快速的转矩响应（<2 ms），很高的速度精度（±2%，无 PG 反馈），高转矩精度（<+3%）；同时还具有较高的启动转矩，尤其在低速时（包括零速度时），可输出 150% ~ 200% 转矩。

控制方式是决定变频器使用性能的关键所在。目前低压通用变频器品牌很多，包括欧、美、日及国产的共 50 多种。选用变频器时不要认为档次越高越好，其实只要按负载的特性，满足使用要求即可。

二、变频器的特性

1．异步电动机的调速特性

异步电动机是用来把交流电能转化为机械能的交流电动机的一种，通过定子的旋转磁场和转子感应电流的相互作用使转子转动。

（1）异步交流电动机的机械特性。图 8—3 所示为固定电压下异步电动机的机械特性曲线。该特性对变频器的使用影响极大。下面简要说明特性曲线中标出的一些术语。

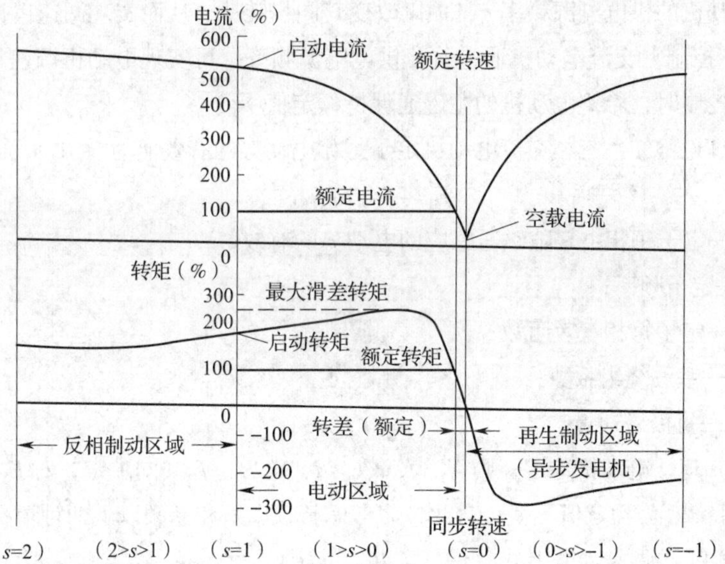

图 8—3　异步电动机机械特性曲线

1）启动转矩：处于停止状态的异步电动机加上电压后，电动机产生的转矩。通常启动转矩为额定转矩的 1.25 倍。

2）最大转矩：在理想情况下，电动机在最大转差为 s_m 时产生的最大值转矩 T_m。

3）启动电流：通常启动电流为额定电流的 5 ~ 6 倍。

4）空载电流：电动机在空载时产生的电流，此时电动机的转速接近同步转速。

5）电动状态：电动机产生转矩，使负载转动。

6）再生制动状态：由于负载的原因，使电动机实际转速超过同步转速，此时，负载的机械能量转换为电能并反馈给电源，异步电动机作为发电机运行。

7）反相制动状态：将三相电源中的两相互换后，旋转磁场的方向发生改变，对电动机产生制动作用，负载的机械能将转换为电能，并消耗于转子电阻上。

（2）交流异步电动机变频调速。现代交流调速传动，主要指采用电子式电力变换器对交流电动机的变频调速传动。交流异步电动机调速方法很多，其中以变频调速性能最好。由电机学知识可知，异步电动机同步转速，即旋转磁场转速为

$$n_1=\frac{60f_1}{p}$$

式中 n_1——旋转磁场转速，r/min；

f_1——供电电源频率，Hz；

p——电动机极对数。

异步电动机轴转速为

$$n=n_1(1-s)=\frac{60f_1}{p}(1-s)$$

式中 n——异步电动机转子转速，r/min；

s——异步电动机的转差率，$s=\frac{n_1-n}{n}$。

改变电动机的供电电源频率 f_1，可以改变其同步转速，从而实现调速运行。

（3）U/f 控制。交流电动机通过改变供电电源频率，可实现电动机调速运行。对电动机进行调速控制时，希望电动机的主磁通保持额定值不变。

由电机理论可知，三相交流电动机定子每相电动势的有效值为

$$E_1=4.44f_1N_1k_{N1}\Phi_m$$

式中 E_1——定子每相由气隙磁通感应的电动势的有效值；

f_1——定子频率；

N_1——定子每相有效匝数；

k_{N1}——基波绕组系数；

Φ_m——每极磁通量。

由上式知道，电动机选定，则 N_1 为常数，Φ_m 由 E_1、f_1 共同决定，对 E_1、f_1 进行适当控制，可保持 Φ_m 为额定值不变。对此，需考虑基频以下和基频以上两种情况。

1）基频以下调速。由上式，保持 E_1/f_1 为常数，可保持 Φ_m 不变。但实际中 E_1 难于直接检测和控制。当频率 f_1 值较高时，定子漏阻抗可忽略不计，认为定子相电压 $U_1\approx E_1$，保持 U_1/f_1 等于常数即可；当频率较低时，定子漏阻抗压降不能忽略，这时，可人为地适当提高定子电压补偿定子电阻压降，以保持气隙磁通基本不变。

2）基频以上调速。基频以上调速时，频率可以从 f_{1N} 往上增高，但电压 U_1 不能超过额定电压 U_{1N}，由上式可知，这将迫使磁通与频率成反比下降，相当于直流电动机弱磁升速的情况。

把基频以下和基频以上两种情况结合起来，可得到图 8—4 所示的电动机 U/f 控制特性曲线。

由以上分析可知，异步电动机的变频调速必须按照一定的规律同时改变其定子电压和频率，即必须通过变频装置获得电压、频率均可调节的供电电源，实现所谓的 VVVF（Variable Voltage Variable Frequency）调速控制。

（4）矢量控制。U/f 控制方式建立于电动机的静态数学模型，因此，动态性能指标不高。对于对动态性能要求较高的应用，可以采用矢量控制方式。

矢量控制的基本思想是将异步电动机的定子电流分解为产生磁场的电流分量（励磁电流）和与其相垂直的产生转矩的电流分量（转矩电流），并分别加以控制。由于在这种控制方式中必须同时控制异步电动机定子电流的幅值和相位，即控制定子电流矢量，所以这种控制方式被称为矢量控制（Vectory Control）。

矢量控制方式使异步电动机的高性能控制成为可能。矢量控制变频器不仅在调速范围上可以与直流电动机相匹敌，而且可以直接控制异步电动机转矩的变化，所以已经在许多需精密或快速控制的领域中得到应用。

2. 变频器的外特性

变频器的外特性（见图 8—5）就是变频器的输出电压与频率之间的关系，即 $U=F(f)$ 曲线（这里 U 是输出电压，f 是输出频率，F 是函数），一般是线性关系，常用的有：U=400 V，f=60 Hz，U/f=400/60≈6.67；U=380 V，f=50 Hz，U/f=380/50=7.6；U=380 V，f=60 Hz，U/f=380/60≈6.3。

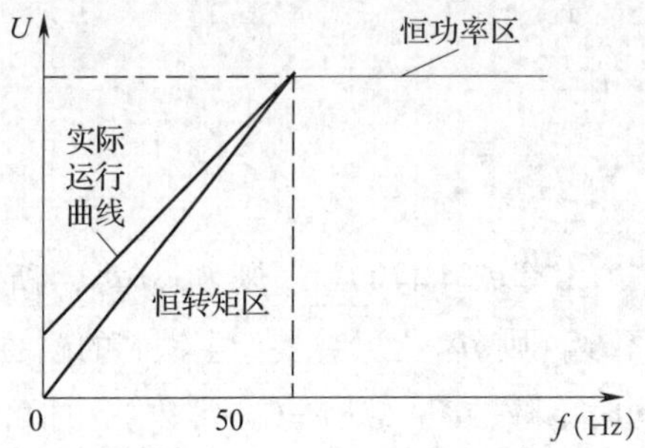

图 8—4 U/f 控制特性曲线

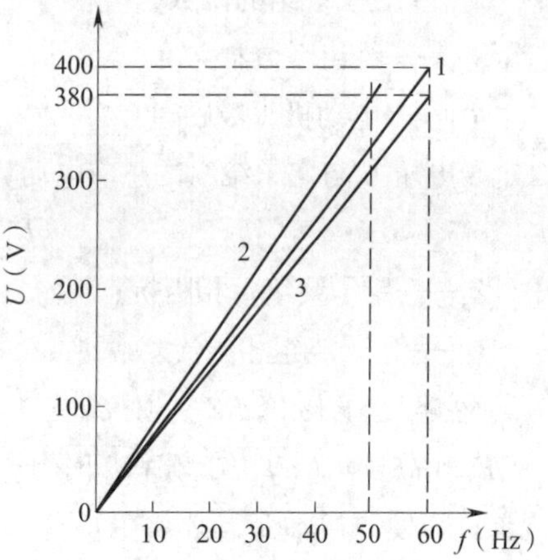

图 8—5 变频器的外特性

输出电压与频率的实测值见表 8—1。

表 8—1 输出电压与频率的实测值

f（Hz）	60	50	45	40	35	30
U（V）	400	373	333	299	256	219

f（Hz）	25	20	15	10	5
U（V）	183	149	113	77	38

为了配合不同负载，根据低频补偿的使用要求，U/f 曲线可人为设定选用，以更好地发挥变频器的使用功效，如图 8—6 所示。

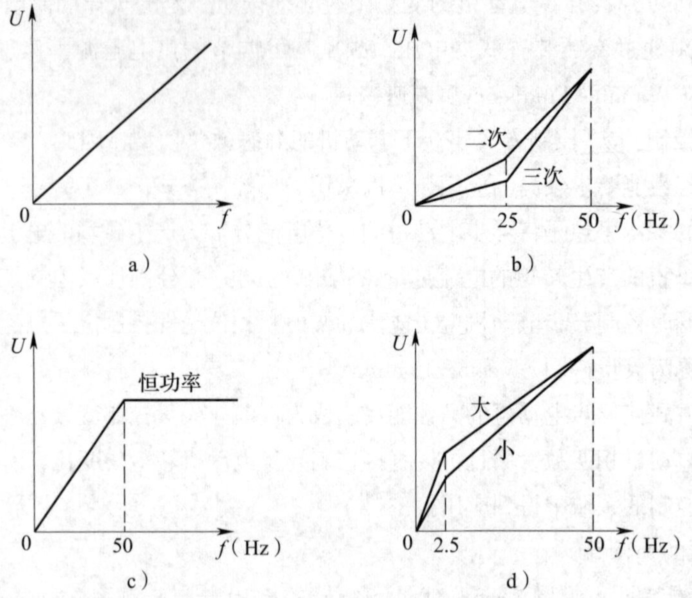

图 8—6　变频时改变电压与改变频率

（1）$f \leqslant 50$ Hz 时。电动机定子绕组内的感应电动势为

$$E_1=4.44\, fWR_{w1}\Phi_1$$

式中　W——定子绕组的匝数；

R_{w1}——绕组系数；

Φ_1——电动机每极磁通。

定子电压 U 与定子绕组的感应电动势 E 的关系为

$$U_1=E_1+I_1Z_1$$

式中　Z_1——定子绕组每相阻抗；

I_1——定子绕组相电流。

若忽略定子压降 I_1Z_1，则 $U_1 \approx 4.44\, fWR_{w1}\Phi_1$，令 $k=4.44WR_{w1}$，则 $E_1=kf\Phi_1$，所以 $\Phi_1 \approx E_1/(kf) \propto U_1/f$。在频率 f 下降时，若 U_1 不变，则 Φ_1 上升，要产生铁芯的磁通饱和现象；为使磁通不变，必须在 f 下降时使 U_1 同时下降，$U_1/(kf)$ =C（常数），才可使磁通不饱和，保持 Φ_1 不变。这样电磁转矩 T 与（U_1/f_1）的平方成正比，也不变，即电动机拖动负载能力不发生改变。所以，变频时一定还要变压，故有 VVVF 之称。这种恒磁通变频变压调速方式，又称为恒转矩调速，即 T=C，如图 8—7 所示。

（2）f>50 Hz 时。U_1/f 下降，但 U_1 不能高于电动机的额定电压，这样 f 增加，U_1 不变，则 $\Phi_1 \approx U_1/(kf)$ 变小，电磁转矩也变小，但 f 上升，电动机转速 n 增加。若令角速度 $\omega=2\pi f$，则电动机的功率 $P=T\omega$，即 $T=P/\omega$。所以，ω 上升即 f 上升时，T 下降，从而使功率 P 不变，这种升频定压调速称为恒功率调速，即 P=C，如图 8—8 所示。

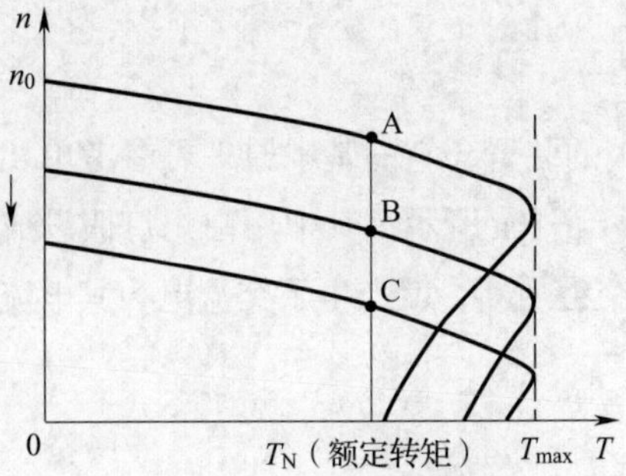

图 8—7 恒转矩调速

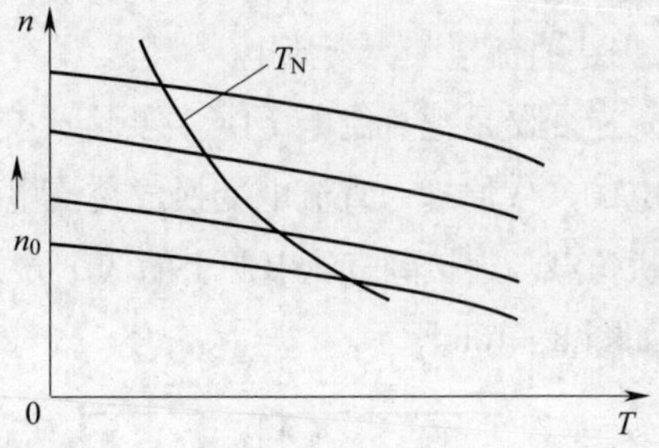

图 8—8 恒功率调速

（3）f<20 Hz 时。在低频段时，定子绕组的压降不可忽视，表现为输出转矩减小，所以变频器都要有低频区电压补偿的功能。

第三节 交流变频调速系统的工作原理

变频器输入 / 输出波形的特性是由其工作原理决定的。变频器的工作原理与电动机的选择、周围设备的配置及其电流、电压的测量等有紧密的关系。因此，了解变频器各部分电路的工作原理及其联系是非常重要的。

一、变频器的构成

图 8—9 所示为通用变频器的结构原理。通用变频器把工频（50 Hz 或 60 Hz）电流变换成各种频率的交流电流，以实现电动机的变速运行。变频器由主电路和控制电路构成，主电路包括整流电路（把工频电源的交流电变换成直流电且对直流电进行平滑滤波）和逆变电路（把直流电变换成各种频率的交流电）两部分，控制电路完成对主电路的控制。

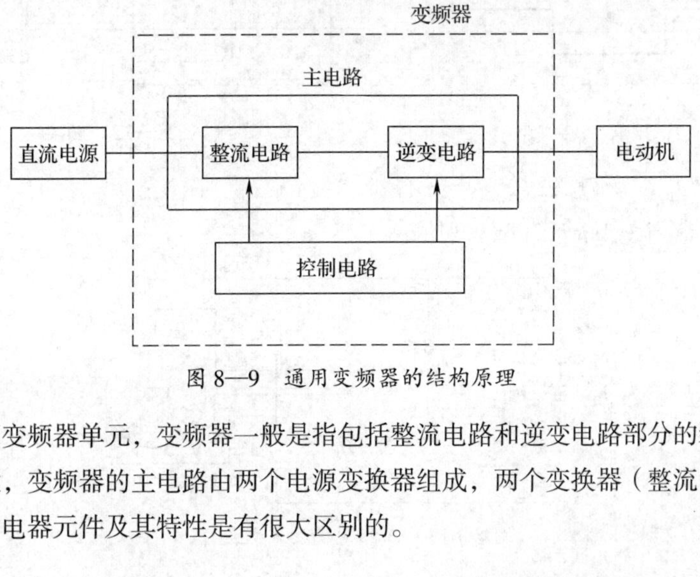

图 8—9 通用变频器的结构原理

对于通用变频器单元，变频器一般是指包括整流电路和逆变电路部分的装置。

如上所述，变频器的主电路由两个电源变换器组成，两个变换器（整流电路、逆变电路）所使用的电器元件及其特性是有很大区别的。

二、逆变器及整流器的工作原理

1．直流电变为交流电

逆变器是把直流电（DC）变换成交流电（AC）的装置，它的基本原理可参考单相交流电的产生原理。直流电变换成交流电的方法如图 8—10a 所示，其中用白炽灯假设成电动机负载。连接到直流电源上的四个开关 S1 ~ S4 交替通断，就产生了交流电，其电流波形如图 8—10b 所示。

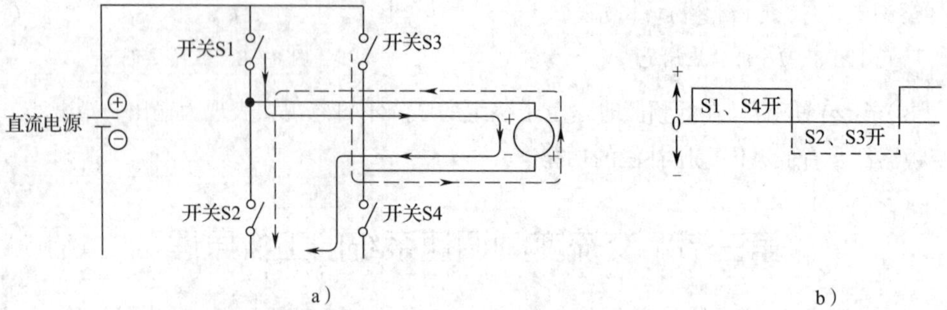

图 8—10　电流波形

2．改变频率

通过改变开关通断的时间可以改变频率。

例如，S1 和 S4 接通 0.5 s，而 S2 和 S3 接通 0.5 s，交替进行就产生 1 s 换向一次的交流电，即频率为 1 Hz 的交流电，如图 8—11 所示。

一般 S1、S4 和 S2、S3 接通相同的时间，假设在一个周期内持续时间共为 t_0（见图 8—12），则频率为：

$$f=\frac{1}{t_0}$$

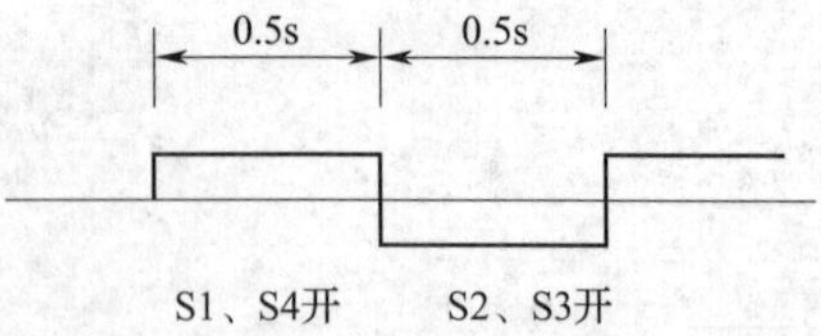

图 8—11　1 Hz 交流电波形

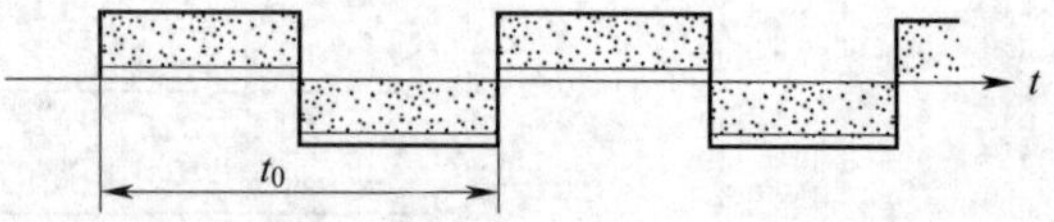

图 8—12　频率

3．三相交流电压的产生

三相逆变器等效电路如图 8—13 所示。

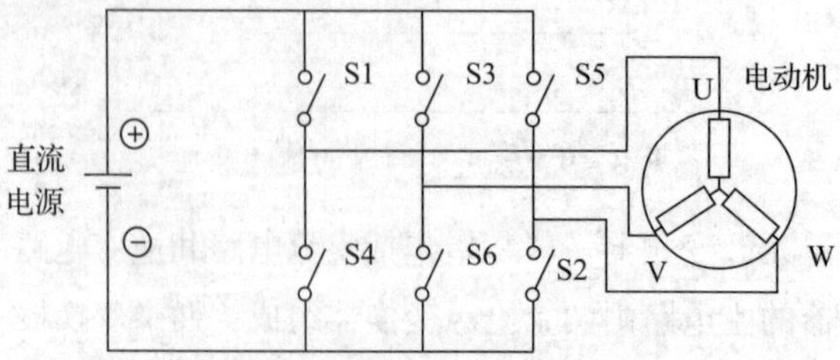

图 8—13　三相逆变器等效电路

如图 8—14 所示，顺次通断开关 S1 到 S6，在 U–V、V–W 及 W–U 端产生等效于逆变器的脉冲波形，该矩形波交流电压给电动机供电。通过改变开关通断周期，可以得到要求的电动机供电频率；而通过改变直流电压，可以改变电动机的供电电压。

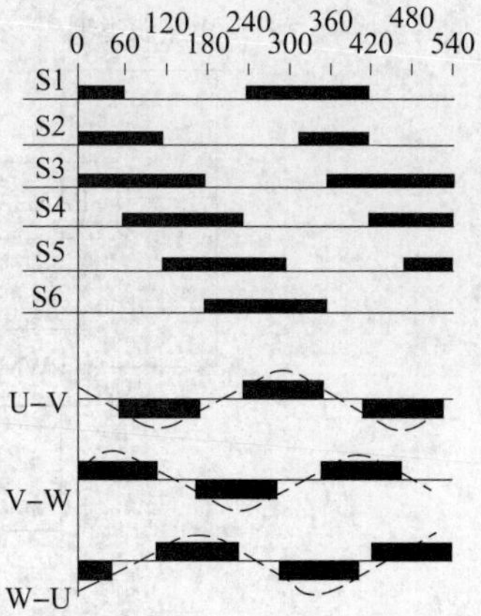

图 8—14　三相交流电压的产生

4. 逆变器电路的构成

图 8—15 所示为用六个晶体管代替六个开关构成的电路，该电路连上三相电动机，晶体管交替通断电使电动机运转。通过改变晶体管接通顺序，可以改变电动机的旋转方向。

5. 晶体管的功能

晶体管有三个连接端：集电极（C）、发射极（E）和基极（B）[栅极（G），IGBT]。当基极无信号时，C、E 两端断路（开关断开）；基极有信号时，C、E 两端接通（开关合上）。即晶体管像开关 S 那样，快速地完成通断功能，如图 8—16 所示。

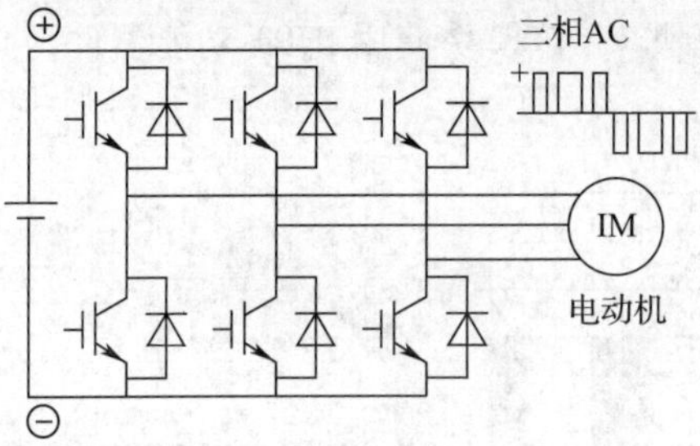

图 8—15　晶体管构成逆变器电路

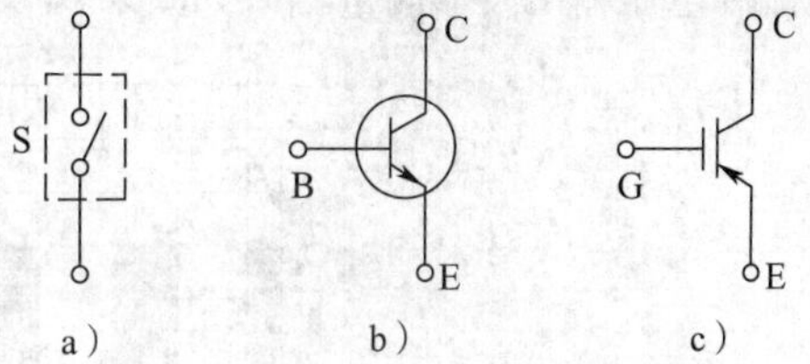

图 8—16　晶体管

变频器具有保护功能。“晶体管基极关闭”表示该基极信号（IGBT 为栅极信号）断开。对于变频器而言，六个晶体管同时断开会使电动机与变频器隔开，即电动机产生滑动直到停止。

6. 改变交流电压的几种方法

正如变频器驱动电动机特性所述，变频器驱动标准电动机时，其输出电压必须根据 U/f 模式进行改变。

由于变频器电路提供电压源输出，所以通用变频器称为电压源型变频器。按电压改变的方法有几种变频器类型，如图 8—17 所示。

控制系统的不同会使电动机特性有所不同（如振动、噪声、扭矩波动、电动机电流波动、扭矩特性曲线）。

对于 PWM 系统，在一个周期内产生几个开关脉冲，改变脉冲宽度，可以改变输出电压。1 s 产生的脉冲个数称为载频。PWM 系统的电动机振动及部件的频率噪声与载频成比例。

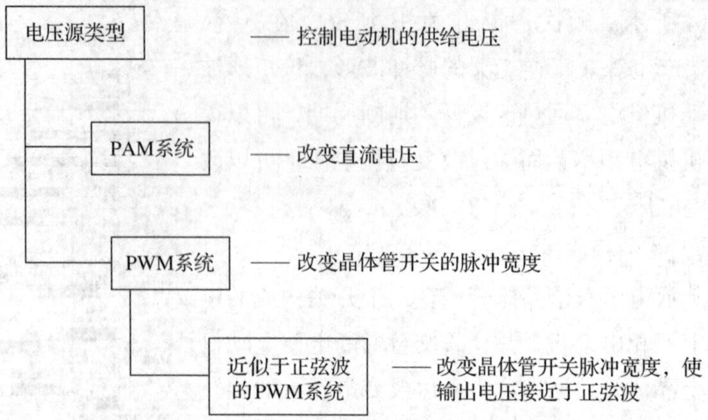

图 8—17　电压改变的几种变频器类型

低音频噪声变频器的载波频率是非常高的，为 15 ~ 20 kHz，大于人类听觉频率范围（15 ~ 20 Hz）。因此，我们几乎听不到电动机的电磁音频噪声，而低音频噪声变频器可以运行在人类听不到的高载波频率下。然而，晶体管变频器一般极限开关频率为 2 kHz，所以 MOSFET 和 IGBT（绝缘栅双极晶体管）被用在低音频噪声变频器上。

FR-A200E 系列变频器采用 IPM（智能功率模块），该模块使用 IGBT 功能器件。其电流和电压输出波形测量结果如图 8—18 所示。

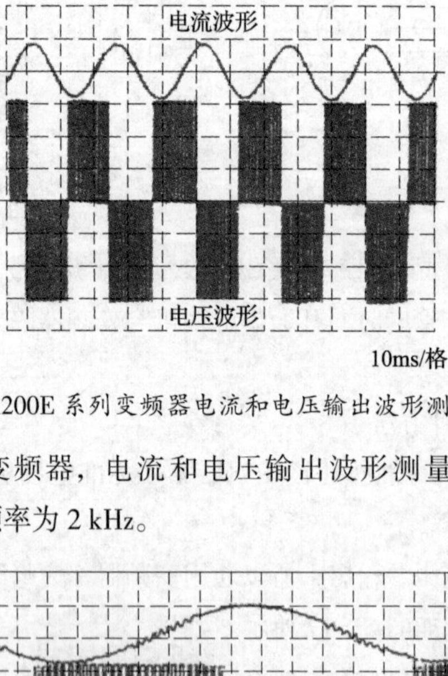

图 8—18　FR-A200E 系列变频器电流和电压输出波形测量实例（40 Hz）

对于 FR-A220E 系列变频器，电流和电压输出波形测量结果如图 8—19 所示，比图 8—18 放大 5 倍，载波频率为 2 kHz。

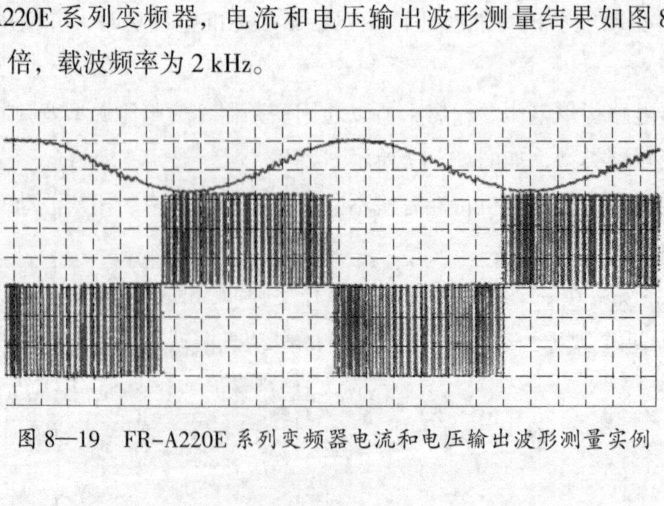

图 8—19　FR-A220E 系列变频器电流和电压输出波形测量实例

三、变频器的工作原理

变频器主电路的功能是对电能进行交—直—交的转换，将工频电源转换成频率可调的交流电源来驱动电动机。变频器的主电路由整流电路、中间电路和逆变电路组成，如图 8—20 所示。整流电路的作用是将工频电压转换成脉动直流电压 U_1，该直流电压经中间电路的滤波电路平滑后，得到波动小的直流电压 U_2 送给逆变电路。在驱动电路送来的驱动脉冲控制下，逆变电路将直流电压转换成三相交流电压送到电动机，驱动电动机运转。

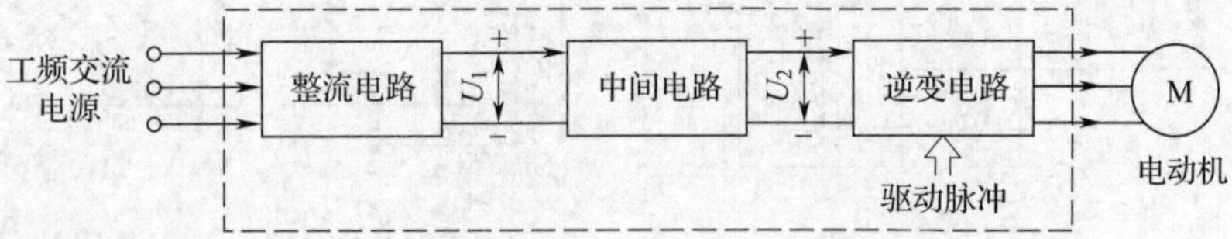

图 8—20　变频器主电路的单元电路分析

1．整流电路

变频器采用的整流电路主要有不可控整流电路和可控整流电路两种。

（1）不可控整流电路。不可控整流电路以二极管作为整流器件，其整流过程不可控制。图 8—21 所示为一种典型的不可控三相桥式整流电路。

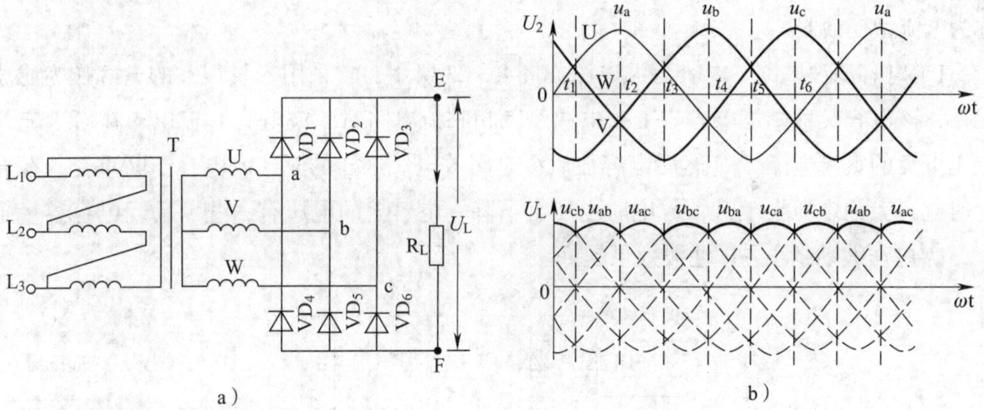

图 8—21　不可控三相桥式整流电路及有关信号波形

a）电路图　b) 波形图

（2）可控整流电路。可控整流电路采用可控电力电子器件（如晶闸管、IGBT 等）作为整流器件，其整流输出电压大小可以通过改变开关器件的导通、关断来调节。图 8—22 所示为一种常见的单相半控桥式整流电路，VS_1、VS_2 为单向晶闸管，它们的 G 极连接在一起，触发信号 U_G 同时送到两管的 G 极。该电路的工作原理可参见三相半控桥式整流电路。

2．中间电路

中间电路位于整流电路和逆变电路之间，它主要由滤波电路和制动电路等组成。

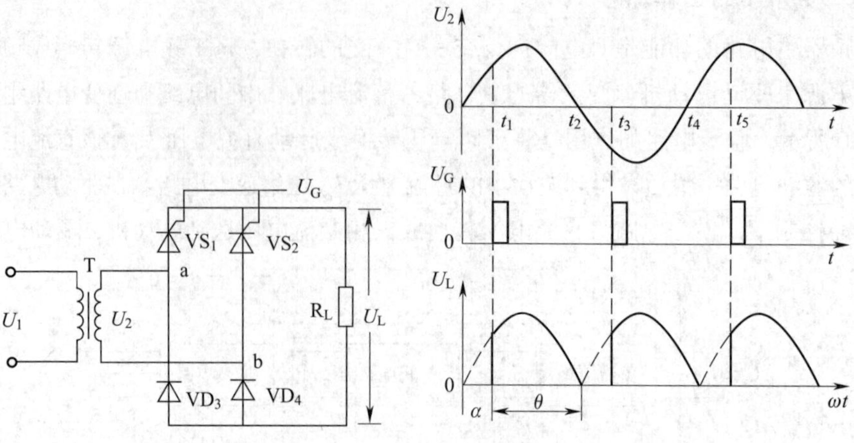

图 8—22　单相半控桥式整流电路及有关信号波形

a）电路图　b）波形图

（1）滤波电路。滤波电路的功用是对整流电路输出的波动较大的电压或电流进行平滑，为逆变电路提供波动小的直流电压或电流。滤波电路可采用大电容滤波，也可采用大电感（或称电抗）滤波。采用大电容滤波的滤波电路能为逆变电路提供稳定的直流电压，故称为电压型变频器；采用大电感滤波的滤波电路能为逆变电路提供稳定的直流电流，故称为电流型变频器。

1）电容滤波电路。电容滤波电路如图 8—23 所示，它采用容量很大的电容作为滤波元件，该电容又称储能电容。工频电源经三相整流电路对滤波电容 C 充电，在 C 上充到上正下负的直流电压 U_d，然后电容往后级电路放电。这样的充、放电会不断重复，在充电时电容上的电压会上升，放电时电压会下降，电容上的电压有一些波动，电容容量越大，U_d 电压波动越小，即滤波效果越好。

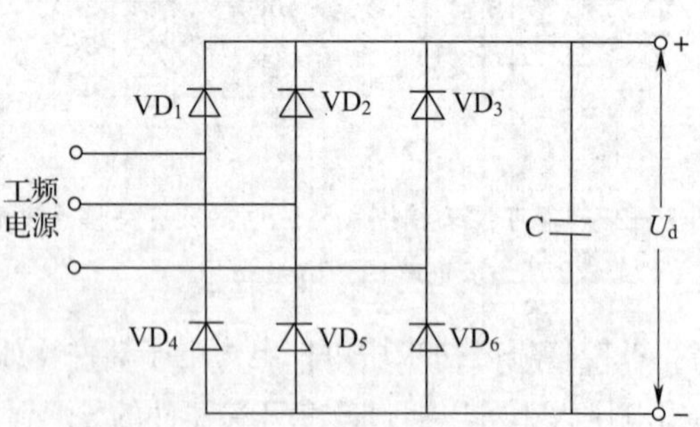

图 8—23　电容滤波电路

对于采用电容滤波的变频器，接通电源前电容两端电压为 0，在刚接通电源时，会有很大的浪涌电流（冲击电流）经整流器件对电容充电，这样易烧坏整流器件。为了保护整流器件不被开机浪涌电流烧坏，通常要采用浪涌保护电路。浪涌保护电路又称充电限流电路，图 8—24 所示为几种常用的浪涌保护电路。

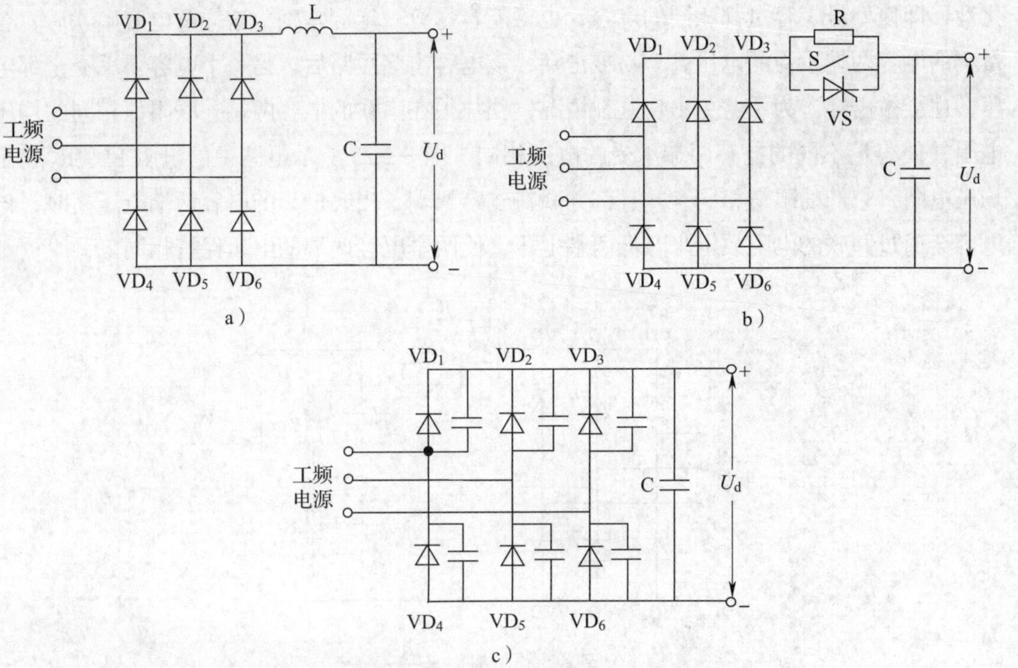

图 8—24　几种常用的浪涌保护电路

图 8—24a 所示电路采用电感进行浪涌保护。在接通电源时，流过电感 L 的电流突然增大，L 会产生左正右负的电动势阻碍电流，由于电感对电流的阻碍，流过二极管并经 L 对电容充电的电流不会很大，有效保护了整流二极管。当电容上充得较高电压后，流过 L 的电流减小，L 产生的电动势低，对电流阻碍减小，L 相当于导线。

图 8—24b 所示电路采用限流电阻进行浪涌保护。在接通电源时，开关 S 断开，整流电路通过限流电阻 R 对电容 C 充电，由于 R 的阻碍作用，流过二极管对电容充电的电流较小，保护了整流二极管。图中的开关 S 一般由晶闸管取代，在刚接通电源时，让晶闸管关断（相当于开关断开），待电容上充得较高的电压后让晶闸管导通（相当于开关闭合），电路开始正常工作。

图 8—24c 所示电路采用保护电容进行浪涌保护。由于保护电容与整流二极管并联，在接通电源时，输入的电流除了要经过二极管外，还会分流对保护电容充电，这样减小了通过整流二极管的电流。当保护电容充电结束后，滤波电容 C 上也充得较高的电压，电流仅流过整流二极管，电路开始正常工作。

滤波电路使用的电容要求容量大、耐压高，若单个电容无法满足要求，可采用多个电容并联增大容量，或采用多个电容串联来提高耐压。电容串联后总容量减小，但每个串联电容两端承受的电压减小，由于电容两端承受电压与电容成反比（$U_1/U_2=C_2/C_1$），即电容串联后，容量小的电容两端要承受更高的电压。

图 8—25 所示均压电路中采用两个电容 C_1、C_2 串联来提高总耐压。为了使每个电容两端承受的电压相等，要求 C_1、C_2 的容量相同，这样总耐压就为两个电容耐压之和，如 C_1、C_2 耐压都为 250 V，那么它们串联后可以承受 500 V 电压。由于电容容量有较大的变

化性，即使型号、容量都相同的电容，也可能容量有一定的差别，这样两电容串联后，容量小的电容两端承受的电压高，易被击穿，该电容击穿短路后，另一个电容要承受全部电压，也会被击穿。为了避免出现这种情况，往往须在串联的电容两端并联阻值相同的均压电阻，使容量不同的电容两端承受的电压相同。图 8—25 所示电路中的电阻 R_1、R_2 就是均压电阻，它们的阻值相同，并且都并联在电容两端，当容量小的电容两端电压高时，该电容会通过并联的电阻放电来降低两端电压，使两个电容两端的电压保持相同。

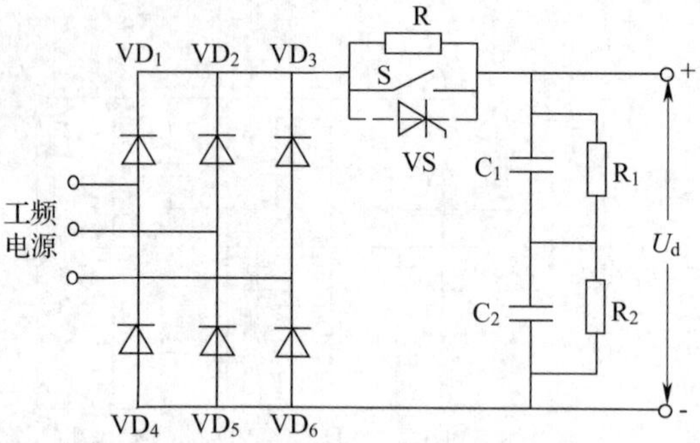

图 8—25　均压电路

2）电感滤波电路。电感滤波电路如图 8—26 所示。它采用一个电感量很大的电感 L 作为滤波元件，该电感又称储能电感。工频电源经三相整流电路后有电流流过电感 L，当流过的电流增大时，L 会产生左正右负电动势阻碍电流增大，使电流慢慢增大；当流过的电流减小时，L 会产生左负右正电动势，该电动势产生的电流与整流电路送来的电流一起送往后级电路，这样送往后级电路的电流慢慢减小。即由于电感的作用，整流送往逆变电路的电流变化很小。

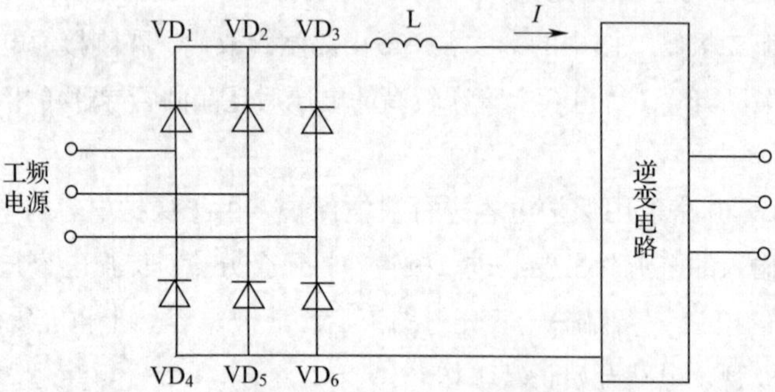

图 8—26　电感滤波电路

（2）制动电路。变频器是通过改变输出交流电的频率来控制电动机转速的。当需要电动机减速时，变频器的逆变器输出交流电频率下降，由于惯性原因，电动机减速时转子转速会短时高于定子绕组产生的旋转磁场转速（该磁场由变频器提供给定子绕组的交流电产生），电动机处于再生发电状态，它会产生电动势通过逆变电路对滤波电容反充电，使电容两端电压升高。为了避免在减速时工作在再生发电状态的电动机对电容所充电压过高，同时也为了提高减速制动效果，通常在变频器的中间电路中设置制动电路。

图 8—27 所示电路中虚线框内部分为制动电路，它由 R_1、VT 构成。在对电动机进行减速或制动控制时，由于惯性原因，电动机转子的转速会短时高于绕组产生的旋转磁场的转速，电动机工作在再生发电状态，这时的电动机相当于一台发电机，电动机绕组会产生反馈电流经逆变电路对电容 C 充电，C 上的电压 U_d 升高。为了避免过高的 U_d 电压损坏电路中的元器件，在制动或减速时，控制系统会送控制信号到三极管 VT 的基极，VT 导通，电动机通过逆变电路送来的反馈电流经 R_1、VT 形成回路，不会对电容 C 充电；另外该电流在流回电动机绕组时，绕组会产生磁场，该磁场对转子产生很大的制动力矩，从而使电动机快速由高速转为低速，回路电流越大，绕组产生的磁场对转子形成的制动力矩越大。如果电动机功率较大或电动机需要频繁调速时，内部制动电阻 R_1 容易发热损坏（内部制动电阻功率通常较小，且散热条件差），在这种情况下，可去掉 b、c 之间的短路片，在 a、c 间接功率更大的外部制动电阻 R。

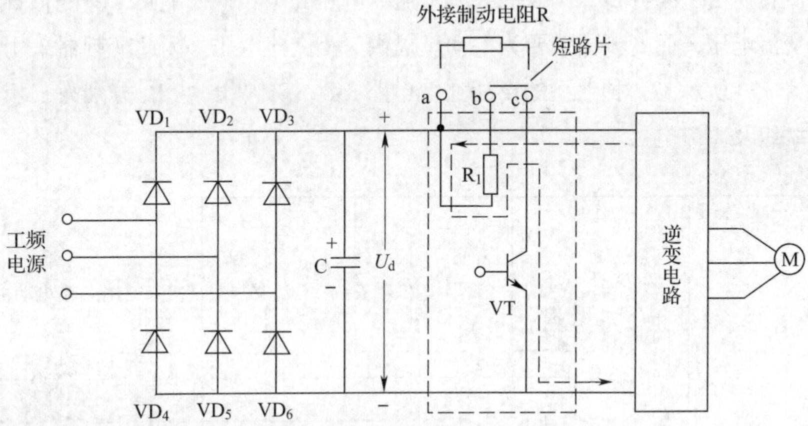

图 8—27 制动电路（虚线框内部分）

3．逆变电路

（1）逆变的基本原理。逆变电路的功用是将直流电转换成交流电。下面以图 8—28 所示电路来说明逆变的基本原理。

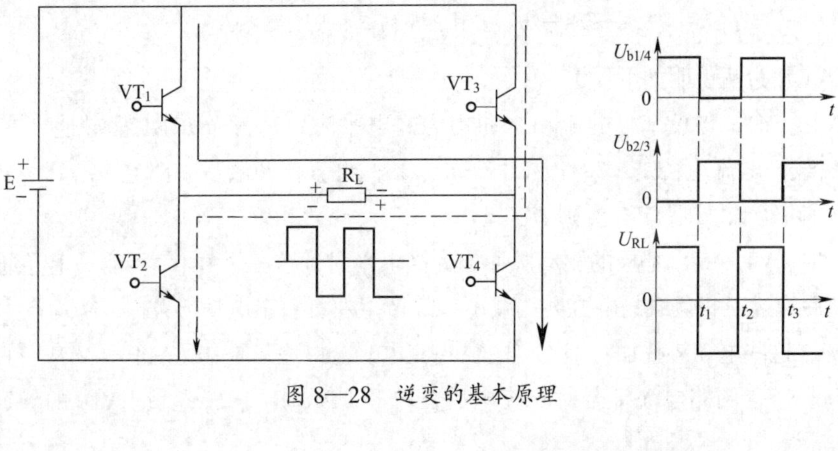

图 8—28 逆变的基本原理

在电路工作时，给三极管 VT_1、VT_4 基极提供驱动脉冲 $U_{b1/4}$，给 VT_2、VT_3 基极提供驱动脉冲 $U_{b2/3}$。在 0 ~ t_1 期间，VT_1、VT_4 基极的驱动脉冲为高电平，而 VT_2、VT_3 基极的驱动脉冲为低电平，VT_1、VT_4 导通，VT_2、VT_3 关断，有电流经 VT_1、VT_4 流过负载 R_L，电流途径是电源 E 正极→ VT_1 → R_L → VT_4 →电源 E 负极，R_L 两端的电压极性为左正右负；在 t_1 ~ t_2 期间，VT_2、VT_3 基极的驱动脉冲为高电平，VT_1、VT_4 基极的驱动脉冲为低电平，VT_2、VT_3 导通，VT_1、VT_4 关断，有电流经 VT_2、VT_3 流过负载 R_L，电流途径是电源 E 正极→ VT_3 → R_L → VT_2 →电源 E 负极，R_L 两端电压的极性是左负右正。

从上述过程可以看出，在直流电源供电的情况下，通过控制开关器件的通断可以改变流过负载的电流方向，负载两端电压的极性也会发生变化，该方向变化的电压即为交流电压，从而实现直—交转换功能。另外不难发现，当驱动脉冲的频率变化时，负载两端的交流电压频率也会发生变化，例如驱动脉冲 $U_{b1/4}$、$U_{b2/3}$ 频率升高时，负载两端得到的交流电压 U_{RL} 频率也会随之升高。

（2）三相逆变电路分析。图 8—28 所示逆变电路为单相逆变电路，只能将直流电压转换成一相交流电压，而变频器需要为电动机提供三相交流电压，因此变频器采用三相逆变电路。图 8—29 所示是一种典型的三相逆变电路，L_1 ~ L_3、R_1 ~ R_3 分别为三相异步电动机的三个绕组及直流电阻。

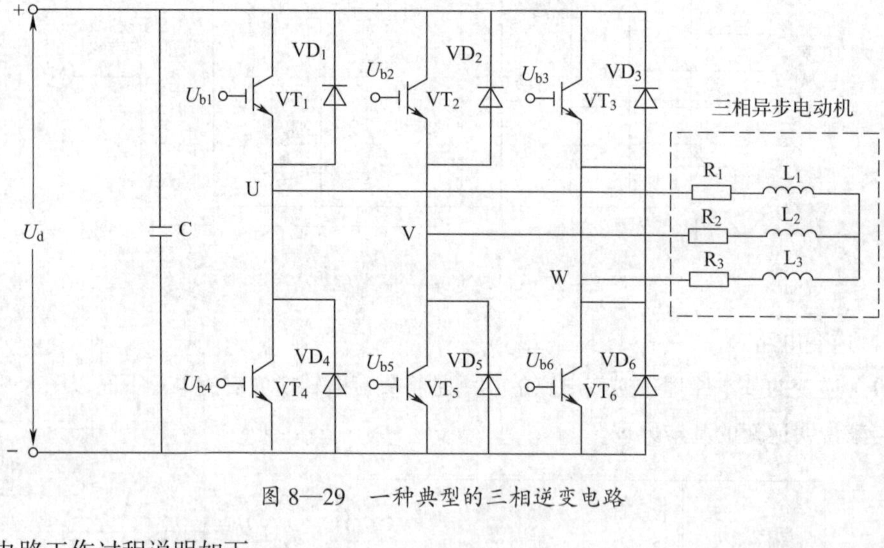

图 8—29　一种典型的三相逆变电路

电路工作过程说明如下：

当 VT_1、VT_5、VT_6 基极的驱动脉冲均为高电平时，这三个 IGBT 都导通，有电流流过三相负载，电流途径是：U_d+ → VT_1 → R_1、L_1，再分作两路，一路经 L_2、R_2、VT_5 流到 U_d−，另一路经 L_3、R_3、VT_6 流到 U_d−。

当 VT_2、VT_4、VT_6 基极的驱动脉冲均为高电平时，这三个 IGBT 不能马上导通，因为 VT_1 关断后流过三相负载的电流突然减小，L_1 产生左负右正电动势，L_2、L_3 均产生左正右负电动势，这些电动势叠加对直流侧电容 C 充电，充电途径是：L_2 左正→ VD_2 → C，L_3 左正→ VD_3 → C，两路电流汇合对 C 充电后，再经 VD_4、R_1 → L_1 左负。VD_2 的导通使 VT_2

集射极电压相等，VT_2 无法导通，VT_4、VT_6 也无法导通。当 L_1、L_2、L_3 叠加电动势下降到 U_d 大小，VD_2、VD_3、VD_4 截止，VT_2、VT_4、VT_6 开始导通，有电流流过三相负载，电流途径是：$U_d+ \to VT_2 \to R_2$、L_2，再分作两路，一路经 L_1、R_1、VT_4 流到 U_d-，另一路经 L_3、R_3、VT_6 流到 U_d-。

当 VT_3、VT_4、VT_5 基极的驱动脉冲均为高电平时，这三个 IGBT 不能马上导通，因为 VT_2 关断后流过三相负载的电流突然减小，L_2 产生左负右正电动势，L_1、L_3 均产生左正右负电动势，这些电动势叠加对直流侧电容 C 充电，充电途径是：L_1 左正 $\to VD_1 \to C$，L_3 左正 $\to VD_3 \to C$，两路电流汇合对 C 充电后，再经 VD_5、$R_2 \to L_2$ 左负。VD_3 的导通使 VT_3 集射极电压相等，VT_3 无法导通，VT_4、VT_5 也无法导通。当 L_1、L_2、L_3 叠加电动势下降到 U_d 大小，VD_1、VD_3、VD_5 截止，VT_3、VT_4、VT_5 开始导通，有电流流过三相负载，电流途径是：$U_d+ \to VT_3 \to R_3$、L_3，再分作两路，一路经 L_1、R_1、VT_4 流到 U_d-，另一路经 L_2、R_2、VT_5 流到 U_d-。

以后的工作过程与上述相同，这里不再叙述。通过控制开关器件的导通、关断，三相逆变电路实现了将直流电压转换成三相交流电压功能。

四、典型主电路实例分析

图 8—30 所示为一种典型的变频器主电路。

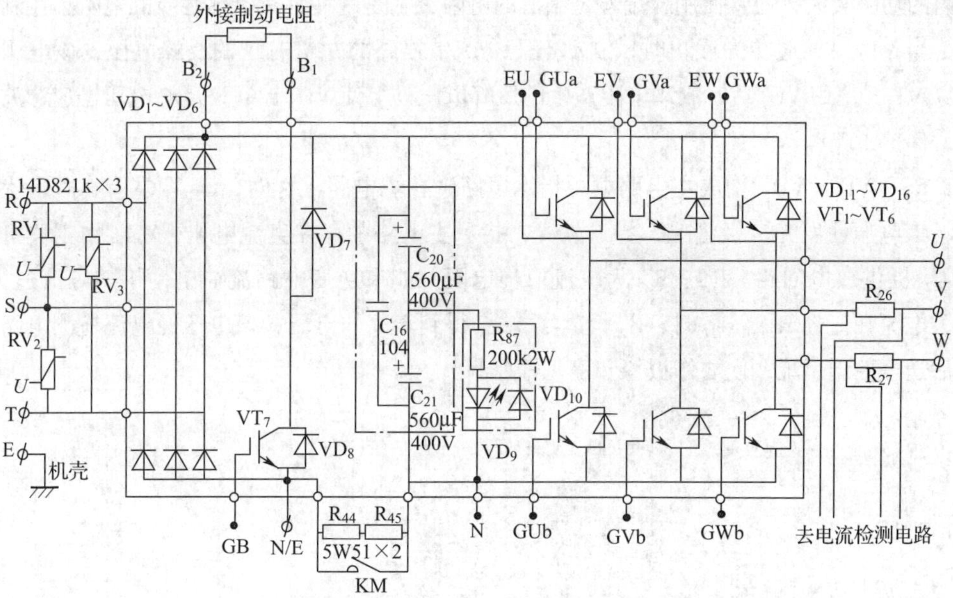

图 8—30　典型的变频器主电路

三相交流电压从 R、S、T 三个端子输入变频器，经 VD_1 ~ VD_6 构成的三相桥式整流电路对滤波电容 C_{20}、C_{21} 充电，在 C_{20}、C_{21} 上得到很高的直流电压（如果输入的三相电压为 380 V，C_{20}、C_{21} 上的电压可达到 500 V 以上）。与此同时，驱动电路送来六路驱动脉冲，分别加到逆变电路 VT_1 ~ VT_6 的栅、射极，VT_1 ~ VT_6 工作，将直流电压转换成三相交流电压，从 U、V、W 端子输出，去驱动三相电动机运转。

RV_1 ~ RV_3 为压敏电阻，用于防止输入电压过高。当输入电压过高时，压敏电阻会击穿导通，输入电压被钳位在击穿电压上，输入电压恢复正常后，压敏电阻由导通恢复为截止。R_{44}、R_{45}、接触器 KM 组成开机充电保护电路，由于开机前滤波电容 C_{20}、C_{21} 两端电压为 0，在开机时，经整流二极管对 C_{20}、C_{21} 充电的电流很大，极易损坏整流二极管，为了保护整流二极管，在开机时让充电接触器 KM 触点断开（由控制电路控制），整流电路只能通过充电电阻 R_{44}、R_{45} 对 C_{20}、C_{21} 充电，由于电阻的限流作用，充电电流较小，待 C_{20}、C_{21} 两端电压达到较高值时，让 KM 触点闭合。

VT_7、VD_7、VD_8 及 B_1、B_2 端外接的制动电阻组成制动电路，当对电动机进行减速或制动控制时，由于惯性原因，电动机转速短时偏高，它会工作在再生发电状态，电动机绕组产生的电流通过逆变电路对 C_{20}、C_{21} 充电，使 C_{20}、C_{21} 两端的电压升高，该过高的电压除了易击穿 C_{20}、C_{21} 外，还可能损坏整流电路和逆变电路。为了避免出现这种情况，在对电动机进行减速或制动控制时，控制电路会送一个控制信号到 VT_7 的栅极，VT_7 导通，电动机绕组产生的反馈电流经逆变电路上半部二极管、外接制动电阻、VT_7、KM 触点和逆变电路下半部二极管流回电动机绕组，该电流使绕组产生的磁场对电动机转子有制动作用，电流越大，制动效果越明显；另外，由于电动机产生的电流主要经导通的 VT_7 返回，故对 C_{20}、C_{21} 充电很少，C_{20}、C_{21} 两端电压升高很少，不会对主电路造成损坏。由于制动电阻的功率较大，通常使用合金丝绕制成的电阻，它是一种具有电感性质的电阻，在制动时，当 VT_7 由导通转为截止时，制动电阻会产生很高的左负右正的反峰电压，该电压易击穿 VT_7，使用 VD_7 后，制动电阻产生的反峰电压马上使 VD_7 导通，反峰电压迅速释放下降，保护了 VT_7。

R_{87}、VD_9、VD_{10} 构成主电路电源指示电路，在主电路工作时，C_{21} 两端有 200 多伏电压，该电压使发光二极管 VD_9 导通发光，指示主电路中存在直流电压，VD_{10} 用于关机时为 C_{20} 提供放电回路。R_{26}、R_{27} 为电流取样电阻，如果逆变电路流往电动机的电流过大，该大电流在流经 R_{26}、R_{27} 时，R_{26}、R_{27} 两端会得到较高的电压，该电压经电流检测电路处理后送至控制系统，使之作报警和停机等控制。

第九章　变频器故障诊断及处理

变频调速系统实现全数字化控制，调速性能与直流调速基本相近，但使用变频器时，其维护工作比较复杂。这里就变频器常见故障，分析故障产生的原因及处理方法。

第一节　变频器故障类型

一、变频器常见故障

1．参数设置类故障

常用变频器在使用中是否能满足传动系统的要求，变频器的参数设置非常重要，如果参数设置不正确，会导致变频器不能正常工作。

（1）参数设置方法。常用变频器，一般出厂时厂家对每一个参数都有一个默认值，叫作出厂值。用这些参数值，用户能以面板操作方式正常运行，但以面板操作并不能满足大多数传动系统的要求。所以，用户在正确使用变频器之前，要对变频器参数从以下几个方面进行确认：

1）确认电动机参数。变频器在参数中设定电动机的功率、电流、电压、转速、最大频率，这些参数可以从电动机铭牌中直接得到。

2）变频器采取的控制方式，即速度控制、转矩控制、PID 控制或其他控制方式。确认控制方式后，一般要根据控制精度进行静态或动态辨识。

3）设定变频器的启动方式。一般变频器在出厂时设定从面板启动，用户可以根据实际情况选择启动方式，可以用面板、外部端子、通信等方式启动。

4）给定信号的选择。一般变频器的频率给定也可以有多种方式，如面板给定、外部给定、外部电压或电流给定、通信方式给定，也可以是这几种方式的组合。

正确设置以上参数之后，变频器基本上能正常工作。如要获得更好的控制效果，则只能根据实际情况修改相关参数。

（2）参数设置类故障的处理。一旦发生参数设置类故障，变频器都不能正常运行，一般可根据说明书修改参数。如果修改参数后还解决不了问题，最好是把所有参数恢复为出厂值，然后按上述步骤重新设置。对于每一个公司的变频器，其参数恢复方式也不相同。

2．过电压故障

变频器的过电压集中表现在直流母线的支流电压上。正常情况下，变频器直流电压为三相全波整流后的平均值。若以 380 V 线电压计算，则平均直流电压 U_d=1.35 $U_{线}$= 513 V。在过电压发生时，直流母线的储能电容将被充电，当电压上升至 760 V 左右时，变频器过电压保护动作。因此，对变频器来说，都有一个正常的工作电压范围，当电压超过这个范围时很可能损坏变频器。常见的过电压有以下两类。

（1）输入交流电源过电压。这种情况是指输入电压超过正常范围，一般发生在节假日负载较轻、电压升高或降低而线路出现故障，此时最好断开电源，检查处理。

（2）发电类过电压。这种情况出现的概率较高，主要是电动机的同步转速比实际转速还高，使电动机处于发电状态，而变频器又没有安装制动单元。有两种情况可以引起这类故障。

1）当变频器拖动大惯性负载时，若其设定的减速时间比较短，在减速过程中，变频器输出的速度比较快，而负载靠本身阻力减速比较慢，使负载拖动电动机的转速比变频器输出频率所对应的转速还要高，电动机处于发电状态，而变频器没有能量回馈单元，因而变频器支流直流回路电压升高，超出保护值，出现故障。处理这种故障可以增加再生制动单元，或者修改变频器参数，把变频器减速时间设得长一些。增加再生制动单元功能包括能量消耗型、并联直流母线吸收型、能量回馈型。能量消耗型是在变频器直流回路中并联一个制动电阻，通过检测直流母线电压来控制功率管的通断。并联直流母线吸收型使用在多电动机传动系统，这种系统往往有一台或几台电动机经常工作于发电状态，产生再生能量，这些能量通过并联母线被处于电动状态的电动机吸收。能量回馈型的变频器网侧变流器是可逆的，当有再生能量产生时，可逆变流器就将再生能量回馈给电网。

2）多个电动机拖动同一个负载时，也可能出现这类故障，这主要是由没有负荷分配引起的。以两台电动机拖动一个负载为例，当一台电动机的实际转速大于另一台电动机的同步转速时，转速高的电动机相当于原动机，转速低的电动机处于发电状态，引起故障。

3．过电流故障

过电流故障可分为加速过电流、减速过电流和恒速过电流。过电流故障可能是由变频器加减速时间太短、负载发生突变、负荷分配不均、输出短路等原因引起的，一般可通过延长加减速时间、减少负荷的突变、外加能耗制动元件、进行负荷分配设计、对线路进行检查等方法排除故障。如果断开负载后变频器过电流故障仍然存在，说明变频器逆变电路已坏，需要更换变频器。

4．过载故障

过载故障包括变频过载和电动机过载。过载故障可能是由加速时间太短、直流制动量过大、电网电压太低、负载过重等原因引起的，一般可通过延长加速时间、延长制动时间、检查电网电压等方法排除故障。负载过重，所选的电动机和变频器不能拖动该负载，也可能是由机械润滑不好引起的。如是前者必须更换大功率的电动机和变频器，如是后者则要对生产机械进行检修。

5．其他故障

（1）欠电压。说明变频器电源输入部分有问题，需检查后才可以运行。

（2）温度过高。如电动机有温度检测装置，应检查电动机的散热情况；若变频器温度过高，应检查变频器的通风情况和环境温度；若是变频器风扇故障，应检查风扇。

二、安川变频器常见故障

1．开关电源损坏

开关电源损坏是变频器最常见的故障，通常是由于开关电源的负载发生短路造成的。在众多变频器的开关电源线路设计中，安川变频器应该说是比较成功的。616G3 采用了两级开关电源（类似于富士 G5），先由第一级开关电源将直流母线侧 500 多伏的直流电压转变成 300 多伏的直流电压，然后再通过高频脉冲变压器的次级线圈输出 5 V、12 V、24 V 等较低电压供变频器的控制板、驱动电路、检测电路等作电源使用。在第二级开关电源的设计上，安川变频器使用了一个 TL431 可控稳压器件来调整开关管的占空比，从而达到稳定输出电压的目的。用作开关管的 QM5HL–24 以及 TL431 都是较容易损坏的器件。此外在使用中若听到刺耳的尖叫声，这是由脉冲变压器发出的，很有可能开关电源输出侧有短路现象，可以从输出侧查找故障。当发生无显示，控制端子无电压，DC12 V、24 V 风扇不运转等现象时，首先应该考虑开关电源是否损坏。

2．SC 故障

SC 故障是安川变频器较常见的故障。IGBT 模块损坏是引起 SC 故障报警的原因之一。此外，驱动电路损坏也容易导致 SC 故障报警。安川在驱动电路的设计上，上桥使用了驱动光耦 PC923，这是专用于驱动 IGBT 模块的带有放大电路的一款光耦；安川的下桥驱动电路则是采用了光耦 PC929，这是一款内部带有放大电路及检测电路的光耦。电动机抖动，三相电流、电压不平衡，有频率显示却无电压输出，这些现象都有可能是 IGBT 模块损坏。IGBT 模块损坏的原因有多种，首先是外部负载发生故障，如负载发生短路、堵转等，而导致 IGBT 模块损坏；其次，驱动电路老化也有可能导致驱动波形失真或驱动电压波动太大而导致 IGBT 损坏，从而导致 SC 故障报警。

3．OH——过热故障

过热是经常会碰到的一个故障。当遇到这种情况时，首先会想到散热风扇是否运转，观察机器外部就会看到风扇是否运转，此外，对于 30 kW 以上的机器，在机器内部也带有一个散热风扇，此风扇损坏也会导致 OH 报警。

4．UV——欠电压故障

当出现欠电压故障时，首先应该检查输入电源是否缺相；假如输入电源没有问题，那就要检查整流回路是否有问题；假如都没有问题，那就要看直流检测电路是否有问题。对于 200 V 级的机器，当直流母线电压低于 190 VDC，UV 报警就要出现；对于 400 V 级的机器，当直流电压低于 380 VDC，则故障报警出现。检查电路时，主要检测降压电阻是否断路。

5．GF——接地故障

接地故障也是经常会碰到的故障，在排除了电动机接地存在问题后，最可能发生故障的部分就是霍尔传感器。霍尔传感器由于受温度、湿度等环境因素的影响，工作点很容易发生飘移，导致 GF 报警。

三、安川变频器故障表示

安川变频器故障表示、内容、原因及对策见表 9—1。

表 9—1　　安川变频器故障表示、内容、原因及对策

故障表示	内容	原因	对策
OC Over Current	过电流 变频器的输出电流超过了过电流检出值（约为额定电流的 200%）	变频器输出侧发生短路、接地（电动机烧毁、绝缘老化、电缆破损而引起的短路、接地等） 负载过大，加速时间太短 使用了特殊电动机或最大功率以上的电动机 变频器输出侧电磁开关已动作	调查原因，实施对策后复位
GF Ground Fault	接地 变频器输出侧的接地电流超过变频器额定输出电流的 50%	变频器输出侧发生接地、短路（电动机烧毁、绝缘老化、电缆破损而引起的短路、接地等）	调查原因，实施对策后复位
PUF DC Bus Fuse Open	保险管熔断 装在主回路的保险管熔断	由于变频器输出侧短路、接地造成输出晶体管坏［确认如下的端子间是否短路，如果短路，则晶体管已损坏：B1（⊕3）<->U、V、W，⊙ <->U、V、W］	调查原因，实施对策后，交换变频器
SC Short Circuit	负载短路 变频器的输出侧负载已短路	变频器输出侧发生接地、短路（电动机烧毁、绝缘老化、电缆破损而引起的短路、接地等）	调查原因，实施对策后复位
OV Over Voltage	主回路过电压 主回路直流电压超过了过电压检出值 200 V 级：约 400 V 400 V 级：约 800 V	减速时间太短，电动机再生的能量太大	延长减速时间或接制动电阻（制动电阻单元）
		电源电压太大	将电压降到电源规格范围内
UV1 DC Bus Undervolt	主回路低电压 主回路直流电压低于低电压检出级别（L2-05） 200 V 级：约 190 V 400 V 级：约 380 V	输出电源缺相 发生了瞬时停电 输入电源的接线端子松动 输入电源的电压变动太大	调查原因，实施对策后复位
UV2 CTL PS Undervolt	控制电源异常 控制电源的电压太低	—	将电源 ON/OFF 试一下 连续发生异常情况时请更换变频器

续表

故障表示	内容	原因	对策
UV3 MC Answerback	防止浪涌回路故障 防止浪涌回路动作不良	—	将电源ON/OFF试一下 连续发生异常情况时请更换变频器
PF Input Pha Loss	主回路电压异常 主回路直流电压在再生状态以外状态有异常（L8-05设定为“有效”时检出）	输入电源缺相 发生了瞬时停电 输入电源的接线端子太松 输入电源的电压变动太大 相间电压的平衡太差	调查原因，实施对策后复位
LF Output Pha Loss	输出缺相 变频器输出侧发生了缺相（L8-07设定为“有效”时检出）	输出电缆断线 电动机线圈断线 输出端子松动	调查原因，实施对策后复位
OH（OH1） Heatsink Over tmp	散热片过热 变频器散热片的温度超过了L8-02的设定值或105℃	周围温度太高	设置冷却装置
		周围有发热体	去除发热源
		变频器的冷却风扇停止运行	调换冷却风扇（与安川服务部联系）
	变频器内部冷却风扇停止（18.5 kW以上）	变频器的冷却风扇停止运行（18.5 kW以上）	
RH Dyn Brk Resistor	安装形制动电阻过热 由L8-01设定的制动电阻的保护已动作	减速时间太短，电动机再生能量大	减轻负载，延长减速时间，降低速度，更换新的制动电阻单元
RR Dyn Brk Transistor	内藏制动晶体管异常 制动晶体管动作异常	—	将电源ON/OFF试一下 连续发生异常情况时请更换变频器
OL1 Mortor Overloaded	电动机过载 电子热保护引起电动机过载保护动作	负载太大，加减速时间、周期时间太短	修正负载大小、加减速时间、周期时间
		V/f特性的电压太高	修正V/f特性
		电动机额定电流（E2-01）设定值不当	确认电动机的额定电流值（E2-01）
OL2 Inv Overloaded	变频器过载 电子热保护引起变频器过载保护动作	负载太大，加减速时间、周期时间太短	修正负载大小、加减速时间、周期时间
		V/f特性的电压太高	修正V/f特性
		变频器功率太小	使用功率大的变频器

续表

故障表示	内容	原因	对策
OL3 Overtorque Det 1	过力矩 1 电流超过（L6-02）以上并持续（L6-03）时间以上	—	确定 L6-02、L6-03 的设定值是否适当 确认机械系统使用状况，找出异常原因并解决
OL4 Overtorque Det2	过力矩 2 电流超过（L6-05）以上并持续（L6-06）时间以上	—	确定 L6-05、L6-06 的设定值是否适当 确认机械系统使用状况，找出异常原因并解决
OS Over Speed	过速度 速度在设定值（F1-08）以上并持续（F1-09）时间以上	发生了过冲 / 不足	调整增益
		指定速度太高	修正指令回路及指令增益
		F1-08、F1-09 的设定值不当	确认 F1-08、F1-09 的设定值
PGO PG Open	PG 断线检出 在下列条件时，PG 脉冲未被输入的状态已经过了（F1-14）时间： 有 PG 矢量：软启动输出 ≥ 2% 有 PG *V/f*：软启动输出 ≥ E1-09	PG 的连线断了	修理断线处
		PG 的连线有错误	改正接线
		没有给 PG 供电	正确供电
		—	确认抱闸在使用时打开
DEV Speed Deviation	速度偏差过大 速度偏差在设定值（F1-10）以上并持续（F1-11）时间以上	负载太大	减轻负载
		加减速时间太短	延长加减速时间
		负载处于锁定中	确认机械系统
		F1-10、F1-11 的设定值不当	确认 F1-10、F1-11 的设定值
		—	确认抱闸在使用时打开
SVE Zero Servo Fault	零伺服异常 零伺服运行中，旋转位置却偏离了	力矩极限值过小	增大
		负载力矩过大	减小
		—	检查 PG 信号干扰
OPR Oper Disconnect	操作器连接不良 在操作器控制运行指令运行中，操作器断线了	—	确认操作器连接正常

续表

故障表示	内容	原因	对策
EFO Opt External Fit	从通信选择卡来的外部异常输入	—	检查通信卡、通信信号
EF3 External Fault 3	外部故障（输入端子 3）	从多功能输入处输入了异常信号	消除外部异常的原因 解除从多功能输入来的外部异常输入
EF4	外部故障（输入端子 4）		
EF5	外部故障（输入端子 5）		
EF6	外部故障（输入端子 6）		
EF7	外部故障（输入端子 7）		
EF8	外部故障（输入端子 8）		
CPF00 COM-ERR（OP&INV）	操作器传送异常 与操作器通信开始后，5 s 内仍不能与操作器通信	数字式操作器的端子接触不良	取下数字操作器，重新安装
		变频器控制回路不良	交换变频器
CPF01 COM-ERR（OP&INV）	操作器传送异常 与操作器通信开始后，2 s 以上传送异常发生	数字式操作器的端子接触不良	取下数字操作器，重新安装
		变频器控制回路不良	交换变频器
CPF02 BB Circuit Error	基极封锁回路不良	—	将电源 ON/OFF 试一下
		控制回路损坏	交换变频器
CPF03 EEPROM Error	EEPROM 不良	—	将电源 ON/OFF 试一下
		控制回路损坏	交换变频器
CPF04 Internal A/D Error	CPU 内部 A/D 转换器不良	—	将电源 ON/OFF 试一下
		控制回路损坏	交换变频器
CPF05 External A/D Error	CPU 内部 A/D 转换器不良	—	将电源 ON/OFF 试一下
		控制回路损坏	交换变频器
CPF06 Option Error	选择卡连接异常	选择卡的端子接触不良	电源 OFF 后再插入
		变频器或选择卡不良	交换不良品
CPF20 Option A/D Error	选择卡异常	选择卡的端子接触不良	电源 OFF 后再插入
		选择卡的 A/D 转换器不良	换一块选择卡
CPF21 Option CPU Down	传送选择卡的自诊断异常	选择卡故障	交换选择卡
CPF22 Option Type Error	传送选择卡的机种形式异常		
CPF23 Option DPRAM Error	传送选择卡的相互诊断不良		

第二节　变频器参数设置

一、交流变频器的操作器显示

1．各部分的名称与功能

安川变频器操作器面板如图 9—1 所示，各部分的名称与功能见表 9—2。

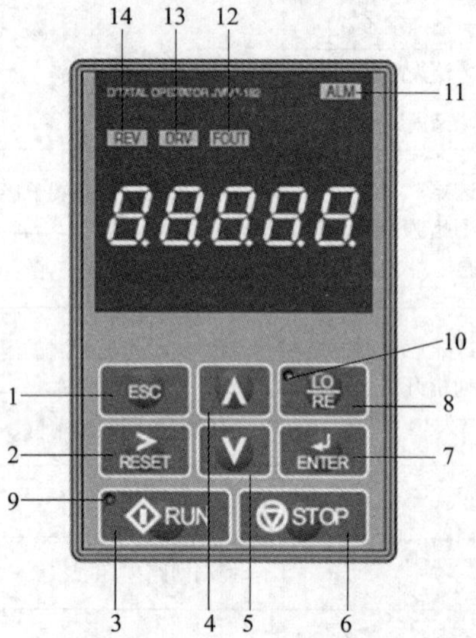

图 9—1　安川变频器操作器面板

表 9—2　　**各部分的名称与功能**

序号	操作部位	名称	功能
1		ESC 键	• 返回上一画面 • 将设定参数编号时需要变更的位向左移 • 如果长按不放，可以从任何画面返回到频率指令画面
2		RESET 键	• 设定参数的数值等时，将需要变更的位向右移 • 检出故障时变为故障复位键
3		RUN 键	使变频器运行
4		向上键	• 切换画面 • 变更（增大）参数编号和设定值
5		向下键	• 切换画面 • 变更（减小）参数编号和设定值
6		STOP 键	使运行停止
7		ENTER 键	• 确定各种模式、参数、设定值时按该键 • 要进入下一画面时使用

续表

序号	操作部位	名称	功能
8		LO/RE 选择键	对用操作器运行（LOCAL）和用外部指令运行（REMOTE）进行切换时按该键
9		RUN 指示灯	在变频器运行中点亮
10		LO/RE 指示灯	选择来自操作器的运行指令（LOCAL）时点亮
11	ALM	ALM LED 指示灯	关于指示灯的显示，请参照表 9—6
12	FOUT	FOUT LED 指示灯	
13	DRV	DRV LED 指示灯	
14	REV	REV LED 指示灯	

2．操作器上显示的数字及文字

操作器上数字及文字的点亮、闪烁显示如图 9—2 所示，数字及文字的对应表见表 9—3。

图 9—2　操作器上数字及文字的点亮、闪烁显示

a）点亮　b）闪烁

表 9—3　　操作器上显示的数字及文字的对应表

显示文字	LED 显示	显示文字	LED 显示	显示文字	LED 显示	显示文字	LED 显示
0		9	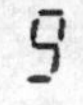	i		r	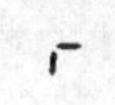
1		A		J		S	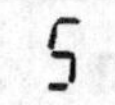
2	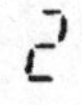	b		K	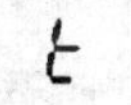	T	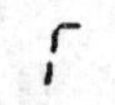
3	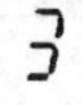	C		L	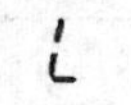	U	
4	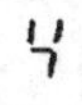	d		M	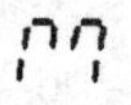	v	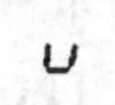
5	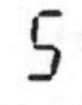	E	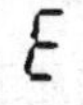	n	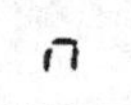	W	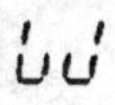
6	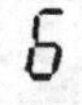	F	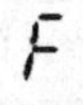	o		X	无显示
7	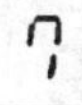	G	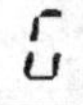	p	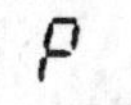	y	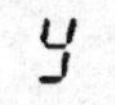
8		H	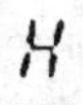	q	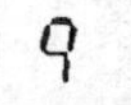	Z	无显示

3．接通电源和显示状态的确认

（1）接通电源。必须确认表 9—4 中项目后，再接通电源。

表 9—4　　确认项目

项目	内容
电源电压的确认	请确认电源电压是否正确 200 V 级：三相 AC200 V ~ 240 V 50/60 Hz 400 V 级：三相 AC380 V ~ 480 V 50/60 Hz
	请对电源输入端子 R/L1、S/L2、T/L3 进行可靠接线
	确认变频器和电动机正确接地
变频器输出端子和电动机端子的连接确认	请确认变频器输出端子（U/T1、V/T2、W/T3）和电动机端子（U、V、W）的连接是否牢固
和变频器控制回路端子的连接确认	请确认变频器的控制回路端子和其他控制装置的连接是否可靠
变频器控制回路端子状态的确认	请确认变频器控制回路端子是否全部处于 OFF 状态（变频器不运行的状态）
负载状态的确认	请确认电动机是否为空载状态（未与机械系统连接的状态）

（2）显示状态的确认。接通电源后，操作器的显示见表 9—5。

表 9—5　　接通电源后操作器的显示

项目	显示	内容
正常时		数据显示部分将显示速度指令的监视状态 DRV 点亮
故障时	 （例）外部故障	显示结果因故障内容而异。请按照“故障诊断及对策”采取适当措施 ALM 和 DRV 点亮

4．LED 指示灯显示

LED 指示灯的显示见表 9—6。

表 9—6　　LED 指示灯的显示

指示灯	点亮	闪烁	熄灭
ALM	故障检出时	• 轻故障检出时 • oPE（操作故障）检出时 • 自学习时的故障发生中	正常

续表

指示灯	点亮	闪烁	熄灭
REV	反转指令输入中	—	正转指令输入中
DRV	驱动模式时 自学习时	使用 DriveWorksEZ 时	程序模式时
FOUT	输出频率（Hz）显示中	—	—
标示		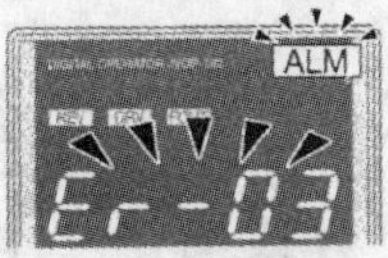	

5. LO/RE 指示灯和 RUN 指示灯显示

LO/RE 指示灯和 RUN 指示灯的显示见表 9—7。

表 9—7　　　LO/RE 指示灯和 RUN 指示灯的显示

指示灯	点亮	闪烁	短促闪烁	熄灭
LO/RE	操作器运行指令选择中（LOCAL）	—	—	操作器以外的运行指令选择中（REMOTE）
RUN	运行中	·减速停止中 ·以频率指令 0Hz 输入运行指令时	·紧急停止引起的减速中 ·运行联锁动作引起的停止中	停止中
标示				

6. 操作器显示功能的层次结构

操作器显示功能的层次结构如图 9—3 所示。

7. 参数设定值变更

参数设定值变更操作见表 9—8。

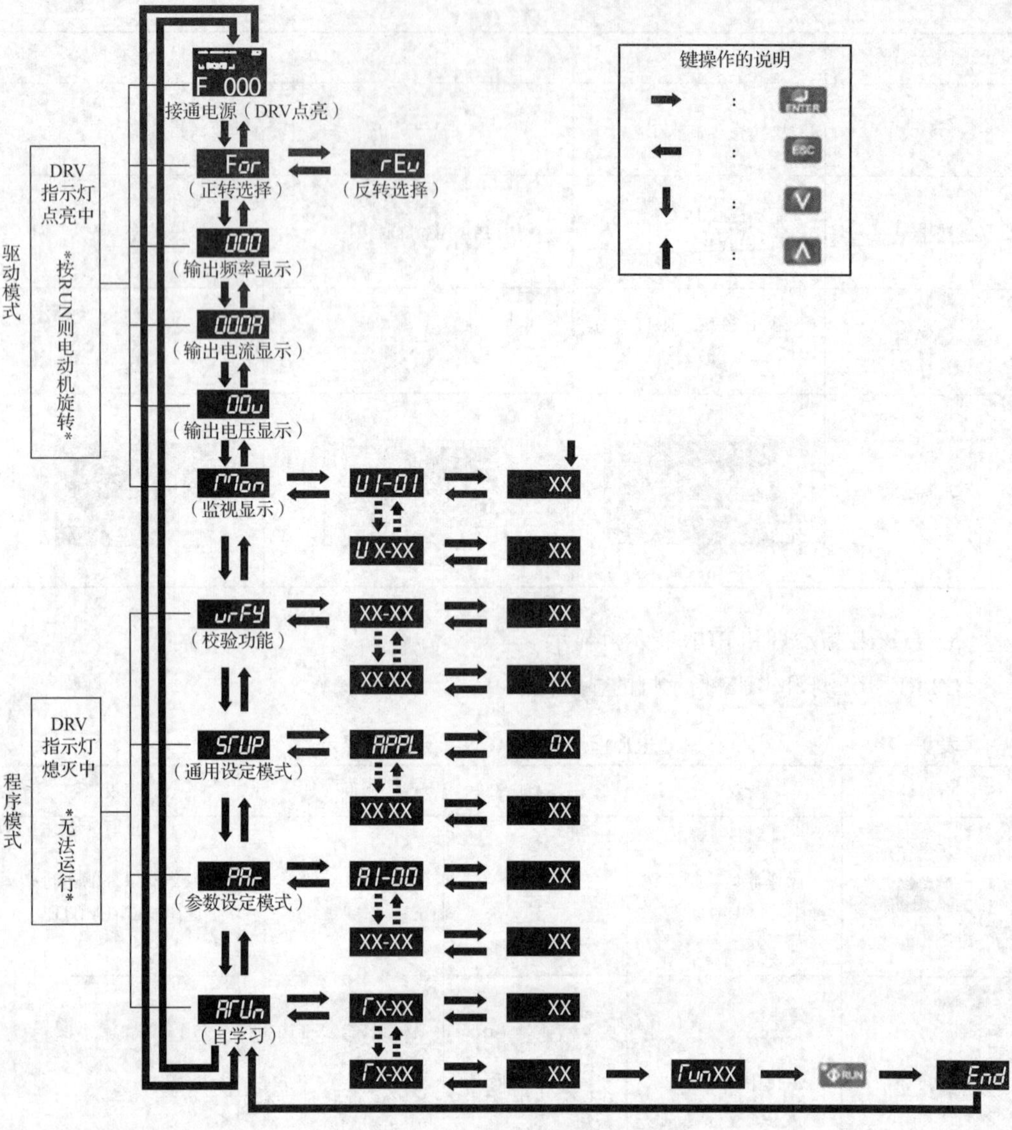

图 9—3　操作器显示功能的层次结构

表 9—8　　　　　　　　　参数设定值变更操作

操作步骤			显示
1	接通电源，显示初始画面	➡	
2	按 ∧ 或 ∨ 键，直至显示通用设定模式画面	➡	
3	按 ENTER，显示参数设定画面	➡	

续表

操作步骤			显示
4	按 ∧ 或 ∨ 键，直至显示 C1–01	➡	C1-01
5	按 ENTER，则显示当前设定值（10.0 s）（最上位闪烁）	➡	0010.0
6	按 ENTER，将闪烁位移至要变更的数位（1 闪烁）	➡	0010.0
7	按 ∧，输入 0020.0	➡	0020.0
8	按 ENTER，进行确定	➡	End
9	自动回到参数设定画面（步骤 4）	➡	C1-01
10	长时间按 ESC，直至返回初始画面	➡	DRV F 0.00

二、变频器参数设置

1. A1–00　LCD 操作器显示语言的选择（见表 9—9）

表 9—9　　**A1–00** 参数设置

参数	名称	设定范围	出厂设定
A1–00	LCD 操作器显示语言的选择	0 ~ 7	1

0：英语。

1：日语。

2：德语。

3：法语。

4：意大利语。

5：西班牙语。

6：葡萄牙语。

7：汉语。

2．A1–01　参数的访问级（见表 9—10）

表 9—10　　A1–01 参数设置

参数	名称	设定范围	出厂设定
A1–01	参数的访问级	0 ~ 2	2

0：监视专用——可查看 A1–01、A1–04 驱动模式，并可访问 U □ – □□（监视器）。

1：常用参数——只能访问 A2–01 ~ A2–32 中设定的参数。在通用设定模式时使用该设定。

2：所有参数——可以访问所有参数。

设定参数时的注意事项如下：

（1）通过 A1–05 设定密码后，如果在 A1–04 中未输入正确的密码，则不能变更登记在 A1–01、A1–03、A1–06、A2–01 ~ A2–33 中的参数。

（2）设定了 H1– □□ =1B（参数写入许可）时，即使设定 A1–01=1 或 2，如果不将所选的多功能接点闭合，则不能变更参数。

（3）通过 MEMOBUS 通信变更参数时，在变频器接收到用来结束串行通信写入过程的确定指令前，不能通过操作器来变更参数。

3．A1–02　控制模式的选择（见表 9—11）

表 9—11　　A1–02 参数设置

参数	名称	设定范围	出厂设定
A1–02	控制模式的选择	0、1、2、3、5、6、7	2

（1）感应电动机（IM 电动机）用的控制模式

0：无 PG *V/f* 控制。控制模式用于不要求快速响应和正确速度控制的所有变速控制，以及用一台变频器连接多台电动机的情况。电动机参数不明确或不能进行自学习时也使用该模式。速度控制范围为 1∶40。

1：带 PG *V/f* 控制。控制模式用于一般用途。响应慢但需要正确的速度控制时，请设定为该模式。电动机参数不明确或不能进行自学习时也使用该模式。速度控制范围为 1∶40。

2：无 PG 矢量控制。控制模式用于所有变速控制。需要高精度的速度控制时请设定为该模式。在该控制模式下，即使不使用电动机的反馈信号，转矩也能快速响应，低速电动机运行时也能获得很大的转矩。速度控制范围为 1∶200。

3：带 PG 矢量控制。控制模式用于转矩响应快、需要高性能转矩控制的所有变速控制，可进行到零速为止的高精度的速度控制。为了接收电动机的速度反馈信号，需要使用 PG 选购卡。速度控制范围为 1∶1 500。

（2）同步电动机（IPM 电动机、SPM 电动机）用的控制模式

5：PM 用无 PG 矢量控制。控制模式用于递减转矩用途。可发挥 PM 电动机的节能特性。使用此模式，可在 1∶20 的速度控制范围内控制 IPM 电动机或 SPM 电动机。

6: PM 用高级矢量控制。控制模式用于 IPM 电动机的恒定转矩用途。通过高频重叠可在 1∶100 的速度控制范围内进行控制。

7: PM 用带 PG 矢量控制。控制模式用于使用 PM 电动机时需要高精度控制的恒定转矩用途，以及转矩响应快、需要高性能转矩控制的所有变速控制。速度控制范围为 1∶1 500。为了接收电动机的速度反馈信号，需要使用 PG 选购卡。

4．A1-03　初始化（见表 9—12）

可将变频器的设定恢复到出厂设定。初始化后，A1-03 的值自动归零。

表 9—12　A1-03 参数设置

参数	名称	设定范围	出厂设定
A1-03	初始化	0、1110、2220、3330、5550	0

1110：根据用户设定进行初始化。

变频器参数被初始化为事先保存的用户参数设定值。清除用户参数设定值时，将 o2-03（用户参数设定值的保存）设定为 2（保存清除）。

用户参数设定值是指将用户变更过的参数的内容作为初始值保存到变频器的设定值，将 o2-03 设定为 1（保存开始）时有效。保存设定后，o2-03 即自动归 0（保存保持）。

2220：二线制顺控的初始化。所有参数返回出厂时的设定。

3330：三线制顺控的初始化。作为三线制顺控，参数返回出厂时的设定。

5550: oPE04 的复位。变更参数后，如果更换拆装式端子排，则显示 oPE04（端子电路板更换检出）。

如果要直接使用存储在拆装式端子排中的参数，请设定 5550。要返回出厂设定时，请设定 2220 或 3330。

5．A1-04/A1-05　密码和密码的设定（见表 9—13）

A1-04/A1-05 用来进行密码的设定和验证。

表 9—13　A1-04/A1-05 参数设置

参数	名称	设定范围	出厂设定
A1-04	密码	0000 ~ 9999	0000
A1-05	密码的设定		

如果用 A1-05 设定密码，则 A1-01、A1-03、A1-06、A2-01 ~ A2-33 的设定值被锁定。如果用 A1-04 输入正确的密码，则设定值的锁定被解除，可进行参数的变更。设定密码（例：1234），然后解除 A1-02（控制模式的选择）锁定的方法如下：

（1）设定密码。设定密码的步骤见表 9—14。

表 9—14　　　　　　　　　　　　设定密码的步骤

操作步骤			LED 显示
1	接通电源，显示初始画面	➡	F 0.00
2	按 V，直至显示参数设定模式画面	➡	PAr
3	按 ENTER，显示参数设定画面	➡	A1-01
4	按 > RESET，移动闪烁位	➡	A1-01
5	按下 ∧，设定为 A1-04	➡	A1-04
6	按住 STOP 再按 ∧，则显示 A1-05 注：只按 ∧ 则不会显示 A1-05	➡	A1-05 05 闪烁
7	按 ENTER	➡	0000
8	按下 > RESET 和 V 或 ∧，输入密码	➡	1234
9	按 ENTER，进行确定	➡	End
10	自动回到参数设定画面（步骤 6）	➡	A1-05

（2）确定 A1-02 是否被锁定（从表 9—14 步骤 10 开始继续操作），见表 9—15。

表 9—15　　　　　　　　　　　　确定 A1-02 是否被锁定

操作步骤			LED 显示
1	按 V，显示 A1-02	➡	A1-02 02 闪烁
2	按 ENTER，显示 A1-02 的当前设定值	➡	00
3	按 V 或 ∧，确认设定值不能变更	➡	
4	按下 ESC，直至返回参数设定模式画面	➡	PAr

（3）密码的验证（从表 9—14 步骤 4 开始继续操作），见表 9—16。

表 9—16　　　　密码的验证

操作步骤			LED 显示
1	接通电源，显示初始画面	➡	F 000
2	按 ∨，直至显示参数设定模式画面	➡	PAr
3	按 ENTER，显示参数设定画面	➡	A1-01
4	按 > RESET，移动闪烁位	➡	A1-01
5	按下 ∧，设定为 A1-04	➡	A1-04
6	按住 STOP 再按 ∧，则显示 A1-05 注：只按 ∧ 则不会显示 A1-05	➡	A1-05 05 闪烁
7	按 ENTER	➡	0000
8	按下 ENTER 和 ∨ 或 ∧，输入密码	➡	1234
9	按 ENTER，进行确定	➡	End
10	自动回到参数设定画面（步骤 6）	➡	A1-05

6．A2–01 ~ A2–32　常用参数 1 ~ 常用参数 32（见表 9—17）

为了在 A2–01 ~ A2–32 中登记用户所希望的参数，必须将 A1–01（参数的访问级）设定为 2（所有的参数）。将参数登记在 A2–01 ~ A2–32 中以后，如果将 A1–01（参数的访问级）设定为 1（常用参数），则仅可设定 / 监视 A2–01 ~ A2–32 中登记的参数。

表 9—17　　　　A2–01 ～ A2–32 参数设置

参数	名称	设定范围	出厂设定
A2–01 ~ A2–32	常用参数 1 ~ 常用参数 32	b1–01 ~ o2–08	取决于 A1–06

7．A2–33　常用参数自动登记功能（见表 9—18）

表 9—18　　　　A2–33 参数设置

参数	名称	设定范围	出厂设定
A2–33	常用参数自动登记功能	0、1	取决于 A1–06

A2–33 用来设定 A2–17 ~ A2–32（常用参数）的自动设定是有效还是无效。

0：自动登记无效——手动设定参数时，将 A2–33 设定为 0。

1：自动登记有效——将 A2–33 设定为 1 时，用户变更的参数记录将被自动登记到 A2–17 ~ A2–32 中。最新的变更参数将从 A2–17 开始依次被自动登记（最多 16 个，超过 16 个时，最旧的参数将被依次删除）。在通用设定模式时使用该设定。

三、参数一览表

1．参数的阅读方法

参数一览表中使用的图标见表 9—19。

表 9—19　　参数一览表中使用的图标

图标	内容
所有模式	表示“所有控制模式”下有效的参数
V/f	表示“无 PG V/f 控制模式”下有效的参数
PG・V/f	表示“带 PG V/f 控制模式”下有效的参数
矢量	表示“无 PG 矢量控制模式”下有效的参数
PG・矢量	表示“带 PG 矢量控制模式”下有效的参数
PM・矢量	表示“PM 用无 PG 矢量控制模式”下有效的参数
PM・A・矢量	表示“PM 用无 PG 高级矢量控制模式”下有效的参数
PM・PG・矢量	表示“PM 用带 PG 矢量控制模式”下有效的参数
RUN	表示可在变频器运行中变更设定的参数
电机 2	多功能接点输入的两台电动机选择为闭时所选择的电动机

注：图标呈灰色显示时，表示控制模式无效。

2．参数的种类

参数的种类见表 9—20。

表 9—20　　参数的种类

参数	名称	参数	名称
A1	环境设定模式	b5	PID 控制
A2	常用参数设定模式	b6	DWELL 功能
b1	运行模式选择	b7	DROOP 控制
b2	直流制动	b8	节能控制
b3	速度搜索	b9	零伺服
b4	定时功能	C1	加减速时间

续表

参数	名称	参数	名称
C2	S 字特性	L2	瞬时停电处理
C3	滑差补偿	L3	防止失速功能
C4	转矩补偿	L4	频率检出
C5	速度控制（ASR）	L5	故障重试
C6	载波频率	L6	过转矩 / 转矩不足检出
d1	频率指令	L7	转矩极限
d2	频率上限、下限	L8	硬件保护
d3	跳跃频率	n1	防止失调功能
d4	频率指令保持	n2	速度反馈检出抑制功能
d5	转矩控制	n3	高滑差制动
d6	励磁控制	n5	前馈控制
d7	偏置频率	n6	电动机线间电阻在线变更
E1	电动机 1 的 *V/f* 特性	n8	PM 电动机控制
E2	电动机 1 的参数	o1	操作器的显示设定 / 选择
E3	电动机 2 的 *V/f* 特性	o2	操作器的多功能选择
E4	电动机 2 的参数	o3	拷贝 / 读取功能
E5	PM 电动机的参数	o4	维护时期
F1	PG 速度控制卡（PG-B3/PG-X3）	a	DriveWorksEZ 参数
F2	模拟量输入卡（AI-A3）	r	DriveWorksEZ 连接参数
F3	数字式输入卡（DI-A3）	T1	IM 电动机的自学习
F4	模拟量监视卡（AO-A3）	T2	PM 电动机的自学习
F5	数字式输出卡（DO-A3）	T3	惯性自学习
F6	通信选购卡	U1	状态监视
H1	多功能接点输入	U2	故障跟踪
H2	多功能接点输出	U3	故障记录
H3	多功能模拟量输入	U4	维护监视
H4	多功能模拟量输出	U5	应用程序监视
H5	MEMOBUS 通信	U6	控制监视
H6	脉冲序列输入输出	U8	DriveWorksEZ 用的用户监视
L1	电动机保护功能		

详细参数请查阅安川变频器使用手册。

第三节　变频器故障诊断和处理

一、安川变频器常见故障分析

安川变频器在电气柜门上安装有手操作器，会显示各种参数值及发生的故障代码，现根据经验分析如下。

1．变频器显示 OC（过流）

具有瞬间记忆功能，人为不可设定，主要用于逆变器负载侧短路等。流过逆变器器件的电流达到额定电流 2.7 ～ 3 倍时，瞬时停止逆变器运转，并切断电源；变流器的输出电流达到异常值，也将停止逆变器运转。具体处理可按以下逐项检查：

（1）加速时间是否太短。

（2）力矩提升参数是否太大。

（3）负载外部是否短路、是否过重。比如小车机构由两台电动机拖动，其中一台坏了，另一台就可能出现过流。

（4）PG 检测回路是否异常，包括 PG 卡及脉冲编码器。

（5）电流互感器是否异常。

（6）主功率器件 IGBT 是否异常。

（7）如果以上都没问题，可以断开输出侧的电流互感器和直流检测点，复位后运行；若还出现过流，很可能是主控板或触发板出现故障。

2．变频器显示 OL（过载）

主要用于逆变器输出电流超过额定值，且持续流通超过规定时间，为了防止逆变器器件、导线等损坏，要停止变频器工作。具体分以下三种：

（1）电流超过额定电流 150% 且持续 60 s，就报 OL1 故障，说明电动机过载。

（2）电流超过额定电流 180% 且持续 10 s，就报 OL2 故障，说明变频器过载。

（3）电流超过额定电流 200% 且持续 5 s，就报 OL3 故障，说明系统过载，也就是钢结构力矩保护。

不管是哪一种过载，都是由于负载的惯性过大或因负载过大使电动机堵转而产生的。对于已经投入运行的变频器出现的故障，必须检查负载的状况；对于新安装的变频器出现这种故障，很可能是 *V*/*f* 曲线设置不当或电动机参数设置有问题。比如一台新安装的变频器，其驱动的是一台额定参数为 220 V/50 Hz 的变频电动机，而变频器出厂时设置为 380 V/50 Hz，导致电动机运行一段时间后出现磁饱和使电动机转速降低、发热而过载。

3．变频器显示 GF（负载对地短路）

具有瞬态功能，也就是三相相电流偏差大于 50% 额定电流。具体原因有以下几种：

（1）电动机绝缘不好或三相相间不平衡。

（2）变频器异常，主要为控制回路部分。

4. 变频器显示 OH（变频器过热）

可分为 OH1 和 OH2。原因分析如下：

（1）变频器柜内部两套风机是否异常。

（2）环境温度是否过高。

（3）是否频繁过载。

（4）热敏检测器件是否粉尘过多。

5. 变频器显示 OS（超速）

分硬件超速和软件超速，设定值分别为额定转速的 115% 和 110%，此时应检查 PG 反馈是否正常。

6. 变频器显示 UV（欠电压）

检测出直流母线电压故障。一般设计者在设计变频器的启动电路时，为了减小变频器的体积而选择小限流电阻 R_1，其阻值为 10 ~ 50 Ω，功率为 10 ~ 50 W。变频器的交流侧输入电源频繁接通或者旁路接触器 MC 的触点接触不良，都会导致限流电阻 R_1 烧坏而出现欠电压故障。限流接触器不能吸合，限流电阻不能切除，或者限流接触器辅助触点接触不好。另外还有以下可能：

（1）能量回馈装置异常。

（2）驱动板检测异常。

（3）若实际欠电压，可用参数 U1-07 中 DC BUS 来监测。

7. 变频器显示 OV（过电压）

直流母线 DC BUS 电压超过容许值，具体原因分析如下：

如果变频器驱动大惯性负载，尤其重载下放，逆变器使电动机快速减速时，即再生制动过程中，变频器的输出频率按线性下降，而负载电动机的频率高于变频器的输出频率，负载电动机变频器处于发电状态，机械能转化为电能，并被变频器直流侧的平波电容吸收，当这种能量足够大时，就会产生“泵升现象”，变频器直流侧会超过直流母线的最大电压而跳闸。

处理方法：可以采取停止变频器运转或停止快速减速方法，防止过电压，此时应将减速时间参数设置长些或增加制动单元。当然在 QC 中，还应检查能量回馈单元（CONVERTER）；也有可能网侧容量不够，即高压侧变压器容量不够，容易产生系统谐振；检查制动电阻是否断路。

8. 变频器显示 PGO（速度检测开路）

应检查脉冲编码器及 PG 卡。

9. 变频器无故障显示，但不能高速运行

某公司一台 RTG 大车机构变频器运行正常，就是电动机无法达到高速运行，经检查 INVERT 无故障，参数设置正确，调速输入信号正常，经上电运行测试，INVERT 直流母线电压只有 450 V 左右（正常值为 580 ~ 600 V），再测输入侧，发现缺一相，故障原因是输入侧一相接触不良。造成输入缺相不报警仍然在低频段工作，是因为该变频器母线电压下限是 400 V，当母线电压降至 400 V 以下时，变频器才报告直流母线低电压故障。当两相输入时，直流母线电压为 380 V × 1.2=456 V>400 V，在变频器不运行时，由于平波电容的作用，直流电压也可达到正常值，所以变频器不会报故障。而变频器采用 PWM 控制技术，调压调频的工作在逆变桥完成，因此在低频段输入缺相仍可以正常工作，但因输入电压、输出电压低，造成电动机转矩低，频率上不去，就无法高速运行。

二、故障诊断及处理

1．故障显示、原因及处理（见表 9—21）

表 9—21　　故障显示、原因及处理

操作器显示		故障名称、原因及处理
boL	boL	制动晶体管过载故障 变频器内部的制动晶体管过载
bUS	bUS	选购卡通信故障 • 检出通信故障 • 将运行指令或频率指令选择为“通过通信卡设定”时检出
CE	CE	MEMOBUS 通信故障 在收一次控制数据后，H5-09（CE 检出时间）设定时间以上无法正常接收
CF	CF	控制故障 在减速停止中，持续 3 s 以上达到转矩极限（无 PG 矢量控制模式）
CoF	CoF	电流偏置故障 电流检出回路不良，或在电动机中残留有感应电压的状态（自由运行中、紧急减速后等）开始运行
CPF00，CPF01	CPF00，CPF01	控制回路故障
CPF02	CPF02	A/D 转换器故障 A/D 转换器及外围回路不良
CPF03	CPF03	控制电路板连接不当 控制电路板与变频器单元的连接不当
CPF06	CPF06	EEPROM 存储数据不良 EEPROM 中存储的数据有故障
CPF07	CPF07	端子电路板连接不当
CPF08	CPF08	端子电路板连接不当
CPF11	CPF11	RAM 故障
CPF12	CPF12	闪存故障 ROM（闪存）故障

续表

操作器显示		故障名称、原因及处理
CPF13	CPF13	监视装置故障
		自我诊断故障
CPF14	CPF14	控制回路故障
		CPU 不良（干扰等导致 CPU 误动作）
CPF16	CPF16	时钟故障
		基准时钟故障
CPF17	CPF17	中断故障
		内部处理的时间故障
CPF18	CPF18	控制回路故障
		CPU 不良（干扰等导致 CPU 误动作）
CPF19	CPF19	控制回路故障
		CPU 不良（干扰等导致 CPU 误动作）
CPF20，CPF21	CPF20，CPF21	控制回路不良
CPF22	CPF22	混合 IC 不良
CPF23	CPF23	控制电路板连接不当
		控制电路板与变频器单元的连接不当
CPF24	CPF24	变频器装置信号异常
		输入了本变频器中不存在的装置信号（启动电源时检查）
CPF25	CPF25	端子电路板未连接
		端子电路板未切实地插入接口
CPF26~CPF35	CPF26 ~ CPF35	控制回路不良
		控制回路故障
dEv	dEv	速度偏差过大（带 PG 控制模式、无 PG 的 PM 用高级控制模式）
		脉冲输入的速度检出值和速度指令的偏差超过 F1-10〔速度偏差过大（DEV）检出值〕的状态持续时间超过了 F1-11［速度偏差过大（DEV）检出时间］
dv1	dv1	Z 相脉冲丢失检出
		电动机转动一圈时，一次也未检出 Z 相脉冲
dv2	dv2	Z 相噪声故障检出
		电动机转动一圈时，两次以上检出了 Z 相脉冲

续表

操作器显示		故障名称、原因及处理
dv3	dv3	反转检出 转矩指令为正（负）方向时，连续检出加速度为负（正）方向，且连续检出速度指令与电动机速度的差超过30% 的状态的次数为 F1-18（dv3 检出选择）中设定的检出次数
dv4	dv4	防止反转检出 电动机朝着与速度指令相反的方向旋转了 F1-19（dv4 检出选择）设定的检出脉冲 注：在从负载侧朝与速度指令相反的方向旋转的用途中，该故障检出功能无效，F1-19=0 时，不检出 dv4
dv7	dv7	初期磁极推定超时
dWFL	dWFL	DriveWorksEZ 故障
dWF1	dWF1	EEPROM 存储的 DriveWorksEZ 不良 EEPROM 中存储的 DriveWorksEZ 数据有异常
E5	E5	MECHATROLINK- Ⅱ监视装置故障 检出监视装置故障
EF0	EF0	来自通信选购卡的外部故障输入 外部机器的警报功能动作
EF1	EF1	外部故障（输入端子 S1） 从多功能接点输入端子（S1）输入了外部故障
EF2	EF2	外部故障（输入端子 S2） 从多功能接点输入端子（S2）输入了外部故障
EF3	EF3	外部故障（输入端子 S3） 从多功能接点输入端子（S3）输入了外部故障
EF4	EF4	外部故障（输入端子 S4） 从多功能接点输入端子（S4）输入了外部故障
EF5	EF5	外部故障（输入端子 S5） 从多功能接点输入端子（S5）输入了外部故障
EF6	EF6	外部故障（输入端子 S6） 从多功能接点输入端子（S6）输入了外部故障
EF7	EF7	外部故障（输入端子 S7） 从多功能接点输入端子（S7）输入了外部故障
EF8	EF8	外部故障（输入端子 S8） 从多功能接点输入端子（S8）输入了外部故障
Err	Err	EEPROM 写入不当 EEPROM 写入时的对照不一致

操作器显示		故障名称、原因及处理
FAn	FAn	内气搅动风扇故障 内气搅动风扇、MC 用电源故障
FbH	FbH	PID 反馈超值 在有 PID 反馈故障检出选择（b5-12=2 或 5）时，PID 反馈输入大于 PID 反馈超值检出值（b5-36）的状态持续了 PID 反馈丧失检出时间（b5-37）
FbL	FbL	PID 的反馈丧失 在有 PID 反馈故障检出选择（b5-12=2 或 5）时，PID 反馈输入小于 PID 反馈丧失检出值（b5-13）的状态持续了 PID 反馈丧失检出时间（b5-14）
GF	GF	接地短路 在变频器输出侧，短路电流超过变频器额定输出电流约 50%
LF	LF	输出缺相 变频器输出侧发生缺相（设定为 L8-07=1 或 2 时检出）
LF2	LF2	输出电流失衡 PM 电动机输出电流三相失衡
LSo	LSo	低速失调故障 低速运行时检出失调状态
nSE	nSE	Node Setup 故障
oC	oC	过电流 检出的变频器输出电流超过了过电流检出值
oFA00	oFA00	连接了不匹配的选购件或选购件连接不当
oFA01	oFA01	选购卡连接不当
oFA02	oFA02	连接了同类选购件
oFA03～oFA06	oFA03 ~ oFA06	选购卡不良（CN5-A） 电源开、关电源，确认动作，然后再接通电源。若再次出现故障，则更换选购件
oFA10、oFA11	oFA10、oFA11	
oFA12～oFA17	oFA12 ~ oFA17	选购卡连接不当（CN5-A） 电源开、关电源，确认动作，然后再接通电源。若再次出现故障，则更换选购件
oFA30～oFA43	oFA30 ~ oFA43	通信选购卡连接不当（CN5-A） 电源开、关电源，确认动作，然后再接通电源。若再次出现故障，则更换选购件
oFb00	oFb00	连接了不匹配的选购件
oFb01	oFb01	选购卡连接不当

续表

操作器显示		故障名称、原因及处理
oFb02	oFb02	连接了同类选购件
oFb03~oFb11	oFb03 ~ oFb11	选购卡不良（CN5-B）
oFb12~oFb17	oFb12 ~ oFb17	选购卡连接不当（CN5-B）
oFC00	oFC00	连接了不匹配的选购件
oFC01	oFC01	选购卡连接不当
oFC02	oFC02	连接了同类选购件
oFC03~oFC11	oFC03 ~ oFC11	选购卡不良（CN5-C）
oFC12~oFC17	oFC12 ~ oFC17	选购卡连接不当（CN5-C）
oFC50~oFC55	oFC50 ~ oFC55	选购卡不良（CN5-C）
oH	oH	散热片过热 变频器散热片的温度大于 L8-02 的设定值 注：L8-02 的出厂设定根据 02-04（变频器容量选择）的设定而异
oH1	oH1	散热片过热 变频器散热片的温度超过了变频器过热（oH）警报检出值 注：变频器过热（oH）警报检出值因 02-04（变频器容量选择）的设定而异
oH3	oH3	电动机过热警告（PTC 输入） 从模拟量输入端子 A1 ~ A3 中的任意一个输入的电动机过热信号超过了警报检出值 设定为 H3-02、H3-06 或 H3-10=E［设定电动机温度输入（PTC 输入）］时
oH4	oH4	电动机过热故障（PTC 输入） 从模拟量输入端子 A1 ~ A3 中的任意一个输入的电动机过热信号超过了警报检出值 设定为 H3-02、H3-06 或 H3-10=E［变频器运行中（电压输出中）的状态下］时
oL1	oL1	电动机过载 由电子热继电器使电动机过载保护动作
oL2	oL2	变频器过载 电子热继电器进行变频器过载保护动作
oL3	oL3	过转矩检出 1 超过 L6-02（过转矩 / 转矩不足检出值 1）设定的电流值并持续超过了 L6-03（过转矩 / 转矩不足检出时间 1）规定的时间

续表

操作器显示		故障名称、原因及处理
oL4	oL4	过转矩检出 2 超过 L6-05（过转矩 / 转矩不足检出值 2）设定的电流值并持续超过了 L6-06（过转矩 / 转矩不足检出时间 2）规定的时间
oL5	oL5	机械老化检出 1 过转矩时达到了 L6-08 指定的条件
oL7	oL7	高滑差制动过载 通过 n3-04（高滑差制动 oL 时间）设定的时间、输出频率未发生变化
oPr	oPr	操作器连接不良 变频器和操作器间断线（选择“按来自操作器的指令运行”时） 注：满足下列所有条件时，出现“oPr 故障” • 设定为 o2-06=1（检出操作器断线时切断变频器输出） • 操作器发出运行指令（b1-02=0 或选择 LOCAL 运行时）
oS	oS	过速（带 PG 控制模式） 脉冲输入的速度检出值超过了 F1-08［过速（oS）检出值］
ov	ov	主回路过电压 主回路直流电压超过过电压检出值 200 V 级：约 410 V 400 V 级：约 820 V
PF	PF	主回路电压故障 主回路直流电压在再生时以外发生异常波动［在设定为 L8-05=1（有效）时检出］
PGo	PGo	PG 断线检出（带 PG 控制模式） 脉冲输入的速度检出值为 0 的状态持续时间达到 F1-14（PG 断线检出时间）
PGoH	PGoH	PG 断线硬件检出（安装 PG-X3 时检出） 检出 PG 电缆断线
rF	rF	制动电阻器电阻值异常 制动电阻器的电阻值小于最小可连接电阻值 注：L8-55=0 时，不检出 rF
rH	rH	安装型制动电阻器过热 制动电阻器的保护启动［L8-01=1 时保护动作有效，出厂设定为 L8-01=0（无效）］
rr	rr	内置制动晶体管故障 制动晶体管动作故障

续表

操作器显示		故障名称、原因及处理
SC	SC	输出短路或 IGBT 故障 检出输出短路、接地短路或 IGBT 故障
SEr	SEr	速度搜索重试故障 速度搜索重试次数超过了 b3-19（速度搜索重试次数）的设定值
STo	STo	失调检出 检出 PM 电动机的失调
SvE	SvE	零伺服故障 零伺服运行中的旋转位置错位
UL3	UL3	转矩不足检出 1 低于 L6-02（过转矩 / 转矩不足检出值 1）设定的电流值并持续超过了 L6-03（过转矩 / 转矩不足检出时间 1）规定的时间
UL4	UL4	转矩不足检出 2 低于 L6-05（过转矩 / 转矩不足检出值 2）设定的电流值并持续超过了 L6-06（过转矩 / 转矩不足检出时间 2）规定的时间
UL5	UL5	机械老化检出 2 转矩不足时达到了 L6-08 设定的条件
Uv1	Uv1	主回路欠电压 A1-T3 的输入状态通过 U1-21、U1-22、U1-23 来确认，D1-A3 的输入状态通过 U1-17 来确认 • 主回路直流电压低于 L2-05［主回路欠电压（Uv）检出值］的设定值 • 200 V 级：约 190 V • 400 V 级：约 380 V［E1-01（输入电压设定）的设定小于 400 时，为 350 V］
Uv2	Uv2	控制电源故障 控制电源的电压降低
Uv3	Uv3	冲击防止回路故障 发生冲击防止回路的动作不良
voF	voF	输出电压检出故障 检出输出电压故障

2．轻微故障、警告的显示、原因及处理（见表 9—22）

轻微故障、警告是变频器的保护功能。排除故障后，变频器会自动回到原来的状态。

检出轻微故障、警告时，操作器上表示轻微故障内容的文字闪烁显示。进行 H2-01 ~ H2-03（多功能接点输出）=10（轻微故障）设定时，轻微故障输出开启。

表 9—22　　轻微故障、警告的显示、原因及处理

操作器显示		故障名称、原因及处理
AEr	AEr	站号设定故障（CC-Link、CANopen、MECHATROLINK- Ⅱ）
		选购卡的站号设定值超出了设定范围
bb	bb	变频器基极封锁
		由于外部基极封锁信号使变频器切断了输出
boL	boL	制动晶体过载
		变频器内部的制动晶体管过载
bUS	buS	选购卡通信故障
		检出通信故障（将运行指令或频率指令选择为“通过通信选购卡设定”时）
CALL	CALL	通通等待中
		接通电源后，无法从上位装置正常接收控制数据
CE	CE	MEMOBUS 串行通信故障
		在收一次控制数据后，H5-09（CE 检出时间）设定时间以上无法正常接收
CrST	CrST	故障发生后，运行指令输入中复位
		故障发生后，运行指令输入中输入了故障复位信号
dEv	dEv	速度偏差过大（带 PG 控制模式、无 PG 的 PM 用高级控制模式）
		脉冲输入的速度检出值和速度指令的偏差超过 F1-10［速度偏差过大（DEV）检出值］的状态持续时间超过 F1-11［速度偏差过大（DEV）检出时间］
dnE	dnE	Drive Disable 中
EF	EF	正转、反转指令同时输入
		正转指令和反转指令同时输入超过 0.5 s
EF0	EF0	通信卡外部故障检出中
		外部机器的警报功能动作
EF1	EF1	外部故障（输入端子 S1）
		从多功能接点输入端子（S1）输入了外部故障
EF2	EF2	外部故障（输入端子 S2）
		从多功能接点输入端子（S2）输入了外部故障
EF3	EF3	外部故障（输入端子 S3）
		从多功能接点输入端子（S3）输入了外部故障
EF4	EF4	外部故障（输入端子 S4）
		从多功能接点输入端子（S4）输入了外部故障
EF5	EF5	外部故障（输入端子 S5）
		从多功能接点输入端子（S5）输入了外部故障
EF6	EF6	外部故障（输入端子 S6）
		从多功能接点输入端子（S6）输入了外部故障

操作器显示		故障名称、原因及处理
EF7	EF7	外部故障（输入端子 S7）
		从多功能接点输入端子（S7）输入了外部故障
EF8	EF8	外部故障（输入端子 S8）
		从多功能接点输入端子（S8）输入了外部故障
FbH	FbH	PID 反馈超值
		PID 反馈输入大于 PID 反馈超值检出值（b5–36）的状态持续时间超过了 PID 反馈超值检出时间（b5–37）
FbL	FbL	PID 反馈丧失
		在有 b5–12（PID 反馈故障检出选择）时，PID 反馈输入小于 PID 反馈丧失检出值（b5–13）的状态持续时间达到了 PID 反馈丧失检出时间（b5–14）
Hbb	Hbb	安全信号输入中
		2ch 均从输入端子输入了安全信号
HbbF	HbbF	安全信号输入中
HCA	HCA	电流警告
		变频器输出电流超过了过电流预警值（额定电流的 150%）
LT-1	LT–1	冷却风扇维护时期
		变频器的冷却风扇达到了维护时期 注：仅在 H2– □□ =2F 时输出轻故障
LT-2	LT–2	电容器维护时期
		主回路及控制回路的电容器达到了维护时期 注：仅在 H2– □□ =2F 时输出轻故障
LT-3	LT–3	冲击电流防止继电器维护时期
		冲击电流防止继电器达到了维护时期 注：仅在 H2– □□ =2F 时输出轻故障
LT-4	LT–4	IGBT 维护时期（50%）
		IGBT 的维护时期达到了 50% 注：仅在 H2– □□ =2F 时输出轻故障
oH	oH	散热片过热
		变频器散热片的温度超过了 90 ~ 100℃（根据变频器容量而异）
oH2	oH2	变频器过热预警
		从多功能接点输入端子（S1 ~ S8）输入了“变频器过热预警 oH2”（设定为 H1–□□ =B 时）
oH3	oH3	电动机过热
		从多功能模拟量（H3–02 或 H3–10=E）输入的电动机过热信号超过了警报检出值

续表

操作器显示		故障名称、原因及处理
oL3	oL3	过转矩 1
		超过 L6–02（过转矩 / 转矩不足检出值 1）设定的电流值并持续超过了 L6–03（过转矩 / 转矩不足检出时间 1）规定的时间
oL4	oL4	过转矩 2
		超过 L6–05（过转矩 / 转矩不足检出值 2）设定的电流值并持续超过了 L6–06（过转矩 / 转矩不足检出时间 2）规定的时间
oS	oS	过速（带 PG 控制模式）
		脉冲输入的速度检出值超过了 F1–08（过速检出值）
ov	ov	主回路过电压
		未输入运行指令（变频器停止状态）时主回路直流电压超过过电压检出值 200 V 级：约 410 V 400 V 级：约 820 V
PASS	PASS	MEMOBUS 通信测试模式正常结束
PGo	PGo	PG 断线检出（带 PG 控制模式）
		脉冲输入的速度检出值为 0 的状态持续时间达到 F1–14（PG 断线检出时间）以上
PGoH	PGoH	PG 断线硬件检出（安装 PG–X3 时检出）
		检出 PG 电缆断线
rUn	rUn	运行中输入 2 电动机切换指令
		运行中进行了电动机切换
SE	SE	MEMOBUS 通信测试模式故障
		运行中进行了 MEMOBUS 通信测试
TrPC	TrPC	IGBT 维护时期（90%）
		IGBT 的维护时期达到了 90% 注：仅在 H2– □□ =10 时输出轻故障
UL3	UL3	转矩不足 1
		低于 L6–02（过转矩 / 转矩不足检出值 1）设定的电流值并持续超过了 L6–03（过转矩 / 转矩不足检出时间 1）规定的时间
UL4	UL4	转矩不足 2
		低于 L6–05（过转矩 / 转矩不足检出值 2）设定的电流值并持续超过了 L6–06（过转矩 / 转矩不足检出时间 2）规定的时间
Uv	Uv	主回路欠电压
		未输入运行指令（变频器停止中）时，会出现以下状况： • 主回路直流电压低于 L2–05［主回路欠电压（Uv）检出值］的设定值 • 变频器内部的冲击电流控制用接触器被打开 • 控制电源为欠电压

续表

操作器显示		故障名称、原因及处理
uoF	voF	输出电压检出故障
		检出输出电压故障

3．操作故障显示、原因及处理（见表 9—23）

操作故障是参数输入错误或参数间组合不正确时显示的故障。此时多功能接点输出不动作，变频器在正确设定参数前无法运行。检出操作故障后，应采取适当对策以排除故障。显示操作故障时，按下“ENTER”键，以显示 U1–18（oPE 故障的参数），将显示导致操作故障的参数编号。

表 9—23　　操作故障显示、原因及处理

操作器显示		故障名称、原因及处理
oPE01	oPE01	变频器容量设定故障
		o2–04（变频器容量选择）的设定内容与实际的变频器容量不一致
oPE02	oPE02	参数设定范围不当
		参数中设定了设定范围以外的值
oPE03	oPE03	多功能输入选择不当
		H1–01 ~ H1–08（端子的功能选择）的功能分配内容不正确
oPE04	oPE04	端子电路板更换检出
		更换了变频器主体或带参数备份功能的拆装式端子排
oPE05	oPE05	指令选择不当
		通过通信卡或脉冲序列输入执行运行指令或频率指令时的设定不正确
oPE06	oPE06	控制模式选择不当
		控制模式设定不正确
oPE07	oPE07	多功能模拟量输入选择不当
		重复选择了 H3–02、H3–06、H3–10（多功能模拟量输入）中的任一功能或者 PID 的功能分配有重复
oPE08	oPE08	参数选择不当
		设定了当前控制模式无法使用的功能
oPE09	oPE09	PID 控制选择不当
		PID 控制的功能选择不正确［b5–01（PID 控制的选择）=1 ~ 4 时］
oPE10	oPE10	*V/f* 数据设定不当
		参数设定未满足以下关系： • E1–09 ≤ E1–07< E1–06 ≤ E1–11 ≤ E1–04 • E3–09 ≤ E3–07< E3–06 ≤ E3–11 ≤ E3–04

续表

操作器显示		故障名称、原因及处理
oPE11	oPE11	载波频率设定不当
		载波频率设定不正确
oPE13	oPE13	脉冲序列监视选择不当
		H6–06（脉冲序列监视选择）的设定不正确
oPE15	oPE15	转矩控制设定不当
		转矩控制设定不正确
oPE16	oPE16	节能控制参数设定不当
		节能控制参数设定不正确
oPE18	oPE18	在线调整参数设定不当
		在线调整控制参数值设定不正确
oPE20	oPE20	PG–F3 设定不当
		F1–01 设定不正确

4. 自学习故障显示（见表 9—24）

检出自学习故障时，操作器上将显示表示故障内容的文字，电动机自由运行停止。分配给故障或轻微故障的多功能接点输出不动作。虽然自学习已结束，但自学习结果的合理性存在问题时，将显示 End □。确认原因后如果没有问题，直接使用该自学习值；如果认为存在问题，采取措施处理后，再次进行自学习，或手动进行设定（输入）。

表 9—24　　自学习故障显示

操作器显示		故障名称
End1	End1	*V/f* 设定过大（仅在旋转形自学习时检出，自学习结束后显示）
End2	End2	电动机铁芯饱和系数故障（仅在旋转形自学习时检出，自学习结束后显示）
End3	End3	额定电流设定警告（自学结束后显示）
End4	End4	额定滑差警告
End5	End5	线间电阻警告
End6	End6	漏电感警告
End7	End7	空载电流警告
Er–01	Er–01	电动机数据异常
Er–02	Er–02	发生轻微故障
Er–03	Er–03	STOP 键输入

续表

操作器显示		故障名称
Er-04	Er–04	线间电阻异常
Er-05	Er–05	空载电流异常
Er-08	Er–08	额定滑差异常
Er-09	Er–09	加速故障（仅在旋转形自学习时检出）
Er-10	Er–10	电动机旋转方向故障（仅在旋转形自学习时检出）
Er-11	Er–11	电动机速度故障（仅在旋转形自学习时检出）
Er-12	Er–12	电流检出故障
Er-13	Er–13	漏电感故障
Er-14	Er–14	电动机速度故障 2
Er-15	Er–15	转矩饱和故障
Er-16	Er–16	惯性识别值异常
Er-17	Er–17	禁止反转故障
Er-18	Er–18	感应电压故障
Er-19	Er–19	PM 电感故障
Er-20	Er–20	电枢电阻故障
Er-21	Er–21	Z 相脉冲补偿量异常
Er-25	Er–25	高频重叠参数自学习故障

5．动作模式及故障显示

使用拷贝功能时显示的动作模式和故障见表 9—25。

表 9—25　　　　动作模式及故障显示

操作器显示		动作模式
CoPy	CoPy	参数写入中（闪烁）
CPEr	CPEr	控制模式不一致
CPyE	CPyE	写入错误
CSEr	CSEr	使用拷贝功能时的硬件不良
dFPS	dFPs	机型不一致

续表

操作器显示		动作模式
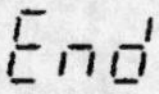	End	Read/Copy/Verify 动作结束
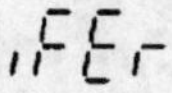	iFEr	通信故障
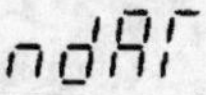	ndAT	机型、电源规格、容量、控制模式不一致
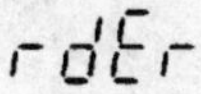	rdEr	读取故障
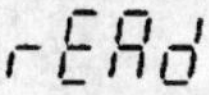	rEAd	参数读取中（闪烁）
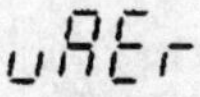	vAEr	电源规格或容量不一致
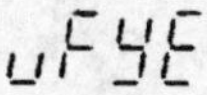	vFyE	参数不一致
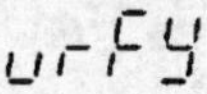	vrFy	参数比较中（闪烁）

使用拷贝功能时，根据相应的动作，操作器上将显示动作模式。检出故障时，操作器上显示表示故障内容的文字，分配给故障或轻微故障的多功能接点输出不动作。故障显示中按操作器的按键，显示将被解除。应采取适当措施排除故障。

6．故障复位（见表 9—26）

发生故障时，必须在排除故障后重新启动变频器。再次启动变频器时，按下述的任一方法使故障复位。

表 9—26　　故障复位

故障发生后的对策	故障复位的方法	图示
排除故障原因后，请将故障复位并重新启动变频器	在操作器上显示表示故障内容文字的状态下，按下操作器的“RESET”键	
通过多功能接点输入端子（顺控输入）使故障复位信号 ON	通过顺控输入，使故障复位信号 ON［须事先将 14（故障复位）分配给多功能接点输入（H1- □□）］ 注：H1-04（端子 S4 的功能选择）的出厂设定为 14（故障复位）	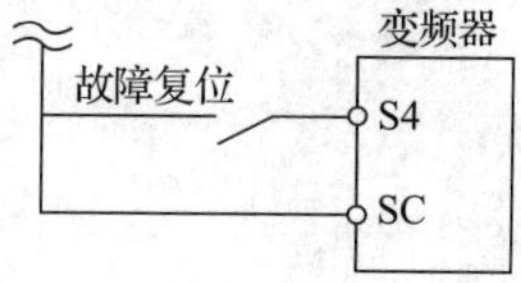
暂时将主回路电源切断，待操作器的显示消失后再次接通电源		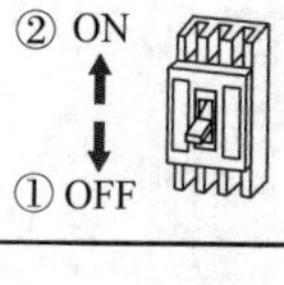

第 3 部分

理论知识考试模拟试卷

理论知识考试模拟试卷（一）

一、判断题（下列判断正确的请打“√”，错误的打“×”。每小题 0.5 分，共 20 分）

1. 电工仪表的测量机构必须由转动力矩装置、反作用力矩装置、读数装置、支撑装置组成。（ ）
2. 电磁式测量机构中，游丝的作用一是产生反作用力矩，二是引导电流。（ ）
3. 示波器探头的作用是提高垂直通道的输入电阻，减小输入电容，还可以扩大量程。（ ）
4. 物性型传感器是利用敏感元件材料的结构参数变化来实现信号变换的。（ ）
5. 主令控制器主要是根据所需操作位置、控制电路数、触点闭合顺序、长期允许电流大小来选择。（ ）
6. 电力变压器的铁芯接地方式采用多点接地。（ ）
7. 液压传动装置中，动力装置、控制调节装置、执行装置为能量转换装置。（ ）
8. 各种控制阀用以控制液压系统所需要的压力、方向和流量，以保证执行元件满足各种不同的工作需求。（ ）
9. 当工作行程较长时，采用柱塞缸较合适。（ ）
10. 实际工作时，溢流阀开口的大小是根据通过的流量自动调整的。（ ）
11. 比例阀可以通过改变输入电信号的方法对压力、流量进行连续控制。（ ）
12. 由于 P 型半导体中含有大量空穴载流子，N 型半导体中含有大量电子载流子，所以 P 型半导体带正电，N 型半导体带负电。（ ）
13. PN 结在无光照无外加电压时，结电流为零。（ ）
14. 当三极管的发射结和集电结都处于正偏状态时，三极管一定工作在饱和区。（ ）
15. 晶闸管具有正反向阻断能力。（ ）
16. 二极管具有单向导电性，当给二极管加上正向电压时，其伏安特性与电阻的伏安特性完全一样。（ ）
17. 旋转磁场的转速越快，则异步电动机的磁极对数越多。（ ）
18. 三相异步电动机没有转差也能转动。（ ）
19. 三相异步电动机的定子是用来产生旋转磁场的。（ ）
20. 三相一次绕组的首尾不能接错，否则会使磁阻和空载电流增大。（ ）
21. 只要供电线路允许三相异步电动机直接启动，就可以采用直接启动的方法来启动

电动机。 （ ）

22. 旋转调心吊具中，旋转装置由旋转支承和驱动机构组成。 （ ）

23. 港口企业装设人工补偿装置后的功率因数称为总功率因数。 （ ）

24. 大型电动装卸机械的电气驱动系统必须根据起重机所带负载的重量而设计。 （ ）

25. 大车行走自动调速系统是一个三闭环的自动调节系统，自动电压调节器 AVRAMP 处于内环。 （ ）

26. 倾转动作是为了方便司机操作吊具与船上的集装箱或码头上集卡上的集装箱对位。 （ ）

27. 固定式双 20 ft 箱吊具即一次能同时装卸两个 20 ft 集装箱，双箱吊点装置不可横向移动的伸缩式吊具。 （ ）

28. 一般在中小型堆取料机中，只设两台动力变压器，而在该变压器的副边再设照明空调用变压器。 （ ）

29. 桥式抓斗卸船机抓斗的升降、开闭及平移运动主要由支持、开闭和小车机构协同完成，三个机构合称抓斗运动机构。 （ ）

30. 抓斗开闭斗控制的速度应根据开闭斗的速度产生，通常在到达开闭位置的末端用平方根算法产生速度曲线。 （ ）

31. 卸船机的控制装置之间及与传动装置间通过工业控制网络或现场总线连接。卸船机控制系统中常用控制网络或现场总线包括 PROFIBUS DP、MODBUS PLUS、工业以太网、GENIUS、FIPIO。 （ ）

32. 设（D0）=100、（D10）=100，则执行“CMPD0D10M0”指令语句后，M1 标志位接通。 （ ）

33. 从梯形图的结构而言，触点是线圈的工作条件，线圈的动作是触点运算的结果。 （ ）

34. 变频器与电动机之间可连接控制电动机启动、停止的开关，以免造成变频器空开跳闸及损坏。 （ ）

35. 变频调速系统中禁止使用能耗制动。 （ ）

36. 目前在中小型变频器中，应用最多的调制方式为正弦波脉冲宽度调制。 （ ）

37. 电流型适用于频繁可逆运转的变频器和大容量的变频器中。 （ ）

38. 变频器的主电路不论是交—直—交变频还是交—交变频形式，都是采用电力电阻器。 （ ）

39. 由于变频器的保护功能较齐全，且断路器也有过电流保护功能，因此进线侧可不接熔断器。 （ ）

40. 变频器调速主要用于三相绕线转子电动机。 （ ）

二、单项选择题（下列每题的选项中，只有 1 个是正确的，请将其代号填在横线空白处。每小题 0.5 分，共 60 分）

1. 电工仪表中，阻尼力矩装置的作用是________。

A. 产生转动力矩　　B. 产生反作用力矩

C. 提高准确度　　D. 缩短读数时间

2. 磁电式测量机构可动部分的稳定偏转角与通过线圈的________。

A. 电流成正比　　B. 电流的平方成正比

C. 电流成反比　　D. 电流的平方成反比

3. 电动式测量机构的固定线圈分成两段，其目的是________。

A. 便于改换电压量程

B. 便于改换电流量程

C. 获得均匀的磁场，便于改换电压量程

D. 获得均匀的磁场，便于改换电流量程

4. 示波器中，*X* 轴放大器主要用于放大________。

A. 被测电压信号　　B. 正弦波扫描信号

C. 锯齿波扫描信号　　D. 矩形波扫描信号

5. 欲改变示波器荧光屏显示波形的个数，应调节________旋钮。

A. 聚焦　　B. 辉度　　C. 辅助聚焦　　D. 扫描范围

6. 要使示波器显示波形向上移动，应调节________旋钮。

A. 垂直位移　　B. *Y* 轴增幅　　C. *X* 轴位移　　D. *X* 轴增幅

7. 示波器可观测________。

A. 周期信号的频谱　　B. 瞬变信号的上升沿

C. 周期信号的频率　　D. 周期信号的功率

8. ________传感器可直接由被测对象输入能量而工作。

A. 电阻式　　B. 电感式

C. 电容式　　D. 热电偶温度计

9. ________传感器需从外部获得能量而工作。

A. 电感式　　B. 光电池

C. 压电式加速度计　　D. 热电偶温度计

10. 采用热释电式接近开关时，被测物体的温度必须和环境温度________。

A. 有差异　　B. 相同　　C. 无关系　　D. 成正比

11. 在环境条件比较好、无粉尘污染的场所，可采用________接近开关。

A. 电感式　　B. 电容式　　C. 霍尔　　D. 光电式

12. 非埋入式感应式接近开关需要把感应头露出一定高度，否则将降低________。

A. 灵敏度　　B. 稳定性　　C. 使用寿命　　D. 过载能力

13．当感应式接近开关检测到物体时，对常闭型接近开关而言，接近开关内部输出三极管________，负载不工作。

A．截止　B．导通　C．放大　D．缩小

14．霍尔接近开关是将________信息变换成相应的电信息的元器件。

A．压力　B．磁场　C．温度　D．位移

15．主令控制器是接通或断开多路主电路和控制电路的一种________电器。

A．手动　B．自动　C．放大　D．缩小

16．对于变压器轻瓦斯保护，正确的说法是________。

A．作用于跳闸　B．作用于信号

C．作用于信号及跳闸　D．以上选项都不正确

17．电力变压器绕组绕制成圆形，是为了绕组在电磁力的作用下受力均匀，具有良好的________。

A．力学性能　B．稳定性　C．使用寿命　D．灵敏度

18．变压器的________是指变压器在额定工作条件下内部绕组温度与环境温度之差。

A．温升　B．稳定温度　C．允许温度　D．最高温度

19．油浸式电力变压器的器身放在灌满油的________内。

A．冷却器　B．储油柜　C．油枕　D．油箱

20．变压器铁芯接地线电流值应________。

A．大于 0.5 A　B．不大于 0.5 A

C．大于 0.6 A　D．不大于 0.6 A

21．________制动器的励磁线圈通电产生磁场，通过磁轭吸合衔铁，衔铁通过连接件实现制动。

A．电磁摩擦式　B．电磁粉末

C．电磁涡流　D．干式单片电磁

22．与机械传动相比，液压传动的优点是________。

A．效率高　B．要求的加工精度低

C．可以得到严格的定比传动　D．运动平稳

23．将发动机输入的机械能转换为液体的压力能的液压元件是________。

A．液压泵　B．液压马达　C．液压缸　D．控制阀

24．下列图中，________是单向定量泵。

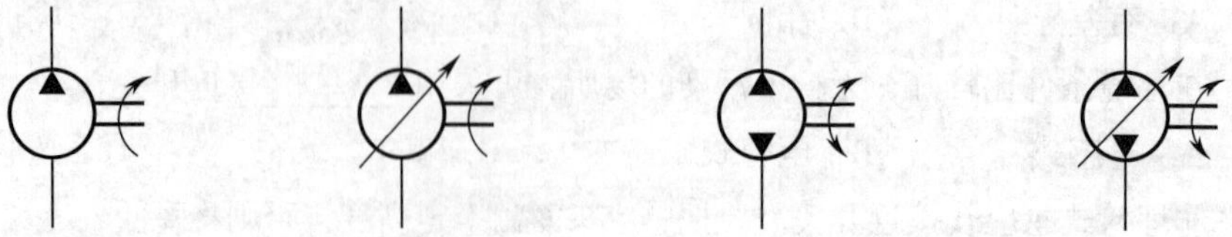

A　B　C　D

25．液压泵的自吸能力与泵的________有关。

A．几何尺寸　　B．真空度　　C．容积　　D．流量

26．液压泵的排量和转速越小，容积效率也越小，因此大排量泵的容积效率比小排量泵的容积效率________。

A．低　　B．高　　C．相等　　D．无关系

27．高速液压马达的转速大于________r/min。

A．300　　B．400　　C．500　　D．600

28．________常应用于各类机械设备、液压升降机、自卸货车和叉车中。

A．单作用液压缸　　B．单活塞液压缸

C．伸缩式液压缸　　D．组合缸

29．在液压系统应用中，________利用液压力作为信号控制其动作。

A．安全阀　　B．溢流阀

C．减压阀　　D．顺序阀和压力继电器

30．广泛应用的换向阀操作方式是________。

A．手动　　B．机动　　C．液动　　D．电磁

31．减压阀的泄油形式为________。

A．内泄　　B．外泄　　C．内泄和外泄　　D．不确定

32．减压阀________在主油路上，经过它减压，进入制动缸的压力油的压力低于主系统工作压力。

A．串联　　B．并联　　C．串联或并联　　D．不确定

33．比例方向阀电流的极性决定________方向。

A．液流　　B．磁场　　C．阀开口　　D．推杆运动

34．卸荷回路________。

A．可节省动力消耗，减少系统发热，延长液压泵使用寿命

B．可使液压系统获得较低的工作压力

C．不能用换向阀实现卸荷

D．只能用滑阀机能为中间开启型的换向阀

35．________调速回路适用于轻载、低速、负载变化不大和对速度稳定性要求不高的小功率场合。

A．进油节流阀　　B．回油节流阀　　C．旁路节流阀　　D．支路阀

36．一级或多级调压回路的核心控制元件是________。

A．溢流阀　　B．减压阀　　C．压力继电器　　D．顺序阀

37．在叉车的起升机构________中，换向阀处于中间位置时，起升液压缸的进油口与油泵、油箱之间的联系被切断，活塞被锁紧，液压缸不能随意移动。

A．锁紧回路　　B．调速回路　　C．平衡回路　　D．卸荷回路

38．变容二极管在电路中使用时，其PN结是________。

A．正向运用　　B．反向运用　　D．常开的　　D．常闭的

39．NPN、PNP 三极管作放大时，其发射结________。

A．均加反向电压

B．NPN 管加正向电压，PNP 管加反向电压

C．均加正向电压

D．PNP 管加正向电压，NPN 管加反向电压

40．半导体二极管的正向交流电阻与正向直流电阻两者大小关系为________。

A．一样大　　B．一样小

C．前者比后者小　　D．前者比后者大

41．在晶闸管调速系统中，选择晶闸管额定平均电流应以电动机的________作为依据。

A．额定电压　　B．最大过载电流　　C．额定电流　　D．启动电流

42．在放大电路中，经过晶体管的信号________。

A．有直流成分　　B．有交流成分

C．交直流成分均有　　D．交直流成分均没有

43．在三相半波可控整流电路中，每个晶闸管的最大导通角为________。

A．30°　　B．60°　　C．90°　　D．120°

44．射极输出器________放大能力。

A．具有电压　　B．具有电流

C．具有功率　　D．不具有任何

45．数字式电压表测量的精确度高，是因为仪表的________。

A．准确度高　　B．输入阻抗高

C．电源稳定性好　　D．能读取的有效数字多

46．电力晶体管是________控制器件。

A．电压　　B．电流　　C．电阻　　D．功率

47．电力晶体管的缺点是________。

A．功率容量小　　B．必须具备专门的强迫换流电路

C．具有线性放大特性　　D．易受二次击穿而损坏

48．稳压管的稳压区是使其工作在________。

A．正向导通　　B．反向截止

C．反向击穿　　D．反向截止和击穿

49．或门的逻辑功能是________。

A．入 0 出 0，全 1 出 1　　B．入 1 出 1，全 0 出 0

C．入 0 出 1，全 1 出 0　　D．入 1 出 0，全 0 出 1

50．已知某 NPN 型晶体管处于放大状态，测得其三个电极的电位分别为 6 V、9 V 和 6.3 V，则三个电极分别为________。

A．发射极、集电极和基极　　B．基极、发射极和集电极

C．集电极、基极和发射极　　D．集电极、发射极和基极

51. 在共射、共集和共基三种基本放大电路组态中，电压放大倍数小于1的是________组态。

A. 共射　　B. 共集　　C. 共基　　D. 不确定

52. 假设设计一个表决器，反对时输入“0”，赞成或弃权时输入“1”，通过输入为“1”，通不过输入为“0”，则这个表决器应具有________逻辑关系。

A. 与门　　B. 非门　　C. 或门　　D. 与非门

53. 逻辑表达式 $Y=\overline{AB+CD}$ 可以用________实现。

A. 与非门　　B. 或非门　　C. 与或非门　　D. 是非门

54. 电动机绕组的节距用字母________表示。

A. T　　B. g　　C. y　　D. P

55. 为改变单相电容启动异步电动机的转向，只需将________。

A. 一次、二次绕组对换

B. 一次、二次绕组中任意一组首尾端对调

C. 电源的“相”线与“零”线对调

D. 电源的“相”线与“零”线短接

56. 如果某三相异步电动机的极数为4，同步转速为1 800 r/min，那么三相电流的频率为________Hz。

A. 50　　B. 60　　C. 45　　D. 30

57. 当三相异步电动机的机械负载增加时，如定子端电压不变，其转子的转速________。

A. 增大　　B. 减小　　C. 不变　　D. 为零

58. 三相异步电动机形成旋转磁场的条件是________。

A. 在三相绕组中通以任意的三相电流

B. 在三相对称绕组中通以三个相等的电流

C. 在三相对称绕组中通以三相对称的正弦交流电流

D. 三相电压相等

59. 三相异步电动机采用Y—△启动时，其启动转矩 $\frac{T_{stY}}{T_{st\triangle}}$ 为________。

A. 1/3　　B. 1/2　　C. 3　　D. 2

60. 从降低启动电流方面考虑，三相异步电动机可以采用降压启动，但启动转矩将降低，因而只适用于________或轻载启动的场合。

A. 重载　　B. 轻载　　C. 空载　　D. 超载

61. 转速不随负载变化的是________电动机。

A. 同步　　B. 异步　　C. 异步或同步　　D. 无法确定

62. 测速发电机可作为________。

A. 执行元件　　B. 放大元件　　C. 校正元件　　D. 测试元件

63. 同步电动机的启动转矩________。

A. 为0　　B. 大于额定转矩　　C. 小于额定转矩　　D. 不确定

64. 下列转速中，________r/min 为四极异步电动机的额定转速。

A. 975　　B. 1 000　　C. 495　　D. 1 475

65. 三相异步电动机过载倍数 λ_m 等于________。

A. 最大转矩与额定转矩之比　　B. 启动转矩与额定转矩之比

C. 最大转矩与启动转矩之比　　D. 电磁转矩与负载转矩之比

66. 一般三相异步电动机的效率在________达到最大值。

A. 1/2 额定负载　　B. 70%额定负载

C. 额定负载附近　　D. 无法确定

67. 运行中的异步电动机，若电源电压上升 20%，则________。

A. 机械转矩增大 20%　　B. 机械转矩无明显变化

C. 机械转矩增大约 40%　　D. 机械转矩增大 80%

68. 异步电动机空载时的效率是________。

A. 25% ~ 30%　　B. 铭牌效率的 30%

C. 0　　D. 80%

69. 集装箱吊具是装卸集装箱的专用________。

A. 工具　　B. 夹具　　C. 索具　　D. 量具

70. 固定吊具无专用动力装置，它通过钢丝绳的升降带动________机构驱动旋锁转动，从而以钢丝绳机械运动的方式实现自动开闭旋锁。

A. 棘轮　　B. 滑轮　　C. 齿轮　　D. 鼓形轮

71. 旋转调心吊具用摆动液压缸驱动导板摆动，其摆动幅度为________mm。

A. 1 200　　B. 1 400　　C. 1 800　　D. 2 000

72. 自动开关保护适用于岸桥的________供电系统中。

A. 高压　　B. 中压　　C. 高流　　D. 低压

73. 起重机通过在启动时控制起升制动器延时松闸，停止时控制________零速信号进行抱闸，能较好地控制下坠现象。

A. 接触器　　B. 变频器　　C. 速度继电器　　D. PLC

74. 当起重机的电动机速度降至额定转速（1 750 r/min）的 1/6 时，________制动系统自动抱闸，电动机停车。

A. 气压　　B. 液压　　C. 机械　　D. 电磁

75. 桥吊装卸作业结束时应将臂架收起来，并且用________钩住固定，这样可避免与大船高层建筑相碰。

A. 攀钩　　B. 铁钩　　C. 搭钩　　D. 铁销

76. 电流速断保护的选择性是靠其________电流的特殊整定要求来保证的。

A. 额定　　B. 动作　　C. 工作　　D. 最大

77. 大车行走自动调速系统中，逻辑选速无环流只用了一套________，在逻辑装置指挥下利用电子开关进行脉冲切换。

A. 调速器　　B. 继电器　　C. 触发器　　D. 变频器

78. 吊具两端的端梁内各有一套由液压缸推动的________机构，每套机构驱动两个旋锁动作。

A. 活塞连杆　　B. 瓦特连杆　　C. 曲柄连杆　　D. 平行四杆

79. 可实现________旋转运动的吊具称为旋转吊具。

A. 立体　　B. 空间　　C. 平面　　D. 左右

80. 港口企业装设人工补偿装置后的功率因数称为________功率因数。

A. 自然　　B. 瞬时　　C. 总　　D. 无功

81. 子母式吊具也称________式吊具。这种吊具在其专用吊梁上装有动力系统，用来驱动下面吊具上的各种机构。

A. 整体　　B. 换装　　C. 组合　　D. 分体

82. 吊具中锁可按指令实现中锁分离或合拢的动作。当吊具在做带载的双 20 ft 箱伸缩运动时，双 20 ft 箱吊具控制程序________将液压系统由正常压力转至高压。

A. 手动　　B. 自动　　C. 混合　　D. 电动

83. 岸桥用电负荷的功率因数一般是随着________性质的变化及电压的波动而变动的。

A. 负荷　　B. 电流　　C. 电压　　D. 功率

84. 在卸船机不工作时为了防止大风冲击，以及船舶停靠时为了避免碰撞，通常需要将卸船机悬臂梁________。

A. 水平放置　　B. 收起　　C. 放于地面　　D. 垂直放置

85. 电气控制系统实时采集支持机构和开闭机构的负载信号，通过力矩________调节功能块实现精确的负载平衡。

A. PID　　B. PC　　C. PCI　　D. PI

86. 抓斗在半自动循环工作过程中的任何时刻，只要小车或起升主令离开零位，即中断半自动运行的工作过程，返回________控制状态。

A. 自动　　B. 手动　　C. 机械　　D. 电气

87. 料堆上自动深挖抓料控制在深挖过程中，最大抓取量的大小可通过“________控制”多位转换开关进行调节，应不少于 6 挡。

A. 挖掘速度　　B. 挖掘量　　C. 挖掘角度　　D. 挖掘方法

88. 抓料半自动工作方式为：抓料闭斗后自动上升→抓斗自动防摇、自动沿最优轨迹运行并精确定位于料斗上方→________→自动沿原最优轨迹返回→自动精确定位在原初始位置等全流程的自动控制。

A. 自动开斗卸料　　B. 自动开斗装料

C. 自动闭斗装料　　D. 手动开斗卸料

89. 安川 PLC 中站点间的通信方式为________。

A. 215 通信方式　　B. 216 通信方式

C. 217 通信方式　　D. 218 通信方式

90．PLC 输入采样阶段，CPU 对各输入端子进行扫描，将输入信号送入________。

A．外部 I 存储器（PI） B．累加器（ACCU）

C．输入映像寄存器（PII） D．数据块（DB/DI）

91．工业中控制电压一般采用________V。

A．24 B．36 C．110 D．220

92．二进制数 1011101 等于十进制数________。

A．92 B．93 C．94 D．95

93．若在 MD0 中存放数据“12 34 56 78 H”，执行程序段“L MD0/CAD/T MD4”后，MD4 中的数据会是________。

A．12H B．34H C．56H D．78H

94．为了拓宽输入电压范围，提高电源的效率和抗干扰能力，PLC 的内部电源一般采用________。

A．并联稳压电源 B．串联稳压电源

C．锂电池 D．开关稳压电源

95．PLC 处于________时，允许进行自由端口通信。

A．RUN 模式 B．PROGRAM 模式 C．监控模式 D．都可以

96．________不属于 PLC 的中断事件类型。

A．通信口中断 B．I/O 中断 C．定时中断 D．编程中断

97．工业级模拟量中，________更容易受干扰。

A．μA 级 B．mA 级 C．A 级 D．10 A 级

98．变频器的节能运行方式只能用于________控制方式。

A．U/f 开环 B．矢量 C．直接转矩 D．CVCF

99．对电动机从基本频率向上的变频调速属于________调速。

A．恒功率 B．恒转矩 C．恒磁通 D．恒转差率

100．对于风机类的负载宜采用________的转速上升方式。

A．直线型 B．S 型 C．正半 S 型 D．反半 S 型

101．平方率转矩补偿法多应用在________的负载。

A．高转矩运行 B．泵类和风机类 C．低转矩运行 D．转速高

102．变频器的基本频率是指输出电压达到________时输出的频率值。

A．U_N B．$U_N/2$ C．$U_N/3$ D．$U_N/4$

103．变频器调速系统的调试方法有________、带负载测试、全速停机试验、正常运行试验。

A．短路试验 B．空载试验

C．开路试验 D．小功率试验

104．下列选项中，________不是常用的电力晶体管（GTR）。

A．单管 B．达林顿管 C．GRT 模块 D．IPM

105. 预置变频器 f_H=60 Hz，f_L=10 Hz，若给定频率为 50 Hz，则变频器输出频率为________Hz。

A. 10　　B. 50　　C. 60　　D. 70

106. 变频器的逆变器是利用________个半导体主开关器件组成的三相桥式逆变电路。

A. 3　　B. 4　　C. 5　　D. 6

107. 变频器按滤波方式分类有电压型变频器和________变频器。

A. 三进三出　　B. 单进三出　　C. 脉宽调制　　D. 电流型

108. ________变频、矢量控制变频、直接转矩控制变频都是交—直—交变频中的一种。

A. SVPWM　　B. VC　　C. DTC　　D. VVVF

109. 启动时（零速率），转差率为________（通常表示转差率为 1）。当变频器驱动使频率逐次增加（常称作频率启动），转差率表示为百分值。

A. 50%　　B. 60%　　C. 80%　　D. 100%

110. SPWM 波形成的方法有自然采样法、________法、采用 SPWM 专用集成芯片。

A. 电流控制　　B. 电压控制　　C. 电源控制　　D. 数字控制

111. 变频器的启动方式，可以用面板、外部端子、________方式等几种启动。

A. 电源　　B. 通信　　C. 内部　　D. 接触器

112. 变频器发电类过电压主要是电动机的同步转速比实际转速________，使电动机处于发电状态，而变频器又没有安装制动单元。

A. 高　　B. 低　　C. 相等　　D. 都不是

113. 变频器温度过高故障是由变频器通风不畅、环境温度高、________故障等原因引起的。

A. 风扇　　B. 电压　　C. 电流　　D. 过载

114. 200 V 级的变频器当直流母线电压低于________VDC，欠压（UV）报警就会出现。

A. 120　　B. 160　　C. 180　　D. 190

115. 变频器参数设置 A1–00，LCD 操作器显示语言的选择“3”代表________。

A. 英语　　B. 日语　　C. 西班牙语　　D. 葡萄牙语

116. 变频器通过 MEMOBUS 通信变更参数时，在变频器接收到用来结束串行通信写入过程的确定指令前，________通过操作器来变更参数。

A. 能　　B. 可以　　C. 不能　　D. 应该

117. 变频器 A2–33 设定为________时，A2–17 ~ A2–32（常用参数）的自动设定有效。

A. 0　　B. 1　　C. 2　　D. 3

118. 变频器电流超过额定电流________且持续 5 s，就报 OL3 故障，说明系统过载，也就是钢结构力矩保护。

A. 150%　　B. 180%　　C. 200%　　D. 250%

119．变频器显示 OV 即过压，也就是________母线 DC BUS 电压超过容许值。

A．直流　　B．交流　　C．输入　　D．输出

120．变频器使用拷贝功能时，根据相应的动作，操作器上将显示________动作模式为参数写入中。

A．CPYE　　B．CSER　　C．CPER　　D．COPY

三、多项选择题（下列每题的选项中，至少有 2 个是正确的，请将其代号填在横线空白处。每小题 0.5 分，共 20 分）

1．电磁式测量机构主要由________组成。

A．固定的线圈　　B．固定的软磁铁片

C．可动的线圈　　D．可动的永久磁铁

E．可动的软磁铁片

2．电气仪表按结构和用途的不同，主要分为________四大类。

A．指示仪表　　B．比较仪表

C．数字仪表　　D．感应仪表

E．智能仪表

3．________属于传感器可靠性指标。

A．工作寿命　　B．重复性　　C．故障率　　D．耐压

4．变压器的高、低压绝缘套管是引出变压器________引线，并起对地绝缘的作用。

A．电源　　B．高压绕组　　C．低压绕组　　D．接地

5．液压传动系统中，执行装置的作用是在压力油的推动下输出________，以驱动工作部件。

A．力　　B．液压能

C．压力　　D．速度

E．动能

6．________用于描述液压系统传动介质的性质。

A．黏性　　B．润滑性　　C．惯性　　D．稳定性

7．对柱塞缸描述正确的是________。

A．单作用液压缸　　B．双作用液压缸

C．适用于长行程　　D．输出推力与缸筒内径无关

8．溢流阀具有________功能。

A．减压　　B．过载保护　　C．溢流稳压　　D．背压

9．容积式调速回路中，________组合是可能的。

A．变量泵和定量马达　　B．定量泵和定量马达

C．定量泵和变量马达　　D．变量泵和变量马达

10．在逻辑门电路中，符合“输入端有 1 出 1”的是________。

A．与门　　　　　　　　　　　B．或门

C．非门　　　　　　　　　　　D．逻辑表达式为 $Y=AB$

E．逻辑表达式为 $Y=A+B$

11．以下________分别表达“与、或、非”三种基本逻辑关系的逻辑符号。

A　　　B　　　C　　　D

12．以下真值表满足“非”逻辑关系的有________。

A	*Y*
0	0

A

A	*Y*
0	1

B

A	*Y*
1	1

C

A	*Y*
1	0

D

13．模拟集成电路的主要构成电路有________等。

A．放大器　　B．滤波器　　C．反馈电路

D．基准源电路　　E．开关电容电路

14．以下真值表满足“与”逻辑关系的有________。

A	*B*	*Y*
0	0	0

A

A	*B*	*Y*
0	0	1

B

A	*B*	*Y*
0	1	0

C

A	*B*	*Y*
1	0	0

D

A	*B*	*Y*
1	1	1

E

15．在直流电动机中，换向极线圈________。

A．与主极线圈串联　　　　　　B．与电枢绕组相串联

C．与主极线圈相并联　　　　　D．主要用于改变电动机旋转方向

E．主要用于消除电刷下的有害火花

16．三相异步电动机的定子绕组，________。

A．电源的一个交变周期等于 180°

B．电源的一个交变周期等于 360°

C．电角度与机械角度的关系是：电角度等于机械角度

D．电角度与机械角度的关系是：电角度 = 磁极对数 × 机械角度

E．电角度与机械角度的关系是：机械角度 = 磁极对数 × 电角度

17．对异步电动机实施变频调速控制，通常的控制方式有________。

A．恒压频比控制　　B．转差频率控制

C．矢量控制　　D．直接转矩控制

E．流量控制

18．异步电动机的改变转差率调速，包括________。

A．定子调压调速　　B．转子同路串接电阻调速

C．串级调速　　D．降压调速

19．采用Y—△降压启动时，启动电流为直接采用三角形接法时启动电流的1/3，但启动转矩降低很多，所以只能用于________启动的电动机上。

A．轻载　　B．重载　　C．满载　　D．空载

20．斗轮堆取料机是在散货堆场中既能堆料又能取料的大型高效率连续装载机械。斗轮堆取料机可分为________、堆取料及尾部胶带输送机等部分。

A．横向　　B．回转　　C．变幅　　D．水平

21．吊具的伸缩、旋锁和导板等运动通过在吊具上的液压动力站、各类液压控制阀控制各类________实现。

A．PLC　　B．液压马达　　C．机械　　D．液压油缸

22．吊具的钢结构是吊具的承载构件，由________两部分构成。

A．旋转机构　　B．伸缩梁　　C．主梁　　D．导板机构

23．卸船机的辅机就地操作站位于料斗附近，主要完成________等辅助设备的就地操作。

A．喷水系统　　B．带式输送机　　C．给料机　　D．控制室

24．斗轮堆取料机 PLC 的功能应包括________等的操作控制和与 CCR 信号传输系统之间的信号传输。

A．料堆形状　　B．行走位置　　C．悬臂俯仰角度　　D．回转角度

25．抓斗的位置同步控制在抓斗未关闭时进行。通过将________的即时位置差与记忆的位置差作比较，位置调节功能块将进行精确的位置控制。

A．起升机械　　B．旋转机构　　C．开闭机构　　D．支持机构

26．为了防止编码器丢失脉冲及累计误差的发生，在小车行程中设置一个编码器检测校准点，进行________。

A．静态校准　　B．动态校准

C．运行校准　　D．编码器的检测

27．斗轮堆取料机的变频器应根据________选择。

A．电动机的大小　　B．起升机构

C．回转机构控制原理　　D．变幅机构

28. 在岸桥的供电系统中，起主要干扰作用的是________次谐波。

A. 3　　B. 5　　C. 7　　D. 11

29. 岸边集装箱桥式起重机柴油发电机组装在岸桥上，不需要配置________等。

A. 滑触线　　B. 变压器

C. 高压柜　　D. 电缆卷筒装置

30. PLC 型号选择的两个重要原则是________。

A. 经济性原则　　B. 安全性原则

C. 功能性原则　　D. 地区性原则

31. PLC 用户数据结构主要有________。

A. 位数据　　B. 字数据

C. 浮点　　D. 位与字的混合格式

32. 逆变电路的种类有________。

A. 电流型　　B. 电阻型　　C. 电抗型　　D. 电压型

33. 变频器按滤波方式分类有________变频器。

A. 三进三出　　B. 电压型　　C. 脉宽调制　　D. 电流型

34. 逆变电路的基本形式有________逆变电路。

A. 半桥　　B. 全桥

C. 晶闸管　　D. 晶体管（IGBT）

35. 变频器的主电路中，断路器的功能主要有________作用。

A. 过载　　B. 短路　　C. 保护　　D. 隔离

36. 变频器输入控制端子分为________端子。

A. 数字量　　B. 模拟量　　C. 主电路　　D. 控制电路

37. 变频器调速系统的调试方法有________。

A. 空载试验　　B. 带负载测试

C. 全速停机试验　　D. 正常运行试验

38. 变频器常见故障有________、变频器过载、电动机过载。

A. 过电流　　B. 过电压

C. 欠电压　　D. 变频器过热

39. 变频器过电压跳闸的主要原因有________。

A. 电源电压过高

B. 降速时间设定太短

C. 降速过程中，再生制动的放电单元工作不理想

D. 升速时间设定太短

40. 变频器加速时间设定过小，会产生________现象。

A. 烧坏电动机　　B. 烧坏变频器

C. 增大电动机的电流　　D. 引发电流速断保护功能动作

理论知识考试模拟试卷（二）

一、判断题（下列判断正确的请打“√”，错误的打“×”。每小题 0.5 分，共 20 分）

1. 小型安装式仪表和便携式仪表多采用矛形指针，以利于精确读数。（ ）
2. 双踪示波器中的“自动扫描电路”的作用是在不管有无触发信号时，扫描发生器都能产生自激扫描。（ ）
3. 调节示波器“T/Div”转换开关可以粗调节锯齿波扫描电压的频率。（ ）
4. 采用电容式接近开关，被测物体必须是导体。（ ）
5. 变压器上层油温一般应在 65℃以下。（ ）
6. 液压系统中的压力取决于负载，执行元件的运动速度取决于流量。（ ）
7. 液压元件的图形符号只表示元件的功能，不表示元件的具体结构和参数，以及连接口的实际位置和元件的空间位置。（ ）
8. 在液压缸中，为了减少活塞在终端的冲击，应采取制动措施。（ ）
9. 节流阀和调速阀都是用来调节流量及稳定流量的流量控制阀。（ ）
10. 液压基本回路按其在系统中的功用可分为压力控制回路、速度控制回路、方向控制回路三种。（ ）
11. TTL 集成电路的电源是 5 V，低电平 0 对应的电压范围是 2.4 ~ 5 V。（ ）
12. 晶体三极管放大器，为了消除湿度变化的影响，一般采用固定偏置电路。（ ）
13. 单结晶体管的等效电路是由一个二极管和两个电阻组成的，所以选用一个适当的二极管和两个电阻正确连接后，就能用来取代单结晶体管。（ ）
14. 一个逻辑函数表达式经简化后，其最简式一定是唯一的。（ ）
15. 三相定子绕组的磁极数越多，则其对应的极距 τ 就越大。（ ）
16. 电磁抱闸制动装置广泛用于起重机械。（ ）
17. 星形接法的优点是当某相故障时可以接成 V 形运行。（ ）
18. 能耗制动的特点是制动平稳，对电网及机械设备冲击小，而且不需要直流电源。（ ）
19. 旋锁机构采用悬挂方式支承，通过旋锁连杆支承在推力关节轴承上。（ ）
20. 继电保护装置在供电系统中用来对一次系统进行监视、测量、控制和保护。（ ）
21. 电动机减速或重载下放的过程是一个能量转换的过程，此时的电动机处于电动状态。（ ）
22. 桥吊收臂架时，第一步臂架从水平位置上升至上限自动停车位置，这个动作在司

机操纵室进行。（　　）

23. 在臂架起升与下降过程中存在手操调速过程。（　　）

24. 斗轮堆取料机进行取料作业时，使尾车架脱离堆取料机并通过升降油缸使尾部带式输送机下降到水平位置。（　　）

25. 斗轮堆取料机回转机构有两种操作方式：一种是“手动”操作方式，由主令控制器 SA 来实现；另一种为“自动”操作方式，通过司机设定参数后由 PLC 根据设计好的程序自动运行。（　　）

26. 抓斗的支持机构和开闭机构转速、转矩的有效配合，有效地降低了在深挖过程中的机械振动。（　　）

27. 抓斗抓料时，将闭合和起升两个手柄一起扳到“起升”位置，抓斗上升；当两个手柄回到“零位”时，抓斗被制动于空中。（　　）

28. 卸船机的变幅电动机传动两个独立的卷筒。为保证机械安全，通常悬臂梁收起后，由机械挂钩锁定，该挂钩称为安全挂钩。（　　）

29. 外设接口是 PLC 实现人机对话和机机对话的通道。（　　）

30. MOVE 指令框中有 EN 和 ENO，而 CMP 指令框中无 EN 和 ENO。（　　）

31. PLC 输出继电器不仅由外部输入信号驱动，而且也能被程序指令驱动。（　　）

32. 模拟量输入寄存器 AI 为只读寄存器，模拟量输出寄存器 AQ 为只写寄存器。（　　）

33. 变频器的输出侧不能接移相电容或噪声滤波器、浪涌吸收器，以免造成开关管过流损坏或变频器不能正常工作。（　　）

34. 为了适应多台电动机比例运行控制要求，变频器具有频率减益功能。（　　）

35. 变频器安装场所周围振动加速度应小于 9.8 m/s^2。（　　）

36. 电压型逆变电路由于能量只能单方向传送，不能适应再生制动运行，因此应用范围很广，不受限制。（　　）

37. 交—直—交变频器是先将工频交流电通过整流器变成直流电，再经过逆变器将直流电变成频率和电压可调的交流电，因此该变频器也称为间接变频器。（　　）

38. 变频器的主电路中，接触器的功能是在变频器出现故障时切断主电源，并防止掉电及故障后的再启动。（　　）

39. 变频器控制回路易受外界干扰，必须对控制回路采取适当的屏蔽措施。（　　）

40. 变频器的过电压集中表现在直流母线的支流总电压上。（　　）

二、单项选择题（下列每题的选项中，只有 1 个是正确的，请将其代号填在横线空白处。每小题 0.5 分，共 60 分）

1. 电磁式仪表刻度不均匀的原因是电磁式测量机构________。

A. 可以交直流两用

B. 本身磁场很弱

C．过载能力很强

D．指针的偏转角与被测电流的平方成正比

2．电动式仪表的________。

A．准确度低　　B．灵敏度高

C．功耗小　　D．受外磁场影响小

3．感应式电能表主要用来测量________电能。

A．直流　　B．交流　　C．交直流　　D．脉动直流

4．示波管荧光屏发光的强弱与激发它的________有关。

A．正电荷数量多少　　B．正电荷数量多少和速度快慢

C．电子数量多少　　D．电子数量多少和速度快慢

5．欲使示波器荧光屏显示波形清晰，应调节________旋钮。

A．X 轴移位和 X 轴衰减　　B．Y 轴移位和 Y 轴衰减

C．聚焦和辅助聚焦　　D．辉度和同步

6．示波器通电后，预热________min 后才能正常工作。

A．1　　B．15　　C．30　　D．60

7．示波器荧光屏上亮点不能太亮，否则________。

A．熔丝将熔断　　B．提示灯将烧坏

C．有损示波管使用寿命　　D．影响使用者的安全

8．________传感器可直接由被测对象输入能量工作。

A．电阻式　　B．电感式　　C．电容式　　D．光电池

9．采用电感式接近开关，被测物体必须是________。

A．半导体　　B．导电体　　C．绝缘体　　D．磁性物体

10．若被测物为导磁材料，或者为了区别和它一同运动的物体而把磁钢埋在被测物体内时，应选用________接近开关。

A．电感式　　B．电容式　　C．霍尔　　D．光电式

11．感应式接近开关当无检测物体时，对常开型接近开关而言，由于接近开关内部输出三极管________，所接的负载不工作。

A．截止　　B．导通　　C．放大　　D．不确定

12．改变电感式传感器的引线电缆后，________。

A．不必对整个仪器重新标定　　B．必须对整个仪器重新调零

C．必须对整个仪器重新标定　　D．不必对整个仪器重新调零

13．霍尔效应的灵敏度高低与外加磁场的磁感应强度成________的关系。

A．正比　　B．反比　　C．倒数　　D．无关系

14．凸轮控制器是一种大型________控制电器。

A．手动　　B．自动　　C．电动　　D．液动

15．电力变压器的铁芯主要采用________结构。

A．同心式　　B．心式　　C．交叠式　　D．叠式

16．在油浸式变压器中，变压器油正常运行的最高温度为________℃。

A．40　　B．85　　C．95　　D．105

17．电力变压器按其冷却方式分为________变压器、油浸式变压器两种。

A．风冷式　　B．自冷式

C．干式　　D．自然冷却式

18．变压器的储油柜位于变压器油箱的上方，通过油管、________与油箱连通。

A．冷却装置　　B．气体继电器

C．干燥器　　D．压力释放器

19．电磁粉末制动器的制动力矩与转动件转速________。

A．成正比　　B．成反比　　C．无关　　D．相等

20．________制动器的励磁线圈通电时形成磁场，磁粉在磁场作用下磁化形成磁粉链，并在固定的导磁体与转子间聚合，靠磁粉的结合力和摩擦力实现制动。

A．电磁摩擦式　　B．电磁粉末

C．电磁涡流　　D．干式单片电磁

21．液压传动能量转换的实现是依靠________。

A．速度变化　　B．温度变化　　C．容积变化　　D．动能变化

22．液压转向系统动力主要来源于________。

A．发动机　　B．液压泵　　C．转向盘　　D．液压阀

23．液压系统的图形符号表示元件的________。

A．结构　　B．参数　　C．功能　　D．安装位置

24．液压传动是依靠液体的________来传递能量的。

A．动能　　B．位能　　C．压力能　　D．机械能

25．下列图形中，________是单向变量泵。

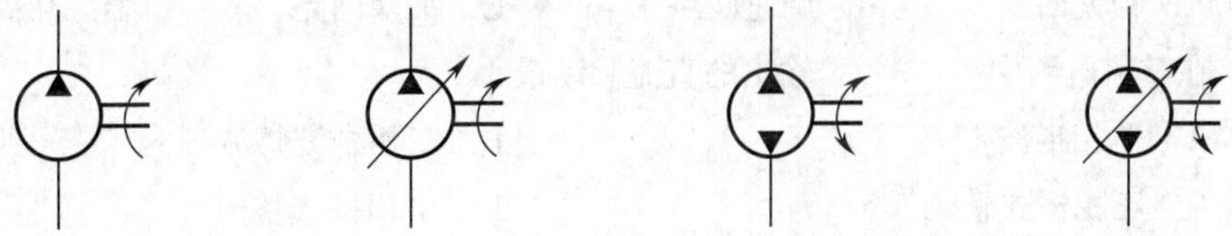

A　　B　　C　　D

26．为减少液压泵的吸油腔因真空而出现吸空和气蚀的情况，很多装卸机械液压系统采用________油箱，来改善泵吸油的效果，增强防油污能力。

A．减压　　B．加压　　C．减速　　D．加速

27．低速液压马达的转速低于________r/min。

A．300　　B．400　　C．500　　D．600

28．双作用液压缸中的________广泛应用于工程机械中。

A．单作用液压缸　　B．单活塞液压缸　　C．伸缩式液压缸　　D．组合缸

29．为了避免活塞在行程两端撞击缸盖，一般液压缸设有________。

A．导向装置　B．排气装置　C．密封装置　D．缓冲装置

30．方向控制阀包括________。

A．单向阀和节流阀　B．换向阀和节流阀

C．单向阀和换向阀　D．节流阀和液控单向阀

31．液压系统中，为防止过载，________是必不可少的。

A．减压阀　B．安全阀　C．平衡阀　D．换向阀

32．________在常态时，阀口是常开的，进、出油口相通。

A．溢流阀　B．减压阀　C．顺序阀　D．单向阀

33．中型以上叉车都采用________来控制叉车框架的起升、下降速度。

A．调速阀　B．溢流阀

C．减压阀　D．下降限速阀

34．比例方向阀电流大小决定________的大小。

A．液流　B．磁场　C．阀开口　D．推杆速度

35．液压系统中，执行元件短时间停止运动可采用________，以达到减小动力损耗、减少液压系统发热、延长泵的使用寿命的目的。

A．减压回路　B．保压回路　C．卸荷回路　D．平衡回路

36．________不宜用在同一行程两次进给速度的转换上，只能用于速度预选的场合。

A．快速与慢速的换接回路　B．慢速与慢速的换接回路

C．两调速阀并联的换接回路　D．两调速阀串联的换接回路

37．容积调速回路通过改变回路中液压泵或液压马达的________来实现调速。

A．排量　B．转矩　C．载荷　D．功率

38．防止立式液压缸和垂直运动的工作部件在悬空停止期间因自重而自行下落的回路称为________。

A．锁紧回路　B．调速回路　C．平衡回路　D．卸荷回路

39．在整流电路中，________输出的直流脉动最小。

A．单相半波整流　B．三相全波整流

C．三相桥式整流　D．单相桥式整流

40．解决放大器截止失真的方法是________。

A．增大上偏电阻　B．减小集电极电阻 R_C

C．减小偏置电阻　D．增大下偏电阻

41．输入阻抗高、输出阻抗低的放大器有________。

A．共射极放大器　B．射极跟随器

C．共基极放大器　D．自动放大器

42．直流放大器的最大特点是________。

A．具有极好的低频特性，对上限频率 f_n 以下的各个频率的信号都具有放大作用

B．有很好的稳定性

C．具有直接耦合的特点

D．应用范围很广

43．稳压二极管的正常工作状态是________。

A．导通状态　　B．截止状态　　C．反向击穿状态　　D．任意状态

44．高频信号发生器大的频率调整旋钮主要用来改变主振荡回路的________。

A．电压高低　　B．可变电容器容量

C．电流的大小　　D．可变电阻的大小

45．CMOS 集成逻辑门电路内部是以________为基本元件构成的。

A．二极管　　B．三极管　　C．晶闸管　　D．场效应管

46．晶体管静态工作点在交流负载线位置定得太高，会造成输出信号的________。

A．饱和失真　　B．截止失真　　C．交越失真　　D．线性失真

47．在实际调整模拟放大电路的静态工作点时，一般是以________为准。

A．I_b　　B．I_c　　C．U_{ce}　　D．U_{be}

48．电子设备的输入电路与输出电路尽量不要靠近，以免发生________。

A．短路　　B．击穿　　C．自激振荡　　D．事故

49．将十进制数 59 转换为二进制数是________。

A．00111011　　B．10110111　　C．10011111　　D．10010011

50．PNP 型三极管处于放大状态时，三个极的电位关系为________。

A．$V_c>V_e>V_b$　　B．$V_c>V_b>V_e$　　C．$V_e>V_b>V_c$　　D．$V_b>V_e>V_c$

51．三极管是一种________控制器件，场效应管是一种________控制器件。

A．电流　电压　　B．电流　电流

C．电压　电流　　D．电压　电压

52．在共射、共集和共基三种基本放大电路组态中，输出电阻最小的是________组态。

A．共射　　B．共集　　C．共基　　D．不确定

53．逻辑电路的信号有两种状态：一种是高电位状态，用“1”表示；另一种是低电位状态，用“0”表示。关于这里的“1”和“0”，下列说法中正确的是________。

A．“1”表示电压为 1 V，“0”表示电压为 0 V

B．“1”表示电压为大于或等于 1 V，“0”表示电压一定为 0 V

C．“1”和“0”是逻辑关系的两种可能的取值，不表示具体的数字

D．“1”表示该点与电源正极相连，“0”表示该点与电源负极相连

54．逻辑表达式 $Y=\overline{A}$可以用________实现。

A．正或门　　B．正非门　　C．正与门　　D．负或门

55．能用转子串电阻调速________异步电动机。

A．普通笼型　　B．绕线式　　C．多速笼型　　D．无法确定

56．单相交流电通入单相绕组产生的磁场是________。

A．旋转磁场　B．恒定磁场　C．脉动磁场　D．正好为零

57．异步电动机旋转磁场的转向与________有关。

A．电源频率　B．转子转速　C．电源相序　D．不确定

58．当三相异步电动机的机械负载增加时，如定子端电压不变，则其定子电流________。

A．增加　B．减少　C．不变　D．不确定

59．降低电源电压后，三相异步电动机的启动电流将________。

A．减小　B．不变　C．增大　D．不确定

60．三相异步电动机在一定的负载转矩下运行，若电源电压降低，定子电流将________。

A．增大　B．降低　C．不变　D．不确定

61．一台三相异步电动机的负载转矩恒定不变，若电源电压下降，则在新的稳定运转情况下，电动机定子绕组中电流 I_1 将________。

A．不变　B．增大　C．下降　D．不确定

62．当直流发电机的负载电流不变时，表示其端电压与励磁电流之间变化关系的曲线称为________。

A．外特性曲线　B．空载特性曲线

C．负载特性曲线　D．内特性曲线

63．直流电机经过一段时间的运行之后，在换向器的表面上形成一层氧化膜，其电阻较大，对换向________。

A．有利　B．不利　C．无影响　D．不确定

64．直流测速发电机电枢电动势的大小与转速成________。

A．正比　B．反比　C．近似反比　D．无关

65．在额定负载情况下，三相异步电动机的端电压变化率不超过________。

A．±5%　B．±10%　C．±8%　D．±7%

66．三相异步电动机的过载能力一般为________。

A．1.8 ~ 2.5　B．1.35 ~ 2　C．1.5 ~ 2.5　D．2.5 ~ 3.5

67．当额定转差率为 0.04 时，二极电动机的转速为________r/min。

A．2 880　B．1 440　C．1 000　D．3 000

68．运行中绕线式异步电动机的转子电路，当电阻加大 40% 时，相应的最大转矩________。

A．增大 40%　B．无变化　C．增大约 90%　D．增大 60%

69．同步电动机采用异步启动方法启动时，励磁绕组应________。

A．开路　B．短路

C．通过大电阻短路　D．通过小电阻短路

70．伸缩式吊具是通过________传动驱动伸缩链条或油缸（目前也有使用电动机直接驱动），使吊具通过自动伸缩改变其长度，以适应装卸不同规格的集装箱。

A. 气压　　B. 液压　　C. 油压　　D. 电气

71. 伸缩式吊具是在标准吊具的上面增加使吊具平面实现大于________旋转并可调节重心的旋转调心吊具。

A. 90°　　B. 180°　　C. 270°　　D. 360°

72. 岸桥采用电力驱动，供电方式有两种，一种是使用外接电源，另一种是用配置在起重机上的________发电机供电。

A. 汽油　　B. 电气　　C. 柴油　　D. 风力

73. 带时限的过电流保护，按照其动作时间特性可分为定时限________保护和反时限过电流保护两种。

A. 过电流　　B. 过电压　　C. 过载　　D. 过负荷

74. ________防摇的优点是不需要任何附加硬件设备就能防止小车摇摆，故障率很低。

A. 机械　　B. 电气　　C. 继电器　　D. 全电子

75. 大车行走自动调速系统是一个三闭环的自动调节系统，自动电流调节器 ACRAMP 处于________环节。

A. 外环　　B. 中间　　C. 内环　　D. 端部

76. 臂架俯仰________时，第一步臂架从水平位置上升至上限自动停车位置，这个动作在司机操纵室进行。

A. 工作　　B. 放臂架　　C. 水平　　D. 收臂架

77. 过电流保护的时限比电流速断保护至少延长一个时间差________，而且前后过电流保护的动作时限又符合“阶梯原则”，以保证动作的选择性。

A. $\Delta t = 5 \sim 7$ s　　B. $\Delta t = 3 \sim 5$ s

C. $\Delta t = 1 \sim 2$ s　　D. $\Delta t = 0.5 \sim 0.7$ s

78. 大车电缆卷缆机构由________台电动机驱动。

A. 1　　B. 2　　C. 4　　D. 6

79. 斗轮堆取料机主要包括________机构及其钢结构件和电气传动控制系统两部分。

A. 传动　　B. 机械　　C. 气动　　D. 曲柄

80. 在混合调速系统中，调节发电机的励磁电流由三相反并联晶闸管整流装置来实现，调节电动机的________电流由单相晶闸管桥式整流装置来实现。

A. 弱磁　　B. 强磁　　C. 励磁　　D. 复磁

81. 可移动式双 20 ft 箱吊具的电气控制部分，一般情况下是在吊具上建立一个________的控制器或与桥吊的 PLC 建立通信，在吊具上配置 PLC 的远程模块。

A. 触摸屏　　B. 变频器　　C. PLC　　D. 单片机

82. 卸船机在半自动工作循环的任何时刻，只要小车主令控制器离开零位，即中断半自动工作循环的运行，回到________控制状态。

A. 自动　　B. 半自动　　C. 手动　　D. 停止

83. 斗轮堆取料机的 PLC 内存有________的备用空间。PLC I/O 有 20% 的备用空间。

A．20%　　B．30%　　C．40%　　D．50%

84．吊具在作正常的伸缩运动时，上下推杆处于________状态。

A．锁钩　　B．脱钩　　C．对接　　D．工作

85．抓斗运动机构（支持、开闭与小车机构）是抓斗桥式卸船机工作频率________的机构。

A．最低　　B．中等　　C．最高　　D．一般

86．抓斗由于转矩限幅，支持电动机在深挖的过程中仍有________额定转矩，恰能维持钢丝绳的重量，使钢丝绳在深挖过程中始终维持在张紧状态，避免了传统抓斗控制在深挖过程中钢丝绳过度松弛的缺陷。

A．50% ~ 60%　　B．30% ~ 40%

C．20% ~ 30%　　D．10% ~ 20%

87．卸船机的大车就地操作站位于________侧，可完成大车移动及夹轨器等就地操作。

A．A 字　　B．大车腿　　C．料斗　　D．控制室

88．在抓斗即将闭合前，应使两台电动机的电枢电流得到一定的限幅控制，即两台电动机在抓斗闭合前后的最大电流不超过额定电流的________倍。

A．1.1 ~ 1.2　　B．1.3 ~ 1.5　　C．1.8 ~ 2　　D．2 ~ 3

89．静卸料法的主要特点是：小车运行到卸料口附近，开始制动减速，因小车速度降低，抓斗由于惯性作用超前小车。调整至合适后再开始卸完全部物料，全过程一般要花________s。

A．1 ~ 3　　B．2 ~ 5　　C．5 ~ 8　　D．8 ~ 10

90．安川 PLC 与变频器的通信方式为________。

A．215 通信方式　　B．216 通信方式

C．217 通信方式　　D．218 通信方式

91．________不属于 PLC 硬件系统。

A．中央处理单元　　B．输入 / 输出接口

C．用户程序　　D．I/O 扩展接口

92．工业中控制电压一般是________电压。

A．交流　　B．直流　　C．混合式　　D．交变

93．十六进制数的 1F，转变为十进制数是________。

A．31　　B．15　　C．30　　D．32

94．每一个 PLC 控制系统必须有一台________，才能正常工作。

A．CPU 模块　　B．扩展模块　　C．通信处理器　　D．编程器

95．FX 系列 PLC 中，16 位加法指令代码为________。

A．DADD　　B．ADD　　C．SUB　　D．MUL

96．当数据接收指令 RCV 的使能端________时，将执行该指令。

A．为 1　　B．为 0　　C．由 1 变 0　　D．由 0 变 1

97．PLC 程序中，手动程序和自动程序需要________。

A．自锁　　B．互锁　　C．保持　　D．联动

98．型号为 2UC13-7AA1 的 MM440 变频器适配的电动机容量为________kW。

A．0.1　　B．1　　C．10　　D．100

99．________的制动方式不适用于变频调速系统。

A．直流制动　　B．回馈制动　　C．反接制动　　D．能耗制动

100．MM440 变频器频率控制方式由功能码________设定。

A．P0003　　B．P0010　　C．P0700　　D．P1000

101．MM440 变频器要使操作面板有效，应设参数________。

A．P0010=1　　B．P0010=0　　C．P0700=1　　D．P0700=2

102．风机、泵类负载运行时，叶轮受的阻力大致与________的平方成比例。

A．叶轮转矩　　B．叶轮转速　　C．频率　　D．电压

103．下列选项中，________不是 P-MOSFET 的一般特性。

A．转移特性　　B．输出特性　　C．开关特性　　D．欧姆定律

104．________控制比较简单，多用于通用变频器。

A．*U*/*f*　　B．转差频率　　C．矢量控制　　D．直接转矩

105．绝缘栅双极型晶体管简称为________。

A．GTR　　B．IGCT　　C．GTO　　D．IGBT

106．预置变频器 f_H=60 Hz、f_L=10 Hz，若给定频率为 5 Hz，则变频器输出频率为________Hz。

A．10　　B．50　　C．60　　D．70

107．变频器的控制电路由运算电路、________电路、控制信号的输入 / 输出电路和驱动电路等构成。

A．整流　　B．检测　　C．滤波　　D．制动

108．变频器按控制方式分为________变频器、转差频率控制变频器、矢量控制方式变频器。

A．PAM（脉幅调制）　　B．PWM（脉宽调制）

C．*U*/*f* 控制　　D．单进三出

109．矩阵式交—交变频具有快速的转矩响应、很高的速度精度、________的转矩精度。

A．高　　B．低　　C．大　　D．小

110．下列选项中，________是电动机的反电动势。

A．$4.44f_1k_{N1}N_1\Phi_m$　　B．$T=\dfrac{9\,550\,P_M}{n}$

C．$\eta=\dfrac{P_2}{P_1}$　　D．以上都不正确

111．电动机稳定运行时需满足________。

A. $T > T_N$　　B. $T=T_N$

C. $T < T_N$　　D. 以上都不正确

112. 下列选项中，________是安川 PLC 的功能模块。

A. SM　　B. IM　　C. FM　　D. CP

113. 用户根据使用情况，每________个月对变频器进行一次定期检查。

A. 1 ~ 3　　B. 3 ~ 6　　C. 6 ~ 9　　D. 12

114. 变频器常见故障有过电流、过电压、________、变频器过热、变频器过载、电动机过载。

A. 欠电压　　B. 短路　　C. 断相　　D. 欠电流

115. 变频器的频率给定有面板给定、________、外部电压给定、电流给定或通信给定等方式。

A. 外部给定　　B. 频率给定　　C. 电阻给定　　D. 内部给定

116. 安川变频器开关电源损坏通常是由于开关电源的负载发生________造成的。

A. 断路　　B. 短路　　C. 开路　　D. 接触不良

117. 400 V 级的变频器，当直流电压低于________V，则故障报警出现。

A. 380　　B. 370　　C. 360　　D. 300

118. 变频器显示 GF 即负载对地短路，其具有瞬态功能，也就是三相相电流偏差大于________额定电流。

A. 30%　　B. 50%　　C. 80%　　D. 100%

119. 变频器显示 PGO 即________检测开路，应检查脉冲编码器及 PG 卡。

A. 电流　　B. 电压　　C. 速度　　D. 频率

120. ________是变频器显示 OC 即过流故障的原因。

A. 力矩提升参数太小　　B. 负载外部断路

C. 加速时间太短　　D. 加速时间太长

三、多项选择题（下列每题的选项中，至少有 2 个是正确的，请将其代号填在横线空白处。每小题 0.5 分，共 20 分）

1. 电工仪表中，阻尼力矩的大小与________无关。

A. 指针偏转角　　B. 指针摆动速度

C. 被测量大小　　D. 反作用力大小

2. ________属于传感器输入量性能指标。

A. 量程　　B. 测量范围　　C. 稳定性　　D. 过载能力

3. 选用接近开关时应考虑________、响应频率、检测距离等技术性能指标。

A. 额定电压　　B. 工作电压

C. 额定电流　　D. 负载电流

E. 额定功率

4. 变压器油能吸收绕组和铁芯产生的热量，起到________作用。

A. 润滑　　B. 散热

C. 隔离　　D. 冷却

E. 绝缘

5. 下列关于液压传动的叙述正确的是________。

A. 液压传动在实际生产中应用广泛

B. 液压传动体积小、质量轻、结构紧凑

C. 液压传动润滑良好、传动平稳

D. 液压传动在实际生产中应用范围小

6. ________不是表征液压泵压力损失的性能参数。

A. 机械效率　　B. 容积效率　　C. 液压效率　　D. 总效率

7. 对减压阀描述正确的是________。

A. 有定值减压阀、定差减压阀和定比减压阀

B. 装卸机械中多采用定压式减压阀

C. 减压阀的作用是实现顺序动作

D. 减压阀在回路中是并联的

8. 在下列液压阀中，________可作为背压阀使用。

A. 单向阀　　B. 顺序阀　　C. 减压阀　　D. 溢流阀

9. ________不是速度控制回路。

A. 换向回路　　B. 卸荷回路

C. 调压回路　　D. 节流调速回路

10. 在逻辑门电路中，符合“输出与输入相反”的是________。

A. 与门　　B. 或门

C. 非门　　D. 逻辑表达式为 $Y=AB$

E. 逻辑表达式为 $Y=\overline{A}$

11. 以下真值表满足“或非”逻辑关系的有________。

A	B	Y
0	0	0

A

A	B	Y
0	0	1

B

A	B	Y
0	1	0

C

A	B	Y
1	0	0

D

A	B	Y
1	1	0

E

12. 如下图所示，当________，这种因果关系称为非逻辑关系。

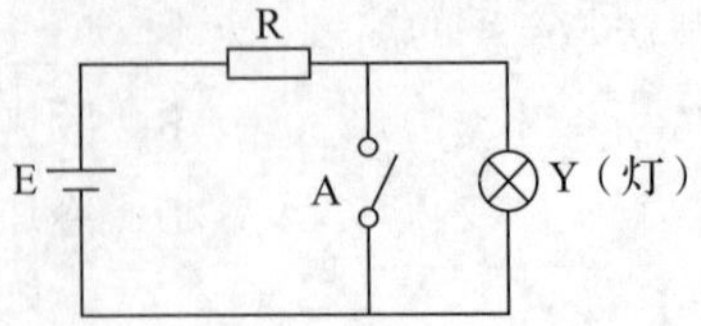

A．开关 A 闭合，Y 亮　　　　B．开关 A 断开，Y 亮

C．开关 A 闭合，Y 不亮　　　　D．开关 A 断开，Y 不亮

13．集成运算放大器电路由________主要部分组成。

A．输入级　　B．中间级　　C．输出级　　D．偏置电路

14．如下图所示，当________，灯亮；当________，灯不亮。当决定一件事情（灯亮）的几个条件（开关 A、B 闭合）全部具备之后，这件事情（灯亮）才能发生，否则不发生，这样的因果关系称与逻辑关系。

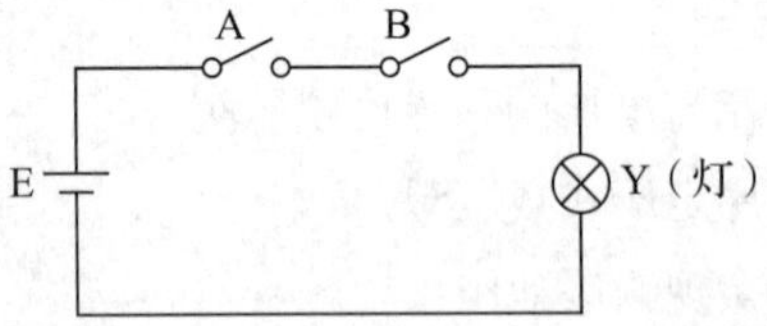

A．开关 A、B 都闭合　　　　B．开关 A 或 B 闭合

C．开关 A、B 都断开　　　　D．开关 A 或 B 断开

15．在直流发电机中，电枢反应的不良后果有________。

A．电刷下产生有害火花　　　　B．电刷产生位移

C．端电压下降　　　　D．端电压上升

E．输出电流增大

16．同步电动机的启动方法有________。

A．直接启动法　　B．调频启动法　　C．辅助电动机启动法

D．异步启动法　　E．降压启动法

17．降压启动的方法主要包含________。

A．自耦变压器降压启动　　　　B．星—三角（Y—△）降压启动

C．延边三角形启动　　　　D．电阻（或电抗）降压启动

18．电动机制动的方式一般有________。

A．机械制动　　B．电力制动　　C．人工制动　　D．液压制动

19．串电阻降压启动的三相对称绕组均采用星形接法，由于________，因此这种方法目前很少被采用。

A．电阻上有热能的损耗　　　　B．电抗器体积大

C．成本较高　　　　D．节省电能

20．________的恒转矩调压调速采用同一套自动调速系统，只是它们的调节器有关参数不同，因此无论在实际使用中还是原理分析上都极为相似。

A．旋转　　　　B．起升机构

C. 大车行走机构　　　　D. 小车行走机构

21. 卸船机的电气控制系统主要由________和监控层四层结构构成。

A. 收集层　　B. 执行层　　C. 控制层　　D. 管理层

22. 标准伸缩式吊具由________和前后倾斜机构等组成。

A. 旋锁机构　　B. 钢结构　　C. 伸缩机构　　D. 导板机构

23. 在变幅就地操作站可对变幅机构全行程进行控制，并且有________两种控制方式可供选择。

A. 手动　　B. 触摸屏　　C. 自动　　D. PLC

24. 电保护装置是在供电系统中用来对一次系统进行________和保护，由继电器组成的一套专门的自动装置，适用于可靠性高、操作灵活方便、自动化程度较高的供电系统。

A. 监视　　B. 测量　　C. 控制　　D. 运行

25. 抓斗必须重新进行初始化，通常的初始化过程有：选择“起升、开闭”模式→使抓斗运行到上停止位置→选择________→按下闭斗初始化按钮→打开抓斗→按下开斗初始化按钮→初始化完成。

A. 关闭抓斗　　B. 开闭模式　　C. 使抓斗闭合　　D. 抓斗起升

26. 岸桥供电系统的保护装置有________。

A. 熔断器保护　　B. 自动开关保护　　C. 继电保护　　D. 接地保护

27. 集装箱码头作业的集装箱主要有________ISO 集装箱和 45 ft 的 APL 集装箱。

A. 20 ft　　B. 30 ft　　C. 40 ft　　D. 60 ft

28. 集装箱吊具按照 ISO 标准设计和制造。设计时，充分考虑了集装箱岸桥吊具作业的恶劣工况，采用了特殊的________措施，从而保证了集装箱作业安全。

A. 防振　　B. 防高温　　C. 防松　　D. 防潮

29. 抓斗卸船机小车机构包括________、编码器检测限位、陆侧停止限位、陆侧超程限位、测速机（直流调速）/ 增量式编码器（交流变频调速）、增量式编码器、制动器打开 / 关闭限位、电动机热敏开关等保护。

A. 海侧超程限位　　　　B. 海侧停止限位

C. 变幅允许限位　　　　D. 起升允许限位

30. PLC 输入点类型有________类型。

A. NPN　　B. PNP　　C. APN　　D. NAN

31. PLC 异步串行通信接口有________。

A. RS232　　B. RS485　　C. RS422　　D. RS486

32. 交—交变频器主要用于________的同步电动机传动。

A. 大容量　　B. 低转速　　C. 高性能　　D. 高转速

33. 变频器按控制方式分类有________变频器、矢量控制方式变频器。

A. PAM（脉幅调制）　　　　B. PWM（脉宽调制）

C. *U/f* 控制　　　　D. 转差频率控制

34. SPWM 波形成的方法有________。

A. 自然采样法　　B. 数字控制法

C. 采用 SPWM 专用集成芯片　　D. 保护控制

35. 频率给定中，数字量给定方式包括________。

A. 模拟量给定　　B. 通信接口给定

C. 面板给定　　D. 直接电压（或电流）给定

36. 常见的电力电子器件有________。

A. 电力晶体管（GTR）　　B. 绝缘栅双极型晶体管（IGBT）

C. 智能电力模块器件（IPM）　　D. 逆变控制

37. 变频器按能量转换方式分为________变频器。

A. 交—交　　B. 交—直—交　　C. 交—直　　D. 直—交

38. 变频器的干扰主要包括________。

A. 环境的干扰　　B. 电动机的干扰

C. 外界对变频器的干扰　　D. 变频器对周边设备的干扰

39. 变频器欠电压跳闸，可能的原因有________。

A. 电源电压过低　　B. 电源断相

C. 整流桥故障　　D. 逆变电路故障

40. 变频器的外配器件中，________用于抗干扰。

A. 短路器　　B. 制动电阻

C. 输入滤波器　　D. 输出滤波器

理论知识考试模拟试卷（三）

一、判断题（下列判断正确的请打“√”，错误的打“×”。每题 0.5 分，共 20 分）

1. 磁电式测量机构中的铝线框可用来产生阻尼力矩。（ ）

2. 使用双踪示波器测量时，必须将 Y 轴偏转因数微调旋钮和 X 轴扫描微调旋钮旋至“校准”位置。（ ）

3. 接近开关的设定距离是指接近开关在实际工作中的整定距离，一般为额定动作距离的 0.5 倍。（ ）

4. 霍尔接近开关可以间接测量液位、压力等过程参数。（ ）

5. 电磁制动器可在短期内用来降低或调整机器的运转速度。（ ）

6. 液压传动中，作用在活塞上的推力越大，活塞运动的速度越快。（ ）

7. 液压泵的流量是指液压泵每转一周，由其密封容积几何尺寸变化计算而得出的液体体积。（ ）

8. 换向阀借助阀芯和阀体之间的相对移动来控制油路的通断，或改变油液的方向，从而控制执行元件的运动方向。（ ）

9. 一个比例溢流阀可以代替多个溢流阀来实现系统中的多级压力控制，可以实现远距离控制。（ ）

10. 因液控单向阀关闭时密封性能好，故常用于保压回路和锁紧回路。（ ）

11. 扩散电流是由半导体的杂质浓度引起的，杂质浓度大，扩散电流大；杂质浓度小，扩散电流小。（ ）

12. PN 结加正向电压时，空间电荷区将变宽。（ ）

13. 晶闸管整流电路中，对触发脉冲有一定的能量要求，如果脉冲电流太小，晶闸管无法导通。（ ）

14. 放大器的放大作用是针对变化量而言的，其放大倍数是输出信号的变化量之比。（ ）

15. 普通 TTL 与非门的输出端不能直接并联使用。（ ）

16. 启动转矩倍数越大，说明异步电动机带负载启动的性能越好。（ ）

17. 三相定子绕组在空间上互差 120° 电角度。（ ）

18. 三相异步电动机的转子转速与旋转磁场转速相等。（ ）

19. 三相异步电动机定子绕组上的电压不变时，电动机内部的铁损耗就维持基本不变，它不受电动机转速的影响。（ ）

20. 为了改善换向，所有的直流电动机都必须加装换向极。（ ）

21. 开（闭）锁限位开关被安装在端部横梁外面，通过检测连杆上感应块的两个位置

来检测开（闭）锁状态。（ ）

22．电流速断保护就是一种延时动作的过电流保护。（ ）

23．当任意两个以上的机构同时运行时，若某一机构传动电动机处于再生制动状态，其再生制动能量可经直流母线直接供给处于电动状态的电动机。（ ）

24．桥吊点动（步进）按钮给出了慢速（步进）信号，使臂架俯仰动作非常缓慢，这样做主要用来定位或试车。（ ）

25．吊具电缆卷绕装置一般采用单排多层的卷盘装置或多排单层的卷筒装置。（ ）

26．斗轮堆取料机变频器的外部输入信号大部分通过输入接口电路的耦合隔离而接入中央处理器 CPU 中，同样外部输入信号也通过输入通道的隔离后进入 CPU。（ ）

27．斗轮堆取料机在回转取料时需经常调节回转速度，在料场边缘时，需快速取料；在料场中间时，需慢速取料。（ ）

28．抓斗静态卸料和动态卸料方式选择可以满足装卸一种物料状态的要求。（ ）

29．抓斗卸料时，起升控制手柄处于“零位”，将闭合控制手柄由“零位”扳到“下降”位置，接通闭合机构，卷筒上闭合绳松开打开抓斗卸料。（ ）

30．悬臂梁运动机构的安全级别要求较高，通常要配备两个制动器，一个称安全制动器，另一个称工作制动器。（ ）

31．PLC 的步进接点如同主控指令一样，将左母线移到步进接点右边。所以，步进指令后必须使用“取”指令。（ ）

32．PLC 的程序段“L MW12/ITD /DTR/ T MD26”是用来将存放在 MW16 中的 16 位整数转换为 32 位实数的程序。（ ）

33．LDP 指令监视元件的接通状态，即在操作中元件由 OFF 到 ON 时产生一个扫描周期接通脉冲。（ ）

34．某变频器需要回避的频率为 18 ~ 22 Hz，可设置回避频率值为 20 Hz。（ ）

35．电动机在不同的转速、不同的工作场合需要的转矩不同，为了适应这个控制要求，变频器具有转矩补偿功能。（ ）

36．直流电抗器的主要作用是改善变频器输入电流的高次谐波干扰，防止电源对变频器的影响，保护变频器及抑制直流电流波动。（ ）

37．变频器过流跳闸主要用于保护电动机，过载跳闸主要用于保护变频器。（ ）

38．GTO 具有自关断能力，属于半控器件。（ ）

39．变频器的主电路中，输出交流电抗器可抑制变频器的辐射干扰和感应干扰，还可抑制电动机的振动。（ ）

40．变频器容量较大时，可为其单独配置供电变压器，以防止电网对变频器的干扰。（ ）

二、单项选择题（下列每题的选项中，只有 1 个是正确的，请将其代号填在横线空白处。每小题 0.5 分，共 60 分）

1．电工仪表中，转动力矩的大小与被测量的大小________。

A．成正比　　B．成反比
C．无关　　D．成某种函数关系

2．电磁式测量机构中采用了________阻尼器。

A．空气　　B．铝线框　　C．磁感应　　D．线圈

3．感应式电能表中的铝盘所受转动力矩和制动力矩相等时，铝盘将________。

A．静止不动　　B．匀速转动　　C．加速转动　　D．减速转动

4．如果示波器偏转板上不加电压，则在荧光屏上会出现________。

A．满屏亮　　B．中间一亮点
C．上方一亮点　　D．下方一亮点

5．若 Y 轴输入信号为 400 Hz，要在示波器荧光屏上看到 5 个完整波形，则扫描频率范围应置于________Hz 挡。

A．10 ~ 100　　B．1 k　　C．10 k　　D．100 k

6．要使示波器显示波形亮度适中，应调节________旋钮。

A．聚焦　　B．辉度　　C．辅助聚焦　　D．X 轴衰减

7．________传感器可直接由被测对象输入能量工作。

A．电阻式　　B．电感式
C．电容式　　D．压电式加速度计

8．采用电容式接近开关，被测物不限于________，可以是绝缘的液体或粉状物。

A．半导体　　B．导电体
C．磁性物体　　D．以上答案均不对

9．光电式接近开关对环境要求严格，无粉尘，被测物对光的________能力好。

A．反射　　B．吸收　　C．隔离　　D．感应

10．感应式接近开关当检测到物体时，对常开型接近开关而言，由于接近开关内部输出三极管________，所接的负载得电工作。

A．截止　　B．导通　　C．放大　　D．击穿

11．下图所示器件为________传感器。

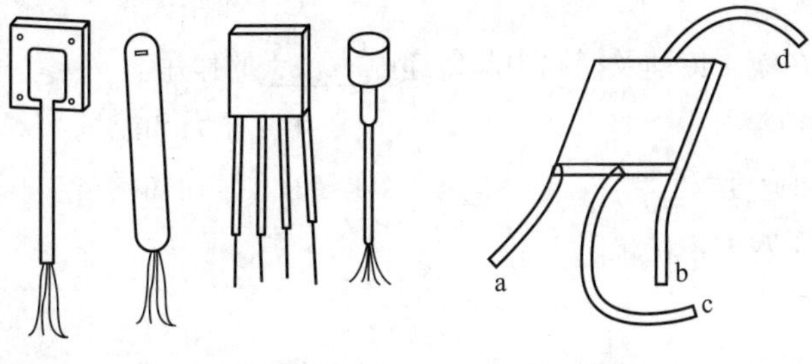

A．电感式　　B．电容式　　C．霍尔　　D．光电式

12．接近开关属于________。

A．有触点开关　　B．无触点开关
C．机械开关　　D．继电器的一种

13. 桥式起重机起重凸轮控制器在上升时上升极限位置触头是________。

A. 闭合的　　B. 断开的　　C. 放大的　　D. 缩小的

14. 电力变压器的铁芯________。

A. 不允许接地　　B. 允许接地　　C. 只允许一点接地　　D. 导通

15. 当变压器内部发生严重故障而产生大量气体时，油箱内压力迅速增加，为防止变压器发生爆炸，油箱上安装________。

A. 气体继电器　　B. 压力释放器　　C. 分接开关　　D. 冷却器

16. 三相电力变压器的额定电流等于额定容量除以$\sqrt{3}$倍________。

A. 额定电压　　B. 工作电压

C. 最大工作电压　　D. 最小工作电压

17. 国家标准规定，变压器运行时其周围环境温度最高为________℃。

A. 40　　B. 45　　C. 50　　D. 60

18. 正常的变压器油色应是透明微带________。

A. 黄色　　B. 红色　　C. 棕色　　D. 红棕色

19. 电磁制动器上所用摩擦材料（制动件）应具备高而稳定的摩擦因数和良好的________。

A. 耐磨性　　B. 灵敏度　　C. 稳定性　　D. 散热性

20. ________制动器的励磁线圈通电时形成磁场，制动轴上的电枢旋转切割磁力线而产生涡流，电枢内的涡流与磁场相互作用形成制动力矩。

A. 电磁摩擦式　　B. 电磁粉末

C. 电磁涡流　　D. 干式单片电磁

21. 液压传动的特点有________。

A. 可与其他传动方式联用，但不易实现远距离操纵和自动控制

B. 可以在较大的速度范围内实现无级变速

C. 能迅速转向、变速，传动准确

D. 体积小、质量轻，零部件能自润滑，且维护、保养和排放方便

22. 液压系统的图形符号反映各元件在油路连接上的________。

A. 结构　　B. 参数　　C. 相互关系　　D. 安装位置

23. 传动介质在液压传动及控制中起传递________的作用。

A. 能量和信号　　B. 压力和流量

C. 推力和速度　　D. 振动和噪声

24. ________是双向定量泵。

A　　B　　C　　D

25．液压泵是通过密封容积的变化来吸油和压油的，故称为________。

A．容积泵　　B．离心泵　　C．真空泵　　D．转子泵

26．起重设备要求伸出行程长时，常采用的液压缸形式是________。

A．活塞缸　　B．柱塞缸　　C．摆动缸　　D．伸缩缸

27．________多应用于汽车起重机、自卸汽车和升降机等机械中。

A．单作用液压缸　　B．单活塞液压缸

C．伸缩式液压缸　　D．组合缸

28．在液压系统应用中，________用于限制液压系统的最高压力。

A．安全阀　　B．溢流阀　　C．减压阀　　D．顺序阀

29．压力继电器是将________转变成电信号的转换装置。

A．速度信号　　B．压力信号　　C．流量信号　　D．温度信号

30．________具有良好的单向密封性能，常用于机械中执行元件需长时间保压、锁紧的地方，也用于防止立式液压缸由于自重作用而下滑等。

A．手动换向阀　　B．机动换向阀

C．液控单向阀　　D．电磁换向阀

31．下降限速阀是一个能随________自动调节节流阀口大小的单向节流阀。

A．速度　　B．压力　　C．流量　　D．外负载

32．调速阀可使流量不随________变化而变化。

A．进口压力　　B．负载　　C．温度　　D．通流面积

33．旁路调速回路适用于________的场合。

A．高速轻载　　B．高速重载　　C．低速轻载　　D．低速重载

34．在用节流阀的旁路节流阀调速回路中，其液压缸速度________。

A．随负载增大而增加　　B．随负载减小而增加

C．不随负载变化　　D．以上选项均不正确

35．________节流阀调速回路可承受负值负载。

A．进油　　B．回油　　C．旁路　　D．支路

36．能使装卸机械工作机构按要求在某一段时间内停止在某个工作位置上固定不动的液压回路称为________。

A．锁紧回路　　B．调速回路　　C．平衡回路　　D．卸荷回路

37．装卸机械中有些机构采用了液压马达为驱动器的回路，一般是在液压马达轴上安装________，以确保液压马达和重物不动。

A．换向器　　B．节流阀　　C．机械制动器　　D．单向阀

38．稳压二极管是利用 PN 结的________。

A．单向导电性　　B．反偏截止特性

C．电容特性　　D．反向击穿特性

39．双极型晶体管和场效应晶体管的控制信号为________。

A．电压　　　　　　　　　　　　B．双极型为电压，场效应为电流

C．电流　　　　　　　　　　　　D．双极型为电流，场效应为电压

40．HTL 与 ITL 与非门相比，具有________的特点。

A．HTL 比 TTL 集成度高　　　　B．HTL 比 TTL 工作速度高

C．HTL 比 TTL 抗干扰能力强　　D．各种性能都一样

41．NPN 的三极管基极电压为 0，集电极电压为 5 V，发射极电压为 3.4 V，此时三极管处于________状态。

A．放大　　B．截止　　C．饱和　　D．损坏

42．规定 RS 触发器________的状态为触发器的状态。

A．R 端　　B．S 端　　C．Q 端　　D．$\overline{Q}$端

43．组合逻辑门电路在任意时刻的输出状态只取决于该时刻的________。

A．电压高低　　B．电流大小　　C．输入状态　　D．电路状态

44．双稳态触发脉冲过窄，会使电路出现的后果是________。

A．空翻　　B．触发而不翻转　　C．随机性乱翻转　　D．正常翻转

45．TTL 与非门的输入端全部同时悬空时，输出为________。

A．零电平　　　　　　　　　　B．低电平

C．高电平　　　　　　　　　　D．可能是低电平，也可能是高电平

46．在三相半波可控电路中，当负载为电感性时，负载电感量越大，则________。

A．输出电压越高　　　　　　　B．输出电压越低

C．导通角越小　　　　　　　　D．导通角越大

47．将二进制数 00111011 转换为十六进制数是________。

A．2AH　　B．3AH　　C．2BH　　D．3BH

48．或非门的逻辑功能是________。

A．入 0 出 0，全 1 出 1　　　　B．入 1 出 1，全 0 出 0

C．入 0 出 1，全 1 出 0　　　　D．入 1 出 0，全 0 出 1

49．在放大电路中，PNP 三极管________。

A．出现截止失真时，输入电阻应增大；出现饱和失真时，输入电阻应增大

B．出现截止失真时，输入电阻应减小；出现饱和失真时，输入电阻应增大

C．出现截止失真时，输入电阻应增大；出现饱和失真时，输入电阻应减小

D．出现截止失真时，输入电阻应减小；出现饱和失真时，输入电阻应减小

50．数字信号和模拟信号的不同之处是________。

A．数字信号在大小上不连续、时间上连续，而模拟信号则相反

B．数字信号在大小上连续、时间上不连续，而模拟信号则相反

C．数字信号在大小和时间上均不连续，而模拟信号则相反

D．数字信号在大小和时间上均连续，而模拟信号则相反

51．在登录电子邮箱（或 QQ）的过程中，要有两个条件，一个是用户名，另一个是

与用户名对应的密码，要完成这个事件（登录成功），体现的逻辑关系为________。

A．“与”关系　　B．“或”关系

C．“非”关系　　D．不存在逻辑关系

52．逻辑表达式 $Y=\overline{A \cdot B}$ 可以用________实现。

A．与非门　　B．或非门　　C．与或非门　　D．非门

53．对于 NPN 硅管，U_{be}>0.7 V，U_{ce}>U_{be}，U_{bc}<0，也就是发射结正偏，集电结反偏，该管处于________状态。

A．截止　　B．放大　　C．饱和　　D．缩小

54．功率消耗较大的启动方法是________。

A．Y—△降压启动　　B．自耦变压器降压启动

C．定子绕组串电阻降压启动　　D．无法确定

55．一台额定运行的三相异步电动机，当电网电压降低 10% 时，电动机的转速将________。

A．上升　　B．降低　　C．不变　　D．停止转动

56．当电源电压恒定时，异步电动机在满载和轻载下的启动转矩是________。

A．完全相同的　　B．完全不同的　　C．基本相同的　　D．部分相同的

57．当三相异步电动机的机械负载增大时，如定子端电压不变，其输入功率________。

A．增大　　B．减小　　C．不变　　D．不确定

58．三相异步电动机在稳定运转情况下，电磁转矩与转差率的关系为________。

A．转矩与转差率无关　　B．转矩与转差率平方成正比

C．转差率增大，转矩增大　　D．转差率减小，转矩增大

59．三相异步电动机在一定的负载转矩下运行，若电源电压降低，电动机的转速将________。

A．升高　　B．降低　　C．不变　　D．不确定

60．工频条件下，三相异步电动机的额定转速为 1 420 r/min，则电动机的磁极对数为________。

A．1　　B．2　　C．3　　D．4

61．直流伺服电动机在自动控制系统中作为________。

A．放大元件　　B．测量元件　　C．执行元件　　D．传导元件

62．直流电动机中装设换向极的目的主要是________。

A．增强主磁场　　B．削弱主磁场　　C．抵消电枢磁场　　D．增大电流

63．在工频下，四极电动机的同步转速为________r/min。

A．750　　B．1 000　　C．1 500　　D．5 000

64．三相异步电动机，当转差率为 1 时，电动机为________状态。

A．制动　　B．同步运行　　C．启动瞬间　　D．异步运行

65．三相异步电动机的空载电流一般为额定电流的________。

A. 25% ~ 50%　　B. 15% ~ 25%　　C. 25% ~ 70%　　D. 1% ~ 8%

66. 一台四极三相异步电动机定子绕组通入 50 Hz 三相交流电流，转子转速为 1 440 r/min，则转子感应电流的频率为________Hz。

A. 50　　B. 2　　C. 20　　D. 1

67. 对于笼型异步电动机，当电源电压不变，仅仅是频率由 50 Hz 改为 60 Hz 时，________。

A. 额定转速上升，最大转矩增大　　B. 额定转速上升，最大转矩减小

C. 额定转速不变，最大转矩减小　　D. 额定转速不变，最大转矩增大

68. 当同步电动机的负载增加时，要使 $\cos\phi=1$，必须________励磁电流。

A. 减小　　B. 增大　　C. 保持恒定的　　D. 说不清

69. 在伸缩链条的两边各有一套张紧和缓冲装置，张紧和缓冲装置除了在液压系统中有________卸荷保护外，还可采用摩擦式驱动链轮来保护吊具的伸缩机构。

A. 过动力　　B. 过液压　　C. 过压力　　D. 过油压

70. 为了确保作业安全，吊具旋锁除了电气联锁外，还装有________联锁装置。

A. 机械　　B. 插销　　C. 继电器　　D. 液压

71. 晶闸管整流过程在直流和交流回路产生的谐波电压，与电容器充放电的峰压叠加，会产生超过________倍以上的过电压。

A. 3　　B. 4　　C. 7　　D. 10

72. 基频以下实现恒转矩调速，空载或轻载时可运行在基频以上，速度提高________倍以上，实现恒功率调速。

A. 1　　B. 3　　C. 5　　D. 8

73. 再生制动能量的处理方式有两种，一种是用制动单元和________来吸收，另一种是通过在直流侧设置公共母线的逆变桥使之回馈到电网。

A. 启动电阻　　B. 电感　　C. 电容　　D. 制动电阻

74. 桥吊起升的行程范围采用限位开关实现定位、自动控制及限位保护，限位开关箱与拖动电动机同轴，由________传动的限位开关箱实现定位控制。

A. 连杆　　B. 带　　C. 链　　D. 蜗轮蜗杆

75. 桥吊完成收放臂架全过程，动作时间为________。

A. 10 min　　B. 30 min　　C. 1 h　　D. 2 h

76. 在速断保护区内，速断为________，过电流保护作为后备保护。

A. 主保护　　B. 辅助保护　　C. 短路保护　　D. 过载保护

77. 桥吊卷缆时电动机________，卷盘覆缆。

A. 停止　　B. 转动　　C. 反转　　D. 正转

78. 轮胎式集装箱龙门起重机，是集装箱码头堆场用的________机械。

A. 专用　　B. 普通　　C. 特殊　　D. 一般

79. 桥吊大车行走自动调整系统中，改变移相触发器导通角的大小，就可改变发电机

励磁电流，从而改变发电机输出电压，实现________调压调速。

A．恒转速　B．恒转矩　C．恒功率　D．恒电压

80．________动作是为了方便司机操作吊具与船上的集装箱或码头上集卡上的集装箱对位。

A．移动　B．倾转　C．行走　D．起升

81．卸船机的前伸（悬）臂最大仰起角为________，可以按需要在司机室或设在海侧门框上的操纵室进行操作。

A．65°　B．85°　C．90°　D．180°

82．容量小的斗轮堆取料机一般都采用低压供电方式，电源为 380 V、50 Hz________。

A．三相三线制　B．三相四线制

C．三相五线制　D．单相双线制

83．元件的过压保护环节必须可靠，除通常的________吸收外，另有大功率压敏器件来吸收过电压。

A．电感　B．电容　C．阻容　D．电阻

84．桥式抓斗卸船机抓斗的开斗、闭斗动作是通过支持机构和开闭机构协同运行所形成的________来实现的。

A．同步　B．异步　C．行程差　D．同时

85．抓斗在料斗上方的停留时间应可以通过静态卸料停止时间选择开关进行调整，通常在________s 即可调至适应所有状况的物料。

A．1 ~ 4　B．5 ~ 8　C．10 ~ 15　D．20 ~ 30

86．抓斗起升初始化是将“机构选择”转换开关转到“起升 +________”位置，接着将抓斗上升到正常上停位置（起升凸轮限位开关），起升初始化完成。

A．开　B．闭　C．开闭　D．单机

87．料堆上闭斗抓料还可进行手动抓料控制。当抓斗处在料堆上时，将“起升/开闭”主令开关置于________位置，可以实现此操作。

A．开启　B．闭合　C．停止　D．运行

88．摆动卸料的主要特点是：小车运行到漏斗口附近开始制动过程中，抓斗已开始开斗卸料。与静卸料方式相比，可以提高生产率________。

A．8%　B．10%　C．14%　D．20%

89．PLC 程序中，全范围通用的寄存器是________。

A．M 寄存器　B．D 寄存器　C．S 寄存器　D．I 寄存器

90．PLC 是在________控制系统基础上发展起来的。

A．继电　B．单片机　C．工业电脑　D．机器人

91．PLC 电池电压降低至下限时，应________。

A．拆下电池　B．及时更换电池

C．充电　D．继续使用

92．M8002 的功能是________。

A．置位功能　　B．复位功能

C．常数　　D．初始化功能

93．输入采样阶段，PLC 的 CPU 对各输入端子进行扫描，将输入信号送入________。

A．外部 I 存储器（PI）　　B．累加器（ACCU）

C．输入映像寄存器（PII）　　D．数据块（DB/DI）

94．PLC 的 RS485 专用通信板的通信距离是________m。

A．1 300　　B．200　　C．500　　D．50

95．PLC 的工作方式是________。

A．等待工作方式　　B．中断工作方式

C．扫描工作方式　　D．循环扫描工作方式

96．________不是小型 PLC 产品。

A．三菱 F1、F2、FX0 系列　　B．欧姆龙 CPM* 系列

C．西门子 S7–400 系列　　D．施耐德 Twido 系列

97．全速停机试验时，若因电压过高而跳闸，应适当________降速时间。

A．延长　　B．缩短　　C．取消　　D．停止

98．高压变频器指工作电压在________kV 以上的变频器。

A．3　　B．5　　C．6　　D．10

99．为了适应多台电动机的比例运行控制要求，变频器设置了________功能。

A．频率增益　　B．转矩补偿　　C．矢量控制　　D．回避频率

100．型号为 2UC13–7AA1 的 MM440 变频器电源电压是________V。

A．1AC ~ 220　　B．1/3AC ~ 220

C．3AC ~ 400　　D．3AC ~ 440

101．变频器的调压调频过程是通过控制________进行的。

A．载波　　B．调制波　　C．输入电压　　D．输入电流

102．变频调速过程中，为了保持磁通恒定，必须保持________。

A．输出电压 U 不变　　B．频率 f 不变

C．U/f 不变　　D．$U \cdot f$ 不变

103．集成门极换流晶闸管的英文缩写是________。

A．IGBT　　B．IGCT　　C．GTR　　D．GTO

104．IPM 是指________。

A．门极关断晶闸管　　B．智能功率模块

C．晶闸管　　D．电力二极管

105．交—交变频器主要用于大容量、________转速、高性能的同步电动机传动。

A．高　　B．低　　C．大　　D．小

106．变频器的控制电路主要任务是完成对逆变器的________控制、对整流器的电压

控制以及完成各种保护功能。

A. 开关　B. 模拟　C. 数字　D. 电流

107. 矢量控制方式基于电动机的动态数学模型，分别控制电动机的________电流和励磁电流，基本上可以达到和直流电动机一样的控制特性。

A. 转矩　B. 电源　C. 负载　D. 额定

108. 变频器驱动的电动机低速运转时，由于转速降低，风冷效果变差，为了使电动机的温升控制在一定的范围内，必须要减轻________扭矩。

A. 电动机　B. 负载　C. 转动　D. 额定

109. 变频器最高频率 50 Hz，最低频率 0.5 Hz，则调速范围为________。

A. 10　B. 100

C. 200　D. 以上都不正确

110. 下列选项中，________不是常用的电力晶体管（GTR）。

A. 单管　B. 达林顿管　C. GRT 模块　D. IPM

111. 变频器的冷却风扇使用________年应更换。

A. 1　B. 3　C. 5　D. 10

112. 变频器在参数中设定电动机的功率、电流、________、转速、最大频率，这些参数可以从电动机铭牌中直接得到。

A. 最大电压　B. 绝缘等级　C. 电阻　D. 电压

113. 正常情况下，变频器直流电为三相全波整流后的________。

A. 最大值　B. 最小值　C. 平均值　D. 绝对值

114. 变频器过流故障是由加减速时间________、负载发生突变、负荷分配不均、输出短路等原因引起的。

A. 太长　B. 太短　C. 不均　D. 都可以

115. 电动机抖动，三相电流、电压不平衡，有频率显示却无________输出，这些现象都有可能是 IGBT 模块损坏。

A. 电压　B. 电流　C. 频率　D. 转速

116. 霍尔传感器由于受温度、湿度等环境因素的影响，工作点很容易发生飘移，导致________报警。

A. UV　B. OH　C. SC　D. GF

117. 变频器________用高级矢量控制模式用于 IPM 电机的恒定转矩用途。

A. PG　B. PM　C. *V/f*　D. IPM

118. 变频器电流超过额定电流________且持续 60 s，就报 OL1 故障，说明电动机过载。

A. 150%　B. 180%　C. 200%　D. 250%

119. 变频器显示 OS 即超速，分硬件与软件超速，设定值分别为额定转速的________与 110%，此时应检查 PG 反馈是否正常。

A．100%　　B．115%　　C．120%　　D．125%

120．变频器操作故障是参数________错误或参数间组合不正确时显示的故障。

A．输入　　B．输出　　C．设置　　D．调整

三、多项选择题（下列每题的选项中，至少有 2 个是正确的，请将其代号填在横线空白处。每小题 0.5 分，共 20 分）

1．对于磁电式仪表，________描述是不正确的。

A．可以测较大的直流电流　　B．可以测交流电流

C．可以交直流两用　　D．只能测较小的直流电流

2．电动式测量机构主要由________组成。

A．固定的磁铁　　B．固定的线圈

C．可动的线圈　　D．可动的永久磁铁

E．可动的铁片

3．________属于测试系统的静态特性。

A．灵敏度　　B．线性度　　C．阻尼系数　　D．分辨率

4．传感器输出的“可用信号”是指便于________的信号。

A．测量　　B．处理

C．转换　　D．传输

E．显示

5．能用涡流式传感器进行测量的是________。

A．位移　　B．材质鉴别

C．探伤　　D．非金属材料

6．液压传动系统中，辅助装置起着________和测量液体压力等作用。

A．连接　　B．输油

C．过滤　　D．储存压力能

7．液压系统的执行元件是________。

A．电动机　　B．液压泵

C．液压缸　　D．液压阀

E．液压马达

8．在液压系统中，对于减压阀，描述不正确的是________。

A．用于控制油路的通断　　B．使油缸运动平稳

C．保持进油口压力稳定　　D．保持出油口压力稳定

9．压力控制回路包括________。

A．换向回路　　B．调压回路

C．卸荷回路　　D．减压回路

E．锁紧回路

10. 在逻辑门电路中，符合“输入端全 1 出 1”的是________。

A. 与门　　B. 或门

C. 非门　　D. 逻辑表达式为 $Y=AB$

E. 逻辑表达式为 $Y=A+B$

11. TTL 集成电路和 CMOS 集成电路对输入端的空脚处理是________。

A. 全部接地　　B. CMOS 允许悬空

C. TTL 允许悬空　　D. CMOS 不允许悬空

E. TTL 不允许悬空

12. 以下真值表满足“或”逻辑关系的有________。

A	B	Y
0	0	0

A

A	B	Y
0	0	1

B

A	B	Y
0	1	1

C

A	B	Y
1	0	1

D

A	B	Y
1	1	1

E

13. 数模转换器通常由四个部分组成，即________。

A. 权电阻网络　　B. 模拟开关

C. 基准电源　　D. 偏置电路

E. 运算放大器

14. 基本的逻辑关系有________。

A. 与逻辑　　B. 或逻辑　　C. 非逻辑　　D. 或非逻辑

15. 采用自动空气断路器和按钮—接触器组成的异步电动机控制电路，所具有的保护功能有________。

A. 短路保护　　B. 过负荷保护

C. 过电压保护　　D. 失压保护

E. 缺相保护

16. 桥式起重机下放重物时，________。

A. 电动机产生的电磁转矩和重物力矩方向相同

B. 电动机产生的电磁转矩和重物力矩方向相反

C. 电动机产生的电磁转矩大于重物力矩

D. 当电动机串入电阻越多时，重物下降速度越快

E. 当电动机串入电阻越多时，重物下降速度越慢

17. 双速电动机最常用的接线方式有________。

A. 绕组从单星形改接成双星形　　B. 绕组从双星形改接成单星形

C. 绕组从三角形改成双星形　　D. 绕组从双星形改成三角形

18. 常用的电力制动方法有________。

A. 能耗制动　　B. 反接制动　　C. 直接制动　　D. 间接制动

19. 绕线式电动机的转子采用三相对称绕组，启动时通常采用________，也有部分绕线式电动机采用________。

A. 直接启动　　B. 星三角降压启动

C. 转子串电阻启动　　D. 频敏变阻器启动

20. 起升机构弱磁升速用于________，调压调速用于启动或带负载调速，考虑到操作简便和使自动控制系统可靠，该系统采用了非独立控制励磁调速系统。

A. 轻载　　B. 空载　　C. 额定负载　　D. 超负载

21. 卸船机的监控装置主要有两类：________加组态软件。

A. 显示器　　B. 工控机　　C. 工业触摸屏　　D. 视频

22. 按照起重机设计规范的要求，起重机每个运动机构都应设置完善的极限保护措施和装置，通常使用________开关等。

A. 传感式　　B. 凸轮　　C. 机械式　　D. 传感器

23. 变幅就地操作站通常位于 A 字梁上，主要用于变幅机构操作，可完成________等操作。

A. 安全挂钩操作　　B. 自动操作

C. 手动操作　　D. 变幅全行程联动

24. 卸船机的控制装置以 PLC 为主，它有________等特点，操作系统固化在硬件中，没有计算机的脆弱、易损缺点，避免了复杂的操作过程。

A. 集成度高　　B. 坚固耐用　　C. 可靠性好　　D. 结构灵活

25. 斗轮式堆取料机的大车行走机构 PLC 控制程序行走启动操作模式有________。

A. 维修　　B. 机侧手动　　C. 机侧自动　　D. 快速移动

26. 抓斗卸船机的________和小车机构都应设有超程限位装置。

A. 起升机构　　B. 开闭机构　　C. 变幅机构　　D. 行走机构

27. 岸桥采用外接电源供电方式具有________、维修量少、减少环境噪声污染等许多优点，是广泛采用的一种供电方式。

A. 经济　　B. 简单　　C. 清洁　　D. 安全

28. 从自动控制的角度看，桥式抓斗卸船机主要有五大运动机构，有________、变幅机构和大车行走机构。

A. 起升支持机构　　B. 起升开闭机构

C. 小车平移机构　　D. 旋转机构

29. 抓斗卸船机大车行走机构具有________、制动器限位、夹轨器限位、锚定销限位、防风缆限位、电缆卷筒限位、声光报警等保护。

A．防撞限位　　B．防滑限位

C．终端减速限位　　D．终端停止限位

30．PLC 输出点的类型有________。

A．继电器　　B．双向晶闸管

C．晶体管　　D．IC 驱动电路

31．串行通信根据要求可分为________。

A．单工　　B．半双工　　C．3/4 双工　　D．全双工

32．目前 PLC 编程主要采用________进行编程。

A．电脑　　B．磁带　　C．手持编程器　　D．纸条

33．交—直—交变频器主电路包括________和控制电路组成。

A．逆变器　　B．整流器　　C．中间直流环节　　D．CPU

34．下列选项中，________属于变频器按控制方式分类。

A．*U*/*f*　　B．SF

C．VC　　D．通用变频器

35．变频器与外部连接的端子分为________。

A．电源端子　　B．主电路端子

C．控制电路端子　　D．保护端子

36．频率给定中，模拟量给定方式包括________。

A．模拟量给定　　B．直接电压（或电流）给定

C．电位器给定　　D．面板给定

37．变频器由主电路和控制电路组成，其主电路主要由________组成。

A．变压器　　B．整流滤波电路

C．逆变电路　　D．制动单元

38．变频器最常见的保护功能有________和瞬间停电的处理。

A．过流保护　　B．过载保护

C．过压保护　　D．欠电压保护

39．通用变频器在使用过程中，若常发生变频器过流报警乃至跳闸，其主要原因有________。

A．电动机过载　　B．负载侧短路

C．加速时间设置过短　　D．开关管频率设置过高

40．变频器参数基本设定项包含________。

A．加速时间　　B．电子过电流保护

C．启动频率　　D．矢量控制

理论知识考试模拟试卷（四）

一、判断题（下列判断正确的请打“√”，错误的打“×”。每题 0.5 分，共 20 分）

1．电磁式仪表既可以测量直流电量，也可以测量交流电量，且测交流时的刻度与测直流时的刻度相同。（ ）

2．改变示波器“垂直位移”旋钮可以调节显示波形在垂直方向上的幅度。（ ）

3．接近开关的回差值是指动作距离与复位距离之差。（ ）

4．凸轮控制器主要用于起重设备中控制中小型绕线式转子异步电动机的启动、制动、调速、换向和停止。（ ）

5．电磁涡流制动器具有调速范围大、低速时效率高、温升高的特点。（ ）

6．液压传动中，油液的黏度随温度变化而变化。低温时油液黏度增大，液阻增大，压力损失增大；高温时黏度减小，油液变稀，泄漏增加，流量损失增加。（ ）

7．液压泵的排量取决于泵的密封腔容积的变化值，与泵的转速无关。（ ）

8．溢流阀调定的是出口压力，而减压阀调定的是进口压力。溢流阀采用内泄，而减压阀采用外泄。（ ）

9．插装阀可以用作方向控制阀、压力控制阀和流量控制阀等。（ ）

10．节流调速回路按节流阀的位置不同可分为进油节流调速、回油节流调速两种。（ ）

11．温度升高时，PN 结的反向饱和电流将减小。（ ）

12．TTL 集成电路的全称是晶体管—晶体管逻辑集成电路。（ ）

13．晶闸管的导通条件是：晶闸管加正向电压，门极加反向电压。（ ）

14．直流放大器可以放大交流信号，但交流放大器不能放大直流信号。（ ）

15．逻辑电路中的“与门”和“或门”是相对的，即正“与门”就是负“或门”，正“或门”就是负“与门”。（ ）

16．“异步”是指三相异步电动机的转速与旋转磁场的转速有差值。（ ）

17．不论何种电动机，实际工作时都存在着功率损耗。（ ）

18．三角形接法优于星形接法是因为它可以有两个电压输出。（ ）

19．并励电动机电枢回路中的启动电阻，除启动时可用来限制启动电流外，运行时调节此电阻又可起调速的作用。（ ）

20．双层绕组可以选择最有利的节距，以使异步电动机的旋转磁场波形接近于正弦波。（ ）

21．除了标准吊具的限位开关外，固定式双 20 ft 箱吊具上的专用限位开关分别用于中间旋锁箱起升位置检测。（ ）

22．在重负载下，起重机工作在额定转速下，即恒转矩控制。（ ）

23．为了实现安全可靠的行走，当臂架俯仰机构动作时桥吊不能行走，桥吊行走机构被夹轨器夹紧或处于锚定位置（遇大风桥吊专门的停车位置），桥吊也不能行走，这些在电气上专门采取了联锁措施加以保证。（ ）

24．倾转装置设在前大梁尾部，由三套螺杆传动装置、滑轮组、重量传感器及托辊装置构成。（ ）

25．大车行走与主起升拖动电动机由同一台发电机供电，要实现它们的互锁。（ ）

26．每台斗轮式堆取料机的 PIC 系统包含所有软件程序，能独立于任何地面 PLC 系统操作设备。（ ）

27．岸边集装箱桥式起重机所有车轮都在正常状态且锁销锁紧时，起升允许动作；当任何一个车轮锁销松开，不允许起升动作。（ ）

28．抓斗低速运行到空中适当位置，并将“机构选择”转换开关转到“开闭单机”位置，将抓斗闭合，按一下“闭斗初始化”带灯指示按钮，完成抓斗闭合初始化，指示灯闪烁。（ ）

29．根据卸船机的工作特点，在采用直流调速传动时，一般情况下电动机制动时产生的能量可采用电阻耗能，在大吨位抓斗等特殊情况下可考虑将电能逆变回电网，以利用空抓斗下放时产生的能量。（ ）

30．卸船机只有当悬臂梁放至水平位置后，且“变幅水平”指示灯亮时，才允许司机室和抓斗运行，否则将处于初始状态。（ ）

31．PLC 的所有软元件都是采用十制进行编号的，如输出继电器有 Y0、Y1、Y2、Y3、Y4、Y5、Y6、Y7、Y8、Y9、Y10 等（ ）。

32．用 SIMATIC 重新接线时，必须关闭 LAD/STL/FBD Editor，以便确实没有块在处理。（ ）

33．PLC 在同一程序中不能使用双线圈输出，即同一个元器件在同一程序中只能使用一次“=”指令。（ ）

34．变频器输入控制端子分为数字量端子和模拟量端子。（ ）

35．输出电磁滤波器安装在变频器和电动机之间，抑制变频器输入侧的谐波电压。（ ）

36．变频器的电容滤波，由于电容量比较大，一般采用电解电容。（ ）

37．变频器矢量控制模式下，一只变频器只能带一台电动机。（ ）

38．IGBT 综合了 MOSFET 和 GTR 的优点，具有输入阻抗高、工作速度快、通态电压低、阻断电压高、承受电流大的优点。（ ）

39．变频调速参数设置，上限频率不应超过额定频率。（ ）

40．变频器的设定恢复到出厂设定，初始化后，A1-03 的值自动归零。（ ）

二、单项选择题（下列每题的选项中，只有 1 个是正确的，请将其代号填在横线空白处。每小题 0.5 分，共 60 分）

1．电工仪表的游丝在弹性范围内，反作用力矩的大小与______。

A．指针偏转角成正比　　B．指针偏转角成反比
C．指针转动速度成正比　　D．指针转动速度成反比

2．磁电式测量机构主要由________组成。

A．固定的磁路系统和可动的软磁铁片
B．固定的通电线圈和可动的软磁铁片
C．固定的软磁铁片和可动的软磁铁片
D．固定的磁路系统和可动的通电线圈

3．磁电式测量机构的阻尼力矩由________产生。

A．游丝　　B．磁路系统
C．可动线圈的铝框　　D．固定线圈的铝框

4．电磁式仪表指针的偏转角与被测电流的大小________。

A．成正比　　B．成反比
C．的平方成正比　　D．的平方成反比

5．电动式测量机构中游丝的作用是________。

A．产生反作用力矩　　B．引导电流
C．产生反作用力矩和引导电流　　D．产生阻尼力矩

6．感应式电能表主要用来测量________电能。

A．直流　　B．交流　　C．交直流　　D．脉动直流

7．如果锯齿波扫描电压周期是被测信号周期的4倍，则示波器的荧光屏上会出现________个完整波形。

A．2　　B．3　　C．4　　D．8

8．使用示波器时，要使波形的垂直幅度大小适宜，应调节（　　）。

A．微调旋钮　　B．V/DIV开关
C．扫描时间因数选择开关　　D．V/DIV开关和微调旋钮

9．结构型传感器是依靠________的变化实现信号变换的。

A．本身物理性质　　B．体积大小　　C．结构参数　　D．电阻值

10．________传感器需从外部获得能量工作。

A．电阻式　　B．光电池
C．压电式加速度计　　D．热电偶温度计

11．采用霍尔接近开关，被测物体必须是________。

A．半导体　　B．导电体　　C．磁性物体　　D．绝缘体

12．________接近开关适合用于测量非金属、液位高度、粉状物高度、塑料等对象。

A．电感式　　B．电容式　　C．霍尔　　D．光电式

13．感应式接近开关采用埋入安装方式，不易被碰坏，________。

A．灵敏度较高　　B．灵敏度较低
C．稳定性较高　　D．稳定性较低

14. 感应式接近开关当未检测到物体时，对常闭型接近开关而言，接近开关内部输出三极管________，负载得电工作。

A. 截止　　B. 导通　　C. 放大　　D. 不确定

15. 当一块通有电流的金属或半导体薄片垂直地放在磁场中时，薄片的两端就会产生________，这种现象称为霍尔效应。

A. 电位差　　B. 电流　　C. 电磁力　　D. 力矩

16. 在凸轮控制器方轴上叠装不同形状的________，使一系列动静触点按设计的顺序接通与断开，将这些触点接到电动机电路中，从而控制电动机。

A. 弹簧　　B. 垫片　　C. 支杆　　D. 凸轮块

17. 电力变压器的铁芯一点接地是通过接地引线箱体顶部________接地套管引出，在箱体外接地来实现。

A. 铁芯　　B. 绕组　　C. 油箱　　D. 储油柜

18. 变压器的额定容量是指变压器的________，表示变压器在额定条件下的最大输出功率。

A. 有功功率　　B. 无功功率　　C. 视在功率　　D. 总功率

19. 三相电力变压器的额定电流是指变压器绕组的额定________。

A. 最大电流　　B. 工作电流　　C. 线电流　　D. 相电流

20. 对于油浸式变压器，________至少一次对变压器及其附属设备进行全面检查。

A. 每天　　B. 每周　　C. 每月　　D. 每季

21. 如果变压器油呈________，可能是油变质或油位计脏污。

A. 黄色　　B. 褐色　　C. 黑色　　D. 红棕色

22. 从工作性能看，液压传动具有________的优点。

A. 传动准确、传动效率高

B. 对元件的安装、调整、维护要求较低

C. 运行过程中能进行无级调速

D. 要求加工精度低

23. 液压系统中液压泵属于________。

A. 动力装置　　B. 执行装置　　C. 控制调节装置　　D. 辅助装置

24. ________是双向变量泵。

A　　B　　C　　D

25. 液压泵的输出压力越高，泄漏越大，因此容积效率随着液压泵工作压力的增大而________。

A. 增大　　B. 减小　　C. 不变　　D. 不确定

26. 液压泵能实现吸油和压油，是由于泵的________变化。

A. 动能　　B. 压力能　　C. 密封容积　　D. 流动方向

27. 在液压缸中应用广泛的是________。

A. 活塞缸　　B. 柱塞缸　　C. 摆动缸　　D. 组合缸

28. 中小吨位装卸机械液压系统中的方向阀大多数采用________。

A. 手动换向阀　　B. 机动换向阀

C. 电液换向阀　　D. 电磁换向阀

29. 在液压系统中，________用于稳定某处的压力值。

A. 安全阀　　B. 溢流阀和减压阀

C. 压力继电器　　D. 顺序阀

30. 溢流阀的泄油形式为________。

A. 内泄　　B. 外泄　　C. 内泄和外泄　　D. 前泄

31. 减压阀是一种利用液流流过缝隙产生压力降的原理，使出口压力________进口压力的压力控制阀。

A. 低于　　B. 高于　　C. 等于　　D. 不确定

32. 装载机中安装比例溢流阀和电子元件后，可使装载机自动按载荷调节液压系统工作压力，自动调节动力机的________大小。

A. 输出功率　　B. 压力　　C. 速度　　D. 流量

33. 卸荷回路属于________回路。

A. 方向控制　　B. 压力控制　　C. 速度控制　　D. 顺序动作

34. 当系统功率不大、负载变化较大时，可采用________调速回路。

A. 进油节流阀　　B. 回油节流阀　　C. 旁路节流阀　　D. A 或 B

35. 为使减压回路可靠地工作，其最高调整压力应________系统压力。

A. 大于　　B. 小于　　C. 等于　　D. 不确定

36. 液压调速，常用的方法是________。

A. 改变输入液压执行元件的流量或改变液压缸的有效面积

B. 改变输入液压执行元件的流量或液压马达的排量

C. 改变液压缸的有效面积或液压马达的排量

D. 以上三项都不对

37. 轮胎式起重机为了工作可靠，采用________，将伸出的支腿长时间停止在原来的支撑位置上，将支腿液压缸的进、回油路关闭并锁紧，以防止其移动。

A. 锁紧回路　　B. 调速回路　　C. 平衡回路　　D. 卸荷回路

38. 二极管的反向饱和电流在 20℃时是 5 μA，温度每升高 10℃，其反向饱和电流增大一倍，当温度为 40℃时，反向饱和电流值为________μA。

A. 10　　B. 15　　C. 20　　D. 40

39. 三相半波可控整流电路带阻性负载时，当控制角大于________时，输出电流开始断续。

A. 30°　　B. 45°　　C. 60°　　D. 90°

40. 在整流电路的输出端并一个电容，主要是利用电容的________特性，使脉动电压变得较平稳。

A. 电压不能突变　　B. 滤波

C. 充放电　　D. 升压

41. 数字电路的特点是________。

A. 输入/输出信号都是连续的

B. 输入/输出信号都是离散的

C. 输入信号连续，输出信号是离散的

D. 输入信号离散，输出信号是连续的

42. 单极型半导体器件是________。

A. 二极管　　B. 双极型三极管

C. 场效应管　　D. 稳压管

43. 当单结晶体管的发射结电压高于________电压时，就导通。

A. 额定　　B. 峰点　　C. 谷点　　D. 安全

44. 把放大器的输入端短接，若反馈信号没有消失，此时的反馈应属于________反馈。

A. 并联　　B. 串联　　C. 电压　　D. 电流

45. 当集成逻辑“与非”门某一输入端接地，而其余输入端悬空时，流入这个输入端的电流称为输入________电流。

A. 额定　　B. 开路　　C. 短路　　D. 负载

46. 直流放大器中，产生零点飘移的主要原因是________的变化。

A. 频率　　B. 电路中电流　　C. 元件参数　　D. 温度

47. 在下列数码显示器中，最省电的是________。

A. 液晶显示器　　B. 荧光数码管

C. 发光二极管显示器　　D. 辉光数码管

48. 将二进制数 010101011011 转换为十进制数是________。

A. 1371　　B. 3171　　C. 1137　　D. 1731

49. 三极管工作在饱和区状态时，它的两个 PN 结必须是________。

A. 发射结和集电结同时正偏　　B. 发射结和集电结同时反偏

C. 发射极和集电极同时正偏　　D. 发射极和集电极同时反偏

50. 可以放大电压，但不能放大电流的是________组态放大电路。

A. 共射　　B. 共集　　C. 共基　　D. 不确定

51. 走廊里有一盏电灯，在走廊两端各有一个开关，希望不论哪一个开关接通都能使电灯点亮，设计的电路为________。

A．“与”门电路　　B．“非”门电路

C．“或”门电路　　D．上述答案都有可能

52．逻辑表达式 $Y=AB$ 可以用________实现。

A．正或门　　B．正非门　　C．正与门　　D．负或门

53．对于 NPN 硅管，$U_{be}>0.7$ V，$U_{ce}<U_{be}$，$U_{bc}<0$，也就是发射结正偏，集电结也正偏，该管处于________状态。

A．截止　　B．放大　　C．饱和　　D．不确定

54．下列方法中属于改变转差率调速的是________调速。

A．变电源电压　　B．变频

C．变磁极对数　　D．以上选项都不正确

55．三相异步电动机铭牌上标明：“额定电压 380/220 V，接法Y/△”。当电网电压为 380 V 时，这台三相异步电动机应采用________。

A．△接法　　B．Y接法

C．△、Y接法都可以　　D．△、Y接法都不可以

56．当三相异步电动机的机械负载增加时，如定子端电压不变，其旋转磁场速度________。

A．增大　　B．减小　　C．不变　　D．不确定

57．笼型异步电动机空载运行与满载运行相比，其电动机的电流________。

A．大　　B．小　　C．相同　　D．不确定

58．某三相异步电动机的额定转速为 735 r/min，相对应的转差率为________。

A．0.265　　B．0.02　　C．0.51　　D．0.183

59．从降低启动电流来考虑，三相异步电动机可以采用降压启动，但启动转矩将________，因而只适用于空载或轻载启动的场合。

A．降低　　B．升高　　C．不变　　D．不确定

60．带冲击性负载的机械宜选用________异步电动机。

A．普通笼型　　B．高启动转矩笼型

C．多速笼型　　D．绕线

61．同步电动机是一种________。

A．直流电动机　　B．交流电动机　　C．控制电动机　　D．不确定

62．转速 n=250 r/min，频率 f=50 Hz 的同步发电机的磁极对数是________。

A．24　　B．12　　C．6　　D．4

63．三相异步电动机的输入功率与定子铜损和铁损之差为________。

A．输入功率　　B．机械功率　　C．电磁功率　　D．视在功率

64．同步电动机的励磁电流小于正常值或大于正常值时，定子电流都________。

A．减小　　B．增大

C. 不变　　D. 以上选项都不正确

65. 小型异步电动机的效率 η 一般为________。

A. 50% ~ 80%　　B. 60% ~ 85%　　C. 70% ~ 95%　　D. 95%以上

66. 一台四极三相异步电动机，若要求旋转磁场的转速 n_0 为 1 800 r/min，则电源的频率应为________Hz。

A. 50　　B. 30　　C. 60　　D. 100

67. 异步电动机短路电流比变压器的短路电流小，一般为额定电流的________倍，而变压器的短路电流高达额定电流的 10 ~ 20 倍。

A. 4.5 ~ 6　　B. 3.5 ~ 8　　C. 8 ~ 10　　D. 10 ~ 5

68. 在过励状态下运行的同步电动机相当于________负载。

A. 电阻　　B. 容性

C. 感性　　D. 纯电感元件

69. 可移动式双 20 ft 箱吊具与固定式双 20 ft 箱吊具的主要区别在于其________的机构。

A. 一般　　B. 特殊　　C. 普通　　D. 传动

70. 当吊具由于旋转运动而发生重心偏移时，调心装置能够自动或按司机操纵指令进行行程 ±________mm 的调心运动，以保持吊具的水平状态。

A. 600　　B. 800　　C. 1 000　　D. 1 200

71. 料堆上自动深挖抓料控制中，开闭电动机自动加速至最大速度运行，并在抓斗________前自动减速，直至抓斗闭合时自动停止。

A. 开启　　B. 闭合　　C. 运行　　D. 抓料工作

72. 起重机属于________性负载，当起升上升时必须克服地球引力，当起升下降时又有重力加速度加快下降速度。

A. 机械　　B. 电气　　C. 动力　　D. 位能

73. 为了实现行走机构定位或试车，在桥吊门腿上装了两个点动按钮，按点动按钮时，大车行走速度缓慢，只有额定速度的________左右。

A. 10%　　B. 20%　　C. 30%　　D. 50%

74. 臂架俯伸系统是集装箱桥吊的一种________操作系统。

A. 一般　　B. 特殊　　C. 传统　　D. 普通

75. 臂架俯仰电力拖动方式与小车________一样，是发电机—电动机系统。

A. 纵行　　B. 横行　　C. 正转　　D. 反转

76. 在速断保护的________内，过电流保护为基本保护。

A. 饱和区　　B. 死区　　C. 放大区　　D. 运行区

77. 大车行走自动调速系统中，逻辑选速无环流保证了在任何时候只可能有________组晶闸管触发。

A. 一　　B. 两　　C. 四　　D. 六

78. 悬臂梁运动机构的工作频率低，且不需要与其他机构联动，在电气控制上往往与小车机构的控制系统合二为一，共用________套电子传动装置。

A. 1　　B. 2　　C. 4　　D. 8

79. 旋转装置由旋转支承和驱动机构组成。在旋转装置上装有均力平衡梁，以保证起重机________根钢丝绳均衡受力。

A. 2　　B. 4　　C. 8　　D. 10

80. 旋锁机构推力关节轴承的上半部球形支承面作用在凹球面上，允许在较大范围内摆动，从而使吊具旋锁在空间实现了________的“浮动”。

A. 全方位　　B. 前面　　C. 两侧面　　D. 后面

81. 如果速度控制器在运行中发生紧急停车事件，速度控制器的控制命令取消应该总是先于主电源的切断，时间应不少于________ms。

A. 80　　B. 100　　C. 120　　D. 180

82. 吊具上所有的用电设备和受控元件均通过一个密封的电控箱，采用专用________插头 / 插座与吊具电缆相接。

A. 单芯　　B. 三芯　　C. 多芯　　D. 电缆

83. 为了提高作业效率，实现一次吊装两个________ft 集装箱的吊具称为双箱吊具。

A. 20　　B. 40　　C. 45　　D. 90

84. 电容器全部采用油浸式电容器，并按不同________要求特殊制造。因为一般的干式功率补偿电容器耐压不高，不适合用于起重机电控系统。

A. 电压　　B. 电流　　C. 容量　　D. 功率

85. 若卸料方式设定为动态卸料，当抓斗回摆时小车又立即朝________方向返回，从而无摆动地停留在取料位置上方。

A. 左侧　　B. 右侧　　C. 陆侧　　D. 海侧

86. 抓斗闭合进行负荷平衡控制时，两台电动机的工作电流基本一致，并保持开闭电动机的工作电流略________支持电动机的工作电流（2% ~ 5%），有助于抓斗的闭合更加严密。

A. 小于　　B. 等于　　C. 大于　　D. 不确定

87. 斗轮式堆取料机每小时作业量在 1 000 ~ 3 000 t 的称为________机器。

A. 小型　　B. 中型　　C. 大型　　D. 超大型

88. 联动卸料的主要特点是：小车运行到漏斗口附近的一定位置，开始制动减速过程中，开启开闭机构，使开闭绳向下运动开斗。同时，反向开动起升机构，使抓斗开闭绳以相当于抓斗起升绳________倍的速度开斗卸料。

A. 2　　B. 4　　C. 6　　D. 8

89. S7-300/400 PLC 的电源模块为背板总线提供的电压是________V。

A. DC5　　B. +DC12　　C. -DC12　　D. DC24

90. PLC 设计规范中，RS232 通信距离是________m。

A. 1 300　　B. 200　　C. 30　　D. 15

91. 十六进制数 F，转变为十进制数是________。

A. 31　　B. 32　　C. 15　　D. 29

92. 在梯形图中调用功能块时，方框上面的“？？？”中，应填入________。

A. 功能块的符号名　　B. 共享数据块的符号名或绝对地址

C. 功能块的形状　　D. 背景数据块的符号名或绝对地址

93. 下列输出模块可以交直流两用的是________。

A. 光电耦合输出模块　　B. 继电器输出模块

C. 晶体管输出模块　　D. 晶闸管输出模块

94. PLC 的用户程序存放在________中。

A. RAM　　B. EEPROM

C. ROM　　D. 变量存储区 V

95. 在输出扫描阶段，将________寄存器中的内容复制到输出接线端子上。

A. 输入映像　　B. 输出映像

C. 变量存储器　　D. 内部存储器

96. FX 系列 PLC 中，PLF 指令表示________。

A. 下降沿　　B. 上升沿　　C. 输入有效　　D. 输出有效

97. 正弦波脉冲宽度调制英文缩写是________。

A. PWM　　B. PAM　　C. SPWM　　D. SPAM

98. 为了提高电动机的转速控制精度，变频器具有________功能。

A. 转矩补偿　　B. 转差补偿　　C. 频率增益　　D. 段速控制

99. 在 *U/f* 控制方式下，当输出频率比较低时，会出现输出转矩不足的情况，要求变频器具有________功能。

A. 频率偏置　　B. 转差补偿　　C. 转矩补偿　　D. 段速控制

100. 变频器常用的转矩补偿方法有线性补偿、分段补偿和________补偿。

A. 平方根　　B. 平方率　　C. 立方根　　D. 立方率

101. 高压变频器是指工作电压在________kV 以上的变频器。

A. 3　　B. 5　　C. 6　　D. 10

102. 逆变电路中续流二极管 VD 的作用是________。

A. 续流　　B. 逆变

C. 整流　　D. 以上选项都不正确

103. 变频器最高频率 50 Hz，最低频率 0.5 Hz，则调速范围为________。

A. 10　　B. 100

C. 200　　D. 以上选项都不正确

104. 下述选项中，________不是高中压变频器调速系统的基本形式。

A. 直接高—高型　　B. 高—中型

C．高—低—高型　　　　　　　　　　D．交—交变频器

105．交—直—交变频器主电路由整流器、中间直流环节、________和控制电路组成。

A．逆变器　　B．电容　　C．制动电阻　　D．CPU

106．变频器控制电路的控制方法可以采用模拟控制或________控制。

A．开关　　B．电压　　C．数字　　D．电流

107．*U*/*f*=*C* 的正弦脉宽调制（SPWM）控制方式的特点是：控制电路结构简单、成本较低，________特性硬度也较好，能够满足一般传动的平滑调速要求。

A．控制　　B．机械　　C．电动机　　D．制动

108．电动机转速不仅取决于负载扭矩，而且取决于电动机的极数和供电________。

A．频率　　　　　　　　B．电流

C．电压　　　　　　　　D．以上选项都不正确

109．异步电动机的机械特性曲线上的点 T_{st} 表示________。

A．启动转矩　　　　　　B．阻转矩

C．最大转矩　　　　　　D．以上都不正确

110．PWM 是________变频，是靠改变脉冲宽度来控制输出电压，通过改变调制周期来控制其输出频率。

A．脉幅调制型　　B．脉宽调制型　　C．电流型　　D．电压型

111．直流滤波器使用________年应更换。

A．1　　B．3　　C．5　　D．10

112．变频器采取的控制方式，有速度控制、________、PID 控制和其他方式控制。

A．电压控制　　B．电流控制　　C．电阻控制　　D．转矩控制

113．变频器常见的过电压有输入交流电源过电压和________。

A．输出交流过电压　　　　B．发电类过电压

C．输入直流过电压　　　　D．输出直流过电压

114．变频器过流故障可通过延长加速时间、________制动时间、检查电网电压等方法排除。

A．缩短　　B．调整　　C．延长　　D．删除

115．对于 30 kW 以上的变频器，在内部带有一个散热风扇，此风扇的损坏会导致________报警。

A．SC　　B．GF　　C．HO　　D．OH

116．变频器如果用 A1-05 设定密码，则 A1-01、A1-03、A1-06、A2-01 ~ A2-33 的设定值被________。

A．解除　　B．锁定　　C．恢复　　D．变更

117．变频器 A2-33 设定为________时，A2-17 ~ A2-32（常用参数）的自动设定无效。

A．0　　B．1　　C．2　　D．3

118．变频器电流超过额定电流________且持续 10 s，就报 OL2 故障，说明变频器过载。

A．150%　　B．180%　　C．200%　　D．250%

119．变频器显示 UV 即欠压，也就是说检测出________母线电压故障。

A．直流　　B．交流　　C．输入　　D．输出

120．变频器发生故障时，必须在排除故障原因后重新启动变频器。再次启动变频器时，按________的参数 14 使故障复位。

A．H1–01　　B．H1–02　　C．H1–03　　D．H1–04

三、多项选择题（下列每题的选项中，至少有 2 个是正确的，请将其代号填在横线空白处。每小题 0.5 分，共 20 分）

1．指示仪表都是由________组成的。

A．测量线路　　B．测量机构

C．阻尼力矩装置　　D．转动力矩装置

E．读数装置

2．双踪示波器中有________和门电路。

A．一个 *Y* 轴通道　　B．两个 *Y* 轴通道

C．一个电子开关　　D．两个电子开关

3．不属于传感器动态特性指标的是________。

A．重复性　　B．线性度　　C．灵敏度　　D．固有频率

4．属于主令电器的是________。

A．刀开关　　B．接近开关　　C．主令控制器　　D．按钮

5．电磁制动器上摩擦材料的性能直接影响制动过程，而影响其性能的主要因素为________。

A．温升　　B．温升速度

C．力学性能　　D．耐磨性

E．工作温度

6．液压系统的图形符号反映其________的工作状态。

A．相互关系　　B．静止位置

C．初始位置　　D．安装位置

E．过渡

7．液压泵的输出功率等于油液的________的乘积。

A．压力　　B．容积

C．流量　　D．排量

E．转速

8．液压马达的输出是________。

A．流量　　B．压力　　C．转速　　D．扭矩

9. 所有的阀都是通过改变________的相对位置来控制和调节液流的压力、流量及流动方向的。

A. 阀芯　　B. 阀体　　C. 阀盖　　D. 弹簧

10. 在同步 RS 触发器中，CP、S、R 分别称为________。

A. 电源端　　B. 地端

C. 时钟输入端　　D. 置位端

E. 复位端

11. 以下真值表满足“与非”逻辑关系的有________。

A	*B*	*Y*
0	0	0

A

A	*B*	*Y*
0	0	1

B

A	*B*	*Y*
0	1	1

C

A	*B*	*Y*
1	0	1

D

A	*B*	*Y*
1	1	0

E

12. 模拟集成电路主要是指由________等组成的模拟电路集成在一起，用来处理模拟信号的集成电路。

A. 电容　　B. 电阻　　C. 电感　　D. 晶体管

13. 如下图所示，当________，灯亮；当________，灯灭。当决定一件事情（灯亮）的几个条件中（开关 A、B 闭合）只要有一个条件得到满足，这件事情（灯亮）就会发生，这种因果关系称为或逻辑关系。

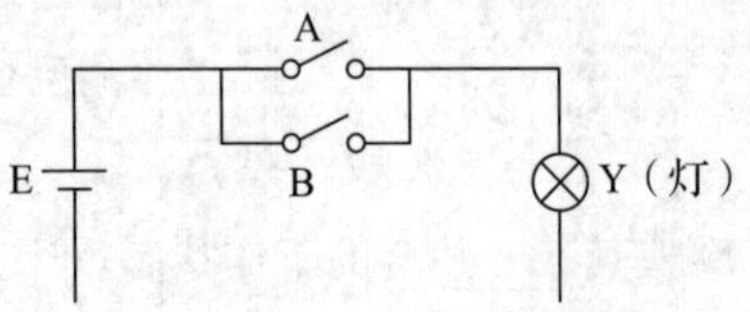

A. 开关 A、B 都闭合　　B. 开关 A 或 B 闭合

C. 开关 A、B 都断开　　D. 开关 A 或 B 断开

14. 逻辑门电路具有________。

A. 多个输入端　　B. 两个输入端

C. 一个输入端　　D. 一个输出端

E. 两个输出端

15. 交流电动机的制动方式中，属于电气制动的是________。

A. 自由停车　　B. 电磁铁制动

C. 发电制动　　D. 能耗制动

E．反接制动

16．电动机耐压试验时，________。

A．试验电压为直流电压　　B．试验电压为高压脉冲电压

C．试验电压为正弦交流电压　　D．持续时间为 1 min

E．持续时间为 5 min

17．变频调速按控制方式不同，可分为________。

A．U/f 控制　　B．转差频率控制

C．矢量控制　　D．直接转矩控制

18．同步电动机常用的启动方法有________。

A．辅助电动机启动法　　B．变频启动法

C．异步启动法　　D．直接启动

19．电动机的调速有________。

A．改变定子绕组的磁极对数 p（变极调速）

B．改变供电电网的频率 f_1（变频调速）

C．串入电阻

D．改变电动机的转差率 S

E．改变负载

20．双 20 ft 箱吊具中部吊点装置也称中间旋锁装置，由________组成。

A．两套垂直提升装置　　B．四套独立的旋锁机构

C．四只旋锁箱　　D．四套变幅机构

21．卸船机电气控制系统中，监控层通过监控________交换信息。

A．控制层　　B．执行层　　C．管理层　　D．工业网络

22．卸船机的电气控制系统中控制层主要是________，控制层设备间通过工业网络或现场总线完成信息交换。

A．速度传感器　　B．可编程序控制器（PLC）指令

C．变频器　　D．A/D 转换器

23．对于抓斗装卸桥，________为一个工作循环过程。

A．空载运行　　B．取料　　C．满载运行　　D．卸料

24．桥吊在自动调速系统中各个自动调节器参数选择不同，主要有________。

A．积分器的给定参数不同　　B．AVRAMP 的给定参数不同

C．电压反馈信号调节量不同　　D．电流反馈信号调节量不同

25．卸船机通常性的电网检测保护有________、过电压检测、欠电压检测等。

A．缺相检测　　B．短路检测

C．接地故障检测　　D．相序检测

26．岸桥供电系统保护装置中的熔断器保护和自动开关保护都能在________时动作，断开电路，以切除过负荷和短路部分，而使系统的其他部分恢复正常运行。

A．过电压　　B．过负荷　　C．过电流　　D．短路

27．吊具上的液压系统是在原有标准吊具的基础上，增加了操作中间旋锁装置和中间旋锁箱的功能，即能控制吊具的________和中间旋锁箱的升降动作。

A．伸缩　　B．旋锁　　C．起升　　D．导板动作

28．桥式抓斗卸船机抓斗运动的电气控制选择模式有________、抓斗模式和推耙机模式。

A．旋转模式　　B．支持模式

C．开闭模式　　D．起升、开闭模式

29．岸边集装箱桥式起重机旋转机械的螺杆传动装置由________等组成。

A．齿轮　　B．减速器

C．螺杆　　D．带锥盘式制动器电动机

30．PLC 特殊扩展功能模块类型有________。

A．I/O 量扩展输出　　B．模拟量模块

C．高速计数模块　　D．扩展单元模块

31．三菱 FX 系列 PLC 内部计数器有________两种位数。

A．16 位　　B．8 位　　C．32 位　　D．64 位

32．PLC 温控模块在选取时要考虑________。

A．温度范围　　B．精度　　C．广度　　D．使用时间

33．变频器的控制电路控制方法可以采用________控制。

A．模拟　　B．电压　　C．数字　　D．电流

34．下列选项中，________属于按用途分类。

A．通用变频器　　B．专用变频器　　C．VC　　D．*U*/*f*

35．变频器的保护功能有________。

A．过电流保护　　B．电动机过载保护

C．过电压保护　　D．欠电压保护和瞬间停电的处理

36．目前变频器主要使用的串行接口有________两种。

A．RS-232　　B．RS-485　　C．RS-422　　D．RS-458

37．一般的通用变频器包含________。

A．整流电路　　B．中间直流电路

C．逆变电路　　D．制动电路

E．控制电路

38．变频器重新启动时并不立即跳闸，而是在运行过程中跳闸，可能的原因有________。

A．升速时间设定太短

B．降速时间设定太短

C．转矩补偿设定较大，引起低速时空载电流过大

D．电子热继电器整定不当，动作电流设定得太小，引起误动作

39．变频器安装过程中应对高温的措施有________。

A．采用强迫通风技术　　B．安装空调

C．避免光照　　D．避免直接暴露在热辐射或暖空气中

E．配电柜周围空气要流通

40．变频器频率给定方式主要有________。

A．面板给定方式　　B．键盘给定方式

C．外部给定方式　　D．数字量给定方式

理论知识考试模拟试卷（一）参考答案

一、判断题

1. ×	2. ×	3. √	4. ×	5. √	6. ×	7. ×
8. √	9. √	10. √	11. √	12. ×	13. √	14. √
15. √	16. ×	17. ×	18. ×	19. √	20. √	21. √
22. √	23. √	24. ×	25. ×	26. √	27. √	28. ×
29. √	30. ×	31. √	32. √	33. √	34. ×	35. ×
36. ×	37. √	38. ×	39. √	40. ×		

二、单项选择题

1. D	2. A	3. D	4. C	5. D	6. A	7. C
8. D	9. A	10. A	11. D	12. A	13. A	14. B
15. A	16. C	17. A	18. A	19. D	20. B	21. A
22. D	23. A	24. A	25. B	26. B	27. C	28. A
29. D	30. D	31. B	32. B	33. A	34. A	35. A
36. A	37. A	38. B	39. C	40. C	41. D	42. C
43. D	44. B	45. B	46. B	47. D	48. C	49. B
50. A	51. B	52. A	53. C	54. C	55. B	56. B
57. B	58. C	59. A	60. C	61. A	62. C	63. A
64. D	65. A	66. C	67. C	68. A	69. C	70. A
71. C	72. D	73. B	74. D	75. A	76. B	77. C
78. C	79. C	80. C	81. B	82. B	83. A	84. B
85. B	86. B	87. B	88. A	89. D	90. C	91. A
92. B	93. D	94. D	95. A	96. D	97. A	98. A
99. A	100. D	101. B	102. A	103. B	104. D	105. B
106. D	107. D	108. D	109. D	110. D	111. B	112. A
113. A	114. D	115. C	116. C	117. B	118. C	119. A
120. D						

三、多项选择题

1. AE	2. ABCD	3. ACD	4. BC	5. AD	6. ABD
7. ACD	8. BCD	9. ACD	10. BE	11. ABC	12. BD

13. ABCD	14. ACDE	15. BE	16. BD	17. ABCD	18. ABC
19. AD	20. ABC	21. BD	22. BC	23. ABC	24. ABCD
25. CD	26. BD	27. AC	28. BCD	29. BCD	30. AB
31. ABD	32. AD	33. BD	34. AB	35. CD	36. AB
37. ABCD	38. ABCD	39. ABC	40. CD		

理论知识考试模拟试卷（二）参考答案

一、判断题

1. ×	2. ×	3. √	4. ×	5. ×	6. √	7. √
8. ×	9. ×	10. √	11. ×	12. ×	13. ×	14. ×
15. ×	16. √	17. √	18. ×	19. ×	20. √	21. ×
22. √	23. ×	24. √	25. ×	26. √	27. √	28. ×
29. √	30. √	31. ×	32. √	33. √	34. ×	35. √
36. ×	37. √	38. √	39. √	40. ×		

二、单项选择题

1. D	2. B	3. B	4. D	5. C	6. B	7. C
8. D	9. B	10. C	11. A	12. C	13. A	14. A
15. B	16. D	17. C	18. B	19. C	20. B	21. C
22. B	23. C	24. C	25. B	26. B	27. C	28. B
29. D	30. C	31. B	32. B	33. D	34. C	35. C
36. C	37. A	38. C	39. C	40. C	41. B	42. C
43. C	44. B	45. D	46. A	47. A	48. C	49. A
50. C	51. A	52. B	53. C	54. B	55. B	56. C
57. C	58. A	59. A	60. A	61. B	62. C	63. A
64. A	65. A	66. A	67. A	68. B	69. C	70. B
71. B	72. C	73. A	74. D	75. B	76. D	77. D
78. B	79. B	80. C	81. C	82. C	83. A	84. B
85. C	86. D	87. B	88. A	89. B	90. A	91. C
92. B	93. A	94. A	95. B	96. C	97. B	98. A
99. C	100. D	101. C	102. B	103. D	104. A	105. D
106. A	107. B	108. C	109. A	110. A	111. B	112. D
113. B	114. A	115. A	116. B	117. A	118. B	119. C
120. C						

三、多项选择题

1. ACD	2. ABD	3. BD	4. BDE	5. ABC	6. ABD
7. ABD	8. ABD	9. ABC	10. CE	11. BCDE	12. BC

13. ABCD	14. AD	15. AC	16. BCD	17. ABCD	18. AB
19. ABC	20. BC	21. BCD	22. ABCD	23. AC	24. ABC
25. BC	26. ABC	27. AC	28. ABCD	29. ABC	30. AB
31. ABC	32. ABC	33. CD	34. ABC	35. BC	36. ABC
37. AB	38. CD	39. ABC	40. CD		

理论知识考试模拟试卷（三）参考答案

一、判断题

1. √	2. √	3. ×	4. √	5. √	6. ×	7. ×
8. √	9. √	10. √	11. ×	12. ×	13. √	14. √
15. √	16. √	17. √	18. ×	19. √	20. ×	21. ×
22. ×	23. √	24. √	25. √	26. ×	27. √	28. ×
29. √	30. √	31. √	32. √	33. √	34. √	35. √
36. √	37. ×	38. ×	39. √	40. √		

二、单项选择题

1. D	2. C	3. B	4. B	5. A	6. B	7. D
8. B	9. A	10. B	11. C	12. B	13. B	14. C
15. B	16. A	17. A	18. A	19. A	20. C	21. B
22. C	23. B	24. C	25. A	26. D	27. C	28. A
29. B	30. C	31. D	32. B	33. B	34. B	35. B
36. A	37. C	38. D	39. B	40. C	41. B	42. C
43. C	44. B	45. B	46. D	47. D	48. D	49. B
50. C	51. A	52. A	53. B	54. C	55. B	56. A
57. A	58. C	59. B	60. B	61. C	62. C	63. C
64. C	65. A	66. B	67. B	68. B	69. C	70. A
71. A	72. A	73. D	74. D	75. A	76. A	77. B
78. A	79. B	80. B	81. B	82. B	83. C	84. C
85. A	86. C	87. B	88. C	89. D	90. A	91. B
92. D	93. C	94. D	95. D	96. D	97. A	98. A
99. A	100. B	101. B	102. C	103. B	104. B	105. B
106. A	107. A	108. B	109. B	110. D	111. B	112. D
113. C	114. B	115. A	116. D	117. B	118. A	119. B
120. A						

三、多项选择题

1. ABC	2. BC	3. ABD	4. BCDE	5. ABC	6. ABCD
7. CE	8. ABC	9. BCD	10. AD	11. CD	12. ACDE

13. ABCE	14. ABC	15. ABDE	16. BD	17. AC	18. AB
19. CD	20. AB	21. BC	22. BC	23. ACD	24. ABCD
25. ABC	26. ABC	27. ABC	28. ABC	29. ACD	30. ABC
31. ABD	32. AC	33. ABC	34. ABC	35. BC	36. BC
37. BCD	38. ABCD	39. ABCD	40. ABC		

理论知识考试模拟试卷（四）参考答案

一、判断题

1. √	2. ×	3. ×	4. √	5. ×	6. √	7. √
8. ×	9. √	10. ×	11. ×	12. √	13. ×	14. √
15. √	16. √	17. √	18. ×	19. ×	20. √	21. ×
22. √	23. √	24. ×	25. √	26. √	27. √	28. ×
29. ×	30. √	31. ×	32. √	33. √	34. √	35. ×
36. √	37. √	38. √	39. √	40. √		

二、单项选择题

1. A	2. D	3. C	4. C	5. C	6. B	7. C
8. D	9. C	10. A	11. C	12. B	13. B	14. B
15. A	16. D	17. A	18. C	19. C	20. A	21. D
22. C	23. A	24. D	25. B	26. C	27. A	28. A
29. B	30. A	31. A	32. A	33. B	34. D	35. B
36. A	37. A	38. C	39. D	40. C	41. B	42. C
43. B	44. B	45. C	46. D	47. A	48. A	49. A
50. C	51. C	52. C	53. C	54. A	55. A	56. C
57. B	58. B	59. A	60. B	61. B	62. A	63. C
64. B	65. C	66. C	67. B	68. B	69. B	70. B
71. B	72. D	73. A	74. B	75. B	76. B	77. A
78. A	79. B	80. C	81. B	82. C	83. A	84. A
85. D	86. C	87. B	88. A	89. A	90. D	91. C
92. D	93. B	94. A	95. B	96. A	97. C	98. A
99. C	100. B	101. A	102. A	103. B	104. D	105. A
106. C	107. B	108. A	109. A	110. A	111. C	112. D
113. B	114. C	115. D	116. B	117. A	118. B	119. A
120. D						

三、多项选择题

1. AB	2. BC	3. ABC	4. BCD	5. BE	6. BC
7. AC	8. CD	9. AB	10. CDE	11. BCDE	12. ABD

13. BC	14. AD	15. CDE	16. BC	17. ABCD	18. ABC
19. ABCD	20. ABC	21. AD	22. AB	23. ABCD	24. ABD
25. ACD	26. BD	27. ABD	28. BCD	29. BCD	30. BC
31. AC	32. AB	33. AC	34. AB	35. ABCD	36. AB
37. ABCDE	38. ABCD	39. ABCDE	40. ABCD		